SOMMAIRE

Avant-propos

Ayant vécu plusieurs années à New York, elle est devenue un peu «ma» ville aussi. Le 11 septembre m'a touché et certaines de mes connaissances en ont souffert. Alors «New Yorkais», j'ai participé à toutes les commémorations annuelles de ce terrible événement, y compris à celle présidée par Barack Obama à l'emplacement des attentats en 2011. Nous pleurons les victimes innocentes de ces actes d'une violence extrême.

Le 11 septembre 2021, le monde a commémoré les attentats de 2001. À *aucun* moment, sur *aucun* média, *aucun* journaliste n'a évoqué ou n'a tenté de comprendre pourquoi 19 jeunes musulmans ont décidé de sacrifier leur vie ce jour-là. L'absence de réponse à cette question a, d'une part, ouvert la porte aux théories du complot les plus diverses et, d'autre part, elle a laissé supposer que le terrorisme est une violence gratuite perpétrée par des individus, dont le but est simplement «*d'instiller la terreur*»[1]. On a ainsi fait du terrorisme un phénomène inexplicable ou, plus exactement, qui ne s'explique que par la nature même de l'islam.[2]

Non seulement c'est faux, mais c'est idiot et conduit à deux problèmes essentiels. Le premier est que cette absence de réflexion fait du terrorisme un phénomène inéluctable qui ne peut être résolu que par la disparition de l'islam ou ses manifestations. Le second est qu'en attribuant à la religion musulmane un projet inhérent de conquête, on crée une forme de conspirationnisme, qui s'alimente d'un ressentiment croissant et assumé contre les populations immigrées, notamment en France et en Belgique. Le résultat est qu'on ne fait aucun effort pour traiter le terrorisme à sa racine et on creuse le fossé entre communautés.

Or les vraies causes du «9/11» étaient connues à l'époque et elles le sont toujours, comme nous le verrons. Mais, notre arrogance nous a empêchés de les admettre et notre haine de l'islam nous les a fait taire.

Il y a trente ans, environ 500 attentats faisaient 350 morts par année. Aujourd'hui, après d'interminables guerres contre le terrorisme, le nombre

---

1. Sergio Honorez, dans l'émission *C'est vous qui le dites*, RTBF, 10 septembre 2021.
2. Antoine Hasday, « La pensée djihadiste décryptée », slate.fr, 6 novembre 2017.

d'attentats a été multiplié par 30 et le nombre de victimes par 100. Partout où nos forces sont engagées, le terrorisme se développe : soit nous déchaînons des rivalités communautaires (comme en Libye et dans le Sahel), soit nous finissons par instrumentaliser les djihadistes pour renverser des gouvernements (comme en Afghanistan et en Syrie) soit nous générons des mouvements de résistance (comme dans le Sahel). La Libye est sans doute l'exemple le plus flagrant d'engagements militaires sans connaître la situation sur le terrain, sans stratégie et sans savoir comment sortir de la crise : par incompétence politique et militaire, et – disons-le – par sottise et aveuglement idéologique, la France de Nicolas Sarkozy a ainsi créé le problème du Niger et du Mali, encouragé l'islamisme en Tunisie, tandis que celle de François Hollande a contribué à la création de l'État islamique.

Personne ne commet des actes terroristes sans raison ou «*juste pour faire peur*» comme le disait Tony Blair[3]. Tout terrible et inadmissible qu'il soit, l'acte terroriste a *toujours* une raison : elle peut nous sembler futile, exagérée, déplacée, mais elle existe. Ce n'est qu'en traitant cette «raison» que l'on vaincra le terrorisme. Or nous tendons à traiter le problème au niveau tactique et à ignorer sa dimension stratégique, nous lui laissons ainsi l'initiative.

Le procès des auteurs des attentats du 13 novembre 2015 à Paris s'est ouvert le 8 septembre 2021. Les victimes en attendent des explications, mais cette attente ne sera pas satisfaite.

Tout d'abord parce que l'on juge des terroristes et non le terrorisme. Il s'agit de punir les auteurs d'un acte criminel et non d'expliquer un phénomène sécuritaire. Cela étant, pour beaucoup, ce procès s'apparente plus à un acte de vengeance qu'à une démarche visant à éviter de futurs attentats. Ainsi, les déclarations d'Abdeslam, le principal accusé, ne sont pas répercutées par les médias par crainte de lui «offrir une tribune»[4]. Il en résulte que les coupables seront logiquement punis, mais le procès n'apportera aucun éclairage sur le phénomène terroriste. D'ailleurs, au moment même où se déroule le procès, la France agit de manière à générer de nouveaux actes terroristes, comme nous le verrons.

Ensuite, parce que ce procès se déroule dans l'émotion. Depuis 2015, la France a été incapable de rationaliser le problème terroriste afin de lui trouver une solution durable : les exégètes de tout poil se sont rassemblés dans une vision unique de la nature du terrorisme, occultant de nombreuses pistes de réflexion et faisant de leurs hypothèses des vérités. C'est pourquoi plus qu'ailleurs, les «experts» entretiennent une rhétorique qui fait du terrorisme un phénomène irrationnel et inéluctable.

---

3. Tony Blair, "In full: Blair on bomb blasts", BBC News, 7 juillet 2005.
4. Sylvia Falcinelli, « Salah Abdeslam, un "héros" porté par les médias ? », rtbf.be, 10 septembre 2021.

Finalement, parce qu'en France, plus que dans les pays anglo-saxons, domine l'idée que tenter de comprendre la démarche terroriste est une manière de l'excuser et de l'approuver. Cela vient en grande partie d'un certain narcissisme qui pousse à penser que le terrorisme a ses racines dans ce que l'on est et non dans ce que l'on fait. De manière symptomatique, aucun autre pays européen ne semble avoir les mêmes problèmes avec l'islamisme…

1. Introduction

Enrichi des expériences de près de vingt ans de lutte contre le terrorisme, cet ouvrage est un développement de mon ouvrage, *La Guerre asymétrique ou la Défaite du vainqueur*, paru en 2003. Comme l'ont démontré les événements depuis, les principes énoncés alors sont encore plus pertinents aujourd'hui. Mais, comme mon ouvrage, *Gouverner par les fake news*, il sera rejeté par ceux qui travaillent contre les intérêts de la France, et privilégient la violence aveugle à la force intelligente contre le terrorisme.

Aucun pays occidental n'a réussi à comprendre le terrorisme djihadiste et à imaginer des stratégies pour le combattre. C'est ce qui explique les échecs occidentaux en Afghanistan, en Irak, en Libye ou en Syrie. Le terrorisme n'est pas une fatalité. S'il frappe la France, mais ni la Suisse, ni l'Islande, il y a une raison. Cette raison est la clé pour la mise en œuvre de stratégies de prévention du terrorisme.

En France, plus que dans n'importe quel pays occidental, la réflexion sur les causes du terrorisme s'est noyée dans la politique politicienne nationale. On confond immigration et communautarisme, islam et islamisme, islamisme et terrorisme. Il en est résulté une extrême pauvreté du débat national sur la nature et l'origine du phénomène, l'absence de stratégies holistiques pour le résoudre et un traitement essentiellement émotionnel du terrorisme. La conséquence est qu'en le combattant, on l'alimente. C'est donc une situation paradoxale où les victimes du terrorisme ont contribué à son émergence. Ce livre s'adresse à ceux qui ont le courage de regarder le terrorisme en face et de le prendre à bras-le-corps pour l'éradiquer, et pas simplement pour assouvir une vengeance. Il ne s'agit pas d'un ouvrage de plus «sur» le terrorisme. C'est une approche méthodologique pour éradiquer le terrorisme djihadiste.

Dans une première partie, nous verrons nos principales erreurs dans la compréhension du terrorisme, qui nous empêchent d'agir efficacement. Particulièrement en France, où l'intégration de la population immigrée d'Afrique du Nord n'a jamais été menée avec sérieux, la confusion entre «islamisme» et «islam» s'est progressivement installée dans le discours politique, jusqu'à rendre le terrorisme illisible. L'absence de considération pour la population immigrée est telle qu'il a fallu soixante ans à la France pour reconnaître la situation de ses propres alliés, les harkis, qui l'avaient courageusement aidée durant la guerre d'Algérie! Tout un symbole d'ignorance et d'incompétence collective…

Or pour comprendre et combattre le terrorisme, il est essentiel de se débarrasser des préjugés. C'est la partie la plus difficile, car ils ont pris une telle importance dans notre manière de le comprendre que l'on finit par ne plus croire ce que nous disent les terroristes eux-mêmes[5]. Personne n'est plus aveugle que celui qui ne veut pas voir. Comprendre ne signifie pas excuser, mais doit permettre d'expliquer pour agir.

Dans la deuxième partie, nous examinerons la nature du terrorisme djihadiste et les implications de son caractère asymétrique. Ces notions ont envahi le vocabulaire politique sans que l'on en tire les conséquences pour traiter le problème. Tous les attentats se ressemblent et leurs victimes subissent la même souffrance, mais leur finalité, leurs objectifs, la doctrine dans laquelle ils s'inscrivent peuvent être extrêmement différents. Affirmer que le terrorisme nous touche «*pour ce que l'on est et non pour ce l'on fait*» n'est que l'expression de notre arrogance, avec de graves conséquences : nous voyons le terrorisme comme une fatalité contre laquelle nous ne pouvons rien, et comme un phénomène monolithique.

Particulièrement en France, les «experts» restent enfermés dans une lecture obsolète du terrorisme : on ne parvient donc pas à en saisir la logique stratégique et on ne le combat qu'au niveau tactique. Ainsi, on ignore totalement son caractère asymétrique. C'est pourquoi nous avons toujours une longueur de retard sur les terroristes et «*plus nous travaillons dur, plus nous reculons*»[6]. Pour comprendre le terrorisme djihadiste, il faut revenir aux textes originaux qui en expliquent les principes et la mécanique, mais qui n'ont rien à voir avec le Coran.

La troisième partie étudie les différentes manières de lutter efficacement contre le terrorisme du niveau stratégique au niveau tactique. Elle montre comment les différences entre les actes communautaristes (comme l'assassinat de Samuel Paty) et les actes terroristes (comme l'assassinat du père Hamel à Saint-Étienne-du-Rouvray) impliquent des stratégies de lutte différenciées. Comme en médecine, chaque mal nécessite une thérapie adaptée; c'est parce que nous ne savons pas différencier les traitements que le terrorisme se développe. La raison pour laquelle nous ne parvenons pas à différencier les différents actes de violence est que – particulièrement en France – le regard sur cette violence est totalement passionnel. Il en résulte une explication unique, propagée par certains auteurs et journalistes[7], qui «dé-pluralise» les remèdes possibles et empêche une réponse efficace contre les crimes communautaristes et terroristes.

---

5. Aurélie Sarrot, « Procès du 13 novembre : Salah Abdeslam justifie les attentats par l'intervention française en Syrie », lci.fr, 15 septembre 2021 (mis à jour 16 septembre 2021).
6. Donald Rumsfeld, *Rapport confidentiel sur l'Irak au Joint Chiefs of Staff*, octobre 2003.
7. Antoine Hasday, « La pensée djihadiste décryptée », slate.fr, 6 novembre 2017.

1.1. Trois erreurs de base

Notre principale erreur en matière de lutte contre le terrorisme est de le voir de manière émotionnelle, et non de manière factuelle. Nous pensons être « durs » en frappant impitoyablement n'importe quoi et n'importe qui. Nous le serions si nous avions le courage de regarder le terrorisme en face, dans toute sa complexité. Or nous ne le faisons pas. Si ce travail avait été fait, nous ne pleurerions pas nos morts aujourd'hui.

Ainsi, le « 9/11 » a été perçu comme le début d'une nouvelle guerre. C'était évidemment faux. Les djihadistes le voient comme une bataille d'une guerre que les Occidentaux avaient commencée bien plus tôt :

> *Le 9/11 n'était ni*
>
> *le début d'une guerre entre les musulmans et l'Occident ni la fin. C'était simplement un épisode d'une longue guerre [...]*[8]

À quelques mots près, c'est exactement ce que l'auteur avait tenté d'expliquer à la télévision suisse le 12 septembre 2001... Mais l'Occident a adopté une rhétorique basée sur la haine de l'Occident et de ses libertés, qui dérationalise le terrorisme et en fait un phénomène inéluctable. Il en résulte une forme de négationnisme, dont l'effet pervers est de nous empêcher de traiter le terrorisme de manière stratégique.

Or le terrorisme est très rationnel, mais la principale raison pour laquelle nous ne parvenons pas à le juguler est que nous ne comprenons ou nous ne voulons comprendre ni sa logique de fonctionnement ni ses raisons... Cette incompréhension est basée sur trois erreurs fondamentales.

1.1.1. Première erreur : « Le but du terrorisme est juste ça, terroriser les gens »[9]

Une erreur courante est de voir le terrorisme comme un phénomène « auto-porteur », qui se satisfait à lui-même et est un but en soi. On lui attribue alors l'objectif « *d'installer la peur et la panique* »[10] et de « *nous diviser* »[11]. Cette lecture est généralement propagée par les institutions gouvernementales qui cherchent à masquer leurs erreurs qui ont conduit à l'apparition du terrorisme. Elle est fréquemment évoquée en France et pose deux problèmes essentiels.

Premièrement, elle fait du terrorisme un phénomène indépendant du contexte dans lequel il se déroule. Or le terrorisme s'inscrit *toujours* dans une dynamique :

---

8. Yahya Ibrahim, "Letter from the Editor", *Inspire*, n° 7, Fall 2011 (1432), p. 3.

9. Tony Blair, "In full: Blair on bomb blasts", BBC News, 7 juillet 2005.

10. Manuel Valls, Premier ministre, 15 juillet 2015.

11. Président François Hollande, allocution du 19 juillet 2016 à Lisbonne, AFP, 19 juillet 2016.

il cherche à obtenir quelque chose à travers l'usage de la violence. Terroriser n'est pas un objectif, c'est un moyen.

Deuxièmement, elle en fait une fatalité inhérente à notre société : nous sommes frappés pour ce que nous sommes et non pour ce que nous faisons. Originaire d'Israël, ce discours permettait de dissocier le terrorisme des revendications palestiniennes, afin d'échapper aux pressions pour entrer dans un processus de négociation. En France, il est relayé par des « experts » qui abreuvent les médias de théories alambiquées où domine l'idée d'un projet islamique – ourdi par l'Arabie saoudite, le Qatar ou les Frères musulmans – pour fracturer la société française et ainsi provoquer une guerre civile[12]. Le terrorisme résulterait donc de la nature de notre société et de la génétique de l'islam. C'est faux.

Ces deux problèmes ont deux conséquences immédiates. La première est que nous qualifions de « terroristes » les actes que nous ne parvenons pas à expliquer par des causes matérielles. Cela nous conduit à gaspiller des ressources et – surtout – à frapper au mauvais endroit, avec le risque de générer du « vrai » terrorisme. Or si l'acte violent ne s'inscrit pas dans une dynamique ou un cadre associé à des exigences (comme le « 9/11 » aux États-Unis et l'assassinat de Samuel Patty en France), il ne s'agit probablement pas de terrorisme, mais d'un crime (de masse, antisémite, etc.) Nous y reviendrons.

La seconde conséquence est qu'elle nous conduit à ignorer les « vraies » raisons qui le font apparaître et à les combattre. En attribuant au terrorisme une explication fataliste (liée à la nature de l'islam et/ou à la nature de notre société), on ferme la porte à tout traitement stratégique et politique du problème : la solution ne peut exister que dans l'annihilation de l'une des deux parties. Il en résulte un traitement tactique du terrorisme. Comme au Moyen Âge, les poliorcètes de la sécurité moderne renforcent l'épaisseur de la protection (surveillance vidéo, augmentation de la présence policière, fouilles systématiques, extension de l'État d'urgence, surveillance de l'Internet, etc.), mais s'avèrent incapables d'infléchir le phénomène terroriste. C'est la raison pour laquelle Israël et les Occidentaux ne parviennent pas à maîtriser ce phénomène.

1.1.2. Deuxième erreur : Le terrorisme djihadiste sert un projet religieux

En janvier 2018, France 3 diffuse un documentaire intitulé *Complotisme, les alibis de la terreur*[13], dans lequel le philosophe Jacob Rogozinski affirme :

> *Le djihadisme est aussi un mouvement qui vise la souveraineté, le pouvoir mondial. Il y a derrière un rêve, un rêve fou sans doute, mais un rêve de créer un califat, qui serait un califat mondial, qui va s'emparer de Rome, qui va*

---

12. Gilles Kepel, *Terreur dans l'Hexagone*, Gallimard, 2015 ; France 24, 27 juillet 2016, http://www.france24.com/fr/20160727-le-debat-france-24-attentats-france-terrorisme-securite-notre-dame-partie1.
13. Rudy Reichstadt & Georges Benayoun, *Complotisme, les alibis de la terreur*, YouTube, 24 janvier 2018, www.youtube.com/watch?v=d8e18NIqWiI.

s'emparer de l'Europe, qui vaincra l'Amérique, qui établira un réseau mondial de vrais croyants, unis derrière un pouvoir souverain absolu.[14]

C'est une vision strictement occidentale que l'on ne retrouve pas dans le discours djihadiste. Si l'islam s'est développé en Occident, et plus spécialement en Europe, c'est principalement à cause de politiques d'immigration clientélistes et mal gérées, qui ont eu le double effet d'appauvrir les pays d'origine des migrants et d'abaisser le niveau de vie des couches défavorisées dans les pays d'accueil.

Or comme nous le verrons, le terrorisme djihadiste ne vise pas à conquérir le monde occidental, mais à chasser les Occidentaux du monde musulman. Le terrorisme ne sert pas un projet religieux : sa finalité est séculière, plus militaire que politique, et la religion ne fait qu'encadrer son mode opératoire. C'est exactement l'inverse de ce que pensent beaucoup en France, notamment dans les milieux d'extrême droite. Dans le terrorisme djihadiste, la religion n'a qu'un rôle fédérateur et doctrinal. D'ailleurs, on constate que les terroristes djihadistes n'ont généralement qu'une connaissance superficielle des textes religieux.

1.1.3. Troisième erreur : Le terrorisme djihadiste est inhérent à l'islam

Dans le documentaire *Complotisme, les alibis de la terreur*, réalisé par *France 3* en 2018[15], le psychiatre Serge Hefez évoque le concept de «*djihad ancestral*»[16], plaçant ainsi le terrorisme dans une fatalité historique liée à l'islam. En France, la relation «islam – islamisme – terrorisme» se combine avec de nombreuses aversions et biais culturels pour dominer la réflexion sécuritaire. Elle reprend une idéologie populiste qui prétend que la violence djihadiste est inscrite dans le Coran[17]. L'islam étant devenu une composante de nos sociétés, on pourrait en déduire que le terrorisme djihadiste est un phénomène inéluctable et que l'affrontement avec l'islam est donc inévitable. C'est évidemment faux. L'idée que le terrorisme est lié à l'islam est aussi fausse que d'affirmer que le génocide serait inhérent à la chrétienté : ces «prévalences» ne sont pas dues aux religions, mais au contexte géopolitique qui les entoure.

C'est un raisonnement simpliste, basé uniquement sur des perceptions et sur l'ignorance de l'Histoire et de la nature du Coran. Le problème est qu'il génère littéralement une «*peur de l'islam*» (en français : *islamophobie*). Les tenants de ce raisonnement rendent très concrète la notion d'islamophobie et excluent toute compréhension mutuelle, puisque l'islam sera toujours l'islam. Initialement

14. Jacob Rogozinski dans *Complotisme, les alibis de la terreur*, YouTube, 24 janvier 2018 (31'20"), www.youtube.com/watch?v=d8e18NIqWi.

15. Georges Benayoun & Rudy Reichstadt, *Complotisme : les alibis de la terreur*, France 3, 23 janvier 2018 (47'25").

16. *Ibid.* (44'40").

17. Antoine Hasday, « La pensée djihadiste décryptée », slate.fr, 6 novembre 2017.

portée par l'extrême droite, cette lecture est devenue très populaire en France dans tous les milieux politiques. Elle est très dangereuse, car elle conduit au communautarisme.

La confusion entretenue entre « islam » et « islamisme » par certains milieux n'a pas d'autre effet que d'entretenir le communautarisme et la radicalisation de la population immigrée. Leurs auteurs devraient faire l'objet de poursuites judiciaires.

1.2. Conséquences

1.2.1. L'absence de stratégies

Rien ne ressemble plus à une victime qu'une autre victime et un poseur de bombe à un autre poseur de bombe : vu d'en bas, le terrorisme montre un visage tragiquement identique. Mais vu d'en haut, au niveau stratégique, sa logique et ses objectifs montrent des différences considérables. Au point que l'on peut affirmer qu'il n'y a pas deux terrorismes semblables.

Le problème est que nous combattons le terrorisme avec un regard tactique, comme un phénomène uniforme. Cela explique qu'aucun pays occidental n'a de réelle stratégie pour le combattre. Il existe certes des documents désignés « stratégie », mais une analyse attentive montre qu'ils ne sont qu'un ensemble de mesures tactiques et extrêmement inefficaces, parce que non holistiques.

Ainsi, depuis la création de l'*US Africa Command* (US AFRICOM) en 2008, le nombre d'événements violents en Afrique a connu une augmentation de 960 % en dix ans, passant de 288 en 2009 à 3050 en 2018, selon le Pentagone[18].

1.2.2. Un communautarisme mal placé

En France, les attentats terroristes de 2015 et 2016 ont contribué à incruster dans les mentalités l'existence de liens de causalité, voire fonctionnels, entre l'immigration et la violence terroriste. La droite y a trouvé une « confirmation » de ses intuitions et la gauche un moyen de s'insérer dans des champs qu'elle avait délaissés.

L'idée que le terrorisme est un sous-produit de l'immigration musulmane pour transformer notre société par la force est tout simplement fantasque. Mais elle trouve un assez large écho dans une population qui se sent « envahie » et fait l'objet de tentatives de récupération par la plupart des partis politiques. La campagne présidentielle de 2016-2017 a d'ailleurs mis en évidence le glissement à droite de l'opinion publique en ce qui concerne l'immigration.

---

18. Nick Turse, "Violence Has Spiked in Africa Since the Military Founded AFRICOM, Pentagon Study Finds", *The Intercept*, 29 juillet 2019.

La conséquence est de voir dans la laïcité une manière de combattre le terrorisme. Les interminables discussions autour du phénomène de « radicalisation », qui perturbe tant les politiciens, semblent se limiter à la *manière* dont les individus se radicalisent, et non au *pourquoi*. La prison, l'Internet et les mosquées salafistes ont été tour à tour désignés comme des « causes », au gré du profil des individus que l'on interpelle, alors que les recherches menées sur ce sujet démontrent qu'il n'y a pas de profil type des radicalisés et qu'aucune de ces « causes » ne peut être privilégiée. En fait, ces explications ne sont que des constructions intellectuelles fondées sur des professions de foi. Elles sont souvent émises par des individus ayant un passé marxiste, où la religion est nécessairement un facteur de tension et où la laïcité est un critère d'intégration.

1.2.3. Une expérience mal exploitée

Le retour d'expérience (RETEX) est un outil important dans la lutte contre le terrorisme, à condition de bien comprendre le contexte de cette expérience pour qu'elle soit utile. Ainsi, l'expérience acquise en France contre le terrorisme des années 1980-1990, souvent vantée, n'a qu'une utilité limitée dans la lutte contre le terrorisme djihadiste : le terrorisme d'alors était « symétrique », alors que le terroriste djihadiste est « asymétrique ». Il en résulte que les solutions d'alors peuvent être contre-productives aujourd'hui. Par ailleurs, on notera que des groupes comme Action directe ont pu être neutralisés avec les outils du grand banditisme, sans aucun regard stratégique.

Au début des années 2000, les Américains se sont tournés vers les expériences françaises de la guerre d'Algérie pour trouver des solutions en Irak et en Afghanistan, mais – comme d'habitude – ils n'ont rien compris et n'en ont retiré que l'usage de la torture…

Il en est de même de l'expérience britannique en Irlande du Nord, face à un terrorisme asymétrique marxiste. Des contextes apparemment très semblables au niveau tactique présentent des différences fondamentales au niveau stratégique. Dès lors, mal compris et mal utilisé, le RETEX peut ainsi devenir un facteur d'échec.

1.3. Tirer les bonnes conclusions

Lutter contre un phénomène, quelle que soit sa nature, implique que l'on comprenne ce qui le génère et comment il se développe. Notre lecture du phénomène terroriste aujourd'hui est très largement influencée par de pseudo experts omniprésents, qui ne connaissent pas le terrorisme, mais interprètent les événements à la lueur de leur propre perception, de leurs propres fantasmes ou de leur appartenance politique. On peut donc légitimement se demander si ceux qui tentent de nous «expliquer» le terrorisme ne sont pas une partie du problème.

Le plus difficile, dans la lutte contre le terrorisme, est de sortir de l'émotionnel et de se débarrasser des préjugés. Dans une situation complexe, avec des acteurs difficiles à cerner, des logiques et des références qui défient nos cultures occidentales, la lecture rationnelle tend naturellement à s'effacer devant des réactions instinctives. En bref : plus le problème est complexe, plus nous réagissons «avec nos tripes».

Le but de cet ouvrage est de revenir sur les faits, d'écouter et de décrypter ce que nous disent les terroristes, afin de permettre la mise en place de stratégies efficaces pour lutter contre la violence djihadiste. Il bousculera de très nombreuses idées reçues, souvent issues d'une désinformation produite par des gouvernements démocratiques eux-mêmes, qui cherchent à se protéger d'une sanction électorale. Car davantage qu'un problème tactique, comme on le traite, la lutte contre le terrorisme est un problème de stratégie. Pourtant, aucun pays occidental n'a de réelle stratégie pour lutter contre le terrorisme. Comme souvent, ce que l'on appelle «stratégie» n'est qu'une suite d'activités de niveau ou de portée tactique, mais sans réel impact sur la nature de la menace[19].

Cet ouvrage ne donne pas de «recettes» pour vaincre le terrorisme, mais examine les solutions possibles et les met en perspective avec la réelle nature du terrorisme djihadiste.

---

19. Voir Gregor Mathias, *La stratégie française de lutte contre le terrorisme islamiste*, Balland, 2018.

2. COMPRENDRE LA MENACE

Les conflits « classiques », où s'affrontent ouvertement sur un même champ de bataille des adversaires de nature analogue, sont déterminés par des rapports de forces. L'intelligence stratégique, la flexibilité tactique et l'audace peuvent compenser une infériorité numérique ou technologique, mais le plus souvent la victoire est déterminée en fonction d'une supériorité quantitative et/ou qualitative, car la logique du combat est la même de part et d'autre.

C'est ce qui a permis le développement de modélisations numériques du champ de bataille, comme les travaux du colonel Dupuy dans les années 1980[20]. À la même époque, en URSS, de très nombreux modèles de mise en équation du champ de bataille avaient été développés comme aides à la décision, afin d'optimiser l'engagement des forces armées au niveau opératif, avec l'idée sous-jacente de faire de la guerre une science, et plus seulement un art[21].

Les conflits non conventionnels sortent de ce champ. Appelés successivement – et souvent indistinctement – conflits « irréguliers », « indirects », « infra guerriers », « insurrectionnels », « de 4e génération » ou « asymétriques », ils échappent à une classification rigide. Leur point commun est d'éviter l'affrontement ouvert où le rapport de forces leur serait défavorable pour agir dans des champs immatériels, de nature politique (pour les mouvements inspirés du marxisme) ou sociétale (pour les mouvements djihadistes).

Les concepts militaires occidentaux – basés sur la notion de rapport de forces – se sont trouvés en décalage avec ce type de conflit, poussant la réflexion militaire du niveau stratégique vers les niveaux tactique et juridique.

---

20. Colonel Trevor N. Dupuy, *Numbers, Prediction and War*, The Book Service Ltd, 1979.
21. Voir, par exemple : Brian Finn and Stephen M. Meyer, *Insights from Mathematical Modeling in Soviet Mission Analysis.* part 1, Research Report n° 86-5, Department off Political Science, Center for International Studies, Massachusetts Institute of Technology, mai 1984.

2.1. La guerre asymétrique – la guerre selon des logiques différentes

2.1.1. La notion d'asymétrie

Une situation est asymétrique lorsque la réponse à un problème utilise une logique inadéquate et provoque des effets inverses à ceux escomptés.

Les situations asymétriques ne sont pas exclusivement liées aux problèmes militaires ou sécuritaires. Les exemples sont nombreux. En Suède, la criminalisation du recours à la prostitution s'est basée sur des considérations idéologiques : en partant du principe que le problème est induit par la demande masculine, on pensait supprimer le problème en interdisant la demande. Mais on a totalement ignoré un facteur essentiel : la prostitution répond probablement – qu'on le veuille ou non – à un besoin dans la société. Résultat : les viols ont augmenté de manière radicale les années suivantes.

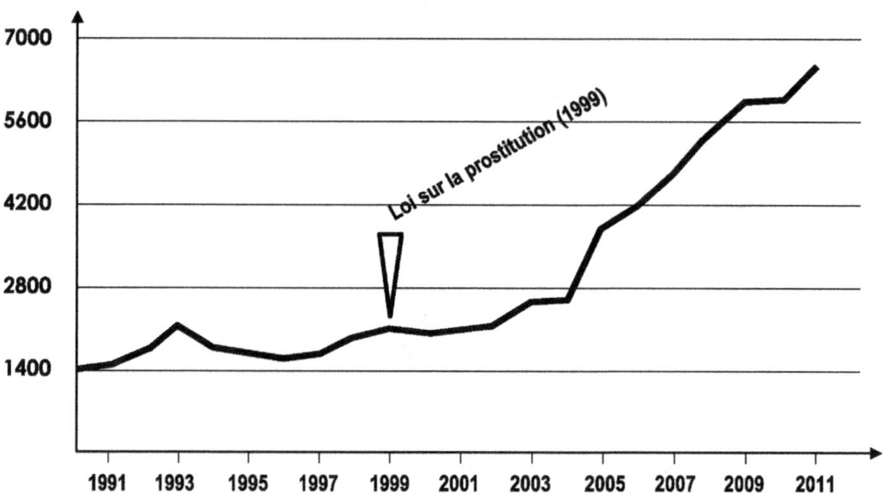

Figure 1. Le nombre de viols en Suède – relativement stable depuis le début des années 1990 – a radicalement augmenté après l'adoption de la loi sur la prostitution en 1999.

Un autre exemple d'asymétrie non guerrière est la loi sur la circulation routière adoptée en 1994 en Suisse pour mieux protéger les piétons. Destinée à réduire le nombre d'accidents entre piétons et véhicules, elle confère aux premiers une priorité absolue sur les seconds. Son bilan est paradoxal : la courbe des accidents de piétons qui chutait depuis le début des années 1980 a été brusquement infléchie vers le haut et n'a repris le cours normal de sa baisse qu'en 2003.

La raison de ce paradoxe est que l'on a considéré que les accidents résultaient du seul comportement des automobilistes. En donnant la priorité aux piétons, on ne les a pas incités à modifier leur comportement, mais on a au contraire encouragé leur témérité en déplaçant sur les automobilistes la responsabilité de l'accident. En fait, la loi n'a pas été conçue pour les piétons, mais contre les automobilistes. Des centaines d'accidents auraient probablement pu être évités, si la nouvelle loi avait fait l'objet d'une réflexion holistique et si l'on avait pris en compte le comportement des piétons.

Piétons victimes d'accidents de la route en Suisse (1980-2004)

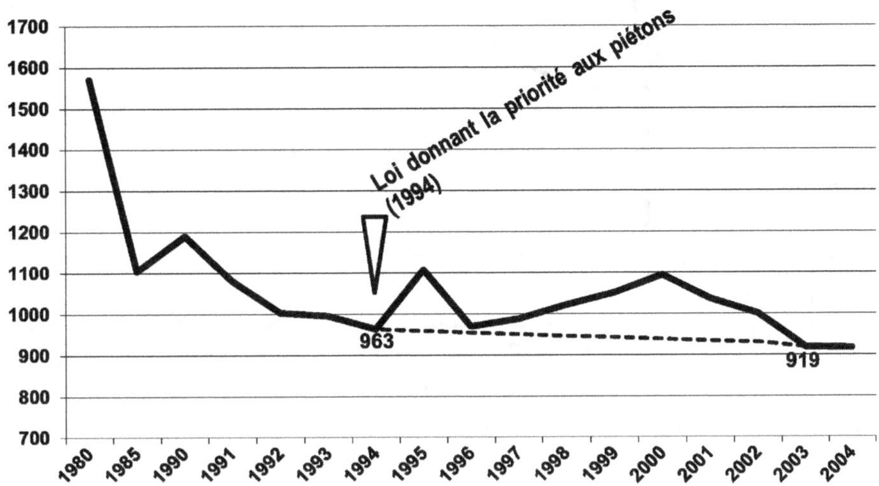

Figure 2. En 1994, l'adoption de la loi donnant la priorité aux piétons a interrompu la baisse régulière d'accidents observée depuis les années 1980 et a été suivie d'un pic d'accidents en 1995, puis d'une recrudescence des accidents qui ne s'est stabilisée qu'en 2002-2003.
En pointillé, la ligne théorique des accidents sans la loi de 1994.
[Source : Bureau suisse de prévention des accidents, 2006]

Un autre exemple contre-intuitif est l'interdiction des armes à feu en Grande-Bretagne en 1997, qui a conduit à un accroissement de la criminalité de sang. Cet effet inattendu a deux raisons : la première est l'idée qu'en supprimant les armes, on supprime le crime ; la seconde est la sous-estimation de l'« effet de seuil » qui accompagne l'usage d'une arme à feu pour commettre un délit. Cet effet est significativement plus bas que pour l'emploi d'armes blanches : on hésite donc moins à les utiliser, avec pour conséquence une hausse des crimes de sang.

En Australie, la lutte contre le suicide a conduit à l'adoption d'une loi plus restrictive pour l'acquisition et la possession d'armes à feu. Elle a permis d'abaisser le taux de suicide par arme à feu de 0,009 % en 1979 à 0,005 % en 1995. En revanche, dans la même période, le taux de suicide par pendaison est passé lui de 0,002 % à 0.0105 %, et le taux de suicide (toutes méthodes con-fondues) est passé de 0,015 % à 0,025 % ![22]

Crimes de sang au Royaume-Uni (1995-2006)

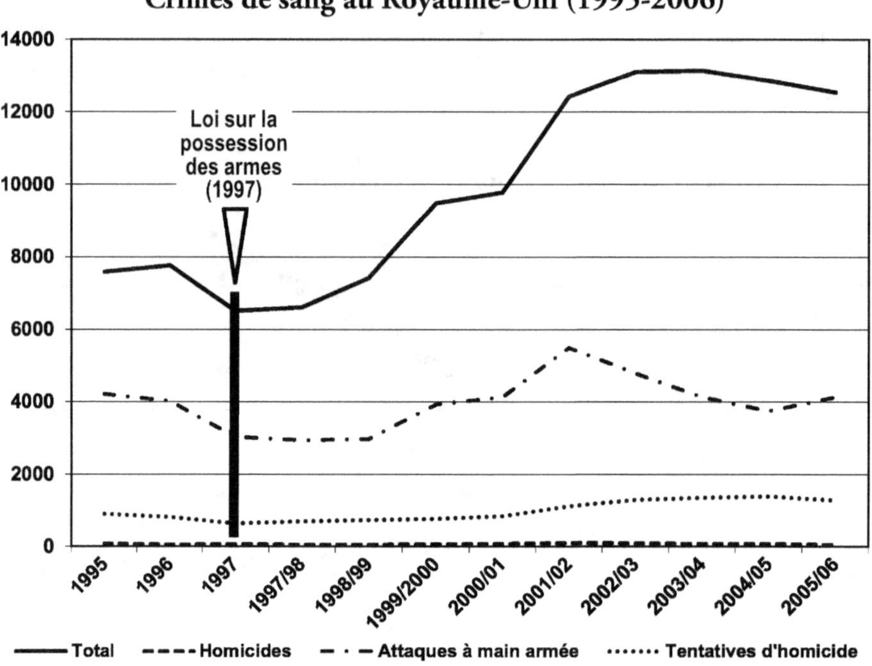

Figure 3. Jusqu'en 1997, les crimes de sang tendaient à diminuer. Mais, l'interdiction de la possession des armes à feu (ligne verticale) montre le début d'un infléchissement de la courbe et un accroissement de la criminalité de sang. Ce n'est qu'avec les sévères lois antiterroristes adoptées en 2002 que la criminalité a retrouvé une pente négative. (La ligne « total » comprend toutes les formes de crimes de sang en plus des trois catégories mentionnées ici.)
[Source : *Home Office Statistical Bulletin*, 25 janvier 2007[23]]

Toutes ces situations asymétriques ont deux points communs : a) l'absence totale de réflexion holistique et multifactorielle (on se concentre sur un seul aspect) ; b) on décide sur la base de critères émotionnels ou idéologiques (et non sur l'analyse des faits). C'est exactement la même problématique qui explique l'inefficacité de notre lutte contre le terrorisme aujourd'hui.

---

22. Pour les jeunes de sexe masculin entre 15 et 24 ans (*Research Centre for Injury Studies*, Adélaïde, Australie, 1995).

23. NDA : depuis le 1er avril 1998, les statistiques sont établies par rapport à l'année fiscale et non plus l'année du calendrier.

2.1.2. **Les conflits symétriques, dissymétriques et asymétriques**

Les conflits symétriques peuvent être associés aux conflits «classiques» ou «conventionnels». Ils opposent des adversaires disposant de structures, moyens et instruction analogues, et combattant selon une logique semblable, basée sur un rapport de forces. La désignation «symétrique» n'exclut cependant pas une *dissymétrie* dans la qualité (niveau technologique) et la quantité des moyens engagés, ni même une différence dans la perception du conflit. Ainsi, l'offensive allemande contre les Pays-Bas ou la Belgique en 1940, malgré l'énorme dissymétrie des moyens engagés de part et d'autre, entre dans la catégorie des conflits symétriques. Le conflit symétrique se caractérise par la recherche de la supériorité, comme un jeu à somme nulle : à la victoire de l'un correspond la défaite de l'autre.

Apparue dans les années 1990 aux États-Unis, la notion de «guerre asymétrique» s'est imposée progressivement dans le vocabulaire militaire occidental pour désigner des conflits qui sortent du schéma de la guerre conventionnelle, sans que l'on parvienne à les définir :

> *Dans les opérations militaires, l'emploi de stratégies, tactiques, moyens et méthodes dissemblables pour contourner ou rendre inefficaces les forces d'un adversaire et exploiter ses faiblesses.*[24]

En fait, cette définition traduit l'incapacité des Américains à conceptualiser les conflits qu'ils n'arrivent pas à maîtriser. L'exploitation d'une supériorité ou d'une vulnérabilité pour obtenir un succès (que certains appellent respectivement «asymétrie positive» et «asymétrie négative»[25]) nous ramène aux fondamentaux très conventionnels de l'art de la guerre sans refléter la complexité de la guerre asymétrique.

La doctrine française interarmées de 2014 va un peu plus loin et esquisse une distinction plus subtile :

> *a. l'irrégularité. Une guerre irrégulière n'est pas forcément illicite au regard des normes internationales, mais renvoie à la présence dans le conflit de combattants difficilement identifiables et non soumis à une autorité étatique. Affronter un adversaire irrégulier nécessite une analyse appropriée de l'usage de la force, afin d'en garantir la légitimité. L'existence d'une chaîne de commandement suffit à conférer à un groupe le caractère d'adversaire irrégulier;*

---

24. "In military operations the application of dissimilar strategies, tactics, capabilities, and methods to circumvent or negate an opponent's strengths while exploiting his weaknesses", Joint Publication (JP) 1-02, *Department of Defense Dictionary of Military and Associated Terms*, 15 février 2016.
25. Metz Steven, "Strategic Asymmetry", *Military Review*, juillet-août 2001.

b. la symétrie, qui oppose des adversaires comparables, tant au niveau des capacités détenues que de leur doctrine d'emploi ;

c. la dissymétrie, qui renvoie à une disparité de puissance entre deux entités qui s'affrontent, mais partagent une vision analogue de la conflictualité ;

d. l'asymétrie, qui s'entend comme un mode de combat qui exploite nos faiblesses. Il s'agit pour notre adversaire de se placer délibérément dans un domaine différent de celui où nous possédons une supériorité manifeste. Cette notion ne doit pas être considérée comme le propre d'un conflit irrégulier, d'un adversaire irrégulier, mais bien comme une option possible.[26]

La réflexion reste cependant timide et superficielle, car même dans une situation symétrique (b) ou dissymétrique (c), les adversaires vont chercher à exploiter la faiblesse de l'autre, et donc l'asymétrie (d) n'exprime pas ici une situation très différente des deux premières. Mais, elle a le mérite d'introduire une dimension qualitative et de mettre en évidence « un décalage » entre les adversaires, sans toutefois parvenir à le conceptualiser. Cette définition constituera la base de notre réflexion.

2.1.3. L'asymétrie dans la guerre

Les conflits asymétriques opposent des adversaires dont les logiques sont différentes. C'est la nature de leurs objectifs et la manière de les atteindre qui diffèrent fondamentalement. Alors que dans le conflit « classique », la victoire militaire (tactique ou opérative) *doit* conduire à la victoire stratégique ou politique, dans le conflit asymétrique, la défaite tactique *peut* contribuer au succès stratégique. Des conflits comme la guerre d'Algérie (1958-1962), du Vietnam (1965-1975), contre les narcotrafiquants, en Somalie (1993), en Afghanistan (2001-2021), en Irak (2003-2021), au Sahel (2014-2021) et ailleurs sont autant d'exemples où, malgré une maîtrise du terrain au niveau tactique, voire opératif, les armées occidentales ont perdu sur le plan stratégique, parce qu'elles n'ont pas compris la logique de la guerre qu'elles menaient ou mènent encore.

En substance, la guerre asymétrique n'est pas nouvelle. En Russie au XIXe siècle, le groupe révolutionnaire *Narodnaya Volya* (*Volonté populaire*) cherchait à renverser le tsar avec une stratégie visant à provoquer une surréaction du gouvernement, qui devait générer une dynamique révolutionnaire. Au XXe siècle, les guérillas des années 1960 et le terrorisme marxiste des années 1970-1980 ont été les manifestations les plus marquantes de stratégies asymétriques. Mais les stratèges occidentaux – à l'exception probable des Britanniques en

---

26. *Doctrine d'emploi des forces,* Centre interarmées de concepts, de doctrines et d'expérimentations (CICDE), doctrine interarmées, DIA-01 (A) DEF (2014), n° 128/DEF/CICDE/NP du 12 juin 2014, paragraphe 127, p. 17.

Malaisie – n'ont pas été capables de les comprendre en dehors d'une logique militaire de nature symétrique.

Lors de la guerre du Vietnam, les Américains ont déployé des efforts considérables en recherche sociologique et scientifique pour tenter de comprendre le fonctionnement des réseaux Viêt-Cong et de la société vietnamienne. Leurs études ont été exhaustives, approfondies et très souvent remarquables. Mais, trop ethnocentriques et orientées sur la recherche de solutions technologiques et tactiques, elles n'ont pas abouti à une conceptualisation stratégique «asymétrique» de la guerre anti-insurrectionnelle. C'est ce qui les a conduits à la défaite…

Tous les conflits insurrectionnels ne sont pas asymétriques. Ainsi, le combat mené par la Résistance française contre l'occupant allemand ne peut prétendre au qualificatif «asymétrique», malgré des méthodes que l'on qualifierait aujourd'hui de «terroristes». En effet, ses actions s'intégraient dans une logique «symétrique» de la guerre entre le IIIe Reich et les forces alliées. Il s'agissait d'actions essentiellement non conventionnelles, ponctuelles, de nature dissymétrique (c'est-à-dire du faible au fort) cherchant à affaiblir matériellement l'adversaire. L'action de la Résistance n'a vraiment été efficace que lorsque ses engagements ont été coordonnés dans un contexte stratégique fixé par le Commandement allié, principalement à partir de 1944 (sabotages, destruction des axes logistiques, etc.). Hors de ce contexte, les assassinats et attentats divers contre l'occupant ont été le plus souvent inefficaces – et même contre-productifs – en exposant inutilement la population civile à des représailles. En revanche, on pourrait dire que l'occupant allemand a apporté aux actions de la Résistance une réponse asymétrique avant la lettre : en exécutant des otages civils pour chaque militaire allemand tué, l'armée allemande tentait de transformer les succès de la Résistance en échecs. Cette stratégie n'a pas permis de neutraliser la Résistance, mais a contribué à la priver de soutien populaire ; d'ailleurs, les forces alliées ont utilisé exactement la même stratégie lors de l'occupation de l'Allemagne.

Alors que la guerre «symétrique» se construit autour de rapports de forces, avec des objectifs stratégiques de nature matérielle (conquête de territoire ou destruction de l'adversaire), la guerre asymétrique se construit autour d'objectifs stratégiques de nature souvent immatérielle liée à la légitimité – réelle ou perçue – de l'action. Avec une stratégie «symétrique», on cherche à obtenir des succès décisifs, alors qu'un acteur «asymétrique», souvent matériellement incapable d'obtenir des succès décisifs, cherche à maintenir une détermination pour exploiter les faiblesses immatérielles de l'adversaire.

La guerre asymétrique s'alimente des logiques ancrées dans les systèmes décisionnels, politiques et culturels de l'adversaire. Malgré les apparences, elle exerce davantage sa pression sur les mécanismes décisionnels que sur les forces engagées sur le terrain, et agit sur l'adversaire en tant que «système».

Le conflit israélo-palestinien est un exemple de conflit asymétrique, que les Israéliens ont été incapables de maîtriser en 60 ans. Aujourd'hui, les actions palestiniennes[27] ne sont pas de nature à reprendre les territoires occupés, mais exploitent l'attitude intransigeante du gouvernement israélien pour maintenir, accroître et consolider l'esprit de résistance. Les roquettes palestiniennes qui continuent à frapper le sud d'Israël n'ont aucune efficacité tactique : le nombre de morts qu'elles causent est minime[28]. En revanche, les pertes environ 140 fois supérieures infligées par les ripostes israéliennes permettent de maintenir vivace la volonté de résistance, d'encourager le soutien international à la cause palesti-nienne et ont ainsi un effet stratégique : elles contribuent à générer une dynamique toujours moins favorable à Israël sur le plan international. Israël maintient une illusion de victoire en Palestine, au prix d'une légitimité politique qui se dégrade de jour en jour, même auprès de son plus grand allié : les États-Unis.

Sur le plan intérieur, un exemple de stratégie inadéquate est présenté par la destruction des maisons des familles palestiniennes dont des membres sont suspectés de participer à des activités terroristes. Selon le *Comité israélien contre les démolitions de maisons*, 49 707 maisons ont ainsi été détruites entre 1967 et décembre 2019[29]. Cette politique donne l'apparence d'une prise en main virile et dissuasive de la menace terroriste. En fait, il n'en est rien. Tout d'abord, on constate un accroissement sensible des actes terroristes durant cette période, avec un basculement progressif des actions-suicides vers la projection de missiles et obus de mortiers. En second lieu, elle n'a fait que renforcer l'influence du Hamas. En effet, les personnes recherchées (terroristes) ne vivent souvent plus dans les maisons de leurs familles, et la mesure ne touche finalement que des enfants, des femmes et des personnes âgées. Mais, les autorités israéliennes n'ont pas prévu que, privées de toit, ces familles sont le plus souvent prises en charge par le *Fonds de soutien aux familles (Waqfiat Ria'at al-Usra)* du Hamas et par l'*Union du Bien (I'tilaf al-Kheïr)* (qui coordonne depuis octobre 2000 les organisations de bienfaisance dans les territoires occupés[30]) et sont ainsi poussées dans les bras du Hamas, même lorsqu'elles n'y étaient pas nécessairement affiliées précédemment.

---

27. Il s'agit ici des multiples actions (« marches du retour », tirs de roquettes et autres projectiles, at-tentats, etc.) menées par diverses organisations palestiniennes (associées ou non au Hamas, au Fatah et à d'autres groupuscules militants).

28. On décompte 33 morts israéliens entre 2001 et 2015 (chiffre au 1er juin 2015) et environ 4600 victimes palestiniennes — au moins — dues aux frappes israéliennes.

29. Chiffres de l'*Israeli Committee against of House Demolition* (ICAHD), http://icahd.org/ (consulté le 18 décembre 2019). Ces chiffres comprennent également les destructions par l'application de la doc-trine Dahiya et de la directive Hannibal, que nous verrons dans le chapitre consacré à l'antiterrorisme.

30. On estime que 75-80 % du budget du Hamas est utilisé pour le financement d'assistance sociale et médicale, la construction d'infrastructures médicales et d'orphelinats. (David H. Gray & Larson John Bennett, "Grass Roots Terrorism: How Hamas' Structure Defines a Policy of Counterterrorism", *Research Journal of International Studies*, novembre 2008).

En d'autres termes, à travers cette politique, Israël a tout simplement contribué à renforcer la popularité et les rangs du Hamas, ainsi que la haine de l'occupant israélien, péjorant ainsi sa propre posture stratégique par une mesure tactique. Finalement, ces démolitions punitives ont dégradé son image sans avoir d'effet dissuasif sur les attentats terroristes[31].

Aujourd'hui, les définitions de l'asymétrie utilisées par les forces armées occidentales sont basées sur des critères trop simples pour refléter la complexité du problème. En fait, on trouve deux formes principales d'asymétrie :

• l'asymétrie issue d'une stratégie délibérée, basée sur une analyse systémique du conflit et de l'adversaire, de ses mécanismes décisionnels et de la relation entre ses décideurs et la société dans son ensemble. C'est la stratégie asymétrique marxiste des mouvements révolutionnaires des années 1970-1980 ;

• l'asymétrie issue de confrontations de contextes culturels différents. C'est le cas de l'asymétrie islamiste, qui résulte de l'opposition entre une société occidentale qui valorise la vie en tant que telle et des groupes islamistes qui valorisent la raison pour laquelle on vit. En Occident, la vie est un but en soi, alors que pour un islamiste il s'agit de donner un sens à la vie, même si l'on doit la sacrifier pour y parvenir.

Les stratégies qui exploitent une situation asymétrique ne cherchent pas nécessairement à augmenter le niveau de violence, mais à générer un effet multiplicateur de nature qualitative :

• Dans l'asymétrie marxiste, la stratégie asymétrique est de pousser l'adversaire (l'État) à s'engager dans la violence, afin de pouvoir exploiter cette réaction dans le champ politique ou émotionnel. Il s'agit donc d'infliger une douleur «juste suffisante» pour provoquer une «surréaction», en jouant sur l'image et l'impact émotionnel. Ici, la propagande a un rôle déterminant pour accentuer l'impact de l'action sécuritaire.

• Dans l'asymétrie islamiste, il s'agit essentiellement d'exploiter la détermination des combattants dans l'affrontement avec un adversaire numériquement et/ou technologiquement supérieur. La manière de répondre est plus importante que le résultat final ou, plus exactement, le résultat se situe dans la détermination à se battre. Ici, le combattant se situe dans une perspective qui le transcende et place son sacrifice comme une réalisation personnelle. Sa mort elle-même devient un élément de la victoire.

La différence fondamentale entre ces deux asymétries est que l'asymétrie marxiste cherche à établir un nouveau système socio-politique : c'est une stratégie d'intensification du conflit. L'asymétrie islamiste, en revanche, cherche essentiellement à «maintenir une flamme allumée» : elle peut attirer des adeptes, mais

---

31. Meir Margalit, "The Truth behind Formal Statistics – Demolition of illegal houses in the West Bank during 2004", Israeli Committee Against House Demolition, avril 2005.

elle ne conduit pas conceptuellement à une intensification du conflit. D'ailleurs, le fait qu'elle accepte la mort comme un aboutissement en fait une stratégie de dernier recours, dont la logique est « mieux vaut mourir debout que vivre à genoux ».

La caractéristique essentielle de la guerre asymétrique est qu'elle n'est pas basée sur la recherche d'une supériorité ou l'exploitation d'une faiblesse de l'adversaire, mais – plus subtilement – sur la conversion de sa supériorité en faiblesse. Ainsi, une stratégie asymétrique exploite la supériorité de l'adversaire pour forger sa propre victoire. D'une certaine manière, c'est l'application des principes de l'aïkido (et non du judo !) japonais dans le champ stratégique. Dans un tel conflit, non seulement la puissance de feu – si importante qu'elle soit – n'est plus en mesure d'apporter la victoire, mais elle devient même une faiblesse si on ne sait pas la maîtriser.

En Occident, en dépit des évolutions technologiques, les principes de la guerre sont restés ceux de 1914. La guerre contre l'État islamique menée par la coalition occidentale n'est pas très différente de celle qui fut menée cent ans auparavant à Verdun : les frappes sont strictement tactiques et n'ont pas d'ambition stratégique. En revanche, elles ont créé le mythe d'un État islamique « défenseur de l'islam » et encouragé des volontaires du monde entier à se ranger à ses côtés. L'échec de la stratégie occidentale est d'ailleurs tacitement admis puisque, malgré avoir été déclaré détruit, l'État islamique reste une menace suffisante pour le maintien d'importants contingents occidentaux en Afghanistan (où il n'existait pas), en Irak, en Syrie et dans le Sahel.

Même l'élimination d'Abou Bakr al-Baghdadi (26 octobre 2019) n'a pas eu d'effet dissuasif. Au contraire, on observe sur les réseaux sociaux une recrudescence de la volonté de combattre dans le monde. En fait, on n'a fait que donner une publicité au mouvement, en démontrant la détermination de son chef, avec un effet multiplicateur sur l'audience de l'EI[32]. Des stratèges idiots ont ainsi contribué à alimenter et renforcer la menace qu'ils combattent !

La guerre asymétrique menée par les islamistes puise l'essentiel de son efficacité dans les comportements émotionnels de nos sociétés. Les campagnes contre le voile islamique ou le burkini, lancées par des politiciens en quête d'audience, n'ont fait que mettre à vif les fractures qui existent dans la société française, causées par l'inaction de ces mêmes politiciens durant des décennies.

Dans un contexte asymétrique, nos médias et nos hommes politiques deviennent ainsi, consciemment ou non, des complices du terrorisme en amplifiant la résonance des attentats pour des raisons de politique intérieure. Les

---

32. Nicky Harley, "Surge in pro-ISIS social media posts as group uses Baghdadi's", *The National*, 29 octobre 2019 ; Tim Stickings, "Terror experts warn of 'surge' in pro-ISIS social media posts after death of leader al-Baghdadi as extremists vow that 'jihad will never stop even if our caliph dies'", *The Daily Mail*, 30 octobre 2019.

vidéos produites par l'État islamique montrent que les grandes manifestations comme celle du 11 janvier 2015 en France ou des cérémonies à haute visibilité en faveur des victimes d'attentats, qui voulaient exprimer l'opposition de la nation au terrorisme, contribuent en fait à la mobilisation et à la radicalisation des individus. C'est d'ailleurs à cette période que le nombre de départs de djihadistes pour la Syrie a commencé à augmenter[33]. Ce que nous avons vu comme une démonstration de force de la nation a – en fait – montré sa vulnérabilité. La logique des guerres d'aujourd'hui n'est plus celle de 1914! Nous y reviendrons.

Bien qu'ils évoquent souvent l'asymétrie des conflits, les pays occidentaux n'en ont pas réalisé la nature et n'en ont pas tiré les conséquences dans la conduite de la guerre contre le terrorisme. Parce qu'ils façonnent leurs stratégies plus en fonction de leurs émotions qu'en fonction de l'ennemi, les stratèges occidentaux continuent à s'appuyer sur la notion de «dissuasion» issue de la guerre froide, plus facile à comprendre et à justifier.

Ici, à l'inverse de la logique des conflits symétriques, l'usage de la force n'a pas d'effet dissuasif, mais tend à renforcer la posture des terroristes, en l'occurrence de l'État islamique :

> *Croyez-vous que votre coalition et vos bombardements vont nous affaiblir? Non par Allah! Cela nous fortifie et nous raffermit encore plus et augmente notre foi envers ce que Mohammad [...] nous a apporté!*[34]

Le problème est que non seulement personne ne veut écouter l'ennemi, mais on empêche les chercheurs de comprendre sa logique. Ainsi, les messages – pourtant très clairs des islamistes – sont systématiquement tronqués dans la presse traditionnelle pour accréditer la thèse que le terrorisme est irrationnel. La crainte de reconnaître une justification rationnelle à la violence terroriste a pour conséquence de créer des conditions favorables à sa pérennité. Pourtant, exactement comme un combattant «normal» n'est pas libre de commettre n'importe quel crime sur le champ de bataille, la rationalité de l'acte terroriste ne signifie pas qu'il n'est pas criminel. Naturellement, cette logique pourrait fonctionner si les pays occidentaux acceptaient de juger et de punir leurs propres crimes de guerre… ce qu'ils ne font pas, justifiant ainsi le terrorisme.

2.1.4. Le succès tactique contre le gain stratégique

Pour vaincre un adversaire, la stratégie appliquée doit avoir un objectif clair et orienté sur son centre de gravité. La chose est relativement simple dans les

---

33. *Letter dated 19 May 2015 from the Chair of the Security Council Committee pursuant to resolutions 1267 (1999) and 1989 (2011) concerning Al-Qaida and associated individuals and entities addressed to the President of the Security Council*, S/2015/358, UN, New York, 19 mai 2015.
34. Extrait verbatim d'une vidéo adressée à la France par l'État islamique à la fin novembre 2015.

conflits symétriques, mais beaucoup moins dans les conflits asymétriques, où la logique fonctionne « en creux ». C'est le problème des Occidentaux au Moyen-Orient, dans le Sahel et en Afghanistan, mais aussi d'Israël, qui est pratiquement un cas d'école : de tous les pays frappés par le terrorisme au XXe siècle, Israël est le seul à avoir été incapable d'en réduire l'importance et – a fortiori – de le vaincre.

La clé de cette incapacité se trouve en premier lieu dans la stratégie israélienne à l'égard des territoires occupés : elle ne vise pas à résoudre le problème, mais à le combattre. De fait, le gouvernement israélien présente le conflit comme un affrontement de nature religieuse alimenté par l'antisémitisme, alors que les Palestiniens répètent régulièrement que leur objectif est de récupérer leurs terres. Paradoxalement, l'asymétrie ne résulte pas directement de cette différence de perspective, mais indirectement des stratégies appliquées en conséquence de cette différence.

En fait, les Palestiniens ont compris qu'Israël a besoin de maintenir une activité terroriste pour mener à bien son projet de s'emparer de l'ensemble du territoire palestinien. Ils ont donc adopté une stratégie de réponse, en évitant les agressions terroristes spectaculaires et en faisant porter sur Israël seul le poids de l'impopularité du conflit. Cela explique leur abandon du terrorisme interna-tional dans les années 1970, puis des actions-suicides dans les années 2000. En usant de tirs de roquettes – spectaculaires, mais causant très peu de victimes – en réponse aux frappes israéliennes, les Palestiniens ont clairement acquis l'opi-nion internationale. De leur côté, les Israéliens ont poursuivi une politique de répression délibérément disproportionnée, contraire au droit international, qui n'est soutenue que par le gouvernement américain, mais qui est très largement réprouvée par les opinions publiques dans le monde, y compris par les Juifs américains[35].

C'est pourquoi Israël s'est attaché à promouvoir en Occident des disposi-tions légales pour assimiler l'antisionisme (dirigé contre la politique israélienne) à de l'antisémitisme (contre le peuple juif) ou pour interdire des campagnes citoyennes visant à forcer Israël à respecter le droit international. Ces initiatives témoignent de l'affaiblissement stratégique d'Israël, malgré d'apparents succès tactiques.

L'efficacité d'une stratégie asymétrique découle essentiellement de la manière « symétrique » (et simpliste) avec laquelle on y répond. Les interventions israé-liennes sur Gaza illustrent parfaitement ce phénomène. Dans l'opinion publique occidentale, la disproportion des moyens engagés provoque une compassion qui tend à l'éloigner de la position israélienne et à se rapprocher des Palestiniens, y

---

35. Jonathan Cook, "Can young Jews in US turn tide against Israel?", *The National*, 26 juin 2017.

compris le Hamas. Les pertes des Palestiniens alimentent leur gain stratégique dans le monde.

2.1.5. La stratégie non violente de Gandhi

La non-violence – non pas celle du pacifisme européen militant des années 1980, prônant un naïf désarmement général des démocraties – mais celle conçue comme une stratégie d'action constitue l'archétype d'une stratégie asymétrique.

Conçue et mise en œuvre avec succès par Gandhi à la fin des années 1940 en Inde, la non-violence est une stratégie «de combat» qui transcende l'emploi de la violence et «désarme» littéralement l'adversaire. Elle oppose la volonté aux armes et est vraisemblablement la «forme de combat asymétrique» la plus difficile à contrer :

La non-violence ne consiste pas à renoncer à toute lutte réelle contre le mal. La non-violence est au contraire contre le mal une lutte plus active et plus réelle que la loi du Talion, dont la nature même a pour effet de développer la perversité. J'envisage pour lutter contre ce qui est immoral une opposition mentale et par conséquent morale. Je cherche à émousser complètement l'épée du tyran, non pas en la heurtant avec un acier mieux effilé, mais en trompant son attente de me voir lui offrir une résistance physique. Il trouvera chez moi une résistance de l'âme qui échappera à son étreinte. Cette résistance d'abord l'aveuglera et ensuite l'obligera à s'incliner. Et le fait de s'incliner n'humiliera pas l'agresseur, mais l'élèvera.[36]

C'est une description typique du conflit asymétrique où, à chaque action, l'adversaire «symétrique» détériore sa propre situation stratégique. Très mal comprise en Occident, il ne s'agit pas d'une stratégie de l'impuissance, mais d'une stratégie délibérée de non-emploi de la force, comme le précise Gandhi :

La non-violence a pour condition préalable de pouvoir frapper.[37]

La force de la non-violence comme méthode de guerre asymétrique est que la réponse à lui donner est complexe, car non seulement elle s'inscrit dans le temps, mais elle suppose que celui qui l'emploie accepte de tout perdre :

Tout comme dans l'instruction à la violence il faut apprendre l'art de tuer, dans l'instruction à la non-violence il faut apprendre l'art de mourir.[38]

L'essence asymétrique de la non-violence peut être résumée très simplement par :

---

36. Gandhi, *Young India*, 8 octobre 1925, dans *Lettres à l'Ashram*, tr. Herbert, Albin Michel, 1937, p. 86-87.
37. Gandhi, *Young India*, 12 août 1926, *op. cit.*, p. 88.
38. Gandhi, *Non-violence in Peace and War*, Navajivan Publishing House, Ahmedabad, 1948, tome I, p. 335.

Il n'y a pas de défaite dans la non-violence.[39]

Ne cherchant pas à conquérir, la stratégie non violente n'offre rien à perdre. On se trouve ainsi dans un jeu du type « qui perd gagne » qui défie les stratégies occidentales habituelles.

Ghandi était un révolutionnaire. Notre propos n'est évidemment pas d'associer sa stratégie au terrorisme, mais de montrer qu'aux deux extrémités du spectre de la violence, il existe des stratégies de nature asymétrique contre lesquelles l'État est impuissant s'il ne modifie pas son approche. En d'autres termes, il est faux d'associer automatiquement l'asymétrie à la violence.

2.2. Définir le terrorisme – la quadrature du cercle

2.2.1. Pourquoi une définition ?

Notre incompréhension du phénomène terroriste se traduit par le nombre de ses définitions utilisées à travers le monde et se répercute sur l'incapacité de définir des stratégies cohérentes pour le traiter. Ainsi, définir le terrorisme n'est pas qu'un simple exercice de style : il détermine notre manière d'y répondre.

En 1994, il existait 212 définitions du terrorisme utilisées dans le monde, dont 90 utilisées officiellement[40]. Aujourd'hui, elles sont innombrables, et souvent les institutions d'un même pays utilisent plusieurs définitions différentes. En fait, les travaux sur une définition universelle ont débuté en 1937, au sein de la Société des Nations, avec l'élaboration de la *Convention pour la prévention et la répression du terrorisme*[41]. Mais, malgré d'interminables discussions, les Nations unies ne sont jamais parvenues à une définition qui permette une mise en œuvre efficace de leurs résolutions.

Pour simplifier, le débat oppose deux camps principaux : les pays occidentaux qui tendent à définir le terrorisme en fonction de ses modes d'action et de ses effets, en insistant sur son caractère criminel, et le reste du monde (essentiellement les pays en voie de développement) qui préfère une définition en fonction de ses causes, sans définir a priori son caractère criminel. Il en est ainsi des pays membres de l'*Organisation de la conférence islamique (OCI),* en raison du conflit israélo-palestinien, considéré comme une résistance contre une occupation. On pourrait résumer en disant que la vision occidentale permet de condamner le terrorisme, mais non de le combattre, alors que la vision du reste du monde permettrait de le combattre, mais non de le condamner.

---

39. Gandhi, *op. cit.*, p. 111.
40. Jeffrey D. Simon, *The Terrorist Trap*, Indiana University Press, Bloomington, 1994.
41. Convention pour la prévention et la répression du terrorisme, Société des Nations, 16 novembre 1937, n° C.546.M.383.1937.V.

Les Occidentaux craignent qu'inclure les causes du terrorisme dans une définition ne serve qu'à le justifier :

> *Quant à la définition juridique du « terrorisme », le représentant d'Israël a affirmé que certains pays continuent de maintenir qu'un acte de terrorisme – une voiture-bombe sur un marché bondé, par exemple – ne devait pas être considéré comme du terrorisme, s'il était revendiqué dans le contexte d'une libération nationale. Il dit que le terrorisme était défini par « ce que l'on fait, non pourquoi on le fait ». Défendre un attentat contre des innocents au nom du combat pour la liberté est incompréhensible.[42]*

La position du reste du monde est basée sur le fait que le terrorisme reste parfois l'ultime recours en cas de guerre contre un adversaire technologiquement ou numériquement supérieur. Le terrorisme est alors considéré comme une méthode de combat, qui peut être au service des objectifs et des causes les plus divers, mais aussi les plus légitimes, et s'inscrit dans le cadre d'une stratégie « du faible au fort » :

> *Aussi longtemps que nous sommes incapables de distinguer entre terrorisme et droit de défendre sa terre, nous ne pourrons être d'accord sur ce qu'est le terrorisme.[43]*

Le problème est que fréquemment – particulièrement dans certains pays en voie de développement – les possibilités d'expression du mécontentement sont si limitées que le choix des stratégies possibles tend à se centrer sur le terrorisme et lui donner ainsi une légitimité. C'est le cas du conflit israélo-arabe et du terrorisme palestinien, mais aussi de la résistance aux interventions étrangères en Afghanistan et en Irak, qui sont légitimes pour de nombreux pays.

Ainsi, les débats à l'ONU sont systématiquement bloqués par l'affirmation de la lutte légitime ou les tentatives d'y contenir également la notion de « terrorisme d'État ». L'association entre le terrorisme et les mécanismes révolutionnaires des années 1960-1980 ont conduit à l'interpréter comme une idéologie en soi, et ont ainsi introduit l'antagonisme entre « combattant de la liberté » et « terroriste ». Or sur un plan sémantique, il s'agit de deux choses fondamentalement différentes : le « *combattant de la liberté* » est défini en fonction d'une finalité, alors que le « *terroriste* » est défini en fonction d'un mode d'action :

---

42. Compte-rendu de la 29ᵉ session de la 6ᵉ Commission des Nations unies, 15 novembre 2000 (GA/L/3169).
43. *Iran News*, rapporté par l'AFP, 30 septembre 2001.

L'adage selon lequel le terroriste des uns est le combattant de la liberté des autres témoigne de l'ineptie des hypothèses sur les motivations des terroristes.[44]

On peut « résister » à une occupation par le « terrorisme » et donc être à la fois « résistant » et « terroriste ». Techniquement, l'un n'exclut donc pas l'autre, mais on évite cette analyse, par crainte de justifier le terrorisme ou de ternir l'image d'une « résistance » légitime (comme la Résistance en France, par exemple). À l'inverse, les Taliban, que l'opinion publique décrit volontiers comme des terroristes, n'ont jamais été définis comme tels par les États-Unis[45].

La confusion entre « causes » et « moyens » tend à fausser notre compréhension du terrorisme en effaçant la distinction entre ses dimensions tactique (qui demande des solutions policières) et stratégique (qui appelle des solutions politiques) :

> *[…] En réalité, une étude simultanée des « causes » et des « mesures » est une condition impossible à soutenir. L'une des manifestations les plus fréquentes des actes de violence est la piraterie aérienne : ici, des mesures ont été trouvées sans l'étude des causes. De plus, la commission du droit international a préparé une rédaction provisoire de la convention sur la protection des diplomates sans avoir au préalable élucidé les raisons des actes de violence dirigés contre eux. L'exigence de considérer la question en bloc n'est en réalité rien d'autre qu'une manœuvre destinée à réduire le terrorisme à une simple question politique et à prévenir la prise de mesures concrètes.*[46]

En d'autres termes, nous ne regardons que les manifestations du terrorisme, sans en comprendre ni le fonctionnement ni le moteur. Ainsi, la lutte contre le terrorisme vise plus à le punir qu'à le combattre. Les définitions utilisées permettent un traitement judiciaire et une répression dure, mais sont aussi le principal obstacle à une action préventive, car elles excluent d'emblée la prise en compte des objectifs recherchés et des motivations des terroristes. C'est pourquoi nous nous limitons au niveau tactique et policier (antiterrorisme) qui nous conduit à sacrifier nos valeurs, nos libertés individuelles et à placer une confiance exagérée dans des systèmes de surveillance pléthoriques, coûteux et inutiles.

---

44. O'Gorman, R. & Silke, Andrew (2015). "Terrorism as Altruism: An Evolutionary Model for Understanding Terrorist Psychology," in Max Taylor, Jason Roach and Ken Pease (eds.), *Evolutionary Psychology and Terrorism*, Routledge, London, p. 149-163.
45. Jonathan Karl, *Taliban Are Not Terrorists, or So Says the White House*, ABC News, 29 janvier 2015, http://abcnews.go.com/Politics/taliban-terrorists-white-house/story?id=28588120.
46. Cité par Seymour Finger, "The United Nations response to terrorism", dans Yonah Alexander at Robert A. Kilmarx (eds.), *Political Terrorism and Business. The Threat and Response*, Praeger, New York, 1979, p. 261.

Ainsi, l'Occident est engagé dans une guerre qui au mieux empêche l'exécution des actes terroristes, mais qui n'est pas en mesure de prévenir l'intention de commettre des attentats. En d'autres termes, nous aurons toujours une longueur de retard sur la décision terroriste.

2.2.2. Le terrorisme – méthode ou objectif ?

La plupart des définitions du terrorisme utilisées en Occident comprennent trois éléments : la violence, les victimes innocentes (civiles) et la volonté de terroriser. Mais elles n'incluent ni son contexte stratégique ni les mécanismes de sa genèse. Il en résulte que nous tendons à voir le terrorisme comme un phénomène inéluctable, qui «tombe du ciel» de manière inopinée, simplement pour satisfaire les lubies de certains «détraqués», comme l'affirme Tony Blair :

Le but du terrorisme est juste ça, terroriser les gens.[47]

Cette vision simpliste des choses est exactement à l'origine de nos morts et de nos échecs contre le terrorisme. Si le but du terrorisme n'était que de tuer ou détruire, il existerait alors simplement pour exister, ce qui n'est, à l'évidence, pas le cas.

Notre lecture très émotionnelle du terrorisme tend à nous faire confondre les notions de «moyen» et de «finalité», comme le journaliste Mohammed Sifaoui, sur *France 5*[48]. C'est tout simplement faux. Non seulement cette lecture nous rend incapables de traiter les vraies causes du terrorisme, mais elle contribue à creuser le fossé entre communautés et à mettre inutilement de l'huile sur le feu. À tort ou à raison, tuer ou détruire ne sont ici que des moyens pour atteindre un objectif. Personne ne se sacrifie «juste pour faire peur». Le terrorisme a *toujours* un objectif supérieur (stratégique ou politique), même si nous ne le voyons ou ne le comprenons pas. Sans comprendre la nature de cet objectif, il est impossible de lutter efficacement contre le terrorisme. Nous y reviendrons plus en détail.

Ce qui distingue le terrorisme d'autres formes de crimes est qu'il s'inscrit dans un processus. Il cherche à imposer une modification de comportements ou de décisions pour satisfaire un objectif supérieur, et répète son action jusqu'à ce que son but soit atteint. Ce caractère récursif est au cœur du phénomène terroriste et explique la profonde réticence à faire des concessions aux terroristes.

Mais cela signifie aussi que des attaques qui ont l'apparence et la brutalité d'actes terroristes n'en sont parfois pas. C'est le cas de la tuerie du Musée juif de Belgique, à Bruxelles, (24 mai 2014), qui n'a jamais été revendiquée par une

---

47. Tony Blair, "In full: Blair on bomb blasts", BBC News, 7 juillet 2005.
48. Mohammed Sifaoui dans l'émission *C à vous*, «Comment détecter la radicalisation ? - *C à vous* - 10/10/2019», France 5/YouTube, 10 octobre 2019 (08'05") et (08'25").

organisation terroriste, et qui était – selon toute vraisemblance – une vengeance pour les violences de Gaza. On peut également mentionner le massacre d'Utoya par Anders Behring Breivik (22 juillet 2011), qui est un acte de haine pure à caractère messianique. Tous ces crimes ont été qualifiés de terroristes par la suite. Dont acte. Il faut bien comprendre que le terrorisme est une méthode pour atteindre un objectif stratégique : on frappe jusqu'à ce que l'on obtienne satisfaction ou que l'on atteigne l'objectif.

Lorsque le crime – tout horrible qu'il soit – n'est pas intégré dans un processus visant un objectif, alors il est probable qu'il soit autre chose que du terrorisme. Dans les exemples ci-dessus, le regard plus « clinique » du stratège montre qu'ils ont été générés par la haine, la soif de vengeance ou le dépit, et s'apparentent davantage à des meurtres de masse : leur violence ne faisait pas partie d'un processus stratégique et leur « combat » s'est arrêté avec leurs actes eux-mêmes.

Cette distinction est essentielle lorsque l'on cherche à combattre le terrorisme sur le plan stratégique. Par exemple, si les attentats de janvier 2015 (*Charlie Hebdo* et l'Hyper Cacher) à Paris sont très clairement terroristes, il n'en est pas de même pour les crimes de Mohammed Merah en 2012. Pourtant, dans les deux cas, les terroristes ont invoqué une vengeance pour les actions israéliennes à Gaza. Sur le plan pénal et moral, dans les deux cas, ces crimes sont inacceptables et doivent être punis avec la même sévérité. En revanche, le traitement de ces deux séries de tueries aurait exigé des stratégies différenciées. En effet, Merah n'a assorti ses actes d'aucune demande ou revendication ni ne les a placés dans une démarche politique ou révolutionnaire : les stratégies de lutte possibles se situent au niveau sociétal et policier. Quant aux attentats de 2015, les stratégies se situaient au niveau de la politique étrangère et de la communication.

Le problème est très différent avec les attentats commis par, pour ou au nom de l'État islamique, qui s'intègrent dans une stratégie d'action et qui doivent être contrés dans le cadre d'une approche plus large avec une composante stratégique et une composante tactique. Ainsi, vus sous un angle stratégique, les crimes de Merah n'étaient pratiquement pas évitables, alors que les attentats de 2015-2016 l'étaient.

2.2.3. Définir le terrorisme pour le vaincre

Les définitions existantes du terrorisme ont été établies afin de pouvoir punir leurs auteurs. C'est bien, mais c'est insuffisant, car elles ne permettent pas de comprendre la nature du problème. Nos définitions permettent de punir des terroristes, mais pas de lutter contre le terrorisme. Deux choses qui sont régulièrement confondues en France, où la réflexion sur le sujet se limite à son aspect policier.

Pour lutter contre le terrorisme, une « bonne » définition devrait s'appuyer sur sa dimension stratégique. Une solution possible, universelle et objective, pourrait être :

L'usage ou la menace de l'usage de la force afin d'obtenir un changement politique.[49]

Mais elle reflète insuffisamment le contexte stratégique dans lequel le terrorisme opère. Ainsi, nous adopterons ici la définition suivante, débarrassée de toute considération morale ou légale :

Le terrorisme est une méthode fondée sur l'intimidation, qui cherche à atteindre des objectifs stratégiques en utilisant des moyens tactiques.[50]

Son mérite est de faire une différence entre les niveaux tactiques et stratégiques, qui échappe aux définitions traditionnelles, mais qui est pourtant indispensable.

Certains objecteront – à juste titre – que l'usage de moyens tactiques pour atteindre des objectifs stratégiques n'est pas propre au terrorisme, mais peut aussi concerner les frappes aériennes pratiquées par les aviations occidentales en Libye, en Irak, au Pakistan, en Afghanistan ou en Syrie. Toutefois, ces frappes ne sont pas toujours innocentes et ont pour objectif – comme les sanctions – de mettre la population civile dans une situation telle qu'elle cherche à renverser son gouvernement. Dans ce contexte, les frappes occidentales menées en Irak ou en Syrie peuvent aussi correspondre à une stratégie de nature terroriste. Nous y reviendrons.

Ainsi, sans aborder ici la question de la légitimité des objectifs du terrorisme – que nous verrons plus bas – cette définition permet déjà d'établir que la lutte contre le terrorisme doit s'articuler sur trois axes : un premier axe au niveau de ses objectifs, un deuxième axe au niveau de sa mise en œuvre et le troisième pour réduire son impact. Le premier est de nature stratégique, il cherche à agir sur la motivation des terroristes et fait partie d'une approche préventive (contre-terrorisme), tandis que le deuxième et le troisième sont de nature tactique et visent à agir de manière préemptive[51] ou réactive sur les moyens engagés par les terroristes, ainsi que sur la réduction de l'impact des attentats (antiterrorisme). Nous aborderons ces questions plus en détail plus loin. L'important est que la lutte contre le terrorisme doit comprendre un volet stratégique, ce qu'aucun pays ne fait actuellement.

---

49. Biran Jenkins, conseiller de la RAND Corporation, dans Charles-Philippe David & Benoît Gagnon, *Repenser le Terrorisme*, éditions PUL, Université de Laval (Canada), 2007, p. 35.
50. Jacques Baud, *Le Renseignement et la Lutte contre le Terrorisme*, Lavauzelle, 2009.
51. En l'absence d'expressions équivalentes dans le vocabulaire militaire francophone, nous utiliserons les termes « préemptif » ou « préemption » dans leur sens anglo-saxon, qui seront définis de manière plus détaillée dans cet ouvrage. En substance, il s'agit d'agir après que l'adversaire a pris sa décision et avant qu'il ne la réalise : un créneau intermédiaire entre la prévention et la réaction.

Le terrorisme n'est ni une finalité ni une doctrine. C'est une méthode d'action. Il est parfois au service d'une philosophie, mais n'en est pas une en soi. Cette distinction est davantage qu'un exercice académique, car elle détermine la possibilité (et la volonté) de le combattre :

> *Le fascisme est une doctrine, le communisme est une doctrine, mais le terrorisme n'est qu'une méthode : il n'implique pas de vision du monde.*[52]

C'est d'ailleurs de cette manière que les théoriciens du djihad comprennent et utilisent le terrorisme, c'est-à-dire comme une technique, dans un sens très neutre, dont la valeur morale est donnée par le contexte dans lequel il est utilisé ou par l'objectif qu'il poursuit :

> *Nous refusons de comprendre ce terme en fonction de sa définition américaine. « Terrorisme » est un mot abstrait, et comme beaucoup de mots abstraits, il peut porter des significations bonnes ou mauvaises selon le contexte, ce qu'on lui attache et ce à quoi on l'associe. Le mot est un terme abstrait, qui n'a une signification ni positive ni négative.*[53]

Pour celui qui cherche à combattre le terrorisme, cette approche beaucoup plus froide et technique a l'avantage de permettre la distinction entre un combattant de la liberté et un terroriste, que la lecture occidentale tend à placer au même niveau, comme nous l'avons vu plus haut. Par ailleurs, elle lui offre la possibilité d'intégrer son action dans une plus grande cohérence stratégique.

2.2.4. La définition politique du terrorisme

Comme nous l'avons vu, le terrorisme est une méthode consistant à contraindre des individus ou une population, en les menaçant de l'usage de la force (physique, économique ou autre). Mais, au-delà de cette définition technique, certains pays utilisent le label « terroriste » à des fins strictement politiques, pour faire pression sur un État ou une organisation. Cela permet également de ne pas appliquer les règles du droit international aux entités définies comme « terroriste ». C'est pourquoi, à la fin 2014, l'Ukraine a qualifié son opération contre les autonomistes du Donbass d'*Opération Anti-Terroriste* (ATO).

Alors qu'il se plaît à enrober la lutte contre le terrorisme de moralité et de droit, l'Occident n'a pas vraiment de cohérence dans ce domaine et applique le droit international humanitaire (DIH) uniquement lorsque cela lui convient,

---

52. Régis Debray, interview au Journal de la Télévision Suisse Romande, 14 juin 2004.
53. *Inspire*, n° 5, printemps 2011 (1431), p. 29.

contribuant ainsi à brouiller le message qu'il convoie sur la légitimité et la sincérité de son action.

Les groupes armés sont portés sur les listes de groupes terroristes – ou en sont retirés – en fonction de l'opportunité politique du moment, et non d'une analyse rigoureuse de leur manière d'agir. Ainsi, en Libye, lorsque la France a soutenu le *Groupe islamique combattant en Libye* (GICL) (*Al-Jama'ah al-Islamiyyah al-Muqatilah bi-Libya*) et que Bernard-Henri Lévy (BHL) ou l'ambassadeur américain Chris Stevens ont comploté avec ce groupe contre le gouvernement du colonel Mouammar Kadhafi, ont-ils soutenu le terrorisme djihadiste? Formellement oui, car le GICL était défini comme terroriste par les Nations unies depuis le 6 octobre 2001 (et conserve ce statut en 2017). Le Département d'État américain l'avait porté sur la liste des groupes terroristes le 17 décembre 2004 et l'en a retiré le 9 décembre 2015, en remerciement des « services rendus » pour le renversement de Kadhafi et dans la guerre en Syrie.

Même chose pour le *Moudjahidin e-Khalq* (MeK) (ou *Moudjahidin du peuple*) iranien, désigné comme terroriste le 8 octobre 1997. Il a été retiré de la liste le 28 septembre 2012 afin de « légaliser » l'aide que lui apportent les États-Unis pour mener des attentats en Iran avec l'appui d'Israël.

Le *Mouvement islamique du Turkestan oriental* (MITO), un mouvement islamiste fortement implanté en Chine, au sein de la minorité ouïghoure et qui collabore avec les Taliban. Le 3 septembre 2002, les États-Unis l'ont désigné comme mouvement terroriste. C'est ce qui a motivé le soutien de la Chine aux États-Unis et à l'OTAN en Afghanistan[54]. Pourtant, en 2020, les États-Unis, alors en pleine guerre économique avec la Chine, décident de retirer le MITO de la liste des mouvements terroristes, ce qui autorise le financement et la formation de ses militants… Ce retrait est-il dû à un changement de politique du MITO? Non. Les États-Unis ont fini leur guerre en Afghanistan et se lancent dans une guerre économique et d'influence contre la Chine, et il s'agit alors de « légaliser » l'aide qu'ils apportent aux groupes qui combattent le gouvernement de Pékin.

Après l'attentat du 18 juillet 2012 à Bourgas (Bulgarie), qui avait visé des touristes israéliens, le Hezbollah a immédiatement été accusé, sans aucune preuve. La France, par la voix de son ministre des Affaires étrangères, Laurent Fabius, déclare alors la branche armée du Hezbollah comme terroriste et demande son inclusion sur la liste des organisations terroristes de l'UE[55], ce qui sera fait en juillet 2013[56]. Mais en 2018, l'instruction menée par le parquet bulgare n'a pas

---

54. Haleigh Morgus, "Tracing China's Engagement in Afghanistan: History and Motivations", *South Asian Voices*, 24 mars 2019.

55. « Pour Paris, la branche armée du Hezbollah est un groupe terroriste », *AFP/France* 24, 23 mai 2013

56. Benjamin Barthe et Philippe Ricard, « Le Hezbollah classé organisation terroriste par l'UE », *Le Monde*, 23 juillet 2013

pu mettre en évidence une quelconque implication du Hezbollah, et l'a retiré de l'acte d'accusation[57]. Ce qui n'empêche pas la chaîne *Arte* dans un documentaire diffusé en 2019, intitulé *Le Liban, otage du Moyen-Orient* d'affirmer qu'il est responsable de l'attentat[58] ! On agit en se basant sur des rumeurs, sans preuve et sans intégrité, afin de justifier des politiques trop alignées sur celle d'Israël…

Durant la bataille d'Alep-Est, à la fin 2016, le discours officiel des pays occidentaux, dont la France, était qu'ils soutenaient les rebelles «modérés». En septembre 2016, les accords de cessez-le-feu prévoyaient de séparer les rebelles «modérés» des djihadistes. Finalement, au début 2017, sur les 32 factions rebelles d'Alep-Est, 18 ont rejoint le *Hayat Tahrir al-Sham (HTS)* (anciennement *Jabhat al-Nosra*) et 14 se sont jointes au *Ahrar al-Sham* (issu de la mouvance « Al-Qaïda »). Aucun n'a tenté de former un groupe «modéré». Rassemblés dans la poche d'Idlib, ces groupes continueront à être soutenus et protégés par les Occidentaux, avant de s'allier avec la Turquie pour s'attaquer aux Kurdes, et avant qu'Abou Bakr al-Baghdadi, chef de l'État islamique y soit abattu dans sa résidence en octobre 2019…

Les listes de groupes et mouvements, considérés comme terroristes, et de pays qui soutiennent le terrorisme devraient contribuer à la mise en œuvre de politiques et stratégies cohérentes au niveau international. Mais ce n'est pas le cas. En fait, elles sont plus un outil de pression qu'un reflet de la réalité. Ainsi, en Syrie, l'*Ahrar al-Sham* et le *Jaïsh al-Islam* sont désignés par John Kerry comme affiliés au *Jabhat al-Nosra* et à l'*État islamique*[59] (et qui commettent les mêmes atrocités, comme nous le verrons plus bas). Pourtant les États-Unis, la Grande-Bretagne et la France refuseront de les mettre sur la liste des organisations terroristes des Nations unies[60], car ils les soutiennent militairement.

Depuis le 31 mai 2018, le HTS est sur la liste des mouvements terroristes du Département d'État américain[61], ce qui n'empêche pas ses militants de combattre aux côtés des Ukrainiens[62], au nom des valeurs occidentales !…

En d'autres termes, la qualification d'une entité de «terroriste» par les pays occidentaux n'est pas toujours basée sur des éléments factuels, mais très souvent sur la base de critères opportunistes et politiciens. Au-delà des questions liées à la substance, cette manière d'appliquer la qualification «terroriste» contribue à

---

57. Yonah Jeremy Bob, "Hezbollah role unmentioned in charges for 2012 Bulgaria terrorist attack", *The Jerusalem Post*, 31 janvier 2018

58. Michael Richter, « Le Liban, otage du Moyen-Orient », *www.arte.tv*, (12'50") (diffusé sur Arte le 24 septembre à 22 h 25) (retirée le 22 décembre 2019)

59. Juan Cole, "Is Kerry Right? Are Freemen of Syria and Army of Islam Radical Terrorists?", *Informed Comment*, 13 juillet 2016.

60. "U.S., Britain, France block Russia bid to blacklist Syria rebels", Reuters, 11 mai 2016.

61. https://www.state.gov/executive-order-13224/

62. « Terrorism, Violent Extremism, and the War in Ukraine », gwu.edu, 25 mai 2022 (https://extremism.gwu.edu/terrorism-violent-extremism-and-war-ukraine-nexus)

l'incompréhension du phénomène. Il en résulte qu'il est quasiment impossible d'avoir une approche cohérente de la lutte contre le terrorisme : les pays occidentaux créent eux-mêmes les problèmes et sabordent eux-mêmes les solutions !...

Aux États-Unis, après les débordements du Capitole, le 6 janvier 2021, Joe Biden, le nouveau président élu a déclaré les émeutiers « terroristes intérieurs ». Quoi que l'on pense de cet événement, le qualifier de « terroriste » (comme cela a été fait en France à propos des « Gilets jaunes ») est une décision passionnelle qui n'a aucun sens. En confondant une émeute avec un acte de terrorisme, on écarte tout traitement stratégique du problème (car les émeutes et les actes de terrorisme ne peuvent être que des étapes dans un processus de subversion).

Dès 2014, C'est aussi le cas de l'Ukraine qui, a qualifié les séparatistes du Donbass de « terroristes », et leur a livré une guerre désignée « *Anti-Terrorist Operation* » (ATO). Le résultat est qu'elle a traité le problème avec un mélange incohérent de mesures antiterroristes et d'actions tactiques, sans avoir de doctrine opérative adéquate. C'est ce qui explique – en grande partie – son incapacité à vaincre les autonomistes, malgré des moyens supérieurs. Prétextant le refus de financer le terrorisme, le gouvernement de Kiev a cessé le paiement des salaires et des retraites aux citoyens du Donbass, ainsi que les services bancaires. Dans le même esprit, les liaisons ferroviaires et la fourniture d'eau ont été physiquement interrompues. Résultat : le gouvernement s'est coupé de ses citoyens (qu'il bombarde par ailleurs avec acharnement) les poussant à chercher l'aide du voisin… russe. Aujourd'hui, le Donbass est devenu fonctionnellement lié à la Russie, alors qu'il ne cherchait qu'un statut d'autonomie afin de conserver l'usage du russe comme langue principale. L'Ukraine a donc déjà perdu la guerre…

Conseillée par des officiers de l'OTAN, l'Ukraine a été incapable de maîtriser la situation au Donbass et a dû recourir à des méthodes brutales en engageant des milices extrémistes et des escadrons de la mort. L'exemple ukrainien illustre l'incapacité des Occidentaux à conceptualiser des stratégies anti-insurrectionnelles.

Il en est de même pour les listes de pays qui soutiennent le terrorisme, qui se justifiaient lors de la guerre froide, lorsque les idéologies s'affrontaient et les processus révolutionnaires étaient des outils d'influence, en particulier pour les pays de l'Est, comme l'URSS, la Tchécoslovaquie ou la Pologne. Aujourd'hui, les seuls pays qui cherchent à changer des gouvernements par la subversion sont les États-Unis, aidés de la Grande-Bretagne et de la France… Mais il est tentant d'utiliser ces listes comme moyen de pression. Il en est ainsi de Cuba, que l'administration Obama avait retiré de la liste en 2015, mais que l'administration Trump a remis le 11 janvier 2021, sans raison…En fait, on ne tente pas de comprendre le terrorisme pour le faire disparaître, mais pour le punir. Le chercheur Andrew Silke constate avec justesse que la majorité des auteurs sur le terrorisme tendent à adopter une posture de « pompiers » plutôt que d'étudier les « phénomènes de combustion »[63].

2.3. Typologie des terrorismes

Dans chaque pays, l'Histoire a façonné la manière de comprendre le terrorisme. En Occident, nous associons irrémédiablement le terrorisme à la déstabilisation – voire la destruction – de l'État de droit et de la démocratie. C'est une conséquence des années 1960-1970, lorsque les pays occidentaux ont mis en place les outils pour lutter contre le terrorisme marxiste soutenu par les pays de l'Est. Le problème est que cela reste notre schéma de lecture pour « comprendre » le terrorisme islamiste.

Le terrorisme est l'usage de la violence tactique pour atteindre un objectif stratégique. Même si cette définition est discutable, elle souligne un fait essentiel : le terrorisme ne se définit pas seulement par la manière dont il est exécuté, mais aussi, et surtout, par ses objectifs. Ainsi, certaines méthodes utilisées par la Résistance française en 1941-1945 sont identiques à celles des « combattants du califat » en 2017, mais dans un contexte et des objectifs différents.

Ainsi, les diverses classifications du terrorisme qui se basent sur ses modes opératoires ou sur les structures utilisées ne sont d'aucune utilité pour lutter contre le terrorisme. Pour être efficace, il faut approcher le problème par les objectifs qu'il cherche à atteindre.

Le problème de pays comme la France, la Grande-Bretagne ou les États-Unis est qu'ils traitent le terrorisme comme un phénomène unique, comme dans les pays totalitaires. On tend ainsi à appliquer le qualificatif « terroriste » à n'importe quel acte détestable à seule fin de le placer sous un régime légal plus dur. Or bien que les réponses tactiques soient souvent les mêmes, chaque type de terrorisme requiert une stratégie distincte. La France a ainsi généré sa propre incapacité à répondre efficacement au terrorisme avant 2015.

2.3.1. Le terrorisme de droit commun

Le *terrorisme de droit commun* est l'usage de la terreur pour satisfaire des objectifs criminels de nature crapuleuse ou obsessionnelle. Il peut être mené par des individus isolés ou des groupes criminels. Dans les deux cas, il s'agit d'une forme de terrorisme essentiellement symétrique.

---

63. Andrew Silke, "The Devil You Know: Continuing Problems with Research on Terrorism", *Terrorism and Political Violence*, hiver 2001, vol. 13, n° 4, p. 1-14.

2.3.1.1. Le terrorisme de droit commun individuel

Lorsqu'il est mené par des individus isolés, qui se sentent investis d'une mission dans ou pour la société, il peut facilement être confondu avec des actes criminels de nature communautariste. Il utilise généralement les techniques du terrorisme dans les moyens engagés, mais ses motivations sont le plus souvent de nature obsessionnelle et s'apparentent à celles de la criminalité en série. Toutefois, le terroriste individuel ne cherche pas à assouvir un plaisir personnel, mais utilise la visibilité de l'acte terroriste pour accomplir ce qu'il perçoit comme une « mission ». Dans ce contexte, il répond aux définitions occidentales de « loup solitaire ».

C'est aux États-Unis que l'on trouve les cas les plus connus, comme celui de Theodore Kaczynski[64], connu sous le pseudonyme d'« *Unabomber* »[65], qui a mené 16 attentats à la bombe entre 1978 et 1996. Le 19 septembre 1995, il a obtenu la publication simultanée dans le *New York Times* et le *Washington Post*, d'un manifeste exposant sa philosophie. Un autre exemple similaire est celui de Lucas J. Helder, étudiant en philosophie, arrêté en mai 2002 pour avoir placé 18 bombes artisanales dans cinq États du Midwest, afin d'élever la conscience des Américains sur l'importance de la vie et de la mort (!) Il accompagnait ses bombes d'une lettre expliquant la motivation de sa démarche.

En Europe, ce type de terrorisme est plus rare. Un exemple récent a été l'attentat à la bombe contre l'équipe de football de Dortmund, le 11 avril 2017, dont l'objectif était uniquement d'influencer la valeur en bourse de l'équipe afin de permettre des activités spéculatives[66]. Un autre exemple est la tentative d'extorsion par un citoyen allemand, en septembre 2017, qui menaçait d'empoisonner des produits alimentaires si une rançon de 10 millions d'euros ne lui était pas versée.

Cette forme de terrorisme est souvent difficile à distinguer de la criminalité en série ou des tueries de masse. On y trouve la volonté de manifester son existence, son rôle et sa différence dans une société qui, par sa complexité, tend à estomper l'importance de l'individu. Le lien entre l'action et sa finalité est souvent délicat à identifier, car il relève le plus souvent de l'irrationalité. La détection des troubles déclencheurs de l'entreprise meurtrière exige une granularité d'information quasiment impossible à assumer par l'État. Le rôle des communautés locales, mais aussi et surtout du noyau familial, est déterminant dans la prévention de tels actes.

---

64. Né le 22 mai 1942, Theodore Kaczynski était docteur en mathématiques de l'Université du Michigan et a été professeur-assistant à Berkeley de 1967 à 1969.

65. *Unabomber* = University and Airline Bomber. Ses attentats ont tué 3 personnes et en ont grièvement blessé 29.

66. Philip Oltermann, "Dortmund attack: man arrested on suspicion of share-dealing plot", *The Guardian*, 21 avril 2017.

2.3.1.2. *Le terrorisme mafieux*

Lorsqu'il est mené par des organisations criminelles, le terrorisme de droit commun a généralement des objectifs de nature rationnelle et matérielle, qui visent à promouvoir ou faciliter une activité criminelle lucrative. Dans cette catégorie, on trouve la campagne d'attentats à la bombe de la *mafia* en Italie[67], le *narcoterrorisme* en Amérique du Sud dans les années 1990 ou les campagnes d'enlèvements dans certaines îles des Philippines. La dérive de certains mouvements terroristes nationalistes en Irlande du Nord et en Corse, dans les années 1990, pourrait également entrer dans cette catégorie.

Le terrorisme de droit commun ne s'intègre pas dans un processus révolutionnaire. Bien souvent, au contraire, son credo «idéologique» est conservateur. Il cherche à faire pression sur l'État afin de maintenir un statu quo et une liberté d'action face au pouvoir politique. Il peut également avoir une finalité purement interne à l'organisation criminelle : rétablir ou maintenir la cohésion de l'organisation. Il est rarement indiscriminé, car il cherche plutôt à éviter l'intervention de la police, et ses actions visent principalement des membres du groupe ou de groupes rivaux. Il est essentiellement de nature symétrique et utilise la brutalité – pour ne pas dire parfois l'horreur – pour encourager la loyauté des membres de l'organisation et servir la loi du silence, connue dans la mafia italienne sous le nom d'*omertà*. D'une certaine manière, il s'apparente au «terrorisme d'État» que nous verrons plus bas.

Le soutien populaire au terrorisme de droit commun est très variable. Le plus souvent, comme dans le sud de l'Italie, il est faible, et l'action terroriste a pour objectif d'encourager un soutien passif par l'intimidation afin d'affaiblir sa volonté de collaboration avec les forces de l'ordre. Souvent, des techniques terroristes sont utilisées plus à des fins tactiques (élimination d'individus) qu'à des fins stratégiques (terroriser). Les assassinats du général Dalla Chiesa (3 septembre 1982), du juge Giovanni Falcone (23 mai 1992) et du procureur Paolo Borsellino (19 juillet 1992) ont eu avant tout pour fonction de «verrouiller» les enquêtes et paralyser l'action antimafia.

2.3.1.3. *Le narcoterrorisme*

Le cas du *narcoterrorisme* en Amérique latine est particulier, car il se fonde sur une activité économique (la culture de coca) qui génère un certain bien-être social dans des régions défavorisées, et où les cultures alternatives ne sont pas toujours compétitives. Ainsi, le soutien populaire aux cartels de la drogue peut être relativement important au niveau local, voire régional. Dans les années 1980, Pablo Escobar, chef du cartel de Medellín, a contribué sensiblement à l'amélioration des conditions de vie des classes défavorisées, entre autres avec

---

67. Notamment l'attentat à la bombe du 27 mai 1993 à la Galleria degli Uffizi de Florence.

son projet «*Medellín sans bidonvilles*»[68], qui a apporté aux quartiers défavorisés des centaines de logements décents, l'éclairage urbain, des rues asphaltées, des terrains de football et un zoo. En outre, le revenu généré par la culture de la coca pour un paysan est dix fois supérieur à celui généré par la pomme de terre. Il en résulte que les intérêts des criminels rejoignent ceux de la petite paysannerie.

C'est d'ailleurs cette même convergence d'intérêts qui a été exploitée par la CIA américaine dans les années 1960, pour faire barrage à l'expansion des mouvements révolutionnaires marxistes dans les campagnes d'Amérique latine. Cette stratégie n'était pas nouvelle et avait déjà été mise en œuvre en Birmanie, en Thaïlande et au Laos pour lutter contre la guérilla communiste. Ce sont les services spéciaux du SDECE français qui ont encouragé et participé au trafic d'opium, favorisant ainsi les seigneurs de la guerre locaux qui constituaient une protection «naturelle» contre la propagation du communisme. Cette stratégie a conduit à l'essor du «Triangle d'or» et a été reprise par la CIA américaine dès le début des années 1960.

Le terrorisme de droit commun définit sa légitimation par le rôle «social» de l'action criminelle, qui constitue une motivation très concrète, souvent perçue comme existentielle. L'enjeu est ici de nature matérielle et donc, la lutte s'opère sur une base symétrique. Néanmoins, les mafias sont difficiles à combattre, car elles sont souvent le fruit de politiques sociales ou d'intégration, déficientes et sont incrustées dans l'environnement économique et social de populations en situation de dépendance. La difficulté à priver le narcoterrorisme de son soutien populaire est liée à la difficulté d'implanter des sources de revenus alternatives pour les paysans des zones concernées.

2.3.2. Le terrorisme marginal

Le *terrorisme marginal* se situe à la frontière du terrorisme de droit commun et du terrorisme politique. Il est le fait d'une poignée d'illuminés qui tentent d'entamer un processus révolutionnaire, mais sans aucun soutien populaire.

Dans cette catégorie figurent de nombreux groupes terroristes des années 1970-1980, comme la *Bande à Baader/Rote Armee Fraktion (RAF)* en Allemagne, *Action directe (AD)* en France ou les *Cellules communistes combattantes (CCC)* belges. En Grèce, le *Mouvement du 17 novembre*, démantelé au début des années 2000, appartenait aussi à cette catégorie : malgré son discours révolutionnaire, il n'a jamais pu cristalliser une large opposition et ses attentats sont restés des actions à caractère «punitif» sans impact politique.

---

68. Voir Vincent Gouëset, «L'impact du "narcotrafic" à Medellín», *Cahiers des Amériques latines*, Université Paris 3, Institut des Hautes Études de l'Amérique latine (IHEAL / Université Paris 3), 1992, p. 27-52.

Ces mouvements revendiquent généralement la théorie du «*foco*» de Che Guevara, qui prône l'action terroriste «*pour mobiliser les masses*». Toutefois, leur action politique se traduit souvent par un comportement proche de bandes criminelles : dépourvus de base politique et de soutien financier, ils doivent généralement assurer leur survie économique par des exactions. Ces dernières – souvent désignées «*expropriations prolétariennes*» ou «*impôt prolétarien*» – peuvent prendre la forme d'attaques de banque, d'enlèvements contre rançon et de chantages. Leur base idéologique est généralement ténue et ils n'ont pas l'ancrage populaire nécessaire à un processus révolutionnaire. Cette forme de terrorisme est essentiellement de nature symétrique : l'action des forces de sécurité ne génère aucun effet multiplicateur sur la virulence du groupe.

Le *terrorisme marginal* est la forme de terrorisme la plus facile à combattre, sans requérir de stratégie complexe, comme pour le terrorisme politique. En Belgique, en Allemagne et en France, ce terrorisme a pu être combattu efficacement avec les outils de la lutte contre le grand banditisme. Cela explique peut-être pourquoi ces trois pays n'ont pas su développer une approche stratégique de la lutte contre le terrorisme, et leur lutte est presque totalement basée sur une approche tactique/policière. C'est la raison de leur échec dans la lutte actuelle contre le terrorisme djihadiste.

2.3.3. Le terrorisme politique

Le *terrorisme politique* se situe dans un processus qui vise à mettre en place une autorité nouvelle. Il peut avoir un caractère révolutionnaire et vise généralement à provoquer des bouleversements de nature à provoquer l'émergence de nouvelles forces politiques. Dans ce contexte, qu'il soit de gauche ou de droite, le terrorisme politique a fréquemment une dimension asymétrique.

Les *Brigades rouges* italiennes des années 1960-1970 sont l'exemple d'un terrorisme à la limite entre marginal et politique, qui n'est jamais arrivé à maturité. Disposant d'un capital de sympathie relativement large dans les milieux intellectuels et ouvriers au début de son existence, le mouvement aurait pu évoluer dans un processus révolutionnaire, mais avec l'arrestation de ses chefs historiques, il a perdu sa substance idéologique dès le début des années 1980 pour basculer dans un terrorisme marginal. Il a alors éclaté en plusieurs mouvements éphémères aux manifestations sporadiques et sans soutien populaire.

Le terrorisme politique est parfois difficile à distinguer du terrorisme marginal, car de nombreux groupes terroristes revendiquent un processus révolutionnaire, même sans disposer de la base populaire qui pourrait le soutenir dans le long terme. C'est le cas de la *Rote Armee Fraktion (RAF)*, qui a souvent revendiqué un processus révolutionnaire, mais qui, dans les faits, n'a jamais eu la base suffisante pour réaliser ses objectifs et est ainsi restée marginale. En

Espagne, le processus révolutionnaire de l'ETA basque a été interrompu par l'avènement de la démocratie en 1982, et n'a jamais pu mobiliser une base suffisante pour le faire reprendre. Mais elle a bénéficié d'un soutien passif de la population basque durant de longues années. Cela explique ainsi sa « fuite en avant » avec l'adoption de la stratégie de guérilla urbaine de Carlos Marighella. Il s'agissait de pousser l'Espagne à adopter des mesures répressives extrêmes, qui auraient favorisé la reprise d'un mécanisme révolutionnaire populaire. La différence entre ces deux formes de terrorisme est donc liée à la potentialité de créer une base populaire propre à entretenir et soutenir un processus révolutionnaire dans la durée.

La particularité du terrorisme politique est qu'il doit judicieusement doser l'usage de la violence afin de ne pas s'aliéner le soutien populaire qui lui est nécessaire pour construire une société nouvelle. L'ETA basque, par exemple, ciblait son action sur les membres des forces de l'ordre et sur certains individus qui auraient pu mettre en péril son autorité ou son existence, mais procédait rarement à des attentats complètement « aveugles ». L'Espagne n'a jamais vraiment compris la stratégie de l'ETA, et au lieu de la combattre efficacement, elle s'en est fait la complice involontaire.

2.3.3.1. *Terrorisme d'extrême droite*

D'une manière générale, les idéologies d'extrême droite sont animées d'une lecture nationaliste de la politique et visent à renforcer le rôle de l'État. Leur doctrine combine le plus souvent l'idée du socialisme avec celle de la préférence nationale, d'où l'expression de « national-socialisme ». Elle se différencie ainsi du socialisme et ses dérivés, qui se placent dans une perspective internationaliste. Contrairement à une opinion répandue et soigneusement entretenue, l'antisémitisme n'est pas un aspect fondamental de ces doctrines.

Toutefois, dans les faits, cette forme de terrorisme a souvent perdu tout contenu politique et leurs partisans en ont fait des doctrines « fourre-tout », qui focalisent toutes les frustrations sans réelle cohérence. C'est la raison pour laquelle on trouve dans ces mouvements des symboles et des comportements qui singent le IIIe Reich, sans voir de projet politique cohérent.

Le *terrorisme d'extrême droite* a plusieurs dimensions, qui peuvent ou non se superposer :

• L'intimidation d'une communauté particulière (immigrés, étrangers en général, population de couleur, population d'une ethnie ou religion définie, etc.) afin de la chasser ou d'en décourager l'établissement dans une zone ou un pays déterminé. C'est une forme de terrorisme de nature essentiellement symétrique, sans effets multiplicateurs. Participent à ce type de terrorisme des groupes comme le Ku Klux Klan, même s'ils ne sont pas considérés comme des mouvements terroristes aux États-Unis. En Europe, ce type de violence s'est développé dès la fin des années 1970, dans le sillage de politiques d'immigration mal gérées et souvent instrumentalisées.

• L'exacerbation d'un sentiment identitaire, qui peut s'articuler autour d'un nationalisme ou de la conservation de valeurs morales. Aux États-Unis, ce type de mouvement a pris la forme d'une lutte contre le gouvernement fédéral – surnommé *« Gouvernement sioniste d'Occupation » (Zionist Occupation Government – ZOG) –* et des membres des communautés non blanches. Il est souvent lié à une idéologie religieuse et/ou politique proche du « terrorisme à cause unique ». Il est de nature essentiellement symétrique.

• Un terrorisme qui cherche à pousser l'État à durcir son autorité, voire à instaurer un régime de dictature. Même si ses acteurs sont différents, il s'apparente au « terrorisme d'État », par le fait qu'il ne s'inscrit pas dans une logique d'affaiblissement de l'État, mais, au contraire, vise à renforcer son pouvoir. C'est cette stratégie qui a alimenté le « terrorisme noir » en Italie durant les années 1980, dont la manifestation la plus violente et la plus meurtrière a été l'attentat de la gare de Bologne (2 août 1980). Cette forme de terrorisme tend à être asymétrique, car la manière dont l'État y répond alimente l'action terroriste.

2.3.3.2. Terrorisme d'extrême gauche

Le *terrorisme d'extrême gauche* est une des phases du processus révolutionnaire marxiste et s'inscrit dans une logique très précise qui envisage l'emploi « itératif » de la violence, jusqu'à l'affrontement ouvert entre la bourgeoisie et la classe ouvrière. Il ne frappe pas de manière aléatoire et cherche à provoquer une réaction violente des forces de l'ordre, dans une escalade qui doit générer une mobilisation populaire et conduire à la victoire de la classe ouvrière. Il cherche à saper les fondements de la société libérale afin d'y substituer une nouvelle forme de société. Vu comme un processus qui va dans le sens de l'Histoire, il ne laisse pas place à la négociation. C'est un terrorisme difficile à combattre, car les solutions politiques basées sur le compromis qui affecte directement le processus révolutionnaire sont rejetées d'emblée. C'est pourquoi le Premier ministre italien Aldo Moro, qui était sur le point de conclure un accord historique entre le Parti communiste et la Démocratie chrétienne, a été enlevé, puis exécuté par les Brigades rouges en mars 1978.

La particularité du terrorisme marxiste est qu'il compte sur la réaction du gouvernement pour mobiliser des masses : à chaque action du gouvernement correspond une dégradation de sa situation stratégique. On est dans un mécanisme asymétrique.

C'est de cette époque que date la pratique de ne pas négocier et de n'accorder aucune concession aux terroristes, puisque l'enjeu du conflit est précisément le fondement de la société.

Processus révolutionnaire marxiste		
Phases	**Action des forces révolutionnaires**	**Réaction des forces de l'ordre**
Cristallisation	Sélection et éducation politique des militants de base. Il s'agit, dans un premier temps, de créer une base populaire au mouvement. La propagande, l'information – et la désinformation – sont alors les éléments centraux de cette phase, qui permet aussi d'élargir le cercle des militants actifs qui constitueront le noyau de l'action révolutionnaire.	Quadrillage et pénétrations policières.
	Corrosion de l'ordre social, grève, agitation, sabotage, début de l'action terroriste (terrorisme «sélectif»). Forces révolutionnaires et forces de l'ordre s'affrontent de manière toujours plus violente. Les manifestations constituent le point de départ et sont suivies de phases d'émeutes. Il s'agit alors de démontrer la présence du mouvement, sa force et sa détermination envers l'État. Cette combinaison d'agitation et de propagande constitue l'«agitprop». Elle se nourrit également de la répression de l'État qui stimule l'effet mobilisateur de l'action.	Intervention de brigades de maintien de l'ordre, d'unités spéciales policières.
Implantation	Éducation populaire, imprégnation psychologique des masses, formation militaire des militants. Il s'agit de stimuler la mobilisation des masses par des actions ciblées contre des biens et des personnes de la classe dirigeante. Ces actions ponctuelles et violentes ont pour objectif de démontrer des succès objectifs, et donc l'efficacité du mouvement. Elle constitue la «propagande armée» dont la distinction avec le terrorisme à proprement parler est souvent difficile.	Instauration de juridictions exceptionnelles et définition d'une «doctrine» d'État.
	Destruction systématique et répétée des forces adverses, établissement des hiérarchies parallèles, élimination des irréductibles. Le terrorisme est la phase suivante du processus. Il vise à toucher des objectifs opérationnels qui sont de deux natures : des objectifs matériels et immatériels qui affaiblissent les forces de l'ordre et/ou la classe dirigeante. Ici, la distinction avec la propagande armée est subtile et parfois simplement rhétorique.	Intervention de l'armée, protection des axes et des points sensibles (activité défensive) – premières opérations militaires (activité offensive), actions locales, patrouille, embuscade.
	Création des bases d'appui de la guérilla. L'extension du terrorisme et l'élargissement de la base populaire de l'action donnent naissance à la guérilla qui est l'expression d'un peuple en arme contre la classe dirigeante.	Contrôle en surface, création de zones interdites (mitraillage et bombardement systématiques sans sommation), regroupement de populations.

Édification	Élargissement des bases d'appui en région libérée, mise en place de structures nouvelles, autogestion, conseil, coopérative populaire.	Opérations de grande envergure, opérations de bouclage – ratissage et opérations de type «tourbillon», échelonnées en surface et dans le temps.
	Transformation des groupes de guérillas en armée populaire. Le stade ultime de la révolution est la mise en place du nouveau système social, qui implique la transformation de la guérilla en un conflit conventionnel, une «guerre civile» appuyée par des puissances étrangères amies.	Opérations de guerre conventionnelle, conditionnées toutefois par des facteurs inhérents à la tactique de la guerre populaire et par des facteurs internationaux.
	Instauration du pouvoir populaire	Défaite, élimination (État indépendant), partition ou octroi négocié de l'indépendance.

Tableau 1 – Le processus révolutionnaire marxiste. Chaque nouvelle étape dépend de la réponse du gouvernement et joue avec ses réactions pour développer son mécanisme révolutionnaire.

Les théoriciens de la guerre insurrectionnelle, parmi lesquels Che Guevara et Carlos Marighella utilisent les mêmes principes, mais en ont adapté les modalités d'emploi en fonction des conditions locales.

2.3.3.2.1. La théorie du Foco de Che Guevara

Adaptée à l'action révolutionnaire des classes paysannes, la «*théorie du foco*» a été élaborée par Che Guevara. Elle préconise la création de foyers *(focos)* de guérilla basés dans les campagnes, qui s'appuient sur leurs succès opérationnels («*propagande armée*») pour gagner le soutien des populations rurales, puis urbaines jusqu'à incorporer progressivement l'ensemble de la population.

Appliquée par le «Che» en Bolivie, la théorie du *foco* s'est avérée être un échec : le développement exponentiel des centres urbains en Amérique latine au début des années 1960 a progressivement vidé les campagnes, laissant les *focos* dépourvus du soutien populaire nécessaire et privant les succès tactiques de la résonance qui aurait dû encourager le processus révolutionnaire. De plus, dans des pays étendus avec une topographie qui tend à cloisonner l'espace, la théorie du *foco* a favorisé le développement de factions plus ou moins autonomes et peu coordonnées, comme en Colombie. Cette fragmentation a facilité le travail des forces de contre-subversion et encouragé les luttes entre mouvements révolutionnaires.

Le modèle du *foco* a inspiré de nombreux autres mouvements, marxistes ou non, y compris certains mouvements révolutionnaires islamiques en Algérie, en Égypte et en Tunisie, et en Palestine dans les années 1960-1980. Dès son apparition en 1987, le Hamas a tenté de contrer l'influence du Fatah en cherchant des succès limités mais spectaculaires, permettant de cristalliser sa présence. Il acquiert ainsi une popularité importante auprès de la population palestinienne et devient rapidement une force politique dans les territoires occupés. Puis, ne pouvant exister qu'à travers la lutte armée, il a adopté une stratégie très semblable à la guérilla urbaine de Carlos Marighella : il s'agissait de provoquer des réponses israéliennes toujours plus virulentes, et ainsi de générer une dynamique qui discrédite Israël. Cette stratégie a conduit aux tragiques interventions du printemps 2002, qui ont coûté très cher aux Palestiniens sur le plan tactique, mais qui ont changé la perception d'Israël dans le monde et ainsi affecté sa posture stratégique de manière durable.

Mieux adaptée à l'évolution de la société latino-américaine et des grandes métropoles, la stratégie de la guérilla urbaine de Carlos Marighella en Argentine a progressivement éclipsé la théorie du *foco*.

2.3.3.2.2. La théorie de la guérilla urbaine de Carlos Marighella

En juin 1969, Carlos Marighella écrit son *Petit Manuel de Guérilla urbaine*[69], qui explique de manière plus précise encore la stratégie du terrorisme politique et du terrorisme de guérilla, et l'adapte à l'urbanisation croissante de la société latino-américaine. Il s'agit essentiellement de pousser l'État dans une logique de répression, et à prendre des mesures antidémocratiques, de sorte à découpler la population de l'État et ainsi à légitimer la lutte armée :

> *Il faut transformer une crise politique en une crise armée en menant des actions violentes qui vont forcer ceux qui sont au pouvoir à transformer une situation militaire en une situation politique. Cela aliénera les masses, qui à partir de ce moment-là se révolteront contre l'armée et la police et leur reprocheront cet état de choses.*
>
> *Le gouvernement n'a pas d'autre alternative que d'intensifier sa répression. Les réseaux policiers, les fouilles de maisons, les arrestations de suspects et de personnes innocentes, et les barrages routiers rendent la vie insupportable. La dictature militaire s'engage dans une persécution politique massive. L'assassinat politique et la terreur policière deviennent routine.*

---

69. Voir : https://www.marxists.org/archive/marighella-carlos/1969/06/minimanual-urban-guerrilla/

Ce type de terrorisme s'accommode mal des solutions politiques ou pacifiques. L'action politique – telle qu'elle est envisagée ici – ne peut exister qu'à travers la confrontation armée. C'est la raison pour laquelle certains mouvements révolutionnaires cherchent systématiquement à saper les efforts de paix par des opérations de provocation perpétuelles. En Europe, c'est par exemple la stratégie de l'*Armée républicaine irlandaise* (IRA) jusqu'au début des années 1990, de l'*Euskadi ta Akasatuna* (ETA) basque, et des mouvements indépendantistes corses de la première génération.

Cette stratégie, qui a comme finalité la prise du pouvoir à travers un mécanisme révolutionnaire, ne peut fonctionner que grâce à la radicalisation de la réponse étatique. C'est pourquoi l'IRA ou l'ETA ont systématiquement combattu toutes les tentatives de compromis politiques.

L'ETA, qui avait tué 45 personnes durant la dictature franquiste, en a tué près de 800 après l'avènement de la démocratie. Cette augmentation n'est pas due à l'appareil répressif espagnol, mais au fait que les révolutionnaires ont dû accentuer leur pression pour provoquer la réaction du gouvernement. Après la mort de Franco, en 1975, le pouvoir s'assouplit considérablement. Mais, en 1978, le terrorisme s'intensifie. La nouvelle constitution met en place un système semi-fédéral reposant sur les régions autonomes, dotées chacune d'un parlement et d'un gouvernement régional. Le Pays basque, la Catalogne et la Galice bénéficient d'un statut de « *grande autonomie* », et leurs langues deviennent langue officielle. Le processus révolutionnaire de l'ETA perd alors sa légitimité. Afin de la restaurer, les terroristes cherchent à créer des conditions propices à la restauration d'une dictature :

---

70. Carlos Marighella, *Mini-manuel du guérillero urbain*, 1969.

plus ou moins passive se mit en colère contre le tyran colonialiste, réagit et vint entièrement de notre côté. Nous n'aurions pu souhaiter de meilleur résultat.[71]

Cette stratégie faillit réussir avec la tentative de coup d'État militaire du 23 février 1981, qui aurait pu installer une dictature et ainsi permettre d'enclencher un véritable processus révolutionnaire. Mais le roi parvint à maintenir le processus démocratique, et ainsi contenir le phénomène terroriste qui subsistera sans parvenir à se développer. C'est finalement la fin de la guerre froide, puis l'avènement du terrorisme islamiste qui condamneront le terrorisme basque en Espagne. C'est un exemple de victoire contre un phénomène asymétrique en maintenant l'usage de la force au niveau tactique.

Au début 1969, en Irlande du Nord, le nombre de tués s'élevait à 13 personnes. Le 14 août 1969, l'armée britannique est déployée pour contribuer à y rétablir l'ordre. Elle est accueillie chaleureusement par protestants et catholiques, qui y voient alors une entité impartiale et capable de ramener la sécurité : elle s'interpose avec succès et établit une «ligne de paix» entre les deux communautés. L'action révolutionnaire perd son élan, créant des tensions au sein de l'IRA entre les partisans d'une stabilité sociale[72] et les partisans de la réunification de l'Irlande. Il en résulte, le 28 décembre 1969, l'éclatement de l'IRA entre ses tendances «Provisoire» et «Officielle». *L'IRA provisoire* (PIRA) initie alors une campagne de violence sans précédent qui débute le mardi de Pâques 1970, avec la première attaque catholique contre l'armée, et qui culmine en 1972 avec 468 morts. Elle a deux objectifs : démontrer l'incapacité de l'armée à assurer la sécurité de la population afin d'amoindrir la confiance dont elle jouit et provoquer des représailles de la part des forces de l'ordre. Cette stratégie fonctionne et, très rapidement, l'armée est discréditée auprès de l'ensemble des communautés irlandaises et le processus révolutionnaire peut se poursuivre.

L'IRA et l'ETA appliquent l'asymétrie marxiste : provoquer une répression pour alimenter le processus révolutionnaire. La réponse à un tel terrorisme exige un savant dosage de fermeté et de souplesse, un travail en profondeur dans la société et la capacité de frapper le centre de gravité du mouvement terroriste. Si l'Espagne et la Grande-Bretagne ont, finalement, bénéficié de la fin de la guerre froide, elles ont su maîtriser l'usage de la force avec habileté, en évitant de basculer dans une violence incontrôlée. L'Espagne, plus que la Grande-Bretagne, a su traiter le terrorisme de manière stratégique – comme l'avait fait l'Italie – en combinant l'usage de la force et les mesures politiques.

---

71. José Maria Portell, *Euskadi : Amnistia Arrancada*, Dopesa, Barcelone, 1977, p. 251.
72. Bernadette Devlin, «Nous n'avons pas construit nos barricades pour la réunification de l'Irlande, mais pour rétablir la justice» *Le Nouvel Observateur*, 25 août 1969.

2.3.3.3. *Le terrorisme à cause unique*

Très proche du terrorisme religieux quant au fond, mais différent quant au ciblage des objectifs, le *terrorisme à cause unique* s'est surtout développé dans les pays anglo-saxons. À cet égard, on peut constater que les chefs de mouvements dits «patriotiques», dont le comportement s'apparente au terrorisme, comme la *Michigan Militia*, l'*Aryan Nation* et le *Ku Klux Klan* aux États-Unis, ont des titres religieux tels que «Révérend» ou «Pasteur». La vie humaine n'a qu'une valeur relative et n'est plus un obstacle à la violence justifiée par des critères «moraux».

Il comprend le terrorisme des mouvements végétaliens, écologistes, anti-avortement et antispécistes. Souvent très proche du terrorisme d'extrême droite, il cherche à promouvoir une idée, souvent dans un créneau très étroit, mais ne présente pas de projet politique plus large et est souvent difficile à situer sur l'échiquier politique «traditionnel».

Son credo est souvent de nature morale :

> *Nous les soussignés, déclarons la justesse de prendre toutes les mesures divines[73] nécessaires, y compris l'usage de la force, pour défendre la vie humaine (née ou embryonnaire). Nous proclamons que toute force est légitime pour défendre la vie d'un enfant né, et est légitime pour défendre la vie d'un enfant embryon.[74]*

Et :

> *Vous avez une responsabilité qui est de protéger la vie de votre voisin, et d'employer la force si nécessaire. Si vous voulez effacer cette vérité, vous pouvez mélanger mon sang avec le sang d'un embryon[75], et de ceux qui ont combattu pour défendre les opprimés. Cependant, la vérité et la droiture prévaudront. Puisse Dieu vous aider à protéger les embryons comme vous voudriez être protégé.[76]*

Relativement violent durant les années 1980 et au début des années 1990, la virulence de ce type de terrorisme a un peu diminué (en grande partie à cause des mesures prises dans le cadre de la lutte contre le terrorisme islamiste), mais il reste cependant meurtrier aux États-Unis.

---

73. Dans le texte : *godly*.

74. http://www.armyofgod.com/defense2.html.

75. Dans le texte : *unborn*.

76. Déclaration du révérend Paul J. Hill, condamné à mort pour avoir assassiné un médecin pratiquant l'avortement, http://www.armyofgod.com/Paulhillindex.html.

Il est important de souligner ici que le *black bloc* est une forme de combat asymétrique qui n'est pas du terrorisme. À l'origine, ce n'est ni une structure, ni une organisation, ni un réseau, ni une idéologie, mais une fonctionnalité au sein d'une manifestation. Cette fonctionnalité est associée à une stratégie d'action précise et exécutée par un groupe de personnes rassemblées temporairement pour cette occasion.

Située aux confins de l'«incivilité», de la guérilla urbaine et du terrorisme, la stratégie du *black bloc* a ses origines dans les manifestations des groupes autonomes des années 1980 en Allemagne. La manifestation contre le sommet de l'*Organisation mondiale du commerce* (OMC) à Seattle (30 novembre 1999) marque le début de son existence. Les *black blocs* se sont alors développés et ont accompagné tous les grands rendez-vous de l'économie mondiale, et notamment au sommet du G8 de Gênes (21 juillet 2001) qui leur a donné une notoriété mondiale.

L'appartenance de certains de ses théoriciens au mouvement «*Eugene*», créé aux États-Unis par Colin Clyde et John Zerzan[77], tend à associer le *black bloc* à un phénomène anarchiste. Toutefois, ses partisans se recrutent parmi les divers mouvements d'extrême gauche, autonomes, écologistes ou anarchistes, et se défendent de représenter une idéologie particulière. En fait, ils constituent davantage un assemblage de «mercenaires» provenant des divers mouvements anti-mondialisation prêts à fonctionner comme groupe «de choc» au profit de l'ensemble de la manifestation.

La vraie dimension asymétrique du *black bloc* est qu'il sert principalement les intérêts politiques d'autres mouvements qui revendiquent des méthodes pacifistes, et qui exploitent ainsi les «brutalités policières» provoquées par les «mercenaires» du black bloc. Ces derniers – souvent désignés *commandos* ou *brigadistas* – se «sacrifient» en effet pour disloquer le dispositif policier et provoquer des brutalités policières indiscriminées. Les manifestants «pacifiques» peuvent ainsi être victimisés. Brutalité et mondialisation peuvent alors être associées pour discréditer l'action du gouvernement. Cela explique pourquoi même les composantes «pacifistes» du mouvement contre la mondialisation acceptent et soutiennent le rôle du *black bloc*.

Lors de manifestations, comme celles des «Gilets jaunes» en France ou en Belgique, les médias et certains «experts» ont qualifié les casseurs de «*black blocs*». C'est un abus de langage. Même si leur apparence vestimentaire est similaire et si leurs profils sont souvent proches de ceux des *black blocs*, ce sont simplement des «casseurs» qui agissent pour eux-mêmes, à la différence des «vrais» *black blocs*. Ce ne sont que des «copies» d'un mouvement créé 30 ans plus tôt, qui

---

77. John Zerzan, diplômé en sciences politiques et en histoire, est un anarchiste américain, vivant à Eugene (Oregon), ami de Theodore Kaczynski, mieux connu sous le pseudonyme d'«Unabomber».

fonctionnent sans doctrine ni réelle tactique. Cette confusion contribue à la mauvaise compréhension du phénomène et à l'incapacité de le combattre.

Pour faire simple, les *black blocs* ont une démarche asymétrique, alors que les casseurs en ont une symétrique : les instruments efficaces contre les uns auront un effet inverse sur les autres. Le problème est que les forces de police en France et en Belgique sont très faibles dans la compréhension des mouvements insurrectionnels. C'est pourquoi elles n'obtiennent pas d'effets durables.

2.3.3.4.1. *Stratégie*

L'essence de la stratégie des *black blocs* est de pousser les forces de l'ordre dans un processus d'escalade de la violence, afin de démontrer l'incapacité du pouvoir et des autorités en place à gérer une situation de crise.

Les formes d'action du *black bloc* changent de cas en cas, mais suivent une stratégie générale axée sur la création d'un esprit de solidarité, contre la répression policière, en créant une situation chaotique qui sert de tremplin à la protestation. Par la provocation et une grande mobilité tactique, ils cherchent à briser la cohésion des forces de police et à les entraîner dans des affrontements qui permettent au «gros de la manifestation» de se développer. Utilisant parfois – et même souvent – la violence, la destruction et le saccage, parfois la violence verbale et la menace de violence, la stratégie change selon les lieux et les participants.

Cette mécanique se met en marche à partir de manifestations pacifiques/pacifistes qui doivent donner la légitimité aux manifestants. Le *black bloc* intervient alors dans une seconde phase pour révéler l'incapacité et la violence oppressive des autorités.

2.3.3.4.2. *Opérations*

La planification et la conduite stratégique des *black blocs* sont assurées par messagerie en ligne. Le regroupement des équipes et la stratégie sont discutés et fixés quelques heures seulement avant l'action. Lors du sommet du G8 à Gênes (2001), les tentatives de la police italienne d'intercepter les plans des *black blocs* ont été rapidement identifiées et immédiatement publiées sur le Net, avec de fausses informations destinées à l'induire en erreur.

Les opérations des *black blocs* sont généralement conçues sur le principe de «l'essaim» (« *swarming* »). Il s'agit, à partir d'individu ou de très petits groupes disséminés dans une foule ou dans un secteur donné, de créer très rapidement des concentrations éphémères, capables de générer des pôles de violence avec une supériorité temporaire face aux forces de l'ordre.

Une variante plus développée du «*swarming*» a été développée dans les opérations de type «*rhizome*», qui ont la capacité de générer plusieurs pôles de violence disséminés sur plusieurs sites, mais dans le cadre d'une même opération.

Le « *rhizome* » est composé de petits noyaux (« *nodes* ») indépendants, reliés entre eux de manière non hiérarchique.

Les opérations du *black bloc* n'ont pas d'objectifs matériel ou territorial autres que le déploiement de la violence. Afin de symboliser son succès, le black bloc établit des « *Zones autonomes temporaires* » (ZAT), qui permettent simplement de matérialiser l'atteinte d'un objectif, même si sa valeur est plus symbolique que territoriale. La simple destruction ou le saccage d'un magasin peut constituer un ZAT.

Les quatre principes de combat en rhizome sont clairement définis :

• *Indépendance* des noyaux les uns par rapport aux autres, d'une part, pour des raisons opérationnelles (les actions de chaque noyau n'impliquent pas et ne mettent pas en danger une structure centrale) et, d'autre part, pour des raisons philosophiques (la hiérarchie est de manière inhérente génératrice de violence).

• *Interaction* : les structures hiérarchiques perdent trop d'énergie à filtrer et canaliser l'information, ce qui en ralentit le flux. La hiérarchie est donc remplacée par l'interaction où l'action prime le flux d'informations, avec l'idée que l'échange d'informations informel par l'action permet une réaction plus rapide que dans les systèmes structurés.

• *Source ouverte* : l'échange d'informations dans un réseau rhizomique s'effectue de manière horizontale et indiscriminée, conséquence du principe d'interaction.

• *Pas de dépendance* envers l'espace et le temps, considérée comme une des caractéristiques du combat « hiérarchisé ».

2.3.3.4.3. Tactique

Sur le terrain, la doctrine *Black Block* préconise l'engagement de petites cellules de 5-20 personnes qui, généralement, se connaissent et coordonnent leur présence et leur stratégie opérationnelle avant l'action. L'action tactique est décidée sur place quelques minutes avant le déclenchement de la manifestation. Masqués et vêtus de noir, les « membres » du *Black Block* défilent avec drapeaux (noirs) et tambours, non sans rappeler des armées d'un autre temps. Leur présence au sein de la manifestation principale est organisée de manière théâtrale et méthodique. À Gênes, le *Black Block* était inséré dans la manifestation principale et entouré par des membres du bloc rose (*Pink Bloc*) qui fournissait pour l'occasion un groupe de « *tactical frivolity* », dont la fonction est de faire diversion et de favoriser la sortie et l'entrée du *Black Block* dans le cortège. Ce dernier ne fait qu'initier le chaos, puis se retire rapidement dès que la situation dégénère, laissant les autres membres de la manifestation aux prises avec les forces de l'ordre. Leurs actions sont enregistrées sur vidéo, afin d'étudier et d'améliorer les tactiques.

La violence policière finit de «donner la victoire» aux clients des *Black Block* : peu après les violentes manifestations de Gènes, la photo du jeune Carlo Giuliani, tué par un carabinier est immédiatement mise sur le Net, et a largement contribué à dénigrer l'action de la police.

2.3.4. Le terrorisme de guérilla

Par *terrorisme de guérilla,* nous entendons ici principalement le terrorisme pratiqué dans le cadre d'une guerre de libération ou d'une résistance à un occupant, qui bénéficie d'un large soutien populaire, mais ne s'inscrit pas nécessairement dans un processus révolutionnaire. Cela étant, certaines formes de terrorisme de guérilla peuvent intervenir à un stade avancé d'un processus révolutionnaire de nature politique.

Il se distingue généralement des autres formes de terrorisme en ce qu'il concentre ses actions sur les forces militaires ou les forces d'occupation. Il mène des actions, comme la Résistance en 1944-1945, ciblées sur l'occupant, avec des objectifs «opérationnels». Il n'est pas totalement «aveugle» et vise à décourager l'envahisseur ou occupant. L'usage du terme «terrorisme» est d'ailleurs souvent contesté pour désigner cette forme de combat. En effet, certaines définitions occidentales définissent le terrorisme comme des actions dirigées contre des civils, comme aux États-Unis :

> *[un acte] prémédité ; perpétré par un acteur infranational ou clandestin ; avec des motifs politiques, pouvant inclure des motivations religieuses, philoso-phiques ou symboliques au plan culturel ; violent ; et perpétré contre des cibles non combattantes[78], par des groupes subnationaux ou des agents clandestins, généralement destiné à influencer une audience.[79]*

En d'autres termes, dès lors que cette forme de violence est utilisée contre une force armée, elle n'est pas systématiquement considérée comme du terrorisme. Ainsi, les attentats contre les forces américaines en Irak ne sont pas considérés comme du terrorisme. Cette définition explique en partie les chiffres (trop) bas rapportés dans *Patterns of Global Terrorism* du Département d'État, dans

---

78. Le terme de non-combattant comprend, outre les civils, les militaires désarmés ou en dehors du service au moment de l'incident, comme le colonel James Rowe, tué à Manille en avril 1989, le capitaine William Nordeen, attaché militaire tué à Athènes en juin 1988, les deux militaires tués dans la discothèque LaBelle à Berlin en avril 1986, et quatre *Marines* de la garde de l'ambassade américaine à San Salvador en juin 1985. Sont également considérées comme des actes terroristes des attaques contre des installations militaires ou des personnels militaires dans des pays où il n'y a pas d'hostilités.
79. *United States Code*, Titre 22, Section 2656f(d). Cette définition est utilisée par le gouvernement américain pour des produits statistiques ou analytiques depuis 1983.

son édition 2003[80]. Toutefois, il convient de préciser que cette distinction reste très théorique : pratiquement tous les groupes armés apparus en Irak en résistance à l'intervention américaine ont été considérés comme des émanations d'« Al-Qaïda », et donc comme des organisations terroristes.

Dans les conflits non communistes et/ou non révolutionnaires, cette forme de terrorisme n'est souvent qu'une forme de l'action militaire qui a pour objectif d'affaiblir l'adversaire et d'élever le coût de son occupation ou de sa présence. Lorsqu'elle ne fait pas partie d'un processus djihadiste ou révolutionnaire marxiste, l'approche reste souvent «symétrique» dans sa substance. Les deux parties combattent dans le même espace, avec la même logique, mais avec des tactiques différentes. Il s'agit de paralyser la logistique, réduire la liberté de mouvement de l'occupant, lui interdire une vie «normale» dans le pays, et affecter son moral. Sans réel caractère multiplicateur, cette forme de terrorisme est généralement relativement facile à combattre par des tactiques de «guerre non-conventionnelle».

Il s'agit, par exemple, de la «*petite guerre*» (en espagnol : *guerrilla*) menée contre les troupes de Napoléon en Espagne, de la Résistance contre l'occupant nazi durant la Seconde Guerre mondiale, de la résistance contre les forces occidentales en Afghanistan ou en Irak. Les mouvements de guérilla soutenus par l'OTAN en Ukraine et dans les pays baltes, dans les années 1950-1960, sont des exemples de guerres «symétriques» menées dans le prolongement de la Seconde Guerre mondiale, auxquelles les pays occidentaux n'ont jamais voulu ou su donner une résonance politique et stratégique. Ainsi, ils ont pu être écrasés assez facilement et de manière sanglante par les Soviétiques. Le même phénomène est observable dans l'insurrection des minorités russophones en Ukraine dès 2014 : il s'agit d'un phénomène purement symétrique, dont l'efficacité est essentiellement due à l'incapacité du gouvernement ukrainien – et de l'OTAN – à le combattre.

Les théoriciens du terrorisme djihadiste voient cette forme de terrorisme dans le cadre du *djihad par front ouvert* (DFO), que nous verrons en détail plus bas. C'est ainsi que l'action de l'État islamique, par exemple, s'est développée dans le sillage de l'action occidentale contre le gouvernement syrien (et au Sahel). Quant à ses attentats en Occident, ils se situent très clairement dans le prolongement de la résistance qu'il mène contre les interventions occidentales en Irak et en Syrie.

---

80. Le rapport publié le 29 avril 2004 présentait des chiffres du terrorisme montrant, pour 2003, le plus bas niveau d'activité terroriste depuis 1969 ! Accusé par des députés démocrates de falsifier les données afin de présenter un bilan présidentiel plus favorable en année électorale, le Département d'État a annoncé en juin la publication d'une édition corrigée. Les données du rapport ont été compilées par le *Terrorist Threat Integration Center* (TTIC), CNN, 10 juin 2004.

2.3.5. Le terrorisme d'inspiration religieuse

Contrairement à une opinion très répandue en Occident, le terrorisme issu d'un fondamentalisme religieux (avec des objectifs de nature religieuse) est très rare et surtout présent en Asie, comme les terrorismes sikh et bouddhiste en Inde. Le plus souvent, la religion ne constitue pas l'objectif de l'acte terroriste, mais elle en fournit un cadre doctrinal et un «logiciel» de fonctionnement. Il serait donc plus juste de parler de *terrorisme d'inspiration religieuse*.

On l'observe principalement dans deux contextes : les mouvements millénaristes et le nationalisme religieux.

Les *mouvements millénaristes*, pour lesquels l'action violente s'inscrit dans une perspective où ils constitueraient l'avant-garde d'une nouvelle société issue de l'apocalypse. Il ne s'agit généralement pas de provoquer cette apocalypse – qui reste l'œuvre de Dieu et est inéluctable – mais de s'opposer, même par la violence à ce qui peut menacer le «bon déroulement» de la décision divine. Ils développent souvent une mentalité «d'assiégés» et voient le monde extérieur comme une menace contre l'existence même de cette «population élue». La proximité ou le rapprochement de la date fatidique de l'apocalypse accentue le risque de voir la communauté être détruite ou neutralisée par le gouvernement, et l'action violente devient alors légitime. Cette position n'est pas très éloignée de celle des sionistes chrétiens (qui constituent une part importante du soutien à Donald Trump) qui soutiennent l'État d'Israël, dans la perspective de sa destruction et du retour du Messie[81]. Les mouvements millénaristes se rapprochent de l'idée du nihilisme politique, qui préconise la destruction d'une société avant d'en proposer une nouvelle. Comme le disait Bakounine, *« la passion pour la destruction est aussi une passion créative ! »*

Ce sont les grandes lignes du schéma de pensée de sectes comme la secte *Aum ShinriKyō*, qui voyait dans l'apocalypse le point de départ d'un Homme nouveau et un monde plus pur. Si de tels mouvements sont souvent meurtriers, l'usage du mot «terroriste» pourrait être discuté. En effet, le terrorisme suppose que l'on exploite l'effet de terreur pour obtenir quelque chose. Mais si l'objectif est «simplement» de tuer, sans qu'un comportement particulier soit attendu de cette violence, alors le terme est – en théorie au moins – impropre et il faudrait plutôt parler de crime de masse.

Le *nationalisme religieux* est l'emploi de la religion comme support pour une démarche de nature nationaliste ou identitaire. La religion constitue l'élément fédérateur et la référence autour de laquelle se construit l'action violente, qu'elle soit révolutionnaire, insurrectionnelle ou légaliste. Ainsi, dès le début du XXe siècle, l'islamisme constitue une plate-forme pour les mouvements contre-révolutionnaires

---

81. Pascal Riché, « Pourquoi la droite religieuse américaine soutient Israël », *L'Obs*, 14 mai 2018.

dans les républiques soviétiques d'Asie centrale (Basmatchis) et le judaïsme devient le support du terrorisme sioniste en Palestine au début du XXᵉ siècle.

Contrairement au millénarisme, le nationalisme religieux ne se situe pas dans l'émotionnel ou l'irrationnel, et ses objectifs sont très séculiers. La dimension religieuse a un effet sur les paramètres stratégiques (par exemple, la notion de victoire), tactiques (comme le rôle des populations civiles) et dans les modes opératoires (comme la notion de sacrifice), mais n'en fournit pas les objectifs. Le lien avec des objectifs religieux est le résultat combiné du discours occidental et de l'usage de la religion comme élément fédérateur.

Le nationalisme religieux se manifeste dans trois cas de figure principaux :

• La lutte contre des gouvernements séculiers corrompus (ou jugés comme tels)[82]. C'était essentiellement la démarche des moudjahidin revenus dans leurs pays respectifs après la guerre contre les Soviétiques (« Afghans »). Au début des années 1990, ils ont constitué l'ossature d'une rébellion dans des pays comme l'Algérie, la Tunisie, le Maroc ou la Libye. Dans ce contexte, la religion apportait une référence morale pour lutter contre les abus du pouvoir. L'ambition des combattants était de nature nationale et n'avait pas de raisons de déborder du cadre national.

• Une lutte de résistance contre une puissance occupante, au même titre que les mouvements de résistance européens durant la Seconde Guerre mondiale. L'objectif est de maintenir ou gagner une autorité sur un territoire (Palestine, Afghanistan, Irak, Syrie, Libye, etc.) ou pour répondre à une intervention et occupation étrangères (Palestine, Irak, Afghanistan, Sahel, etc.) L'archétype de ce type de mouvement terroriste est le Hamas palestinien. Ses formes les plus virulentes puisent leur justification dans les diverses interventions occidentales, aériennes ou terrestres, au Proche et Moyen-Orient, toutes issues de mensonges. Elles ont abouti à la création de territoires indépendants sous gouvernance islamiste. C'est la démarche de l'État islamique, dérivée de la résistance contre l'occupation américaine.

À noter que le terrorisme n'est qu'une méthode et non une doctrine ; tous les mouvements de résistance ne sont donc pas des mouvements terroristes. C'est par exemple le cas du *Hezbollah* qu'une majorité de pays ne reconnaît pas comme terroriste. Nous examinerons son cas plus en détail plus bas.

Au Proche-Orient, les pays tels que nous les voyons sur la carte ont une existence récente et l'idée de « nation » reste souvent prise en tenaille entre le sentiment d'appartenance à une communauté tribale et à une communauté religieuse. Contrairement à la perception occidentale, elle ne se définit donc

---

82. "The Wandering Mujahidin: Armed and Dangerous", Bureau of Intelligence and Research (INR), 21-22 août 1993 (SECRET/NOFORN/NOCONTRACR/ORCON – Déclassifié le 23 novembre 2007).

pas simplement en fonction de frontières politiques. C'est pourquoi la religion (dans cette région : l'islam) permet souvent de cristalliser une identité au-delà du niveau tribal, de fédérer les volontés et d'articuler un projet politique.

L'esprit occidental « westphalien » est dépassé par cette dimension communautaire. C'est ainsi qu'en amont de leur engagement en Irak et en Syrie, la France et la Belgique ont totalement négligé la communication vers leurs importantes communautés musulmanes nationales. On est parti de l'idée que le fait de vivre en France, voire d'avoir un passeport français, suffisait pour être intégré à la nation française et adhérer aux décisions du gouvernement. C'était une erreur stratégique.

Expliquer le terrorisme islamiste par un projet religieux permet d'éviter un examen critique d'interventions militaires irrationnelles et exclut tout dialogue. C'est l'approche israélienne, qui entretient l'idée que le combat du Hamas est strictement religieux : l'affrontement est donc inévitable et il n'y a pas de compromis possible. En fait, l'islamisme a pris le relais du marxisme comme support de la lutte contre l'occupation israélienne : les Palestiniens n'ont pas changé leur objectif de récupérer leurs terres occupées par Israël, mais le marxisme ayant disparu, l'islamisme est devenu une sorte de ciment du projet politique. Après la fin de la guerre du Golfe (1991), le refus américain de quitter la péninsule arabique déclenche un mouvement de résistance anti-occidentale (une forme d'anti-impérialisme) plus large, avec un ciment religieux, que l'Occident appellera « Al-Qaïda ».

Une particularité des conflits qui s'appuient sur un logiciel religieux est qu'ils sont généralement plus « durs ». Pour les djihadistes, les Occidentaux sont des croisés, qui interviennent au Moyen-Orient pour s'attaquer à la communauté des croyants. Dès lors, on se situe dans un référentiel « absolu », où les enjeux sont existentiels et dépassent les calculs économiques (pertes/gain) qui prévalent dans les conflits séculiers, et où la dimension humaine devient secondaire. Dans un tel contexte, le bilan « économique » – pour autant qu'un tel calcul soit pertinent – est toujours positif, quelles que soient les pertes subies, puisqu'acceptées pour la survie de la communauté et de la foi. Dès lors, tous les sacrifices et toutes les extrémités sont permis…

Mais il n'y a là rien de vraiment nouveau, la chrétienté elle-même a aussi justifié la guerre, la torture, voire le génocide pour diffuser la foi. L'Inquisition, la répression contre les cathares, les camisards et autres factions à vocation religieuse ont fait appel à des mesures extrêmes et parmi les plus inhumaines. Ceci sans mentionner l'extermination des populations amérindiennes au nom du catholicisme, à seule fin de s'emparer de leurs richesses…

Ce principe n'est pas si différent de l'acceptation occidentale que de placer la « raison d'État », les « valeurs occidentales » et autres au-dessus de la vie. Ainsi, les guerres déclenchées par les États-Unis et la France au mépris du droit international, leur usage de la torture ou même le bombardement de chrétiens en Syrie trouvent des justifications que personne, en Occident, ne remet en question. Un rapport de la *Mission d'assistance des Nations unies en Afghanistan* montre qu'en 2019, les forces de la coalition occidentale tuent plus de civils que l'État islamique[83] ! Au Sahel, les populations ont plus peur des bavures des militaires combattant les terroristes que des attaques djihadistes[84] !

2.3.6. Le terrorisme d'État

Le *terrorisme d'État* sort du cadre de cet ouvrage, et n'est mentionné ici que par souci d'exhaustivité, car il diffère fondamentalement des autres formes de terrorisme. Alors que ces dernières sont généralement une méthode d'action du « faible au fort », le terrorisme d'État est une stratégie du « fort au faible ». Son principe est vieux comme le monde, mais c'est lors de la Révolution française, avec le régime de la *Terreur* (1793-1794), que le terrorisme d'État est formalisé pour la première fois. La Terreur n'est donc pas à l'origine du terrorisme moderne, comme le prétendent certains. En effet, alors que les autres formes de terrorisme cherchent à influencer ou renverser l'autorité étatique, le terrorisme d'État, au contraire, résulte d'une application excessive de cette autorité.

Par extension, durant la guerre froide, l'expression « terrorisme d'État » était régulièrement utilisée par les pays de l'Est pour qualifier la politique des États « impérialistes », qui imposaient le pouvoir à la classe travailleuse. Elle désignait notamment la stratégie anti-insurrectionnelle de certains pays, notamment l'usage des « Escadrons de la mort » organisés par certaines forces de police (au Salvador, au Chili, en Argentine et au Brésil), comme le *Groupe antiterroriste de libération (GAL)* espagnol, etc.

L'Occident, qui a toujours privilégié le respect de l'État de droit, tend aujourd'hui à s'en écarter et à se rapprocher dangereusement des pratiques proches du terrorisme d'État. C'est le cas des États-Unis et de la France. On s'abrite fréquemment derrière le principe de « terroriser les terroristes ». Le problème est que cette violence tend à dépasser le cadre de la lutte contre le terrorisme, et à s'appliquer contre tout ce qui peut menacer l'État. Il en est ainsi de la violence excessive appliquée contre des Gilets jaunes[85].

---

83. *Midyear Update on the Protection of Civilians in Armed Conflict: 1 January to 30 June 2019*, United Nations Assistance Mission in Afghanistan (UNAMA), 30 juillet 2019, p. 12 ; Amy Woodyatt & Arnaud Siad, "More civilians are being killed by Afghan and international forces than by the Taliban and other militants", CNN, 31 juillet 2019.
84. Daniel Fontaine, « Sahel : les populations craignent plus les bavures des forces de protection que les attaques djihadistes », rtbf.be, 14 avril 2021 ; Nathanaël Charbonnier, « Les armées régulières seraient tout aussi meurtrières (voire plus) que les terroristes au Sahel », franceinter.fr, 3 mai 2021.
85. *Envoyé spécial*, « Violence, la surenchère », 13 décembre 2018 (France 2), France2/YouTube, 18 décembre 2018 (18'45").

En novembre 2018, dans une interview à la BBC, Mike Pompeo présente les sanctions américaines et annonce que le gouvernement iranien devra faire le bon choix «*s'il veut que son peuple mange*»[86]. Cette manière de menacer la population civile afin de contraindre le gouvernement à agir comme le souhaitent les États-Unis correspond à la définition du... terrorisme!

2.4. Formes particulières du terrorisme

2.4.1. Le superterrorisme

Le *superterrorisme*[87] est une expression apparue après le 11 septembre 2001. Elle ne correspond à aucune définition reconnue internationalement et tend à désigner une forme de terrorisme qui vise des destructions massives de vies humaines ou de biens matériels. Par extension, on l'associe avec des formes de terrorisme mettant en jeu des *armes de destruction massive* (ADM).

Le «9/11» a promu l'idée que le terrorisme cherche à maximiser le nombre de morts et encouragé le développement de scénarios catastrophes, largement relayés par le cinéma, mais totalement déconnectés des réalités[88]. Car dans le monde réel, les attentats répondent toujours à des objectifs relativement précis et concrets.

On constate que les mouvements terroristes utilisent rarement «gratuitement» leur capacité de destruction. Il s'agit le plus souvent de convoyer un message vers une audience et pas de la détruire. Un attentat qui anéantirait une partie de l'humanité retirerait immédiatement tout soutien populaire ou politique au mouvement. Dans la plupart des cas, le groupe terroriste tire sa force de la légitimité que lui accorde son audience. Il doit donc trouver un équilibre subtil entre le bénéfice qu'apporte la violence et le rejet qu'elle suscite. C'est ce qu'ont compris les Palestiniens en abandonnant le terrorisme international dans les années 1970, pour se concentrer sur des actions dirigées contre l'occupant israélien, même si le bilan des morts est clairement en leur défaveur.

Ainsi, les terroristes de guérilla, qu'ils soient dans des mouvements de libération ou séparatistes ne cherchent pas la destruction totale du pays ou du territoire qu'ils veulent libérer. Par analogie, si l'on prête à l'État islamique l'intention d'étendre son califat à l'Europe, il semblerait assez contradictoire qu'il s'acharne à la «nucléariser». À ceci s'ajoute le fait que, malgré une grande

---

86. "Secretary of State Mike Pompeo's Interview with Hadi Nili of BBC Persian", Washington DC, 7 novembre 2018 ; Brendan Cole, "Mike Pompeo Says Iran Must Listen To U.S. 'If They Want Their People To Eat'", *Newsweek*, 9 novembre 2018.
87. On trouve également le terme d'« hyperterrorisme », qui recouvre la même problématique.
88. Darren Boyle, "Isis planning 'nuclear holocaust' to wipe hundreds of millions from face of the earth', claims reporter who embedded with the extremists", *Daily Mail*, 29 septembre 2015.

capacité à apprendre des erreurs du passé afin d'adapter et améliorer leurs modes opératoires, les terroristes restent très conservateurs dans leurs méthodes. En effet, il s'agit avant tout de démontrer un succès à travers leur détermination. Ils utilisent donc généralement les tactiques et méthodes simples et éprouvées, qui fonctionnent et qu'ils sont capables – et n'ont pas peur – de mettre à exécution.

Il en va différemment pour des mouvements millénaristes, qui cherchent à «purifier» l'humanité à travers une situation apocalyptique, comme la secte *Aum ShinriKyō* au Japon qui avait cherché à exploiter des mines d'uranium en Australie et à acheter des ogives nucléaires en Russie, avant de s'engager sur la voie de l'arme chimique. Mais dans ce cas, on n'est plus vraiment dans la situation de terrorisme, dont l'objectif est d'obtenir quelque chose en exerçant une pression répétée sur l'État, une autorité ou une communauté.

Le terrorisme islamiste, malgré sa brutalité, n'est pas de nature apocalyptique : il ne cherche ni la purification de l'humanité ni la destruction de la chrétienté.

Par ailleurs, le caractère spectaculaire d'un acte terroriste résulte probablement plus de l'évolution de notre société que de la volonté destructrice des terroristes : la banalisation générale de la violence et des catastrophes pousse les terroristes à surenchérir pour que leur message soit visible. Ainsi, Timothy McVeigh, l'un des auteurs de l'attentat d'Oklahoma City (1995) devait déclarer : « [...] *Nous avions besoin d'un nombre de cadavres pour faire passer notre idée.* »[89]

La sidération causée par le «9/11» a rapidement amené l'idée que le pas suivant devait être l'emploi d'«armes de destruction massive» (ADM), et les «experts» se sont succédé pour élaborer des scénarios aussi complexes que fantaisistes.

Initialement, les ADM désignaient les armes nucléaires, biologiques et chimiques. Ces dernières années, la définition a progressivement été «enrichie». Ainsi, pour justifier un jugement plus sévère contre les auteurs de la tentative d'attentat contre le *World Trade Center* à New York en 1993, les magistrats américains ont inclus dans la définition des ADM les explosifs à grande puissance (charges explosives renforcées par des bouteilles de gaz, par exemple) qui cherchent à augmenter le nombre de victimes.

En 1995, l'attentat d'Oklahoma City bouleverse l'opinion américaine : sa puissance permet opportunément de jeter une passerelle entre les menaces de la guerre froide et le terrorisme contemporain :

> *Des victimes en masse et des destructions matérielles étendues sont les carac-téristiques des armes de destruction massive, ce qui fait de leur détection, leur prévention et leur destruction une priorité du FBI. Une arme de destruction massive (ADM), bien que traditionnellement associée à des agents nucléaires/*

---

89. Texte original : "[...] We needed a body count to make our point.", *New York Times*, 1ᵉʳ mars 1997.

radiologiques, chimiques ou biologiques, peut aussi prendre la forme d'explosifs, comme lors de l'attentat de l'«Alfred P. Murrah Building» à Oklahoma City en 1995. Une arme franchit le seuil d'une ADM lorsque ses conséquences dépassent les capacités de réponses locales.[90]

Les États-Unis ont répondu de manière totalement émotionnelle, disproportionnée et sans grande réflexion aux attentats du «9/11» : on a fait passer les terroristes pour des psychopathes assoiffés de sang et agissant dans le simple but de tuer. Dans les mois qui ont suivi, la psychose de nouveaux attentats a conduit les législateurs à compléter la définition des ADM :

> *Le terme «arme de mort et de destruction massive» comprend les bombes; ou grenades; ou les fusées avec une charge propulsive supérieure à 4 onces (100 g); ou les missiles ayant une charge explosive ou incendiaire supérieure à ¼ once (8 g); ou les mines; ou les appareils analogues à ceux décrits ci-dessus; ou [...]*
>
> *Tout type d'arme (autre qu'un fusil de chasse, ou une cartouche de chasse à usage sportif) qui sera, ou peut rapidement être, transformé pour projeter un projectile sous l'action d'un explosif [...]*
>
> *Toute arme à feu capable de tirer en rafale [...]*[91]

Dans cette course à l'extrême et à l'absurde, certains militaires américains ont également proposé d'inclure dans les ADM les armes informatiques et les ordinateurs individuels, qui pourraient créer des catastrophes (aériennes ou autres) et ainsi menacer des milliers de vies humaines. Outre le fait qu'une telle proposition serait virtuellement irréalisable sans de larges restrictions à la liberté individuelle, elle condamnerait tout un secteur industriel et économique à la disparition et porterait un préjudice significatif au développement technologique occidental.

Ainsi, dans le cadre de l'action en justice contre les auteurs de l'attentat de Boston en avril 2013, le FBI a qualifié un engin improvisé au moyen d'une cocotte-pression d'arme de destruction massive![92]

Comme on le constate, même des concepts qui semblaient relativement univoques deviennent d'inextricables interprétations qui peuvent paralyser toute action sécuritaire.

---

90. "The FBI and Weapons of Mass Destruction," U.S.Federal Bureau of Investigation (FBI),4 août 1999, http://norfolk.fbi.gov.wmd.htm.
91. "House Bill 1468", Assemblée Générale de Caroline du Nord, session 2001, 28 novembre 2001.
92. "Criminal Complaint United States vs Dzhokhar Tsarnaev", Department of Justice (www.justice.gov), https://www.justice.gov/iso/opa/resources/36320134221344 1988148.pdf.

2.4.4.1. *Le bioterrorisme et le terrorisme chimique*

Le *bioterrorisme* est une forme de terrorisme utilisant des moyens biologiques ou bactériologiques comme armes. Souvent désignées comme l'« arme nucléaire du pauvre », les armes chimiques font partie de l'arsenal que l'on attribue aux mouvements terroristes depuis l'attaque à l'arme chimique exécutée par la secte *Aum ShinriKyō* en 1995.

La manifestation la plus médiatisée du « bioterrorisme » a été l'envoi de spores d'anthrax à diverses personnalités du monde politique et des médias, en octobre 2001, aux États-Unis. Rapidement surnommée « Amerithrax », cette campagne a créé une psychose totalement artificielle, comme savent la créer les Américains. Dès son apparition, la proximité de l'Amerithrax avec les attentats de septembre 2001 a poussé les « experts » à pointer du doigt l'Irak : les « méchants djihadistes » ne pouvaient que s'être alliés à un acteur étatique, donc les « méchants Irakiens »[93]... orientant ainsi les recherches du FBI sur de mauvaises pistes. Pourtant, la nature des objectifs et la séquence des attaques dans le temps, de même que les souches d'anthrax tendaient à exclure d'emblée l'implication de l'Irak dans cette action[94]. De fait, le 28 octobre, le FBI annonçait officiellement que l'Amerithrax était lié à des activités criminelles aux États-Unis mêmes, et que le Bureau arrêtait ses investigations en relation avec les djihadistes. En creux, cet incident a démontré que la capacité de « destruction de masse » d'une arme biologique est très relative, que son impact est faible sans une capacité de dissémination sophistiquée, et donc se prête mal à un usage terroriste.

En fait, la dissémination par lettres, moins spectaculaire et tout aussi aléatoire constituait une nouveauté, car on envisageait plutôt des disséminations sous la forme d'une dissémination de « nuages de spores » de grande envergure afin de provoquer des pertes massives. Mais une telle méthode exige une technologie particulière : les spores doivent être suffisamment légères pour rester longtemps en suspension dans l'air afin d'être inhalées, mais être suffisamment lourdes pour rester groupées et en concentration suffisante ; elles doivent résister aux variations d'humidité et de température ; le nuage doit être suffisamment large pour être significatif et les spores doivent pouvoir être dispersées sans être endommagées par explosion ou combustion, etc. En clair, la militarisation d'agents biologiques est une tâche complexe, hors de portée des groupes terroristes.

Par ailleurs, alors que l'on se préoccupe toujours du « mode opératoire », l'élément déterminant pour comprendre l'acte terroriste est l'identification de sa finalité politique. Or le profil de l'attaque à l'Amerithrax semblait plus proche

---

93. Olivier Lepick, Télévision Suisse Romande, 26 octobre 2001, https://www.rts.ch/play/tv/19h30/video/peur-de-lanthrax-explications-scientifiques-et-politiques?id=1613745.
94. *Ibid.* Le 26 octobre 2001, l'auteur annonçait au télé-journal de la Télévision Suisse Romande l'implication de mouvements d'extrême droite américains dans les attaques d'anthrax, alors que les services de renseignement préconisaient encore une action d'Al-Qaïda.

d'une criminalité en série de nature antisémite, que d'un acte à portée politique. En effet, le terrorisme est généralement vecteur d'un message, et il se cache rarement derrière d'autres actes criminels, car alors sa rationalité disparaîtrait, ce qui explique que l'on observe généralement plutôt une « sur-revendication » des attentats, plutôt qu'une « sous-revendication ». Bien souvent même, la revendication arrive avant l'attentat lui-même, ce qui permet de convoyer le message à un coût humain plus faible. Or dans le cas de l'Amerithrax, on constatait l'inverse : un acte criminel, se cachant derrière les attentats du 11 septembre.

Les attaques menées par la secte *Aum ShinriKyō* au début des années 1990 constituent un cas particulier. La secte *Aum* était un groupe de type millénariste dont l'objectif est la rédemption de l'humanité à travers sa renaissance, après une disparition apocalyptique. L'objectif de la secte n'était donc pas d'obtenir quelque chose d'un gouvernement par chantage ou intimidation, mais était « simplement » de générer une apocalypse. Contrairement au terrorisme qui « échange » la violence contre l'infléchissement d'une politique, par exemple, la secte n'a formulé aucune exigence. La secte n'était donc pas un groupe terroriste au sens strict, même si ses attaques en avaient l'apparence. De fait, les attaques chimiques et – peut-être – biologiques menées dans le métro de Tokyo n'étaient que des « tests », mais n'étaient pas destinées à alimenter un processus politique[95]. Il s'agissait ainsi davantage de « meurtres de masse » que de terrorisme à proprement parler. Si la nuance est imperceptible au niveau des dommages et des pertes humaines, elle est importante pour comprendre la stratégie du groupe ou du mouvement. Cela ne change rien à la manière de sanctionner les criminels, mais c'est essentiel pour concevoir des stratégies de lutte et de prévention.

2.4.1.2. *Le terrorisme nucléaire*

Il s'agit d'une forme de terrorisme utilisant la menace nucléaire pour atteindre ses objectifs. Le *terrorisme nucléaire* pourrait venir d'un pays possédant l'arme nucléaire ou bien être le fait de groupuscules disposant d'armes nucléaires. Il pourrait prendre les formes suivantes :

• Attaque conventionnelle contre des infrastructures nucléaires afin de créer une catastrophe : destructions d'installations ou perturbations de leur fonctionnement, comme empêcher le refroidissement d'un réacteur : une sorte de Tchernobyl délibéré. En juillet-août 2022, les attaques ukrainiennes par drones, artillerie et missiles contre la centrale nucléaire de Zaporojie appartiennent à ce type de terrorisme. Il s'agissait alors de menacer la population européenne

---

95. Philip C. Bleek, "Revisiting Aum Shinrikyo: New Insights into the Most Extensive Non-State Biological Weapons Program to Date", Center for Nonproliferation Studies, 11 décembre 2011, http://www.nti.org/analysis/articles/revisiting-aum-shinrikyo-new-insights-most-extensive-non-state-biological-weapons-program-date-1/.

de désastre nucléaire, afin de pousser les Occidentaux à exiger la mise en place d'une zone démilitarisée au sud de l'Ukraine. On note que dans ce cas, aucun pays occidental, ni l'Agence Internationale pour l'Énergie Atomique (AIEA) n'ont élevé de protestation contre l'Ukraine, bien que les projectiles tirés étaient indiscutablement d'origine occidentale.

• Dispersion de matières radioactives sous diverses formes : emploi d'un explosif conventionnel pour disperser des matières radioactives («bombe sale»). Dans ce cas, on pourrait utiliser des matériaux qui ne peuvent pas être utilisés pour la fabrication de bombes nucléaires, mais qui présentent une radioactivité suffisante pour causer la mort (par exemple, des résidus de matériaux utilisés dans les laboratoires de radiologie). Techniquement faisable, les effets d'une telle bombe seraient relativement aléatoires, mais pourraient créer un effet de panique. En Russie, deux tentatives d'attentat de ce type ont été menées par des combattants tchétchènes. Le 23 novembre 1995, Chamil Basayev, un des chefs de la guérilla tchétchène annonçait à la télévision russe que quatre valises contenant du césium avaient été cachées dans Moscou[96]. On trouvera l'une d'elles contenant 32 kilos de césium 137, dont la radioactivité était 310 fois supérieure à la normale, enterrée dans le parc Izmailovsky[97]. En 1998, une autre tentative a été menée dans la région d'Argun, en Tchétchénie, avec un conteneur de césium attaché à une mine[98]. C'est la version explosive de l'empoisonnement au césium 137 ou au cobalt 60, très largement utilisée par la mafia russe au milieu des années 1990.

• L'explosion d'une bombe nucléaire artisanale ou volée. Dans le chaos qui a régné en Russie après l'effondrement du communisme, au début des années 1990, la crainte que des armes nucléaires ou des ingénieurs soient utilisés par des groupes terroristes ou criminels pour des opérations de chantage a stimulé les imaginations. Sachant qu'à cette époque, le salaire moyen d'un scientifique nucléaire russe était de l'ordre de 67 dollars par mois[99], il aurait été facile pour des organisations clandestines de s'offrir les services de scientifiques peu scrupuleux. C'est d'ailleurs ce qu'avait tenté de faire – sans succès – la secte japonaise *Aum ShinriKyō*. En fait, un tel projet n'a encore jamais été réalisé par des groupes terroristes.

• Chantage exercé par un pays disposant de l'arme nucléaire. Il s'agirait cependant là d'une forme de terrorisme d'État, qui ne s'inscrirait probablement pas dans un processus révolutionnaire, et qui sort du cadre de cet ouvrage.

---

96. Jeffrey Bale, "The Chechen Resistance and Radiological Terrorism", Center for Nonproliferation Studies, 1er avril 2004.
97. Rob Edwards, "Risk of radioactive "dirty bomb" growing", *New Scientist*, 2 juin 2004.
98. *Ibid.*
99. Russian American Nuclear Security Advisory Council (RANSAC), Washington DC, Octobre 1999.

2.4.2. Le cyberterrorisme

La notion de cyberterrorisme reste souvent floue quant à sa substance et ne fait pas l'unanimité. Sans entrer dans les détails techniques, on constate que dans la pratique, les notions de «cyberterrorisme» et de «cybercriminalité» se confondent souvent. On admet généralement que le cyberterrorisme est l'emploi des réseaux informatiques pour perturber ou endommager des infrastructures critiques, afin de paralyser un pays ou causer des pertes humaines en perturbant, par exemple, les systèmes de régulation du trafic aérien. Ce qui différencie la cybercriminalité du cyberterrorisme se situe au niveau des objectifs stratégiques. Ainsi, Dorothy Denning, professeur de science informatique et directrice du Georgetown Institute for Information Assurance définit le cyberterrorisme comme une : « attaque ou tentative d'attaque ayant recours à l'informatique pour intimider ou terroriser un gouvernement, ou une société dans des buts politiques religieux ou idéologiques. »[100]

En théorie, l'attaque contre des réseaux informatiques permettrait de causer des dommages considérables. Le contrôle du trafic aérien, la gestion des centrales nucléaires, la gestion de la distribution d'électricité, le trafic de devises et les marchés financiers ne sont que quelques exemples du rôle crucial que joue l'informatique dans la gestion de la sécurité et de l'activité économique vitale d'un pays. Cette dépendance est simultanément une vulnérabilité, car les failles des réseaux sont inévitables, quelle que soit leur sophistication. En outre, à ces attaques «conventionnelles» pourrait s'ajouter la prise de contrôle de missiles nucléaires ou de systèmes de défense antimissiles, etc. Les scénarios ne manquent pas et sont une préoccupation permanente des services de renseignement occidentaux.

Dans la réalité, cependant, plusieurs freins à ces formes extrêmes de cyberterrorisme sont observés. En premier lieu, on a tendance à considérer les réseaux de manière rigide. Or ils doivent être vus de manière dynamique. En effet, la propriété première des réseaux est leur faculté d'adaptation et leur «élasticité» aux chocs frontaux. Ainsi, une attaque contre un réseau informatique ne se comporte pas comme l'affaissement d'une ligne de dominos, mais les capacités de résistance individuelle des éléments du réseau s'additionnent et amortissent le «choc» avec une grande stabilité. En d'autres termes, la somme des vulnérabilités des systèmes individuels est supérieure à la vulnérabilité de l'ensemble d'un réseau.

En deuxième lieu, contrairement à l'image donnée par certains films catastrophes, tout n'est pas interconnecté de manière «linéaire». Comme on a pu le constater lors du «bug de l'an 2000» dans la plupart des pays, les systèmes

---

100. Dorothy Denning, Professor of Computer Science and Director of the Georgetown Institute for Information Assurance, "Is Cyber Terror Next?", www.ssrc.org/sept11/essays/denning.htm.

informatiques sensibles de la sécurité aérienne ou des systèmes bancaires et financiers sont généralement gérés indépendamment des grands réseaux informatiques : l'inventaire des risques mené à l'échelle planétaire avant le 31 décembre 1999 avait montré que l'interdépendance des systèmes était beaucoup moins grande que ce que certains experts avaient prédit, limitant ainsi la possibilité de générer des catastrophes majeures par des actions dans le cyberespace. Aujourd'hui, les interconnexions sont plus importantes, notamment pour les utilisateurs particuliers, mais au niveau des infrastructures critiques ou sensibles, les leçons ont été apprises.

En troisième lieu, les mouvements terroristes se trouvent dans le même dilemme que les organes de sécurité : tout le monde utilise la même plate-forme, ainsi toute paralysie du réseau risque de se retourner rapidement contre l'auteur de l'action. Les groupes terroristes d'aujourd'hui – comme l'État islamique – exploitent les réseaux informatiques pour leur communication stratégique et opérationnelle, pour faire de la propagande, recevoir des dons ou recruter du personnel. Par ailleurs, comme nous le verrons, son concept de « djihad ouvert » est étroitement dépendant des réseaux informatiques : il serait le premier touché par des dysfonctionnements.

L'utilisation du cyberespace par des terroristes peut prendre des formes très diverses : Information et propagande, Conduite et mobilisation, Financement et logistique et Action directe. Le prosélytisme, la propagande, les échanges de courriers électroniques, la diffusion d'informations « techniques » (fabrication de bombes, etc.), la mobilisation de militants ne constituent que des activités périphériques à l'action terroriste proprement dite.

Il faut distinguer le cyberterrorisme de l'usage d'Internet en appui du terrorisme. Alors que le premier substitue l'action informatique destructrice ou paralysante à la violence physique, le second utilise les réseaux informatiques pour s'informer, pour communiquer et pour influencer. Le concept de « *djihad ouvert* », que nous verrons plus bas, montre que l'Internet est un outil privilégié pour partager des savoir-faire et des retours d'expérience ; de recruter des militants et de faire connaître la cause du mouvement. Notamment, l'Internet fournit des tutoriaux pour la fabrication d'explosifs improvisés, de bombes ou pour l'emploi d'armes légères. Cela dit, ces manuels sont souvent des « reprises » de manuels terroristes marxistes des années 1960-1970 en vente dans le commerce.

Il est important de bien analyser la finalité de l'emploi d'Internet par des mouvements insurrectionnels, voire terroristes. En effet, on constate que parfois le cyberespace permet d'appuyer l'action de groupes terroristes en lui offrant un canal de communication supplémentaire pour faire connaître et justifier son action, mais ne constitue pas nécessairement une arme à proprement parler. Dans cette optique, et en rappelant que le terrorisme est en soi une manière de diffuser ou crédibiliser un message, l'emploi de l'Internet à des fins de communication, pourrait – en théorie – diminuer le besoin de violence pour faire connaître sa cause. C'est ce qu'avait identifié l'*Armée zapatiste de libération nationale* (EZLN), au Mexique :

> *Le Net permettra aux acteurs armés de se faire connaître sans pour autant s'aliéner le soutien de l'opinion internationale. Ce que certaines guérillas ont très bien compris. Les groupes traditionnellement les plus violents ont toujours eu des problèmes lorsqu'ils ont voulu exporter leur propagande sur le Net. [...] En revanche, les groupes les moins violents, comme l'EZLN, ont connu de beaux succès sur Internet. Ils se sont attiré la sympathie des internautes en parvenant à imposer au monde l'image de combattants de la liberté, non pas de terroristes. Il se pourrait, pourquoi pas, que certains groupes prennent conscience de ce phénomène, l'intègrent dans leur stratégie de communication et s'adoucissent.*[101]

Ainsi, dans une approche stratégique de la lutte contre le terrorisme, il faudrait évaluer si l'emploi du Net peut offrir un substitut à l'action terroriste ou s'il en constitue un accélérateur.

Par ailleurs, le fait d'exclure les utilisateurs dont le discours pourrait avoir un caractère radical est une arme à double tranchant : comme le constate un profileur du FBI américain, en les excluant on les pousse dans la clandestinité et hors des écrans radars[102]. La censure exercée par les États et les réseaux sociaux – souvent à leur demande – n'est donc pas nécessairement une solution efficace dans le long terme.

Les diverses formes de conflits possibles dans le cyberespace, dont le vocabulaire se développe de jour en jour (*cyberpiracy*, cybotage, *cybersquatting*, « Pearl Harbor électronique », etc.) se résument souvent à une cybercriminalité de droit commun. L'expérience montre qu'il touche plus des entreprises privées que des États et qu'il consiste souvent en un chantage sur la divulgation de bases de données, de numéros de cartes de crédit ou en la paralysie d'une activité numérique, etc., et prend ainsi souvent la forme de « racket ». Il peut également se manifester de manière plus superficielle par la modification d'un site (« *defacing* »).

Le pillage de données et la perturbation des réseaux constituent des risques certains pour les entreprises et l'État. Mais la vocation de telles actions est sans doute généralement plus criminelle que « terroriste ». Il faut distinguer ici entre la menace dans un contexte industriel et dans un contexte étatique. Les risques encourus par une entreprise dans un cadre de compétition exacerbée, ou dans

---

101. Grégory Destouches, *Menace sur Internet*, éditions Michalon, Paris, 1999, p. 222.
102. Rich Schapiro, "Off the grid, heavily armed and radicalized: He's a law enforcement nightmare", NBC News, 17 janvier 2021.

un cadre politique en raison de son activité, sont considérablement plus hauts que pour un État.

Les conseillers et «experts» en sécurité affectionnent les scénarios complexes, inspirés du cinéma américain, mais qui ne semblent pas avoir d'échos auprès des «vrais» terroristes. Les «vrais» cas de cyberterrorisme sont peu observés. Par essence, le terrorisme (islamiste) n'est pas orienté sur la destruction de la société, mais a essentiellement vocation de communication. Il doit donc être visible, être alimenté par des craintes essentielles et avoir des effets prévisibles.

2.4.3. Le terrorisme international

Le *terrorisme international* est une forme de terrorisme résultant de la collaboration internationale de divers mouvements terroristes pour atteindre un objectif commun. Il a connu sa forme la plus aboutie durant la guerre froide, au service d'un idéal révolutionnaire marxiste. Décrite par Claire Sterling[103], l'internationale terroriste marxiste était l'expression d'une volonté centrale, qui visait à exploiter l'usage de la violence à des fins stratégiques. Dans la dialectique marxiste, le capitalisme et l'impérialisme occidentaux étaient des formes du «terrorisme d'État», puisqu'opprimant la classe ouvrière. La révolution s'inscrivait donc dans un processus historique incontournable, qui légitimait l'aide apportée aux mouvements révolutionnaires.

Dès le début des années 1960, une collaboration active entre les mouvements terroristes et de libération s'est développée sous l'égide de l'Union soviétique, avec l'aide de pays alliés, comme Cuba, la Libye, la Tchécoslovaquie, la Pologne et la République démocratique allemande. Cette collaboration s'est matérialisée sous forme d'aide financière, d'appui logistique, d'entraînement, etc. Elle était l'expression d'une stratégie globale, regroupant une grande variété d'acteurs dans un vaste processus de déstabilisation, même si leurs objectifs étaient contraires aux principes du marxisme-léninisme. Ainsi, le bloc communiste a-t-il soutenu activement des mouvements extrémistes écologistes, d'extrême gauche ou même d'extrême droite. L'objectif était de soutenir tout ce qui pouvait contribuer à la déstabilisation des pays occidentaux. Il s'agissait de maintenir en permanence une «corrélation des forces», comme l'appelait la doctrine militaire soviétique, favorable au bloc de l'Est.

Les interactions entre mouvements terroristes se sont souvent concrétisées par des «conférences», dont la plus célèbre a été la *Conférence tricontinentale* de La Havane, en 1966, qui a regroupé 83 mouvements terroristes du monde entier. On est alors en pleine guerre froide et la dynamique révolutionnaire anticolonialiste sert les intérêts de l'URSS, qui peut ainsi pratiquer une forme d'«encerclement idéologique» de l'Occident. Ces collaborations se prolongeront

---

103. Claire Sterling, *Le réseau de la terreur*, J.-C. Lattès, Paris, 1981.

jusque dans les années 1990, dans des associations transatlantiques entre mouvements latino-américains avec les *Forces populaires de libération* salvadoriennes, l'*Euskadi ta Askatasuna (ETA)* basque et d'autres organisations révolutionnaires du Chili et de l'Uruguay.

Au niveau européen, des conférences de portée plus régionale, comme celle de Porto, le 9 septembre 1981, entre les membres d'*Action directe*, de la *Prima Linea* italienne, du *GRAPO* espagnol et des *Forces populaires* portugaises ont également eu lieu. Compte tenu des objectifs très différents des participants, ces conférences avaient plus pour fonction d'instaurer des mécanismes de coopération logistique ou technique que d'élaborer des stratégies d'action communes.

L'exemple le plus abouti de coordination stratégique entre deux groupes terroristes a été entre *Action directe* et la *Rote Armee Fraktion* allemande au milieu des années 1980.

Collaboration entre Action directe (AD) et la Rote Armee Fraktion (RAF) (1985-1986)		
Type d'objectif	**Objectif et date de l'attentat**	
	AD	**RAF**
Industrie de l'armement	Assassinat du général Audran (21 janvier 1985)	Assassinat du Dr Zimmermann (1er février 1985)
Organes de lutte contre le terrorisme international	Attentat contre *Interpol* (9 juillet 1986)	Attentat contre la *Bundesgrenzschutz* (11 août 1986)
Industrie	Tentative d'assassinat de M. Brana (15 avril 1986)	Assassinat du Dr Beckurts (9 juillet 1986)
Industrie	Assassinat de M. Besse (17 novembre 1986)	Assassinat du Dr von Braunmühl (10 octobre 1986)
Coopération économique avec le tiers-monde	Attentat contre l'Organisation de coopération et de développement économiques (21 juillet 1986)	Annonce d'un attentat contre le ministère fédéral de la Coopération économique (pas exécuté)

Tableau 2 – Un exemple de coordination internationale entre mouvements terroristes, les attentats commis par Action directe (AD) et la Rote Armee Fraktion (RAF) au milieu des années 1980.

Cela étant, le terrorisme international prend des formes diverses :

• L'échange de «services» tels que formation ou appui logistique entre mouvements, mais pas nécessairement associé à une convergence d'objectifs politiques ou opérationnels. Il en est ainsi de la coopération entre l'*ETA* et l'*IRA provisoire* pour l'approvisionnement en armes et les techniques d'utilisation des explosifs. Cette collaboration se prolongera jusqu'au début des années 2000. En août 2001, l'arrestation de trois membres de l'*Armée républicaine irlandaise (IRA)* en Colombie a révélé l'existence de liens réguliers[104] entre les *Forces armées révolutionnaires de Colombie (FARC)* et l'IRA, notamment pour l'entraînement à l'usage des explosifs[105].

• Le parrainage et la coordination des actions terroristes par un pays tiers, qui cherche à atteindre des objectifs politiques dans un pays cible[106]. Ce parrainage peut concerner des mouvements terroristes, dont les tendances et les objectifs peuvent être divergents, mais servent les intérêts de l'État-parrain. Ainsi, durant la guerre froide, les pays du traité de Varsovie, en particulier l'URSS, la République démocratique allemande, la Tchécoslovaquie et la Bulgarie ont soutenu des mouvements terroristes très divers (y compris d'extrême droite) avec le seul objectif de déstabiliser les pays de l'OTAN. Plus récemment, Israël a soutenu le *Jabhat al-Nosra* et l'État islamique dans les zones proches du Golan.

• La «multinationalisation» de l'action terroriste par un mouvement qui dispose d'organisations de front qui mènent des actions violentes dans d'autres pays, afin d'accompagner l'action principale dans le pays cible. C'est l'exemple du terrorisme arménien *(Armée secrète arménienne de libération de l'Arménie)* du début des années 1980 en France et en Suisse (pays cible : la Turquie), et du *Parti des travailleurs du Kurdistan (PKK)* à la fin des années 1990 (pays cible : la Turquie).

• Des prestations de service croisées, comme la demande de libération de prisonniers. Ce fut le cas de l'attentat contre l'avion de la Lufthansa en octobre 1977, exécuté par un commando palestinien du Fatah, dont l'objectif était de faire libérer dix membres de la *Rote Armee Fraktion* (RAF) emprisonnés en Allemagne.

2.4.4. Le terrorisme transnational

Le *terrorisme transnational* est un terrorisme mouvant, qui a ses objectifs dans un pays ou une région donnée, mais utilise des filières en dehors de cette zone maintenant ainsi une frontière entre ses sanctuaires et ses zones opérationnelles.

Les terroristes bénéficient de l'ignorance, la complaisance, voire la complicité des pays-hôtes et échappent ainsi à la justice du pays cible. Il en était ainsi de l'*Euskadi ta Askatasuna (ETA)* basque et de l'*IRA provisoire* qui entretenaient des bases arrière situées en France et en Irlande. Dans certains cas, les groupes terroristes utilisent des pays limitrophes à leur insu comme «zones de repos», pour échapper à la police après une opération, comme ce fut le cas de la *Rote Armee Fraktion (RAF)* et les *Brigades rouges* qui, durant les années 1970, ont utilisé la Suisse comme zone de repli temporaire[107].

---

104. On estime que 15 membres de l'IRA ont visité la Colombie depuis 1997, BBC News, 24 avril 2002.
105. Les trois hommes étaient des spécialistes de l'action violente : David Bracken (34), homme de liaison de l'IRA à Cuba ; Edward J. Campbell (55), spécialiste en explosifs ; John J. Kelly (37), spécialiste en armes et explosifs, *The Observer*, 19 août 2001.
106. On parle alors de «terrorisme parrainé par un État».
107. Claire Sterling, *Le réseau de la terreur*, J.-C. Lattès, Paris, 1981.

Pour les mouvements terroristes marxistes des années 1960-1980, qui cherchaient avant tout à promouvoir une révolution dans un pays déterminé, la frontière offrait un refuge.

Pour les mouvements djihadistes, qui ont également développé cette forme de terrorisme, le concept est sensiblement différent : leur objectif n'est pas de renverser un État, mais de lutter contre les pays qui mènent des guerres contre eux au Proche et Moyen-Orient. Il s'agit donc pour eux de frapper dans la profondeur stratégique de leurs ennemis, exactement comme les Alliés l'ont fait en 1943-1945 en bombardant les populations civiles allemandes. L'objectif ici est de pousser les populations occidentales à demander le retrait de leurs pays respectifs des coalitions internationales engagées au Moyen et Proche-Orient.

Alors que les terroristes marxistes utilisaient la «transnationalité» pour protéger leurs réseaux, les islamistes, au contraire, en font une extension de leur zone de guerre. Les diasporas musulmanes réparties en Occident constituent alors un véritable instrument de «projection de force». Grâce aux réseaux sociaux et aux moyens de communication modernes, le terrorisme transnational peut «projeter» son action de manière sélective en activant des individus prêts à agir, mais qui ne sont pas nécessairement violents à la base, pour mener des actions meurtrières.

Il est essentiel de comprendre que le terrorisme djihadiste qui frappe l'Europe n'a pas d'ambitions globales, mais est une tentative d'influencer ce qui se passe au Moyen-Orient (Irak ou Syrie). Croire qu'il est la manifestation d'une «pieuvre» qui cherche à étendre ses tentacules à travers le monde ne fait que nous conduire à de mauvaises stratégies. Ainsi, les Américains avaient compris que l'émergence d'un État islamique en Syrie ne pouvait que nuire au gouvernement syrien, c'est pourquoi ils en ont favorisé l'émergence[108]. Le problème est venu lorsque la France a commencé à frapper l'EI : celui-ci a alors riposté en France, mais ses ambitions sont restées en Irak-Syrie.

Localisation de l'état final recherché par les terroristes		
	Terrorisme marxiste	**Terrorisme djihadiste**
Objectifs tactiques	Dans le pays cible	Dans le pays cible
Objectifs stratégiques	Dans le pays cible	Dans le pays cible
État final recherché	Dans le pays cible	Au Moyen-Orient

Tableau 3 - Exemple de localisation des objectifs stratégiques du terrorisme en fonction de sa nature

---

108. Brad Hoff, "West will facilitate rise of Islamic State 'in order to isolate the Syrian regime'", 2012 DIA document, *Foreign Policy Journal*, 21 mai 2015 ; voir également : http://www.judicialwatch.org/wp-content/uploads/2015/05/Pg.-291-Pgs.-287-293-JW-v-DOD-and-State-14-812-DOD-Release-2015-04-10-final-version11.pdf.

Le caractère transnational du terrorisme islamiste est une conséquence des interventions occidentales au Moyen et Proche-Orient. Alors que l'*État islamique* (EI) est responsable de nombreux attentats en Occident depuis qu'une coalition s'est formée pour le combattre en Irak, puis en Syrie, l'organisation qui l'avait précédé, l'*État islamique en Irak et au Levant* (EIIL ou DAECH) n'était qu'une organisation de résistance à la présence américaine en Irak et n'avait pas commis d'attentat terroriste en Occident avant l'apparition de l'EI, en 2014 !

2.5. Le djihad – Une culture, plus qu'une doctrine militaire

Notre incapacité à traiter le terrorisme vient en grande partie de nos préjugés dès lors qu'il s'agit de comprendre la notion de «djihad» : nous tendons à attribuer aux islamistes *notre* lecture du terrorisme et non celle qu'ils tentent de nous communiquer. Il en est résulté une forme de complotisme, qui prête aux islamistes un projet global de conquête :

> *[…] Le message des idéologues fondamentalistes est le suivant : l'amélioration de notre situation exige la destruction des autres.*
> *[…] La révolution iranienne a été le premier grand soulèvement contre le modèle occidental avec le but de le détruire.*[109]

On oublie trop souvent que nous sommes allés faire la guerre chez eux avant qu'ils viennent commettre des attentats chez nous. En réalité, les Occidentaux admettent avec une certaine naïveté que l'on peut aller mener des guerres chez les autres sans en subir de contrecoup. Un phénomène qui s'explique par le peu d'intérêt qu'ils accordent aux politiques étrangères de leurs gouvernements. Les attentats viennent alors se superposer au sentiment «d'envahissement», créé par des politiques migratoires clientélistes et mal maîtrisées par ces mêmes gouvernements. Elles s'alimentent de lectures – le plus souvent peu éclairées – du Coran, que l'on voit comme moteur de l'action terroriste. C'est faux.

Une lecture stratégique de la pensée islamiste et l'observation des actions djihadistes depuis le début des années 1990 permet de dégager quatre principes de base, qui émanent de la culture musulmane et expliquent la manière dont le djihad «militaire» est mené :
- sa nature fondamentalement défensive ;
- sa dimension communautaire ;
- la prééminence de l'intention par rapport au résultat ;

---

109. Professeur Kurt R. Spillmann, entretien dans « Terrorisme islamiste : causes et conséquences », *Bulletin SIT*, 2/2002, Berne.

• la notion de victoire, dirigée plus sur soi-même que sur son adversaire.

Ces quatre principes ne sont pas porteurs de violence en soi, mais fournissent la clé de l'usage de la violence, qui n'est qu'une des multiples expressions du djihad. Même si la rhétorique et la propagande djihadistes montrent une grande brutalité, la destruction de l'Occident n'est pas un objectif ni pour l'islam ni pour les islamistes. Les diverses études menées sur la psychologie des terroristes islamistes montrent qu'ils ont une lecture très rationnelle des choses et que leur aveuglement n'est pas tel qu'ils envisagent « détruire » l'Occident par des moyens terroristes.

2.5.1. Islam et islamisme

Avec la défaite occidentale en Afghanistan et la prise de Kaboul par les Taliban, nos médias brandissent la menace d'une reprise du terrorisme international. Pourtant, même si les Taliban sont parfois inclus dans les ouvrages consacrés au terrorisme, ils ne sont pas officiellement considérés comme mouvement terroriste. Le problème est qu'ils cherchent à fonder un État islamique. Or dans nos médias, « islamique » devient « islamiste », « islamiste » devient synonyme de « djihadiste » et « djihadiste » est considéré comme « terroriste ».

On différencie « l'islam » de « l'islamisme » en qualifiant le second « d'islam politique », une notion floue et mal définie, que les commentateurs évitent de définir. En fait, apparu en Occident dans les années 1970, le terme « islamisme » désigne une forme de nationalisme basée sur l'islam, au même titre que le sionisme par rapport au judaïsme. Il se distingue du nationalisme arabe des années 1950-1960 (qui était laïque et d'inspiration socialiste) en ce qu'il utilise l'islam comme élément fédérateur. Il peut s'adosser à l'anti-impérialisme ou à l'anticolonialisme (p. ex., l'Association des Frères musulmans), à un mouvement de résistance (p. ex., le Hamas palestinien) ou à des mouvements qui combattent les interventions étrangères (p. ex., « Al-Qaïda » ou l'État islamique), mais il ne constitue pas une philosophie en soi.

En Occident, la religion en général et l'islam en particulier sont souvent considérés comme des freins à l'évolution et à la démocratie. Mais dans d'autres régions du monde, là où l'idée de « nation » est plus liée à des critères ethniques, culturels ou religieux qu'aux frontières politiques des États, la religion permet de dépasser les rivalités tribales et les clivages sociaux. Ainsi, l'islamisme ne s'appuie pas sur l'idée de « nation » au sens occidental du terme, mais plutôt sur une communauté de croyance (*Oummah*[110]).

Exactement comme le sionisme s'est développé dans le sillage des nationalismes du début du XXe siècle, l'islamisme s'est développé avec l'effondrement des grands empires, essentiellement après la Première Guerre mondiale. À cette

---

110. *Oummah* : communauté des croyants.

époque, les sociétés moyen-orientales suivent très largement un modèle tribal, et il n'y a pas encore d'idéologie fédératrice pour les mouvements d'indépendance. L'islam jouera ce rôle. Cette exploitation politique de l'islam, que l'on appellera bien plus tard «islamisme», devient le vecteur d'une doctrine militante d'une religion devenue un marqueur identitaire.

En 1928, ce phénomène est illustré par l'émergence de l'*Association des Frères musulmans* en Égypte, qui lutte à la fois contre l'occupation franco-britannique de l'ex-Empire ottoman et la corruption des élites arabes par les Occidentaux[111]. Pour atteindre ses objectifs, le mouvement doit alors dépasser les rivalités de factions et ethniques en les unissant sous la bannière de l'islam ; il en résulte un nationalisme islamique, où la religion n'a qu'un caractère fédérateur. C'est pourquoi, aujourd'hui, le mouvement est surtout présent au Proche-Orient, mais très peu dans le Maghreb et en Afrique du Nord. Durant la guerre froide, sous l'impulsion de l'Union soviétique, le marxisme est le moteur de nombreux mouvements révolutionnaires ou anticolonialistes, et rivalise avec le panarabisme. Au début des années 1980 en Syrie, les Frères musulmans sont impitoyablement pourchassés par Hafez al-Assad et trouvent refuge en Turquie. En 2012, ils fourniront l'ossature de l'*Armée syrienne libre* (ASL), formée et soutenue par les États-Unis, la Grande-Bretagne et la France pour renverser le gouvernement de Bachar al-Assad.

Dès 1990, avec la chute du communisme, le nationalisme islamique prend le relais des mouvements anti-occidentaux au Proche-Orient. En Palestine, les mouvements de résistance d'obédience socialiste, soutenus par l'URSS et ses alliés, prennent une couleur plus nationaliste... ou disparaissent. Dans la bande de Gaza, avec l'aide d'Israël qui cherche à allumer un contre-feu contre l'*Organisation de libération de la Palestine* (OLP) de Yasser Arafat, le Hamas émerge, comme un «produit dérivé» des Frères musulmans[112]. Mais au lieu de la lutte fratricide escomptée, l'initiative israélienne se traduit par une radicalisation de la lutte palestinienne. En effet, l'intransigeance d'Israël dans ses négociations avec l'OLP pousse les Palestiniens vers le Hamas, plus combatif. Ce dernier n'obtient pas plus de résultats par la violence, mais il donne le sentiment de garder la tête haute. C'est le djihad, que les Israéliens ne parviennent pas à comprendre : c'est leur faiblesse. Résultat : plus ils combattent le terrorisme, plus il se développe jusqu'à culminer en 2002-2004.

---

111. "Muslim Brotherhood Marks 100-Year Sykes-Picot, Vowing Victory Despite Wounds, Sacrifices", ikhwanweb.com, 18 mai 2016 (consulté le 13 novembre 2020).
112. Ishaan Tharoor, "How Israel helped create Hamas", *The Washington Post*, 30 juillet 2014 ; « Grave accusation de Tzipi Livni : Le gouvernement de Netanyahu soutient le Hamas afin de ne pas résoudre le problème palestinien », Infos-Israel.news, 2 septembre 2018 ; "Hamas Israel's own creation", *The Times of Israel*, 3 décembre 2018.

Après les accords d'Oslo, en 1993, l'opinion mondiale bascule en faveur des Palestiniens et la politique israélienne est critiquée. Pour combattre l'influence croissante du Hamas, Israël tente d'exploiter la vague d'indignation qui suit le « 9/11 ». Israël cherche à légitimer sa doctrine en tentant d'assimiler le Hamas au mouvement djihadiste global. Paradoxalement, ce discours ne « prend pas » outre-Atlantique, mais s'enracine en France, où se développe un mythe qui reprend le discours israélien sur les Frères musulmans, en décalage avec les réalités occidentales.

En France, plus que dans les autres pays occidentaux, la perception du lien entre « islam » et « islamisme » est de même nature que la confusion entretenue très officiellement entre « sionisme » et « judaïsme » (respectivement, entre « antisionisme » et « antisémitisme »). Dans les deux cas, on confond un mouvement politique et une confession (ou une communauté religieuse). D'ailleurs, on observe un parallèle dans l'interprétation des termes « antisémitisme » et « islamophobie ».

Le problème est qu'en France, l'immigration a été si mal gérée et a pris une telle place dans la société qu'elle a engendré la crainte d'une submersion culturelle et ethnique qui affecte sa perception de l'islam. Il en est résulté une tendance persistante à établir une relation linéaire entre l'islam et l'islamisme, et à définir le second comme un prolongement du premier. Portée par des politiciens comme Manuel Valls :

> *[L'islamisme] ça a à voir avec l'islam [...] dire que ça n'a rien à voir, c'est déresponsabiliser l'islam*[113].

… ou certains journalistes, comme Mohammed Sifaoui :

> *Le voile [NDA : hidjab] n'est pas islamique, [...] le voile est islamiste.*[114]

La relation « *arabe – délinquance* » qui prédominait dans les années 1980-1990 a glissé vers la relation « *islam – islamisme – djihadisme/terrorisme* » au tournant du XXIᵉ siècle. On est ainsi passé d'une « *peur de l'Arabe* » à une « *peur de l'islam* » (littéralement : *islamophobie*). Même si le terme « islamophobie » est parfois utilisé improprement, il traduit – à tort ou à raison – une anxiété croissante de la population par rapport à l'islamisation de la société et à l'immigration. On arrive ainsi à une confusion entre les questions communautaristes

---

113. Manuel Valls, émission *Grand Jury*, RTL, LCI et *Le Figaro*, 26 novembre 2017.
114. Mohammed Sifaoui dans l'émission *On a tellement de choses à se dire*, « "Le voile n'est pas islamique" mais "islamiste" selon Mohamed Sifaoui », RTL/YouTube, 25 septembre 2019 (06'30").

(phénomène sociétal, lié à la politique intérieure) et djihadistes ou terroristes (liées à la politique extérieure).

Une autre confusion fréquente est celle faite entre «islamisme» et «fondamentalisme». Le fondamentalisme est une démarche essentiellement religieuse et spirituelle, qui prône le retour aux «fondements» de la religion afin d'en retrouver la «pureté» originelle. Le terme vient du vocabulaire chrétien et on le trouve dans les trois grandes «religions du Livre» (judaïsme, christianisme et islam)[115]. Dans l'islam, sa forme la plus controversée est le salafisme, que certains assimilent au wahhabisme. Alors que des médias officiels français tendent à promouvoir l'idée que le salafisme est violent par nature[116], ce n'est pas l'avis des services de renseignement américains qui le définissent comme «*un courant largement non violent dans l'islam*»[117].

Les discussions liées à l'islamisme font invariablement appel à une citation ou un verset du Coran destiné à démontrer le caractère belliqueux de la religion musulmane. En réalité, bien peu ont lu le Coran, ce qui permet aux islamistes comme aux islamophobes d'en utiliser les citations de manière totalement fantaisiste. On va même jusqu'à des exagérations infondées qui encouragent cette peur, comme Éric Zemmour sur iTV :

> *Vous ouvrez le Coran à n'importe quelle page et il y a écrit : « Il faut tuer les juifs, il faut tuer les chrétiens. Dieu les maudit, il faut tuer les infidèles ».*[118]

C'est tout simplement faux. Non seulement le Coran n'a qu'un lien marginal avec l'islamisme, mais il n'est pas un livre de guerre. En revanche, il a été écrit dans un environnement social, économique, politique et militaire dans lequel l'islam naissant a dû lutter pour éclore, notamment contre les religions dominantes à l'époque ; ce qui se reflète dans le texte, exactement comme notre Ancien Testament[119]. Assez logiquement, il évoque les leçons tirées des combats que les premiers musulmans ont dû livrer pour exister. C'est le cas de la notion de djihad, qui n'est pas un terme militaire par essence, mais qui exprime une «mécanique» culturelle et sociétale, que l'on retrouve *aussi* au niveau militaire.

---

115. Voir Jean-François Mayer, *Les Fondamentalismes*, Georg, 2001.

116. Mohammed Sifaoui dans l'émission *C à vous*, « Comment détecter la radicalisation ? - *C à vous* - 10/10/2019 », France 5/YouTube, 10 octobre 2019 (05'45").

117. "Trends in Global Terrorism: Implications for the United States", Office of the Director of National Intelligence (ODNI), National Intelligence Estimate (NIE) NIE 2006-02R, avril 2006 (SECRET-NOFORN), p. 11 (déclassifié en septembre 2011).

118. « Mehdi Nemmouche : les ratés du renseignement ? », CNews/YouTube, 11 juin 2014.

119. Samuel Osborne, 'Violence more common' in Bible than Quran, text analysis reveals", The Independent.uk, 10 février 2016 ; Christine Talos, « La Bible est bien plus violente que le Coran », *Tribune de Genève*, 11 février 2016.

Il faut écouter Lesley Hazleton, qui n'est ni arabe ni musulmane, mais juive anglo-américaine, pour comprendre la vraie signification du verset qui « commande » aux musulmans de « tuer les juifs et les chrétiens » :

> *Prenez le verset tristement célèbre concernant le massacre des infidèles. Oui, il dit bien cela, mais dans un contexte bien spécifique : la planification de la conquête de la ville sainte de La Mecque, où il était normalement défendu de se battre. Et la permission est donnée avec tout un tas de restrictions. Non pas « Vous devez tuer les infidèles à La Mecque », mais « Vous pouvez, vous en avez le droit, …mais seulement après la fin d'une période de grâce, … et seulement s'il n'y a pas d'autre pacte en cours, … et seulement s'ils essayent de vous empêcher d'arriver à la Kaaba, … et seulement s'ils vous attaquent les premiers… Et même à ce moment-là, Dieu est charitable, le pardon est suprême, et donc, avant tout, mieux vaut ne pas le faire ! [120]*

La confusion entre islam et islamisme a amené d'interminables débats pour savoir si l'islam est une religion de guerre ou de paix. On compare la fréquence d'apparition des mots « guerre » ou « amour » entre le Coran et la Bible et tente de distinguer le « bon islam » du « mauvais islam ». Ce discours simpliste inspire des théoriciens d'extrême droite, qui tentent d'expliquer la pensée djihadiste, en associant des concepts de natures différentes, comme le fait le pigiste Antoine Hasday[121], qui n'a manifestement rien compris à la question. Avec bien peu d'honnêteté intellectuelle, ils assimilent les différents types de terrorisme en un phénomène unique, mélangent les discours et la terminologie des diverses écoles de pensée. Il en ressort des pseudo-théories, qui obscurcissent notre lecture du phénomène terroriste, deviennent un obstacle à la résolution du problème et finalement encouragent la violence.

Ces interprétations sont populaires en France, mais sont spécieuses, car la religion n'a pas de rôle central dans le terrorisme djihadiste. D'ailleurs, on observe que la majeure partie des terroristes n'a qu'une connaissance limitée de l'islam[122], ce que confirment des constatations faites par le *Service de la sûreté britannique* (MI5) en 2008 déjà[123].

---

120. Lesley Hazleton, « À propos de la lecture du Coran », www.youtube.com/watch?v=Si4Ep6Dj-DUo.

121. Antoine Hasday, « La pensée djihadiste décryptée », slate.fr, 6 novembre 2017.

122. Aya Batrawy, Paisley Dodds & Lori Hinnant, "Islamic State gets know-nothing recruits and rejoices", Associated Press, 15 août 2016 ; Martin Planques, « 3000 documents révèlent les faibles connaissances religieuses des recrues de Daech », lefigaro.fr, 18 août 2016.

123. *Behavioural Science Unit Operational Briefing Note: Understanding radicalisation and violent extremism in the UK*, Security Service – MI5 (UK RESTRICTED), Report BSU 02/2008, 12 juin 2008; Sarah Knapton and Duncan Gardham, "MI5: Terrorists not frustrated religious loners", *The Telegraph*, 21 août 2008.

En France, dès la fin des années 1970, l'immigration nord-africaine et la montée du chômage se sont traduites par le développement des « banlieues » et de la petite délinquance, qui ont provoqué une forme d'« arabophobie ». Au début des années 2000, avec l'apparition du terrorisme djihadiste, la peur d'un islam brutal et conquérant (islamophobie) s'est progressivement substituée à ce « racisme ordinaire ». Il en est résulté un resserrement des musulmans autour de ce qui les unit : l'islam. Il est faux de voir dans cette démarche un objectif politique : il s'agit bien davantage du ciment d'une communauté généralement divisée ethniquement et qui se sent – à tort ou à raison – victime de stigmatisation.

Pour les islamistes, l'islam permet d'adosser un mode d'action à un intérêt supérieur. L'islam devient ainsi l'équivalent de ce que les Occidentaux appellent la « raison d'État » : un référentiel qui autorise que « la fin justifie les moyens ». Par analogie avec les trois composantes de la stratégie de Carl von Clausewitz (objectifs, manière et ressources), la religion n'est qu'une ressource, mais n'est pas un objectif. Le lien direct entre l'islam et l'islamisme, que font certains en affirmant que le terrorisme a ses racines dans l'islam même, est tout simplement faux.

2.5.2. La nature du djihad

Traduit en Occident par l'expression « guerre sainte » (qui – ironiquement – est issue du vocabulaire chrétien des croisades !) le concept de djihad est souvent associé de manière simpliste à l'idée d'un islam conquérant, alimenté par une imagerie qui nous vient directement du Moyen Âge.

En arabe, le mot « djihad » vient étymologiquement de la notion s'efforcer (*djahada*), d'effort (*djouhd*) ou de résistance, et exprime un refus de démission et d'abandon aux tentations. Pour exprimer la « guerre », dans son sens physique et militaire, l'arabe utilise les mots « *harb* » (guerre) ou « *qital* » (combat). Bien qu'il fasse l'objet de lectures très diverses dans l'islam, il trouve son essence et sa force dans une posture défensive, où la notion de résistance et de volonté à ne pas s'incliner face à une force extérieure – même supérieure – prédomine. Au-delà du fait guerrier, le djihad est donc le refus d'abandonner un combat et de céder au défaitisme.

Sur le plan individuel, le djihad exprime en premier lieu une discipline intérieure, à travers laquelle le musulman assume la responsabilité de se maintenir dans la voie de Dieu. Ensuite, il désigne la volonté de défendre à titre individuel ou collectif l'islam contre une agression extérieure, que celle-ci soit d'ordre moral ou physique. Le djihad est donc essentiellement une attitude de l'esprit, qui cherche à préserver un ensemble de valeurs en accord avec la foi et qui suppose un certain nombre de sacrifices pour y parvenir. Celui qui accomplit le djihad est le *moudjahid* (« celui qui s'efforce » ou « celui qui résiste »)[124].

---

124. Les combattants algériens qui s'affrontaient à l'armée française durant la guerre d'Algérie (1954-

Pour les musulmans, le « djihad dans la voie de Dieu » *(djihad fi Sabil Allah* ou *djihad fi sabilillah)* a deux dimensions :

• le *djihad al-Akbar* (« grand djihad »), qui est une démarche individuelle, pacifique et permanente, pratiquée par chaque musulman afin de maintenir une ligne de conduite en harmonie avec sa foi et vise à élever son esprit malgré les tentations du monde matériel, à travers une recherche de Dieu ;

• le *djihad al-Asghar* (« petit djihad »)[125] – le « plus facile » selon Mohammed – qui s'inscrit dans une démarche collective et vise à protéger l'islam contre des agressions extérieures.

Les formes concrètes de ces deux dimensions du djihad ont été l'objet de nombreuses interprétations de la part des exégètes islamiques. Les quatre les plus fréquemment évoquées sont[126] :

• *djihad bil-Nafs (« djihad avec l'âme »),* qui est une lutte individuelle et intérieure contre le mal. Il constitue également l'ossature de la forme supérieure du djihad *(djihad al-akbar)* ;

• *djihad bil-Lisan (« djihad avec la langue »),* qui est la défense et la diffusion de l'islam par le verbe *(da'awah),* les sermons et l'écriture. Il comprend également le fait de combattre le mensonge, la vanité et l'hypocrisie ;

• *djihad bil-Yad (« djihad avec les mains »),* qui est la défense de l'islam par ses actes, en pratiquant la charité, en prenant soin des déshérités, des veuves et des orphelins, entre autres par le versement de l'impôt islamique *(zakat)*[127], ainsi qu'en exécutant le pèlerinage de la Mecque *(hadj)* ;

• *djihad bis-Sayf (« djihad avec l'épée »),* qui est la défense de la communauté islamique, lorsqu'elle est attaquée par un ennemi extérieur. Le fait de combattre pour la défense de la foi est également appelé « combat dans la voie de Dieu » *(qital fi sibil Allah).* Il constitue la principale composante du djihad mineur *(djihad al-asghar).*

Lorsqu'il conduit à la guerre *(harb),* le djihad a avant tout une connotation défensive. Mais, comme dans toute conception de la guerre, la notion de « défense » ne se limite pas à attendre passivement l'action de l'adversaire, mais

---

1963) étaient aussi désignés « moudjahid » ou « moudjahidoun » (Schmidt Jean-Jacques, *Vers une approche du monde arabe,* éditions du Dauphin, Paris, 2000), en dépit du caractère évidemment laïque de leur révolte. En fait, en Algérie, cette terminologie plus adaptée est apparue dès le milieu des années 1990, afin de donner une couleur plus islamique au régime et de « couper l'herbe sous le pied » des djihadistes.

125. Littéralement « djihad majeur » et « djihad mineur ».

126. Jon MC, "Jihad – The Four Forms and the West", Counterjihadreport.com, 3 novembre 2013.

127. À l'époque où apparaît l'islam, il n'y a pas de systèmes de sécurité sociale, les populations du désert, souvent nomades et sur un territoire sans frontières (califat) ne bénéficient pas de la protection et de l'aide d'un suzerain – comme on le voit en Europe à la même époque – le bien-être social dépend donc souvent d'actions individuelles. Le mariage avec plusieurs femmes est ainsi autorisé, afin que les veuves et les enfants de ceux qui se sont battus pour l'islam ne sombrent pas dans la misère.

peut aussi avoir une forme offensive (en termes opérationnels modernes, on parlerait de guerre «préemptive»). Il constitue alors une obligation collective (*fard kifaya*) pour l'*Oummah*, dont la responsabilité incombe au chef de guerre. En théorie, les croyants peuvent donc s'y soustraire à titre individuel, mais diverses lectures de cette obligation existent. Ainsi, pour certains – comme l'État islamique – dès lors que des populations musulmanes sont menacées, il y a une obligation individuelle *(fard ay'n)* de prendre les armes.

À la différence de la religion catholique, qui dispose d'un gardien du dogme en la personne du pape, l'islam fait l'objet d'interprétations diverses et n'est pas un monolithe. Ainsi, on trouve des interprétations très offensives du djihad, mais qui sont plus l'expression de rhétoriques enflammées qu'une réalité doctrinale. Car le concept de djihad n'exprime pas *a priori* l'intention *d'imposer* l'islam, mais simplement de le défendre contre une agression :

> *Si ton Seigneur l'avait voulu, tous les habitants de la terre auraient cru.*
> *Est-ce à toi de contraindre les hommes à être croyants ?*[128]

De fait, dans les zones chrétiennes qu'ils ont occupées (notamment dans l'Empire ottoman), les musulmans n'ont généralement pas tenté de convertir les autres «*peuples du livre*»[129], mais ils leur accordaient le statut de «protégé» (*dhimmi*). Ils n'étaient pas soumis à l'impôt musulman (*zakat*[130]), mais devaient en revanche s'acquitter d'une taxe particulière *(jizyah)* et des autres taxes, comme les autres citoyens. Dans son «califat», l'État islamique avait établi les mêmes règles… mais avec un seuil de tolérance très bas pour les contrevenants[131] !

Il est important de comprendre ici que l'islam est un véritable «système», qui touche tous les aspects de la société : la vie quotidienne, la famille, les relations entre hommes et femmes, l'exercice du pouvoir politique et, bien sûr, la relation avec Dieu. Alors que les Occidentaux ont relégué la religion au seul domaine de la spiritualité, l'islam est un véritable ciment socioculturel qui donne une cohérence à l'ensemble de la société. Par exemple, dans de nombreux pays musulmans, les mécanismes d'aide et de sécurité sociale sont (ou étaient) gérés par des organismes religieux et non gouvernementaux. Ainsi, notre tendance à vouloir changer leur société résonne comme une attaque contre leur religion. Même animés des meilleures intentions du monde, nous générons les conditions d'un «djihad militaire», lorsque nous tentons d'imposer des changements.

---

128. *Q'uran*, sourate 10, verset 99.
129. Pour les musulmans, les juifs, les chrétiens et les musulmans appartiennent à la même « famille » des « peuples du livre » (la Bible), qui partagent les mêmes racines religieuses.
130. Voir le chapitre « Le financement du djihad ».
131. Voir « Le Statut des chrétiens belligérants », *Rumiyah*, n°9, p. 4.

La notion de « djihadisme » est d'origine occidentale, et sa définition varie d'un auteur à l'autre. Globalement, elle est associée à un radicalisme religieux et désigne l'usage de la violence au service du djihad. Dans le cadre de cet ouvrage, nous considérerons le « djihadisme » comme la forme combattante de l'islamisme. Autrement dit, il s'agit de l'usage de la violence au profit d'une forme de nationalisme religieux, et non l'inverse, comme on tend à le suggérer généralement.

Incapables de traiter préventivement le terrorisme dans le cadre d'un processus politique, ou n'en ayant aucune intention (comme en Israël), les gouvernements occidentaux (ainsi que les services de renseignement, « experts » et autres soi-disant spécialistes de la sécurité) ont fait du djihadisme un phénomène irrationnel. Ainsi est née la notion de « djihad global », qui vise à établir faussement l'idée d'un islam conquérant aux ambitions planétaires.

En janvier 2018, dans un documentaire, réalisé par *Conspiracy Watch*, intitulé *Complotisme, les alibis de la terreur*[132] et diffusé sur *France 3*, le philosophe Jacob Rogozinski affirme :

> *Le djihadisme est aussi un mouvement qui vise la souveraineté, le pouvoir mondial. Il y a derrière un rêve, un rêve fou sans doute, mais un rêve de créer un califat, qui serait un califat mondial, qui va s'emparer de Rome, qui va s'emparer de l'Europe, qui vaincra l'Amérique, qui établira un réseau mondial de vrais croyants, unis derrière un pouvoir souverain absolu.*[133]

Une lecture qui rejoint celle de Bat Ye'or (Gisèle Littman) qui affirme :

> *Le djihad vise à supprimer toute loi et tout gouvernement non islamique afin d'établir la charia, le gouvernement d'Allah sur l'ensemble de l'humanité.*[134]

… une idée totalement fantaisiste, développée dans le sillage de son livre *Eurabia*[135], qui décrit un complot musulman pour dominer le monde occidental. En fait, il s'agit davantage d'une sorte de vengeance pour l'expulsion de sa famille d'Égypte en 1956 à la suite de l'« affaire Lavon »[136]. Elle a inspiré d'autres

---

132. Rudy Reichstadt & Georges Benayoun, *Complotisme, les alibis de la terreur*, YouTube, 24 janvier 2018, www.youtube.com/watch?v=d8e18NIqWiI.

133. Jacob Rogozinski dans *Complotisme, les alibis de la terreur*, YouTube, 24 janvier 2018, www.youtube.com/watch?v=d8e18NIqWi, (31'20").

134. « Interview de Bat Ye'or sur le djihad », Dreuz Info, 15 novembre 2020.

135. Bat Ye'or, *Eurabia*, éditions Jean-Cyrille Godefroy, Paris, 2006.

136. Il s'agit de l'opération Susannah conçue et exécutée par le service de renseignement militaire israélien (Agaf Modiin ou AMAN) en 1954. Elle visait à mener des attentats terroristes contre des cibles anglaises, américaines et égyptiennes, afin de faire accuser les Frères musulmans et provoquer une

ouvrages, comme *Conquête de l'Occident* du journaliste suisse Sylvain Besson[137], cité en référence par l'extrémiste de droite norvégien Anders Behring Breivik[138] (auteur de la tuerie d'Utoya, le 22 juillet 2011) et leur scénario est repris par tous les grands mouvements d'extrême droite en Europe[139].

En réalité, l'examen des revendications et analyses «après action» des djihadistes eux-mêmes nous montre un discours beaucoup plus rationnel au niveau de leurs ambitions. Par exemple, l'étude des attaques terroristes lors de l'«*Intifada des couteaux*» en Israël tend à montrer que les djihadistes palestiniens sont mus essentiellement par un sentiment nationaliste et secondairement par la religion[140]. Ainsi, si la dimension religieuse est présente, elle n'est pas au centre de l'action : elle n'est qu'un outil doctrinal pour définir des comportements ou des principes d'action.

Le djihad armé prend deux formes principales :

• La *résistance militaire* à une occupation, comme en Irak, en Afghanistan, en Palestine ou au Sud-Liban. Le plus souvent, elle limite son champ d'action à un pays ou une région donnée, où la puissance occupante est affrontée directement. Ainsi en Irak, la résistance s'est articulée dans un premier temps autour de fidèles du régime (*Feddayin Saddam*) et autour d'organisations tribales. Toutefois, dans certains cas, notamment lorsque la force étrangère mène des frappes à grande distance, les djihadistes peuvent étendre leur zone de guerre au pays d'origine des forces étrangères.

• La *résistance politico-militaire* à l'intérieur d'un pays, contre le gouvernement ou des autorités locales, dont la politique est perçue comme corrompue ou à la solde des pays occidentaux (comme en Algérie, en Égypte ou en Tunisie). Cette forme de djihad a des caractéristiques semblables à celles des mouvements révolutionnaires des années 1960-1980, en s'appuyant sur la protection des cultures et structures traditionnelles. Elle tend à rester confinée dans sa région ou son pays d'origine et à ne pas en sortir, mais elle doit dépenser beaucoup d'énergie pour mobiliser des partisans.

---

intervention anglo-américaine. L'opération se solde par un fiasco, entraînant la démission de Pinhas Lavon, ministre de la Défense israélien. Il s'en suit l'expulsion des juifs d'Égypte et de plusieurs pays arabes qui craignent qu'Israël y mène des actions semblables. Voir Wikipedia, article « Lavon affair ».

137. Sylvain Besson, *La Conquête de L'Occident. Le Projet secret des islamistes*, éditions du Seuil, Paris, 7 octobre 2005.

138. Mattias Gardell, "Crusader Dreams: Oslo 22/7, Islamophobia, and the Quest for a Monocultural Europe", *Terrorism and Political Violence*, 26:129–155, 2014.

139. Raphaël Liogier, « Le mythe de l'invasion arabo-musulmane », *Le Monde diplomatique*, mai 2014, p. 8-9.

140. "Initial findings of the studies of the profile of Palestinian terrorists who carried out attacks in Israel, […] during the current wave of terrorism" (Updated to October 25, 2015), Meir Amit Intelligence and Terrorism Information Center, 2 novembre 2015.

Le terrorisme qui résulte d'une extension de la zone de guerre de mouvements de résistance au Moyen-Orient et qui frappe l'Occident n'a donc pas de vocation religieuse. Toutefois, il peut chercher à acquérir le soutien au sein des communautés musulmanes établies en Occident ; non à des fins religieuses, mais parce que la religion est le support d'une forme de nationalisme.

2.5.2.2. *« Al-Qaïda » et le djihad global*

Le « djihad global » est une notion mal définie, que l'Occident tend à comprendre comme une « guerre sainte » mondialisée qui viserait à imposer l'islam. Historiquement, l'Occident l'a associé initialement à « Al-Qaïda », une entité mal définie (c'est pourquoi elle est qualifiée de « nébuleuse ») dont l'esprit s'est manifesté dès la fin de la première guerre du Golfe.

Dès 1991, le stationnement des forces américaines en Arabie saoudite inquiète les autorités, car il alimente une opposition radicale ultra-nationaliste qui menace l'existence du royaume. Cette opposition, qui avait déjà tenté de renverser le gouvernement en s'emparant de la Grande Mosquée de La Mecque en 1979, considère, à tort ou à raison, le territoire saoudien comme sacré et voit la présence occidentale comme une provocation. Mais les États-Unis font la sourde oreille aux demandes répétées de retirer leurs troupes de la base de Dhahran[141]. Une série d'attentats frappe alors la présence américaine dans la péninsule arabique.

Oussama ben Laden (OBL) est la personnalité la plus médiatisée de ce courant ultra-nationaliste. Considéré comme responsable de ces attentats, il se réfugie au Soudan. Mais, après l'attentat de juin 1996 contre les tours de Khobar en Arabie Saoudite, il est expulsé du Soudan sous la pression des États-Unis. Il se réfugie alors en Afghanistan, dans la région de Kandahar, où il organise des camps d'entraînement pour les combattants du Jammu-et-Cachemire.

Cependant, il n'abandonne pas sa lutte contre la présence américaine en Arabie saoudite, qu'il considère comme illégitime. Ainsi, en août 1996, OBL publie une *« Déclaration de Guerre »* contre les États-Unis :

> *Il n'est plus actuel et plus acceptable de clamer que la présence des croisés est une nécessité et seulement une mesure temporaire pour protéger [l'Arabie saoudite], spécialement si les infrastructures civiles et militaires de l'Irak ont été sauvagement détruites [...]*[142]

---

141. Gresh Alain, « Les grands écarts de l'Arabie saoudite », *Le Monde diplomatique*, juin 2003.
142. Oussama ben Laden, « Déclaration de guerre contre les Américains occupant le pays des deux Lieux Saints », 23 août 1996 (publié dans *Al-Quds al-Arabi*).

C'est cette déclaration qui lui vaudra d'être considéré comme responsable des attentats du 11 septembre 2001. Pourtant, cette «déclaration de guerre» et les attentats du «9/11» ont des causes différentes et n'ont rien en commun : la première vise à pousser les Américains à quitter le sol saoudien, alors que les seconds sont un «simple» acte de vengeance, comme nous le verrons.

Au début 1998, il crée un mouvement, nommé *Front islamique mondial pour le combat contre les Juifs et les Croisés* (*Al-Jabhah al-Islamiya al-'Alamiyah li-Qital al-Yahud wal-Salibiyyin*), qui regroupe plusieurs groupes djihadistes. Dans une déclaration («fatwa») du 23 février 1998, qui constitue la base doctrinale de ce que l'on appellera plus tard «Al-Qaïda», il énonce trois revendications :

• le retrait de la présence américaine du territoire de l'Arabie saoudite (car des non-croyants ne sauraient occuper tout ou partie de la terre sacrée d'Arabie) ;

• la levée de l'embargo contre l'Irak, perçu comme une manifestation de l'arrogance occidentale contre un pays musulman (bien que Saddam Hussein soit alors généralement considéré par les fondamentalistes comme un «traître» en raison de son régime laïque) ;

• la cessation du soutien à l'État d'Israël, car il est vu comme un outil pour diviser la nation arabe. Cette revendication n'est pas un hasard et se réfère au «plan Yinon», élaboré par un *think tank* américain pour Benjamin Netanyahu, publié en 1996 sous le titre *A Clean Break*[143], et qui appelle au morcellement du Moyen-Orient.

Ainsi, contrairement aux affirmations fantaisistes qui ont suivi le «9/11», et qui persistent depuis, on ne trouvait là ni ambition mondiale de l'islam, ni califat, ni guerre sainte contre la chrétienté à travers le monde ni contre le monde occidental, mais uniquement la résistance contre une présence américaine au Moyen-Orient, perçue comme envahissante, arrogante et déstabilisante. Le message d'OBL était simple, clair et cohérent, mais les Occidentaux ont refusé de le comprendre.

Le «9/11» n'était rien d'autre qu'une opération de représailles, menée par une vingtaine de jeunes islamistes. La décision – sans fondement – de Bill Clinton de bombarder l'Afghanistan et le Soudan le 20 août 1998 est l'unique cause du «9/11». L'incident est commodément oublié par les livres d'histoire, mais le 6 août 2001, une note de la CIA destinée au président Bush[144] et intitulée «*Ben Laden déterminé à frapper aux États-Unis*» indiquait qu'un attentat se préparait en réponse à ces bombardements[145]. Depuis 2001, on sait que le «9/11» n'est que la conséquence d'une décision malheureuse de Bill Clinton qui cherchait à

---

143. "A Clean Break: A New Strategy for Securing the Realm", The Institute for Advanced Strategic and Political Studies, juillet 1996, http://www.informationclearinghouse.info/article1438.htm.
144. Il s'agit d'une note d'information journalière appelée *Presidential Daily Brief* (PDB).
145. Traduction : "Bin Laden determined to strike in US", CNN.com, 10 avril 2004.

distraire l'opinion publique américaine du scandale sexuel dans lequel il s'était mis, et pour lequel il avait dû comparaître devant le grand jury le 17 août 1998.

L'appellation «Al-Qaïda» (qu'OBL lui-même n'a jamais revendiquée) pour décrire cette mouvance djihadiste naissante a été créée par les autorités américaines[146]. Ni complot, ni calcul machiavélique ici, mais un simple artifice juridique. En janvier 2001, alors qu'ils s'apprêtaient à juger les auteurs de l'attentat de février 1993 contre le *World Trade Center* (WTC), les États-Unis n'avaient pas de législation antiterroriste. Le seul instrument légal disponible était la loi contre la criminalité organisée (RICO Act[147]), qui permettait de mettre en accusation les commanditaires d'actes criminels à l'étranger, mais seulement si leur organisation avait un nom[148]. Or les protagonistes de l'attentat de février 1993 n'avaient pas agi dans le cadre d'une organisation connue[149], mais on leur prêtait des liens – qui n'ont jamais été démontrés par la suite – avec OBL. Les juristes américains ont donc simplement imaginé qu'OBL conduisait une organisation[150], qu'ils ont baptisée arbitrairement du surnom de son ancienne base afghane (*al qaïda al'askariyya*) : «Al-Qaïda»[151].

En 1996, la CIA crée une unité spéciale pour traquer OBL, la «*Ben Laden Issue Station*» (notons qu'elle n'a pas été dénommée «*Al-Qaeda Issue Station*»!) qui sera démantelée à la fin 2005[152]. Son chef, Michael Scheuer, confirme qu'«Al-Qaïda» n'a jamais existé, mais qu'elle est une manière simple et facilement compréhensible de désigner les terroristes islamistes[153]. Certains «complotistes» ont interprété cette déclaration comme la preuve qu'«Al-Qaïda» était une création de la CIA pour quelque obscur complot. C'est évidemment faux.

L'appellation d'«Al-Qaïda» a été tellement utilisée en Occident, qu'elle est devenue le symbole du djihadisme et un véritable «label», revendiqué ensuite peu à peu par certains groupes terroristes, plus pour des raisons de «*branding*» que d'appartenance structurelle. Ainsi, à partir de 2005, se généralise l'usage de l'expression «*Qaïdat al-Djihad*» (*Base du djihad*) dans divers pays pour désigner un noyau de résistance armée. Les dénominations comme «*Al-Qaïda au Maghreb islamique*» (AQMI) ou «*Al-Qaïda dans la péninsule arabique*» (AQPA) sont

---

146. Jason Burke, *Al-Qaïda – La véritable histoire de l'islam radical*, Cahiers libres, mars 2005, p. 324.

147. Racketeer Influenced and Corrupt Organizations Act (RICO Act), 15 octobre 1970.

148. Le RICO Act sera complété par le PATRIOT Act, adopté juste après les attentats du «9/11 ».

149. De fait, les islamistes considèrent cet attentat comme étant un précurseur du « terrorisme individuel ». Voir Abu Mu'sab al-Suri, "The Jihadi Experience: The Schools of Jihad", *Inspire*, n° 1, (1431), été 2010.

150. Jason Curtis, *The Power of Nightmares* (part 3), BBC/YouTube, 2004.

151. *The Power of Nightmare*, (série de trois films), BBC, automne 2004.

152. Mark Mazzetti, "C.I.A. Closes Unit Focused on Capture of bin Laden", *The New York Times*, 4 juillet 2006.

153. *CIA Agent Exposes How Al-Qaeda Doesn't Exist*, YouTube, 16 novembre 2011, https://www.youtube.com/watch?v=-8CqUJoEWBs.

des traductions inexactes, véhiculées par les pays occidentaux pour accréditer l'existence d'une multinationale de la terreur avec ses «filiales». Leurs noms réels respectifs sont « *Qaïdat al-Jihad fi'l-Maghrib al-Islamiy* » (*Base du djihad dans le Maghreb Islamique*) et « *Qaïdat al-Jihad fi'l-Jazirah al-Arrabiyyah* » (*Base du djihad dans la péninsule arabique*), et n'impliquent aucune relation fonctionnelle avec une structure centrale à l'existence hypothétique[154], comme le démontreront les documents capturés à Abbottabad en 2011[155].

Les *interventions militaires* sont le principal moteur de l'internationalisation du terrorisme, menées depuis la fin de la guerre froide pour appuyer ou provoquer des changements de régime et la diffusion des valeurs occidentales. Leur concentration dans l'espace musulman conforte la perception d'un prolongement des croisades du Moyen Âge et explique l'usage récurrent des qualificatifs «croisés» ou «romains» pour désigner les Occidentaux. Bien que les Européens ne mettent pas l'accent sur la dimension religieuse de ces interventions, ce n'est pas le cas des Américains, comme nous le verrons. Par ailleurs, la corrélation entre ces interventions et le soutien à Israël est alimentée par un sionisme chrétien plus présent aux États-Unis[156] qu'en Europe, où on tend à le nier en le qualifiant de complotiste.

Le problème est que les Occidentaux n'ont pas voulu chercher à comprendre la nature du terrorisme qui les frappait. La guerre en Afghanistan, puis en Irak ne sera qu'un passage de «Charybde en Scylla» :

> *[…] Ironiquement, une invasion et une occupation de l'Irak au nom de la lutte contre le terrorisme causeront probablement une augmentation des attaques anti-américaines de la part de sources islamiques fondamentalistes. L'administration Bush a simplement remplacé une présence militaire dans une nation qui abrite les Lieux saints de l'islam par une occupation armée dans une autre. L'Irak a aussi des Lieux saints, et est le berceau et le centre académique et spirituel de l'islam chiite. L'administration devrait se rappeler que l'occupation soviétique «infidèle» de la nation islamique d'Afghanistan durant les années 1980 a attiré des combattants fanatiques du monde entier dans l'opposition. […] Le monde islamique perçoit la guerre américaine contre le terrorisme comme une guerre contre la foi.[157]*

---

154. Kangil Lee, "Does Al Qaeda Central Still Matter?", *UNISCI Journal*, n° 37, International Center for Political Violence and Terrorism Research, janvier2015.

155. Nelly Lahoud et al., *Letters from Abbottabad: Bin Ladin Sidelined?*, The Combating Terrorism Center, West Point, www.ctc.usma.edu, 3 mai 2012.

156. Mark T. Finney, "Christian Zionism, the US and the Middle East: A Sketch and Brief Analysis", cité dans Sandford, M., (ed.) *The Bible, Zionism and Palestine: The Bible's Role in Conflict and Liberation in Israel-Palestine*, Bible in Effect, 1 Relegere Academic Press, Dunedin, New Zealand, 2016, p. 20-31, ISBN 978-0-473-33279-2.

157. Eland Ivan, "Is Withdrawal of US Forces from Saudi Arabia Enough?", *The Independent Institute*, 30 avril 2003, www.independent.org.

Ce que nous appelons *djihad global* – auquel sont associés les termes «djihadisme» et «djihadiste» – n'est que l'extension du champ de bataille sur les arrières des pays occidentaux qui interviennent militairement dans un pays. Nous y reviendrons plus en détail.

2.5.2.3. *La perception musulmane du djihad guerrier*

Pour comprendre la lecture musulmane – et pas seulement «islamiste» – du djihad «guerrier», il faut rappeler que l'Occident a initié des guerres sans raison, avec des mensonges et des manipulations, à seule fin de satisfaire des objectifs politiciens et de renverser des gouvernements, causant la perte de quelque 4 millions d'individus[158]. Nous l'avons oublié, mais pas les musulmans. De plus, ces agressions répétées, qui touchent systématiquement les populations du Moyen-Orient ou nord-africaines, s'accompagnent d'une rhétorique toujours plus agressive envers l'islam, et donnent l'image d'une croisade.

Ainsi, lorsque la France s'engage en Irak en septembre 2014, elle n'a jamais été menacée par l'État islamique auparavant. Ses raisons étaient alors proba-blement plus politiciennes que religieuses. Mais ce n'est pas le cas de son allié américain, qui est entré en guerre en Afghanistan et en Irak avec une motivation religieuse très maladroitement, mais nettement exprimée. Elle va au-delà du mot «croisade» prononcé par George W. Bush, dans lequel le *Wall Street Journal* avait perçu le risque de voir se développer une guerre de nature religieuse[159]. En juin 2003, à Charm el-Cheikh, George W. Bush, déclare à une délégation palestinienne :

> *Je suis guidé par une mission de Dieu. Dieu m'a dit George, va et combats ces terroristes en Afghanistan. Et je l'ai fait. Alors Dieu m'a dit George, va et mets une fin à cette tyrannie en Irak. Et je l'ai fait.*

En 2009, on apprenait que Donald Rumsfeld, secrétaire à la Défense, émail-lait régulièrement ses messages aux troupes en Irak de citations bibliques; une pratique qui lui avait été soufflée par le major général Glen D. Shaffer, alors *directeur du Renseignement militaire* (J2)[160].

Le phénomène n'est pas seulement américain. John Burton, qui a travaillé 24 ans avec Tony Blair, révélait :

---

158. Nafeez Ahmed, "Unworthy victims: Western wars have killed four million Muslims since 1990", Middle East Eye, 18 avril 2016.

159. Peter Waldman & Hugh Pope, "'Crusade' Reference Reinforces Fears War on Terrorism Is against Muslims", *The Wall Street Journal*, 21 septembre 2001. Voir aussi : *9/11 George Bush – This Crusade Is Gonna Take A While*, YouTube, 17 septembre 2001.

160. Alex Spillius, "Donald Rumsfeld covered Iraq briefing papers with Biblical texts", *The Telegraph*, 17 mai 2009.

> *La foi chrétienne de Tony fait partie de lui, jusqu'à ses chaussettes en coton.*
> *À l'époque, il était fermement convaincu que l'intervention au Kosovo, en*
> *Sierra Leone et aussi en Irak faisait partie d'un combat chrétien. Le bien doit*
> *vaincre le mal et rendre la vie meilleure.*[161]

M. Erik Prince, fondateur et directeur de la compagnie de sécurité privée «Blackwater», chargée des basses œuvres de l'armée américaine en Irak, et inculpé – mais jamais condamné – pour les meurtres causés par ses employés, se déclarait lui-même comme un «*croisé chrétien chargé d'éliminer les musulmans et la foi musulmane de la surface du globe*»[162].

Dans les forces américaines, la référence à une «*croisade*» est fréquente[163]. Le *Commandement des opérations spéciales* recrutait des militaires sous le slogan «*En mission pour Dieu et pour le pays*»[164]. Par ailleurs, une forte proportion d'officiers sont membres d'organisations associatives chrétiennes, comme l'*Officer's Christian Fellowship* (OCF), dont le chef, le lieutenant général Bruce Fister, définit les militaires américains comme des «*ambassadeurs du Christ en uniforme*»[165]. Dans les plus hautes sphères du commandement, cette idée est portée par des officiers comme le lieutenant général William G. Boykin, vice-sous-secrétaire à la Défense sous George W. Bush, qui pensait que le président avait été choisi par Dieu et devait dire à propos du terrorisme :

> *Notre ennemi spirituel sera vaincu seulement si nous allons le combattre*
> *au nom de Jésus.*[166]

Certains détails qui semblent insignifiants n'ont pas échappé aux islamistes. Ainsi, la firme *Trijicon*, qui fournit des dispositifs de visée pour les fusils d'assaut, a gravé sur ses viseurs ACOG des références aux évangiles, à tel point qu'en Afghanistan les fusils ainsi équipés ont été surnommés «*fusils de Jésus*»![167]

---

161. Jonathan Wynne-Jones, "Tony Blair believed God wanted him to go to war to fight evil, claims his mentor", *The Telegraph*, 23 mai 2009.

162. "Erik Prince and the last crusade", *The Economist*, 6 août 2009.

163. "Erasmus, 'One army under God?'", *The Economist*, 9 septembre 2014.

164. Même si après quelque temps, le Département de la Défense a retiré les affiches (Kellan Howell, *The Washington Times*, 17 janvier 2015).

165. Alan Cooperman, "Marching as to War", *The Washington Post*, 16 juillet 2006.

166. William M. Arkin, "The Pentagon Unleashes a Holy Warrior", *Los Angeles Times*, 16 octobre 2003.

167. Les références délibérées à « Jean 8:12 » et « 2 Corinthiens 4:6 » sur les lunettes de visée Trijicon ACOG ont fait grand bruit aux États-Unis, où la laïcité est la règle dans les forces armées. (Joseph Rhee, Tahman Bradley & Brian Ross, "U.S. Military Weapons Inscribed with Secret 'Jesus' Bible Codes", ABC News, 18 janvier 2010).

En France, l'idée d'une «croisade» ou de «guerre islamophobe» suscite des réactions véhémentes auprès d'intellectuels comme Alain Finkielkraut :

> *Si on utilise le terme d'islamophobie, c'est pour terroriser et pour interdire toute critique de l'islam. Nous ne menons pas de guerre islamophobe contre DAECH! C'est absurde!*[168]

Or si, en effet, le terme «*islamophobie*» est souvent mal utilisé et s'il a raison en affirmant qu'on ne mène pas une «*guerre islamophobe contre DAECH*», son commentaire n'est pas pertinent, car nous avons créé la légende d'un islam conquérant, dont DAECH serait le bras armé. Nos interventions au Moyen-Orient ne sont pas guidées par l'islamophobie (que nous définirons plus bas), mais elles en sont malgré tout imprégnées. En enterrant la question sous le label de «complotisme», on l'évacue sans faire l'effort de modifier une perception qui est loin d'être irrationnelle. Par ailleurs, le sentiment d'islamophobie est provoqué par toute une série de comportements et d'interprétations politiciennes, comme le fait d'assimiler de manière «linéaire» l'islam avec l'immigration, avec la délinquance, avec le terrorisme, avec le chômage et avec les réfugiés humanitaires. Nous y reviendrons.

Nous tendons également à ignorer que la manière dont nous combattons contribue à encourager le djihadisme. Ainsi, les interventions occidentales sont principalement menées «à distance», par des drones ou par des groupes armés interposés. Il s'agit évidemment d'épargner la vie de nos soldats – et c'est fort bien – mais cela enlève tout enjeu – et toute crédibilité – dans nos engagements. Si nous risquions nos vies dans ces guerres, nous serions sans doute plus attentifs à la manière de les mener, et l'opinion publique serait probablement plus attentive aux décisions du gouvernement. Mais avec des frappes menées hors de la portée des armes ennemies, on mène des guerres où l'on ne risque rien, validant ainsi l'adage «*à vaincre sans périls, on triomphe sans gloire*».

Cette manière de faire la guerre, où les opérateurs de drones sont confortablement installés à des milliers de kilomètres du champ de bataille et mènent des frappes en fonction d'algorithmes, sans même nécessairement voir les cibles, est perçue comme une pratique de lâches. Les victimes civiles qui découlent du mode opératoire lui-même deviennent une justification en soi pour mener des actes terroristes :

> *Ne soyez pas lâches en nous attaquant avec des drones. Envoyez-nous vos troupes à la place, celles que nous avons humiliées en Irak!*[169]

---

168. Alain Finkielkraut, émission *C à vous*, France 5, 23 novembre 2015.
169. Porte-parole de l'État islamique, http://dailycaller.com/2014/08/08/isis-threatens-america-we-will-raise-the-flag-of-allah-in-the-white-house/#ixzz3n1ziZgJ5.

D'ailleurs, l'usage de missiles de croisière par les États-Unis en 1998 en réponse aux attentats de Dar-es-Salam et de Nairobi (Opération INFINITE REACH) a été considéré comme particulièrement «lâche» dans les nations arabes. Pas seulement parce que ces bombardements ont touché des innocents, qui n'avaient aucun rapport avec le terrorisme, mais aussi et surtout parce que les Américains n'ont «rien risqué» dans cette affaire.

> *Les attaques [de 1998] n'ont pas amélioré l'image de l'Amérique auprès des moudjahidin que j'ai interviewés, qui décrivent les missiles Tomahawk comme des armes de lâches, qui ont trop peur de risquer leur vie au combat ou de regarder leur ennemi dans les yeux.*[170]

Ainsi, en voulant montrer sa force, l'Amérique a montré sa faiblesse aux yeux des islamistes. Ce mépris pour les combattants américains qui se battent à distance, mais n'ont pas le courage d'affronter leur adversaire en face est souligné dans la vidéo *No Respite* de l'État islamique, diffusée en 2015. Il y est souligné que ces militaires fonctionnent au « Prozac »[171] et se suicident au rythme de 6 500 par an, de retour chez eux. De fait, entre le 7 octobre 2001 et le 28 juillet 2015, les forces armées américaines ont été engagées dans cinq opérations majeures, et y ont déploré au total 6 855 morts[172] auxquels s'ajoutent chaque année près de 6 000 vétérans des guerres d'Irak et d'Afghanistan, qui se donnent la mort après leur retour aux États-Unis (soit environ 18 par jour)[173]. Au total, l'Amérique perd chaque année presque autant de militaires par suicide qu'en 14 ans sur l'ensemble des champs de bataille.

Les islamistes y voient la faiblesse de la société que les Occidentaux tentent de leur imposer. Les djihadistes se sentent totalement au service de leur cause. Leur abnégation est alimentée par une imagerie très présente dans la propagande de l'EI, rappelant le sacrifice des héros mythiques de la lutte contre les croisés.

2.5.3. L'espace de guerre

Parce que nous projetons nos propres schémas sur l'adversaire, nous lui attribuons des comportements dérivés de notre propre compréhension des choses. Ainsi, les actes terroristes sont toujours perçus comme une attaque contre l'État

---

170. Jessica Stern, "Being Feared Is Not Enough to Keep Us Safe", *Washington Post*, 15 septembre 2001.
171. NDA : un antidépresseur.
172. Hannah Fischer, *A Guide to U.S. Military Casualty Statistics: Operation Freedom's Sentinel, Operation Inherent Resolve, Operation New Dawn, Operation Iraqi Freedom, and Operation Enduring Freedom*, Congressional Research Service (www.crs.gov), RS22452, 7 août 2015.
173. Janet Kemp, RN PhD & Robert Bossarte, PhD, *Suicide Data Report, 2012*, Department of Veterans Affairs, Mental Health Services, Suicide Prevention Program ; *2019 National Veteran Suicide Prevention Annual Report*, Office of Mental Health and Suicide Prevention, US Department of Veterans Affairs.

où ils ont été perpétrés. C'est une évidence pour le terrorisme marxiste, puisque son credo est la révolution, c'est-à-dire la destruction de l'ordre social national pour lui substituer de nouvelles institutions. Mais il n'en est pas de même pour le terrorisme djihadiste qui ne combat pas contre des institutions, mais contre leurs décisions.

Par ailleurs, à la différence de la pensée occidentale qui tend à voir les choses selon une rationalité verticale et linéaire, l'esprit moyen-oriental combine une lecture horizontale et non linéaire des problèmes. Ainsi, nous pensons en termes de gauche/droite, pays X/pays Y, etc., alors qu'en Orient – comme en Afrique, d'ailleurs – interviennent des notions transversales, comme l'ethnie ou la religion. Il en résulte une lecture beaucoup plus complexe des rapports humains et politiques : ce n'est pas parce qu'un opposant au régime syrien accepte des armes occidentales qu'il respecte pour autant les pays qui bombardent des Arabes ou des musulmans, même s'ils sont sympathisants du régime. Ainsi, la fatwa d'Oussama ben Laden du 23 février 1998 critiquait l'embargo américain contre l'Irak, alors que ce dernier était alors laïque. La même logique explique les alliances opportunistes et temporaires entre factions rebelles rivales en Irak et en Syrie, que les Occidentaux comprennent si mal.

Or la notion de djihad doit être comprise en fonction de ces logiques complexes qui confèrent à l'espace de guerre une dimension considérablement plus large qu'en Occident. C'est cette même logique qui explique, qu'à tort ou à raison, une assez large partie des musulmans se sentent solidaires des victimes de nos guerres du Moyen-Orient, même s'ils n'adhèrent pas à des idéologies radicales et n'en approuvent pas les méthodes.

2.5.3.1. *Géographie et islam*

Géographiquement, l'islam voit le monde en termes de « terre d'islam » *(dar al-islam)* et de « terre d'impiété » *(dar al-kufr)*. La « terre d'impiété » est le secteur où se font face les communautés musulmanes et infidèles *(kafir)*. En « terre d'islam », la charia est applicable et le djihad n'a pas lieu d'être. Par exemple, c'est ce qui, au début des années 1990, aurait retenu Oussama ben Laden d'entreprendre un djihad contre le régime saoudien, qui avait accepté la présence américaine sur son territoire[174].

Les « experts » occidentaux tendent à confondre la « terre d'impiété » *(dar al-kufr)* avec une zone d'affrontement ou de guerre *(dar al-harb)*, où les populations sont en guerre *(ahl al-harb* ou *harbis)*. Or cette lecture correspond à la situation qui prévalait à la naissance de l'islam, alors qu'il était entouré

---

174. Dès son retour en Afghanistan en 1996, Oussama ben Laden aurait consulté à plusieurs reprises Younis Khalis, chef du Hezb-i-Islami afghan, afin d'être fixé sur la légitimité d'un djihad contre le régime saoudien. Alex Linschoten et Felix Kuehn, *An Enemy We Created: the Myth of the Taliban/al-Qaeda Merger in Afghanistan, 1970-2010*, Oxford University Press, Londres, 2012.

d'ennemis et devait encore se frayer un chemin contre les tribus animistes, juives et chrétiennes. Aujourd'hui, la réalité est plus complexe et l'islam est entouré de pays composés de populations amies et/ou à forte composante musulmane, qui ne sont plus (nécessairement) des ennemis. Dans ces zones règne une paix contractuelle *(dar al-ahd)* où les deux communautés décident de vivre en paix *(ahl al-ahd)*.

Selon la jurisprudence islamique, les «peuples de la paix contractuelle» *(ahl al-ahd)* sont des populations non musulmanes, qui se subdivisent en trois catégories : les populations qui vivent sur sol musulman avec le statut de «peuple protégé» *(ahl al-dhimma* ou *dhimmis)* ; les peuples avec lesquels il existe un accord de paix *(ahl al-hudna)* et les individus (voyageurs, diplomates, etc.) qui bénéficient d'une protection temporaire *(ahl al-aman)*.

Comme le soulignent de nombreux exégètes musulmans, les notions de «terre d'impiété» et de «terre de guerre» ne sont ni mutuellement exclusives ni incompatibles, et les confondre est une imposture.

Et pourtant, la confusion est courante sur les réseaux sociaux, mais est aussi propagée par des intellectuels, comme Alain Finkielkraut qui présente l'image d'un islam dont la vision du monde ne serait divisée qu'en deux zones : la «terre d'islam» et la «terre de guerre» ; suggérant ainsi que la seule alternative à l'islam est la guerre, portée par le djihad armé qui – selon lui – serait une obligation religieuse[175]. Non seulement l'affirmation est fausse... mais elle est aussi dangereuse, car elle exclut tout compromis au sein d'une société que nous avons voulue – à tort ou à raison – multiculturelle. À leur décharge, il faut bien constater que les interventions occidentales ont eu pour conséquence d'effacer les positions intermédiaires. Ainsi, le magazine de l'État islamique, *Dabiq*, souligne la disparition de la «*zone grise*» (qui recouvre dans les grandes lignes la notion d'«*ahl al-ahd*») et cite Oussama ben Laden :

> *Le monde d'aujourd'hui est divisé en deux camps. Bush dit vrai en affirmant : «Soit vous êtes avec nous, soit vous êtes avec les terroristes.» Cela signifie que vous êtes avec la croisade ou avec l'islam.[176]*

Ainsi, les interventions occidentales tendent à polariser la manière dont les musulmans perçoivent le monde. Même si la très grande majorité des musulmans réprouvent clairement la violence islamiste, ils ont souvent une sympathie pour leur cause. Le glissement de l'opinion en faveur des islamistes est un enjeu qu'aucun pays occidental (à la différence de la Russie) n'a vraiment réalisé avant

---

175. http://www.lepoint.fr/societe/finkielkraut-le-djihad-est-une-obligation-leguee-par-mahomet-a-tous-les-musulmans-11-12-2015-1989225_23.php.
176. Interview du 21 octobre 2001, citée dans «The Extinction Of The Grayzone», *Dabiq Magazine*, n° 7, Rabi al-Akhir 1436, février 2015, p. 54.

de s'engager militairement : aucun n'a entrepris une préparation du terrain sociétal pour gagner les esprits de leurs propres ressortissants musulmans.

2.5.3.2. *Les frontières et la profondeur stratégique*

On affirme souvent que les djihadistes – et l'État islamique en particulier – ne reconnaissent pas le principe des frontières nationales et tentent d'étendre le domaine de l'islam à nos pays. C'est faux, car on mélange plusieurs choses. L'État islamique ne remet pas en question les frontières nationales que nous avons en Occident. En revanche, il conteste les divisions territoriales héritées de la colonisation ou du démantèlement de l'Empire ottoman, imposées par les puissances coloniales au Levant, en fonction de leurs intérêts géostratégiques du moment, sans égard envers les populations concernées.

Il est également faux d'en tirer la conclusion que les djihadistes s'attaquent à l'Occident afin de recréer le califat abbasside : leurs attentats touchent principalement les pays du nord de l'Europe, qui n'ont jamais fait partie du califat (comme l'Allemagne ou la France) et très peu les pays du sud de l'Europe, dont certains faisaient partie du califat (comme le Portugal).

Les théoriciens du djihad armé ont compris la nature dissymétrique du champ de bataille où s'affrontent Occidentaux et musulmans : les opérations militaires se déroulent au contact direct des populations civiles musulmanes, alors que du côté occidental, les populations restent à l'écart du champ de bataille. Ils ont donc tout simplement retourné les principes des « cinq cercles » du colonel américain John A. Warden, au cœur du concept des frappes menées en Irak et en Syrie, qui visent les populations civiles afin de les pousser à se rebeller contre leurs dirigeants (gouvernement syrien, dirigeants de l'État islamique, etc.) Nous en reparlerons plus bas.

En clair, ils ont rétabli une forme de symétrie (géographique) en étendant la notion de champ de bataille au territoire national des pays qui les agressent :

> *Tout pays qui entre en guerre contre les musulmans, ou participe à l'invasion d'un pays musulman est devenu de facto une Zone de guerre (Dar al-Harb). C'est pourquoi tous les pays occidentaux qui ont une participation active à l'occupation de l'Afghanistan, de l'Irak ou de quelques pays musulmans sont considérés comme zones de guerre.*[177]

Ainsi, les théories impliquant « *l'ennemi lointain* » (*al-Adou al-Baïd*) ou « *l'ennemi proche* » (*al-Adou al-Qarib*) ont perdu tout leur sens avec les interventions occidentales. Bien qu'il se situe dans des espaces géographiques discontinus,

---

177. Sheikh Anwar al-Awlaki, « Les Règles pour Déposséder les Incroyants de leurs Richesses en Zone de Guerre », *Inspire*, n° 4, (1431), hiver 2010.

le territoire national des pays qui interviennent au Proche et Moyen-Orient fait partie du champ de bataille. Ainsi, les États-Unis sont devenus un *ennemi proche*[178]. C'est pourquoi si les États-Unis n'ont plus subi d'attentats terroristes sur leur sol depuis 2001, ce n'est pas à cause des mesures de sécurité adoptées, mais parce que les Américains sont allés « se faire tuer sur place ». Le djihad peut tout aussi bien être invoqué contre les Américains en Irak et en Afghanistan ! Peu importe l'endroit où l'on combat son adversaire : l'important est de le combattre.

Cette extension des zones de guerre au-delà du champ de bataille physique (afghan, irakien ou syrien) est d'autant plus légitime aux yeux des islamistes que les États-Unis et d'autres pays occidentaux (comme la France ou la Grande-Bretagne) ne respectent pas non plus les frontières nationales (comme au Pakistan, en Syrie et au Yémen, par exemple) pour mener leurs guerres. Mais pour ne pas être rendus responsables de décisions malheureuses sans prendre les mesures de précaution nécessaires pour protéger leur population, les États occidentaux ont préféré fermer les yeux sur cette évolution doctrinale. Ainsi, le rapport de la *commission des Affaires étrangères* de l'Assemblée nationale témoigne de l'enfermement doctrinal dans lequel la France s'est engagée dans la guerre au Moyen-Orient :

> *Daesh se distingue aussi d'Al-Qaïda Central par un renversement de ses priorités stratégiques. Celles-ci ne vont plus à la lutte contre « l'ennemi lointain », c'est-à-dire les États-Unis et leurs alliés « croisés », les pays occidentaux, mais à « l'ennemi proche », à savoir les régimes arabes locaux, jugés corrompus et indignes de l'islam.*[179]

2.5.3.3. La notion de « Communauté des croyants »

Nous comprenons mal ceux qui partent au combat, prêts à mourir et à mener des actions qui s'inscrivent dans une discontinuité géographique. Or l'action militaire dans le cadre du djihad islamiste ne s'inscrit, en effet, pas nécessairement dans une logique territoriale, mais dans celle d'une communauté de pensée ou de valeurs, que recouvre la notion de « *communauté des croyants* » (*Oummah*).

Selon la jurisprudence islamique, le djihad guerrier peut être déclaré lorsque l'*Oummah* est menacée. L'Oummah désigne une communauté liée par une foi commune, mais qui ne se situe pas nécessairement dans un espace géographique continu. En outre, une agression contre la foi peut être interprétée, en fait, comme une attaque contre l'ensemble de la communauté islamique.

---

178. "Inspire Interview with Sheikh Abu Mus'ab Abdul-Wadood", *Inspire*, n° 17, été 2017, p. 46.
179. *Rapport d'information sur le Proche et Moyen-Orient*, commission des Affaires étrangères, Assemblée nationale, Document n° 2666, 18 mars 2015, p. 63.

En termes opérationnels, cette approche n'est pas très éloignée de la « solidarité prolétarienne » qui alimentait le mouvement communiste révolutionnaire international dans les années 1920 en Europe et qui a été invoquée pour créer les *Brigades internationales* en Espagne[180]. C'est une des raisons du flux de combattants étrangers pour aller combattre l'occupation soviétique en Afghanistan (1979-1989), de la création des unités internationales islamiques en Bosnie, de l'aide fournie par les pays musulmans à l'UÇK[181] (1999), et des volontaires djihadistes en Afghanistan et en Irak, puis en Syrie (2001-).

Cela explique un facteur déterminant dans le processus de radicalisation, mais qui a très largement été sous-estimé par les services de renseignement français et belges (ainsi que leurs autorités politiques) : la profonde proximité émotionnelle qui existe entre les populations musulmanes européennes et leurs congénères du Proche et Moyen-Orient. Les musulmans vivant en Europe ne sont certainement pas des terroristes et tous aspirent à y vivre en paix. Mais lorsque leurs frères sont bombardés, que les populations civiles, que femmes et enfants meurent (dommages collatéraux) pour des raisons obscures et jamais expliquées, alors se réveille un sentiment de solidarité qui peut aller jusqu'au terrorisme. C'est exactement ce que nous ont dit de manière cohérente et systématique les frères Kouachi, Ahmedi Coulibaly, Abballa Larossi, Mohamed Lahouaiej Bouhlel, et bien d'autres.

Il est d'ailleurs symptomatique de constater qu'une grande partie des djihadistes en Occident sont des convertis de très courte date, et sans connaissance particulière de l'islam, mais qui ont rejoint le djihad par solidarité avec les populations attaquées par l'Occident. Les images montrant les victimes civiles – notamment les enfants – des frappes occidentales ont très certainement joué un rôle essentiel dans la genèse d'un comportement solidaire à l'égard des victimes. Le phénomène est sans doute exacerbé par le silence assourdissant des médias occidentaux sur ces victimes civiles « collatérales », qui résultent d'interventions déclenchées sur des mensonges qu'ils ont eux-mêmes véhiculés.

Aux attentats « fonctionnels » s'ajoutent les actes isolés menés par « solidarité » avec les populations victimes des interventions et actions militaires contre la communauté musulmane. Il en est ainsi des crimes de Mohammed Merah en mars 2012, qui peuvent se décomposer en deux « sous-attentats » : l'un dirigé contre le gouvernement français, parce « *qu'il était contre la loi sur le voile et qu'il luttait contre les opérations françaises en Afghanistan* » [182] et l'autre dirigé contre Israël, parce que « *les juifs ont tué nos frères et nos sœurs en Palestine !* »[183]

---

180. Nicolas Lépine, *Le socialisme international et la guerre civile espagnole*, Département d'histoire, Faculté des Lettres, Université Laval, Québec, 2013.
181. *Ushtria Çlirimtare e Kosoves* : Armée de libération du Kosovo.
182. « Le tueur a contacté France 24 : "Ce n'est que le début", a-t-il affirmé », France 24, 21 mars 2012.
183. *Ibid.*

2.5.4. La prééminence de l'intention sur le résultat

La notion d'«islam conquérant» (ou «djihad conquérant») nous vient du Moyen Âge, lorsque l'islam alors naissant (entre 632 et 750 apr. J.-C.) s'est rapidement développé. Il faut rappeler ici que l'islam n'est pas né dans un vide religieux, mais au milieu de communautés juives, chrétiennes et animistes, qui ont tenté dès son apparition de l'écraser. En Afrique du Nord et dans une grande partie du Moyen-Orient, cependant, il s'est étendu de manière essentiellement pacifique dans le sillage du commerce. Ce n'est que lorsqu'il est entré au contact des empires «constitués», notamment en Europe et en Iran, qu'il a pris une forme armée. Les musulmans – alors en infériorité numérique – n'avaient dès lors comme instrument du succès que leur foi et un art opératif[184] fondé sur le mouvement. De cette période date la conceptualisation du «djihad militaire», davantage fondé sur l'effort accompli que sur le résultat obtenu :

> *Les actes ne valent qu'en fonction de leur intention. Et à chaque homme revient ce dont il a eu l'intention.*[185]

Une lecture que nous retrouverons plus bas dans la notion de victoire. Pour simplifier et reprendre une terminologie occidentale, l'action n'a pas d'obligation de résultat, mais une obligation d'effort. On retrouve ici la notion d'effort intrinsèquement présente dans celle de djihad.

Ceci explique en partie que des islamistes soupçonnés de terrorisme s'attribuent la paternité d'un nombre incalculable – et souvent bien peu réaliste – d'attentats. Cela a été notamment le cas dans les affaires de Khalid Sheikh Mohammed (surnommé «KSM»), de Zacarias Moussaoui et de José Padilla aux États-Unis. KSM a «avoué» (sous la torture) sa participation à plus de 30 attentats terroristes dans le monde (y compris le 11 septembre 2001, les chaussures-bombes de Reid, l'attentat de Bali et bien d'autres). Ses aveux étaient si invraisemblables qu'il a été surnommé le «*One-Stop Shopping Terrorist Super Store*»[186].

Au-delà du fait que ces aveux ont été obtenus sous la torture, le refus de l'assistance d'un conseil juridique (à défaut d'un avocat) par les «coupables» souligne le caractère djihadiste de leurs «aveux». Sans doute innocents pour la plupart des crimes dont ils s'accusent, ils en assument une responsabilité au niveau de l'intention. Ainsi, le système judiciaire américain leur donne l'opportunité de poursuivre leur djihad et de servir de modèle pour de nouvelles générations de terroristes! Ici également, cette démarche éclaire une dimension asymétrique. Le système des «commissions

---

184. Le terme «opératif» est pris ici dans son sens clausewitzien («relatif aux opérations»), comme niveau d'action intermédiaire entre la tactique et la stratégie.

185. Hadith attribué à Mohammed, rapporté par Al-Boukhari, Imam, 41. Cité dans le *Livre des Haltes*, Abd Al-Qadir Al-Djazairi, traduit par Michel Lagarde, Brill, 2000, ISBN 9004115676.

186. http://mayday.blogsome.com/2007/03/19/khalid-sheikh-mohammed-the-wally-world-of-wickedness/

militaires » mis en place par les États-Unis en 2006 pour juger les terroristes présumés ne permet pas de produire des témoins ou des discussions contradictoires par rapport aux charges retenues contre les accusés. Il n'y a ainsi aucun moyen de déterminer la véracité des crimes dont s'accusent les détenus, et ces procès ne permettent pas de faire toute la lumière sur les faits réels. Ces « tribunaux », qui se veulent plus durs, permettent ainsi aux inculpés de s'attribuer des succès et, dans cette logique asymétrique, contribuent à donner un sens au djihadisme.

La prééminence de l'intention sur l'action, que l'on retrouve assez largement dans la culture des pays musulmans, tend à encourager une forme de résilience qui rend les musulmans généralement plus « philosophes » par rapport aux événements politiques ou militaires. Ce décalage entre l'intention et l'action – souvent traduit par le terme d'« *irja* » – tend à déborder sur la pratique religieuse, qui est ainsi souvent interprétée de manière flexible. Or récemment, on constate une importance accrue portée sur une cohérence plus rigide entre l'intention et l'action dans la littérature de l'État islamique. En d'autres termes, il ne s'agit plus seulement d'être en accord avec le djihad, mais de le pratiquer effectivement et concrètement dans tous ses aspects. La raison de ce recentrage est double et vise, d'une part, à lutter contre les islamistes qui préfèrent rejoindre les factions islamistes voisines – pour éviter d'être bombardés par la coalition occidentale – et, d'autre part, à pousser les militants à un engagement plus concret et plus radical.

Aux États-Unis et en France, dès 2015, en se basant sur la violence des attentats, un discours s'est développé rattachant le terrorisme djihadiste au nihilisme [187](!) C'est faux et dangereux. Faux, car ce discours nous distrait des vrais objectifs du terrorisme, et dangereux, car il nous inspire des stratégies et des solutions inappropriées. D'ailleurs, le Vatican, qui devrait – dans cette logique – être la principale cible des djihadistes, ne semble pas être dans le collimateur des djihadistes. Bien comprendre les raisons qui animent le terrorisme permet de cerner les objectifs qu'il recherche et, par voie de conséquence, les capacités dont il a besoin.

Les attentats sont certainement meurtriers, mais on constate souvent qu'ils ne sont pas « optimisés » pour faire un maximum de victimes. Ainsi, le 17 août 2005, l'explosion simultanée de plus de 500 bombes dans 63 des 64 districts du Bangladesh n'a fait que deux morts ! Les médias donnent une image surfaite de l'« efficacité » des attentats : pour la période 1996-2006, les attentats terroristes ont fait en moyenne 1,6 mort par an dans le monde. En fait, le terrorisme ne tire pas son efficacité du nombre de morts qu'il provoque, mais de la détermination qu'il manifeste : c'est le fondement du terrorisme djihadiste.

C'est une application assez littérale de la notion de djihad, où la victoire n'est pas associée à ce que l'on fait à l'adversaire, mais à l'effort que l'on a fait pour ne pas renoncer au combat. Ainsi, le magazine *Inspire*, produit par la *Base du djihad dans la péninsule*

---

187. France 24, Bulletin d'information spécial, 23 mars 2018.

arabique (également appelée «*Al-Qaïda au Yémen*») et qui constitue la référence doctrinale des djihadistes – y compris de l'État islamique – le dit très clairement :

> *Je voudrais aussi dire à mes frères que nous devons comprendre quel est l'objectif de nos opérations : l'objectif primordial n'est pas d'atteindre un maximum de morts, mais d'atteindre un impact et un effet de levier maximum. Ainsi, une opération comme un colis piégé qui ne tue personne peut avoir un effet qui surpasse une opération où des dizaines de personnes sont tuées.*[188]

On peut comparer ce principe aux «attentats» de l'ETA basque, qui visait essentiellement des objectifs policiers et qui – le plus souvent – informait les policiers environ 30 minutes avant l'explosion de la bombe afin de permettre son désamorçage[189]. L'objectif opératif ici est alors de démontrer la capacité de frapper, mais sans causer de victimes et sans perdre le soutien des sympathisants.

Avec l'ARIG, ce n'est pas le nombre de victimes qui compte, mais la détermination de ses partisans prêts à mourir. La logique est asymétrique : même lorsque les cellules sont démantelées, elles constituent une manifestation de cette détermination et participent à la victoire des djihadistes. Comme on le constate, dans cette situation, un succès de l'État ne correspond pas automatiquement à une défaite des djihadistes, mais peut, au contraire, renforcer leur position. Le simple fait que la volonté terroriste existe démontre la détermination des terroristes et constitue en soi une propagande redoutable.

Ainsi, en partant de l'idée que «*le terrorisme cherche à nous diviser*», les cérémonies du souvenir et autres manifestations destinées à montrer l'unité de la nation ont pour vocation de rassembler le peuple. C'est logique pour nous. Le problème est que l'objectif du terrorisme n'est pas de nous diviser, mais de pousser les gouvernements à cesser leurs interventions extérieures. Cet objectif a rarement été atteint, mais l'importance que ces cérémonies ont donnée au terrorisme a fortement contribué à alimenter le flot de combattants étrangers, qui se sont rendus là où l'État islamique en avait besoin : en Irak et en Syrie.

C'est ce qui s'est passé après les attentats de janvier 2015 à Paris. L'examen de l'activité sur les réseaux sociaux a montré que la réaction très médiatique du gouvernement français n'a fait que positionner l'État islamique comme la principale organisation de lutte contre les interventions occidentales. Ainsi, paradoxalement, le gouvernement français a été le principal propagandiste de l'État islamique…

L'efficacité du terrorisme découle de notre incapacité à réfléchir dans la logique des terroristes.

---

188. "Q & A with Sheikh Anwar Al-'Awlaki", *Inspire*, n° 12, printemps 2014, p. 17.
189. Il s'agit, par exemple, de l'attentat du 9 août 2009 à Palma de Majorque, le dernier d'une longue liste où l'ETA a systématiquement annoncé ses attentats, démontrant ses capacités, sans causer de victimes.

2.5.5. La notion de victoire

Il découle de la définition même du djihad, et de la primauté de l'intention sur l'action, une notion de victoire fondamentalement différente de celle généralement comprise en Occident. Alors qu'en Occident la victoire est associée à la destruction de l'adversaire, dans l'islam elle est associée à la détermination à ne pas abandonner le combat.

Ainsi, le 17 mars 2004, après l'attentat de Madrid, le texte de la revendication des brigades d'Abou Hafs al-Masri remerciait George Bush :

> *[…] une opération d'envergure [aux États-Unis] détruira ton administration. Nous ne souhaitons aucunement ta défaite aux élections […] nous voulons ta victoire, Bush le criminel.*[190]

Cela s'inscrit parfaitement dans la logique du djihad, où notre action alimente l'acte terroriste. On peut d'ailleurs rapprocher cette revendication de la déclaration du mollah Omar, en Afghanistan :

> *Vraiment nous sommes bénis. Jamais dans nos vœux les plus fous nous n'avons espéré un cadeau aussi précieux que Bush. Il est la tête d'affiche de notre mouvement international.*[191]

Nous sommes dans une logique différente. Après l'attentat de Westminster, le 22 mars 2017, l'analyse de l'attentat faite par les djihadistes et publiée dans *Inspire Guide* précise :

> *Un des messages les plus importants de l'opération est la détermination de son exécutant et le fait qu'il n'a pas été découragé par son manque de moyens.*[192]

Nul ne peut vaincre un adversaire plus fort que lui, mais il est de son devoir de tenter de le faire. Ainsi, dans le grand djihad comme dans le petit djihad, la notion de victoire est analogue : c'est essentiellement une victoire sur soi-même, une victoire sur la facilité apparente et sur le découragement. Dans le grand djihad, la victoire est associée à l'essentiel : la défense de la foi, tandis que dans le petit djihad, il s'agit davantage d'abnégation par rapport à une cause supérieure.

En d'autres termes, la victoire dans l'islam n'a pas de caractère absolu, mais relatif : il suffit de marquer sa volonté de combattre pour être victorieux. Concrètement, la victoire se résume souvent au fait d'« avoir le dernier mot »,

---

190. « Un texte attribué à Al-Qaïda menace d'attentats "les valets de l'Amérique" », lemonde.fr, 18 mars 2004.
191. Tom Goeller, "Playing Devil's Advocate", *Egypt Today*, octobre 2004.
192. *Inspire Guide - The British Parliament Operation in London*, issue 5, 23 mars 2017, p. 3.

même si celui-ci n'a pas de caractère décisif. Ainsi, l'État islamique n'a pas besoin de cacher ses échecs ou ses « petites » victoires : le simple fait qu'il soit capable de frapper à l'improviste est déjà un succès[193].

Cette lecture de la victoire n'est pas propre aux islamistes, mais se retrouve plus largement dans la pensée musulmane. Cela explique, par exemple, pourquoi les Égyptiens célèbrent leur franchissement du canal de Suez en octobre 1973 et la rupture de la ligne Bar-Lev comme une victoire[194]… même s'ils ont été vaincus par la suite. Ceci explique aussi la victoire proclamée de Saddam Hussein à Bagdad en 1991 malgré l'anéantissement d'une grande partie de ses capacités militaires; les cris de victoire et défilés des milices de l'Ayatollah Moqtada al-Sadr dans la mosquée d'Ali à Nadjaf, après la fin des combats négociée par l'Ayatollah Sistani en août 2004[195], et la victoire d'Hassan Nasrallah au Liban, malgré les destructions massives causées par l'armée israélienne en 2006[196]. Perçus en Occident comme des « fanfarons », ils avaient acquis leurs victoires non pas par la destruction de l'adversaire, mais par leur refus de céder devant la pression de forces considérablement plus puissantes et malgré des pertes et des destructions majeures. Leur victoire – dans l'esprit du djihad – est donc d'avoir gardé la tête haute, quelle qu'ait été l'issue de la bataille. Nous sommes ici au cœur du phénomène asymétrique : la victoire de l'un apporte la victoire de l'autre!

Ce principe a été parfaitement expliqué par un discours de Mohammed al-Adnani, porte-parole de l'État islamique :

> *Tu penses, Amérique, avoir la victoire en tuant un chef ou un autre? As-tu été victorieuse lorsque tu as tué Abou Moussab, Abou Hamza, Abou Omar ou Oussama? Serais-tu victorieuse si tu tuais Al-Shishani, Abou Bakr, Abu Zayd ou Abou 'Amr? Non. En effet, la victoire est la défaite de son adversaire… avons-nous été vaincus lorsque nous avons perdu les villes en Irak et que nous étions dans le désert sans ville ni terre? Et serions-nous vaincus et serais-tu victorieuse si tu prenais Mossoul ou Syrte ou Raqqa ou même si tu avais pris toutes les villes et que nous devions revenir à notre condition initiale? Certainement pas! La vraie défaite est la perte de volonté et le désir de se battre. L'Amérique sera victorieuse et les moudjahidin seront vaincus dans une seule situation… si tu étais en mesure de retirer le Coran du cœur des musulmans.*[197]

Ainsi, après l'attentat de Bali en octobre 2002 et l'arrestation de ses principaux cadres, le *Jemaah Islamiyya (JI)*, qui avait organisé l'attentat, a vu une augmentation massive de ses adhérents et un rajeunissement de ses effectifs

---

193. Charlie Winter, "Why ISIS Is So Good at Branding Its Failures as Successes", www.theatlantic.com, 19 septembre 2017.
194. Un musée au Caire (« Panorama de la guerre d'Octobre ») est spécialement dédié à cette opération.
195. Reportage de Grégoire Deniau, « La Bataille de Najjaf », France 2, 2 septembre 2004.
196. "Nasrallah wins the war", *The Economist*, 17 août 2006.
197. Discours d'Abou Mohammed al-Adnani, juin 2015.

avec l'apparition de nouveaux chefs[198]. Contrairement aux principes militaires occidentaux, la victoire n'a pas de dimension matérielle ou territoriale, mais une dimension morale et éthique : elle marque essentiellement le refus de baisser la tête et la détermination à combattre quel qu'en soit le prix.

Le caractère asymétrique de cette notion de victoire est clairement illustré par les tirs de roquettes palestiniens depuis la bande de Gaza. Depuis l'érection du «Mur» entre Israël et les territoires occupés en 2000, la possibilité de mener des attentats sur le sol israélien s'est considérablement réduite. Dans un premier temps, le nombre d'attentats préparés contre Israël a fortement augmenté pour compenser la difficulté à les mettre en œuvre, mais le nombre d'attentats empêchés ayant augmenté aussi, les Palestiniens ont choisi un autre mode d'action : le tir de roquettes.

Actions palestiniennes depuis la construction du mur

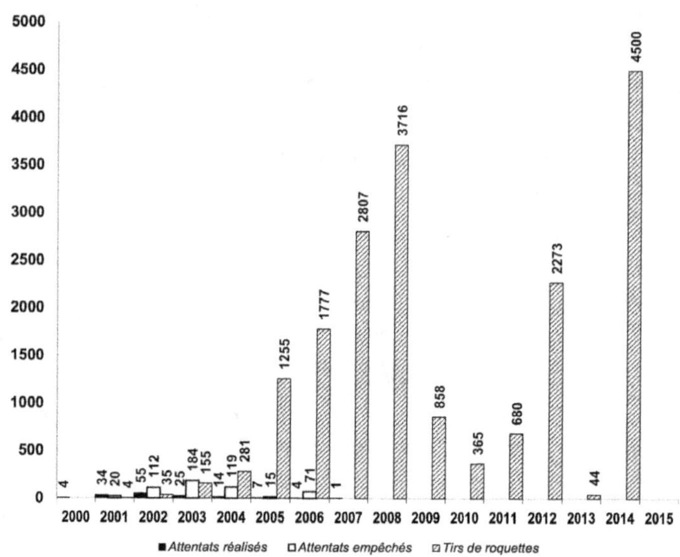

Figure 4. On constate qu'après la construction du mur, le nombre d'attentats préparés a considérablement augmenté en 2002-2003. Mais, devant l'efficacité des services de sécurité israéliens à empêcher leur exécution, les mouvements palestiniens sont passés à d'autres méthodes : les roquettes. La «barrière» n'a ainsi pas «cassé» la détermination des Palestiniens. En termes asymétriques et de djihad, c'est déjà une victoire palestinienne. En plus de 60 ans de guerre, les Israéliens n'ont jamais réussi à comprendre la logique de leur adversaire : c'est le seul pays du monde à n'avoir pas trouvé de solution à son problème terroriste. [Chiffres : ministère israélien des Affaires étrangères]

Le nombre de projectiles tirés depuis la bande de Gaza sur Israël entre 2001 et 2015 serait de 18 928[199], avec des pointes lors des opérations israéliennes

---

198. *Jane's Intelligence Review*, août 2004.
199. "Palestinian rocket attacks on Israel", Wikipedia (consulté le 20 mars 2018).

PLOMB DURCI (2007-2008), COLONNE DE NUAGE (2012) et BORDURE PROTECTRICE (2014), causant 44 victimes, pratiquement toutes intervenues *durant* les opérations militaires israéliennes (faisant respectivement : 4, 6 et 17 victimes)[200]. Ainsi, les tirs de roquettes – même s'ils constituent une menace permanente pour les populations concernées – sont considérablement moins meurtriers que des attentats-suicides. Sans vouloir justifier ces tirs, force est de constater qu'avec un tué pour 280 tirs (dont la plupart lors de combats), le nombre des morts n'est pas l'objectif ici. Par ailleurs, il est important de relever que la très grande majorité des tirs de roquettes ou de mortiers palestiniens sont effectués en réponse à des frappes de l'aviation israélienne – mais que la presse internationale ne rapporte pas. L'objectif des Palestiniens est de conserver la confiance de la population en montrant qu'ils n'abandonnent pas le combat.

Il y a donc manifestement un gain tactique en faveur des Israéliens. En revanche, sur le plan stratégique, le gain est en faveur des Palestiniens, qui peuvent ainsi marquer leur refus «d'abandonner» la lutte. Conformément à l'idée du djihad, le fait de riposter est plus important que l'effet (le nombre de victimes) causé. En réalité, les actions de l'armée israélienne contribuent à renforcer la volonté de résistance des Palestiniens. Dans une logique de guerre asymétrique, la victoire est clairement palestinienne.

Victimes des tirs de roquettes depuis la bande de Gaza (2000-2015)

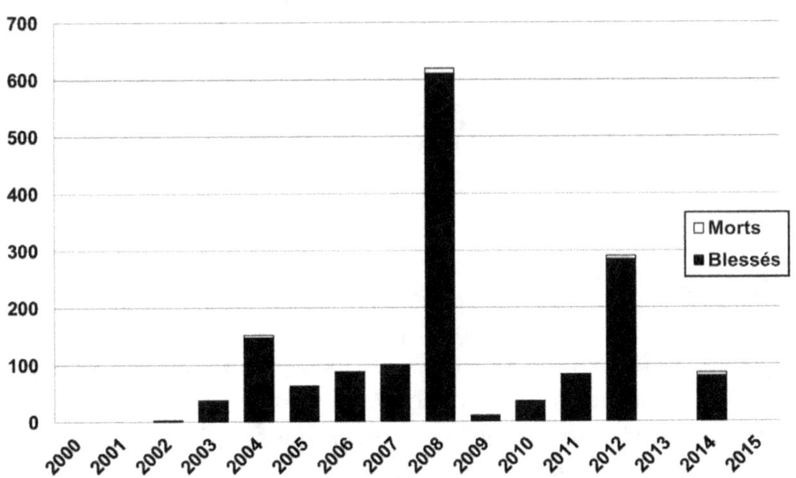

Figure 5. Le taux d'efficacité des tirs de roquettes palestiniennes est minime et le nombre de tués est de 1 pour 200 roquettes tirées. L'important pour les islamistes palestiniens n'est pas le nombre de tués, mais de montrer leur volonté de résistance. [Chiffres : ministère israélien des Affaires étrangères]

---

200. Phan Nguyen, "How many people have died from Gaza rockets into Israel?", Mondoweiss, 29 août 2014, http://mondoweiss.net/2014/07/rocket-deaths-israel (consulté le 20 mars 2015).

Ainsi, le simple fait de résister, quelles que soient les méthodes ou les armes utilisées, donne aux Palestiniens la satisfaction d'une «victoire». Cela explique le succès fulgurant du Hamas dans les territoires occupés : ses attentats alimentent – par petites touches – un sentiment de victoire par le refus d'abandonner le combat, alors que le Fatah, orienté sur un processus de négociation donne plutôt l'impression de «céder du terrain».

Cela explique également le fait que – militairement – les islamistes palestiniens ne recherchent pas ce que les Occidentaux appellent «une victoire décisive», mais se limitent à des campagnes d'attentats ponctuels sans portée décisive en terme opératif, mais qui suffisent à montrer que l'on ne baisse pas les bras et constituent ainsi une victoire stratégique. Ainsi, le Hamas conserve un large soutien populaire, même si ses actions causent directement et indirectement de nombreuses pertes palestiniennes, car le fait de montrer sa détermination à poursuivre la lutte est une sorte de gage d'espoir pour l'opinion palestinienne.

Le fait que ces attaques à la roquette causent très peu de victimes ne les rend pas plus légitimes, mais indique que le sentiment de victoire et le succès populaire du Hamas ne sont pas liés au nombre de victimes qu'il cause. Il tire son succès de sa détermination à résister par des actions concrètes.

L'acte terroriste étant l'expression d'un refus d'abandonner le combat face à des puissances numériquement supérieures, il constitue déjà une victoire en soi. Ainsi, les frappes aériennes en Irak, en Syrie ou en Palestine constituent certes des victoires tactiques, mais chaque réponse à ces frappes sous forme d'attentat *ou tentative d'attentat* constituera une victoire stratégique pour les djihadistes.

Après le cessez-le-feu entre le Hamas et Israël, le 21 mai 2021, les Palestiniens revendiquent la victoire. Un habitant de Gaza s'exclame[201] :

> *Même s'ils détruisent tout Gaza, ils ne peuvent pas détruire notre esprit de résistance !*

Ce qui apparaît comme un succès israélien est une défaite stratégique. Les Palestiniens ont pu mettre en évidence les expropriations à Jérusalem-Est et les différences de statuts entre citoyens israéliens arabes et juifs, ainsi que la disproportion des moyens engagés des deux côtés.

---

201. *13 h*, RTBF, 21 mai 2021.

2.6. Le terrorisme djihadiste

2.6.1. La nature du terrorisme djihadiste

Contrairement à l'Occident, qui tente d'associer une notion morale au mot « terrorisme », les djihadistes le comprennent simplement comme une méthode. Débarrassée de préjugés moraux, leur démarche est fondamentalement plus rationnelle et plus cohérente :

> *Nous refusons de comprendre ce terme [le terrorisme] selon la définition américaine. « Terrorisme » est un mot abstrait, et comme de nombreux mots abstraits, il peut porter un sens bon ou mauvais selon son contexte, selon ce qu'on lui ajoute et selon ce qu'on lui attache. Le mot est un terme abstrait sans signification positive ou négative.*[202]

C'est pourquoi les djihadistes de l'État islamique revendiquent le terme de « terroristes » :

> *Même si vous ne trouvez aucun moyen de tuer ces gens (sic) qui combattent Allah et son messager, trouvez n'importe quel moyen : empoisonnez-les, tuez-les avec des couteaux, prenez leurs armes, entrez dans leurs maisons, égorgez-les, terrorisez-les […] Allah nous a dit que vous devez terroriser l'ennemi d'Allah et le nôtre. Nous sommes des terroristes. Quoi qu'ils disent sur nous, nous sommes des terroristes !*[203]

Alors que l'Occident tend à voir dans le terrorisme une atteinte amorale à un ordre établi (comme l'occupant vis-à-vis de la Résistance durant la Seconde Guerre mondiale), les djihadistes y voient un terme qui s'applique indistinctement à toute tentative de terroriser :

Celui qui terrorise les autres est un « terroriste », sans exception, dès lors il y a :

1. Un mauvais assaillant terroriste
2. Un terroriste juste qui défend lui-même ou un peuple opprimé

> *Ainsi, nous ne trouvons pas de signification négative au mot terroriste lorsqu'on l'utilise pour définir des combattants de la résistance ou des moudjahidin… Ils sont, en réalité des terroristes envers leurs ennemis, les ennemis d'Allah et leurs misérables servants. Ainsi, où sont l'ambiguïté et le blâme ?*[204]

---

202. Abu Musab al-Suri, "The Jihadi Experiences: Individual Terrorism Djihad and the Global Islamic Resistance Units", *Inspire*, n° 5, printemps 2011, p. 29.
203. Extrait verbatim de la vidéo *Faites exploser la France – 3*, État islamique, novembre 2015.
204. Abu Musab al-Suri, "The Jihadi Experiences: Individual Terrorism Djihad and the Global Islamic Resistance Units", *Inspire*, n° 5, printemps 2011, p. 30.

Située dans le prolongement du principe de prééminence de l'intention sur le résultat, cette approche présente une cohérence doctrinale plus solide que l'approche occidentale :

> *Le terrorisme peut être recommandable, et peut-être répréhensible. Terrifier une personne innocente et la terroriser est inacceptable et injuste, de même terroriser sans raison des personnes est injuste. En revanche, terroriser des agresseurs et des criminels et des bandits et des voleurs est nécessaire pour la sécurité des gens et pour la protection de leurs propriétés. Cela ne fait aucun doute. Chaque État et chaque civilisation et culture doivent recourir au terrorisme dans certaines circonstances afin d'abolir la tyrannie et la corruption.*
>
> *Dans les guerres d'aujourd'hui, il n'y a pas de morale, et il est clair que l'humanité est descendue au plus bas degré de la décadence et de l'oppression. Ils nous dépouillent de notre richesse, de nos ressources et de notre pétrole. Notre religion est attaquée. Ils tuent et assassinent nos frères. Ils compromettent notre honneur et notre dignité et si nous osons prononcer un seul mot de protestation contre cette injustice, nous sommes traités de terroristes. Ceci est une grave injustice. Et l'insistance des Nations unies et pour mettre en accusation les victimes et soutenir les agresseurs constitue un sérieux précédent qui montre l'étendue de l'injustice qui a pu s'établir sur cette terre[205]…*

De cette lecture pragmatique, les djihadistes tirent la distinction entre deux types fondamentaux de terrorisme[206] :

Le *terrorisme blâmable* (*irhab madhmum*), qui est le *terrorisme du mensonge* (*irhab al-batil*) et de l'usage de la *force du mensonge* (*quwwat al-batil*). Il concerne les actions, discours ou comportements qui ont pour but de blesser ou de terroriser les innocents sans une juste cause. Ce type de terrorisme comprend le terrorisme associé au vol, au brigandage, aux envahisseurs, aux assaillants, aux oppresseurs et aux dirigeants illégitimes des peuples. L'auteur d'un acte de terrorisme de cette sorte doit être puni en fonction de ses actes et de leurs effets. (Nota : cette définition proche de la notion de « terrorisme d'État » souvent évoquée en Occident concerne plus particulièrement les frappes occidentales par drones ou missiles de croisière, contre lesquels on ne peut se prémunir et qui frappent de manière « très mal discriminée » combattants et non combattants et sont vus comme particulièrement lâches dans le monde islamique.)

Le *terrorisme louable* (*irhab mahmud*) est le terrorisme du juste qui a été injustement traité. Il vise à combattre l'injustice dont est victime l'opprimé

---

205. Interview d'Oussama ben Laden à John Miller de la chaîne de TV américaine ABC, en mai 1998. (https ://www.pbs.org/wgbh/pages/frontline/shows/binladen/who/interview.html)
206. Abu Musab al-Suri, "The Jihadi Experiences: Individual Terrorism Djihad and the Global Islamic Resistance Units", *Inspire*, n° 5, printemps 2011, p. 29.

et est pratiqué de sorte à terroriser et repousser l'oppresseur. Le terrorisme du personnel de sécurité qui combat les voleurs et les brigands est de même nature que le terrorisme de ceux qui résistent à une occupation, et le terrorisme des peuples *qui se défendent contre les servants de Satan»*. (Nota : Cette lecture du terrorisme rejoint la position de certains pays en voie de développement dans les discussions sur la définition du terrorisme dans les enceintes internationales comme l'ONU, avec en point de mire la résistance à une occupation étrangère).

Il n'y a pas dans l'approche des djihadistes la volonté inéluctable de s'attaquer aux démocraties occidentales afin de leur «imposer» un système ou une croyance. Après les attentats de 2015-2017, aucune revendication n'a exprimé la «volonté d'imposer» l'islam ou autre chose en France. En fait, une analyse rationnelle montre que dès 2015, l'État islamique cherche à consolider sa présence au Proche-Orient, et non à s'étendre sur d'autres continents. D'ailleurs, pourquoi le chercherait-il alors qu'il lutte déjà contre les gouvernements locaux, les factions rivales et des ethnies qui ont leurs propres ambitions régionales, comme les Kurdes ?

Le djihadisme moderne apparaît après la première guerre du Golfe. Les Occidentaux l'identifieront à «Al-Qaïda», mais – comme nous le verrons plus loin – il s'agit d'une idée ou d'un mouvement plus que d'une organisation. Entre 1990 et 2003, on ne peut pas vraiment parler de «stratégie», mais plutôt d'une «idée directrice» qui peut être résumée par : «*Votre présence détruit notre société; tant que vous tenterez de vous immiscer dans nos affaires, nous vous frapperons!»* Il s'agit alors de pousser les États-Unis à se désengager du Moyen et Proche-Orient, comme l'explique clairement la «*Déclaration du Front islamique mondial»* d'Oussama ben Laden du 23 février 1998. C'est pourquoi les Américains sont frappés durant cette période. Le fait que les pays européens se soient sentis touchés par le «9/11» – au-delà d'une compassion bien naturelle – était absurde. Le Vieux Continent a ainsi été entraîné dans un conflit qui n'était pas le sien, contribuant très largement au développement du terrorisme international par la suite.

Avec les interventions successives en Afghanistan, en Irak, en Libye et en Syrie, le djihadisme a trouvé un second souffle, qui aboutira à l'émergence de l'État islamique. Il a évolué en une forme de résistance identitaire aux tentations hégémoniques occidentales. Les appellations de «*croisés»* ou de «*romains»* dans le discours djihadiste font ainsi explicitement référence à ce qui est perçu comme une volonté expansionniste occidentale.

Certains islamistes et «experts» occidentaux expliquent les actes terroristes par la «vengeance». C'est fallacieux. La réalité est un peu plus complexe : la vengeance est un concept statique, qui est un but en soi. Or le terrorisme s'inscrit dans un phénomène dynamique : il cherche à atteindre un objectif. Cela ne signifie pas qu'il n'y ait pas un goût de vengeance dans les actes terroristes, mais l'expliquer uniquement par elle est à la fois réducteur et stérile. Ainsi, nous savons aujourd'hui que le « 9/11 » était une vengeance, c'est pourquoi il n'a été accompagné d'aucune revendication : c'était un acte destiné à rester unique et tous ses protagonistes sont morts. En revanche, les attentats qui ont suivi (à partir de 2003) entrent dans une mécanique terroriste clairement expliquée par les djihadistes eux-mêmes.

On a souvent expliqué l'augmentation du nombre des attentats contre la France comme un effet de bascule dû aux maigres résultats de l'EI en Syrie et en Irak. C'est ici aussi une simplification trompeuse. L'objectif du terrorisme, rappelons-le, est de provoquer le retrait des participants à la coalition internationale. Avec l'accroissement de la pression sur le champ de bataille, les terroristes ressentent un plus grand besoin d'agir afin de faire réduire cette pression. Nous y reviendrons.

L'idée que le terrorisme djihadiste viserait à renverser nos gouvernements, à générer des guerres civiles et autres ne sont que des élucubrations sans fondement. Les théoriciens du djihad ont toujours été clairs et cohérents :

> *1. Notre Religion et notre Prophète sont des lignes rouges. Que quiconque franchit ces lignes prenne garde de ce qui s'est passé pour Charlie Hebdo.*
> *2. La Palestine est une cause de notre Oummah islamique. Et quiconque soutient les occupants juifs ne doit jamais rêver de paix, avec la permission d'Allah.*
> *3. Le Levant est une cause de notre Oummah islamique. Notre peuple au Levant est confronté à un génocide. Et tous ceux qui participent à leurs tourments avec des bombardements ou en soutenant Bachar et ses alliés n'échapperont pas à un châtiment.*
> *4. Nos terres sont occupées. La terre des deux Lieux saints est occupée. Nous allons continuer à vous cibler jusqu'à ce que vous retiriez vos forces de la péninsule arabique et de chaque bout de terre de l'islam.*
> *5. Notre espace aérien est violé par vos avions qui larguent leur charge mortelle sur nos enfants. Nos richesses et ressources sont volées chaque jour.[207]*

Comme on le constate, il ne s'agit pas ici d'imposer l'islam ou de diviser notre société, mais de défendre la leur. On se trouve dans un djihad nationaliste, où la dimension « nationaliste » s'articule autour d'un système de valeurs sociétales, et non autour de frontières comme en Occident.

Le terrorisme est très clairement une méthode et non une finalité. Pour les islamistes, il se situe dans un contexte où les intérêts particuliers doivent s'effacer devant l'intérêt général, ce qui explique l'acceptation du sacrifice individuel. Notre incapacité à comprendre leur manière d'agir est liée au fait que le terrorisme

---

207. Hamza Usama bin Laden, "Advice for Martyrdom Seekers in the West", *Inspire*, n° 17, été 2017, p. 17.

se place dans un référentiel sociétal plus large que celui dans lequel la mentalité occidentale place la guerre. Ce qui explique aussi pourquoi le terrorisme est devenu plus meurtrier.

Notre incapacité à donner une cohérence stratégique à nos interventions, et nos mensonges répétés pour les justifier ont renforcé l'idée d'un «choc des civilisations». Même pour cesser nos guerres en Irak et en Afghanistan, nous ne sommes pas capables de tenir parole. Il en résulte un effet mobilisateur et un encouragement au communautarisme, qui affecte nos propres sociétés.

2.6.2. La faiblesse de l'Occident : sa perception du terrorisme djihadiste

L'Occident tend à voir le terrorisme comme un phénomène exogène sur lequel les États n'ont pas de prise en amont, et que l'on ne peut vaincre qu'en éliminant un par un tous les combattants. C'est ainsi que la France, l'Allemagne et la Belgique avaient résolu leur problème de terrorisme dans les années 1980 : sans réellement avoir eu besoin d'en comprendre les mécanismes profonds.

Victimes de leur Histoire, les pays occidentaux n'ont jamais vraiment imaginé que le terrorisme puisse être une réponse à leurs propres actions. Ainsi, malgré le fait que les islamistes tentent d'exploiter la violence pour faire cesser les agressions occidentales au Moyen-Orient, les pays occidentaux font la sourde oreille et continuent à y voir des tentatives pour renverser leurs démocraties, excluant systématiquement leur responsabilité dans la spirale de la violence.

Les explications fournies par la littérature djihadiste sont très claires, mais nous refusons de l'écouter. Notre perception du terrorisme islamiste est devenue une véritable cacophonie, où les «experts» laissent libre cours à leurs fantasmes. Ils brouillent ainsi le message des djihadistes, empêchant une lecture objective du problème qui pourrait permettre la mise en place d'une vraie stratégie contre le terrorisme.

Fait symptomatique, les terroristes se sont aperçus que ces «experts» constituaient une menace : non pas parce qu'ils comprenaient la rationalité des islamistes, mais précisément parce qu'ils ne parviennent *pas* à la comprendre, et que leurs «analyses» ne conduisent qu'à mettre de l'huile sur le feu et encourager les interventions en Irak et en Syrie :

> *C'est bien typique de l'arrogance occidentale. Vous préférez demander à des spécialistes auto-proclamés ce que veulent les « barbares » plutôt que de les écouter directement.*[208]

C'est ce qui explique pourquoi, dans la revendication de son attaque du 13 juin 2016 à Magnanville, Aballa Larossi nomme certains de ces «experts» et appelle à les tuer.

---

208. *Dar al-Islam*, n° 9, Rajab 1437, avril 2016, p. 4.

De fait, notre perception du terrorisme djihadiste oscille entre incohérence et malhonnêteté intellectuelle. On tend à y voir une forme de « revanchisme » conquérant, basé sur des on-dit et des approximations historiques, qui surfent sur des ressentiments par rapport à une immigration mal maîtrisée :

> *Les islamistes ont une certaine capacité d'initiative et ils ont quelque chose à voir avec l'islam, puisque l'islam a été, dès ses origines, une religion conquérante. La conquête s'est arrêtée, elle a connu des reflux, mais pour un certain nombre d'islamistes le temps est venu de l'expansion, de la conquête à nouveau ; et le djihadisme est une déclaration de guerre à l'Occident tout entier et non pas une réponse aux interventions ponctuelles de la France en Syrie et en Irak.[209]*

De telles affirmations, qui associent des perceptions sans liens de causalité, aboutissent inéluctablement à voir dans l'islam la cause du problème. On crée ainsi une peur de l'islam (islamophobie), qui alimente des réflexes communautaristes et la non-résolution du problème.

Cette approche permet d'ignorer l'effet des guerres absurdes que l'Occident a déclenchées sans raison sérieuse en Afghanistan, en Irak et en Syrie. Depuis un quart de siècle, les Occidentaux ont mis le Moyen-Orient à feu et à sang, causé des centaines de milliers de morts, sans objectif clair et sans apporter aucune alternative viable aux régimes qui ont été renversés. Peut-on vraiment imaginer que ces populations – toutes tendances politiques ou religieuses confondues – puissent accepter ces interventions sans réagir ?

En Grande-Bretagne, le 10 février 2003, un mois avant le début de la guerre en Irak, le *Joint Intelligence Committee (JIC)* – responsable de la synthèse des produits de la communauté du renseignement – adresse à Tony Blair, alors Premier ministre, une note qui affirme :

> *I. La menace d'Al-Qaïda augmentera dès le début de toute action militaire contre l'Irak. Ils viseront les forces de la coalition et d'autres intérêts occidentaux au Moyen-Orient. Des attaques contre les intérêts occidentaux ailleurs dans le monde sont également probables, en particulier aux États-Unis et au Royaume-Uni, pour un impact maximal. La menace mondiale d'autres groupes terroristes et d'individus islamistes augmentera considérablement.*
>
> *[...]*
>
> *18. Al-Qaïda et les groupes associés continueront de représenter de loin la plus grande menace terroriste pour les intérêts occidentaux, et cette menace sera renforcée par une action militaire contre l'Irak. La menace plus large émanant*

---

209. Alain Finkielkraut, émission *C à vous*, France 5, 23 novembre 2015.

des terroristes islamistes augmentera également en cas de guerre, reflétant l'intensification du sentiment anti-américain et anti-occidental dans le monde musulman, y compris parmi les communautés musulmanes de l'ouest.[210]

Ainsi, on savait qu'en s'engageant dans cette guerre, on générerait une poussée terroriste en Europe. Le 13 avril 2005, dans un rapport classifié TOP SECRET intitulé *Terrorisme international : Impact de l'Irak*, le JIC constate :

> *I. Le conflit en Irak a exacerbé la menace du terrorisme international et continuera à avoir un impact à long terme. Il a renforcé la conviction des extrémistes que l'islam est attaqué et qu'il doit être défendu par la force. Il a renforcé la détermination des terroristes déjà prêts à attaquer l'Occident et motivé ceux qui ne l'étaient pas encore.*
> *[…]*
> *V. L'Irak constituera probablement un facteur de motivation important pendant encore un certain temps dans la radicalisation des musulmans britanniques et pour les extrémistes qui considèrent qu'attaquer le Royaume-Uni est légitime.*[211]

Ces constatations seront confirmées une fois de plus en avril 2006, dans un rapport secret sur les attentats de juillet 2005 à Londres établi par le *JIC* :

> *[La guerre en] Irak restera probablement pour les temps à venir un important facteur de radicalisation des musulmans britanniques et pour les extrémistes qui considèrent comme légitimes des attaques contre le Royaume-Uni.*

Et qui conclut :

> *Nous estimons que le conflit en Irak a exacerbé la menace du terrorisme international et va continuer à avoir un impact sur le long terme.*[212]

En clair, les services britanniques ont constaté et admis qu'il existe une relation claire de cause à effet entre les interventions au Moyen-Orient et le développement du terrorisme en Occident.

---

210. *International Terrorism: War With Iraq*, JIC Assessment, 10 février 2003 (TOP SECRET – Déclassifié), paragraphes 1 et 18, http://www.iraqinquiry.org.uk/media/230918/2003-02-10-jic-assessment-international-terrorism-war-with-iraq.pdf.
211. *International Terrorism: Impact of Iraq*, JIC Assessment, Joint Intelligence Committee, 13 avril 2005, TOP SECRET (déclassifié en janvier 2011).
212. Richard Norton-Taylor, "Iraq war 'motivated London bombers'", *The Guardian*, 3 avril 2006.

L'attentat de Madrid du 11 mars 2004 (M-11) est l'événement charnière des djihadistes. L'Espagne est alors en pleine période électorale et sa population est majoritairement opposée à une participation à la guerre en Irak. Quelques semaines après l'attentat, les élections amènent l'opposition socialiste au pouvoir qui décide le retrait des forces espagnoles d'Irak, poussant le Honduras à prendre la même décision.

Les djihadistes voient dans cette décision l'effet du terrorisme pour inciter les pays occidentaux à se retirer d'un conflit : de « punitif » (comme le « 9/11 »), le terrorisme devient alors « dissuasif ».

En fait, les djihadistes ont mal lu les événements : le retrait espagnol n'a pas pour but de satisfaire les terroristes (dont les motivations sont incomprises à ce stade), mais l'opinion publique, opposée à la guerre *avant* les attentats. Le problème est que les Espagnols n'ont pas réalisé ce problème et n'ont pas su dissocier les attentats de leur décision de retrait dans leur communication stratégique. Involontairement, ils ont ainsi fait du « M-11 » une source d'inspiration pour les djihadistes, qui y voient un succès stratégique, conceptualisé plus tard sous l'appellation d'« *opération de dissuasion* »[213]. C'est cette logique qui conduira aux attentats de Londres (7 et 21 juillet 2005)[214] et aux attentats de Paris en 2015-2016.

En Occident, depuis 2001, l'absence d'explications rationnelles et factuelles sur les motifs des attentats a créé un « conspirationnisme », qui prolifère le long de deux axes : a) l'idée que les attentats sont le fait de puissances obscures en mal de pouvoir, et b) l'idée que les attentats sont l'expression d'un projet global[215] de « *conquête de l'Occident* ».

Les deux axes sont fantaisistes, mais si le premier est plutôt folklorique, le second est faux et très dangereux, voire meurtrier, pour deux raisons.

La première est qu'il entretient la crainte d'un islam guerrier qui – associée avec la perception d'envahissement due à des politiques d'immigration mal gérées – engendre une peur de l'islam, littéralement : islamophobie. Cette idée alimente l'extrême droite radicale et les conspirationnistes de tous bords[216], comme nous l'avons vu. Mais les médias et les autorités ferment les yeux, préférant laisser se développer le mythe d'un islam conquérant, qui cherche à détruire l'Amérique, l'Occident, la civilisation occidentale ou la chrétienté.

La seconde est qu'elle cache les vraies causes du terrorisme et nous conduit à prendre des mesures inappropriées, voire contre-productives. Depuis le

---

213. Abu Mu'sab al-Suri, "The Jihadi Experience – The Strategy of Deterring with Terrorism", *Inspire*, n° 10, printemps 2013, p. 29.
214. *Op. cit.*, p. 23.
215. Georges Benayoun & Rudy Reichstadt, « Complotisme : les alibis de la terreur », France 3, 23 janvier 2018 (47'25").
216. Antoine Hasday, « La pensée djihadiste décryptée », slate.fr, 6 novembre 2017.

début des années 2000, les services de renseignement nous avertissent que nos interventions au Moyen-Orient génèrent du terrorisme et une menace sur le sol national. En avril 2006, un *National Intelligence Estimate* (NIE) de la communauté du renseignement américain, classifié SECRET, établit que la guerre en Irak contribue directement à la diffusion du djihadisme partout dans le monde et qu'il a créé une nouvelle génération de radicalisme islamique[217].

Le même phénomène se répète en France après 2015, reflétant une grave ignorance du contexte stratégique et un déni de réalité. On refuse de tirer des enseignements du passé, comme le constatent les djihadistes de l'État islamique eux-mêmes, après les attentats de Paris, en novembre 2015 :

> *Les nombreux bénéfices de ces opérations [de Paris] ne pourront être entièrement cernés que dans les mois à venir et, plus particulièrement, suite à la position de la France et à sa réaction forcément stupide. En effet, s'il est une chose que l'Histoire a démontrée, c'est que les croisés ne tirent aucune leçon de leurs échecs face aux moudjahidin.[218]*

Ainsi, les terroristes ont très bien compris que nous n'apprenons pas de nos erreurs et ils utilisent cette faille. Le djihad est clairement compris comme une résistance. C'est l'incompétence de nos services et la mauvaise foi de nos dirigeants qui sont à l'origine des morts dans nos pays. De deux manières : en prenant des décisions erronées, souvent illégales et sans justification claire, et (au minimum) en s'engageant dans ces conflits sans avoir pris les élémentaires mesures de protection de leurs propres populations, sachant qu'un risque terroriste pouvait en résulter.

On va même plus loin en travestissant les faits pour maintenir l'idée que l'EI a commencé ses opérations en Europe avant les frappes occidentales au Moyen-Orient. Ainsi, un rapport conjoint de la DGSE française et du *Service canadien du renseignement de sécurité* (SCRS), publié en mai 2017, attribue l'attaque de Mehdi Nemmouche contre le Musée juif de Belgique, en mai 2014, à l'EI, précisant qu'elle est « *bien antérieure aux bombardements contre Daech de la coalition menée par les États-Unis, à partir d'août 2014 en Irak, et de septembre en Syrie* »[219]. Bien que son imprimatur précise qu'il ne s'agit pas d'un « *document analytique et qu'il ne représente la position officielle d'aucun des organismes participants* », ce rapport illustre parfaitement la désinformation qui vise à exonérer les décideurs

---

217. "Trends in Global Terrorism: Implications for the United States", National Intelligence Estimate (NIE) NIE 2006-02R, Office of the Director of National Intelligence (ODNI), avril 2006 ; Mark Mazzetti, "Spy Agencies Say Iraq War Worsens Terrorism Threat", *The New York Times*, 24 septembre 2006.
218. *Dar al-Islam*, n° 7, safar 1437, novembre 2015, p. 4.
219. *Comprendre l'après-Daech*, publication n° 2017-05-01, SCRS, mai 2017.

politiques de leurs décisions. Cette attribution est simplement basée sur le fait que l'on aurait retrouvé un drapeau de l'EI à son domicile. Or non seulement ce drapeau est identique au drapeau autrefois attribué à «Al-Qaïda» (et ne permet dès lors pas une attribution à l'EI), mais son acte n'a jamais été revendiqué par l'EI et n'est mentionné dans aucune de ses publications[220], pourtant utilisées pour glorifier ses combattants. Il semble que lors de son procès à Bruxelles, en février 2019, on ait affabulé sur ses liens avec l'EI et son projet terroriste, essentiellement pour justifier la participation de la Belgique à la coalition internationale en Syrie. En fait, l'attaque du Musée juif de Belgique relève de la même logique que les attentats de Mohammed Merah : des crimes à caractère vengeur, mais hors d'une logique terroriste.

En outre, elle montre que les services occidentaux n'ont pas compris la manière dont s'articule le terrorisme djihadiste. En concentrant le regard sur l'EI, on tend à oublier le fait qu'il n'est qu'une des multiples expressions du djihadisme généré par les Occidentaux et que les divers groupes qui combattent ne sont pas séparés par des cloisons hermétiques. D'ailleurs, on constate, au gré des frappes occidentales, des transferts de combattants vers des groupes moins ciblés… mais dont les modes d'action sont identiques ! La stratégie, qui consiste à se débarrasser de l'EI par des frappes aériennes est simpliste, pour ne pas dire enfantine. Comme partout, les interventions occidentales ne sont pas dimensionnées et organisées pour combattre des populations en résistance. Il semble que l'on commence (!) à s'apercevoir qu'elles ne font que renforcer la volonté de défense et le soutien – même passif – aux djihadistes, comme en Afghanistan[221].

En excluant d'emblée que le djihad puisse être une réponse aux opérations occidentales au Moyen et Proche-Orient, l'Occident en est réduit à faire parler ses fantasmes pour expliquer le terrorisme, en puisant dans sa perception historique des conflits :

Le djihad est une déclaration de guerre à l'Occident tout entier.[222]

En admettant que cela soit vrai, on comprend mal pourquoi les djihadistes chercheraient à déclarer la guerre au monde entier, alors qu'ils sont

---

220. Pour être parfaitement exact, on trouve une mention de cette attaque dans le numéro 8 du magazine *Dar al-Islam* (janvier-février 2016), sous la rubrique « Dans les mots de l'ennemi », où est présentée la manière dont les Occidentaux voient le terrorisme. Mehdi Nemmouche n'y est pas présenté comme un terroriste lié à l'État islamique.

221. Julien Licourt, « Afghanistan : "Les Talibans sont bien plus forts qu'avant l'intervention américaine" », lefigaro.fr, 11 mars 2018.

222. Alain Finkielkraut, dans l'émission *C à vous*, « Finkielkraut face aux terroristes - *C à vous* - 23/11/2015 », France5/YouTube, 23 novembre 2015 (03'20").

déjà en guerre – et dans une situation militaire précaire – sur leur propre territoire. Par ailleurs, cela n'expliquerait pas pourquoi l'EI aurait jeté son dévolu sur la France, et non sur l'Italie qui héberge pourtant le siège de la chrétienté.

Comme nous le verrons plus bas, l'*Appel à la Résistance Islamique Globale*, a établi une priorité pour les opérations, qui commence par la région du Levant et de la péninsule arabique, et se prolonge dans les pays musulmans, tandis que les pays européens n'y figurent qu'en sixième position, et seulement dans la mesure où ils sont engagés dans un conflit armé avec l'islam.

Après les attentats du 22 mars 2016 à Bruxelles, la revendication de l'EI énonçait clairement la raison des attentats :

> *[…] Nous promettons aux États croisés qui se sont alliés contre l'État islamique des jours bien sombres, en réponse à leur agression contre notre État […][223]*

Dans sa vidéo publiée après l'attentat, l'EI affirme :

> *Ô les Européens, ce n'est pas l'État islamique qui a commencé à vous combattre. C'est bien vous qui nous avez agressés en premier et celui qui commence est, certes, plus injuste. […] Vous en paierez le prix lorsque votre présente campagne de croisade se brisera et que nous vous attaquerons au cœur de votre terre. Après cela, vous n'agresserez plus jamais personne […][224]*

Même chose en Grande-Bretagne, après l'attentat à Westminster (22 mars 2017). La Première ministre Theresa May affirme :

> *Le terroriste a choisi de frapper au cœur de notre capitale, là où les gens de toutes nationalités, de toutes religions, de toutes cultures se rassemblent pour célébrer les valeurs de liberté, de démocratie et de liberté d'expression.[225]*

Les presses française et belge ont relayé le même message[226], soulignant la portée symbolique du Parlement. Mais elles omettent d'expliquer la raison du choix de cet objectif, pourtant très clairement énoncée dans une « analyse

---

223. *Revendication officielle de l'État islamique*, 12 Jumada al-Akhira 1437 (21 mars 2016).
224. Vidéo *Œil pour Œil*, Wilaya al-Furat, 27 mars 2016.
225. « Ce que l'on sait de l'attaque survenue aux abords du Parlement de Londres », lemonde.fr, 22 mars 2017 (mis à jour le 23 mars 2017).
226. Voir, par exemple : Philippe Bernard, « À Londres, une attaque touche un symbole de la démocratie britannique », *Le Monde*, 23 mars 2017 ; « Attentat de Londres : Ayrault à la session du Parlement britannique », La Libre.be/AFP, 23 mars 2017.

après action », intitulée *Message de l'Opération*, et publiée par l'État islamique, le 23 mars :

> *[…] Cela est certes un message important à la Grande-Bretagne : quand bien même vous vous fortifiez et vous vous barricadez, nous n'arrêterons pas de vous combattre, jusqu'à ce que vous cessiez votre agression à notre encontre et laissiez les musulmans et leurs affaires.*
>
> *[…] De même que le lieu de l'opération « le Parlement » porte une signification et une allusion majeures. En effet, le Parlement britannique qui a approuvé la guerre contre l'Irak, dans laquelle des milliers de musulmans ont été tués, est également celui qui aujourd'hui approuve la guerre mondiale contre les moudjahidin, parmi les servants maudits de l'Amérique. De ce fait, le lieu a été une cible politique et militaire par excellence.[227]*

Ainsi, la presse occidentale a expliqué exactement l'inverse de la raison donnée par l'EI : ce n'est pas pour son image symbolique que le Parlement a été visé, mais parce qu'il n'avait pas joué son rôle de relais de la volonté populaire et de contrôle de l'exécutif, et n'avait pas empêché une guerre illégale et illégitime. Sous prétexte de ne pas diffuser le message des terroristes, on l'a brouillé et rendu illisible. Si nous ne parvenons pas à juguler le terrorisme, c'est parce que nous refusons de comprendre ce qu'il est.

2.6.3. Le talon d'Achille de la France : sa lecture du terrorisme djihadiste

La spécificité de la lecture française du terrorisme djihadiste en 2021 s'explique par trois facteurs :

• La présence d'une forte minorité musulmane issue de 60 ans d'immigration mal gérée, qui s'est regroupée dans certaines zones où la délinquance s'est développée en une forme d'économie parallèle. Parfois surnommées « territoires perdus de la République » ou « zones de non-droit », certaines de ces zones sont mal contrôlées, et sont devenues de véritables foyers identitaires. Le traitement déplorable de cette situation a généré une fracture sociétale qui constitue aujourd'hui un facteur facilitant du terrorisme. Elle résulte du désintérêt de la population et des politiciens qui ont préféré laisser la situation se dégrader plutôt que de donner l'impression de céder du terrain au Front national. Aujourd'hui, l'importance de cette minorité musulmane donne le sentiment d'une lente disparition de l'identité française « de souche », qui s'insère dans l'idée d'un islam conquérant.

---

227. « L'équipe d'Orientation du Jihad individuel », *Inspire Guide – L'Opération du Parlement britannique à Londres*, Global Islamic Media Front, 23 mars 2017.

• Plusieurs séries d'attentats commis depuis 25 ans, majoritairement par des individus d'origine immigrée, qui n'ont aucun lien entre elles, mais qui donnent le sentiment d'un objectif commun dirigé contre la France. Nous y reviendrons.

• Un soudain afflux de réfugiés en provenance du sud de la Méditerranée, simultanément à la vague d'attentats djihadistes qui a durement frappé la France entre 2015 et 2017.

Ces trois éléments se combinent sous diverses formes dans la lecture officielle du terrorisme djihadiste, entretenant le sentiment d'une sorte de fatalité qui frappe le pays de manière imprévisible. En fait, n'ayant pas « préparé » en amont son engagement au Moyen-Orient, la France a été contrainte d'adopter un discours basé sur l'idée que le terrorisme est un phénomène exogène et inévitable contre lequel on ne peut rien :

L'objectif de l'État islamique ? Déclencher une guerre civile en France.[228]
Les terroristes cherchent à diviser la société française.[229]

En admettant que les djihadistes cherchent à diviser la France, quelle serait leur finalité ? Créer une guerre civile ? Mais avec qui et à quelles fins ? On n'observe ni structures ni organisations ou ni même de volonté révolutionnaire capable de prendre le relais des actes terroristes et de les exploiter dans un mécanisme de guerre civile, voire dans une dynamique politique. Même les inégalités et clivages sociaux qui touchent les populations musulmanes immigrées ne semblent pas avoir d'effet mobilisateur suffisant pour déclencher une guerre civile. Ainsi, ils n'ont pas exploité le mouvement des « Gilets jaunes » des années 2018-2019 dans ce sens. En fait, les djihadistes ont un discours très cohérent qui n'évoque jamais la dimension sociale comme cause ou motivation, qui puisse servir de catalyseur à un mouvement de masse. Il y a donc autre chose.

L'idée, propagée par Gilles Kepel, d'un djihadisme cherchant à générer une guerre civile en France à des fins de conquête est simplement absurde, et n'est qu'une extrapolation du principe de la révolution marxiste, réaménagée à la « sauce islamiste ». Ainsi, sa notion « *Europe, ventre mou de l'Occident* », qui est à la base de cette interprétation catastrophiste – pour ne pas dire « complotiste » – est

---

228. Marie Lombard-Latune, « Gilles Kepel : "L'objectif de l'État islamique ? Déclencher une guerre civile en France"», Le Figaro.fr, 14 décembre 2015 (mis à jour le 18 décembre 2015).

229. Bérénice Dubuc, « Attentats à Paris : diviser la société française, l'objectif ultime de Daesh », *20 minutes*, 18 novembre 2015 ; Cédric Mas, président de l'Institut Action Résilience dans « "Les terroristes cherchent à diviser la société, à créer des clivages" selon Cédric Mas », Franceinfo/YouTube, 17 août 2017.

erronée. La notion de «ventre mou» n'est pas fausse, mais sa logique est très différente de ce qu'affirme Kepel.

À tort – comme nous l'avons vu –, les djihadistes sont inspirés par l'exemple de Madrid en 2004. Ils partent de l'idée (pas fausse) que les guerres menées au Moyen-Orient se font contre la volonté des populations occidentales. Mais ils ont également compris que ces guerres ne suscitaient ni intérêt, ni compassion, ni réaction de la part de la population nord-américaine. Ils jugent les populations européennes plus «réceptives» («ventre mou»), et que des attentats peuvent créer une pression suffisante pour qu'elles réclament le retrait de leurs troupes. Ils voient deux facteurs de succès dans cette démarche : a) la présence de fortes minorités musulmanes dans le pays et b) l'impopularité du gouvernement. En 2015-2016, la France réunissait ces critères. C'est pourquoi, bien qu'elle n'ait contribué qu'à hauteur de 4,7 % aux frappes en Irak et en Syrie, elle a été plus frappée que les États-Unis. L'idée du «ventre mou» n'a donc rien à voir avec une révolution mondiale !

En France, dans le même ordre d'idée, on cite souvent l'ouvrage intitulé *Gestion de la barbarie*[230], publié en 2004 sur Internet, puis traduit en anglais aux États-Unis, et en français en 2007, dont le titre évoque de sinistres desseins. L'identité de son auteur, qui utilise le pseudonyme d'Abou Bakr Naji, est inconnue. Dans un premier temps, il n'a qu'une circulation limitée, mais dès janvier 2015, ses ventes explosent en France, grâce à la «publicité» faite par quelques «experts»[231], qui y voient un plan de conquête de l'Occident.

En fait, publié trois ans après l'intervention en Afghanistan et un an après le début de la guerre en Irak, il exprime la détermination à résister à l'occupation occidentale, considérée comme une phase de «barbarie» et dont il faut sauver la population irakienne. Il n'y est nullement question de conquérir l'Occident, mais de reconstituer *le Levant* (*Al-Sham*) que les Occidentaux avaient divisé par les accords Sykes-Picot de 1916. Cela dit, il a probablement inspiré les architectes de l'EI, car il prône l'instauration d'un califat et la conduite d'attentats contre les pays occidentaux afin de les faire renoncer à leurs interventions. Ainsi, ces «experts» ont extrapolé un guide de résistance contre l'occupant américano-britannique en Irak en un manuel de conquête mondiale. C'est une théorie du complot répandue en France, qui s'inscrit dans le sillage des théories de Bat Ye'or[232] sur un «califat mondial».

---

230. Abu Bakr Naji, *Gestion de la barbarie – L'étape par laquelle l'islam devra passer pour restaurer le califat*, éditions de Paris, 2007, p. 250 (ISBN 978-2-85162-221-1).
231. « On a lu pour vous le livre de chevet des djihadistes », *Les Inrocks*, 29 novembre 2015, http://www.lesinrocks.com/2015/11/29/actualite/on-a-lu-pour-vous-le-livre-de-chevet-des-jihadistes-11790634/#.VlsO-WQ4DGI.twitter.
232. « Interview de Bat Ye'or sur le djihad », Dreuz Info, 15 novembre 2020.

Par ailleurs, en admettant l'existence d'un hypothétique projet global pour transformer la société occidentale en une société musulmane, on ne voit pas très bien quel serait le rôle joué par les attentats terroristes dans cette démarche. La progression de l'islam en Europe s'est faite à travers une immigration largement consentie par les pays européens eux-mêmes, et l'apport des bombes dans ce processus apparaîtrait aller plutôt à contre-sens…

L'idée que la France est visée pour ce qu'elle est et non ce qu'elle fait, résulte de l'incapacité de remettre en question les politiques des divers gouvernements et est alimentée par la perception d'une immigration toujours plus envahissante. Même les « professionnels » y voient l'expression d'un projet de long terme dont le but est de détruire la France méthodiquement :

> *Il y a eu un continuum [terroriste] entre 1995 et aujourd'hui.*[233]

Pourtant, un examen plus approfondi des principales « vagues » d'attentats qui ont touché la France montre qu'il n'y a pas de continuum.

2.6.3.1. *Les attentats de 1995*

Les attentats de 1995 n'ont eu que de vagues revendications au nom du *Groupe islamique armé* (GIA) qui n'ont jamais été vraiment authentifiées, condamnant le soutien de la France au régime algérien. L'une des revendications exigeait même la conversion du président Jacques Chirac à l'islam dans un délai de trois semaines. En d'autres termes, les motifs de ces attentats n'ont jamais été expliqués clairement par leurs auteurs et leurs objectifs restent encore un mystère à ce jour.

Dans les milieux du renseignement en France (et en Europe), on subodore alors que ces attentats sont une opération « sous fausse bannière » destinée à entraîner la France dans la guerre civile qui fait rage en Algérie, comme le suggère le président Jacques Chirac dans ses mémoires :

> *Cette première transposition sur notre territoire du conflit interne à l'Algérie a-t-elle été l'œuvre du GIA, la victime ayant condamné les actes de violence commis contre les étrangers, notamment français ? Ou celle de la Sécurité militaire, à l'heure où les tentatives de reprise du dialogue entre le FIS et le gouvernement sont loin de faire l'unanimité dans les rangs de l'armée algérienne ? La première piste est la plus probable. Mais il est difficile d'évacuer la seconde, dans la mesure où les groupes armés sont souvent infiltrés*

---

233. Jean-Louis Bruguière, *Le Grand Référendum*, Sud-Radio, 19 avril 2017.

et manipulés par cette même Sécurité militaire afin de discréditer les islamistes aux yeux de la population et de la communauté internationale.[234]

Cette prudente formulation reflète la volonté de ne pas envenimer les relations parfois compliquées entre la France et l'Algérie. Mais le témoignage d'Abdelkader Tigha, un ancien agent du *Département du renseignement et de la sécurité* (DRS) algérien, dans son livre *Françalgérie, crimes et mensonges d'États*, est plus clair :

> *La coopération antiterroriste avec les Français ne fonctionnait pas, révèle aujourd'hui l'ex-adjudant Abdelkader Tigha. Début 1995, il y avait bien eu quelques réunions à Lyon en présence de mon frère, haut responsable de la police judiciaire à Blida, et du colonel Achour Boukachabia, chef de la SDCI, la contre-intelligence, mais les infos qu'on avait, qui étaient issues de simples interrogatoires, ne pesaient pas lourd. Du coup, les services français ne voulaient pas nous aider. Ils nous ont dit que nos infos, c'était « de la salade ». Ils expliquaient qu'ils devaient tenir compte de l'opinion publique, des partis politiques, de la justice, qu'ils ne pouvaient pas faire n'importe quoi, arrêter n'importe qui. Les Algériens sont revenus fâchés, déçus. Smaïl Lamari cherchait un moyen d'inciter les politiques français à nous aider. On avait besoin de renseignement, d'armement, de moyens techniques, de détecteurs de bombes. C'est là qu'on a décidé d'exporter quelques actions sur le sol français.[235]*

Aujourd'hui, bien que le gouvernement français ait décidé de clore ce dossier pour des raisons politiques, il apparaît assez clairement que les attentats du milieu des années 1990 en France étaient une machination et n'ont aucun point commun avec les attentats islamistes des années 2000, sauf le fait que ce sont des innocents qui en ont payé le prix[236].

Quels qu'en aient été les instigateurs, le fait d'avancer l'idée d'une continuité entre les attentats de 1995 et ceux de 2015-2016 afin de faire croire à un « complot » musulman contre la république n'est pas pertinent. Comme vingt ans plus tard, on cherche à expliquer les actes terroristes, mais on est incapable d'identifier des objectifs cohérents. On ne peut détruire une société avec quelques bombes, s'il n'y a pas derrière ces actes terroristes de puissantes structures politiques capables de prendre le relais, ne serait-ce qu'au niveau de la communication. Or on ne trouve rien de tel en France.

---

234. Jacques Chirac, *Mémoires - Le temps présidentiel* (tome 2), Nil, Paris, 2011.

235. Lounis Aggoun & Jean-Baptiste Rivoire, *Françalgérie, crimes et mensonges d'États*, La Découverte, Paris, 2005, p. 442.

236. Guy Pervillé, « Vingt ans après 1995 : les attentats de Paris, Lyon et Lille reconsidérés », figaro. fr, 24 juillet 2015.

En 1995, l'Algérie a vraisemblablement joué sur l'incapacité des services français à comprendre les mécanismes du terrorisme islamiste pour tenter d'impliquer la France dans le conflit algérien.

2.6.3.2. *Le gang de Roubaix*

Nous ouvrons ici une parenthèse pour mentionner les actions du «gang de Roubaix». Elles sont souvent associées à un «continuum» du terrorisme islamiste, notamment en raison de l'attentat à la bombe du 28 mars 1996, durant une réunion du G7 à Lille, mais la réalité est plus prosaïque. Certes, ses protagonistes étaient musulmans, ex-combattants en Bosnie et avaient eu des contacts avec des individus liés au terrorisme. Mais à partir de là, il faut rester prudent.

Tout d'abord, l'attentat n'a pas visé la réunion elle-même, mais un commissariat de police de Lille, à la veille de l'événement. Aucun objectif stratégique n'a pu être identifié : les islamistes ne sont pas des altermondialistes.

Ensuite, jusque-là, le groupe s'était spécialisé dans les attaques à main armée contre des transports de fonds et autres crimes à caractère crapuleux. L'attentat de Lille est donc très vraisemblablement un exemple de terrorisme de droit commun, visant non pas à détruire la société française et instaurer la charia, mais à intimider les forces de police locale, un peu comme l'avait fait la mafia italienne au début des années 1980.

D'ailleurs, Jean-Louis Debré, ministre de l'Intérieur de l'époque, avait déclaré :

> *Cela n'a rien à voir, ni avec l'islamisme, ni avec le terrorisme, ni avec le G7. Donc, on en reste là !*[237]

L'absence de revendication, d'objectif politique déclaré ou identifiable, ou d'organisation capable de prendre le relais de l'action terroriste, semble confirmer les déclarations du ministre. Dans quelle mesure on a cherché à «gonfler» cette affaire au rang d'entreprise terroriste pour des intérêts politiques ou corporatistes est une question ouverte.

2.6.3.3. *Les attentats de Mohammed Merah en 2012*

Selon Europol[238], entre 1997 et mars 2012, de nombreux individus suspects d'appartenir à des réseaux terroristes (étrangers) sont arrêtés, mais aucun attentat terroriste djihadiste n'est préparé, empêché ou exécuté en France. Les djihadistes auraient-ils donc fait une pause dans leur «lutte contre la démocratie» et leur

---

237. Georges Moréas, *Dans les coulisses de la lutte antiterroriste*, Paris, First, 2016.
238. Voir les rapports TESAT 2007-2017, Europol (www.europol.europa.eu/newsroom).

conquête de l'Occident ? En fait, à ce stade, la France n'est pas dans le collimateur des djihadistes.

En mars 2012, les crimes de Mohammed Merah semblent marquer une rupture, et le discours officiel y voit le point de départ des attentats qui frapperont la France en 2015-2017 avec la volonté de fracturer la société française. En fait, ils ouvrent une période où deux phénomènes distincts se manifestent de manière parallèle en France : une violence communautariste et des attentats terroristes. Ces deux phénomènes ont des origines et des finalités différentes, mais puisent leurs auteurs dans le même vivier social. Ainsi, les actes de Merah ont l'apparence et la brutalité des attentats terroristes, mais ils n'en sont pas. Voici pourquoi…

Selon Merah lui-même, ces attentats avaient deux cibles : la France et Israël. L'assassinat de trois militaires français (11 et 15 mars 2012) est clairement motivé par la guerre que l'armée française mène en Afghanistan. Merah filme ces attaques et lance[239] :

Tu tues mes frères, je te tue !

Les raisons de l'attaque contre l'école juive Ozar Hatorah de Toulouse (19 mars 2012) n'ont jamais vraiment été détaillées dans les médias et ont été immédiatement placées sous le label de l'antisémitisme. En fait, on a simplement adopté une rhétorique satisfaisant les organisations juives (ou, plus exactement, sionistes). Mais elle comporte un danger : elle en masque les vraies raisons et empêche de trouver des solutions préventives adéquates.

Merah était sans aucun doute antisémite, mais ce n'était probablement pas l'antisémitisme qui était au cœur de sa démarche. Les raisons qui l'ont poussé au crime sont plus spécifiques. En fait, elles sont à chercher à Gaza au début du mois, comme il l'explique lui-même par téléphone à Ebba Kalondo, rédactrice en chef à *France 24* :

Les juifs ont tué nos frères et nos sœurs en Palestine ![240]

Il fait référence à la frappe israélienne du 9 mars 2012 (Opération ÉCHO EN RETOUR) menée contre Zohair al-Qaisi, secrétaire général des *Comités de résistance populaire (CRP)*, tuant une quinzaine de civils innocents[241]. Elle déclenche un tir de roquettes palestiniennes, auquel répondent de nouvelles

---

239. Maxime de Valensart, « Merah a filmé les meurtres : "Tu tues mes frères, je te tue" », 7sur7.be, 22 mars 2012.
240. « Le tueur a contacté France 24 : "Ce n'est que le début", a-t-il affirmé », France 24, 21 mars 2012.
241. *The Guardian* et *The Washington Post*, 10 mars 2012.

frappes aériennes. Au total, 23 Palestiniens seront tués, 74 blessés, et 23 Israéliens seront blessés[242].

L'événement semble assez «banal» et – comme à leur habitude – les médias français sont restés discrets à son propos. On peut donc se demander pourquoi ils ont déclenché une telle volonté de vengeance chez Merah. En fait, nous ne le savons pas et nous en sommes réduits aux hypothèses. La réponse se trouve probablement dans la réaction du gouvernement français qui, elle, n'est pas passée inaperçue. Le communiqué des Affaires étrangères du 10 mars 2012 n'évoque pas ni ne condamne la frappe israélienne initiale, mais uniquement les tirs de roquettes palestiniennes qui ont suivi[243] :

> *Nous condamnons les tirs de roquettes et les conséquences humanitaires de ces violences et déplorons les victimes civiles. La France appelle instamment à un retour au calme et à la retenue afin d'éviter une escalade qui risquerait de toucher à nouveau des civils. Notre consul général à Tel-Aviv se rendra dimanche matin à Ashdod et Ashkelon pour exprimer sa solidarité.[244]*

Compte tenu des sensibilités d'une partie de la population française, on aurait pu imaginer une réaction plus mesurée et plus équilibrée, voire simplement aucune.

Deux ans plus tard, le 9 juillet 2014, lors de l'opération BORDURE PROTECTRICE, François Hollande répétera la même erreur avec un message à Benjamin Netanyahu soulignant qu'il « *appartient au gouvernement israélien de prendre toutes les mesures pour protéger sa population face aux menaces* »[245] montrant ainsi son soutien à l'application de la *doctrine Dahiya*, que nous verrons plus bas. Malgré un timide rectificatif de l'Élysée quelques jours plus tard, ce «cri du cœur» initial bien peu apaisant restera en mémoire d'une grande partie de la population française[246].

Dans quelle mesure cette position partisane a contribué à déclencher la folie criminelle de Merah en provoquant son indignation restera un mystère,

---

242. Voir Article "March 2012 Gaza–Israel clashes", Wikipedia (en anglais).

243. « Communiqué de presse - Israël et territoires palestiniens occupés. Toutes les parties doivent protéger les civils à Gaza et en Israël à la suite de l'annonce d'un cessez-le-feu », Amnesty International, 13 mars 2012.

244. Alain Gresh, « Gaza, Palestine et apartheid », *Le Monde diplomatique*, 11 mars 2012 (http://blog.mondediplo.net/2012-03-11-Gaza-Palestine-et-apartheid) (Lien original du communiqué des Affaires étrangères : http://www.diplomatie.gouv.fr/fr/pays-zones-geo/israel-territoires-palestiniens/la-france-et-les-territoires/situation-dans-la-bande-de-gaza/article/nouvel-episode-de-violence-a-gaza.

245. *Libération*, 22 juillet 2014.

246. Grégoire Biseau et Jonathan Bouchet-Petersen, «Soutien à Israël : Hollande ou le péché originel», *Libération*, 22 juillet 2014 ; «Le soutien de Hollande à Israël agace une partie de la gauche», *Le JDD*, 11 juillet 2014.

et l'émotion qualifiera ses crimes de «terroristes». Pourtant, techniquement, ils ne sont pas associés à un processus de violence récurrente visant à exercer une pression pour obtenir quelque chose ni ne font partie d'un processus politique avec des objectifs concrets et exprimés. En fait, ils sont essentiellement de nature vengeresse et communautariste. Si cela ne change pas grand-chose au niveau de l'horreur et de la culpabilité, cela en fait une différence majeure dans la manière de traiter le problème au niveau stratégique, comme nous le verrons plus bas.

Vus avec l'œil du renseignement, les crimes de Merah sont annonciateurs de plusieurs problèmes qui n'ont toujours pas été résolus en France dix ans plus tard. Tout d'abord, ce cas montre qu'il y a eu peu de réflexion à la tête de l'État français sur l'intégration des sensibilités musulmanes dans ses décisions de politique étrangère. Merah n'a été que la pointe de l'iceberg d'une population qui se sent – à tort ou à raison – ennemie dans son propre pays, et qui fournira les auteurs des attentats de 2015-2019. Ensuite, il témoignait de la profondeur de la fracture sociétale qui affecte la France.

Pourtant, le gouvernement Hollande n'en a pas tiré les leçons. En restreignant son champ de vision à l'antisémitisme, il est passé à côté des vrais problèmes et a entr'ouvert la porte aux attentats de 2015-2016. Comprendre de manière objective et dépassionnée les raisons pour lesquelles Merah et d'autres ont commis leurs crimes ne les excuse pas, mais aurait pu permettre de mieux préparer le contexte stratégique de l'intervention en Irak, puis en Syrie, afin de se prémunir contre les attentats de 2015-2016 et les crimes communautaristes des années 2019-2020. En communiquant mieux sur les raisons et les objectifs de ses engagements extérieurs, en ciblant mieux les messages, en articulant les opérations autour de missions ponctuelles plutôt que des missions de longue durée «sans fin» et sans stratégie, en adaptant le langage concernant Israël, etc., le gouvernement français aurait pu atténuer l'exacerbation du sentiment de solidarité de certains éléments musulmans français radicaux.

L'incapacité à «lire» les crimes de Merah résulte de la convergence de trois phénomènes : un traitement exclusivement policier de l'affaire, l'absence de renseignement stratégique et des autorités qui dirigent de manière idéologique, en ignorant l'opinion et les sensibilités d'une partie de leur propre population. Ces mêmes erreurs sont à la base des événements de 2015-2016 (et plus tard)...

2.6.3.4. *Les attentats de 2015 et suivants*

2.6.3.4.1. Les explications «officielles»

En France, après les attentats de 2015, on a réagi en condamnant tous azimuts, plutôt qu'en cherchant des explications rationnelles. À aucun moment, on n'a évoqué l'hypothèse que les attentats puissent être une réponse aux interventions occidentales. La rhétorique officielle a été une fuite en avant, comme les

Américains en 2001 : on a pointé du doigt un islamisme conquérant, qui cherche à imposer un modèle de société ou une idéologie contre la démocratie, et donc totalitaire. Comme en 2001, on a cherché à convaincre la communauté internationale qu'elle était concernée, et à la mobiliser. Les États-Unis avaient invoqué l'article 5 de la *charte de l'OTAN*, la France a invoqué – et ainsi activé pour la première fois – l'article 42, paragraphe 7, du *traité sur l'Union européenne*[247].

En France, attribuer une cause extérieure à ses propres erreurs semble être un trait culturel, que l'on retrouve dans d'autres crises (comme celle de la COVID, par exemple). Ainsi, Manuel Valls écarte immédiatement la responsabilité du gouvernement :

> *Ne nous y trompons pas : un totalitarisme a frappé la France non pas pour ce qu'elle fait, mais pour ce qu'elle est.*[248]

Un discours relayé par des chercheurs :

> *Il est erroné de voir dans les interventions militaires occidentales la raison principale du terrorisme djihadiste.*[249]

À cette lecture fataliste s'ajoutent les réminiscences des idéologies marxistes des années 1960-1980, qui voient le terrorisme dans une dynamique « post-anticoloniale » :

> *La stratégie de djihad global faisait partie de la génétique de tous les combattants de l'EI [...]. Tous rêvaient de faire des attentats en France [...]. Il ne faut donc pas tout lier aux opérations extérieures de la France. [...] Historiquement, c'est une ancienne puissance coloniale, notamment au Maghreb [...] la France est perçue comme l'ennemi de l'islam, avec la laïcité, la loi sur le voile. Enfin, c'est un pays plus facile à frapper que la Grande-Bretagne qui possède, avec la Manche, une barrière naturelle.*[250]

---

247. « Activation de l'article 42, paragraphe 7, du traité sur l'Union européenne : demande d'assistance de la part de la France et réponses des États membres », Parlement européen, 11 avril 2016 (PDF).
248. Manuel Valls, 19 novembre 2015.
249. Bruno Tertrais, « Les interventions militaires, cause de terrorisme ? », *Fondation pour la recherche stratégique*, n°06/2016, 15 février 2016.
250. David Thomson, « Sur les commandos qui ont mené les attaques du 13 novembre au soir », À l'encontre, 15 novembre 2015.

Les explications officielles se focalisent rapidement sur une volonté révolutionnaire, issue de la condition sociale de la population immigrée[251], de diviser la société française[252], de lutter contre la laïcité[253], ou d'abolir ses libertés :

« Charlie Hebdo » : les terroristes voulaient tuer la liberté d'expression.[254]

Pour d'autres, il s'agit d'un projet plus vaste de conquête mondiale[255], où l'imagerie des croisades[256] n'est pas loin. Ainsi, pour le journaliste Jean-Dominique Merchet :

On est face à ce qu'on pourrait appeler un mouvement révolutionnaire [...] qui a choisi le terrorisme dans un certain nombre de pays et la lutte armée sur son propre territoire. C'est un mouvement révolutionnaire qui mobilise des milliers voire des dizaines de milliers de jeunes hommes à travers le monde [...] Ce sont des gens qui ont décidé de s'attaquer au sens premier du terme à l'ordre établi, à l'ordre international établi pour le renverser au nom d'idées religieuses.[257]

… et pour Gilles Kepel, l'EI cherche à :

[...] créer une guerre civile en Europe, perçue désormais comme le ventre mou de l'Occident, en favorisant une guerre d'enclaves. Entre les enclaves islamisées dans les banlieues populaires et le reste de la population pour faire sauter le système de l'intérieur. Et établir sur les ruines de l'Europe le califat de Daech.[258]

Un argument repris par l'académicien Alain Finkielkraut, sur *France 5* :

---

251. Nombreux articles. Voir notamment : « La sociologie de la radicalisation : entretien avec Farhad Khosrokhavar », *Ressources en Sciences économiques et sociales*, 10 janvier 2016, http://ses.ens-lyon.fr/articles/la-sociologie-de-la-radicalisation-entretien-avec-farhad-khosrokhavar-291659.
252. Bérénice Dubuc, « Attentats à Paris : Diviser la société française, l'objectif ultime de Daesh », *20 minutes*, 18 novembre 2015 ; Cédric Mas, président de l'Institut Action Résilience, Franceinfo, 17 août 2017, https://www.youtube.com/watch?v=UzkKAJw52pY.
253. « Pourquoi la France est la cible privilégiée des djihadistes », Europe 1, 17 novembre 2015.
254. Florence Gabay, « "Charlie Hebdo" : les terroristes voulaient tuer la liberté d'expression. Ils la renforcent », *L'Obs*, 13 janvier 2015, http://leplus.nouvelobs.com/contribution/1303800-charlie-hebdo-les-terroristes-voulaient-tuer-la-liberte-d-expression-ils-la-renforcent.html.
255. Thierry de Montbrial, émission *C dans l'air*, France 5, 15 septembre 2017.
256. Nombreux articles. Voir notamment : Michel Garrot, « Le califat – But ultime des djihadistes », LesObservateurs.ch, 30 mars 2017.
257. Jean-Dominique Merchet, *C dans l'air*, France 5, 22 avril 2017.
258. « Gilles Kepel : Daech veut provoquer une guerre civile en Europe », *Ouest-France*, 28 décembre 2015 ; Gilles Kepel, *Terreur dans l'Hexagone*, Gallimard, 2015.

Un des buts des djihadistes, c'est de provoquer une guerre civile, en mettant la population française dans un état de nerfs épouvantable ; et donc ils voudraient susciter des attaques contre des mosquées, des agressions de femmes voilées, voire des lynchages, pour qu'il y ait une guerre civile.[259]

Non sans une certaine arrogance prédomine l'idée que les islamistes ciblent la France en raison de son exemplarité en matière de mode vie et de démocratie. Le philosophe et académicien Alain Finkielkraut n'a même pas hésité à prétendre que le 13 novembre 2015, les islamistes avaient visé des terrasses de café parce qu'en France, les femmes peuvent s'y asseoir et qu'elles symbolisent ainsi un modèle de société (!)[260]. Cela ne repose sur rien et c'est tout simplement idiot.

L'obsession de voir un complot musulman contre la France pousse certains journalistes à établir un lien entre les attentats de novembre 2015 et celui du 22 février 2009 à Khan el-Khalili, au Caire, car certains acteurs se retrouveraient dans les deux événements[261]. C'est un exemple de la différence entre les analyses stratégique et tactique. Sur le plan tactique, on peut trouver des points communs à travers certaines personnes ou l'évocation du Bataclan comme objectif possible. Mais au niveau stratégique, aucune similitude n'apparaît. Considérés comme « anti-français » par la France[262], les motifs de l'attentat du Caire restent – en réalité – inconnus à ce jour et s'apparentent davantage à une opération « anti-touristes », dirigée contre le gouvernement égyptien, qui avait cédé aux pressions américaines et israéliennes pour sa politique à l'égard de la bande de Gaza. Cet attentat a les mêmes caractéristiques que celui du 17 novembre 1997 à Louxor et qui avait tué 36 citoyens suisses, mais qui n'a pourtant jamais été considéré comme « anti-suisse ».

En revanche, les attentats de novembre 2015 à Paris, eux, sont de manière évidente « anti-français » avec des motifs clairement exprimés : les frappes en Syrie et en Irak. Le fait que le Bataclan soit mentionné dans les deux affaires permet tout au plus d'accréditer l'idée que les djihadistes ont une sorte de « catalogue » informel d'objectifs possibles, colporté par la rumeur et les on-dit. Nous y reviendrons en traitant la question du ciblage des civils.

Généralement acceptées comme des vérités, ces hypothèses correspondent à un imaginaire qui se base plus sur des opinions et des préjugés que sur des faits,

---

259. Alain Finkielkraut dans l'émission *C à vous* (« Finkielkraut face aux terroristes - *C à vous* - 23/11/2015 »), France5/YouTube, 23 novembre 2015 (05'50").
260. *Ibid.*
261. En résumé, il s'agit de Farouk Ben Abbes, associé aux événements de 2009 qui serait proche d'un djihadiste de l'État islamique, Fabien Clain. (« Terrorisme : Des menaces d'attentats contre le Bataclan dès 2010 », *France-Soir*, 16 décembre 2015).
262. Tangi Sala, « Un an après la mort d'une jeune Française, l'enquête n'est toujours pas bouclée », *Le Figaro*, 23 février 2010.

sans expliquer les causes du problème. Ainsi, elles n'apportent pas d'explications au fait que le terrorisme islamiste frappe l'Europe soudainement et assez systématiquement dès 2014, après une accalmie de près de dix ans !

En réalité, la vague d'attentats qui débute en janvier 2015 est directement liée à des décisions gouvernementales mal pensées, mal communiquées et dont l'exécution a été mal préparée.

2.6.3.4.2. Le verrouillage des explications alternatives

Parallèlement au discours officiel, on a d'emblée verrouillé les explications qui auraient pu révéler des décisions politiques maladroites. Ainsi, lors de la cérémonie de commémoration de l'attaque du 9 janvier 2015 contre l'Hyper Cacher de Paris, le Premier ministre Manuel Valls déclarait :

> *Pour ces ennemis qui s'en prennent à leurs compatriotes, qui déchirent ce contrat qui nous unit, il ne peut y avoir aucune explication qui vaille. Car expliquer, c'est déjà vouloir un peu excuser !* [263]

Il en a découlé un ostracisme contre les chercheurs et les esprits critiques à l'égard de la politique étrangère de la France. Gouvernement et médias ont ainsi découragé une compréhension objective du phénomène terroriste et djihadiste, contribuant « en creux » à sa propagation et conduisant à l'échec des campagnes contre la radicalisation en France[264] et en Belgique[265].

Ainsi, en 2016, la justice française a condamné un citoyen français à six mois de prison pour avoir *consulté*[266] le site web « *jihadology.net* », qu'elle considère comme un « *site djihadiste* »[267]. Ce site, lié au *Washington Institute for Near East Policy*, n'est pourtant pas considéré comme un site extrémiste ou radical, et met à disposition des chercheurs des documents originaux provenant de divers mouvements djihadistes. Son objectif est précisément de faciliter la compréhension des doctrines radicales islamistes et il s'est rapidement imposé comme un outil indispensable pour l'étude du phénomène djihadiste. Il est géré par un chercheur (de

---

263. « Pour Valls, il ne peut y avoir d'"explication" possible aux actes des djihadistes », Le Figaro.fr, 9 janvier 2016.

264. Achraf Ben Brahim, « Pourquoi les politiques de déradicalisation sont un fiasco », *Le Huffington Post*, 26 novembre 2016.

265. "Salafistische Islam en Wahhabitisch Proselytisme – Factoren en Vectoren van Radicalisering en Extremisme", OCAM, 24 octobre 2016.

266. Notons ici qu'en février 2017, le Conseil constitutionnel a dépénalisé la consultation de sites djihadistes (Martin Untersinger, « Le délit de consultation de sites terroristes censuré par le Conseil constitutionnel », *Le Monde*, 10 février 2017).

267. Pierre Alonso, « Six mois ferme pour avoir consulté le site d'un chercheur sur le jihadisme », Liberation.fr, 18 novembre 2016.

confession juive, et donc – a priori – peu susceptible d'être djihadiste…) qui est également actif sur un certain nombre de médias académiques et de recherches.

Par ailleurs, le visionnage des vidéos publiées par l'État islamique, où leurs motivations et leurs revendications sont expliquées, sont punissables en France[268]. On a donc tout fait pour que les explications – et donc les solutions possibles – des actes terroristes soient hors de portée des chercheurs. On a ainsi encouragé en creux la stigmatisation des musulmans.

Le philosophe Michel Onfray, dont les déclarations critiques à l'égard de la politique étrangère du gouvernement français sur *BFM TV*[269] ont été reprises dans plusieurs vidéos de l'EI, a également fait l'objet d'attaques virulentes des milieux politiques et intellectuels. Ainsi, Alain Finkielkraut prend son exact contre-pied et nie avec véhémence tout lien de causalité entre les attentats en France et les interventions occidentales, fustigeant le slogan « *Vos bombes, nos morts* » qu'il assimile à du « *pacifisme intégral* », mélangeant sans scrupules les notions d'« islam » et d'« islamisme » et invoquant comme motif l'existence d'Israël[270].

En fait, on adapte les revendications des terroristes afin qu'elles s'alignent sur nos perceptions. Ainsi, après l'attentat de *Charlie Hebdo*, le discours officiel français a totalement occulté le fait qu'il avait été soutenu par la *Base du djihad dans la péninsule arabique* (BDPA), comme l'avait déclaré Chérif Kouachi[271]. Il faut alors définir un ennemi unique et justifier l'engagement militaire en Syrie : on met en évidence l'État islamique[272], mais c'est faux. La différence est importante et si on avait eu alors de vrais stratèges à la tête de l'État, le cours des événements aurait probablement pu être mieux géré. Mais avec un gouvernement qui travaillait de manière idéologique, on est allé en ligne droite vers le désastre. Les victimes du 13 novembre 2015 en témoigneront…

On constate que la presse et les médias ne relatent *jamais* la totalité des textes de revendication des actes terroristes, où sont expliqués précisément leurs motifs. Il en résulte que les attentats sont expliqués à partir d'interprétations parfois byzantines, qui confondent les facteurs facilitants et les causes, et dont le seul but est d'exonérer l'Occident de ses responsabilités.

---

268. Andréa Fradin, « Vous pensiez mater des vidéos de Daesh incognito ? Faites gaffe », *L'Obs - Rue89*, 24 juillet 2015.

269. Interview du 24 mai 2016, https://www.youtube.com/watch?v=BaELn7AJUvA.

270. Alain Finkielkraut dans l'émission *C à vous* (« Finkielkraut face aux terroristes - *C à vous* - 23/11/2015 », France5/YouTube, 23 novembre 2015 (02'15").

271. Message audio des frères Kouachi, YouTube, 9 janvier 2015, https://www.youtube.com/watch?v=KNFbfnPBKdY.

272. Jean-Pierre Filiu, « Dix ans après la mort de Ben Laden, Al-Qaïda toujours mobilisée contre la France », *Le Monde*, 2 mai 2021.

2.6.3.4.3. La réalité

Après l'attaque du 13 novembre 2015, Stéphane T., un des survivants du Bataclan, rapportait les propos de l'un des terroristes, que bien peu de médias ont relayé :

> *Vous pouvez remercier le président Hollande, parce que c'est grâce à lui que vous subissez ça. Nous, on a laissé nos femmes et nos enfants en Syrie, sous les bombes. On fait partie de « l'État islamique » et on est là pour venger nos familles et nos proches de l'intervention française en Syrie.*[273]

Après l'attentat du 14 juillet 2016 à Nice, l'État islamique a publié une petite brochure d'analyse après action, avec l'objectif avoué d'inspirer d'autres moudjahidin et de les aider à concevoir leur action. Il y confirme, une fois de plus, l'objectif stratégique des attentats terroristes :

> *Finalement, nous disons que c'est au peuple français de décider s'il veut continuer à faire la guerre contre nous ou s'il va décider de stopper l'agression de son gouvernement contre nous ? [...] Nous continuerons à combattre la France jusqu'à ce qu'elle s'arrête de se mêler des affaires des musulmans et de piller directement ou indirectement leurs richesses.*[274]

Ainsi, nos politiciens, nos intellectuels et nos médias ont affabulé : la raison des attentats de 2015 et 2016 en France n'était ni l'islam, ni la volonté de créer une guerre civile en France, ni un obscur projet révolutionnaire, mais tout simplement de faire cesser l'intervention française en Irak et en Syrie. Comme nous l'avons vu, les services de renseignement britanniques – avec lesquels les services français ont pourtant des contacts réguliers – avaient clairement établi une relation de cause à effet entre les interventions occidentales au Moyen-Orient et le terrorisme djihadiste. Malgré cela, les « intellectuels » français montrent une incompréhensible détermination à nier l'évidence.

Outre sa participation à la coalition internationale, les trois raisons pour lesquelles la France a été plus frappée par l'EI que d'autres pays sont très claires, et en grande partie expliquées par les terroristes eux-mêmes. La première est que la France s'est engagée beaucoup plus « bruyamment » que les autres pays de la coalition. La deuxième est l'impopularité du gouvernement Hollande/Valls, que les djihadistes pensaient pouvoir exploiter pour provoquer un retrait de la coalition, comme en Espagne après l'attentat de Madrid. La troisième est que les

---

273. Propos recueillis par Alexandre Fache, « Deux heures trente avec les terroristes du Bataclan », humanite.fr, 17 novembre 2015.
274. "Nice Operation, France", *Inspire Guide*, 17 juillet 2016.

djihadistes ont discerné en France une fracture profonde entre la communauté musulmane et le reste de la société, qui favorisait le recrutement de militants.

Ainsi, si le gouvernement français avait vraiment voulu protéger sa population et agi stratégiquement, il aurait accompagné son intervention d'une plus grande discrétion, il aurait cherché à « gagner les cœurs et les esprits » (« *hearts & minds* ») de sa minorité musulmane, il aurait évité de confondre des luttes périphériques (burkini, voile, Dieudonné, etc.) avec la lutte contre le terrorisme et surtout, il aurait pris des mesures de protection de la population en amont des interventions... Rien de cela n'a été fait : le gouvernement a agi de manière déconnectée des réalités, par simple idéologie aveugle, sans aucune réflexion...

Il est d'ailleurs significatif de constater que l'attentat multiple du 13 novembre 2015, qui a bouleversé la politique française au point de pousser le gouvernement à demander l'aide militaire de l'Union européenne[275], n'a fait que quelques lignes dans *Dabiq* (l'organe « officiel » de l'État islamique) à la treizième place, après douze autres opérations en Syrie, au Sinaï et ailleurs[276].

2.6.3.4.4. Explication

L'incapacité à lutter efficacement contre le terrorisme est liée à l'incapacité à comprendre sa vraie nature. L'incapacité intellectuelle des autorités politiques, parlementaires et judiciaires françaises est illustrée par les multiples interprétations du phénomène de radicalisation et de son lien avec le terrorisme : les prisons, les mosquées salafistes, la pauvreté, la criminalité, le chômage, l'islam et la folie sont tour à tour évoqués. Or aucune de ces « causes » n'apparaît de manière systématique et déterminante dans les divers attentats.

Cette incapacité à comprendre la nature du terrorisme nous conduit à percevoir les fondamentalistes, les salafistes[277], les Frères musulmans, voire l'Iran[278] (!), comme coupables et à les amalgamer dans un projet commun d'islamisation de la France.

Ces « explications » font écho à une lecture très « israélienne » du terrorisme, qui exclut toute cause politique ou « négociable » : ses causes seraient dans la nature de l'islam lui-même[279]. On voit donc le terrorisme comme inéluctable, voué à conquérir l'Occident et à détruire ses « valeurs » en s'appuyant sur des organisations structurées, comme les Frères musulmans. Ces derniers semblent

---

275. « Clause de défense mutuelle invoquée par la France : de quoi s'agit-il ? », Parlement européen, 20 janvier 2016.

276. *Dabiq Magazine*, n° 12, p. 28.

277. « Valls : une "minorité" salafiste "en train de gagner la bataille" de l'islam en France », LEXPRESS. fr/AFP, 4 avril 2016.

278. François Colcombet (président de la Fondation d'études pour le Moyen-Orient), « La "terreur noire" et sa racine historique en Iran », Huffingtonpost.fr, 5 octobre 2016.

279. Antoine Hasday, « La pensée djihadiste décryptée », slate.fr, 6 novembre 2017.

cristalliser les fantasmes des « experts » français. Or ces accusations ne s'appuient sur aucun fait concret. D'ailleurs, même les « experts » auditionnés par les membres du Sénat se contredisent[280]. En Allemagne, où la perception du problème est moins émotionnelle et plus analytique, les services de renseignement constatent que les Frères musulmans ne comptent que 1 040 individus sur une population musulmane totale de quelque 4,4 millions. Par ailleurs, ils notent que :

> *Les partisans des Frères musulmans en Allemagne agissent de manière non violente. Ils essaient de répandre leur compréhension de l'islam à travers le travail de da'awah.[281]*

En France, l'apport des « experts » et autres « intellectuels » semble être davantage guidé par un désir de vengeance, que par le souci que cela ne se répète pas. C'est pourquoi les différents procès menés contre des terroristes et individus radicalisés n'ont pas contribué à résoudre le problème, bien au contraire : le problème n'est pas tant la rigueur des peines infligées que la lecture idéologique portée par une justice plus myope qu'aveugle.

Comme dans beaucoup de pays européens, l'approche française s'explique par une culture trop policière, qui comprend le terrorisme à travers ses modes opératoires et non à travers ses causes. Or même lorsqu'ils présentent des caractéristiques et modes opératoires similaires, les attentats terroristes s'inscrivent dans une logique qui leur est propre.

Ainsi, dans les années 1980, on a pu combattre le terrorisme comme un phénomène criminel, sans avoir à en comprendre les mécanismes profonds, car il n'y en avait pas. En 2017, le juge Jean-Louis Bruguière, qui avait instruit avec succès de nombreuses affaires de terrorisme dans les années 1980-2000, est en total décalage avec le terrorisme islamiste d'aujourd'hui :

> *Fondamentalement quelle est la cause de tout ça ? [...] Je pense qu'il y a d'autres éléments beaucoup plus fondamentaux que l'élément assez circonstanciel que constitue l'engagement de la France et des pays contre Daech en Syrie et en Irak. [...] J'ai fait une étude en profondeur sur ces causes. Il faut revenir aux fondamentaux. On est devant des organisations qui depuis trente ans, depuis pratiquement Abdul Azzam, ont un agenda politique fondamental qui est celui d'abattre l'Occident et nos valeurs. C'est une lutte contre nos valeurs.*

---

280. *Rapport de la commission d'enquête sur les réponses apportées par les autorités publiques au développement de la radicalisation islamiste et les moyens de la combattre*, Sénat, 7 juillet 2020, Document n°595.
281. *Antwort der Bundesregierung auf die Kleine Anfrage der Abgeordneten Martin Hess, Dr. Bernd Baumann, Dr. Gottfried Curio, weiterer Abgeordneter und der Fraktion der AfD (Drucksache 19/7182), Gefährdung der Bundesrepublik Deutschland durch die Muslimbruderschaft (Drucksache 19/7570)*, Deutscher Bundestag, 7 février 2019 (question 17).

D'autres experts continuent à comprendre le terrorisme à travers les expériences des années 1960-1980. Mais le terrorisme marxiste d'alors avait une vocation révolutionnaire : il cherchait à remplacer un système par un autre, avec l'appui de la population. Il y avait donc un processus que l'on ne retrouve sous aucune forme dans le terrorisme djihadiste, tout simplement parce qu'il ne cherche pas à remplacer un système, mais à faire cesser une intervention. Le problème, pour les Occidentaux, est qu'en admettant cette réalité, on admet aussi qu'on est l'agresseur !

En France, depuis 2015, on applique la même recette qu'Israël et tente de présenter le terrorisme islamiste dans le cadre d'un conflit sociétal qui serait l'expression d'un conflit inéluctable entre l'islam et la société française, et qui ne peut se résoudre que par la violence. Cette volonté *délibérée* de confondre les deux formes de terrorisme est à l'origine de la plus grande partie des victimes françaises du terrorisme.

Un attentat cherche toujours à atteindre un objectif, en fonction d'une « logique », qui est la *stratégie* du groupe terroriste. Le tout doit être en cohérence. En quoi un attentat pourrait diviser la France au point de créer les conditions pour une guerre civile ? En quoi ce même attentat pourrait détruire nos valeurs ? Si l'objectif des djihadistes est d'abattre la démocratie pourquoi ne profitent-ils pas de la crise des Gilets jaunes pour l'atteindre ? En admettant qu'un attentat puisse déclencher un mécanisme insurrectionnel, quelles sont les forces qui pourraient prendre le relais des terroristes ? Finalement, si l'objectif est de recréer le califat, pourquoi s'attaquer à la France qui n'en a jamais fait partie ?

2.6.3.4.5. Conséquences de l'ignorance

L'obsession d'associer le terrorisme à la religion a conduit la France à utiliser le levier de la laïcité. Il en est résulté des discussions stériles (sur le voile islamique, la burqa ou, de manière encore plus absurde, le burkini) qui n'ont eu qu'un effet contre-productif sur le terrorisme en approfondissant le fossé entre communautés. On a totalement ignoré le fait qu'après les attentats de 2015, la population immigrée en France, même si elle a très largement réprouvé la méthode des terroristes, a eu une assez large sympathie pour leur cause[283].

---

282. Jean-Louis Bruguière dans l'émission *Le Grand Référendum*, Sud Radio, 19 avril 2017.
283. "Paris through the eyes of IS supporters", religionfactor.net, 24 novembre 2015.

Les politiciens qui ont engagé – envenimé – ce débat n'ont strictement rien compris au caractère asymétrique du terrorisme. En fait, cette tentative de lissage sociétal tend à renforcer une dimension «nationaliste», qui – dans la communauté musulmane – tend à générer «l'islamisme».

L'absence d'analyse sérieuse sur les causes et objectifs du terrorisme a conduit à exploiter la crainte diffuse d'une submersion culturelle et ethnique en une forme d'arabo- ou islamophobie, qui touche de manière transversale toutes les tendances politiques. À l'approche de la présidentielle de 2017, le débat sur le terrorisme a pris une tournure politicienne qui n'a pas permis d'analyser et de traiter sereinement la question. Pratiquement tous les candidats ont repris sous des formes différentes le discours de l'ex-Front national avec l'effet pervers d'accroître les tensions entre la population musulmane et la « France de souche ».

De nombreux commentateurs ont alors été choqués par l'usage du mot «guerre» par le président Hollande. Or, quelles qu'en aient été les raisons, ce sont bien les Occidentaux qui ont déclaré la guerre à l'État islamique en septembre 2014 déjà – lui conférant par la même occasion un statut qu'il n'aurait pas dû avoir. *Le Figaro* en ligne avait d'ailleurs titré «*À Paris, les alliés déclarent la guerre à l'État islamique*»[284]. Quelques jours plus tard, François Hollande avait rappelé cette déclaration de guerre devant l'Assemblée générale des Nations unies, à New York :

Notre meilleure réponse à cette menace, à cette agression, c'est l'unité nationale dans cette guerre, car c'en est une, contre le terrorisme.[285]

Pourtant, à ce stade, la France n'a pas encore été frappée par l'EI, qui ne constitue pas alors une menace contre l'Occident (puisque les Américains ont dû «inventer» le groupe Khorasan). La raison de cette déclaration de guerre, dont l'objectif n'a jamais vraiment été défini et qui a varié au fil des mois, n'a jamais été réellement remise en question ni au parlement ni au sein de la population.

Sur les réseaux sociaux, les sympathisants des terroristes ne se sont pas appuyés sur des arguments religieux, mais sur des considérations géostratégiques. Plus exactement, l'argument religieux est venu en appui du raisonnement géostratégique, et non l'inverse. Les attaques de Paris en 2015 ont été fréquemment désignées «*ghazawat*» (razzias), un terme militaire qui se réfère aux raids menés par les partisans de Mohammed au VIIe siècle[286], et qui continue à désigner les opérations entre tribus que l'on observe en Afrique du Nord ou au Darfour, par exemple. On a ainsi une violence qui trouve sa justification à travers l'histoire de

---

284. Isabelle Lasserre, «À Paris, les alliés déclarent la guerre à l'État islamique », lefigaro.fr, 15 septembre 2014.
285. Cordélia Bonal, « La France est-elle vraiment en "guerre" ? », *Libération*, 26 septembre 2014.
286. "Paris through the eyes of IS supporters", religionfactor.net, 24 novembre 2015.

l'islam, mais qui n'a pas un objectif religieux en soi. Un raisonnement pas très différent de celui de certains pays occidentaux (États-Unis, Grande-Bretagne, France, Allemagne), qui acceptent et exploitent l'usage de la torture au nom des droits de l'homme et des valeurs occidentales[287]. Les victimes collatérales des bombardements occidentaux en Afghanistan, au Pakistan, en Irak, en Syrie, au Yémen, etc., sont des sujets récurrents dans les messages et revendications des organisations islamistes, et non la diffusion de la foi.

En France, on constate non seulement un déni de la relation entre les interventions occidentales et le terrorisme, mais même un déni total sur la réalité des frappes françaises dès 2014, en préalable aux attentats de 2015-2016[288]. Il en résulte l'image d'un terrorisme qui frappe sans raison, avec comme seule justification le fait que nous existons.

C'est d'ailleurs la même interprétation qui s'impose pour expliquer les autres attentats terroristes : après l'attentat de Barcelone, en août 2017, parlant du terrorisme islamiste, le journaliste François Clémenceau lance :

> *Peu de gens savent qu'entre 2004 et 2017 il y a eu des dizaines d'attentats déjoués en Espagne et qu'il ne se passe pratiquement pas de semaine ou de mois sans que des cellules soient démantelées, des gens arrêtés, des gens expulsés.*[289]

Il sous-entend ainsi que le terrorisme djihadiste fait partie de l'environnement espagnol depuis l'attentat de Madrid en 2004. Or s'il est vrai que durant cette période, le gouvernement espagnol a arrêté des dizaines d'individus suspectés d'être associés à des mouvements djihadistes, les rapports d'Europol confirment que durant la même période, l'Espagne n'a été l'objet d'aucun attentat ou tentative d'attentat islamiste. En fait, il s'agissait essentiellement d'arrestations, dans le cadre de la coopération internationale contre le terrorisme, d'individus cherchant à partir vers l'Irak ou la Syrie[290]. Ce n'est là qu'un exemple d'une manipulation qui vise à découpler les attentats des interventions militaires occidentales.

Ce refus d'accepter le terrorisme tel qu'il est – comme le fait d'appeler l'État islamique « DAECH » – et la réalité de ses causes traduit en fait notre peur de le regarder en face. En outre, le refus d'une causalité entre l'action militaire occidentale et le terrorisme implique la recherche d'autres explications, qui sont finalement trouvées dans la nature même de l'islam, constituant ainsi un véritable conspirationnisme à l'égard des musulmans[291], en leur prêtant le projet

---

287. *Sans poser de questions*, Human Rights Watch, 29 juin 2010.
288. Voir Jean-Louis Filiu, émission *C à dire*, France 5, 1er décembre 2016.
289. Voir François Clémenceau, émission *C dans l'air*, France 5, 18 août 2017.
290. Voir les rapports TESAT 2007-2017, Europol (www.europol.europa.eu/newsroom).
291. Antoine Hasday, « La pensée djihadiste décryptée », slate.fr, 6 novembre 2017.

de subjuguer l'Occident. On y ajoute même volontiers de manière fallacieuse et primitive la responsabilité de la Russie dans cette entreprise[292] !

Le problème de la mauvaise lecture qu'on a de l'islam et de l'islamisme en France conduit à polariser des positions : elle encourage une agressivité et un discours – largement relayé dans les médias traditionnels – contre l'islam qui se confond avec la colère contre le terrorisme. Cette agressivité génère à son tour des réflexes identitaires et communautaristes parfois violents. La première mesure contre ces phénomènes serait d'avoir une information plus objective et plus factuelle sur l'islam, et non des approximations. Le fait d'associer un discours violent au Coran est contredit par n'importe qui a vécu dans des pays musulmans. C'est le cas célèbre d'une jeune internaute française, qui n'aurait sans doute pas proféré les insultes contre l'islam si elle avait reçu une information plus objective à son sujet. Le fait que ces insultes soient accueillies avec une certaine complaisance pousse certains esprits faibles à une réaction violente, comme nous le verrons plus bas.

2.6.3.5. *Les attaques de 2020-2021*

Le 25 septembre 2020, alors que se déroule le procès des « aides » des attentats de 2015 – désigné dans la presse comme le « procès *Charlie Hebdo* » – et après la republication des caricatures de Mahomet le 2 septembre, deux salariés d'une agence de production de TV sont attaqués à l'arme blanche à proximité des anciens locaux de *Charlie Hebdo*. L'auteur, un Pakistanais de 18 ans, était arrivé en France en août 2018 et n'avait présenté « *"aucun signe de radicalisation" pendant sa prise en charge par l'aide sociale à l'enfance* »[293].

Le 16 octobre 2020, à Conflans-Sainte-Honorine, Samuel Paty, un enseignant qui avait montré les caricatures de *Charlie Hebdo* à ses élèves lors d'un cours sur la liberté d'expression, est décapité par Abdouallakh A. Anzorov, un jeune Tchétchène, arrivé comme réfugié en France en mars 2020 et « *totalement inconnu des services antiterroristes* »[294]. Dans son discours d'hommage à Paty, le 21 octobre, le président Emmanuel Macron affirme que « *nous ne renoncerons pas aux caricatures, aux dessins* »[295], tandis qu'il publie une série de tweets qui déchaîne la colère des foules dans le monde musulman[296].

---

292. Voir Jean-Michel Carré, *Poutine, le Nouvel Empire* (documentaire), La Une, RTBF, 30 novembre 2016.
293. « *Charlie Hebdo* : Le principal suspect "assume son acte" », www.lecho.be/economie-politique/europe/general/charlie-hedbo-le-principal-suspect-assume-son-acte/10253947.html.
294. « Professeur décapité à Conflans-Sainte-Honorine : "il a été assassiné parce qu'il apprenait à des élèves la liberté d'expression", déclare Emmanuel Macron », francetvinfo.fr (live - sans date) ; Jean-Michel Décugis & Jérémie Pham-Lê avec Timothée Boutry & Ronan Folgoas, « Enseignant décapité à Conflans : l'assaillant n'était pas sur le radar de l'antiterrorisme », leparisien.fr, 16 octobre 2020 (mis à jour 17 octobre 2020).
295. Discours du président de la République, hommage national à la mémoire de Samuel Paty, 21 octobre 2020, www.diplomatie.gouv.fr.
296. Justine Daniel, « Caricatures : Paris affiche sa fermeté face aux appels au boycott », liberation.fr, 26 octobre 2020.

Le 29 octobre 2020, un jeune Tunisien de 21 ans tue trois personnes dans la basilique Notre-Dame de l'Assomption à Nice. Arrivé à l'île de Lampedusa en septembre 2020 grâce aux services d'une ONG, puis entré clandestinement en France et arrivé à Nice le 27 octobre, le tueur était *« inconnu des services de renseignement »*[297].

À ces trois attaques sur le sol français s'ajoutent une attaque au couteau à Morges (Suisse), le 24 septembre, par un individu d'origine turque, et une attaque à l'arme à feu à Vienne, le 2 novembre, par Kujtim Fejzulai, d'origine macédonienne.

Cette accumulation de violence donne l'image d'une vague terroriste. Pourtant, aucun de ces actes n'a été revendiqué par une organisation terroriste. Peu avant d'être abattu, Anzorov a expliqué son geste sur Twitter par « l'injure » faite au prophète Mohammed. L'attaque de Morges semble être le fait d'un déséquilibré. Quant à l'attaque de Vienne, elle apparaît comme une démarche individuelle, même si son auteur s'est déclaré membre de l'État islamique avant d'être abattu ; d'ailleurs, l'agence de presse Amaq n'a fait que relater l'attaque, mais sans revendiquer un lien avec l'organisation terroriste.

Même si ces crimes ont une similitude évidente avec des attentats commis auparavant (comme celui de Saint-Étienne-du-Rouvray, le 26 juillet 2016, par exemple), voire des points communs (la publication des caricatures de *Charlie Hebdo*), ils ne relèvent pas du terrorisme. Comme nous l'avons vu, le terrorisme est la juxtaposition d'attaques, dont la répétition doit conduire à l'atteinte d'un objectif. Or les attaques de 2020 ont un caractère essentiellement punitif et vengeur, sans être associées à un objectif stratégique. En fait, ces attaques s'apparentent davantage aux crimes de Mohammed Merah en 2012, elles relèvent davantage du « meurtre de masse » ou du « crime communautariste » que du terrorisme.

La décapitation d'un entrepreneur à Saint-Quentin-Fallavier, en juin 2015, ou la tuerie de la préfecture de police (PP) de Paris, en octobre 2019, ont – elles aussi – les apparences et la mise en scène de crimes terroristes. Mais, dans le premier cas, Yassin Sahli, auteur du crime, affirmera qu'il s'agit d'une question personnelle[298] ; et le second ne montre aucun lien entre les meurtres et un objectif islamiste[299]. D'ailleurs, le rapport de Françoise Bilancini, directrice du renseignement de la PP[300] tend à indiquer un accès de violence, comme on en voit régulièrement aux États-Unis, probablement lié ici à une forme de harcèlement par des collègues. On est en l'occurrence dans des crimes qui ne sont ni terroristes ni communautaristes, mais auxquels les auteurs ont voulu donner une

---

297. « Attentat de Nice : ce que l'on sait sur l'attaque au couteau », France24.com, 30 octobre 2020.
298. Caroline Politi, « Attentat en Isère : "Le motif personnel n'exclut pas l'action terroriste" », Lexpress.fr, 30 juin 2015.
299. « Attaque à la préfecture de police : l'EI évoque les faits mais ne revendique pas », lexpress.fr, 11 octobre 2019.
300. https://drive.google.com/file/d/16BTR1r6mRQ8SLnu--NCb6B_DVOOjYPm5/view.

apparence terroriste. Leurs raisons sont peu claires, mais il s'agit probablement, dans leur esprit, de donner un caractère plus «noble» à leur crime en créant l'illusion qu'ils obéissent à un objectif supérieur.

La distinction entre ces différentes formes de crime est loin d'être académique, car le traitement de chacun exige des outils différents. Comme nous le verrons, le terrorisme peut également être traité à travers ses objectifs et par des mesures de politique étrangère, alors que le crime communautariste exige une réponse sociétale. Le premier peut être traité dans le court ou moyen terme, alors que le second ne peut être combattu que dans le long terme.

Cela dit, on constate que le crime de Saint-Quentin-Fallavier n'a reçu qu'une modeste couverture médiatique, alors que celui de Samuel Paty a tourné en boucle dans nos médias. Pourtant, il s'agit de la même horreur, qui n'a été revendiquée par aucun mouvement terroriste. On peut discerner dans ce traitement différencié le mal qui affecte la société française : une approche émotionnelle qui ne s'attache pas aux faits, mais à leur perception. C'est pourquoi la France est condamnée à vivre avec une violence croissante en son sein, qui continuera à se manifester dans le cadre d'actes terroristes ou communautaristes…

Le problème est que les services de renseignement et de sécurité français – guidés par une perception idéologique du problème, très largement convoyée par les médias – n'ont strictement rien compris à la nature de la menace. Il n'y a pas d'approche systématique et méthodique de la lutte contre les différentes formes de violence, parmi lesquelles, le terrorisme.

Différenciation des actes de violence individuelle

	Crime individuel	Crime communautariste	Acte terroriste djihadiste
Nature de l'objectif	Punition, vengeance	Punition, vengeance	Stratégique
Récurrence	Acte unique	Acte unique	Acte récursif
Nature du problème	Personnel	Sociétal	Stratégique/politique
Champ des solutions	Psychiatrique, pénal	Société, social	Politique étrangère
Horizon des solutions	Moyen-long terme	Moyen-long terme	Court-moyen terme

Tableau 4 – Critères stratégiques pour la comparaison
entre différents types de violence d'apparence djihadiste

2.6.4. La radicalisation – un phénomène mal compris

De la compréhension de la nature du terrorisme djihadiste découle le décryptage du mécanisme de radicalisation. Pourtant, devenue l'un des piliers de la lutte contre le terrorisme, la lutte contre la radicalisation semble tourner presque systématiquement à l'échec, comme en témoigne l'aventure de l'unique centre de « déradicalisation » en France, ouvert en septembre 2016 et fermé en février 2017, après avoir accueilli neuf pensionnaires, dont aucun n'a achevé son « traitement »[301].

La principale raison est qu'on lutte contre un problème défini par nos préjugés et non par la réalité. La radicalisation est souvent *de facto* considérée comme un phénomène qui se suffit à lui-même, sans raison et sans objectif. Le problème est décrit de manière fantaisiste, sans aucune rigueur intellectuelle, un peu comme si l'on voulait le perpétuer :

> *Se radicaliser, ce n'est pas seulement contester ou refuser l'ordre établi. La radicalisation djihadiste est portée par la volonté de remplacer la démocratie par une théocratie basée sur la loi islamique (la charia) en utilisant la violence et les armes. Elle suppose donc l'adoption d'une idéologie qui donne un cadre de vie et des repères guidant l'ensemble des comportements. Les personnes radicalisées divisent les hommes et les femmes en deux catégories : ceux qui adhèrent à leur cause et ceux qui ne la partagent pas et sont, à ce titre, appelés à mourir.[302]*

Une lecture fausse, imbécile, que l'on ne retrouve pas dans les messages des groupes djihadistes et qui est en contradiction flagrante avec le caractère peu religieux observé sur les terroristes capturés. Une grande faiblesse du dispositif mis en place en France après les attentats de 2015 est qu'il tend à confondre les causes du terrorisme et les facteurs qui facilitent le passage à l'acte. Ainsi, le *Plan national de prévention de la radicalisation (PNPR)*[303], présenté par le Premier ministre Édouard Philippe en février 2018, témoigne d'une lecture simpliste et passéiste du problème. Non seulement ses mesures sont façonnées à partir d'une analyse marxiste du problème, mais il se limite à une approche multidisciplinaire, et non holistique. En clair, il propose d'agir *après* que des individus se

---

301. « Fermeture de l'unique centre de "déradicalisation" de France », Le Monde.fr/AFP, 28 juillet 2017.
302. http://www.stop-djihadisme.gouv.fr (cité dans *Rapport d'information, de la Commission des lois constitutionnelles, de la législation et de l'administration générale de la République sur les services publics face à la radicalisation*, Éric Diard et Éric Pouliat, Assemblée nationale, 27 juin 2019, p. 10).
303. « Prévenir Pour Protéger » - Plan national de prévention de la radicalisation, service de presse de Matignon, 23 février 2018.

sont radicalisés et ne voit pas ce mécanisme comme un processus que l'on peut influencer.

En préalable, il faut rappeler qu'un processus insurrectionnel et/ou terroriste implique trois cercles d'individus :

• les *sympathisants*, qui ne sont pas formellement affiliés à une organisation, mais sont sensibilisés à sa cause et en partagent les motivations, sans nécessairement en approuver les objectifs ou les méthodes. Ils constituent la base de recrutement du mouvement ;

• les *militants*, qui appartiennent au cercle rapproché des terroristes actifs et qui leur apportent un soutien concret sans être impliqués directement dans l'action ;

• les *activistes*, qui sont les terroristes actifs ou prêts à passer à l'action, et à sacrifier leur vie pour la cause.

Dans les mouvements révolutionnaires marxistes européens des années de guerre froide, la proportion de sympathisants pouvait être estimée à 60-80 %, celle des militants à 10-30 % et les activistes entre 1 et 3 % selon les groupes et leur cause. Évidemment, ces proportions variaient selon les mouvements et leur contexte géostratégique.

Pour les mouvements islamistes, cependant, il faut tenir compte du fait que leur base populaire dépasse de loin les frontières nationales. Avec la doctrine du « *djihad par terrorisme individuel* » (DTI), sur la base des informations recueillies à travers les réseaux sociaux, on peut évaluer les proportions suivantes : environ 97-99 % de sympathisants, 1-2 % de militants et 1 % d'activistes. La particularité du « djihad ouvert » (dont se réclame l'EI et que nous verrons plus bas) est d'avoir rendu perméables les limites entre les trois cercles, avec un effacement progressif de la notion de « militant ».

Au-delà des chiffres, l'important ici est de constater qu'il y a fondamentalement trois « publics », dont les degrés de propension de passage à l'action sont différents. Le problème est que dans l'hystérie qui a suivi les attentats de Paris, tous ont été mis dans le même panier, en y incluant des « antisémites ». On n'a rien compris. L'émotion et le désir de vengeance – nettement plus présent en France qu'ailleurs – ont guidé l'action, sans stratégie, sans ligne claire, pavant ainsi la voie aux attentats suivants. La lutte contre le terrorisme doit être froide, mais pas aveugle.

Dans les années 1950, durant l'insurrection communiste en Malaisie, l'expert en guerre psychologique, F. H. Lakin, a étudié l'interrogatoire de 430 prisonniers et plus de 2800 jeunes hommes à travers le pays. Il a mis en évidence que seuls 8 % étaient des communistes convaincus, 24 % adhéraient de manière générale aux objectifs du communisme, 47 % avaient été attirés par des promesses d'avantages matériels et 21 % n'avaient pratiquement aucune conscience politique. Par ailleurs, Lakin avait constaté que le gros des terroristes avaient rejoint le mouvement par crainte d'être considérés comme des traîtres et de subir les violences des communistes[304]. Dans les conflits suivants, comme le Vietnam, aucune étude approfondie et de grande envergure sur la psychologie des terroristes n'a été effectuée et les travaux de Lakin gardent une grande valeur, malgré les changements évidents de la nature des guerres insurrectionnelles.

Le principal enjeu de la lutte contre la radicalisation est donc d'enrayer le processus de glissement des sympathisants vers l'activisme. Mais, les Occidentaux se sont plus intéressés à la manière dont les individus rejoignaient l'EI qu'à connaître leurs raisons et leur degré d'engagement. On a alors adopté la vision israélienne, qui postule que tout ce qui touche de près ou de loin un terroriste est considéré comme terroriste : cela satisfait les sentiments de revanche, mais ne conduit pas très loin – comme on l'a vu dans les procès d'Abdelkader Merah et de Jawad Bendaoud – et ne permet pas de mettre en place des stratégies efficaces.

À ce stade, deux mécanismes doivent être distingués : l'expansion de l'EI au Proche-Orient (2014-2016) et le développement du terrorisme en Occident. Le premier est une dynamique d'affrontement « ouverte », le second est un combat clandestin en appui du premier.

Sur le plan opérationnel, comme pour l'expansion des Taliban (1994-1996), on constate que l'EI s'est étendu par « contagion ». En Syrie, le *Jabhat al-Nosra* s'est développé dans le sillage de l'*Armée syrienne libre* soutenue par les États-Unis et la France, puis l'EI s'est répandu exactement dans les mêmes zones en « phagocytant » progressivement le *Jabhat al-Nosra*. Ce qui tendrait à montrer une évolution semblable à ce qu'avait observé Lakin en Malaisie : ce n'est pas l'adhésion idéologique qui détermine le développement du mouvement, mais une sorte de pression sociétale qui place d'une certaine manière la « vérité » du côté du plus fort.

L'absence d'alternative crédible et la détermination du mouvement suffisent souvent à attirer les militants. Dans les mouvements qui mènent une insurrection ouverte (« *djihad par front ouvert* » ou DFO), les sympathisants et une grande part des militants n'adhèrent pas totalement aux objectifs de l'organisation, mais sont aspirés dans son sillage par la pression de leur environnement. Ce mécanisme est à rapprocher de la remarque du chauffeur de l'auteur à Kaboul en 2008 :

> *Nous n'aimons pas les Taliban, mais si nous devons choisir entre les Occidentaux et eux, nous choisirons les Taliban.*

---

304. F.H. Lakin, *Psychological Warfare research in Malaya 1952-55*, Army Operational Research Establishment, UK Ministry of Defence, Paper to the 11th Annual UA Army Human Factors Research and development Conference, octobre 1965, rapport dans Peter Watson, *War on the Mind*, Hutchinson & Co Publishers, London, 1978, p. 349.

C'est ce qui explique l'expansion rapide du mouvement, pratiquement sans combats. Dans des conflits où le centre de gravité d'un mouvement est associé à sa légitimité (réelle ou perçue), c'est une vulnérabilité critique. En Syrie, les Russes ont compris cette mécanique subtile et tentent d'exploiter cette vulnérabilité critique de l'EI avec un *Centre pour la réconciliation des parties belligérantes sur le territoire de la République arabe syrienne* (CRPB) qui a permis de faire « tomber » des villes sans combats importants.

2.6.4.1. *Le mécanisme de radicalisation*

Le phénomène de radicalisation a fait l'objet d'études beaucoup plus sérieuses et plus critiques aux États-Unis et en Grande-Bretagne qu'en Europe continentale, qui ont permis de mettre en évidence un processus assez constant de radicalisation qui comprend plusieurs composants :

• Un *moteur* : l'indignation. Dans son essence, elle est irrévocablement associée à l'action occidentale au Moyen et Proche-Orient, qui est souvent comprise comme une action contre la population musulmane. Cette indignation s'alimente en tout premier lieu des « dommages collatéraux » dus aux interventions occidentales depuis 1990, mais « bénéficie » également des chicanes de la vie courante, des abus et violences policières, du « deux poids, deux mesures » ressenti par rapport à d'autres communautés (en particulier vis-à-vis de la communauté juive)[305].

• Un *élément de cohésion stratégique* : le nationalisme[306], où le mot « nationalisme » ne doit pas être compris dans un sens occidental, mais comme l'appartenance à une communauté de pensée (communauté des croyants). Il génère un sentiment de solidarité entre ceux qui combattent sur le champ de bataille et leurs « frères » du reste du monde. Exactement comme les attentats de 2015-2016 en France ont renforcé la cohésion nationale et stimulé les comportements nationalistes – voire extrémistes – toutes tendances politiques confondues ; les interventions occidentales au Proche-Orient ont resserré les liens au sein de la communauté musulmane et encouragé les positions extrêmes. À la fin 2014, des chercheurs italiens ont analysé les flux de messages (en arabe) sur les réseaux sociaux et ont montré que le soutien à l'État islamique était alors plus fort en Europe qu'en Syrie même ! La proportion de messages positifs envers l'EI se répartissait comme suit : Belgique : 31 % ; Grande-Bretagne : 23,8 % ; États-Unis : 21,4 % ; France : 20,8 % ; Canada : 15,3 % ; Italie : 9,8 %. Par ailleurs, la même étude montrait que les sentiments négatifs envers l'État islamique après

---

305. *Behavioural Science Unit Operational Briefing Note: Understanding radicalisation and violent extremism in the UK*, Security Service – MI5 (UK RESTRICTED), Report BSU 02/2008, 12 juin 2008.
306. Rausch C. Cassandra, "Fundamentalism and Terrorism", *Journal of Terrorism Research* 6(2); DOI: http://doi.org/10.15664/jtr.1153, 2015; *Report of the Defense Science Board Task Force on Strategic Communication*, Office of the Under Secretary of Defense For Acquisition, Technology, and Logistics, Department of Defense, Washington, D.C. 20301-3140, Septembre 2004.

les attentats n'étaient que de 4,7 %, tandis que les sentiments positifs s'élevaient à 37,5 %, essentiellement parce que l'EI était perçu comme défenseur de l'islam face aux interventions étrangères[307].

• Un *élément de cohésion doctrinale*, qui légitime la nature de l'action : la religion. Il s'agit plus d'un «logiciel de fonctionnement» que d'une aspiration religieuse profonde. Parmi les éléments doctrinaux qui en découlent, mentionnons la raison supérieure qui justifie le fait d'accepter des victimes collatérales, la valeur du sacrifice personnel, l'importance de l'intention par rapport au résultat et la notion de victoire.

• Un *objectif*, qui est resté constant, identique et clairement exprimé à l'occasion de chaque attentat djihadiste depuis 1990 : faire cesser les interventions et bombardements occidentaux au Moyen et Proche-Orient[308].

Il est également important de comprendre que la combinaison de ces divers éléments ne s'effectue pas de manière linéaire, comme le ferait un esprit occidental. Paradoxalement, pour simplifier, même des opposants au régime syrien ou irakien auront une antipathie envers les frappes occidentales. C'est ce qui explique la sympathie dont bénéficie globalement l'EI, même si la très grande majorité des musulmans réprouvent ses méthodes.

Après l'attentat du 7 juillet 2005, soucieux de son avenir politique, le Premier ministre Tony Blair nie tout lien entre la guerre en Irak et le terrorisme[309]. Mais le 2 avril 2006, le *Service de sécurité* britannique (MI5) expliquait dans un rapport classifié SECRET :

> *L'Irak sera probablement pour quelque temps encore un facteur important dans la radicalisation des musulmans britanniques et pour les extrémistes qui considèrent des attaques contre le Royaume-Uni comme légitimes.[310]*

Cette analyse sera reprise dix ans plus tard par le rapport de la commission d'enquête parlementaire visant à éclaircir les conditions de l'entrée en guerre de la Grande-Bretagne en Irak (commission Chilcot)[311]. Mais elle est totalement ignorée par le gouvernement français, qui s'engage dans le conflit moyen-oriental sans aucune mesure d'accompagnement pour protéger sa propre population.

---

307. Shiv Malik, "Support for Isis stronger in Arabic social media in Europe than in Syria"', *The Guardian*, 28 novembre 2014.

308. *Report of the Defense Science Board Task Force on Strategic Communication*, Office of the Under Secretary of Defense For Acquisition, Technology, and Logistics, Department of Defense, Washington, D.C. 20301-3140, Septembre 2004.

309. Matt Dathan, "Iraq war not to blame for 7/7 bombings, insists Tony Blair", *The Independent UK*, 7 juillet 2015.

310. Richard Norton-Taylor, "Iraq war 'motivated London bombers'", *The Guardian*, 3 avril 2006.

311. Glenn Greenwald, "Chilcot Report and 7/7 London Bombing Anniversary Converge to Highlight Terrorism's Causes", *The Intercept*, 7 juillet 2016.

Ainsi, le déploiement occidental au Moyen-Orient et en Afghanistan entre 2001 et 2014 n'a non seulement eu aucun effet dissuasif sur la volonté des islamistes de s'engager sur la voie du terrorisme, mais a eu au contraire un effet multiplicateur sur la volonté de combattre l'Occident. Et le phénomène s'est encore accentué avec l'annonce des bombardements américains et français sur l'Irak et la Syrie à partir de l'été 2014 : d'après un rapport du Conseil de sécurité des Nations unies, publié en mai 2015, le nombre de volontaires combattants étrangers dans ces pays a augmenté de 71 % entre l'été 2014 et mars 2015[312]. À l'été 2014, on estimait à 15 000 le nombre de combattants étrangers venant de 80 pays. Or à l'été 2015, 30 000 combattants en provenance de 100 pays se trouvaient en Syrie[313], soulignant l'inefficacité de la stratégie occidentale, comme le souligne l'organe officiel de l'État islamique :

> *En prenant le chemin de la guerre, les gouvernements se sont engagés eux-mêmes dans une voie mortelle. Chaque bombe larguée en Syrie ou en Irak sert de moyen de recrutement à l'État islamique. C'est un choix imprudent lorsque des millions de musulmans vivent dans ces mêmes pays, qui pourraient rapidement répondre à l'appel du djihad, conduisant irrémédiablement à la situation qui leur explose aujourd'hui à la figure à l'intérieur et à l'étranger.[314]*

Alors que le terrorisme, qui touche des innocents et dont les effets brutaux choquent l'esprit, apparaît comme profondément en contradiction avec les principes de nos sociétés, il est possible de reconstruire le cheminement qui amène le terroriste à outrepasser les principes humains pour atteindre ses objectifs. Thomas E. Hill, professeur de philosophie à l'Université de Caroline du Nord, imagine le dialogue suivant :

> *A demande à B s'il serait disposé à commettre un acte qui va à l'encontre de ses principes (comme commettre un acte raciste, un vol, etc.) contre un million de dollars.*
> *B répond « Oui, je pense que je le ferais ».*
> *A reprend : « Et pour 5 dollars ? » et*
> *B, indigné, rétorque : « Pour qui me prenez-vous ? »*

---

312. *Letter dated 19 May 2015 from the Chair of the Security Council Committee pursuant to resolutions 1267 (1999) and 1989 (2011) concerning Al-Qaida and associated individuals and entities addressed to the President of the Security Council*, S/2015/358, UN, New York, 19 mai 2015.
313. Eric Schmitt & Somini Sengupta, "Thousands Enter Syria to Join ISIS Despite Global Efforts", *The New York Times*, 26 septembre 2015.
314. John Cantlie, "The Anger Factory", *Dabiq*, n° 7, Rabi al-Akhir 1436, février 2015, p. 79.

> *Alors A explique : «Nous avons déjà discuté le principe, maintenant je négocie simplement le prix!»* [315]

À travers cet exemple, Hill tente de démontrer qu'il y a un point où les principes tendent à s'effacer devant l'enjeu, et que la remise en cause même du principe remet en question sa légitimité.

C'est exactement le même raisonnement qui pousse des nations éprises des valeurs de l'État de droit, comme les États-Unis et la France, à violer le droit international (par exemple, en agressant des pays souverains sans décision des Nations unies), à pratiquer la torture et à renoncer officiellement à l'application des droits de l'homme[316] ! Ainsi, la société occidentale condamne de manière unanime la torture, mais est-elle plus acceptable si en torturant un terroriste on pouvait sauver un million d'innocents ? Et pour sauver un million d'innocents moins un ? … un million moins deux ? … cent innocents ? … deux innocents ? On retrouve ici, mais « de l'autre côté de la barrière », la rationalité évoquée dans la confession du général Aussaresses sur ses activités en Algérie[317]. En fait, le processus de radicalisation des terroristes suit exactement ce même modèle.

Les médias relèvent volontiers que les terroristes se sont *« radicalisés sur Internet »*, mais on reste généralement très vague sur la nature du message qui conduit à la radicalisation. S'agit-il de discours enflammés de prêcheurs salafistes ou des images des victimes causées par l'action occidentale au Moyen-Orient ? En fait, il apparaît – comme nous le verrons – que ce sont les images des enfants victimes des frappes occidentales qui alimentent la volonté de passer à l'acte, plus que les sermons souvent abscons servis par d'obscurs imams.

Arrêté et interrogé par les services italiens, un des quatre auteurs de la tentative d'attentat du 21 juillet 2005 à Londres devait leur avouer :

> *Cela n'a rien à voir avec la religion… nous avons vu des images et des vidéos de la guerre en Irak !* [318]

Cette déclaration est étonnamment proche de celle d'un membre de la « filière irakienne du 19e arrondissement de Paris » devant le tribunal correctionnel de Paris en mars 2008 :

---

315. Thomas E. Hill, "Making an exception without abandoning the principle: or how Kantian might think about terrorism", dans *Violence, Terrorism, and Justice*, edited by R.G. Frey & Christopher W. Morris, Cambridge University Press, 1991.
316. Blandine Le Cain, « La France prévoit d'enfreindre les droits de l'homme avec l'état d'urgence », lefigaro.fr, 27 novembre 2015.
317. Général Aussaresses, *Services Spéciaux – Algérie 1955-1957*, Perrin, Paris, 2001.
318. David Leppard & John Follain, "The Third Terror Cell on the Loose?", *The Times*, 31 juillet 2008.

> *C'est tout ce que j'ai vu à la télé, les tortures de la prison d'Abou Ghraïb, tout ça, qui m'a motivé.*[319]

En fait, Internet apporte une information délaissée par les médias et les gouvernements occidentaux qui préfèrent « cacher la poussière sous le tapis », plutôt qu'affronter la réalité et l'expliquer. Ainsi, après les attentats de Bruxelles (22 mars 2016), l'EI a publié une vidéo explicative, montrant les dégâts causés par la coalition[320]. Au lieu de prendre le problème à bras le corps, le gouvernement belge a préféré ne pas communiquer sur la question, laissant ainsi le champ libre à l'EI.

En réalité, notre propension à expliquer le terrorisme par « ce qui est » et non par « ce qu'on fait » nous conduit à en faire porter la responsabilité à des entités floues, comme l'Internet. Cela permet ainsi de justifier des systèmes de filtrage de l'information et de surveillance de masse, qui n'ont pas d'impact sur la radicalisation, mais permettent de « punir ».

2.6.4.2. *Le rôle de la religion*

Lors des débats sur la loi contre le « séparatisme » en France, Gérard Darmanin, ministre de l'Intérieur, a déclaré :

> *Nous ne pouvons plus discuter avec des gens qui refusent d'écrire sur un papier que la loi de la République est supérieure à la loi de Dieu.*[321]

Ce type d'affirmation illustre le dogmatisme et l'ornière idéologique dans laquelle la lutte contre le terrorisme se situe en France, et explique l'incapacité des gouvernements successifs à comprendre le terrorisme… Nous n'épiloguerons pas ici sur la hiérarchie qu'un croyant – qu'il soit chrétien, musulman ou juif – peut établir entre les lois religieuses et les « lois » républicaines. Le problème ici est de comprendre le rôle de la religion par rapport à la radicalisation et – partant – au terrorisme.

Conséquence d'une gestion clientéliste de l'immigration durant plus de 50 ans, la population française (dite « de souche ») tend à se sentir – à tort ou à raison – submergée. Contrairement aux vagues d'immigration antérieures (ibérique, italienne, polonaise, russe, etc.), la nouvelle population musulmane est associée à des signes culturels distincts. Avec la multiplication des attentats djihadistes en Occident, se superposant à une délinquance chronique, une

---

319. Élise Vincent, « Quand Chérif Kouachi comparaissait dans l'affaire de la "filière irakienne du 19ᵉ arrondissement" », Le Monde.fr, 8 janvier 2015.
320. Vidéo *Œil pour Œil*, Wilaya al-Furat, 27 mars 2016.
321. Marie Lemonnier, « "La loi de la République supérieure à la loi de Dieu" : la polémique vue par Olivier Roy », *L'Obs*, 5 février 2021 (mis à jour 6 février 2021).

association irrationnelle entre violence et islam est apparue. Ainsi, s'est progressivement développée une « *islamophobie* » au sens propre du terme : « *la peur de l'islam* ». Même si le discours officiel tente d'éviter de stigmatiser l'ensemble de la population musulmane en distinguant entre « islamisme » et « islam », les médias et autres philosophes continuent à entretenir la confusion.

On qualifie souvent les terroristes islamistes de « *fous de Dieu* », et on leur attribue la volonté d'« *imposer leur religion* » ou « *leur totalitarisme* » sur la société française[322]. On débat sur la question de savoir si l'islam est une religion de guerre ou de paix, en comparant la fréquence d'apparition des mots « guerre » ou « amour » entre le Coran et la Bible… Ces polémiques sont spécieuses et simplistes : des études récentes, moins superficielles et basées sur l'analyse du langage tendent à démontrer que la Bible est un ouvrage plus guerrier que le Coran[323]…

Notre propension à comprendre le terrorisme à travers ses manifestations et ses effets nous affaiblit et vulnérabilise la population. Comme nous l'avons vu, l'idée d'un *continuum* entre les attentats de 1995 et ceux de 2015[324], en prenant la religion comme dénominateur commun, est une approche de policier. Elle a ouvert la porte à l'idée que les terroristes nous combattent « *pour ce que nous sommes et non pour ce que nous faisons* »[325]. Le terrorisme devient ainsi un processus inéluctable et nous amène à chercher le problème où il n'est pas, et donc à prendre des mesures inadéquates. En France, la perception du terrorisme est obscurcie par une hostilité envers l'immigration, qui s'est transformée en islamophobie à travers l'équation « islam = islamisme ».

Les élucubrations sur la violence de l'islam, répétées en boucle par certains polémistes, suivent la rhétorique israélienne, n'ont aucun sens et peuvent même être considérées comme cherchant à générer de la violence. De multiples études montrent que l'importance de la religion dans le processus de radicalisation est considérablement exagérée. Selon un rapport établi par la DGSE et cité par le député Patrick Mennucci lors des débats sur la déchéance de la nationalité en novembre 2014, 70 % des individus partis faire le djihad en Syrie seraient d'origine athée et 80 % seraient issus de familles sans lien avec l'immigration[326].

---

322. Voir François Fillon, *Vaincre le totalitarisme islamique*, Albin Michel, 28 septembre 2016.
323. Samuel Osborne, "'Violence more common' in Bible than Quran, text analysis reveals", The Independent.uk, 10 février 2016 ; Christine Talos, « La Bible est bien plus violente que le Coran », *Tribune de Genève*, 11 février 2016.
324. Jean-Louis Bruguière, *Le Grand Référendum*, Sud Radio, 19 avril 2017.
325. Manuel Valls, 19 novembre 2015.
326. François-Bernard Huyghe, « Les Français djihadistes athées à 70% et sans lien avec l'immigration à 80% : pourquoi la DGSE passe à côté d'une partie de la vérité », Atlantico.fr, 5 décembre 2014.

Pourtant, en France, aux plus hauts niveaux de l'État[327], la crispation à l'égard des courants fondamentalistes musulmans est manifeste, et s'étend jusqu'aux intellectuels :

> *Nous avons un ennemi, et il faut le nommer : c'est l'islamisme radical. Et un des éléments de l'islamisme radical, c'est le salafisme.*[328]

La relation entre terrorisme et salafisme est sujette à controverse : les salafistes existent depuis des siècles, et on ne voit pas pourquoi cette communauté aurait subitement décidé de prendre les armes contre la France. Symptomatiquement, en 2009 et 2010, le service de renseignement néerlandais (AIVD) estimait que le salafisme n'était pas un vecteur du djihadisme aux Pays-Bas et même, au contraire, constituait une alternative à l'appel au djihad[329]. La question est d'autant plus embarrassante que le comportement et le bagage religieux des terroristes sont très irréguliers. Ainsi, les études montrent que ceux qui ont mené les attentats de 2015-2016 en France n'avaient qu'un rapport assez superficiel avec la religion et qu'ils étaient loin d'être familiarisés avec le salafisme[330].

Le problème est que notre lecture manichéenne du phénomène terroriste (« vous êtes avec nous ou contre nous ») ignore les nuances et tend à promouvoir un langage qui encourage les divisions. Ainsi, la *Radio Télévision Suisse* (RTS), dans un effort de communication après les attentats de novembre 2015, a mis en ligne un petit glossaire à l'intention des enfants, *Le terrorisme décrypté pour les enfants*. Sous la rubrique « *djihadiste* », les auteurs donnent la définition suivante :

> *Un djihadiste est un combattant qui fait la guerre au nom de l'islam, sa religion. Il veut répandre sa religion dans le plus grand nombre de pays. Pour cela, il mène des actions violentes, comme des attentats.*

Et sous la rubrique « *islamiste* » :

> *Un islamiste est un musulman qui se bat pour imposer une religion islamique très stricte. Certains islamistes se battent en tenant des discours. D'autres le font en commettant des actes terroristes.*[331]

---

327. Lionel Bonaventure, « France : Manuel Valls veut engager une bataille identitaire contre les salafistes », RFI/AFP, 5 avril 2016.

328. « Manuel Valls : "Nous avons un ennemi, c'est l'islamisme radical" », AFP/Le Point.fr, 18 novembre 2015.

329. Il révise cependant son jugement en 2014, après l'apparition de prédicateurs opérant en dehors des courants salafistes normaux. (Rik Coolsaet, *Egmont Paper 97 - Anticipating The Post-DAESH Landscape*, Egmont Institute, octobre 2017, p. 3 ; *The transformation of jihadism in the Netherlands - Swarm dynamics and new strength*, General Intelligence and Security Service (AIVD), septembre 2014).

330. Frédéric Koller, « Olivier Roy : "Le salafisme n'est pas le sas d'entrée du terrorisme" », *Le Temps*, 14 octobre 2016.

331. www.rts.ch/decouverte/monde-et-societe/economie-et-politique/terrorisme/7257733-le-terrorisme-decrypte-pour-les-enfants.html.

En fait, rien de très surprenant dans cette simplification de la réalité, car la lutte contre le terrorisme rejoint l'aversion contre la religion qui touche nos sociétés influencées par le marxisme. L'idée que la religion est un facteur de division justifie une laïcité qui ne s'étend pas seulement à l'État, mais à la société tout entière. Cette question, cristallisée autour du voile islamique ou du burkini, a généré un lien artificiel entre l'islam et l'islamisme, qui entraîne une « peur de l'islam » (islamophobie).

On constate d'ailleurs que le lien entre islam et islamisme est beaucoup plus fortement exprimé en France que dans les pays anglo-saxons, qui tendent à mieux accepter des cultures différentes. La France tend à créer elle-même son propre problème : la radicalisation y est très largement le résultat de la rhétorique des politiciens à tous les niveaux et toutes tendances politiques confondues, et aux médias qui aiment « jeter de l'huile sur le feu »…

En surévaluant le rôle de la religion, on écarte les causes réelles qui poussent des individus – même peu ou pas religieux – à se sacrifier dans des actes terroristes. La religion n'est pas au centre de la démarche terroriste. En revanche, il y a une composante religieuse, mais elle doit être comprise à sa juste mesure. Elle donne un contexte général et des points de repère, et n'est que l'équivalent d'un « système d'exploitation » qui fournit au terrorisme des éléments culturels pour fonctionner, sans entrer automatiquement dans sa finalité. Ainsi, les attentats en France ne visaient pas à renverser la République pour lui substituer un État islamique, mais cherchaient à faire cesser les frappes contre celui qui était en création en Irak et en Syrie.

En fait, nous refusons d'écouter et de comprendre ce que nous disent les terroristes. Ainsi, en juin 2018, sortant de son silence, Salah Abdeslam justifie l'attentat du 13 novembre 2015 :

> *Nous ne vous attaquons pas parce que vous mangez du porc, vous buvez du vin ou vous écoutez de la musique, mais les musulmans se défendent contre ceux qui les attaquent [...] Mettez votre colère de côté et raisonnez quelques instants, vous ne subissez que les erreurs de vos dirigeants.*[332]

Notre vision exagérée du rôle de la religion n'est qu'une forme déguisée de communautarisme, qui conduit à un manque de cohérence et risque d'accroître les tensions que l'on voudrait combattre. Ainsi, sur le plan stratégique, les tentatives – en France et en Belgique – pour « certifier » les imams et autres prédicateurs risquent, au contraire, d'accentuer le sentiment d'un Occident qui tente de s'immiscer dans tous les aspects de la vie civile et religieuse des musulmans.

Clausewitz avait établi qu'une stratégie est la combinaison de moyens (ou ressources), de modes d'action et d'objectifs. Dans cette perspective, et dans le

---

332. « 13 novembre : devant le juge, Salah Abdeslam justifie les attaques jihadistes, selon RTL », France 24, 29 juin 2018.

cas du terrorisme djihadiste, la religion est une ressource et non un objectif. Elle n'est qu'un outil pour gagner l'adhésion des militants et leur donner une clé de lecture du combat, un peu comme une « doctrine militaire » dans une armée conventionnelle.

En effet, pour qu'un individu soit prêt à sacrifier sa vie pour une cause, il faut que cette cause en vaille la peine. Dans la culture occidentale, les idées de « nation » et de « patrie » remplissent cette fonction et ont justifié des sacrifices – mais aussi des crimes et des injustices – durant des siècles… Les interventions répétées au Moyen-Orient ont ainsi réveillé un sentiment d'appartenance à une communauté de pensée, qui fait écho au nationalisme ou au patriotisme occidental.

Une étude effectuée pour l'OTAN en 2004 avait déjà établi que les motivations des djihadistes sont le plus souvent liées à des revendications identitaires ou à un sentiment d'humiliation, dont l'origine se trouve dans des registres sociétaux, historiques ou politiques[333]. Dans ce contexte, les discussions sur le port du voile dans les écoles et les lieux publics, animées par une lecture de la laïcité souvent teintée de marxisme, ont très largement contribué à alimenter un réflexe identitaire. Il est certain que la très large majorité de cette population est opposée à la violence et au terrorisme ; mais, la stigmatisation permanente dont elle se sent l'objet – même si elle est parfois imperceptible – renforce sa sympathie pour la *cause* des islamistes (pas nécessairement pour les méthodes).

Les injustices de nature sociale, économique ou judiciaire peuvent également entrer dans l'équation, mais comme facteurs facilitants et non comme éléments centraux de motivation. En effet, alors que le révolutionnaire marxiste a une démarche de prise en main de son destin, l'islamiste a tendance à le placer dans les mains de Dieu et à mieux l'accepter. C'est pourquoi les terroristes palestiniens des années 1960-1980, qui étaient d'obédience marxiste, organisaient des attentats en cascade pour libérer leurs confrères arrêtés et incarcérés ; alors que les djihadistes condamnés à de dures peines de réclusion acceptent leur peine et ne sont pas plaints par leurs coreligionnaires, qui ne font aucun effort pour les libérer.

Comme on peut le constater, les raisons de s'engager dans la violence sont multiples et généralement séculières dans leur essence. Les agglutiner sous la rubrique « violence religieuse », comme le font le gouvernement français et de nombreux experts, est non seulement réducteur, mais rend l'acte terroriste artificiellement inéluctable. Nos émotions et préjugés deviennent ainsi le principal obstacle à l'identification des solutions.

Toutes ces constatations avaient déjà été formulées en 2008 par le *Service de sécurité* britannique, ou MI5 :

---

333. *Report – Suicide Terrorism: The Strategic Threat and Countermeasures*, NATO Research & Technology Organisation, août 2004.

> *Loin d'être des fanatiques religieux, un grand nombre de personnes impliquées dans le terrorisme ne pratiquent pas régulièrement leur foi. Beaucoup manquent de connaissances religieuses et pourraient en fait être considérés comme des novices religieux. Très peu ont été élevés dans des ménages fortement religieux, et la proportion de convertis est plus élevée que la moyenne. Certains participent à la consommation de drogues, à la consommation d'alcool et aux visites aux prostituées.[334]*

En fait, le MI5 constate qu'une identité religieuse bien établie protège contre la radicalisation violente. On est ici aux antipodes de la lecture française, teintée de marxisme et très influencée par la lecture israélienne.

Le problème est que la lecture française conduit à ficher des individus en fonction de leurs croyances religieuses dès 2020[335], ce qui ne pourrait que donner une illusion de sécurité. Or, comme nous l'avons vu, les attaques de 2020 montrent que les auteurs n'avaient qu'un lien distant avec la religion. On tend à restreindre des libertés pour un gain sécuritaire probablement nul : c'est une réponse de policiers et non de stratèges, comme dans les pays totalitaires.

2.6.4.3. Le rôle de l'antisémitisme

Lors des attentats parisiens de 2015, on a observé un ciblage récurrent – et disproportionné – « d'objectifs » (lieux et personnes) juifs, comme un fil rouge qui semble les lier. On en a conclu que l'antisémitisme était un moteur du terrorisme djihadiste. Une analyse plus fine permet de nuancer cette conclusion : l'antisémitisme *n'est pas* au centre du combat djihadiste. Il est un des multiples facteurs qui peuvent entrer dans le processus de radicalisation et fait partie d'un faisceau de critères qui contribuent au choix des cibles, mais il n'est pas au cœur de la motivation des terroristes. Nous y reviendrons.

La difficulté à cerner la démarche des terroristes résulte de la confusion entre trois notions : ce qui relève de l'État d'Israël (« israélien »), ce qui est associé au judaïsme (« juif ») et ce qui est lié au nationalisme juif (« sioniste »). Cette confusion résulte très largement de l'adoption de plus en plus répandue de la définition proposée par l'*Alliance internationale pour la mémoire de l'Holocauste* (IHRA), qui fait de l'antisionisme un « synonyme » de l'antisémitisme, comme le font Manuel Valls[336] et certains penseurs français. Elle permet de noyer les critiques contre l'État d'Israël, l'antisémitisme et l'antisionisme en un seul problème à traiter, mais engendre deux problèmes majeurs : a) elle tend à projeter les errements du sionisme sur l'ensemble de la communauté juive, et b) elle rend impossible la conception de stratégies pour répondre de manière adaptée à chacun de ces problèmes.

---

334. Alan Travis, "MI5 report challenges views on terrorism in Britain", *The Guardian*, 20 août 2008, www.theguardian.com/uk/2008/aug/20/uksecurity.terrorism1 (consulté le 13 novembre 2016).
335. Décret n° 2020-1511 du 2 décembre 2020.
336. Conférence au Conseil représentatif des institutions juives de France (CRIF), Paris, 7 mars 2016.

Or de nombreux juifs considèrent même le sionisme comme antisémite[337], comme on peut l'observer lors des impressionnants rassemblements de juifs orthodoxes à New York[338] ! Ce rejet du sionisme par les juifs eux-mêmes s'est manifesté dès 1897, lorsque 78 des 80 rabbins allemands se sont opposés à la tenue du premier congrès sioniste mondial en Allemagne, forçant Théodore Herzl à l'organiser à Bâle (Suisse) et non à Munich[339]. Leur remise en question de la légitimité de l'État d'Israël a un fondement biblique, sans rapport avec le contexte géostratégique contemporain. Aux États-Unis, où la liberté d'expression est plus large sur cette question, on constate que le nombre d'actes antisémites est sensiblement équivalent à ce que l'on observe en France, malgré une population cinq fois plus grande[340].

La France, où les garde-fous légaux et certains acteurs particuliers ou associatifs (comme la LICRA) sont très sensibles à cette question, parfois jusqu'à l'absurde, est le pays d'Europe qui enregistre le plus grand nombre d'actes antisémites entre 2005 et 2015[341].

Le sionisme, qui constitue le fondement idéologique de l'État d'Israël aujourd'hui, est donc une notion à caractère essentiellement politique. D'ailleurs, le mouvement sioniste ne comprend pas seulement des juifs, mais aussi des chrétiens, notamment des évangélistes (principalement aux États-Unis), qui voient dans l'État hébreu la réalisation d'une prophétie biblique. Ce sont d'ailleurs eux qui sont en partie à l'origine de la décision du président Trump de reconnaître Jérusalem comme capitale d'Israël[342]. Ainsi, par exemple, Stephen Bannon, ancien chef de la stratégie de Donald Trump et militant d'extrême droite, se déclare lui-même « *sioniste chrétien* »[343].

---

337. Voir *Rabbi denounces Zionism*, YouTube, 4 août 2012 ; *Rebel Rabbis : Anti-Zionist Jews against Israel*, YouTube, 7 septembre 2016 ; Peter Beinart, "No, anti-Zionism isn't anti-Semitism", *Haaretz*, 30 mars 2016 ; Matthew Gindin, "The Latest Trend in Zionism? Anti-Semitism", Forward.com, 16 février 2017.

338. Voir Danielle Ziri, "Tens of Thousands of Ultra-Orthodox Jews in New York Protest IDF Draft Law", *The Jerusalem Post*, 12 juin 2017.

339. Voir Shlomo Sand, *Comment le peuple juif fut inventé*, Paris, éditions Fayard, [illegible]3 septembre 2008.

340. "Number of anti-Semitic hate crimes edged up last year, FBI reports", Jewish Telegraphic Agency (JTA), 13 novembre 2017.

341. Johannes Due Enstad, *Antisemitic Violence in Europe, 2005-2015 – Exposure and Perpetrators in France, UK, Germany, Sweden, Norway, Denmark and Russia*, Department of Literature, Area Studies and European Languages, University of Oslo, Center for Research on Extremism (C-REX), University of Oslo, Oslo, juin 2017.

342. Noah Bierman, "Who really wants Trump to recognize Jerusalem? His evangelical supporters at home", *Los Angeles Times*, 6 décembre 2017.

343. Ben Sales, "Stephen Bannon: 'I'm proud to be a Christian Zionist'", Jewish Telegraphic Agency, 13 novembre 2017.

Le 27 octobre 2018, à Pittsburgh, les États-Unis subissent l'acte antisémite le plus sanglant de leur histoire[344]. Donald Trump est alors pointé du doigt pour ne pas avoir assez condamné l'extrême droite après les événements de Charlottesville, en août 2017[345], et on cherche alors à lui attribuer la responsabilité morale de l'attaque. Ainsi *France 24* (avec l'AFP), la *RTBF* belge, le *Times of Israel* et d'autres reprennent une dépêche de l'AFP :

> *Les théories conspirationnistes, accusant notamment les juifs de dominer le gouvernement et le monde de la finance, sont monnaie courante au sein du mouvement de l'alt-right, l'extrême droite américaine.*
>
> *Soutien du président Donald Trump, cette mouvance a gagné en influence ces dernières années, notamment par le biais de l'ancien stratège du président Steve Bannon.*[346]

L'accusation semble logique, mais c'est faux. Paradoxalement, l'explication est exactement inverse : l'auteur de la tuerie détestait Trump parce qu'il n'était pas assez antisémite[347] ! Si Steve Bannon a été décrié par certaines organisations juives américaines[348], les organisations sionistes l'acclament[349], ce qui souligne, au passage, la difficulté à associer « judaïsme » et « sionisme ». On tourne en rond !

Ce type de désinformation complique la recherche des causes du terrorisme et retarde l'adoption de solutions pérennes. Assez curieusement, les associations de victimes se complaisent dans un discours qui satisfait leurs préjugés, mais pas la recherche de la vérité et de la justice.

---

344. Jay Croft & Saeed Ahmed, "The Pittsburgh synagogue shooting is believed to be the deadliest attack on Jews in American history, the ADL says", CNN, 28 octobre 2018.

345. David Smith, "Donald Trump's rhetoric has stoked antisemitism and hatred, experts warn", *The Guardian*, 29 octobre 2018.

346. « Fusillade de Pittsburgh : Donald Trump accusé d'"enhardir" les suprémacistes blancs », France 24, 29 octobre 2018 ; « Les juifs de Pittsburgh pointent le rôle de Trump », 7sur7.be, 29 octobre 2018 ; « Fusillade à Pittsburgh : des responsables juifs accusent Trump d'avoir une part de responsabilité », rtbf.be, 29 octobre 2018 ; « Trump, qui arrivera mardi à Pittsburgh, ne serait pas le bienvenu », fr.timesofisrael.com, 29octobre 2018.

347. Elizabeth Brockway, "Pittsburgh Synagogue Suspect Robert Bowers Hated Trump—for Not Hating Jews", www.thedailybeast.com, 27 octobre 2018 ; James S. Robbins, "Synagogue shooter hated Donald Trump and shows what real hatred, anti-Semitism looks like", *USA Today*, 29 octobre 2018.

348. Eric Cortellessa, « Ce que les dirigeants juifs disent de Stephen Bannon », *The Times of Israel*, 16 novembre 2016.

349. Katty Scott, « L'Organisation sioniste de l'Amérique : "Stephen Bannon n'est pas antisémite, c'est un ami du peuple juif" », *Le Monde Juif*, 15 novembre 2016 ; Allison Kaplan Sommer, " Zionist Organization of America Embraces 'Alt-right' Stars – Even Those Too Fringe for Trump", *Haaretz*, 14 novembre 2017.

On observe que la propagande de l'EI, très prolixe pour fustiger les pays occidentaux, reste très silencieuse sur la question israélo-palestinienne. Les guerres déclenchées par l'Occident contre les gouvernements irakien et syrien ont plutôt rapproché l'EI et Israël, d'ailleurs Israël ne voit pas l'EI comme une menace principale[350]. Ainsi, le combat des Palestiniens pour récupérer leurs terres ne rencontre qu'un appui timide de la part des djihadistes : dans l'édition de février 2016 de sa revue *Dar al-Islam*, l'EI critiquait assez sévèrement le Hamas palestinien[351]. On observe que les revendications et analyses « officielles » publiées par l'EI après les attentats de janvier et de novembre 2015 ne singularisent pas les « juifs », et mettent l'accent sur la réponse aux bombardements français. Même des documents plus « doctrinaux », qui reviennent sur certains attentats dans des « analyses après action » afin d'en extraire des retours d'expérience, ne mentionnent pas les juifs dans ce contexte.

En Palestine, la résistance mène un combat contre une occupation territoriale et non contre une religion. Pourtant, le gouvernement israélien la considère comme étant strictement religieuse et la qualifie officiellement d'antisémite. Le terrorisme est alors interprété comme une agression contre « ce que l'on est et non ce que l'on fait » ; le même discours sera répété par Manuel Valls en France en 2015[352]. En fait, c'est une manière d'esquiver la nature réelle du problème et de l'entretenir, car aucune solution négociable n'est alors possible et ne peut se résoudre que par l'anéantissement de l'autre.

Un sondage réalisé à la demande de CNN en 2018 montre que, pour un tiers des Européens, le qualificatif « antisémite » est utilisé pour neutraliser les critiques de la politique israélienne envers les Palestiniens[353]. Le même sondage établit que pour 28 % des Européens, l'antisémitisme est lié aux actions de l'État d'Israël, tandis que 54 % (et 66 % en Pologne) pensent que l'existence de l'État d'Israël est légitime. En d'autres termes, il n'y a pas de lien objectif entre la légitimité de l'État d'Israël et la critique de la politique de son gouvernement : on le crée artificiellement !

---

350. Yoav Zitun, Tova Tzimuki & Moran Azulay, "Ya'alon: In choice between Iran and ISIS, I prefer ISIS", www.ynetnews.com, 19 janvier 2016 ; Judah Ari Gross, "Ya'alon: I would prefer Islamic State to Iran in Syria", *The Times of Israel*, 19 janvier 2016.
351. « Comment connaître la vérité », *Dar al-Islam*, n° 8, p. 61, Rabi ath-Thani 1437, janvier-février 2016.
352. « Discours devant l'Assemblée nationale - Manuel Valls : "Un risque d'armes chimiques ou bactériologiques" », www.parismatch.com, 19 novembre 2015.
353. Richard Allen Greene, "CNN poll reveals depth of anti-Semitism in Europe", CNN/ComRes, 2018, http://edition.cnn.com/interactive/2018/11/europe/antisemitism-poll-2018-intl/.

Nombre d'actes antisémites en France (1998-2018)

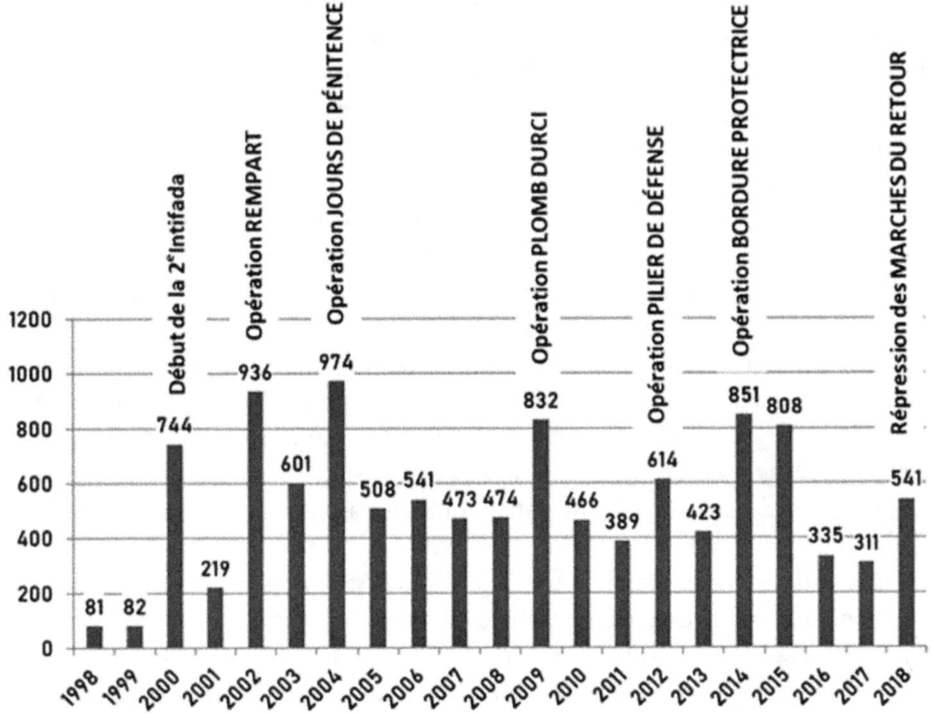

Figure 6. Le nombre des actes antisémites en France (1998-2018) montre une grande corrélation avec les événements dans les territoires palestiniens occupés. Les valeurs basses (les « creux ») reflètent en grande partie un antisémitisme latent, tandis que les pointes sont très clairement liées à la situation en Palestine. Si l'on voulait vraiment réduire l'antisémitisme, on tenterait de dissocier ce qui relève de la religion de ce qui est lié à la politique israélienne. [Chiffres : https://www.antisemitisme.fr/]

En France, on observe une grande résistance à l'idée d'un lien entre le nombre d'actes antisémites et la situation en Palestine. Or les rapports annuels du *Service de protection de la communauté juive* (SPCJ) montrent que les poussées d'antisémitisme sont très directement corrélées avec les événements du Proche-Orient, en particulier avec les actions israéliennes dans les territoires occupés[354]. Ainsi, les actes antisémites étaient en baisse constante depuis la fin de la première *Intifada* (1991), mais ont spectaculairement rebondi en 2000 avec le début de la deuxième *Intifada* et sa répression disproportionnée. Depuis, les « pics » observés correspondent exactement aux années où Israël a engagé des opérations brutales contre les Palestiniens : 2002 (opération REMPARTS), 2004 (opération JOURS DE PÉNITENCE et assassinat de Yasser Arafat au polonium), 2009

---

354. Voir les rapports sur www.antisemitisme.fr.

(opération PLOMB DURCI), 2012 (frappes en mars, puis opération PILIER DE DÉFENSE), 2014 (opération BORDURE PROTECTRICE), démontrant qu'à tort ou à raison, le conflit palestinien a une forte résonnance en France[355]. On notera, par ailleurs, que les opérations contre le Hezbollah au Liban (2006) ont eu peu d'impact sur les actes antisémites en France, c'est donc bien le problème palestinien qui génère ce type d'actions.

Dans le cadre d'une lutte contre la radicalisation et les actes antisémites, les gouvernements occidentaux devraient chercher à avoir un rôle plus neutre et plus modérateur dans le conflit. Plus que dans les autres pays européens, la France tend à oublier les sensibilités d'une grande partie de sa population : la singularisation de la communauté juive, le soutien bruyant de la politique israélienne dans les territoires occupés, le traitement maladroit de l'affaire Dieudonné et de la campagne « BDS »[356] ont eu l'effet pervers de mettre la communauté juive au centre de toute une gamme de mécontentements[357]. Si ce facteur avait été pris en compte par le gouvernement Sarkozy/Fillon en 2012[358], il est très vraisemblable que les crimes de Mohammed Merah n'auraient pas eu lieu, comme nous l'avons vu plus haut.

Dans un environnement terroriste djihadiste, le soutien politique aux communautés religieuses doit être exercé avec discrétion et subtilité de sorte à faire barrage aux amalgames meurtriers. Le fait de s'engager avec la coalition internationale au Moyen-Orient aurait dû inciter les gouvernements occidentaux à plus de circonspection dans ce domaine. La lutte contre le terrorisme n'est pas un combat de coqs basé sur la masse musculaire, mais avant tout un combat pour la légitimité. En France, aucun effort pédagogique n'a été fait – en particulier envers la population musulmane – pour expliquer de manière dépassionnée la participation à la coalition internationale au Moyen-Orient.

---

355. Voir « Actes antisémites recensés en France de 1998 à 2014 », dans Christian De Lablatinière, *Rapport sur l'antisémitisme : en 2014, le nombre d'actes antisémites recensés sur le territoire français a doublé. Pas l'islamophobie…*, www.europe-israel.org.

356. La France est l'un des rares pays dans le monde à interdire la campagne BDS (Boycott, Desinvestment, Sanctions), qui vise à forcer Israël à étiqueter différemment les biens produits en Israël et ceux produits dans les territoires occupés (comme l'exige le droit international). Notons que l'Union européenne a décidé qu'un étiquetage différencié devait être utilisé (Peter Foster et Raf Sanchez, "Israel fury after EU orders labels on goods from occupied territories", telegraph.co.uk, 11 novembre 2015).

357. L'interdiction — en France seulement – de l'organisation pour le boycott des produits fabriqués dans les territoires occupés, mais sous le label « made in Israel » appartient au même débat, mais sort du cadre de cet ouvrage. Voir Jean-Baptiste Jacquin, « L'appel à boycotter Israël déclaré illégal », lemonde.fr, 6 novembre 2015.

358. Alain Gresh, Gaza, « Palestine et apartheid », *Le Monde diplomatique*, 11 mars 2012, http://blog.mondediplo.net/2012-03-11-Gaza-Palestine-et-apartheid (NDA : le texte original du communiqué des Affaires étrangères a été retiré du web).

En Europe – et en France en particulier – persiste l'idée que l'inégalité est un des moteurs du terrorisme. Issue de la Révolution française, puis des luttes sociales du XXe siècle, cette idée était probablement vraie dans les années 1960-1970 ; mais aujourd'hui, avec le terrorisme djihadiste, le rôle des inégalités est très faible. Ce phénomène s'explique simplement par le « système d'exploitation » islamique, qui tend à faire accepter sa condition comme une manière d'accomplir son rôle sur terre.

D'ailleurs, le terme « inégalité » n'apparaît pratiquement jamais dans les écrits de l'EI. En revanche, un moteur considérablement plus important – mais jamais évoqué – est l'injustice. S'exprimant dans des registres divers, elle est alimentée par le conflit israélo-palestinien, mais est aussi fortement associée à des interventions militaires occidentales, que nous n'avons jamais réussi à justifier.

Le premier problème est de rattacher tous les attentats terroristes à l'EI, comme on le faisait auparavant avec « Al-Qaïda ». Assez mystérieusement, Al-Qaïda semble avoir totalement cessé de commettre des attentats terroristes... du moins si on s'en tient aux médias ! Ce faisant, les médias ont implicitement donné à l'EI un rôle de moteur dans le djihad international, incitant des groupes locaux à se donner une assise politique en déclarant leur ralliement (*bayah*) à l'EI.

De manière similaire, dans les divers descriptifs de l'EI, un soin particulier est pris pour le présenter comme une organisation criminelle. Il en est ainsi de la présentation de ses sources de financement, où l'on place volontiers pêle-mêle le trafic d'antiquités ou de drogue, l'esclavage, etc. Que certains individus, membres ou non de l'EI, se soient compromis dans de telles activités est vraisemblable. Mais il est faux de présenter l'EI comme un ramassis de bandits, même si ses lois sont appliquées de manière brutale. Ce que l'on présente en Occident comme de l'extorsion n'est bien souvent qu'une taxation (*jizyah* et *zakah*). Quant à la satisfaction des populations, elle doit probablement être mesurée à l'aune de ceux qui regrettent le régime de Saddam Hussein ou le régime de Mouammar Kadhafi, qui, au moins, étaient garants d'une certaine stabilité (rappelons ici que selon les Nations unies, avant l'intervention occidentale, la Libye avait le plus haut niveau de développement humain d'Afrique[359]).

Dans ce contexte, il faut également rappeler que les victimes civiles des frappes occidentales sont sans doute beaucoup plus importantes que ce que les médias rapportent. Les vidéos diffusées par l'EI montrent de manière assez généreuse les images de ces victimes, notamment des enfants, et occupent un espace informationnel totalement délaissé par les gouvernements occidentaux, qui n'assument

---

359. https://en.wikipedia.org/wiki/History_of_Libya_under_Muammar_Gaddafi.

pas leurs décisions. Or il semble que ces images ont un effet déterminant pour ce que l'on appelle la « radicalisation », en générant un sentiment d'indignation.

La religion n'est donc pas en soi un motif de violence. La tendance de l'Occident à vouloir tout maîtriser et décider pour tous est l'élément moteur de la révolte qui appelle la violence. Le Dr Marc Sageman – un sociologue et psychiatre, ancien membre de la CIA – a étudié près de 500 cas de terroristes djihadistes, dans le cadre de son ouvrage *Leaderless Djihad* et constate que le processus de radicalisation d'un individu est favorisé par quatre facteurs[360] :

> *1 – un sentiment de colère issu de sa perception des souffrances subies par ses coreligionnaires dans le monde ;*
>
> *2 – la manière dont l'individu place cette colère dans le contexte d'une guerre plus globale contre l'islam ;*
>
> *3 – si cette « colère » fait écho à son expérience personnelle au sein de la société occidentale (comme les discriminations ou difficultés à s'intégrer) ;*
>
> *4 – l'embrigadement dans un groupe, dont la dynamique peut lui faire traduire sa « colère » en acte violent.*

Ces observations sont confirmées par les écrits doctrinaux du djihad moderne et sont cohérentes avec les revendications des actes terroristes observés ces dernières années. Encore une fois, nous sommes très loin d'une volonté de changer la société occidentale ou d'imposer le salafisme en Europe.

Le problème est que, convaincus par les « experts » que le terrorisme est un phénomène religieux dont l'objectif est lui aussi religieux, les gouvernements occidentaux lui appliquent une thérapie inadaptée. Pris au piège de décisions maladroites, les gouvernements préfèrent adopter une attitude fataliste basée sur l'idée d'un terrorisme servant une finalité religieuse et donc inéluctable.

L'effet pervers de cette posture est que, par crainte d'excuser, on n'écoute pas, on n'explique pas et donc, on ne comprend pas. Ainsi, les mécanismes de la radicalisation sont expliqués au gré des préjugés. Selon l'ex-garde des Sceaux, Christiane Taubira, seuls 15 % des extrémistes sont radicalisés en prison, tandis que leur grande majorité est radicalisée sur Internet[361] ; selon l'Unité de coordination de la lutte antiterroriste (UCLAT), 95 % des cas de radicalisation seraient dus à des contacts humains[362] ; selon Pierre Conesa, professeur à Science-Po, *« les services judiciaires antiterroristes disent que 80 % des retours de Syrie n'ont fréquenté*

---

360. Marc Sageman, *Leaderless Djihad: Terror Networks in the Twenty First Century*, University of Pennsylvania Press, 2008, 208 pages.

361. Interview avec Christiane Taubira, *Le Temps*, 20 décembre 2015.

362. Christophe Cornevin, « Islamisme : 8250 individus radicalisés en France », lefigaro.fr, 2 février 2016.

ni la mosquée ni la prison[363] ». Par ailleurs, selon Christine Taubira, alors Garde ces Sceaux, aucun des auteurs des attentats du 13 novembre n'a été radicalisé en prison avant ces événements[364].

La radicalisation est un processus complexe où les mosquées, les prisons ou Internet ne sont que des éléments facilitateurs. Les conclusions du Dr Sageman apparaissent pertinentes et confirment les observations effectuées en Israël, en Irak ou en Europe. Les attentats terroristes ne sont pas issus du néant, mais sont une conséquence d'événements, le plus souvent provoqués par l'Occident, comme le constatait en 2006 l'un des plus importants *think tanks* américains, le *CATO Institute* :

> *Au lieu de la religion, presque tous les attentats-suicides dans le monde ont en commun un objectif politique déterminé : forcer un pays démocratique à retirer ses forces militaires d'un territoire, que les terroristes considèrent comme leur patrie ou estiment particulièrement.*[365]

Pour simplifier, et en se basant sur le concept de « djihad individuel », on pourrait esquisser le schéma suivant :
- *l'action occidentale* est l'élément déclencheur du processus ;
- la *religion* fournit le « système d'exploitation » et permettra de définir le niveau d'engagement et sa cohérence dans l'action d'ensemble ;
- les *contacts personnels* ou la prison contribuent au réseau logistique et d'appui ;
- tandis que l'*Internet* apporte des éléments doctrinaux, les méthodes et la partie didactique.

Nos ingérences dans le mode de vie des musulmans par la force ou par la politique sont des éléments déterminants du processus de radicalisation et la raison fondamentale du djihad armé. Mais ce sont probablement la mauvaise foi et les dénis qui entourent ces interventions, et les victimes qu'elles causent, qui génèrent le plus d'indignation et de colère. En novembre 2015, après les attentats Laurent Fabius, ministre des Affaires étrangères, déclarait :

> *On a été parmi les premiers à lutter contre DAECH parce que ce sont des terroristes qui veulent nous détruire. C'est parce qu'ils veulent nous détruire que nous sommes en Syrie. D'ailleurs, le premier attentat contre Charlie*

---

363. Pierre Conesa, « Quelle politique de contre-radicalisation en France ? », Rapport fait pour la fondation d'aide aux victimes du terrorisme, décembre 2014.

364. Christiane Taubira, ex-garde des Sceaux, dans l'émission *On n'est pas couché* (« Christiane Taubira - *On n'est pas couché* 6 février 2016 #ONPC », France2/YouTube, 6 février 2016) (36'10").

365. Robert A. Pape, "Suicide Terrorism and Democracy - What We've Learned Since 9/11", *Policy Analysis* (CATO Institute), 1ᵉʳ novembre 2006.

Hebdo, nous n'étions pas en Syrie. Donc c'est vraiment nous, notre existence qui est visée.[366]

L'affirmation est d'autant plus cynique que le gouvernement français a littéralement imposé la dénomination de « DAECH », qui signifie « État islamique en Irak *et* au Levant » ! Laisser penser qu'en bombardant un groupe d'un seul côté de la frontière, il n'aurait pas de raison pour y répondre relève de la sottise... ou de la désinformation. Ce déni du ministre des Affaires étrangères est relayé par certains experts qui continuent à affirmer que les terroristes ont frappé la France en premier...

... quand aucune opération militaire n'était menée contre eux [...] Les attentats de DAECH étaient antérieurs à toute action militaire.[367]

Les djihadistes ont ainsi beau jeu de justifier leurs attentats, face aux mensonges officiels et des experts, et de gagner ainsi en légitimité auprès de leur auditoire, comme nous le verrons.

Au-delà des mots, si l'on refuse d'énoncer les causes réelles de la radicalisation et des attentats, il n'y a aucune chance de résoudre le problème, et les mesures prises ne feront probablement que l'amplifier. Les revendications des attentats de janvier 2015 n'évoquent pas les caricatures de 2005-2006 ou la liberté d'expression, tandis que les revendications émises par l'État islamique le 14 novembre 2015, puis dans le numéro 12 de son organe officiel, *Dabiq* – paru le 18 novembre – et dans sa revue *Dar al-Islam* de novembre 2015 n'évoquent ni le caractère chrétien de la France, ni sa démocratie, ni son mode de vie, comme justification pour les attaques, mais mentionnent clairement une réponse aux frappes aériennes en Irak et en Syrie.

Par ailleurs, l'Occident tend à interpréter la sauvagerie des attentats terroristes comme une raison nécessaire et suffisante pour mentir et sortir des règles du droit qui font la force des démocraties. L'usage de la torture et le non-respect des droits de l'homme sont souvent présentés comme un passage obligé pour lutter contre le terrorisme. C'est faux. Le rapport du Sénat américain sur l'usage de la torture par la CIA a démontré qu'il s'agissait d'un instrument inutile, inefficace et qui crée davantage de terrorisme. Et surtout, cette manière de traiter le problème tend à faire perdre toute légitimité à l'action de l'État et favorise ainsi l'adhésion aux idées des terroristes, ainsi que le souligne un câble SECRET, de l'ambassadeur américain au Koweït :

---

366. Interview par Jean-François Achilli, « Laurent Fabius : "Il faut s'unir et vaincre ces gens-là" », Franceinfo, 19 novembre 2015, http://www.franceinfo.fr/emission/l-interview-politique/2015-2016/laurent-fabius-il-faut-s-unir-et-vaincre-ces-gens-la-19-11-2015-08-04.
367. Jean-Pierre Filiu, émission *C dans l'air*, France 5, 1er décembre 2016.

Selon le renseignement militaire américain, la motivation primaire pour la plupart des terroristes/combattants étrangers (T/CE) est la perception des mauvais traitements et l'absence de procédure régulière dans le traitement des détenus à Abu Ghraïb et à Guantanamo – faisant ainsi de ce problème un facteur clé du flot de T/CE et un élément central du manque de confiance envers les États-Unis pour sa capacité à mener une guerre contre le terrorisme qui soit efficace et reste fidèle aux valeurs américaines.[368]

En fait, les pays occidentaux ne se sont jamais vraiment préoccupés de l'impact de leurs politiques extérieures sur leurs propres communautés immigrées. Au contraire même, on observe en France une forme de déni qui rejoint souvent la désinformation, particulièrement lorsqu'il s'agit de la politique à l'égard d'Israël.

Les mêmes causes provoquent les mêmes effets, pourtant, les pays touchés par le terrorisme en 2015-2016 semblent ignorer volontairement ces signes très clairs. Assez curieusement, les explications données par les terroristes eux-mêmes dans leurs textes de revendication, et mentionnant les frappes en Irak et en Syrie, sont systématiquement ignorées dans les médias, comme dans le « décryptage » de la revendication des attentats du 13 novembre 2015 par la Radio-télévision belge francophone[369], qui ne mentionne que les passages les plus « offensifs », mais ignore délibérément les explications contenues dans le message. On a ainsi contribué au formatage des esprits pour donner l'illusion d'un caractère inéluctable du terrorisme musulman.

2.6.4.5. *Le rôle des interventions militaires*

Le djihadisme moderne est né de l'obstination des Américains à maintenir une présence militaire en Arabie saoudite, malgré l'opposition du gouvernement et des populations locales[370]. Aujourd'hui, les revendications des attentats djihadistes rappellent systématiquement que leur action a pour but de faire cesser les interventions militaires occidentales.

Étrangement, le rôle de ces interventions est probablement l'aspect le moins considéré dans l'étude des mécanismes de radicalisation. Probablement parce que les décideurs politiques et militaires ne veulent pas admettre face à leur opinion publique qu'ils ont causé par légèreté, par ignorance, par négligence et par ambition politicienne les attentats qui ont frappé leurs électeurs et leurs concitoyens.

---

368. Cable classifié (SECRET), Regional CT Strategy for Iraq and its Neighbors: Results and Recommendations from March 7-8 Com Meeting, 18 mars 2006, 06KUWAIT913_a, wikileaks.org/plusd/cables/06KUWAIT913_a.html.
369. https://www.rtbf.be/info/dossier/attaques-terroristes-a-paris/detail_decryptage-de-la-revendication-officielle-de-l-etat-islamique?id=9136104.
370. Paul Wolfowitz, cité dans William B. Quandt, *Peace Process*, University of California Press, 2005, p. 503.

D'un autre côté, la population et les associations de victimes sont «bon public» et acceptent docilement le discours officiel. Alors, pourquoi s'inquiéter?

Revendications des attentats djihadistes

Date	Lieu	Auteur(s)	Raison invoquée pour l'attentat
22.03.2012	Toulouse	Mohamed Merah	Participation de la France aux opérations de l'OTAN en Afghanistan et «Les juifs ont tué nos frères et nos sœurs en Palestine» (revendication téléphonique sur *France 24*). «L'injustice et l'agression en Palestine, en Afghanistan et dans d'autres pays musulmans» (revendication «officielle» du Jound al-Katibat al-Khilafah).
07.01.2015	Paris	Chérif KouachiSaïd Kouachi	Bombardement des femmes et des enfants en Irak et en Syrie (revendication téléphonique à BFM TV).
08.01.2015	Paris	Amedy Coulibaly	Attaque [occidentale] contre le califat, l'État islamique… Le bombardement régulier de civils par la coalition… (revendication par vidéo sur YouTube).
13.11.2015	Paris	Multiples (État islamique)	[…] Pour avoir pris la tête de la croisade, avoir insulté le Prophète, s'être vantés de combattre l'islam en France, et frapper les musulmans en terre du califat avec leurs avions… (revendication officielle de l'EI).
22.03.2016	Bruxelles	Multiples (État islamique)	[…] s'est élancée en direction de la Belgique croisée qui n'a cessé de combattre l'islam et les musulmans. […] en réponse à leur [les croisés] agression contre notre État… (revendication officielle de l'EI).
13.06.2016	Magnanville	Larossi Abballa	… les terres musulmanes sont occupées […] 66 nations combattent l'État islamique (message vidéo).
14.07.2016	Nice	Mohamed Lahouaiej Bouhlel	… en réponse aux appels à cibler les citoyens des nations qui combattent l'État islamique (revendication/ Agence de presse Amaq).
26.07.2016	St-Étienne-du-Rouvray	Adel Kermiche Abdel Malik Petitjean	… en réponse aux appels à cibler les citoyens des pays qui appartiennent à la coalition des croisés (revendication/Agence de presse Amaq)
19.12.2016	Berlin	Anis Amri	… en réponse à l'appel à attaquer des membres de la coalition qui combat l'État islamique (revendication/ Agence de presse Amaq).
03.02.2017	Paris	Abdallah E-H (?)	Pas de compromis, pas de retour possible, il n'y a pas de paix dans la guerre (compte Twitter du terroriste) [pas de revendication officielle]

22.03.2017	Londres	Khalid Masood	[...] en réponse à l'appel à prendre pour cible les ressortissants des pays croisés (texte français) [...] en réponse aux appels à prendre pour cible les citoyens des pays de la coalition. (texte anglais).
23.05.2017	Manchester	Salman Abedi	[...] dans une opération destinée à terroriser les polythéistes et en réponse à leurs attaques contre le pays des musulmans. (revendication officielle).
17.08.2017	Barcelone	Moussa Oukabir	[...] en réponse aux appels à cibler des pays de la coalition. (revendication/Agence de presse Amaq).
25.08.2017	Bruxelles	?	[...] L'opération a été menée en réponse aux appels à cibler les États de la coalition. (revendication/Agence de presse Amaq).
13.05.2018	Paris	Khamzat Azimov	[...] c'est vous qui avez commencé à bombarder l'État islamique [...] c'est vous qui avez commencé à tuer des musulmans (vidéo d'allégeance et de revendication/ Agence de presse Amaq).

Tableau 5 – Teneur des revendications et rôle des interventions
en Irak et en Syrie dans la logique des attentats

Les rares études menées sur cette question montrent que les interventions militaires occidentales ont deux effets : premièrement, elles créent les conditions pour l'apparition du terrorisme ; deuxièmement, elles génèrent un phénomène dit de « dé-pluralisation » en réduisant le nombre de solutions possibles à un problème au seul usage de la violence. C'est ce qui se passe, par exemple, en Palestine.

Le processus de radicalisation est donc animé par une rationalité concrète, ce qui signifie que c'est un processus réversible, contrairement à ce que suggère le discours officiel. Mais il faut pour cela que l'on veuille se débarrasser du terrorisme. Car aussi terrible que cela puisse paraître, ce n'est pas le cas. Non seulement la sécurité qui en découle est devenue aujourd'hui un secteur économique florissant, qui occupe beaucoup d'individus qui sinon n'auraient pas de débouchés professionnels et qui génère une activité industrielle, mais elle permet aussi un contrôle de la population que l'on ne pourrait pas atteindre autrement. D'ailleurs, les mesures prises lors de l'état d'urgence en France ont été converties en droit « normal » dès que l'état d'urgence a été supprimé !...

En France, depuis 2015, la lutte contre la radicalisation reste enfermée dans un cadre strictement sécuritaire sans dimension holistique. Au lieu de tenter de gagner l'adhésion de la population originaire de l'immigration, on crée l'illusion d'un consensus national sur la politique étrangère. Ainsi, on ne traite jamais un point récurrent de la propagande djihadiste, qui alimente le soutien moral aux terroristes. Alors que chaque attentat en Occident suscite une émotion légitime, avec les bougies et des manifestations populaires, les attentats commis hors d'Europe ou les dizaines de milliers de victimes civiles des bombardements de la coalition internationale au Moyen-Orient ne suscitent ni émotion ni compassion[371].

**Lien entre le premier engagement au Moyen-Orient
et le premier attentat islamiste**

Pays	Premier engagement militaire en Irak ou en Syrie	Premier attentat revendiqué par l'État islamique
Allemagne	Irak – 4 décembre 2015 (Décision)	Würzburg – 18 juillet 2016
Australie	Irak – Octobre 2014	Sydney – 15-16 décembre 2014
Belgique	Irak – Septembre 2014 – (Retrait en juillet 2015) puis, reprise en Irak et Syrie en janvier 2016	Verviers (plan) – 15 janvier 2015Bruxelles – 22 mars 2016
Canada	Irak – 7 octobre 2014 (Décision)	Montréal – 22 octobre 2014
Danemark	Irak – Octobre 2014 – (Retrait en août 2015, puis reprise en mars 2016)1ʳᵉ frappe en Syrie, août 2016	Copenhague – 14-15 février 2015 Copenhague – 2 septembre 2016
Espagne	Irak – Septembre 2014	Barcelone – 17 août 2017
Finlande	Irak – Septembre 2014	Turku – 18 août 2017
France	Irak – 19 septembre 2014	Paris – 7-9 janvier 2015
France	Syrie – 24 septembre 2015	Paris – 13 novembre 2015
Royaume-Uni	Syrie – Décembre 2015	Londres – 22 mars 2017
Suède	Irak – Août 2014	Stockholm – 7 avril 2017

Tableau 6 – Relation entre l'engagement des pays dans la coalition internationale
et le premier attentat de l'État islamique subi

2.6.4.6. *Les terroristes sont-ils des psychopathes ?*

Après les attentats du « 9/11 » ou de 2015-2016 en France, les « experts » ont rivalisé d'imagination pour trouver des qualificatifs comme « *salauds* », « *paumés* » ou « *branleurs* »[372]. Les pseudo-analyses enrichies d'un vocabulaire négatif à souhait, comme « *mégalomanie* », « *quête obsessionnelle du paradis* », « *ingérable* »,

---

371. Selon le site Airwars, le nombre de victimes civiles de la coalition au 31 janvier 2018 serait compris entre 17 166 et 25 483, airwars.org/civilian-casualty-claims/.
372. Pierre Servent, *Extension du domaine de la guerre*, Robert Laffont, Paris, 2015, p. 152.

«*paranoïaque*», etc., sont plus basées sur des émotions, des préjugés et des professions de foi que sur une analyse sobre et factuelle[373]. Ainsi, on a présenté les terroristes comme des psychopathes assoiffés de sang ou sexuellement frustrés[374], et leurs actes le résultat de troubles mentaux. À telle enseigne qu'en 2017, le ministre de l'Intérieur, Gérard Collomb, prévoit d'inclure les hôpitaux psychiatriques dans le dispositif de lutte contre le terrorisme[375].

Ce vocabulaire peu éclairé vise certes à délégitimer le terrorisme, mais, surtout, il masque une absence totale d'analyse et de connaissance du phénomène : ces « experts » sont davantage une partie du problème que de la solution.

Sous-estimer son adversaire est une grave erreur stratégique… que nous nous complaisons à répéter et qui – paradoxalement – ne fait qu'encourager le terrorisme. De deux manières : premièrement, parce qu'en se basant sur des images simplistes, on établit un faux diagnostic qui conduit à des solutions inadéquates, comme les mesures anti-radicalisation en France et en Belgique. Deuxièmement, parce qu'en refusant de comprendre le message des terroristes et en les rabaissant systématiquement, on les pousse à persévérer comme on l'a vu à Magnanville en 2016. Expliquer doit permettre de comprendre, afin de mieux façonner nos stratégies ; une démarche que le gouvernement Hollande/Valls a délibérément – et ouvertement – rejetée pour satisfaire des objectifs guerriers… avec des effets meurtriers[376].

En 2005-2007, l'auteur a participé à une étude financée par l'OTAN sur le comportement et la psychologie du terrorisme, qui soulignait le niveau supérieur de la majorité des individus engagés dans le djihad. Ironiquement, alors qu'en Occident la forte demande pour le personnel de sécurité et les forces armées a conduit à une dégradation très nette de leur niveau général, les terroristes rassemblent des individus de niveau élevé. L'État islamique, par exemple, attire un grand nombre d'universitaires et d'individus ayant une formation supérieure[377].

Cela étant, on constate de grandes différences entre les zones géographiques, probablement liées à la manière dont on a traité l'immigration. Ainsi, le profil des terroristes dans les pays anglo-saxons (en particulier en Grande-Bretagne) et

---

373. Jean-Baptiste François, Anne-Bénédicte Hoffner et Marine Lamoureux, «Ce que les psychiatres disent des terroristes», *La Croix*, 26 juillet 2016.

374. Cette explication reste fortement présente dans le discours français (voir *Rapport fait au nom de la commission d'enquête sur la surveillance des filières et des individus djihadistes*, n° 2828, Assemblée nationale, 2 juin 2015), alors que dans les autres pays, on observe que les terroristes sont généralement des individus ayant une activité sexuelle normale et sont souvent pères de famille.

375. « Collomb veut mobiliser les psychiatres contre le terrorisme », Le Figaro.fr/Reuters, 18 août 2017.

376. Voir «Pour Valls, il ne peut y avoir d'"explication" possible aux actes des djihadistes », Le Figaro. fr, 9 janvier 2016.

377. Caroline Piquet, « Comment Daech attire de jeunes médecins et ingénieurs », lefigaro.fr, 16 février 2016.

en Palestine est différent et significativement plus élevé que celui des terroristes en France et en Belgique. On a les terroristes que l'on mérite…

Les études faites en Grande-Bretagne par Andrew Silke, expert en matière de profilage des terroristes, montrent un profil très différent des terroristes observés en France. Loin d'être des fous, les terroristes sont des individus très lucides :

> *Ils analysent remarquablement leurs propres actions et montrent souvent une étonnante perspicacité sur comment les autres les perçoivent. En résumé, ils savent composer avec la violence qu'ils commettent et sont capables de la justifier dans le cadre de leur propre perception du monde, et de leur rôle dans celle-ci.*
>
> *[…] En analysant la psychologie et la motivation des terroristes, il est essentiel, comme point de départ, de réaliser que la vaste majorité des recherches psychologiques sur les terroristes a montré qu'ils ne sont pas anormaux ou ne souffrent pas d'une plus grande fréquence de psychopathologies. De fait, plusieurs études ont montré que les terroristes sont beaucoup plus sains psychologiquement et beaucoup plus stables que d'autres criminels violents.*[378]

Ils sont donc en mesure de comprendre les implications de leur engagement :

L'engagement dans le terrorisme est une activité coûteuse, qui comprend une hypothèque sur sa vie et son intégrité physique, le renoncement – si c'était même une option – inévitable à une vie normale avec peu de bénéfices à la clé – les rêves d'un triomphe victorieux apparaissent improbables pour motiver un terroriste, tandis que les modes d'action doivent garder un profil bas, excluant toute compensation sous forme d'avantages au sein de la communauté.[379]

En d'autres termes, le terroriste voit son engagement dans le cadre d'un objectif supérieur au profit de la communauté. Ce sont les injustices commises contre la communauté à laquelle il s'identifie qui l'incitent à s'engager personnellement. Le chercheur britannique associe ce comportement à une forme d'altruisme, où le terroriste voue sa vie à l'amélioration de la vie de sa communauté.

Ces constatations sont corroborées par les travaux de Diego Gambetta et Steffen Hertog, deux chercheurs en sociologie de l'université d'Oxford, en Grande-Bretagne, qui ont étudié les profils psychologiques de 404 terroristes impliqués dans des attentats islamistes, y compris des attentats-suicides. Ils observent qu'entre 69 % et 48,5 % des terroristes avaient bénéficié d'une formation académique supérieure. Parmi ceux-ci, une majorité (56,7 %) avait fait des études en sciences, médecine et ingénierie, non pas parce que les études

---

378. O'Gorman, R. & Silke, Andrew (2015), "Terrorism as Altruism: An Evolutionary Model For Understanding Terrorist Psychology," in Max Taylor, Jason Roach and Ken Pease (eds.), *Evolutionary Psychology and Terrorism*, London: Routledge, p. 149-163.
379. *Ibid.*

d'ingénierie sont populaires dans les zones de recrutement ou parce que les organisations terroristes ont besoin de concepteurs de bombes, mais en raison du manque de débouchés après les études, d'une part, et du caractère plutôt conservateur et religieux des ingénieurs, d'autre part. Par ailleurs, les chercheurs notent que la plupart des terroristes provenaient de milieux aisés et avaient une vie familiale stable[380].

Ces observations sont confirmées par d'autres études sur les terroristes islamistes, où l'on constate également un niveau intellectuel et social relativement élevé. Un document de 200 pages, établi en 2011 par le *Service de sécurité* (MI5) britannique et classifié « SECRET – UK EYES ONLY », constate que plus de 60 % des 200 personnes arrêtées en Grande-Bretagne pour des affaires liées au terrorisme proviennent de la classe moyenne et ont suivi une éducation supérieure pour la plupart. Par ailleurs, 90 % d'entre elles étaient qualifiées de « sociables » et avaient une vie de famille normale et des amis nombreux, contredisant ainsi l'image répandue du psychopathe solitaire et mal intégré[381].

En creusant davantage, un certain nombre de chercheurs ont mis en évidence depuis longtemps une surreprésentation des ingénieurs parmi les terroristes djihadistes. Étonnamment, l'explication ne se trouve pas dans la conception de bombes, mais dans une observation faite plus largement dans diverses populations du monde : les ingénieurs combinent de manière disproportionnée l'idéalisme et une idéologie conservatrice[382].

La situation semble différente en France et en Belgique, où l'on constate un lien étroit entre la petite délinquance et le terrorisme islamiste. Cela s'explique par la combinaison de politiques d'immigration clientélistes, d'efforts d'intégration qui semblent se limiter à une laïcité mal comprise, d'un soutien trop bruyant à la politique israélienne dans les territoires occupés, avec des débats plus passionnés que passionnants sur des sujets comme le voile islamique ou le burkini. Guidés par un esprit politicien, les gouvernements successifs entre 2007 et 2020 ont systématiquement élargi le fossé entre la « France de souche » et l'immigration, sans tenir compte de l'impact intérieur de leur politique étrangère, créant un climat propice à la radicalisation[383]. Depuis 2007, malgré une rhétorique musclée, les gouvernements ont tout fait pour créer les conditions favorables à une radicalisation d'une partie de leur population.

---

380. Diego Gambetta & Steffen Hertog, *Engineers of Djihad*, Sociology Working Papers, Paper Number 2007-10, Department of Sociology, University of Oxford, 2007.

381. Abul Taher, "The middle-class terrorists: More than 60pc of suspects are well educated and from comfortable backgrounds, says secret M15 file", *The Mail on Sunday*, 15 octobre 2011.

382. Dan Berrett, "Does engineering education breed terrorists?", *The Chronicle of Higher Education*, n° 407, 1er avril 2016; Diego Gambetta & Steffen Hertog, *Engineers of Jihad - The Curious Connection between Violent Extremism and Education*, Princeton University Press, 2016.

383. Samuel Laurent, « Français, fichés, anciens prisonniers : portrait des djihadistes ayant frappé en France », *Le Monde*, 29 juillet 2016.

Le terrorisme palestinien est *sui generis* et ne permet pas de tirer beaucoup de leçons pour la lutte antiterroriste dans d'autres parties du monde. Articulé autour d'une résistance à une occupation, il s'appuie sur des organisations bien structurées et à forte implantation territoriale. Son recrutement est facilité par la stratégie utilisée par Israël. Les principales leçons que l'on peut en tirer viennent de son caractère asymétrique, qui n'a pas été intégré dans les stratégies israéliennes.

Les futurs « martyrs » ne subissent pas de « lavage de cerveau », comme on le prétend souvent. Assez largement recrutés dans l'université Al-Najah de Naplouse et à l'Université Islamique de Gaza[384], leur niveau intellectuel et de formation est élevé. En 2007, Claude Berrebi, chercheur à la RAND Corporation, relevait qu'en Israël, sur 208 cas où une biographie des terroristes était disponible, 96 % (200) avaient au moins une formation universitaire, 65 % (135) avaient une éducation supérieure, alors que dans le reste de population, ces chiffres étaient de 51 % et 15 %[385].

Les interrogatoires des jeunes Palestiniens arrêtés avant un attentat montrent qu'ils ne se sacrifient pas « pour » la religion, mais que celle-ci offre un cadre culturel propice à leur action[386]. Leur motivation n'est pas religieuse, mais identitaire et vient d'un sentiment d'humiliation nationale[387]. Prétendre que les terroristes palestiniens sont guidés par l'antisémitisme est inexact : il s'agit essentiellement de combattre un occupant, dont les prérogatives n'ont fait que s'étendre au fil des ans, poussant les jeunes toujours plus sûrement dans la radicalisation, la voie de la négociation apparaissant sans espoir.

Paradoxalement, l'idée que l'on peut dissuader les terroristes par des réponses brutales, comme la *doctrine Dahiya* ou la *directive Hannibal* (que nous verrons plus bas) en Israël, a plutôt poussé le terrorisme palestinien à se radicaliser. Le raisonnement des terroristes devient : « Quitte à se faire massacrer, autant le faire en causant un maximum de dégâts à l'adversaire ! » L'idée que l'on peut dissuader par la mort un terroriste prêt à mourir est tout simplement absurde.

384. Nachman Tal, "Suicide Attacks: Israel and Islamic Terrorism", *Strategic Assessment*, volume 5, n° 1, juin 2002.
385. Claude Berrebi, "Evidence about the Link Between Education, Poverty and Terrorism among Palestinians", *Peace Economics, Peace Science and Public Policy*, volume 13, Issue 1, article 2, 2007.
386. Anne Speckhard, Ph.D., *The Atlantic Council, Topics in Terrorism: Toward a Transatlantic Consensus on the Nature of the Threat*, "Understanding Suicide Terrorism: Countering Human Bombs and Their Senders", juillet 2005.
387. *Report – Suicide Terrorism: The Strategic Threat and Countermeasures*, NATO Research & Technology Organisation, août 2004.

2.7. **La dimension opérationnelle du djihad – Le « djihad ouvert »**

La *Base du djihad dans la péninsule arabique* (BDPA) (*Qa'idat al-Djihad fi Jazirat al-Arab*) – plus connue sous l'appellation d'*Al-Qaïda dans la péninsule arabique* (AQPA)[388] – fait partie de ces soi-disant « franchises » qui n'ont jamais reçu l'approbation d'Oussama ben Laden. Elle est pourtant devenue, depuis 2010, la principale source doctrinale du mouvement djihadiste. Elle a notamment développé le concept de « *djihad ouvert* » (« *Open Jihad* »), qui simplifie la préparation des activités terroristes, rend les structures, les réseaux et les voyages inutiles. Basé sur l'exploitation des nouvelles technologies et Internet, il s'agit d'un concept de décentralisation extrême du djihad qui fait de chaque djihadiste une cellule indépendante.

Il constitue une sorte de *corpus* doctrinal qui n'est pas exclusif à la BDPA, mais – comme le suggère l'idée de *djihad ouvert* – peut être utilisé par d'autres structures terroristes, qui partagent le même objectif, comme l'État islamique. Il est fondé sur l'idée de « Résistance » (*Muqāwamah*) qui suggère – dans l'esprit de ses auteurs – qu'il s'agit d'un combat répondant à une agression. Sa finalité, telle qu'elle est envisagée par les théoriciens du djihad ouvert, est de faire cesser les interventions occidentales :

> *À mon avis, ce type de méthode djihadiste peut être l'un des principaux motifs pour faire cesser la guerre agressive contre les musulmans [...] Le djihad individuel contre l'Occident, particulièrement lorsqu'il s'intensifiera, créera un climat de terreur et d'anxiété, un ressentiment public et des plaintes contre les gouvernements et les politiques qui ont amené le djihad individuel [...]*[389]

On constate ici une parfaite cohérence avec les revendications des divers attentats qui ont frappé l'Occident depuis 2003, et la France en particulier. Le terrorisme qui frappe l'Occident n'est pas une fatalité, fruit de quelque esprit dérangé, mais suit une logique parfaitement rationnelle. Ce qui signifie qu'il serait donc possible de mettre un frein à cette violence… si on le voulait.

Les théoriciens du djihad ont identifié quatre facteurs de dissymétrie entre les Occidentaux et les djihadistes, qui exigent une adaptation de leur stratégie d'action[390] :

---

388. Également appelée Organisation de la base du djihad dans la péninsule arabique (OBDPA) (*Tanzim Qa'idat al-Djihad fi Jazirat al-Arab*) et, depuis avril 2015, « Les Fils d'Hadramaut » (*Abna Hadramawt*).
389. "Interview with the AQ-Chief", *Inspire*, n° 13, hiver 2014, p. 19.
390. Abu Musab al-Suri, "The Jihadi Experiences: Conditions for the Resistance to Use Individual Djihad", *Inspire*, n° 6, Fall 2011, p. 15.

• la vulnérabilité des organisations clandestines structurées, face aux moyens sécuritaires internationaux et à des coalitions internationales et régionales, et donc la nécessité de disposer de structures plus souples capables de résister à l'arrestation de leurs membres et à l'usage de la torture ;

• l'incapacité des structures clandestines à atteindre et à intégrer tout le potentiel des ressources de la jeunesse de l'Oummah qui voudrait s'engager dans le djihad et à participer à toutes sortes d'activités sans vouloir assumer des responsabilités dans une structure centralisée ;

• la présence d'un adversaire (l'Occident) réparti sur de très larges zones, avec des objectifs variés et sur des sites très distants, rendant difficile un combat sur des fronts ouverts et par des structures centralisées ;

• l'utilisation par l'Occident de moyens aériens et de missiles pour mener des frappes aériennes, pilotées par des satellites, qui peuvent également voir des objets et installations cachés, rend difficiles des confrontations ouvertes à partir de positions permanentes, et sont des facteurs qui doivent être pris en considération dans la planification du combat.

Pour la mise en œuvre de ce concept, les théoriciens du djihad utilisent les réseaux sociaux et Internet afin de diffuser les connaissances techniques et doctrinales, et pour fournir aux candidats terroristes des méthodes d'apprentissage téléchargeables…

2.7.1. Objectifs des « opérations de dissuasion »

En mars 2004, les théoriciens du djihad ont compris que l'impopularité des interventions militaires, et des gouvernements qui les déclenchent, est une faiblesse qui peut être exploitée et être un facteur pour décider de mener des attentats. L'attentat de Madrid (« 11M ») est ainsi devenu la base conceptuelle des *« opérations de dissuasion »*[391], qui fournit le canevas des attentats djihadistes en Occident depuis.

Avant le « 11M », 91 % de la population espagnole était opposée à la décision du gouvernement Aznar de participer à la guerre en Irak[392]. Les terroristes ont compris que cette opposition pouvait être exploitée pour pousser la population à exiger un retrait des troupes, mais ils ne comptaient probablement pas sur la chute du gouvernement, car la majorité des électeurs avaient déjà fait leur choix avant l'attentat[393]. C'est la mauvaise gestion de la crise (et notamment la

---

391. Abu Mu'sab al-Suri, "The Jihadi Experience – The Strategy of Deterring with Terrorism", *Inspire*, n° 10, printemps 2013.
392. «Un 91% de los españoles son contrarios a la intervención en Irak», *El País*, 27 mars 2003.
393. «El 90% de españoles tenía decidido su voto antes del 11-M», según el CIS, Cadena SER, Madrid, 5 mai 2004.

tentative d'en attribuer la responsabilité aux séparatistes basques) qui a conduit au résultat des élections[394].

En fait, après le 11M, personne n'avait compris le message et les intentions des djihadistes : le retrait du contingent espagnol n'était donc pas une réponse aux terroristes, mais l'application d'une volonté populaire antérieure, sans rapport avec l'attentat. Le problème est que les djihadistes l'ont interprété comme le résultat de leur stratégie. De ce quiproquo est né un concept, que d'autres terroristes tenteront d'imiter : le concept d'« *opération de dissuasion* ».

En Grande-Bretagne, l'opinion publique était alors aussi très fortement opposée à la décision d'intervenir en Irak. Le 15 février 2003, la manifestation pacifiste la plus importante jamais organisée à Londres aurait réuni deux millions de manifestants selon ses organisateurs[395]. Cette opposition massive a laissé penser aux djihadistes qu'ils pourraient atteindre le même objectif qu'en Espagne et les a poussés à commettre l'attentat du 7 juillet 2005.

Le concept des opérations de dissuasion n'a été formalisé que vers 2010, par Abou Moussab al-Souri, théoricien du terrorisme djihadiste :

> *Les moudjahidin ou la résistance ne doivent pas négliger l'importance de la dissuasion contre ces ennemis. Ils doivent s'efforcer de créer l'impression que leur bras est prêt à les atteindre et à frapper quiconque pense participer à une agression. Généralement, la majorité de nos ennemis, du président aux troupes, sont en fait de lâches rats. Ils peuvent être dissuadés si un exemple fort est fait en frappant et punissant quelques-uns d'entre eux. Cette dissuasion vise à faire se retirer ceux qui sont engagés ou à agir préventivement contre ceux qui pensent s'engager.[396]*

En 2015, la combinaison de l'impopularité du gouvernement Hollande/Valls et l'opposition de 68 % de la population française à une intervention en Syrie[397] ont été des critères pour le choix de la France comme cible. Contrairement au discours officiel – relayé par de nombreux médias et « experts » – les opérations de janvier et novembre à Paris présentaient toutes les caractéristiques des « *opérations de dissuasion* », comme le confirme l'organe « officiel » de l'État islamique :

---

394. «Una investigación muestra que información sobre 11M influyó en las elecciones», *La Vanguardia*, 11 mars 2017.

395. "Anti-war protest Britain's biggest demo", MailOnline, *Daily Mail*, London, http://www.dailymail.co.uk/news/article-161546/Anti-war-protest-Britains-biggest-demo.html.

396. Abu Mu'sab al-Suri, "The Jihadi Experience – The Strategy of Deterring with Terrorism", *Inspire*, n° 10, printemps 2013, p. 22.

397. Sondage IFOP pour *Le Figaro* cité par Antoine Goldet, « Les opinions publiques opposées à une intervention en Syrie », *Libération*, 11 septembre 2013.

Je crois qu'on ne peut pas faire plus clair. Ce sont donc les bombardements aveugles français qui sont la cause de cette menace. Menace qui a été mise à exécution le 13 novembre 2015 à Paris et Saint-Denis.[398]

L'excuse d'une «légitime défense», avancée par le président Hollande, le 27 septembre 2015, pour justifier les frappes en Syrie est spécieuse. Elle a un effet asymétrique en donnant l'opportunité à l'EI de mettre en évidence un mensonge :

Le vendredi 19 septembre 2014 — soit plus de trois mois avant les opérations de l'Hyper Cacher et de Charlie Hebdo, et plus d'un an avant les opérations de Paris et Saint-Denis — les Rafales français ont bombardé l'État islamique par haine de l'islam et de la Charia et non pas en représailles à des attentats qui auraient été perpétrés par l'État islamique contre la France.[399]

À ceci s'ajoute la manière dont la France est intervenue en Irak et en Syrie. Comme on l'avait déjà constaté en 1998, les frappes aériennes sont le moyen le plus sûr d'exacerber la détermination des djihadistes :

Les frappes aériennes sont perçues comme injustes, et cet affrontement inégal, sans interaction humaine est la cause d'un soutien plus large au terrorisme.[400]

Après les attentats du 13 novembre 2015, l'EI a produit une vidéo, dont une séquence qu'aucun média français n'a diffusée, dans laquelle le djihadiste Abou Tayssir al-Faransi déclare :

Louanges à Dieu, Louanges à Dieu [sic], qui nous a permis de vous tuer chez vous, à Paris ! Louanges à Dieu qui voit rentrer dans vos cœurs la peur ! Louanges à Dieu qui vous a fait goûter ce qu'on goûte en Irak et au Sham ! Ô vous les Français ! Ô vous les Français ! Votre président vous a fait rentrer dans une grande et longue guerre, et coûteuse ! [...] Sachez que ce n'est pas la dernière opération, ce n'est pas notre dernier rendez-vous ! Sauf... **Sauf si vous faites pression sur votre gouvernement comme l'avait fait le peuple espagnol il y a plusieurs années contre la guerre en Irak.** *Sauf si vous vous retirez de cette guerre qui est loin de vos terres. Sinon, vous aurez d'autres samedis noirs. Sinon vous serez*

---

398. *Dar al-Islam*, n° 7, safar 1437, novembre 2015, p. 4.
399. *Ibid.*
400. Tom Pettinger, "What is the Impact of Foreign Military Intervention on Radicalization?", *Journal for Deradicalization*, hiver 15/16, n°5, p. 92-114 (ISSN : 2363-9849).

la proie de nos loups solitaires, et pour vous, vivre en paix sera un rêve et un luxe! Sinon, vous allez payer le prix fort de vos actes criminels sur nos femmes et nos enfants, car vous livrez une guerre de lâches. Vous êtes incapables de venir sur le terrain![401]

En 2016, dans une vidéo intitulée *Votre silence vous tue*, l'EI répète le même message, en s'appuyant sur l'impopularité du gouvernement Hollande/Valls :

> *Des corps déchiquetés, des cris de femmes qui viennent de partout, des enfants qui pleurent, des hommes impuissants devant la catastrophe. C'est triste n'est-ce pas? Oh que oui! C'est vraiment triste! On vous a fait subir un petit moment de ce vous faites subir aux musulmans en Syrie et dans d'autres pays! [...] Ô Peuple français, sachez que les drames que vous vivez aujourd'hui, c'est vous qui les avez causés (sic) avec vos propres mains. Rappelez-vous que vous étiez tranquilles dans vos demeures [lorsque] votre gouvernement a commencé à nous agresser. Votre vrai ennemi est celui qui nuit à votre sécurité. Ô peuple français, vous savez très bien maintenant : quand on promet, on applique! Et donc on vous promet que vous allez voir le pire si vous restez les bras croisés!* **Car votre silence envers les décisions de votre gouvernement est en train de vous tuer.**[402]

En mai 2018, dans sa vidéo d'allégeance et de revendication avant son attentat, Khamzat Azimov transmet exactement le même message :

> *[...] C'est vous qui avez commencé à bombarder l'État islamique, là je m'adresse à la France et à ses citoyens, c'est vous qui avez commencé à tuer les musulmans, et après quand on vous donne une réponse, quand on riposte, vous pleurez.* **Si vous voulez que cela s'arrête, faites pression sur votre gouvernement!** *Je ne suis pas le premier à vous le dire. D'autres frères avant moi avant d'agir, qui sont sur place là-bas, vous l'on déjà dit, mais vous avez refusé d'écouter [...][403]*

Ainsi, en frappant les populations par des attentats, l'objectif des terroristes est de les pousser à exiger de leurs gouvernements qu'ils cessent leurs interventions militaires, comme ils avaient cru le comprendre en Espagne en 2004. C'est le concept d'« *opération de dissuasion* ».

---

401. Extrait verbatim de la vidéo *La France à genoux*, *État islamique*, 21 novembre 2015.
402. Extrait verbatim de la vidéo *Votre silence vous tue*, de l'État islamique, diffusée en décembre 2016.
403. Extrait verbatim de la vidéo d'allégeance et revendication de Khamzat Azimov, Agence de presse Amaq, 13 mai 2018.

Cette approche présente cependant plusieurs problèmes. Le premier est que cette logique résulte d'une perception qui n'a jamais été vraiment expliquée en Occident : les Occidentaux rejettent systématiquement l'idée que le terrorisme puisse être motivé par leur propre action. Le deuxième est que les explications données par les djihadistes ne sont pas relayées dans les médias afin de ne pas leur « donner une tribune ». Le troisième est que les terroristes eux-mêmes (en particulier avec le *djihad individuel,* que nous verrons) ne comprennent pas toujours ce concept et placent plus volontiers leur action dans le cadre d'une vengeance.

Pour toutes ces bonnes ou mauvaises raisons, notre lecture du terrorisme djihadiste est faussée : nous tendons à y voir une vengeance avec un objectif tourné vers le passé, alors que le concept des *opérations de dissuasion* est tourné vers le futur. Il en résulte que le risque terroriste n'apparaît pas dans les réflexions et débats parlementaires, politiques et autres, en amont de nos interventions. Il est certain que si les Occidentaux avaient compris (ou voulu comprendre) ce concept, ils auraient envisagé sans doute d'autres moyens d'action contre l'EI *avant* de s'engager dans un conflit, et auraient – au minimum – pris des mesures de protection de leurs populations.

En occultant ces concepts et en mettant l'accent sur le caractère vengeur et punitif des attentats (qui n'est que secondaire) on a suggéré deux choses : d'une part, que les terroristes se sentent comme des victimes offensées et, d'autre part, que l'islam est une religion à caractère essentiellement guerrier[404].

C'est faux : les terroristes ne se sentent pas comme des victimes, mais comme des combattants au service des victimes des interventions occidentales. Par ailleurs, mettant en jeu leur vie pour une cause qu'ils jugent noble, ils n'ont pas peur du châtiment. Cela explique que, contrairement aux terroristes marxistes des années 1960-1970, qui menaient des attentats pour faire libérer leurs congénères, les terroristes islamistes ne cherchent pas à se soustraire à leur châtiment.

Quant au caractère guerrier de l'islam, nous en avons déjà discuté et avons constaté que la Bible est un texte plus belliqueux que le Coran : en définitive, c'est l'esprit dans lequel on lit un texte qui lui donne son caractère. Le problème est que l'on a propagé – pour ne pas dire créé – l'idée que la France fait face à une fatalité inévitable, liée à la nature même de l'islam. C'est faux et il est difficile de dire quels sont les objectifs de cette désinformation, mais elle a très largement contribué à ne pas comprendre la nature du problème et a accentué les tensions communautaristes en France.

Qu'on le veuille ou non, le soutien aux actes terroristes observé sur les réseaux sociaux résulte de la perception de trois éléments récurrents dans le discours

---

404. Antoine Hasday, « La pensée djihadiste décryptée », slate.fr, 6 novembre 2017.

islamiste : a) l'illégitimité des interventions occidentales au Moyen-Orient ; b) le non-respect du droit international des frappes qui tuent des femmes et des enfants ; c) l'ignorance aveugle des populations occidentales, qui acceptent ces interventions sans user de leurs droits démocratiques pour les faire cesser.

Comme on peut le constater, le terrorisme djihadiste est dans un paradoxe. Sa cause et son échec ont la même origine : le désintérêt de nos populations pour les guerres que l'on mène à l'étranger (même lorsqu'elles sont illégitimes). Ce désintérêt a deux conséquences qui sont liées : la population ne se mobilise pas pour les faire cesser, et donne ainsi le sentiment qu'elle est complice et – dès lors – pas innocente. En fait, nous donnons aux terroristes le bâton pour nous battre…

En réalité, les Espagnols (en 2003) et les Britanniques (15 février 2003) s'étaient mobilisés contre la participation de leurs pays à la guerre en Irak, ce qui avait incité les djihadistes à mener des attentats en 2004 et 2005. En France, il n'y a jamais eu de telles manifestations, mais c'est l'impopularité du gouvernement Hollande qui a incité les terroristes. Ainsi, le peuple français avait accueilli la déclaration de guerre de François Hollande en septembre 2014 à l'Assemblée générale des Nations unies avec incrédulité[405] et n'a eu vraiment conscience d'être impliqué dans un conflit qu'après les attentats de novembre 2015[406]. S'il s'y était intéressé un peu plus tôt, il n'y aurait probablement pas eu de morts à déplorer…

En fait, les djihadistes ont poussé l'analyse stratégique plus loin que ne l'ont fait les Occidentaux. Ils ont compris que notre centre de gravité réside dans la légitimité populaire des décisions gouvernementales. Leur stratégie est donc de montrer que ces décisions ont des conséquences négatives sur la population elle-même. Le problème est que le terrorisme est une arme perçue comme illégitime en Occident ; c'est pourquoi les djihadistes insistent sur le fait que leurs objectifs sont « *choisis minutieusement* » et visent « *ceux qui sont le plus coupables* ».

Malgré leur brutalité, il y a donc une rationalité derrière les attentats terroristes. Mais parce que les politiciens et les médias créent notre conviction que ce terrorisme est dissocié des actions de l'Occident, qu'il a des ambitions inéluctables et qu'il est mené par des individus irrationnels, nous ne remettons jamais en question nos stratégies et nos décisions.

Les raisons qui ont poussé le président Hollande à décider de s'engager militairement en Irak (septembre 2014) restent peu claires, et personne n'a réellement cherché à les comprendre. En tout état de cause, la manière dont la France s'est engagée dans le conflit montre que ni les forces armées, ni les services de renseignement, ni les institutions politiques n'ont anticipé les conséquences sur la perception de la population immigrée ni cherché à comprendre leurs

---

405. Cordélia Bonal, « La France est-elle vraiment en "guerre" ? », *Libération*, 26 septembre 2014.
406. Philippe Moreau Defarges, « Attentats à Paris : c'est un acte de guerre. Mais non, la France n'est pas "en guerre" », leplus.nouvelobs.com, 17 novembre 2015.

implications sur la menace intérieure. En admettant que la décision française d'intervenir en Irak ait eu une raison valable, pourquoi n'a-t-on pas pris de mesures de sécurité préventives en métropole avant de s'engager, comme l'a fait la Russie, par exemple? Le même questionnement s'applique pour la Belgique.

On peut argumenter que cette stratégie consistant à faire pression sur la population pour que la France se retire du conflit irako-syrien est un échec, puisque personne n'a cédé à cette forme de chantage. C'est vrai, mais pour un djihadiste, la logique est différente : certes, l'idéal aurait été de faire plier la détermination du gouvernement français, mais d'un autre côté, le fait d'avoir tenté de le faire est déjà un succès! Nous sommes dans la réflexion asymétrique. Nous devons comprendre que nos notions de la guerre doivent être lues «en creux» dans un contexte djihadiste : à partir du moment où il a pu être planifié, l'acte terroriste est déjà une victoire, qui est accentuée par les efforts des services de renseignement à l'empêcher.

En d'autres termes, on ne peut vaincre – au sens occidental du terme – le terrorisme djihadiste que lorsqu'on a affecté la détermination même des terroristes à agir. Le reste n'est que verbiage.

2.7.2. Théorie militaire de l'Appel à la résistance islamique globale (ARIG)

Les constatations énoncées plus haut conduisent à une réflexion sur une nouvelle articulation de la lutte armée fondée sur deux formes de djihad (militaire) :

• Le *djihad par terrorisme individuel* (*Djihad al-Irhab al-Fardî*) qui comprend des activités clandestines menées par de très petites unités indépendantes; il constitue une première étape vers la seconde forme de djihad qu'il appuie.

• Le *djihad par front ouvert* qui est un affrontement sur le champ de bataille à partir de positions établies contre un agresseur, qui permet, lorsque les conditions le permettent, la confrontation sur le terrain et la saisie de territoires indispensables à l'émergence d'un État – objectif final de la résistance.

Cette doctrine a clairement ses origines dans la situation irakienne, enrichie de l'expérience de l'Afghanistan. Elle a deux objectifs clairement exprimés : consolider les succès contre l'occupant dans des zones «libérées», par l'établissement d'une structure de gestion islamique (en Irak : *État islamique en Irak et au Levant*) et faire cesser les interventions occidentales qui contrecarrent ce projet. Elle est très mal comprise en France, où l'explication du terrorisme s'est cristallisée autour d'une idéologie composite qui soutient aveuglément les interventions au Moyen-Orient et combat l'immigration. On le constate dans le débat autour du retour des combattants étrangers en Europe.

L'ARIG est une stratégie du «bouclier et de l'épée», qui combine le *djihad par front ouvert* (DFO) mené contre des forces coalisées pour conquérir ou conserver un territoire (épée) dans le cadre d'une guerre de résistance (Afghanistan, Irak) ou de prise du pouvoir (Libye, Syrie, Mali); et le *djihad par terrorisme individuel* (DTI) avec pour but de dissuader les nations occidentales à s'impliquer dans ce conflit (bouclier).

Il est important de noter que le combat principal est mené au niveau du DFO : c'est celui qui aura un impact au niveau des populations et de leur dignité. Le DTI n'est là qu'en appui de l'action principale. C'est pourquoi les « combattants étrangers » sont partis en Syrie : si le combat principal était la France, ils y auraient constitué des réseaux actifs (combattants) et seraient restés.

2.7.2.1. *Le djihad par terrorisme individuel (Djihad al-Irhab al-Fardi)*

2.7.2.1.1. Principes opératifs

Le *djihad par terrorisme individuel* (DTI) (également évoqué dans la littérature djihadiste sous les appellations de « *djihad individuel* » ou « *terrorisme individuel* ») est une forme de combat mise en œuvre par des individus seuls ou par de très petits groupes, indépendants.

On peut considérer que les attentats du 11 septembre 2001, de Djerba (11 avril 2002) et de Bali (12 octobre 2002) en étaient des manifestations avant la lettre, tandis que l'attentat de Madrid (11 mars 2004) en a fourni le modèle. Mais le DTI n'a été conceptualisé et « formalisé » que dans les années 2007-2010, par Abou Moussab al-Souri, de la *Base du Djihad dans la péninsule arabique* (BDPA), après l'intervention américaine en Irak. Ses exemples les plus spectaculaires ont été les attentats de Boston (2013), de San Bernardino (Californie, 2015), de Londres (6 décembre 2015) ou d'Orlando (Floride, 12 juin 2016).

Le DTI est une adaptation du concept terroriste à l'évolution des réseaux sociaux et des moyens de surveillance occidentaux. Son principe de base est de maintenir la préparation de l'action terroriste au-dessous du seuil de détection des systèmes de surveillance (occidentaux).

• Les structures opérationnelles clandestines complexes (dans le pays cible) sont abandonnées au profit d'individus (ou de très petits groupes) indépendants. Il n'y a donc pas de structures, ni d'infrastructures logistiques complexes ni de financement par des canaux observables. Ainsi, le nombre de connexions entre individus est très bas et le volume d'informations échangé est très difficilement détectable par les services de sécurité.

• L'action terroriste est structurellement déconnectée des structures de combat en Syrie ou ailleurs. Elle est conçue, financée, et exécutée par les militants eux-mêmes. Ses objectifs sont définis de manière générique, parfois par l'entremise des médias conventionnels. Par exemple, pour les attentats de janvier (Paris) et février (Copenhague) 2015, une liste des « cibles » avait été publiée en 2013 dans le magazine *Inspire,* de la BDPA[407], à l'intention des « terroristes individuels ».

---

407. *Inspire*, n° 10, printemps 2013, p. 14-15.

• Il n'y a pas de structure de commandement identifiable, et chaque attentat est décidé par le militant en fonction de l'action occidentale. Ainsi, d'une certaine manière, ce sont les Occidentaux qui détiennent la clé de déclenchement des attentats.

Ce concept a plusieurs conséquences. La première est que les terroristes parviennent rarement à mener des actions de grande envergure qui répondent à tous ces critères sans alerter les organes de sécurité. La deuxième est que l'acte terroriste tend à se confondre avec l'acte communautariste et peut sortir d'une cohérence stratégique, et le rendre illisible.

Comme on le constate, l'appellation de « *terrorisme low-cost* », ou « *terrorisme de proximité* », qu'affectionnent certains experts et les médias, est inappropriée. On devrait plutôt parler de « *terrorisme à basse visibilité* » ou « *terrorisme furtif* » (« *stealth terrorism* »), car le but de l'opération n'est pas d'optimiser les coûts, mais d'échapper à la détection des organes de sécurité.

2.7.2.1.2. Principes stratégiques

Si les principes opératifs sont une conséquence de l'évolution technologique occidentale – comme nous l'avons vu – les principes stratégiques ont été inspirés par l'attentat de Madrid (11 mars 2004), qui a conduit au retrait des forces espagnoles d'Irak.

C'est la version djihadiste du concept américain d'« *AirLand Battle* » des années 1990. Il a rapidement acquis une dimension doctrinale pour l'ensemble du mouvement djihadiste (y compris l'EI), dont l'idée centrale est la réponse aux actions occidentales :

> *[Ces opérations] portent la guerre vers le territoire de l'ennemi, exactement comme il le fait en tuant nos frères et sœurs musulmans dans les pays islamiques, en détruisant leurs maisons et brûlant leurs plantations.*
>
> *Elles obligent l'ennemi à revoir ses politiques agressives contre les musulmans. Lorsqu'il est frappé sur son sol à cause de sa guerre contre l'islam et l'occupation de terres musulmanes, il doit modifier sa posture. Celui qui est à l'abri des châtiments se conduit mal.*[408]

Comme nous le verrons, il implique une redéfinition de l'espace de guerre et des objectifs opératifs du terrorisme. Pour sa mise en œuvre, la BDPA a articulé la liste des théâtres d'opérations possibles et les a classés par ordre d'importance. Ainsi, on constate que, contrairement aux allégations de nombreux experts, la priorité stratégique n'est ni l'Europe ni la France :

---

408. *Inspire*, n° 10, (1434), printemps 2013, p. 10.

1- Les pays de la péninsule arabique (Émirats arabes unis, Arabie saoudite, Yémen, etc.), du Levant (Liban, Syrie, Jordanie, Israël), l'Égypte et l'Irak. Cette zone comprend les Lieux saints, le pétrole, Israël, et la présence militaire et économique américaine. Elle accueillera l'Assemblée victorieuse (Al-Taïfah al-Mansourah) qui dirigera l'islam.

2- Les pays d'Afrique du Nord de la Libye à la Mauritanie (Maghreb). Cette zone est riche en intérêts occidentaux, notamment pour les principaux pays européens, alliés des États-Unis et de l'OTAN.

3- La Turquie, le Pakistan et les pays d'Asie centrale. Ils représentent la deuxième plus grande réserve de pétrole du monde, ainsi que les intérêts militaires, économiques et stratégiques américains. Ils comportent des mouvements islamistes importants et ancrés dans l'Histoire, qui constituent la profondeur stratégique des mouvements djihadistes et de résistance arabes.

4- Le reste du monde islamique : les Américains et leurs alliés y ont des intérêts importants. Cette partie du monde islamique comprend l'essence de la résistance, à savoir des centaines de millions de musulmans, de jeunes membres de la Nation islamique, qui sympathise avec sa cause et est prête à s'engager dans le djihad et la résistance.

5- Les intérêts américains et alliés dans les pays du tiers-monde, en particulier dans les pays qui participent aux campagnes des croisés. En raison des faibles mesures de sécurité qui règnent dans ces pays, le djihad peut se reposer sur les moudjahidin qui y vivent et y ont une vie normale. Ils peuvent se déplacer librement, se cacher et acquérir des informations sur l'adversaire et s'en occuper facilement.

6- Les pays européens alliés des États-Unis et qui participent à leurs guerres. N'oublions pas la présence d'anciennes et grandes communautés musulmanes en Europe, dont le nombre dépasse 45 millions d'individus, auxquels s'ajoutent des communautés de plusieurs millions en Australie, au Canada, et en Amérique du Sud. L'Europe est particulièrement importante en raison de sa proximité avec le monde arabe et musulman et les intérêts multiples qui les lient, ainsi que des nombreuses communications entre eux. Les musulmans dans ces pays sont comme les autres musulmans, leur devoir de djihad de repousser l'adversaire et de lui résister leur incombe, tout comme aux musulmans des autres pays du monde (par exemple, les musulmans résidant dans le monde arabe et islamique). L'action dans ces pays est sujette aux règles de l'équilibre entre le gain politique et les pertes politiques, au regard des positions européennes. Il s'agit d'avoir des stratégies qui permettent de gagner le soutien des populations tout en évitant de leur porter préjudice.

2.7.2.1.3. La notion de loup solitaire

Le concept de DTI évoque la notion de «loup solitaire», dont il n'existe pas de définition officielle, mais uniquement des interprétations. Les disputes d'«experts» autour d'une définition s'apparentent aux débats de l'Église du Moyen Âge sur le sexe des anges, car, quelle que soit notre interprétation, ce qui importe est la manière dont les djihadistes le définissent. En cherchant la précision et le détail, nous perdons de vue l'essentiel[410]. En Occident, on tend à y voir un individu totalement solitaire qui décide dans l'intimité de sa chambre de commettre un attentat, sans en référer à quiconque. Pour certains, son archétype serait Anders Behring Breivik, qui a tué 77 personnes près d'Oslo, le 22 juillet 2011, au nom d'une idéologie d'extrême droite ; pour d'autres, il s'agit d'une exception qui confirme la règle, selon laquelle les «loups solitaires» n'existent pas[411].

De fait, la réalité montre de grandes variations dans la mise en application du concept. Les djihadistes définissent le terroriste individuel de manière beaucoup plus large que les experts occidentaux :

> *Il y a des différences entre les théoriciens au sein du mouvement djihadiste sur la mise en œuvre du «djihad individuel». Certains considèrent que ce terme est applicable à tous les individus et groupes qui sont indépendants d'un groupe plus large ou d'une organisation, qu'elle soit administrative ou armée. Parmi ceux qui adhèrent à cette approche, il y a Abou Moussab al-Souri. D'autres attribuent ce terme à quiconque exécute une opération seul, même s'il a été envoyé par un groupe ou une organisation, comme lors de l'opération d'Omar al-Farouq [...]*[412]
>
> *Mon opinion est qu'un moudjahid individuel est celui qui combine les deux caractéristiques mentionnées plus haut : être indépendant d'un groupe ou d'une organisation, qu'elle soit administrative ou armée, et qui agit seul. Ce mode de djihad est imprévisible pour les services de renseignement occidentaux.*

---

409. D'après Abu Musab al-Suri, "The Jihadi Experiences: The main arenas of operation for individual djihad", *Inspire*, n° 8, Fall 2011, p. 18.

410. Voir Nicolas Lebourg, «Le "loup solitaire" n'est jamais loin de la meute», slate.fr, 9 novembre 2017.

411. Voir Alain Bauer, émission *C dans l'air* : « le loup solitaire d'Orlando », France 5, 13 juin 2016.

412. NDA : Omar al-Farouq a fait une tentative d'attentat en 2009 contre un avion de ligne américain en cachant des explosifs dans ses sous-vêtements, déjouant ainsi tous les systèmes de détection. Finalement la tentative échouera en raison d'un dysfonctionnement dans le système de mise à feu de l'explosif.

La perception occidentale tend à confondre les notions de « *meurtrier de masse* » et « *terroriste individuel* ». Or même si techniquement ou tactiquement l'acte est similaire, il y a une différence d'ordre stratégique : l'objectif. Pour le meurtrier de masse, il s'agit d'un acte unique, qui se suffit à lui-même : il s'agit simplement de tuer. Dans le terrorisme, l'usage de la violence sert un processus stratégique : par son acte, il exerce une pression – qui sera répétée en cas d'échec – jusqu'à l'atteinte de l'objectif.

Des individus comme Breivik ne sont pas à proprement parler dans une logique terroriste : ils n'utilisent pas la violence pour obtenir quelque chose, mais simplement pour assouvir un fantasme, une colère ou une vengeance. Même si les crimes de Mohammed Merah ont été jugés légalement comme des actes terroristes, techniquement parlant, ils ne s'inscrivaient pas dans une démarche terroriste située dans un processus visant à atteindre un objectif stratégique, mais n'avaient « qu'un » caractère vengeur et meurtrier. Ils s'apparentent davantage à des « meurtres de masse » et/ou des crimes à caractère communautariste. Le problème est qu'en Occident, nous utilisons le mot « terroriste » de manière émotionnelle, pas seulement pour décrire un phénomène, mais pour lui attribuer un jugement de valeur. Ses objectifs (réels) ne sont jamais évoqués : il devient donc impossible de distinguer ces deux formes de crime qui demandent des traitements distincts. Évidemment, le mot « terroriste » est plus évocateur et satisfait notre sentiment de revanche… mais il n'aide pas à conceptualiser la réponse !

Sur le plan opérationnel, l'important ici est que le signal de déclenchement d'une opération ne dépend plus d'une chaîne de commandement. Il est laissé au jugement des militants en fonction d'objectifs, de mots d'ordre génériques et de la situation du genre : « *en réponse à l'appel à attaquer des membres de la coalition qui combat l'État islamique …* » Ainsi, c'est l'action occidentale (bombardements, action clandestine, etc.) qui agit comme déclencheur de l'acte terroriste :

Quant à la méthode spontanée, [elle] a commencé à se répandre avec l'intensification des attaques des campagnes américaines contre les pays musulmans, l'adoption du projet sioniste en Palestine, et la diffusion des nouvelles par les satellites et réseaux de communication.[414]

---

413. Interview du chef de la Base du djihad dans la péninsule arabique, *Inspire*, n° 13, hiver 2014, p. 19.
414. Abu Musab al-Suri, "The Jihadi Experiences: Open Fronts and Individual Initiative", *Inspire*, n°2, Fall 2010 (1431), p. 20.

Ainsi, les attentats de Bruxelles (22 mars 2016) n'étaient pas initialement prévus pour frapper la capitale de l'Europe, mais la France : la Belgique n'était qu'un objectif secondaire. Le problème est qu'après l'arrestation de Salah Abdeslam, les autorités belges voulant afficher leur succès ont commencé à propager la rumeur qu'il allait dénoncer son réseau. Pris de panique, ses coreligionnaires se sont alors lancés dans une opération improvisée, afin d'agir avant d'être pris[415]. En fait, parce que les services de renseignement et de sécurité belges n'avaient pas compris le fonctionnement du DTI, ils ont inutilement provoqué le déclenchement des attentats.

Corollaire de la question des « loups solitaires », la notion de « réseau » doit être comprise de manière nuancée. Dans la vie courante, nous parlons volontiers de nos « réseaux » personnels, professionnels, familiaux, etc. Traditionnellement, dans les organisations clandestines, un réseau est une structure organique composée d'individus ayant des fonctions spécifiques. Un groupe terroriste peut être constitué de plusieurs cellules, habituellement composées de 3-4 personnes, qui sont cloisonnées afin d'éviter que l'organisation soit compromise en cas de capture de l'un de ses membres. Avec le DTI, les djihadistes parlent de « *système d'action* » (*nizâm al -`amal*) et non de « *structure d'action* » (*tanzîm lil-`amal*).

Ainsi, avec le DTI, il n'y a pas de réseau dans un sens organique : les individus sont connectés de manière opportuniste, parfois même sans savoir qu'ils contribuent à une entreprise terroriste. D'ailleurs, en Grande-Bretagne, on constate que la plupart des individus arrêtés dans le cadre d'enquêtes terroristes – soit 8 sur 10 – sont relâchés sans charges retenues contre eux. Ce qui démontre que les terroristes ne sont pas isolés dans leur univers, mais communiquent avec leur environnement, sans appartenir à des réseaux organiques[416].

L'esprit occidental s'accommode mal de l'idée qu'un individu puisse opérer en dehors d'un réseau organique. Lorsque le coupable meurt, il « faut » un réseau dans lequel on puisse trouver un ou des coupables à punir. Cela explique qu'après un attentat, on recherche ceux qui d'une manière ou d'une autre, consciemment ou non, ont contribué à la réalisation de l'attentat (souvent la famille proche)… pour finalement les relâcher dans la plupart des cas. Ainsi, on poursuit une mère qui a envoyé de l'argent à son fils juste avant qu'il meure en Syrie[417] ou l'on regrette qu'Abdelkader Merah ne soit pas condamné pour complicité, parce que la mort des protagonistes ne donne plus de prise à la revanche, mais aussi,

---

415. Michael Ducousso/AFP, « Attentats : les terroristes de Bruxelles voulaient encore frapper la France », rtl.fr, 10 avril 2016.

416. Vikram Dodd, "Most terrorism arrests lead to no charge or conviction, figures show", *The Guardian*, 15 décembre 2016.

417. « La mère d'un djihadiste condamnée à deux ans de prison pour financement du terrorisme », Le Monde.fr/AFP/Reuters, 28 septembre 2017.

et surtout parce que l'on peine à comprendre que l'acte terroriste peut être le résultat d'une démarche individuelle au profit d'un objectif collectif[418].

L'idée que le «loup solitaire» n'existe pas vient simplement du fait qu'il n'est plus possible de «punir» le terroriste et on tente alors de punir son entourage. C'est une perspective typiquement française, plus tournée vers la vengeance que vers la solution du problème. En réalité, s'il est possible que dans certains cas l'auteur de l'acte criminel ait été consciemment aidé, le vrai problème est comment le prévenir.

En fait, notre tendance à déconnecter les actes terroristes de toute rationalité nous pousse à analyser le phénomène de manière émotionnelle. Nous faisons passer notre douleur avant le besoin de résoudre le problème : c'est pour cela que nous ne parvenons pas à maîtriser le problème. Or les islamistes n'agissent pas en fonction de pulsions et d'objectifs individuels, mais pour une cause bien réelle et des objectifs partagés avec d'autres musulmans, membres ou non d'une mouvance radicale.

Dans le concept décrit par Abou Moussab al-Souri, le terroriste est totalement déconnecté de toute organisation et structure de conduite, et ne reçoit aucun ordre ou instruction : il organise son action au niveau local avec ses propres moyens et ses réseaux individuels. Les apprentis terroristes sont même découragés à se rendre dans des pays ou zones islamistes pour se former. Grâce au *djihad ouvert*, ils doivent pouvoir se former seuls, de manière discrète, à la maison, sans contact avec des réseaux extérieurs, en utilisant des cours, manuels, et documents accessibles sur le Net pour acquérir la connaissance technique nécessaire. Les actions terroristes sont analysées, critiquées et publiées sur le Net pour permettre aux «nouveaux» de ne pas répéter les erreurs de leurs prédécesseurs[419].

L'aspect le plus important de ce concept est que le déclenchement de l'action terroriste – ou son inspiration – vient du pays cible lui-même. C'est d'ailleurs l'origine du nom du magazine de la BDPA : *Inspire*. Ainsi, un an après l'attentat de Nice (14 juillet 2016), aucun lien avec l'EI n'a pu être établi[420], car le terroriste a déclenché son opération indépendamment d'une hiérarchie.

Cette manière de procéder va à l'encontre de la rationalité occidentale, car elle tend à exclure une coordination stratégique des actes terroristes. Ainsi, si l'objectif de l'État islamique était de nature révolutionnaire ou visait à conquérir l'Occident, une telle stratégie n'aurait aucun sens, car elle ne permet pas d'articuler à

---

418. Sophie Parmentier, « Procès Merah : un enquêteur estime que le tueur au scooter a agi "en loup solitaire" et provoque des réactions outrées », *Franceinfo/Radio France*, 4 octobre 2017.
419. Voir, par exemple "Nice Operation, France", *Inspire Guide*, 17 juillet 2016 ; "The Orlando Operation", *Inspire Guide*, 17 juillet 2016; «L'Opération du Parlement britannique à Londres», *Inspire Guide*, 23 mars 2017.
420. « Attentat de Nice : un an après, toujours aucun lien établi entre le terroriste et l'EI », *Le Monde*, 14 juillet 2017.

la fois la destruction de la société existante et, d'autre part, la construction d'une société nouvelle. C'est pourquoi les organisations révolutionnaires marxistes étaient articulées en une aile militaire et une aile politique, cette dernière ayant préséance sur l'autre. Il n'y a pas d'équivalent dans le DTI.

Si le concept de terrorisme individuel est assez mal adapté à une stratégie de conquête, il est en revanche cohérent avec l'objectif que les djihadistes se sont donné de faire cesser une activité (comme des frappes), en particulier si elle ne rencontre pas l'adhésion d'une majorité de la population du pays cible. Mais le réflexe occidental est d'y opposer la détermination à agir : on est alors dans une situation de « pat ». C'est le problème des États-Unis en Afghanistan et celui de la France au Sahel : si à court terme il joue contre les terroristes, dans le long terme il est un problème pour nos sociétés. Nous y reviendrons.

Là où les Occidentaux cherchent à voir l'action d'un psychopathe asocial et retiré du monde, les djihadistes y voient simplement l'action légitime d'un individu normal, mais indigné par les agressions contre sa communauté. Sur le plan stratégique, ce concept permet de montrer que les djihadistes conservent l'initiative.

Les analyses subtiles du « mode opératoire » des terroristes, que nous servent les « experts » sur les plateaux de télévision, sont de nature policière et masquent souvent l'absence de lecture stratégique du problème. Les imperfections dans la mise en œuvre du concept ne sont pas l'expression d'un concept différent, mais reflètent simplement le fait que les terroristes ne sont ni spécialement formés ni suffisamment chevronnés pour mener de telles opérations de manière totalement clandestine et solitaire. Ce qui ajoute à leur imprévisibilité.

Cela étant, l'expérience montre qu'il y a un grand écart entre la doctrine et la pratique : les terroristes ont de la peine à rester totalement indépendants et à concevoir leur action sans en partager l'idée avec des amis ou de la famille. Cette faiblesse rend le terroriste détectable, même si les signaux qu'il émet avant les attentats sont souvent difficiles à interpréter.

Dans sa forme la plus « aboutie », le DTI tire son efficacité stratégique d'un ensemble d'actions individuelles et non coordonnées contre des objectifs variés, qui génère un sentiment d'insécurité permanente :

> *Le principe de base de cette activité opérationnelle est que le moudjahid, le membre de la résistance, pratique le djihad individuel dans son pays, là où il vit et réside, sans que le djihad lui coûte le problème de voyager, de migrer et de se déplacer là où le djihad est possible. L'ennemi aujourd'hui est un, et il est partout.* [421]

---

421. Abu Musab al-Suri, "The Jihadi Experiences: The most important enemy targets aimed at by the individual djihad", *Inspire*, n° 9, hiver 2012 (1433), p. 23.

Le recours au terrorisme individuel est donc mené «*dans des situations où les moudjahidin repoussent leurs ennemis et la terreur ennemie par un djihad défensif*»[422]. À défaut d'être accepté en Occident, ce raisonnement n'est pas incohérent et pourrait être résumé de la manière suivante : « Vous nous attaquez avec des moyens contre lesquels nous ne pouvons rien. Notre seule manière de répondre est de vous pousser à cesser par des actes de terrorisme. »

2.7.2.2. Le djihad par front ouvert

Le *djihad par front ouvert* (DFO) est complémentaire du DTI. On pourrait l'assimiler à une guérilla, qui n'a de chances de succès que dans un environnement militaire particulier[423]. Les textes djihadistes ne le décrivent pas de manière précise, mais on peut y voir un combat très fluide, mené par de petites unités très mobiles qui attaquent des objectifs ponctuels (souvent statiques) ou par embuscades. Les conditions décrites pour un tel combat correspondent au théâtre moyen-oriental, où l'autorité de l'État ne s'exerce que de manière très limitée et où le soutien populaire permet à la résistance de se mouvoir «comme un poisson dans l'eau», selon l'expression de Mao :

> *Il y a une abondance d'armes et d'équipement dans la région, qui a également une grande diversité de frontières, de côtes et de cols. Israël constitue un motif pour la cause islamique globale, et l'occupation américaine permet d'y ajouter une dimension révolutionnaire, qui est une excellente clé pour le djihad.*[424]

Les critères géographiques optimaux pour le DFO, identifiés par la doctrine djihadiste, sont assez classiques pour une guerre de guérilla et décrivent assez précisément l'environnement irako-syrien. On n'y trouve pas les bases pour un conflit qui s'étendrait au-delà du Proche et Moyen-Orient :

> *Les facteurs [favorables] comprennent l'existence d'une cause dans laquelle la population peut croire de manière suffisamment forte pour embrasser la cause du djihad. Cette cause doit pouvoir mobiliser la nation islamique [dans le monde] de façon à ce qu'elle apporte au djihad son soutien moral, financier... et autre. La cause la plus appropriée entre toutes est la résistance en réponse à une agression étrangère, à laquelle on peut ajouter des raisons religieuses, politiques, économiques et sociales pour en faire une révolution et le djihad.*

---

422. *Op. cit.* p. 31.
423. D'après Abu Musab al-Suri, "The Jihadi Experiences: The Military Theory of Open Fronts", *Inspire*, n° 4, hiver 2010, p. 31.
424. *Ibid.*

Comme on le constate, l'EI applique à la lettre le concept d'ARIG : il menait un DFO en Irak et en Syrie et un DTI dans les pays occidentaux, en appui du combat opératif.

2.7.3. Questions opérationnelles

2.7.3.1. Les opérations de « djihad individuel hybride »

L'expression « *djihad individuel hybride* » n'a aucun rapport avec la notion occidentale de guerre hybride (qui reste, par ailleurs, extrêmement floue). Dans la doctrine djihadiste, elle désigne la mise en œuvre conjointe d'opérations terroristes par deux mouvements ou groupes indépendants. La coordination opérationnelle est assurée par les acteurs eux-mêmes, sans intervention d'une autorité extérieure.

Les attentats de janvier 2015 à Paris sont un exemple d'école d'une opération de *djihad individuel hybride*[426] : l'action des frères Kouachi contre *Charlie Hebdo* était placée sous la bannière de la *Base du djihad dans la péninsule arabique* (BDPA), comme l'expliquent son magazine *Inspire*[427] et les déclarations téléphoniques de Chérif Kouachi[428]; tandis que l'action d'Amedy Coulibaly contre l'Hyper Cacher était placée sous la bannière de l'État islamique (EI), comme le confirment sa vidéo et *Dabiq*[429], le magazine de l'EI. Les informations retrouvées sur l'ordinateur de Coulibaly[430] ne sont que des conseils techniques (et non des « ordres », comme la presse l'a interprété).

Ce type d'action est assez rare dans le contexte du terrorisme individuel, qui exploite l'indépendance des cellules et minimise les activités de coordination. En revanche, elle est relativement fréquente au Moyen-Orient. Alors que les médias et les « experts » occidentaux insistent sur l'antagonisme entre l'EI et les autres groupes islamistes, on constate de nombreux cas où il y a une coopération active entre les groupes armés, quels que soient leurs niveaux de « modération ». Ainsi, il est faux de prétendre que l'État islamique et l'Hayat al-Tahrir al-Sham

---

425. *Ibid.*

426. *Inspire*, n° 14, été 2015, p. 12-13.

427. *Op. cit.*, p. 38.

428. Message audio des frères Kouachi, YouTube, 9 janvier 2015, https://www.youtube.com/watch?v=KNFbfnPBKdY.

429. *Dabiq*, n° 7, janvier-février 2015, p. 50 et 68.

430. « Amedy Coulibaly : les instructions retrouvées dans son ordinateur en partie dévoilées », *Huffington Post*/AFP, 14 octobre 2015.

étaient (sont) ennemis[431]. On devrait bien plutôt parler de compétition, car tous travaillent dans le même sens, avec parfois des rivalités de personnes.

L'EI ne voit pas de problème à mener des opérations conjointes avec d'autres entités terroristes, dont les objectifs et les stratégies sont différents. Alors que l'esprit occidental s'attend à une cohérence parfaite entre les deux entités, les djihadistes se satisfont d'un point de convergence temporaire ou limité[432]. De manière pragmatique, les groupes coopèrent sur ce qui les unit. Cet aspect est essentiel, car la stratégie occidentale au Moyen-Orient est basée sur l'idée qu'« Al-Qaïda » est opposée à l'EI, justifiant ainsi notre soutien. Nos stratégies d'action sont donc basées sur des hypothèses fausses qui contribuent à la propagation du problème, comme en Syrie et en Irak.

2.7.3.2. *Les actions-suicides*

La notion d'« action-suicide » couvre l'ensemble des actions dont l'objectif tactique n'est atteint qu'avec la mort du terroriste. Une forme particulière de ce type d'action est la « bombe humaine ».

Contrairement à une opinion répandue, ce type d'action n'est pas une « spécialité » islamiste. Cet esprit de sacrifice exacerbé est bien antérieur à l'islamisme moderne, particulièrement en Asie, comme chez les extrémistes hindous ou sikhs. Historiquement, l'Occident a été confronté pour la première fois à cette menace à Beyrouth, le 23 octobre 1982, lors de l'attaque par le *djihad islamique* du quartier général des *Marines* américains avec un camion chargé de 2 200 kg d'explosifs, qui a fait 241 victimes, suivie deux minutes plus tard par un attentat contre le quartier général des forces françaises, le « Drakkar », avec 820 kg d'explosifs, qui fit 58 victimes.

Depuis, les attaques-suicides sont devenues l'une des manifestations les plus terribles, les plus meurtrières et les plus efficaces du terrorisme. Les 188 attaques-suicides commises entre 1980 et 2001 n'ont constitué que 3 % des attentats terroristes dans le monde, mais ont été responsables de 48 % des victimes[433]. *Toutes* ont été commises dans le but de récupérer une souveraineté sur un territoire occupé par une force étrangère[434].

Des théories fumeuses, comme celle qui affirme que les terroristes n'ont pas peur de la mort, car celle-ci est « fixée » à l'avance par Dieu, résultent de

---

431. Organisation de Libération du Levant, nouvelle dénomination du *Jabhat al-Nosra*, après l'incorporation des milices soutenues par les États-Unis et la France.
432. *Inspire*, n° 14, été 2015, p. 13.
433. Pape Robert A., *The Strategic Logic of Suicide Terrorism*, manuscrit non publié (18 février 2003) cité dans le rapport adressé au Congrès : *Terrorists and Suicide Attacks*, Congressional Research Service, 28 août 2003.
434. *Ibid.*

l'inculture et d'une lecture simpliste et fallacieuse[435], dont l'effet est d'empêcher toute action préventive.

En Palestine, les mouvements de résistance des années 1960-1980 avaient essentiellement une philosophie laïque, largement teintée de marxisme, et n'ont pas développé de « tradition » pour les bombes humaines avant le début des années 1990. Leur terrorisme avait alors des objectifs de portée très opérationnelle (obtenir la libération de prisonniers, éliminer une personnalité, etc.) Ce n'est qu'après l'attentat terroriste de Baruch Goldstein au tombeau des Patriarches (25 février 1994), que certains groupes palestiniens séculiers adopteront la méthode des bombes humaines. Mais ils l'abandonneront en 2005-2006, après la restitution de la bande de Gaza, au profit du lancement de roquettes.

2.7.3.2.1. La notion de suicide

Depuis le « 9/11 », afin de délégitimer ce mode d'action, les exégètes les plus divers – chrétiens et musulmans – se sont efforcés de répéter que le suicide est interdit dans l'islam et que, par conséquent, les attentats-suicides le sont également. En fait, en Occident, l'expression « attentat-suicide » est souvent et délibérément réductrice pour suggérer que les auteurs de ces attentats ne se comportent pas en musulmans.

En effet, dans le verset 29 de la sourate « An-Nisaa », le Coran interdit explicitement le suicide (*al-Intihar*) :

> *Et ne vous tuez pas vous-mêmes, Allah, en vérité est Miséricordieux envers vous.*[436]

Mais notre interprétation est fallacieuse. Pour les musulmans – comme pour les chrétiens – la notion de suicide est associée à celle de démission et de fuite devant l'adversité. C'est une perte de confiance, pour ne pas dire une défiance, par rapport à la volonté divine. Défini comme une expression du désespoir, le suicide va exactement à l'encontre de la notion de djihad.

En fait, les djihadistes distinguent deux types de combattants : ceux qui s'engagent au combat au péril de leur vie, désignés *inghimasyin* (au singulier : *inghimasi*) ; et ceux qui s'engagent en sachant qu'ils vont mourir, appelés *istisha-diyiin* (« *ceux qui vivent le martyre* »). Les premiers sont prêts à tout, les seconds sont associés à l'idée de sacrifice, de don de soi, de victoire sur soi-même et de courage, c'est la vision du combattant qui va jusqu'au sacrifice suprême :

---

435. Antoine Hasday, « La pensée djihadiste décryptée », slate.fr, 6 novembre 2017.
436. Sourate "An-Nisaa" (29-30).

Le martyr est celui qui meurt sur le champ de bataille en combattant les infidèles.[437]

Mourir ne relève pas d'une démarche désespérée, mais d'une démarche personnelle, qui transcende la vie au profit d'une cause : le combattant devient ainsi « martyr » (*chahid*). En 1997, Ekrima Sabri, Grand Mufti de Jérusalem et imam de la mosquée Al-Aqsa déclarait :

À la fin, Dieu jugera la personne et si sa raison était bonne ou non. Nous ne pouvons pas juger. Le critère est si la personne le fait pour elle-même ou pour l'islam.[438]

Les *istishadiyiin* mènent des actions spéciales que l'on ne pourrait pas effectuer par d'autres moyens. C'est la version islamiste du « kamikaze » japonais, où l'on retrouve d'ailleurs la même dimension mystique ; une comparaison contestée par certains experts, qui argumentent que les combattants japonais ne s'attaquaient pas à la population civile[439]. Ce qui est vrai, mais reste un sophisme, car nos médias « oublient » que la majorité des actions-suicides de l'EI est menée dans le cadre d'un « djihad par front ouvert » (DFO), contre les troupes de la coalition occidentale en Irak et en Syrie dans des combats ouverts.

Ainsi, pour la seule défense de Mossoul, l'EI a mené quelque 482 actions-suicides entre le 10 octobre 2016 et le 11 juillet 2017[440]. On est alors dans le cas de DFO (sur un champ de bataille), où l'action-suicide a un caractère avant tout pragmatique : elle joue le rôle de « missile guidé » contre des positions fortifiées ou des garnisons trop robustes pour les armes des moudjahidin. Dans ce contexte, elles présentent un rapport « coût-efficacité » remarquable, comme en témoignent les pertes subies par la coalition internationale pour la reprise de Mossoul en 2017.

Ainsi, l'action-suicide ne résulte pas d'un désarroi individuel, mais est une sorte de « baroud d'honneur », lorsqu'aucune autre solution ne paraît envisageable.

2.7.3.2.2. Efficacité et efficience des actions-suicides

L'action-suicide n'est pas un acte gratuit : c'est une technique de combat qui vise un résultat. Pour l'analyser, il faut distinguer ici son efficacité (comparaison

---

437. Kashf al-Qina (2/113).
438. John Daly, "Suicide bombing: no warning, and no total solution", *Jane's Terrorism & Security Monitor*, 17 septembre 2001.
439. Voir Conesa Pierre, « Aux origines des attentats-suicides », *Le Monde diplomatique*, juin 2004, p. 14-15.
440. *Rumiyah*, n° 12, p. 43, août 2017 (Dhu al-Qidah-1438).

du résultat opérationnel par rapport au but recherché) et son efficience (comparaison du résultat opérationnel par rapport à l'investissement).

Le but recherché a deux niveaux. Le premier est de nature matérielle : la capacité à détruire un objec-tif. Sur le plan strictement opérationnel, l'intérêt de l'action-suicide est que la bombe reste a priori « sous contrôle » jusqu'à son explosion. Ses chances de succès sont donc élevées.

> *La bombe-suicide est le missile de croisière du pauvre : c'est une bombe peu coû-teuse et guidée qui explose sur l'objectif.*[441]

Le second niveau est de nature symbolique et stratégique. L'action-suicide manifeste la détermina-tion de l'organisation terroriste et de ses militants. Pour cette raison, les mouvements palestiniens n'hésitent pas à enregistrer une cassette vidéo de chaque combattant juste avant son acte, qui transmet un message qui a valeur d'« exemple » pour d'autres candidats. La mort n'est plus associée à la notion de défaite, mais à celle de victoire. Ainsi, la notion traditionnelle (symétrique) du combat qui associe la victoire à l'élimination de l'adversaire est ici inversée.

On est alors dans une situation asymétrique : on a d'un côté des terroristes qui ne craignent plus la mort, voire la recherchent et, de l'autre, une logique occidentale qui se résume à éliminer des indivi-dus prêts à mourir. La logique occidentale perd donc à tous les coups, même – voire surtout – en cas d'écrasement total de l'adversaire. C'est l'une des raisons majeures pour lesquelles l'Occident et Israël peinent à combattre le terrorisme islamiste. On comprend, entre autres, pourquoi les succès de BARKHANE au Sahel portent en eux-mêmes les germes de la défaite…

La pensée militaire occidentale reste encore fortement imprégnée – même implicitement – de la no-tion de « rapport de forces », qui n'a que peu de sens dans une asymétrie islamiste.

Le terrorisme est souvent présenté comme « cherchant à maximiser le nombre de morts »[442]. Or si à l'évidence il est meurtrier, et si certains attentats témoignent d'un acharnement à tuer, comme l'attentat de Nice (14 juillet 2016), une analyse un peu plus approfondie montre que de très nombreux attentats ont été considérablement moins meurtriers qu'ils auraient pu l'être. On pourrait citer l'attaque de Saint-Étienne-du-Rouvray (26 juillet 2016), où les terroristes auraient pu tuer bien plus de paroissiens, ou celle du Stade de France (13 novembre 2015), où au moins l'un des terroristes s'est fait exploser avec l'intention manifeste de

---

441. "Suicide Bombings – Canadian Perspective", Rapport du Criminal Intelligence Directorate de la Police montée royale du Canada, 18 mars 2003.
442. « Les attentats de l'État islamique : 20 pays, 18 mois, plus de 1 600 morts », *Le Monde*, 25 novembre 2015 (mis à jour 4 juillet 2019).

ne pas faire de victimes. On pourrait éga-lement citer l'exemple de l'attaque au poignard du commissariat du 18e arrondissement à Paris, le 7 janvier 2016, où le terroriste portait une ceinture d'explosifs factice [443], démontrant que sa propre mort valait plus que le nombre de morts qu'il causerait. Le même phénomène est observé le 17 août 2017 à Cambrils (Espagne) [444] et à Bruxelles le 25 août 2017 où l'agresseur d'une patrouille militaire belge portait une arme à feu factice[445].

Dans ces exemples, l'objectif est alors clairement de se faire abattre au cours de l'attaque : on est au cœur du phénomène asymétrique où la manifestation d'une détermination est plus importante que le nombre de morts. Les vagues d'attaques au poignard, en Israël puis en Europe, illustrent ce phé-nomène.

En termes d'efficience, les actions-suicides ont un « rendement élevé » en raison de leur faible coût. Cela dit, les attentats-suicides ne sont pas nécessairement moins coûteux que d'autres formes d'attentats. La préparation, l'équipement et l'acheminement du terroriste vers son objectif nécessi-tent une infrastructure importante et souvent plusieurs véhicules (volés). Par ailleurs, certaines or-ga-nisations, comme le Hamas s'engagent à soutenir financièrement les veuves et les orphelins d'un martyr. Pour le Hamas, le coût moyen d'une bombe humaine serait de 142,29 dollars, auxquels s'ajouterait un soutien financier à la famille compris entre 2 800 et 5 000 dollars[446], qui renforce encore la base populaire du mouvement.

Leur principal intérêt en matière « économique » est – paradoxalement – d'économiser des vies. C'est le même principe que les kamikazes japonais : avec un seul individu, on peut obtenir le même résultat qu'en risquant la vie de plusieurs combattants dans une action plus traditionnelle. C'est une carac-téristique que l'on observe particulièrement dans le contexte du « djihad par front ouvert » (en Irak ou en Syrie, par exemple). Dans le contexte du djihad individuel, l'action-suicide permet de frapper avec une préparation minimale et moins détectable.

---

443. « L'homme tué devant le commissariat de Barbès a été identifié », Le Monde.fr/AFP, 7 janvier 2016.
444. « Attentat de Cambrils : les ceintures explosives des assaillants étaient fausses », Le Figaro.fr/Reuters, 18 août 2017.
445. « Militaires agressés au couteau à Bruxelles : l'EI a revendiqué l'attaque de vendredi soir », RTBF, 26 août 2017.
446. Sherrie Gossett, "Islam in America", WorldNetDaily.com, 3 janvier 2004.

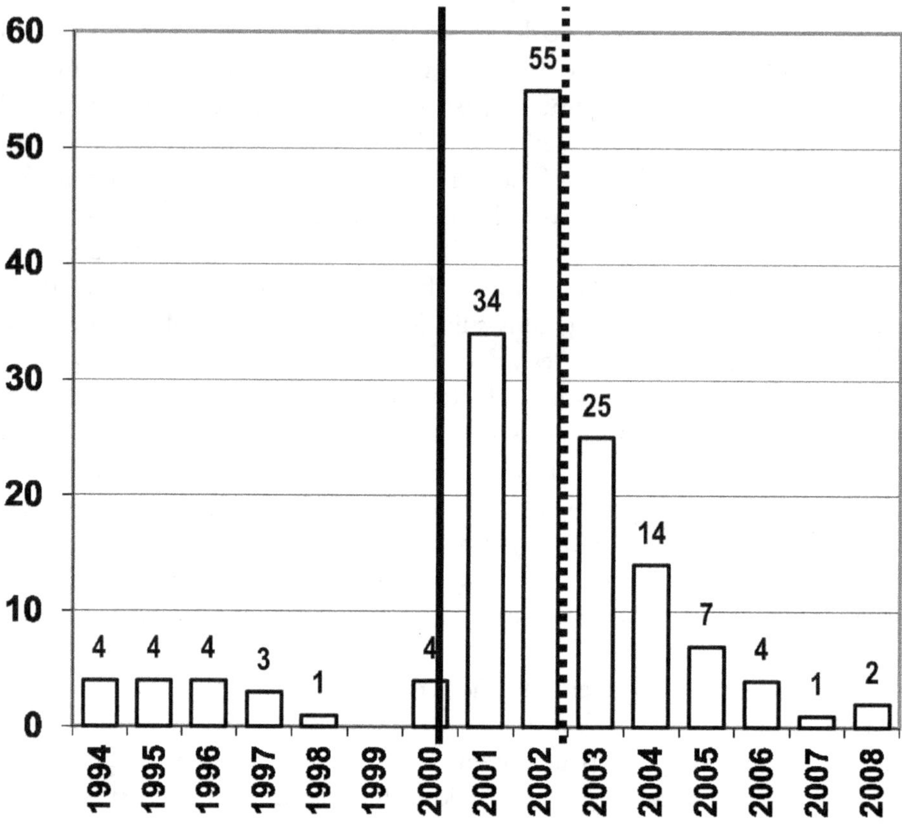

Figure 7. Bien qu'il soit difficile d'établir un lien formel entre la plupart des attentats-suicides et les éliminations ciblées pratiquées par Israël, une corrélation reste observable. Ainsi, les premiers attentats-suicides, en 1994, sont consécutifs à l'attaque du tombeau des Patriarches. Ceux de 1996 ont été provoqués par l'élimination d'Yahya Ayyash. La ligne continue en trait fort marque la reprise officielle de la politique israélienne d'éliminations ciblées (9 novembre 2000). La ligne pointillée marque le début de la construction de la barrière de protection entre la Cisjordanie et Israël (voir également la figure 5). À partir de 2005, avec la restitution de Gaza, le Hamas change sa stratégie : il abandonne les attentats-suicides et adopte l'usage de roquettes pour riposter aux attaques israéliennes. [Chiffres : ministère israélien des Affaires étrangères]

2.7.3.2.3. Un mythe tenace : la récompense des 72 vierges

Après les attentats du « 9/11 », on a souvent tenté d'expliquer l'acte des terroristes comme le résultat de troubles mentaux et on les a présentés comme des psychopathes assoiffés de sang ou de besoins sexuels inassouvis. D'où le mythe des « 72 vierges », auxquelles le martyr aurait accès dans l'au-delà, qui relève davantage de l'impuissance occidentale à expliquer et répondre à ce type d'attentat que de la réalité. En fait, même si le Coran décrit avec beaucoup de détails le paradis, la légende des « 72 vierges » ne s'y trouve pas. On la trouve dans les *hadiths* (tradition) et encore, ne s'applique-t-elle pas exclusivement aux martyrs, mais à tous les musulmans. On peut donc difficilement trouver là une motivation pour devenir martyr. Cela n'expliquerait pas non plus les bombes humaines en Indonésie, où cette croyance n'est pas répandue dans la population musulmane et où les études ont montré que les terroristes concernés vivaient généralement dans des ménages heureux[447] :

> *Loin d'être des individus solitaires, la majorité des [terroristes de] plus de 30 ans ont une relation stable, et la plupart ont des enfants, [ce qui] remet en question l'idée que les terroristes sont des jeunes hommes mus par la frustration sexuelle et attirés dans le « martyr » par la promesse de magnifiques vierges qui les attendent au paradis. Il est faux de penser que quelqu'un avec une femme et des enfants a moins de probabilité de commettre des actes de terrorisme.[448]*

Par ailleurs, la légende des « 72 vierges », si elle constituait une motivation majeure, n'expliquerait pas l'importance des femmes martyres. Celles-ci, si l'on ne peut exclure dans certains cas isolés que leur action soit le résultat d'une pression extérieure, ont généralement une démarche volontaire. En Tchétchénie, des jeunes femmes – souvent épouses, fiancées ou sœurs de combattants tchétchènes tués au combat – ont rejoint les rangs des terroristes islamistes afin de commettre des attentats, alors plutôt dans un esprit de « vendetta ». Également surnommées « *veuves noires* », « *shakhidki* »[449] ou « *smertnitsy* »[450], elles sont impliquées dans la plupart des attentats les plus spectaculaires réalisés par les terroristes tchétchènes[451].

2.7.3.3. *Le choix des cibles et les attaques contre les civils*

Il est commode de voir dans les terroristes des fous avides de sang, mais c'est une simplification stérile qui nous éloigne des solutions. Comprendre n'est pas accepter. Même si chaque attentat est insupportable et nous semble frapper injustement et aveuglément des innocents, il y a souvent dans l'optique des djihadistes, le sentiment d'une réponse maîtrisée ; à la fois par le choix des victimes, et par l'intensité de l'action.

---

447. Sarlito Wirawan Sarwono, *What is in their minds? The psychology of suicide bombers in Indonesia*, Université d'Indonésie, 20 novembre 2007.

448. Alan Travis, "MI5 report challenges views on terrorism in Britain", *The Guardian*, 20 août 2008, www.theguardian.com/uk/2008/aug/20/uksecurity.terrorism1, (consulté le 13 novembre 2016).

449. De l'arabe *chahid* (martyr).

450. Littéralement « femmes condamnées à mourir ».

451. Ainsi : octobre 2002 – dans le théâtre de la Dubrovka à Moscou ; 14 mai 2003 – tentative d'attentat contre Akhmad Kadyrov ; juin 2003 – dans un autobus près de Mozdok ; 5 juillet 2003 – contre un concert de rock près de Moscou ; 9 juillet 2003 – tentative d'attentat à Moscou ; 10 juillet 2003 – dans un restaurant de Moscou ; début septembre 2004 – prise d'otages de Beslan.

Le texte de revendication des attentats du 13 novembre 2015 précise que les objectifs avaient été « *choisis minutieusement* », suggérant que les terroristes n'avaient pas frappé au hasard, dans Paris :

> *Huit frères portant des ceintures d'explosifs et des fusils d'assaut ont pris pour cibles des endroits choisis minutieusement à l'avance au cœur de la capitale française [...]*[452]

Pourtant, la nature des attentats montre à l'évidence que l'on n'a pas visé des individus particuliers. Il y a donc ici une contradiction, mais elle n'est qu'apparente. Les textes publiés par l'EI après les attentats de 2015-2016 montrent que la sélection des objectifs a probablement suivi une démarche plus fine qu'il n'y paraît. De fait, au niveau tactique, les attentats ont frappé des individus au hasard, mais au niveau opératif, on constate une sélection relativement précise des objectifs :

> *Concernant ces opérations, il y a certains facteurs qui doivent être pris en considération afin d'assurer leur succès. La vie des musulmans doit retenir la plus grande attention. Les bons objectifs sont des lieux où il ne devrait pas y avoir de musulmans, comme les lieux de perdition, les night-clubs comme à Bali, Mardi gras, les lieux de jeu d'argent, ou les établissements financiers qui vivent de l'usure comme les tours jumelles. Il faut viser des partis politiques ou des organisations qui persécutent les musulmans.*[453]

Il faut se mettre dans la tête des concepteurs des attentats et d'abord comprendre que, contrairement à ce que prétendent les « experts », les terroristes ne cherchent pas à « faire un maximum de morts », mais à avoir un impact maximum. Ce sont deux choses différentes. Ils savent que frapper totalement au hasard est une arme à double tranchant.

Les victimes d'un conflit ou d'attentats ne résultent pas d'un « mépris de la vie » comme on le dit souvent, mais plutôt de l'idée qu'il existe un objectif de nature supérieure, qui justifie des « dommages collatéraux ». C'est d'ailleurs exactement le même principe qui est appliqué par les forces occidentales en Afghanistan, en Irak, en Libye, en Syrie et ailleurs, comme nous le verrons. C'est un aspect de la violence fortement discuté au sein des mouvements djihadistes eux-mêmes[454]. C'est pourquoi, en Irak, certains groupes terroristes planifient leurs attentats de sorte à minimiser les risques pour la population civile et l'informent avant de

---

452. Texte de la revendication « officielle » de l'État islamique : « Communiqué sur l'attaque bénie de Paris contre la France croisée », 2 safar 1437, 14 novembre 2015.
453. Abu Mu'sab al-Suri, "The Jihadi Experience – The Strategy of Deterring with Terrorism", *Inspire*, n° 10, printemps 2013, p. 23.
454. « La légitimité des opérations martyres », *Dar al-Islam*, n° 3, mars-avril 2015, p. 14.

commettre un attentat ; mais cela s'explique, car il s'agit essentiellement de lutter contre un occupant et non de forcer un gouvernement à une décision.

Comme les terroristes l'ont très clairement expliqué à plusieurs reprises[455], leur objectif est de pousser la population cible à se mobiliser contre la décision de son gouvernement de s'engager au Moyen-Orient. Dans cette perspective, au lieu de la frapper totalement « au hasard », ils « *choisissent minutieusement* » ceux qui « sont les plus coupables » ou ceux qui – à leurs yeux – ont contribué ou contribuent « plus que d'autres » à alimenter la haine contre l'islam.

Après l'attaque contre une discothèque gay à Orlando (12 juin 2016), malgré l'aversion clairement exprimée de l'EI envers l'homosexualité, sa vidéo de revendication ne contient pas un seul mot contre la communauté gay et ne mentionne que la guerre menée par les États-Unis, comme pour les autres attentats. En fait, l'« *analyse après action* » des terroristes, publiée dans un numéro spécial du magazine *Inspire*, considère que le ciblage d'un « *groupe spécifique* » a été la principale faiblesse de l'opération, car il a distrait l'opinion du message voulu[456] :

> *L'exécuteur a spécialement choisi une boîte de nuit gay, [...] mais il est préférable d'éviter de cibler des zones où sont des minorités. Ceci afin de ne pas s'écarter de l'essence de l'opération et d'éviter qu'elle soit présentée comme une petite affaire, ainsi que les médias américains tentent de décrire le cas de Mateen. Les médias occidentaux se sont concentrés sur le témoignage du père de Mateen, qui prétendait que son fils détestait les homosexuels et qu'il n'avait pas d'intentions terroristes. [...]. Les médias ont tenté de présenter les objectifs de l'opération comme dirigés contre un groupe particulier de personnes, distrayant ainsi le public américain des motifs réels de l'opération.[457]*

Il est intéressant de comparer cette analyse « de première main » avec les déclarations de Mohammed Sifaoui dans l'émission *C dans l'air* du 13 juin 2016, qui n'a rien compris du tout et déclare exactement l'inverse[458]. En fait, l'interprétation « homophobe » que certains ont faite de l'attentat[459] a rendu illisible le message des terroristes et a contribué à la mécompréhension des motifs de l'action, contribuant ainsi à écarter des solutions possibles au niveau stratégique.

Pour toucher l'Occident, les terroristes visent les communautés (ou institutions) à qui ils attribuent une plus grande responsabilité ou une plus grande

---

455. Voir la vidéo *La France à genoux*, État islamique, 21 novembre 2015.
456. Hamza Usama bin Laden, "Advice for Martyrdom Seekers in the West", *Inspire*, n° 17, été 2017, p. 17.
457. Lone Jihad Lead Team, "Orlando Operation", *Inspire Guide*, 17 juin 2016.
458. Mohammed Sifaoui, émission *C dans l'air* : « le loup solitaire d'Orlando », France 5, 13 juin 2016.
459. Voir, par exemple, Marine Le Breton, « Pourquoi la tuerie d'Orlando restera un acte terroriste homophobe plus qu'islamiste », *Huffington Post*, 13 juin 2016.

culpabilité d'ordre moral dans la guerre contre l'islam, les autres étant des victimes « collatérales ». À Paris, en novembre 2015, la communauté juive a davantage été victime de « choix par défaut » que d'un ciblage contre des intérêts israéliens ou juifs, ainsi que l'ont confirmé les témoignages des survivants du Bataclan[460].

Il est important de noter que le message convoyé par l'acte terroriste ne s'adresse pas aux militants, mais à la population générale. Dans la perception occidentale, le terrorisme frappe des civils, innocents par définition. Les djihadistes ont une logique différente : ils combattent les interventions occidentales et considèrent que la population *sait* qu'elles sont illégitimes, mais n'use pas de ses droits démocratiques pour demander à son gouvernement de cesser ces agressions. Ainsi, ils considèrent qu'elle porte une part de responsabilité et n'est donc pas innocente.

En général, on considère que les gouvernements démocratiques sont rationnels et guidés par l'intérêt commun. Mais en réalité, ils s'engagent dans des conflits de manière inexplicable et inexpliquée. Les décisions d'intervenir en Afghanistan, en Irak, en Libye et en Syrie n'étaient justifiées que par des mensonges. Or ces guerres détruisent des sociétés. Pourtant, aucun mouvement citoyen n'a demandé des comptes aux gouvernements et à leurs responsables. C'est cette complicité tacite ou explicite de la population qui la rend aussi coupable aux yeux des terroristes.

En comprenant la logique des terroristes, nous pouvons élaborer des stratégies qui évitent l'éclosion du terrorisme. Dans cette perspective, il nous faut (variante maximale) repenser l'opportunité d'utiliser des instruments plus efficaces et moins meurtriers que la force armée ou (variante minimale) entourer nos engagements d'une campagne de communication pour en expliquer la légitimité.

Le problème est que nous nous engageons dans des conflits sans réfléchir : l'Occident et Israël continuent à appliquer la même stratégie qui avait été utilisée contre l'Allemagne et le Japon durant la Seconde Guerre mondiale. Il s'agit de frapper les populations civiles afin de les inciter à se retourner contre leurs dirigeants. C'est le concept, dit des « Cinq Cercles » développé par le colonel américain John Warden[461]. Ce qui – ironiquement – relève exactement de la même logique que les actes terroristes :

> *[…] [L'] avantage de cibler les civils, est que cela agite l'opinion publique contre les administrations, les gouvernements occidentaux et leurs politiques.*[462]

---

460. Céline Berthon, *émission C dans l'air*, France 5, 16 décembre 2015.
461. Colonel John A. Warden III, "The Enemy As a System", *Airpower Journal*, vol. 9, n° 1, printemps 1995, p. 50-51.
462. Sheikh Hamd bin Hamoud Al-Tameemy, "Rulings on Lone Jihad – Targeting Civilians", section 1, part 2, *Inspire*, n° 17, été 2017, p. 23.

Ainsi, en 1990, les États-Unis ont réclamé un embargo contre l'Irak qui sera adopté par le Conseil de sécurité des Nations unies, dont l'objectif premier est de forcer l'Irak à se retirer du Koweït et à payer des réparations. Son objectif secondaire, cependant, est de provoquer une révolte de la population contre le régime de Saddam Hussein.

> *Depuis que l'embargo a été imposé à l'Irak le 6 août [1990] après l'invasion du Koweït, les États-Unis se sont opposés à tout assouplissement en pensant qu'en rendant la vie difficile au peuple irakien, cela l'encouragera à renverser Saddam Hussein du pouvoir.*[463]

Or non seulement la population irakienne ne s'est pas révoltée, mais malgré ses conséquences humaines, l'embargo a renforcé la légitimité du dictateur. Toutefois, il aurait causé la mort de 500 000 enfants irakiens[464]. Un chiffre qui n'émeut pas Madeleine Albright[465], alors ambassadrice des États-Unis auprès des Nations unies à New York :

> *Je pense que c'est un choix difficile, mais nous pensons que le prix en vaut la peine.*[466]

Un raisonnement à rapprocher de la déclaration de Mike Pompeo en novembre 2018, qui présente les sanctions américaines à la BBC en ironisant sur le fait que le gouvernement iranien devra faire le bon choix « *s'il veut que son peuple mange* »[467].

Le fait est qu'en Europe, personne n'a été choqué par cette démarche et les États-Unis jouissent encore d'un assez large soutien. La comparaison avec l'émoi

---

463. Paul H. Lewis, "After The War; U.N. Survey Calls Iraq's War Damage Near-Apocalyptic", *New York Times*, 22 mars 1991.

464. Chiffres du Fonds international de secours à l'enfance des Nations unies. "UNICEF – Results of the 1999 Iraq Child and Maternal Mortality Surveys", Federation of American Scientists, https://fas.org/news/iraq/1999/08/990812-unicef.htm ; Jeremy Bowen, "Iraqis blame sanctions for child deaths", BBC News, 12 août 1999. Ces chiffres ont fait l'objet de discussions, les estimations variant selon les auteurs entre 170 000 et 567 000. Selon R. Garfield, le nombre d'enfants morts à cause des sanctions aurait été d'au moins 227 000. (R. Garfield, *Morbidity and Mortality among Children from 1990 to 1998, Assessing the Impact of Economic Sanctions*, Occasional Papers Serie 16:OP:3. Paper commissioned by the Joan B. Kroc Institute for International Peace Studies at the University of Notre Dame and the Fourth Freedom Forum, mars 1999).

465. En 1997, Madeleine Albright deviendra la première secrétaire d'État (ministre des Affaires étrangères) féminine des États-Unis.

466. Madeleine Albright, émission *Sixty Minutes*, CBS, 12 mai 1996.

467. "Secretary of State Mike Pompeo's Interview with Hadi Nili of BBC Persian", Washington DC, 7 novembre 2018 ; Brendan Cole, "Mike Pompeo Says Iran Must Listen To U.S. 'If They Want Their People To Eat'", *Newsweek*, 9 novembre 2018.

causé par la photographie du petit Eylan échoué sur les côtes de Turquie en septembre 2015 montre que la valeur que les Occidentaux accordent à la vie humaine est à géométrie variable et dépend uniquement de critères politiciens. Ceux qui militent en faveur de l'accueil des migrants en Méditerranée ne s'émeuvent guère des conflits créés par nos actions militaires et nos embargos, qui poussent ces malheureux chez nous…

À tort ou à raison, notre mépris pour la vie des autres et notre passivité face à ces injustices nous rendent coupables aux yeux des islamistes. En fait, ils nous prennent au jeu de la démocratie et questionnent notre inaction face aux décisions de nos dirigeants pour s'engager dans des conflits, dont on savait dès le départ qu'ils n'avaient aucun sens. Dans une vidéo publiée après l'attentat de Nice (14 juillet 2016), le djihadiste français Rachid Kassim explique :

> *Telle est la rétribution du peuple criminel qu'est le peuple français qui n'hésite pas à sortir par centaine de milliers dans les rues pour son ventre, pour son contrat de travail, mais qui sachant que ses impôts financent l'armée de Tsahal et le massacre de Palestiniens, que ses impôts financent les bombardements en Irak et au Sham et aux quatre coins de la planète de la Oummah [...] n'élève pas une seule parole !*[468]

Tout comme on ne saurait justifier un crime par un autre, il est inacceptable que cette passivité justifie des actes de violence extrême. Toutefois, la perception des djihadistes de notre culpabilité n'est pas dépourvue d'une certaine cohérence : elle s'apparente à la notion de culpabilité collective, que l'on continue à appliquer aux anciens nazis, par exemple. Or malgré des millions de victimes, et alors que le monde entier sait que les États-Unis ont délibérément menti au Conseil de sécurité des Nations unies pour déclencher leur guerre en Irak, aucune sanction, aucun procès, aucune conséquence diplomatique n'ont été appliqués aux responsables américains. La France s'était opposée aux États-Unis en 2003, mais a fini par lui emboîter le pas en Irak et en Syrie dix ans plus tard. Il en résulte le sentiment d'une « connivence » entre les populations civiles et leurs gouvernements.

La relation entre les interventions militaires et le terrorisme fait l'objet d'un déni surprenant par les élites intellectuelles et politiques, particulièrement en France.

En 2013, 68 % des Français, 66 % des Britanniques, 63 % des Allemands, 48-59 % des Américains et 52 % des Italiens étaient opposés à une intervention

---

468. Extrait verbatim de la vidéo en français, *Leur coalition et notre terrorisme*, de l'État islamique, publiée fin juillet 2016.

en Syrie[469]. Pourtant, nous acceptons (volontairement) que nos dirigeants nous engagent dans des conflits, sans motifs concrets. Dans l'esprit des islamistes, parce que nous sommes des démocraties (le «pouvoir du peuple»), cette acceptation nous rend complices des dirigeants. À leurs yeux, nous ne sommes donc pas innocents :

> *Alors qu'en est-il aujourd'hui, lorsque des pays occidentaux, comme l'Amérique, la Grande-Bretagne et la France ont ouvert des hostilités contre les musulmans ; tuant des millions de musulmans et leur faisant vivre les pires souffrances. Ainsi, je considère clairement que l'homme qui vote pour son gouvernement et qui lui paie des impôts mérite bien d'être qualifié de combattant. Et donc [verser] son sang est plus licite que les autres. Je n'ai aucun doute sur la légalité de verser le sang des hommes mûrs et sains d'esprit, qui sont capables de se battre, appelés civils en Occident ; jusqu'à ce qu'ils cessent leur agression contre les musulmans et cessent leur ingérence permanente dans les affaires et les pays musulmans.[470]*

Ainsi, sur un plan doctrinal, on peut constater qu'à l'inverse du discours officiel diffusé en Occident, les théoriciens du terrorisme djihadiste ne cherchent pas à «*détruire ce que nous sommes*» ou à «*combattre notre religion*». D'ailleurs, en 2012, Abou Moussab al-Souri, qui a écrit la doctrine du DTI, appliquée par «Al-Qaïda» et l'EI, précisait :

> *[...] Une remarque finale en ce qui concerne le ciblage au cœur des pays ennemis, l'Amérique et ses Alliés occidentaux, est qu'il faut éviter de cibler les lieux de prière de n'importe quelle religion ou foi, qu'elle soit chrétienne, juive ou autre. On doit éviter de blesser des civils qui sont citoyens de pays qui n'ont pas de relation avec le conflit, même s'ils ne sont pas musulmans. Ceci doit être fait de sorte à maintenir la réputation de la résistance dans les différents cercles de l'opinion publique.[471]*

Toutefois, en juillet 2015, après l'intensification des frappes occidentales au Moyen-Orient, l'EI monte d'un cran et encourage le ciblage de lieux de culte[472].

Cela dit, l'usage par l'EI d'une stratégie basée sur l'initiative individuelle, ou «spontanée» (selon sa terminologie), pose le problème de la cohérence de

---

469. Antoine Goldet, « Les opinions publiques opposées à une intervention en Syrie », www.liberation.fr, 11 septembre 2013.

470. Sheikh Hamd bin Hamoud Al-Tameemy, "Rulings on Lone Jihad – Targeting Civilians, section 1, part 2", *Inspire*, n° 17, été 2017, p. 22.

471. Abu Musab al-Suri, "The Jihadi Experience", *Inspire*, n° 9, hiver 2012.

472. « Les règles de sécurité du musulman », *Dar al-Islam*, n° 8, Chawwal 1436, juillet 2015, p. 30.

l'action. Alors que la littérature produite par l'EI est assez claire, précise et cohérente, les revendications exprimées par les terroristes dans leurs vidéos ou des lettres posthumes n'ont pas toujours la même rigueur dans le choix des termes. Ainsi, souvent, ils parlent de « *vengeance* »[473], alors que l'objectif réel va plus loin, puisqu'il cherche à forcer les pays occidentaux à abandonner leurs interventions.

Ce qui tend à montrer que tous les terroristes ne comprennent pas toujours le cadre stratégique dans lequel ils opèrent. En d'autres termes, nous pourrions avoir une influence beaucoup plus grande que nous le pensons sur le choix des cibles. Ainsi, d'une certaine manière, en mettant l'accent sur la dimension religieuse, on a exposé inutilement des lieux de culte et les religieux, alors que la doctrine djihadiste conseillait de ne pas les viser, comme nous l'avons vu plus haut.

2.7.3.4. *La dimension antisémite*

Comme toutes les discriminations, l'antisémitisme doit être combattu. Mais il faut le situer à sa juste place dans le cadre du terrorisme, sous peine de créer l'effet inverse. Tout d'abord, l'antisémitisme n'est pas l'élément central ni la motivation principale du terrorisme moyen-oriental, même s'il est probablement sous-jacent. Ensuite, il faut faire une distinction entre le terrorisme djihadiste « global » (qui vise essentiellement à faire cesser les interventions occidentales) et le conflit israélo-palestinien, qui est davantage motivé par une « haine de l'occupant » que par une « haine du juif ».

Cela étant, on constate que la communauté juive souffre certainement plus que proportionnellement du terrorisme. On peut certainement y voir un caractère antisémite, mais le terme « antisémite » doit être examiné de manière plus attentive. En effet, en utilisant ce terme, on tend à masquer des réalités qui nous permettraient de mieux comprendre le phénomène terroriste. Ainsi, les attentats de 2015-2016 en France visaient certainement plus des « Français », que des « chrétiens » ou des « juifs ».

En 2008, un rapport classifié du *Service de sécurité* britannique (MI5) évoquait le risque qu'un soutien trop marqué envers la communauté juive crée davantage d'antisémitisme[474]. Dans ce contexte, le gouvernement français a cumulé à peu près toutes les erreurs possibles, plaçant alors la communauté juive dans le collimateur des terroristes.

Ainsi, le message de soutien adressé par le président Hollande au gouvernement israélien en juillet 2014 durant l'opération BORDURE PROTECTRICE[475]

---

473. Message audio des frères Kouachi, YouTube, 9 janvier 2015, https://www.youtube.com/watch?v=KNFbfnPBKdY.
474. *Behavioural Science Unit Operational Briefing Note: Understanding radicalisation and violent extremism in the UK*, Security Service – MI5 (UK RESTRICTED), Report BSU 02/2008, 12 juin 2008.
475. Cf. supra.

et le lien trop affiché et affirmé du Premier ministre Manuel Valls avec la communauté juive[476] ont sans doute eu des conséquences plus tragiques qu'on imagine. D'ailleurs, l'EI l'a pris au mot :

> *Manuel Valls déclare que les Juifs de France sont l'avant-garde de la République, ils doivent donc mourir en premier dans la guerre qui oppose l'Islâm et le califat à la France. Cela a été bien compris par les frères Mouhammad Merah et Amedy Coulibaly.*[477]

En affichant de manière trop ostensible un lien personnel et privilégié avec la communauté juive, Valls a porté préjudice à l'impartialité du gouvernement (laïcité) qui alimente le communautarisme en France. De plus, il a renforcé l'antisémitisme existant en y superposant l'impopularité de son gouvernement, laissant imaginer une collusion entre la communauté juive et l'engagement de la France au Proche-Orient. Il a fait ainsi apparaître la communauté juive comme un acteur central dans la lutte contre les musulmans, la rendant ainsi «plus coupable» que les autres : en la surexposant inutilement, il l'a placée dans le collimateur des terroristes. Le mieux est l'ennemi du bien.

En janvier 2015, *Charlie Hebdo*, dont les publications avaient attisé les violences en 2006, était la cible principale[478] ; l'attaque contre l'Hyper Cacher de Vincennes, choisi en raison des événements de Gaza en juillet-août 2014 (comme l'explique Amedy Coulibaly dans sa vidéo posthume) et probablement parce que l'on n'y trouverait pas de musulmans, n'était en réalité qu'une diversion pour diminuer la pression policière sur les frères Kouachi, et non pas un objectif premier.

En novembre 2015, on trouve un scénario analogue : le Bataclan, qui était habituellement fréquenté par la *Ligue de défense juive* (LDJ) et le *Betar* – deux organisations extrémistes juives – était l'objectif principal avec le Stade de France ; c'est sur ces deux objectifs qu'était planifié l'usage de bombes et où les terroristes étaient prêts à causer un maximum de dommages. Quant aux mitraillages dans les rues de Paris, ils semblent avoir eu la même fonction que l'attaque contre l'Hyper Cacher en janvier, à savoir une diversion afin d'empêcher les forces de l'ordre de se concentrer sur les objectifs principaux. Ce qui a d'ailleurs bien fonctionné, puisque les forces d'intervention de la police ne sont arrivées au Bataclan qu'une demi-heure après le début de la prise d'otages, après avoir été engagées sur les «mitraillages» qui étaient déjà terminés. Le Bataclan était visé,

---

476. Voir https://www.youtube.com/watch?v=Y9Bs3tF1jj0.
477. « L'histoire de l'inimitié de la France envers l'islâm », *Dar al-Islam*, n° 2, février 2015, p. 10 (NDA : l'auteur de l'article se réfère au discours de Manuel Valls du 19 mars 2014, à Paris).
478. *Inspire*, n° 14, été 2015, p. 38.

car les terroristes croyaient qu'il était possédé par un juif ; en fait, l'établissement avait été revendu en septembre 2015, mais les terroristes ne le savaient probablement pas[479].

Ainsi, l'antisémitisme n'est pas au cœur des revendications liées au terrorisme djihadiste. En revanche, il intervient lorsque les terroristes doivent choisir leurs cibles. Parce qu'elle apparaît plus proche du pouvoir, parce que – par ailleurs – elle frappe des civils palestiniens ou parce qu'elle anime un discours plus virulent contre l'islam, la communauté juive devient une cible opérationnelle, même si l'objectif stratégique n'a rien à voir avec elle.

2.7.3.5. *La revendication des attentats*

Comme nous l'avons vu plus haut, l'acte terroriste a *toujours* un objectif. Personne ne sacrifie sa vie sans raison ou sans but. Pour qu'un attentat puisse réellement être «utile», son objectif doit donc être connu, d'une part, pour que la «terreur» générée puisse influencer les comportements dans la direction voulue et, d'autre part, pour informer les militants. L'acte terroriste n'existe – et n'est efficace – que s'il est compris. La revendication est donc essentielle, car elle exprime la signification de l'action. Ceci explique aussi pourquoi les attentats sont souvent «sur-revendiqués», car d'autres groupes peuvent alors chercher à bénéficier de la dynamique qu'ils ont créée.

Il est important de rappeler ici que des organisations qui utilisent le terrorisme n'ont pas peur de le revendiquer.

C'est pourquoi les raisons, les motifs ou l'objectif des attentats sont presque toujours présents dans les revendications. Or les médias ne les rapportent quasiment jamais et les remplacent par leur propre interprétation, faisant ainsi apparaître la revendication comme une simple appropriation. Officiellement «pour ne pas faire le jeu des terroristes», mais en réalité pour masquer leur vraie cause : les interventions occidentales, qui apparaissent systématiquement dans le texte des revendications.

Pour les forces de l'ordre, la revendication est également importante, car elle permet de comprendre la stratégie du groupe terroriste et d'identifier son centre de gravité.

En fait, il y a en Occident depuis 2001 une volonté de dérationaliser le discours des terroristes. Outre le fait qu'elle distrait l'opinion des causes réelles du terrorisme, cette occultation tend à alimenter un discours islamophobe. En effet, l'irrationalité attribuée au terrorisme ouvre la porte à toutes les interprétations possibles, y compris celle qu'il est la conséquence inéluctable de la coexistence entre islam et chrétienté, ce qui alimente les tensions entre communautés. On

---

479. « Olivier Morice : le Bataclan a été visé "parce que le propriétaire appartenait à la communauté juive" », liberation.fr, 17 février 2016.

en déduit alors des scénarios de guerres civiles intercommunautaires (en France), alors que l'EI ne les a jamais évoqués[480]!

Il faut relever ici qu'il existe un processus de revendication avec l'EI, alors qu'il n'y en avait pas avec ce que l'on appelait « Al-Qaïda ». Ce qui s'explique par le fait qu'il n'y a jamais eu une organisation « Al-Qaïda ». « Al-Qaïda » n'était qu'une mouvance, ainsi dénommée par les États-Unis, mais sans structure de conduite capable d'exploiter politiquement ou opérationnellement l'impact des attentats. Ce qui explique aussi l'absence de cohérence – visible ou exprimée – entre les divers attentats qu'on lui a attribués. C'est avec la guerre en Irak qu'on voit apparaître des revendications explicites et une cohérence stratégique entre les attentats, dont les exemples les plus marquants sont Madrid et Londres. Avec l'EI, non seulement il y a une organisation identifiée depuis ses débuts, mais il y a également une structure de conduite, articulée autour de la guerre en Irak et en Syrie, sans ramification identifiable en Occident, mais avec des canaux de communication capables d'assurer une exploitation stratégique des attentats perpétrés hors de sa zone opérationnelle.

Un acte qui se perd dans le brouillard de la criminalité ambiante n'a rigoureusement aucun impact, et donc aucun intérêt pour les terroristes. Il faut donc le revendiquer. Mais cette opération est rendue complexe en raison de l'absence (théorique) de liens opérationnels entre le terroriste et l'organisation au profit de laquelle il agit (en l'occurrence, l'État islamique), afin d'éviter la détection prématurée des préparatifs d'attentats. Dès lors, le problème du terrorisme individuel est : « Comment revendiquer un acte terroriste, si tous ses auteurs sont tués ? » Le problème a été clairement identifié par les théoriciens du terrorisme individuel :

> *C'est une question importante. Les opérations qui sont revendiquées pour leur responsabilité portent certainement plus de fruits. Je pense qu'il y a des opérations qui ont été menées contre les États-Unis par des musulmans, mais qui en raison de problèmes de communication n'ont pas eu une résonance maximale. [Cette question est importante] en particulier ces derniers temps, lorsque nous avons décidé d'arrêter nos communications directes avec des combattants individuels en raison du grand nombre de frères arrêtés alors qu'ils n'avaient effectué aucune opération.*
>
> *Pour éviter ce problème, il nous est venu un certain nombre d'idées pour revendiquer la responsabilité :*

---

480. Patrice de Méritens, « Gilles Kepel : "Nous sommes face à un processus de guerre civile" », lefigaro.fr, 4 novembre 2016.

Si c'est une opération-suicide, elle est [implicitement] revendiquée à 90 %. Pour compléter cette revendication, vous pouvez appeler au cours de son exécution et envoyer votre message à quelqu'un qui le diffusera, ou vous pouvez prendre des otages et négocier, et effectuer ensuite l'opération, ou [vous pouvez] envoyer un email programmé ou toute autre méthode qui n'affectera pas le succès de l'opération.

Si ce n'est pas une opération-suicide, vous pouvez la revendiquer à l'aide du Wi-Fi sans enregistrer votre profil, puis jeter l'appareil sans laisser de trace. Il existe d'autres méthodes comme laisser un morceau de papier à proximité de l'endroit de l'opération avant l'opération. Le symbole de l'opération du djihad individuel est le World Trade Center en feu.[481]

Sur le plan technique, les terroristes doivent minimiser le risque d'être découverts avant d'accomplir leur attentat. C'est pourquoi leurs revendications sont souvent enregistrées sur les lieux mêmes du forfait.

Mais, souvent, les terroristes agissent sur la base d'un « appel » générique lancé par l'EI. Cela signifie que l'organisation ne connaît pas nécessairement l'identité du terroriste ni la nature de son acte avant qu'il soit perpétré. Il faut donc que l'organisation identifie l'acte terroriste et son auteur avant de le revendiquer. C'est pourquoi certains attentats ne sont revendiqués que quelques jours plus tard. Cela n'indique pas un dysfonctionnement, bien au contraire.

Toutefois, ce processus de revendication n'est pas sans failles et conduit à des annonces erronées : la revendication des attentats de Bruxelles (22 mars 2016) mentionnait l'usage d'armes automatiques (qui n'ont pas été utilisées dans les faits) et celle des attaques de Paris (13 novembre 2015) évoquait 8 terroristes (alors qu'ils étaient 10 en réalité). Cela démontre que la hiérarchie de l'EI n'est que partiellement associée dans la planification des opérations, conformément aux principes du « djihad par terrorisme individuel ».

Parce que l'on n'a pas compris ou voulu comprendre la mécanique du terrorisme djihadiste, on a ouvert la porte aux théories du complot. Il en est ainsi de la présence assez systématique des cartes d'identité des terroristes et des corans sur les lieux des attentats, comme à Madrid en 2004. En fait, c'est une manière de s'approprier l'acte terroriste, de le « signer » et de le revendiquer « par défaut ». Cela signifie aussi que les frères Kouachi le 7 janvier 2015, qui avaient laissé une carte d'identité dans leur voiture, savaient qu'ils allaient mourir dans l'opération. Les hypothèses formulées par certains « experts » qui évoquent une manière de créer de fausses pistes

---

481. "Interview with the AQ-Chief", *Inspire*, n° 13, hiver 2014, p. 19.

ou un sentiment « narcissique » des terroristes qui cherchent à acquérir une notoriété (!)[482] sont purement fantaisistes.

Les mécanismes de revendication permettent une analyse plus fine des attentats, de leurs objectifs ou de leur paternité.

En premier lieu, il y a les « revendications », qui sont la reconnaissance ou la prise en considération d'un acte terroriste, mais qui n'en constituent pas nécessairement une appropriation. Elles arrivent assez rapidement et en général avant la revendication officielle, le plus souvent par l'agence de presse Amaq de l'EI, et commencent par : « *Selon une source confidentielle de l'agence Amaq…* », signifiant qu'il s'agit d'une information d'origine extérieure. C'est le cas de l'attentat de Barcelone en août 2017, par exemple.

En deuxième lieu, il y a les opérations revendiquées officiellement par l'État islamique, sous la forme d'une annonce sur un cartouche bleu à en-tête rouge comportant le logo de l'organisation. Elles sont publiées simultanément en plusieurs langues, avec quelquefois de petites différences liées à la traduction. C'est de cette manière que les attentats du 13 novembre 2015 à Paris ou les attentats du 22 mars 2016 à Bruxelles ont été revendiqués. Il s'agit d'opérations dont l'organisation avait vraisemblablement connaissance avant son exécution, sans en connaître tous les détails.

À l'inverse, le meurtre de Saint-Quentin-Fallavier (Isère, 26 juin 2015) avait toutes les apparences d'un attentat djihadiste. Mais il n'a été jamais revendiqué par une organisation terroriste, et son auteur s'est donné la mort en prison, ce qui est assez rare pour un vrai islamiste. On peut donc raisonnablement penser qu'il s'agissait d'une mise en scène.

En dernier lieu, il y a les comptes rendus et les analyses dans les publications de l'EI. Ces articles glorifient les auteurs des attentats et leur sacrifice, mais pas seulement. Certaines publications comme *Inspire Guide* reprennent les attentats et en analysent de manière critique la tactique et la technique utilisées, en soulignant les points « positifs » et en relevant les erreurs commises, et comment y remédier. Ces analyses après action (AAA), pour reprendre le langage militaire, et autres comptes rendus concernent uniquement les actions au bénéfice de l'État islamique, ce qui permet une attribution, même si la revendication formelle ne nous est pas parvenue.

Avec le rétrécissement de la zone couverte par l'État islamique, ses revendications ont été plus rapides et moins élaborées, comme pour l'attentat du 23 août 2018, à Trappes. Ceci s'explique par le fait que, quelle que soit la situation sur le terrain, il s'agit pour l'organisation de démontrer qu'elle reste active et qu'elle n'abandonne pas le combat.

---

482. Claire Digiacomi, « Attentat de Berlin : les papiers d'identité du suspect retrouvés dans le camion, un déjà-vu qui nourrit les théories du complot en Allemagne », huffingtonpost.fr, 22 décembre 2016.

En se fondant sur l'expérience de la lutte contre le terrorisme marxiste des années 1970-1980 (notamment en Italie et en Allemagne), certains « experts » voient le financement comme une vulnérabilité majeure du terrorisme. Ce n'est que très partiellement vrai, car ces « experts » mélangent plusieurs situations. La structure de financement d'un groupe terroriste dépend de la nature du terrorisme qu'il pratique :

• Un terrorisme aux ambitions nationales, qui vise à renverser le pouvoir en place ou à promouvoir une politique déterminée s'inscrit dans un processus révolutionnaire qui doit entretenir un projet et des structures politiques. C'était la situation des Brigades rouges en Italie dans les années 1970-1980 et celle des groupes rebelles islamistes en Syrie ou en Libye aujourd'hui, qui sont très largement soutenus par l'étranger, notamment les pays occidentaux.

• Un terrorisme dans le cadre d'une guérilla contre une occupation ou une présence étrangère, qui doit entretenir une logistique. Lorsqu'elle ne dispose pas d'un soutien extérieur majeur, la guérilla vit le plus souvent grâce à la population, par des dons ou un appui en nature, comme en Irak et en Afghanistan.

• Un terrorisme dont les objectifs se situent à l'extérieur du pays visé. C'est le cas du djihad par terrorisme individuel (DTI) qui ne nécessite que des structures minimales dans le pays cible. Un élément fondamental de ce concept est l'autofinancement des terroristes, dont les actions sont généralement très simples et peu coûteuses.

• L'organisation de la vie quotidienne dans une zone « libérée » (ou occupée) par un groupe terroriste. C'était le cas du « califat » de l'État islamique qui s'était donné les tâches d'un État, en assurant la reconstruction des infrastructures et le fonctionnement de services publics dans la zone qu'il occupait. Son financement était alors essentiellement assuré par l'impôt et des taxes diverses.

Au début des années 2000, le système de l'*hawala* a été évoqué pour expliquer le financement du terrorisme. Il s'agit d'un mécanisme de transfert de paiements largement répandu au Moyen-Orient et en Asie du Sud. Il a été conçu pour permettre aux travailleurs émigrés d'envoyer leur salaire à leur famille dans leur pays d'origine, en évitant les taxes – souvent importantes – sur les revenus, et en bénéficiant de taux de change du marché et non de taux de change officiels souvent défavorables. Utilisé depuis de nombreuses années, il s'est particulièrement développé ces dernières années avec la téléphonie mobile. Il est très efficace pour faire parvenir rapidement de l'argent dans des régions reculées et est souvent évoqué en relation avec le financement du terrorisme, même si on n'a jamais vraiment pu en mesurer l'importance.

Désignation de l'hawala dans différentes zones du monde

Pays	Langue	Système	Opérateur
Moyen-Orient	Arabe	Hawala (confiance)	hawaladar
Inde - Pakistan	Hindi - Urdu	Hundi (lettre de change)	hundiwala
Iran - Afghanistan	Farsi	Havala	saraf
Chine	Chinois	Fel Ch'ien (monnaie volante)	
Chine	Chinois	Chop (sceau)	
Thaïlande	Thaï	Poey kuan	
Vietnam	Vietnamien	Hui	

Tableau 7 - L'Hawala est la plus importante technique pour échapper au contrôle des flux de capitaux.

L'*hawala* fonctionne comme un mécanisme traditionnel de déplacement de la dette à un tiers : à Dubaï (A) se rend chez l'*hawaladar* (A') et lui remet une somme d'argent en lui priant de la faire parvenir, moyennant une petite commission, à (B) situé à Bombay. L'*hawaladar* (A') téléphone à un *hawaladar* (B') à Bombay, et lui prie de remettre une somme correspondante à (B), contre une dette équivalant au montant de la somme. Les *hawaladars* (A') et (B') mettent à jour périodiquement leurs crédits et dettes respectifs. Une variante utilise un code de réception pour toucher l'argent, que l'*hawaladar* A' donne à son client A, et que celui-ci communique à B afin qu'il puisse récupérer la somme auprès de B'.

L'*hawala* s'est également développé en Europe, où il sert aussi au blanchiment d'argent[483]. Son usage dans le cadre d'attentats terroristes reste très difficile à détecter en raison des faibles sommes qui circulent ainsi. Avec la doctrine du « djihad ouvert », les mécanismes de financement perdent de leur importance en matière de lutte contre le terrorisme.

En fait, le financement du terrorisme est devenu un prétexte pour l'imposition de mesures de contrôle, qui n'ont aucun impact sur le terrorisme, mais servent d'autres objectifs. C'est ainsi qu'en août 2021, les autorités israéliennes ont confisqué 23 tonnes de chocolat destiné à la bande de Gaza[484], sous prétexte que ce chocolat pourrait « *constituer une monnaie alternative* »[485] au moyen de laquelle le Hamas pourrait acquérir des armes. On est en plein délire des services de renseignement israéliens, dont l'effet est de renforcer la haine contre l'occupant israélien : les Israéliens fabriquent le terrorisme qu'ils combattent ensuite…

---

483. *Hawala money laundering ring dismantled by joint investigation team*, Europol, 29 novembre 2016.
484. "Israel intercepts 23 tons of chocolate it says was intended to finance Hamas", *Times of Israel*, 16 août 2021.
485. "Israel seizes 23 tons of chocolate intended for Hamas funding", *The Jerusalem Post*, 16 août 2021.

2.7.3.7. *La djihadosphère*

Notre représentation du rôle des médias et des réseaux sociaux dans le phénomène djihadiste reste encore très sommaire, et explique dans une large mesure – ici aussi – notre incapacité à traiter le problème.

La djihadosphère est un ensemble complexe d'outils de communication divers qui exploitent les capacités d'Internet et des réseaux sociaux. Pour l'État islamique, elle comprenait Al-Hayat, l'organe de production média de l'État islamique, plusieurs revues distribuées sur le Net en format PDF, dont les principales étaient : *Dar al-Islam* (en français), *Rumiyah* (en 11 langues), *Dabiq*, *Istok* (en russe), *Constantinople* (en turc), *Al-Naba* et *Islamic State Report*. L'ensemble est complété par des forums de discussion sur les réseaux sociaux – en particulier Telegram, qui offre un cryptage robuste. Ce dispositif a été démantelé à partir de 2017, mais il montre le degré de sophistication de la communication et le sérieux qui est investi dans sa mise en œuvre.

On remarquera que l'État islamique n'a pas de site web et que sa communication est décentralisée afin de réduire sa vulnérabilité. Ses structures médiatiques sont d'une flexibilité extrême. Attaquées en permanence sur Internet par des hackers indépendants ou des gouvernements, elles ont développé des mécanismes de survie en se déplaçant très rapidement sur la toile, ce qui leur permet de maintenir le flux d'information à l'intention de leurs sympathisants de manière presque ininterrompue.

À celles-ci s'ajoutent des publications produites par les organes de presse de ce que l'on appelle «Al-Qaïda», notamment le *Global Islamic Media Front* (GIMF), associé à la *Base du djihad dans la péninsule arabique* (BDPA), comme *Inspire* ou *Inspire Guide*. Il est à noter qu'alors que les « experts » tentent de nous persuader de l'antagonisme entre l'État islamique et «Al-Qaïda» (dont certaines factions syriennes sont soutenues et formées par les États-Unis et la France), les publications de la BDPA complètent celles de l'État islamique. Ainsi, le cinquième numéro d'*Inspire Guide* fait une analyse détaillée de l'opération de Nice (14 juillet 2016) en en relevant les points positifs et négatifs, les points à améliorer, l'exploitation politique, etc. En clair, les publications d'«Al-Qaïda» fournissent une base doctrinale pour les actions de l'État islamique.

À ces publications s'ajoutent les communiqués de l'agence de presse Amaq (ou A'maq) qui commente l'actualité en couvrant l'ensemble de la zone du califat. Considérée comme inopérante depuis novembre 2019, elle assurait la diffusion des revendications pour les attentats dans le monde. Ses diffusions sont complétées par la station radio Al-Bayan, qui transmet les nouvelles sur le Net dans plusieurs langues, dont le français et l'anglais.

La production de vidéos et de chants («*nashid*») complète cet appareil de communication. Les vidéos sont généralement de haute qualité graphique, avec l'intention manifeste d'apporter un message didactique. Alors que la presse occidentale ne mentionne que les décapitations et autres exécutions barbares, la production vidéo couvre un grand nombre de documentaires sur la vie quotidienne, la structure et les objectifs de l'État islamique. On trouve des documentaires sur la monnaie de l'État islamique, les efforts menés en matière d'agriculture ou d'entretien des infrastructures, la production semi-industrielle d'armes et de munitions, etc.

À l'évidence, ces publications visent à soutenir les efforts de l'État islamique et doivent donc être vues de manière critique. On peut cependant constater que les chiffres et les informations fournis dans ces publications sont le plus souvent justes, et souvent plus conservateurs que ce que l'on pourrait attendre dans la propagande. Elles valorisent le courage, l'abnégation et le sens du devoir, glorifient les grandes batailles du passé, le romantisme de l'aventure guerrière et les héros d'hier et d'aujourd'hui. La propagande joue ici son rôle : présenter le bon côté des choses. Elle doit donc faire l'objet d'une saine méfiance, mais ne doit pas être extrapolée comme on le fait en Occident, jusqu'à obtenir une image faussée de l'adversaire. Ainsi, on peut constater que les efforts de l'EI sont orientés sur la lutte menée en Irak et en Syrie. L'idée d'étendre le califat à l'Europe ou de générer une guerre civile en France, comme le prétendent certains, n'apparaît pas dans ces publications.

2.8. L'État islamique (EI)

2.8.1. Émergence

L'apparition de l'EI est la conséquence directe et combinée de la mauvaise gestion de l'après-première guerre du Golfe (1990-1991), de l'intervention américaine en Irak en 2003 et de l'incapacité américaine de gérer l'après-Saddam Hussein. L'*État islamique* (EI) est l'itération la plus récente d'un mouvement de résistance à l'occupation américaine en Irak, né en 2004 sous le nom de *Groupe pour l'unicité et le djihad (Jama'at al-Tawhid wal-Jihad)* (avril-octobre 2004). Connu successivement sous les appellations d'*Organisation de la base du djihad en Mésopotamie (Tanzim al-Qaïdat Jihad fi-Bilad al-Rafidayn)* (2004-2006), d'*État islamique en Irak (Al-Dawlah al-Islamiyah fi'l Eiraq)* (EII) (2006-2013), puis d'*État islamique en Irak et au Levant (Al-Dawlah al-Islamiyah fi'l Eiraq wal-Sham)* (EIIL) (2013-2014), il devient l'*État islamique (Al-Dawlah al-Islamiyah)* (EI) le 29 juin 2014.

Avant 1990, les mouvements islamistes sunnites étaient quasi inexistants en Irak, pas seulement en raison de la rigueur du régime de Saddam Hussein – qui était fondamentalement laïque – mais aussi, et surtout, car le pouvoir était sunnite. Après la guerre, la combinaison des sanctions (embargo international, zones d'interdiction de vol, etc.), de l'appui clandestin aux rebelles chiites par les

États-Unis et la Grande-Bretagne, et leur présence en Arabie saoudite ont généré un radicalisme sunnite. En 1991, afin de contenir cette radicalisation, Saddam Hussein donne une tonalité plus musulmane à son régime et ajoute la mention « *Allahu Akbar* » au drapeau du pays.

Complètement sous-estimée et ignorée par les services de renseignement américains et occidentaux, cette montée de l'islamisme génère le djihadisme avec pour objectif de pousser les États-Unis à quitter l'Arabie saoudite, territoire considéré comme sacré. À ce stade, le djihadisme n'est qu'une idée, un mouvement qui rejette la présence occidentale (essentiellement américaine) au Moyen-Orient. Il n'a pas de structure et base son action sur des initiatives locales, qui culmineront le 11 septembre 2001. Mais les Américains n'ont rien compris et leurs diverses interventions militaires n'ont fait que renforcer l'islamisme. Ils ont ainsi été incapables de transformer leurs succès opératifs en un succès stratégique et se sont engagés dans une intensification de la guerre, provoquant la détestation de l'Occident. Ce sera le même constat, dix ans plus tard, en Afghanistan, en Libye ou au Sahel : l'absence de stratégie et d'objectifs clairs ont rendu nos interventions illisibles et ont ouvert la porte à tous les extrémismes.

Par ailleurs, l'incapacité des États-Unis à anticiper les conséquences du nouveau rôle régional pris par l'Iran a créé une crainte existentielle pour les monarchies du Golfe. Non à cause de l'Iran lui-même – qui n'a montré aucune agressivité régionale depuis le XVIIIe siècle – mais parce que leurs zones pétrolifères sont toutes dans des zones où les minorités chiites sont traditionnellement majoritaires.

Dès 2004, obsédés par les milices chiites qui résistent à leur occupation, les Américains ont distribué des armes aux islamistes sunnites. Mais, agissant dans la précipitation et sans organisation, ils ont littéralement perdu environ 190 000 armes légères, portant à plus de 700 000 le nombre d'armes livrées par les États-Unis et dont ils n'ont plus aucune trace[486]. Jamais répertoriées et distribuées à des inconnus, elles ont contribué à accroître la capacité des islamistes irakiens de la région[487].

Dès 2006-2007, la « stratégie » du général Petraeus – que les militaires considèrent comme innovante – n'est qu'un « réchauffé » de stratégies de la fin des années 1940. Simpliste, décontextualisée et déconnectée d'une approche holistique, elle a donné l'illusion d'une adhésion des communautés sunnites de l'Anbar, dont la collaboration a été « achetée » à coups de millions de dollars et d'armement. Cette période d'apparente stabilisation renforce les forces

---

486. Voir les rapports trimestriels de l'Office of the Special Inspector General for Afghanistan Reconstruction (SIGAR), qui met en évidence le fait que non seulement les USA ont fourni des armes sur la base d'effectifs très largement surévalués, mais que 43 % des armes délivrées n'étaient pas enregistrées sous un numéro de série valide (SIGAR 14-84 Audit Report).
487. Mark Tran, "190,000 US weapons feared missing in Iraq", *The Guardian*, 6 août 2007.

djihadistes du pays. La principale faction qui en émerge est l'EII, qui inscrit son action dans une forme de nationalisme sunnite. Il lutte contre le gouvernement irakien considéré comme corrompu parce qu'établi ou soutenu par l'Occident, dont la démarche est perçue comme un prolongement des croisades médiévales.

Alors que ce que l'on appelait « Al-Qaïda » ne visait que la présence occidentale, dès 2003, avec les affrontements communautaristes en Irak, le djihadisme prend un caractère « anti-chiite ». Un rapport du *Joint Intelligence Committee* (JIC), responsable des analyses de renseignement pour le gouvernement britannique confirmait en juillet 2006 :

> *L'étiquette « djihadiste » devient de plus en plus difficile à définir : dans de nombreux cas, la distinction entre nationalistes et djihadistes est floue. Ils partagent de plus en plus une cause commune, étant unis par la violence sectaire chiite.* [488]

En mars 2007, le JIC confirmait que la résistance à l'invasion américaine était bel et bien à l'origine de l'établissement de l'EII, qui deviendra l'EI :

> *Les commandos-suicides ne manquent pas. AQ-I [Al-Qaïda en Irak] recherche des attaques très médiatisées. Nous estimons qu'AQ-I essayera d'étendre sa campagne sectaire chaque fois que cela sera possible : les attentats-suicides à la bombe à Kirkouk ont fortement augmenté depuis octobre, date à laquelle AQ-I a déclaré la création de « l'État islamique d'Irak » (y compris Kirkouk).* [489]

Dès 2011, l'appui militaire et les livraisons d'armes américaines[490], turques et françaises favorisent une insurrection djihadiste en Syrie, contraignant le gouvernement à resserrer son dispositif à l'ouest du pays. Il en résulte un vide du pouvoir à l'est et la perte de contrôle de la frontière irako-syrienne, qui constituent un appel d'air pour l'EII, comme le montre une carte dynamique du conflit[491].

En 2012, un rapport SECRET de la *Defense Intelligence Agency* (DIA) prédisait déjà :

> *[Paragraphe 8.D.1.] L'État islamique en Irak pourrait également proclamer un État islamique en s'unissant avec d'autres organisations terroristes en Irak*

---

488. Patrick Wintour, "Intelligence files support claims Iraq invasion helped spawn Isis", *The Guardian*, 6 juillet 2016.
489. *Ibid.*
490. David E. Sanger, "Rebel Arms Flow Is Said to Benefit Jihadists in Syria", *The New York Times*, 14 octobre 2012.
491. Voir *The Syrian Civil War, every day*, Lyria Mapping, YouTube, 19 octobre 2017.

et en Syrie, ce qui créera un grand danger quant à l'unification de l'Irak et la protection de son territoire.[492]

En 2013, l'EII devient l'EIIL, consacrant ses ambitions syriennes. Il n'est pourtant ni syrien ni composé de Syriens et illustre le caractère exogène de l'insurrection syrienne. Dirigé par Abou Bakr al-Baghdadi, sa progression en Syrie est rapide et il établit un « califat » entre l'Irak et la Syrie (al-Sham), à cheval sur la frontière irako-syrienne, et se donne le nom d'*État islamique* (EI) en juin 2014.

Pour les États-Unis, la France et Israël, l'insurrection sunnite en Syrie permet d'affaiblir l'influence de l'Iran dans la région et de couper la Syrie et le Hezbollah libanais de leur allié. Au début août 2012, dans un « rapport d'information » classifié SECRET sur la situation en Syrie, la DIA américaine explique l'avantage de soutenir les salafistes syriens, et ce, malgré les risques de voir apparaître un État islamique[493] :

Si la situation le permet, il y a la possibilité d'établir une principauté salafiste déclarée ou non dans l'est de la Syrie (Hasaka et Deir Zor), et c'est exactement ce que les pays qui soutiennent l'opposition veulent afin d'isoler le régime syrien, qui est considéré comme la profondeur stratégique de l'expansion chiite (Irak et Iran). [494]

Les Américains ne cherchent pas à créer un État terroriste, comme on pourrait le penser, mais à trouver un exutoire au nationalisme sunnite, afin de stabiliser l'Irak dont ils se sentent responsables. Accessoirement, cela permet de fractionner la Syrie (ennemi déclaré d'Israël), de glisser un coin dans l'étau chiite autour de l'Arabie saoudite, que l'intervention de 2003 avait provoqué, et de perturber l'axe Damas-Téhéran. D'ailleurs, la zone choisie par les Américains est l'une des principales zones pétrolifères de la Syrie, afin que les islamistes « se tiennent tranquilles ».

En Irak, l'État islamique en Irak (EII) n'était initialement qu'un mouvement de résistance à l'occupation américaine. En 2011, les efforts occidentaux pour renverser le gouvernement syrien ont créé une opportunité pour que l'EII crée son « État islamique » à l'est de la Syrie. Jusqu'en 2015, son action se limite à ces deux théâtres d'opérations. Ce n'est qu'après l'arrivée des Européens en 2014, pour aider les États-Unis débordés par la situation que l'EII (devenu EI) s'est engagé dans des actions terroristes internationales. Le problème est que la France ne s'est pas engagée en Syrie pour lutter contre le terrorisme, mais pour renverser

---

492. http://www.judicialwatch.org/wp-content/uploads/2015/05/Pg.-291-Pgs.-287-293-JW-v-DOD-and-State-14-812-DOD-Release-2015-04-10-final-version11.pdf.

493. http://www.judicialwatch.org/wp-content/uploads/2015/05/Pg.-291-Pgs.-287-293-JW-v-DOD-and-State-14-812-DOD-Release-2015-04-10-final-version11.pdf.

494	Brad Hoff, "West will facilitate rise of Islamic State 'in order to isolate the Syrian regime': 2012 DIA document", *Foreign Policy Journal*, 21 mai 2015; voir également : http://www.judicialwatch.org/wp-content/uploads/2015/05/Pg.-291-Pgs.-287-293-JW-v-DOD-and-State-14-812-DOD-Release-2015-04-10-final-version11.pdf.

le gouvernement. Finalement, l'État islamique disparaîtra physiquement, mais sans stratégie claire, le phénomène subsiste. L'opération BARKHANE, dans le Sahel, souffre du même déficit stratégique.

2.8.2. Menace pour l'Occident ?

Dès 2011, l'action de la France et des États-Unis vise à renverser le régime syrien, et le départ de djihadistes vers la Syrie semble faire l'objet d'une certaine complaisance du gouvernement français. En réalité, il y a, à ce moment, une convergence d'objectifs entre le gouvernement et les djihadistes, qui deviennent *de facto* les « *collaborateurs occasionnels de la diplomatie française* », selon l'expression de l'ancien juge antiterroriste Alain Marsaud[495]. Ce n'est qu'en avril 2014, après qu'environ 500 Français ont rejoint des groupes islamistes, que le gouvernement envisage des mesures pour endiguer le phénomène[496].

D'ailleurs, jusqu'en 2014, tous les experts s'accordent pour estimer que l'EI ne constitue pas une menace directe pour l'Occident. Les déclarations des présidents Obama et Hollande pour justifier la nécessité des frappes aériennes contre l'EI en Irak ont été accueillies avec scepticisme, particulièrement outre-Atlantique. Certes, il apparaissait nécessaire d'agir face à la menace contre les populations non musulmanes d'Irak et de Syrie, mais les frappes n'ont eu qu'une utilité limitée et ont – au contraire – stimulé la progression de l'EI, jusqu'à l'arrivée de la Russie sur le théâtre des opérations. D'autres moyens d'action, comme la diplomatie, auraient été plus avisés et certainement moins coûteux en vies humaines.

Le 22 juin 2014, interrogé sur l'émergence de l'État islamique lors d'une conférence de presse, le président Obama déclarait qu'il pouvait constituer une menace dans le « *moyen et long terme* », mais qu'il ne constituait ni une menace immédiate ni une condition nécessaire et suffisante pour que les États-Unis s'engagent dans des opérations militaires extérieures sans l'accord du Congrès[497]. Une lecture confirmée le 29 août 2014 par Jeh Johnson, secrétaire à la Sécurité intérieure des États-Unis :

> *En ce moment, le Département de la Sécurité intérieure et le FBI n'ont connaissance d'aucune menace particulière et crédible de la part de l'État islamique contre le territoire américain.*[498]

---

495. Interview d'Alain Marsaud, ancien juge antiterroriste et président du groupe de travail sur la Syrie à l'Assemblée nationale, RFI, 24 avril 2014.

496. David Thomson, grand reporter à RFI, auteur du livre *Les Français jihadistes* (éditions Les Arènes, 6 mars 2014), répond aux questions d'Arnaud Rivoire dans *Paris Direct*, France 24, 23 avril 2014.

497. Rory Carroll, "Obama: Isis could pose a 'medium and long-term threat' to the US", *The Guardian*, 22 juin 2014.

498. https://www.youtube.com/watch?v=2cmL_PcyoYk, mise en ligne le 31 août 2014 (consulté le 13 novembre 2016).

Le 10 septembre, pressé par l'opposition républicaine, le président Obama déclare :

> *[…] j'ai clairement dit que nous chasserons les terroristes qui menacent notre pays, où qu'ils soient. Ce qui signifie que je n'hésiterai pas à agir contre l'ISIL en Syrie et en Irak.*[499]

Mais comme l'EIIL ne constitue pas une menace suffisante, il faut en créer une qui justifie une intervention. C'est alors qu'apparaît, de manière très opportune dans les médias, un groupe terroriste d'une virulence encore inconnue : le groupe Khorasan. CBS News affirme :

> *Les sources confirment que la cellule d'Al-Qaïda est appelée « Khorasan »*
> *[…]*
> *Selon un membre de la CIA, la menace posée par le nouveau groupe syrien est plus dangereuse que l'ISIL.*[500]

Le 20 septembre, on apprend que le groupe *Khorasan*[501] est dirigé par Muhsin al-Fadhli (un islamiste proche d'Oussama ben Laden), qui aurait participé à la préparation des attentats du « 9/11 »[502], et aurait financé l'opération contre le navire français *MV Limburg* en 2002.

On lui attribue même l'utilisation de « vêtements explosifs »[503]. Les organes américains de lutte contre le terrorisme lui prêtent une « aspiration » à commettre un attentat semblable à celui du « 9/11 » et suggèrent qu'il opère en relation avec le Pakistan, l'Afghanistan et l'Iran[504]. C'est sur cette base que le 23 septembre 2014, le président Obama déclenche les frappes aériennes sur le territoire syrien :

> *La nuit dernière, nous avons également mené des attaques pour détruire les complots contre les États-Unis par des agents expérimentés d'Al-Qaïda, connus sous le nom de groupe Khorasan. Une fois de plus, il doit être clair pour*

---

499. "President Obama: 'We Will Degrade and Ultimately Destroy ISIL'", White House Office of the Press Secretary, 10 septembre 2014 (consulté le 1ᵉʳ octobre 2015).

500. "Al Qaeda's quiet plan to outdo ISIS and hit U.S.", CBS News, 18 septembre 2014.

501. Ce groupe ne doit pas être confondu avec la « Province de Khorasan », apparu le 12 janvier 2015 au Pakistan à partir d'une dissidence des Taliban et rallié à l'État islamique, qui sera porté sur la liste des mouvements terroristes étrangers des États-Unis le 16 janvier 2016.

502. Mark Mazzetti, Michael S. Schmidt & Ben Hubbard, "U.S. Suspects More Direct Threats beyond ISIS", 20 septembre 2014.

503. Josh Levs, Paul Cruickshank & Tim Lister, "Source: Al Qaeda group in Syria plotted attack against U.S. with explosive clothes", CNN, 24 septembre 2014.

504. Eli Lake, "Al Qaeda Plotters in Syria 'Went Dark' U.S. Spies Say", *The Daily Beast*, 23 septembre 2014.

quiconque chercherait à comploter contre l'Amérique et pour faire du mal aux Américains que nous ne tolérerons pas des sanctuaires pour les terroristes qui menacent notre peuple.[505]

Il invoque une situation de légitime défense en suggérant par là que la Syrie accordait des sanctuaires pour des terroristes préparant des actions contre les États-Unis. *Le Washington Post*, citant des sources du Pentagone, mentionne que le groupe était sur le point d'exécuter des frappes «*imminentes*» contre l'Europe ou les États-Unis[506]. Mais rapidement, des doutes apparaissent :

Khorasan a l'intention de frapper, mais nous ne savons pas si leurs capacités sont à la hauteur de leurs désirs.[507]

Peu à peu, l'affaire se dégonfle. Il apparaît que le groupe (qui aurait préparé des attaques imminentes) n'avait défini aucune cible et le *New York Times* rapporte les déclarations d'un officiel américain qui décrit le groupe comme ayant «des aspirations» à commettre des attentats et précise qu'il semblait que le groupe n'ait pas même eu de plans concrets[508]. À la fin septembre 2014, la *National Review* confirme :

Vous n'avez jamais entendu parler d'un groupe appelé Khorasan parce qu'il n'y en a jamais eu. C'est un nom créé par l'administration, qui avait calculé que Khorasan – une région située dans la région frontalière de l'Iran et de l'Afghanistan – avait suffisamment de liens avec le contexte djihadiste pour que personne ne remette en question la parole du Président.[509]

En clair, précisément parce qu'en septembre 2014 l'EI ne constituait pas une menace suffisante pour justifier une intervention, l'administration Obama a créé de toutes pièces une «menace imminente» sous la forme du *groupe Khorasan*, pour prétexter une légitime défense et justifier des frappes. Le 1ᵉʳ février 2015, le président Obama reconnaîtra lui-même sur CNN que l'EI n'est pas une menace pour l'Occident :

---

505. "Statement by the President on Airstrikes in Syria", The White House Office of the Press Secretary, 23 septembre 2014.
506. Terrence McCoy, "Targeted by U.S. airstrikes: The secretive al-Qaeda cell was plotting an imminent attack", *The Washington Post*, 23 septembre 2014.
507. *Ibid.*
508. Mark Mazzetti, "A Terror Cell That Avoided the Spotlight", *The New York Times*, 24 septembre 2014.
509. Andrew C. McCarthy, "The Khorosan Groups Does Not Exist", *National Review*, 27 septembre 2014.

> *Nous ne donnerons pas une victoire à ces réseaux terroristes en surestimant leur importance et en suggérant de quelque manière qu'ils sont une menace existentielle pour les États-Unis ou l'ordre mondial.[510]*

Donc, en 2014, l'EI n'est pas une menace pour la France, mais le gouvernement français commettra exactement l'erreur décrite par Obama, et sera obligé de mentir à l'opinion française pour dégager sa responsabilité.

L'émergence de l'état Islamique résulte d'une décision des Occidentaux de laisser croître ce mouvement qui menaçait directement le pouvoir syrien. Depuis 2016, cette explication est confirmée par un acteur de première main de l'époque : John Kerry, alors secrétaire d'État américain. Comme il l'explique, la coalition occidentale a délibérément laissé l'EI se développer, dans l'espoir que cela obligerait le gouvernement syrien à négocier :

> *La raison pour laquelle la Russie s'est impliquée est que l'EI s'est renforcé. Daech menaçait d'atteindre Damas et c'est pourquoi la Russie est intervenue. Parce qu'ils ne voulaient pas d'un gouvernement de Daech et qu'ils soutenaient Assad.*
>
> *Et nous savions qu'il [Daech] grandissait. Nous observions. Nous avons vu que Daech devenait de plus en plus puissant et nous pensions que Assad était menacé. Nous pensions cependant que nous pourrions probablement gérer, qu'Assad négocierait ensuite. Au lieu de négocier, il a demandé de l'aide à Poutine[511].*

L'examen des cartes montre que les frappes occidentales (y compris françaises et belges) ne visent alors l'EI *que* dans la mesure où il est au contact des forces rebelles soutenues par l'Occident (comme les Kurdes), et lorsqu'il n'est pas au contact de forces alliées au gouvernement syrien[512]. C'est d'ailleurs entre la fin 2014 (début des frappes occidentales) et septembre 2015 (début des frappes russes), que l'extension territoriale de l'EI a été la plus rapide[513].

---

510. Kate Brannen, "Obama Warns Against Exaggerating the Islamic State Threat", *Foreign Policy*, 1er février 2015 ; Ian Schwartz, "Obama: We Should Stop 'Overinflating' Importance of Terror Groups as If 'They Are an Existential Threat' To U.S.", Realclearpolitics.com, 1er février 2015.
511. John Kerry, enregistrement d'une réunion avec l'opposition syrienne à la Mission des Pays-Bas des Nations unies, le 22 septembre 2016, publié par Wikileaks. ("Leaked audio of John Kerry's meeting with Syrian revolutionaries/UN (improved audio)"), *YouTube*, 4 octobre 2016)
512. Georges Malbrunot, « La France face au conflit syrien : le choix de l'i-realpolitik », *Outre-Terre 2015/3* (N°44) (pp. 23-26)
513. Voir les cartes dynamiques de la guerre : https://syria.liveuamap.com/

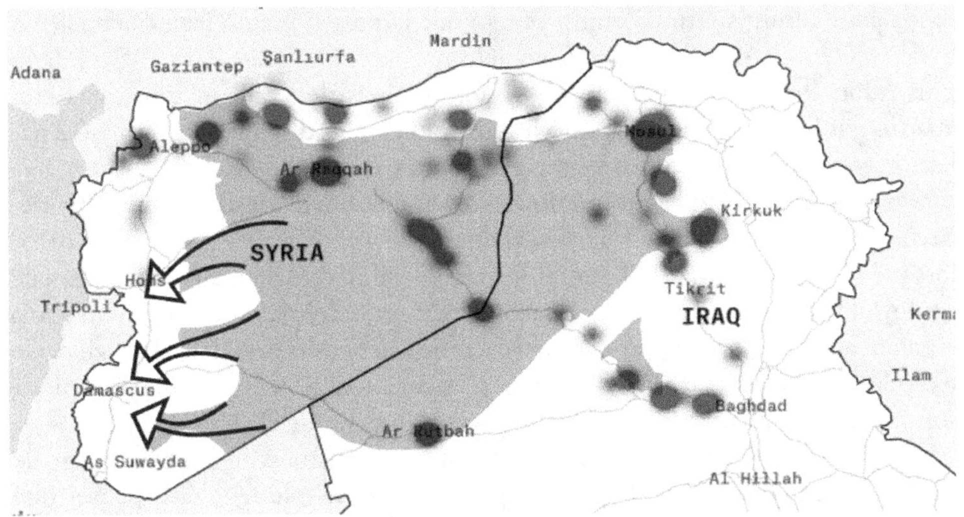

Figure 8 – Carte des frappes occidentales (taches noires) contre l'EI (zone en gris foncé) entre 2014 et septembre 2015 (date de l'arrivée des Russes). Les flèches montrent les offensives de l'EI en direction de Damas. Comme on le constate, les frappes n'ont touché que les islamistes qui étaient au contact des Kurdes ou des groupes soutenus par l'Occident, mais n'ont jamais ciblé les forces de l'EI lorsqu'elles étaient au contact des forces syriennes. [Source : airwars.org]

Ce n'est qu'à la fin 2015, après l'intervention russe, que le territoire de l'EI a commencé à se contracter[514]. À la fin septembre 2015, la Russie propose aux Occidentaux la création d'une coalition élargie pour lutter contre l'EI, mais ils refusent.

Car à cette époque, les Occidentaux ne sont pas intéressés par la destruction de l'EI, mais cherchent à démanteler la Syrie et la diviser en une zone kurde (au nord-ouest), une zone chiite (à l'ouest) et une zone sunnite (à l'est), dans laquelle ils sont prêts à laisser se développer un État salafiste. Cette zone est celle qui est décrite dans le rapport SECRET de la *Defense Intelligence Agency* (DIA) du 5 août 2012[515].

Cette zone est exactement celle qui a été épargnée par les frappes de la coalition internationale jusqu'à l'arrivée des forces russes dans la région. L'idée d'un État salafiste en Syrie fait partie d'un plan américain (établi en accord avec Israël) d'une partition de la Syrie, évoqué par John Kerry lors de son audition devant la *Commission sénatoriale des Affaires étrangères* en février 2016[516]. Ce plan sera

---

514. Voir "The Syrian Civil War, every day", *YouTube* (mis à jour quotidiennement)

515. Brad Hoff, « West will facilitate rise of Islamic State "in order to isolate the Syrian regime : 2012 DIA document », *Foreign Policy Journal*, 21 mai 2015 ; voir également : http://www.judicialwatch.org/wp-content/uploads/2015/05/Pg.-291-Pgs.-287-293-JW-v-DOD-and-State-14-812-DOD-Release-2015-04-10-final-version11.pdf

516. Patrick Wintour, « John Kerry says partition of Syria could be part of 'plan B' if peace talks fail », *The Guardian*, 23 février 2016

repris par l'administration Trump et explique la présence américaine actuelle en Syrie[517]. Ce n'est d'ailleurs pas totalement par hasard, si Abu Bakr al-Baghdadi, puis Abou Ibrahim al-Hachimi al-Qourashi, chefs de l'EI, ont tous deux étés abattus par les forces spéciales américaines *à l'intérieur* de zones sanctuarisées par les forces occidentales contre les forces armées syriennes[518].

En février 2016, Alexandre Iakovenko, ambassadeur de Russie en Grande-Bretagne, révèle que la décision russe d'intervenir en Syrie a été prise en été 2015, lorsque l'État islamique (EI) atteint la ville de Palmyre. La coalition occidentale prévoyait alors que l'EI entrerait dans Damas en octobre, et que les États-Unis auraient ainsi pu instaurer une zone d'exclusion aérienne au-dessus de la ville. Ce n'est donc pas à cause de la faiblesse occidentale, mais pour éviter que la capitale soit livrée aux djihadistes, que les Russes sont intervenus[519].

Ce sont donc bien les gouvernements occidentaux, et notamment le gouvernement français de l'époque, qui ont joué avec le feu, sans penser que leur politique ostensiblement et bruyamment favorable à Israël allait les placer au centre de la cible des terroristes. Cette absence d'anticipation est d'ailleurs soulignée par l'absence totale de mesures d'accompagnement sécuritaires en métropole. C'est presque comme si l'on avait voulu mettre les terroristes au défi de venir commettre des attentats.

En juin 2017, alors que la bataille de Mossoul est engagée depuis près de six mois contre une coalition de près de 60 pays, l'EI souffre de pertes importantes, et pourtant sa détermination et le soutien dont il bénéficie ne semblent pas faiblir. Il semble démontrer une remarquable résilience[520], qui s'explique par plusieurs facteurs :

• En premier lieu, sa doctrine asymétrique est un atout essentiel : son centre de gravité réside dans la détermination à résister à l'adversité plutôt qu'à écraser l'adversaire. En plaçant leur doctrine sous l'égide de la religion, ils défendent une communauté de croyance et non un territoire, ce qui leur donne un avantage considérable puisque la victoire (ou la défaite) n'est pas quantifiable. C'est une illustration magistrale de la notion de « djihad ».

---

517. James Dobbins, Jeffrey Martini & Philip Gordon, "A Peace Plan for Syria", *Rand Corporation*, 2015 (Document PE-182-RC) ; Jeff Mackler, "The US Plan to Partition Syria", *Counterpunch*, 9 février 2018 ; Nafeez Mosaddeq Ahmed, "US military document reveals how the West opposed a democratic Syria", *mondiplo.com*, 24 septembre 2018

518. Chantal Da Silva, Ammar Cheikh Omar, Courtney Kube & Phil Helsel, « ISIS leader dies during U.S. special forces raid in Syria, Biden says », *NBC News*, 3 février 2022

519. Alexander Yakovenko, "Russia and the US are partners in trying to end the war in Syria", *The Evening Standard*, 15 février 2016

520. Hassan Hassan, "Despite heavy losses, ISIL's structures remain resilient", *The National*, 10 mai 2017.

• En se concentrant sur l'EI, les Occidentaux l'ont mythifié et en ont fait le symbole de la résistance aux tendances dominatrices occidentales[521]. Avec une stratégie basée uniquement sur l'emploi de la force, ils n'ont pas réussi à imposer un système de valeurs qui apparaisse supérieur à celui de l'EI, comme en témoigne l'article d'Ali Arkady dans le *Spiegel*, qui montre la brutalité des forces irakiennes encadrées et formées par les Occidentaux, et qui se comportent comme des tortionnaires sans foi ni loi, alimentant ainsi le discours de l'EI[522]. L'EI est aujourd'hui largement devenu « la référence » en matière de lutte contre l'Occident.

En fait, l'EI est par essence une initiative « nationaliste » sunnite. Ce sont les Occidentaux – et notamment des personnalités comme Manuel Valls – qui ont très largement contribué à la mythification du groupe, afin de justifier des politiques étrangères agressives et de masquer les tentatives de renverser un gouvernement légal.

Les différences proclamées par les « experts » entre « Al-Qaïda » et l'EI ne sont que des sophismes. D'ailleurs, l'attentat contre *Charlie Hebdo* était une action de la *Base du djihad dans la péninsule arabique*, communément appelée « *Al-Qaïda au Yémen* »[523], dans le cadre d'une opération dite « hybride »[524]. Leur « doctrine » de base converge sur la lutte contre la présence occidentale au Moyen et Proche-Orient. Entre 1990 et 2003, c'est la présence américaine en Arabie saoudite qui mobilise les djihadistes, mais ils ne disposent alors pas d'une capacité opérationnelle suffisante pour mener un combat « ouvert ». C'est la raison des attentats sur les arrières américains en élargissant progressivement le cercle de leurs actions en Arabie saoudite, au Yémen, en Tanzanie et au Kenya, puis sur le sol américain. Dès 2003, l'intervention américaine génère divers mouvements de résistance en Irak. Mais, en l'absence d'un « Jean Moulin » irakien, ils s'affrontent et s'éliminent mutuellement. En fait, comme avec les Taliban en Afghanistan, l'*État islamique en Irak* (EII) devient l'élément unificateur dans le nord sunnite du pays.

Avec beaucoup de clairvoyance, le président Obama mettait en garde contre le risque d'exploiter la surévaluation de la menace pour abandonner nos principes et valeurs, ce que la France a pourtant fait avec l'état d'urgence et en renonçant aux droits fondamentaux prévus dans la Convention européenne des droits de

---

521. Pieter Nanninga (Professeur assistant au Département des études du Moyen-Orient, Université de Groningue), "Paris through the eyes of IS supporters", religionfactor.net, 24 novembre 2015.
522. Ali Arkady, "Nicht Helden, sondern Monster", *Der Spiegel*, n° 21/2017, 19 mai 2017.
523. Nom complet : Base du djihad dans la péninsule arabique (BDPA) (*Qa'idat al-Djihad fi Jazirat al-Arab*) – également connue sous l'appellation d'Al-Qaïda dans la péninsule arabique (AQPA).
524. L'appellation « hybride » se réfère ici à la terminologie utilisée par l'EI, et non à celle utilisée en Occident.

l'homme[525]. Ce faisant, on a ainsi mis en évidence la fragilité des démocraties face à la tyrannie du contre-terrorisme.

2.8.3. État islamique, ISIS, ISIL, DAECH ?

Dans les pays anglo-saxons, l'usage des abréviations « ISIS » (*Islamic State in Iraq and in Syria*) ou « ISIL » (*Islamic State in Iraq and in the Levant*) a fait polémique. Donald Trump et de nombreux commentateurs américains[526] ont reproché au président Obama de privilégier l'abréviation « ISIL », et donc de nier implicitement l'existence de l'État d'Israël (!) Explication : le « L » d'« ISIL » se réfère au « *Levant* » (*Sham*), une zone qui s'étend de la Méditerranée à l'Euphrate en ignorant les frontières nationales modernes, et donc l'existence d'Israël. L'argument est spécieux, car les pays occidentaux continuent à utiliser l'acronyme « DAECH » (en anglais : ISIL), traduction d'« *État islamique en Irak et au Levant* » (EIIL). Les pays occidentaux nieraient-ils donc l'existence d'Israël ?

Notre perception de l'EI est émotionnelle et notre manière de l'appeler trahit notre faiblesse. Dans les médias français, l'emploi de l'acronyme « DAECH », composé à partir de l'abréviation d'« *Al-Dawlah al-Islamiyah fi'l Eiraq wal-Sham* », s'est imposé sur l'insistance du gouvernement français, et en particulier de Laurent Fabius, dès 2014 :

> *Je vous demande de ne plus utiliser le terme d'État islamique, car cela occasionne une confusion entre islam, islamistes et musulmans. Il s'agit de ce que les Arabes appellent Daech et que j'appellerai pour ma part les égorgeurs de Daech.*[527]

Il s'agit en fait d'un jeu de mots revanchard inspiré par la proximité linguistique avec le mot arabe « *daes* », qui désigne le fait d'écraser quelque chose avec son pied. En réalité, d'une manière générale, les Arabes utilisent très peu les abréviations, et l'EI n'a jamais utilisé l'acronyme DAECH. Ainsi, non seulement on lui attribue une dénomination qui limite notre champ d'action à l'Irak et la Syrie – en contradiction avec les ambitions mondiales qu'on lui prête – mais, paradoxalement, on choisit celle sous laquelle il n'a jamais commis d'attentats en Occident ! De fait, ses premiers attentats revendiqués en Occident datent de la seconde moitié de 2014, alors qu'il se dénommait « *État islamique* » et que les Occidentaux avaient déjà déclenché des frappes contre lui.

---

525. Blandine Le Cain, « La France prévoit d'enfreindre les droits de l'homme avec l'état d'urgence », lefigaro.fr, 27 novembre 2015.

526. Why President Obama Says ISIL And Not ISIS, https://www.youtube.com/watch?v=ea4TK_ISz3M&t=98s.

527. Armin Arefi, « Daesh-État islamique : la guerre des noms a commencé », LePoint.fr, 22 septembre 2014.

En Grande-Bretagne, tandis que 120 députés lui enjoignaient d'utiliser le mot « Daech », Tony Hall, directeur général de la BBC a refusé, expliquant que le terme est « *péjoratif* » et « *ne préserverait pas l'impartialité de la BBC* »[528].

L'usage de l'appellation « DAECH » est symptomatique de la manière dont l'Occident réagit au terrorisme, en multipliant les incohérences et, finalement, en rendant son message totalement illisible. Certes, l'idée initiale était de retirer toute légitimité à un éventuel « État islamique ». Mais c'est en même temps un aveu de faiblesse, car en n'employant pas son nom officiel, on tend à montrer que l'on en a peur, et ainsi à en faire le principal porteur de la résistance contre les interventions occidentales. Certains chercheurs vont même plus loin et montrent qu'en utilisant une dénomination qui n'a plus cours, l'Occident nie les évidences et se réfugie derrière des fictions pour justifier ses actions et exploiter le terrorisme à des fins politiciennes[529].

On obtiendrait plus intelligemment le même résultat avec l'appellation « *groupe "État islamique"* », qui montre que l'on ne reconnaît pas l'organisation en tant qu'État, mais que l'on tient compte de sa réalité.

Par ailleurs, cette dénomination comporte une contradiction fondamentale. En effet, afin de justifier son engagement en Syrie, la France s'est appuyée sur l'article 51 de la Charte des Nations unies, qui autorise l'usage de la force par un État dans le cas de légitime défense. La Charte ne prévoit pas l'emploi de la force d'un pays contre un groupe d'individus, mais contre des pays. La France a donc eu ici une interprétation extensive de la notion de légitime défense… sauf si elle considérait le *groupe « État islamique »* comme un État ! Ainsi, contrairement à ses déclarations officielles, elle a *de facto* reconnu l'existence d'un État islamique. Certes, nous jouons sur les mots ici, mais cela montre que la lutte contre le terrorisme n'est pas une affaire d'émotions, mais de stratégie froidement calculée. Sans quoi, il se passe exactement ce qui s'est passé…

Un autre élément de contradiction est qu'en déniant à l'EI la possibilité de se définir par rapport à un territoire, on a renoncé par la même occasion au fait que la perte de ce même territoire soit une défaite ! Il est donc logique que l'EI ne se considère pas comme vaincu.

L'EI est une entité finalement très mal connue et appréhendée à partir d'éléments circonstanciels, c'est-à-dire dominés par des « impressions personnelles » ou des déductions liées au « bon sens » (occidental) en fonction des circonstances.

---

528. « Le Royaume-Uni s'interroge sur Daech – La BBC refuse d'utiliser le terme de "Daech" pour qualifier le groupe armé », lesechos.fr, 3 juillet 2015. NDA : la BBC privilégie l'expression « prétendu État islamique ».
529. Voir Erin Wilson (Faculté de théologie et des études religieuses, Université de Groningue), "Accepting Ambiguity: Being Content with Uncertainties amidst the Urge for Security", religionfactor. net, 17 novembre 2015.

C'est la raison pour laquelle on ne comprend pas sa manière d'agir, et que l'Occident a systématiquement un « coup de retard ».

Comme on le constate, le contre-terrorisme n'est pas simplement une affaire de vengeance, de police, d'arrestations et de forces spéciales suréquipées, mais de stratégie. Or ce n'est pas le cas. Depuis 2012, on constate une étrange proximité doctrinale entre l'approche française du terrorisme et celle d'Israël : il n'y a pas de stratégie contre l'EI, mais l'application plus ou moins cohérente d'une suite d'actions tactiques. Encouragée par des intellectuels et des « experts » auto-proclamés, la lutte contre l'EI a été empreinte d'amateurisme et a eu pour conséquence une aggravation du problème, dont les attentats de 2015-2016.

2.8.4. L'émergence du califat

L'État islamique s'est donné une structure pour administrer les territoires qu'il contrôle. Les « taches noires » sur les cartes présentées par les médias sont trompeuses, car l'autorité du groupe est essentiellement concentrée le long des axes routiers, tandis que l'entre-terrain est quasiment désert. À l'inverse, lorsque l'on veut montrer les succès de la coalition, on tend à réduire la « tache » aux axes routiers, en donnant ainsi l'impression d'un recul, alors qu'en réalité, le changement est minime et les zones essentielles sont restées aux mains de l'EI.

De même, les médias occidentaux tendent à donner une perception faussée de l'acceptation par les populations locales de l'EI dans les zones qu'il administre. Bien qu'à l'évidence l'EI administre d'une main de fer les zones qu'il occupe, il ne semble pas qu'il déclenche le rejet que l'on veut bien imaginer en Occident. C'est ce qui explique qu'en juin 2014, l'EI avait pu s'emparer de Mossoul en quatre jours et avec 300-400 combattants seulement, mais que la coalition occidentale ne pourra la reprendre qu'en neuf mois avec près de 100 000 hommes en 2016-2017. Comme en Afghanistan, en Libye, en Irak et en Syrie, les dirigeants, même s'ils ne sont pas des modèles de démocratie, ont un soutien populaire beaucoup plus important que les solutions apportées d'Occident.

Il est assez simple de prendre les déclarations enflammées de quelque imam, comme Anjem Choudary à Londres, pour véhiculer l'idée d'un État islamique avide de conquêtes en Occident. Pourtant, la crainte exprimée par certains d'un califat qui s'emparerait de tout le pourtour de la Méditerranée en lançant de vastes opérations militaires est infondée. En fait, cette idée a émergé au sein de l'*establishment* américain au début des années 2000. C'est en septembre 2004, à Lake Elmo, que le vice-président Dick Cheney évoque pour la première fois la notion d'un califat associé à « Al-Qaïda » qui menacerait directement l'Europe occidentale :

> *Ils parlent de vouloir rétablir ce que vous pourriez appeler le califat du septième siècle. C'est comme le monde était organisé il y a 1200-1300 ans,*

alors que l'islam ou les musulmans contrôlaient tout du Portugal et l'Espagne à l'ouest ; à travers la Méditerranée jusqu'à l'Afrique du Nord ; toute l'Afrique du Nord ; le Moyen-Orient ; jusque dans les Balkans ; les républiques d'Asie centrale ; la pointe sud de la Russie ; une bonne partie de l'Inde ; et jusqu'à l'Indonésie moderne. Dans un sens, de Bali et Djakarta à un bout jusqu'à Madrid à l'autre.[530]

L'idée est reprise dans un rapport du *Conseil national du renseignement*[531] américain publié en décembre 2004. Intitulé «Modélisation du Futur du Monde», il présente quatre scénarios pour l'évolution possible du monde à l'horizon 2020, parmi lesquels la reconstitution du califat. Ce rapport, qui est un modèle hypothétique, sera cependant présenté par le gouvernement Bush – et en premier lieu par le secrétaire à la Défense Donald Rumsfeld – comme étant l'objectif d'«Al-Qaïda»[532] :

> *Ils ont constaté que la grande résonance de l'usage du mot «califat» [a] un impact de terreur presque instinctive.*

Ce modèle permettra de fournir une explication pour définir la stratégie djihadiste, que l'on refuse de comprendre dans son sens de «résistance», en lui donnant une dimension plus inquiétante. Il alimentera désormais la crainte de l'Occident et justifiera ses interventions. La carte du califat que l'on attribue à l'État islamique[533], et qui représenterait selon les experts occidentaux son objectif recherché, est un mirage[534]. Publiée par la chaîne américaine ABC News le 3 juillet 2014, elle a été reprise du compte Twitter de l'organisation nationa-liste américaine d'extrême droite *American Third Position (A3P)*[535], et suggère qu'elle représente la progression prévue par l'État islamique pour les cinq années

---

530. "Vice President's Remarks and Q&A at a BC'04 Roundtable in Lake Elmo, Minnesota", Office of the Vice President, 29 septembre 2004, http://georgewbush-whitehouse.archives.gov/news/releas-es/2004/09/text/20040929-5.html.

531. Le National Intelligence Council (NIC) est un conseil consultatif rattaché au directeur du ren-seignement national américain, qui fait partie de la Communauté du renseignement et est responsable de fournir des analyses prospectives à la conduite stratégique du pays. Il correspond, dans les grandes lignes, au Secrétariat général de la Défense et de la Sécurité nationale (SGDSN) en France.

532. Elisabeth Bumiller, "21st-Century Warnings of a Threat Rooted in the 7th", *The New York Times*, 12 décembre 2005.

533. http://www.vox.com/2014/7/10/5884593/9-questions-about-the-caliphate-you-were-too-em-barrassed-to-ask.

534. Mark Strauss, "That ISIS 'Caliphate Map' Is Bogus, So Stop Freaking Out", *io9.gizmodo.com*, 1er juillet 2014.

535. Voir : https://twitter.com/Third_Position/status/478626230418173952/photo/1?ref_src=tws-rc%5Etfw.

suivantes[536]. Elle est utilisée par les milieux d'extrême droite et certains services pour exagérer la menace terroriste, comme Markus Seiler, directeur du service fédéral de renseignement suisse, le 4 mai 2015, afin de justifier le besoin d'une loi sur le renseignement plus intrusive[537].

En fait, l'EI n'a jamais évoqué une telle carte ni de telles ambitions. En outre, en admettant que l'objectif des djihadistes soit de restaurer le califat abbasside[538], comme l'évoquent certains « experts »[539], il impliquerait logiquement d'abord des changements fondamentaux dans les pays musulmans eux-mêmes, et non en Occident. Cet aspect est d'ailleurs parfaitement compris des djihadistes, dont les priorités sont clairement placées au Moyen et Proche-Orient[540]. Par ailleurs, toujours dans cette hypothèse, notons que la France, la Belgique, la Grande-Bretagne, l'Allemagne, le Danemark ou la Suède n'ont jamais fait partie d'un califat historique. Ainsi, après l'attentat de Stockholm (7 avril 2017), certains journalistes occidentaux ont affirmé faussement que la Suède ne faisait pas partie de la coalition[541], afin d'accréditer l'idée d'un complot djihadiste global pour détruire la société occidentale.

Si la littérature de l'EI encourage effectivement ses militants à agir en Occident, aucune mention n'est faite d'un retour au califat abbasside. D'ailleurs, en admettant, par hypothèse, qu'il s'agisse d'un objectif de très long terme, on peut constater que les islamistes ne voient pas le terrorisme comme un moyen de l'établir : le terrorisme joue le rôle de détonateur dans un processus insur-rectionnel. Or l'examen des textes de l'EI montre qu'il ne cherche pas à utiliser cette fonctionnalité pour encourager la population *musulmane* à s'insurger, mais pour pousser la population *non musulmane* à réclamer la fin des interventions militaires, politiques, économiques ou morales dans le monde musulman. C'est ce qu'ils appellent des « opérations de dissuasion ». C'est exactement le sens du mot « djihad » dans son contexte militaire.

En réalité, l'extension de la terre d'islam (*Dar al-Islam*) s'effectuera le plus sûrement sans terrorisme, mais à travers l'émigration, dans un processus déjà

---

536. Colleen Curry, "See the Terrifying ISIS Map Showing Its 5-Year Expansion Plan", ABC News, 3 juillet 2014.

537. Sylvain Besson, « La loi sur le renseignement signe le retour en grâce des services secrets suisses », *Le Temps*, 31 août 2016.

538. Forme d'« empire » musulman entre 750 à 1258, sans frontières intérieures qui s'étendait de l'Inde à la péninsule ibérique.

539. Daoud Boughezala, « Daech, c'est le wahhabisme plus le martyre », causeur.fr, 19 août 2016 ; Hanne Olivier et Thomas Flichy de La Neuville, *L'État islamique : Anatomie du nouveau califat*, éditions Bernard Giovanangeli, 14 novembre 2014, p. 178.

540. Voir Abu Musab al-Suri, "The Jihadi Experiences: The main arenas of operation for individual djihad", *Inspire*, n° 8, automne 2011, p. 18.

541. Par exemple, Philippe David, émission *Le Grand Référendum*, « Terrorisme : Avez-vous peur d'aller voter dimanche ? », Sud Radio, 19 avril 2017, www.sudradio.fr/le-grand-referendum-1468.

amorcé il y a plusieurs décennies. Il n'est pas même certain qu'il s'agisse d'un processus délibéré – même si les avis divergent sur ce point – mais d'un mécanisme opportuniste, basé sur l'incurie des gouvernements occidentaux et la perméabilité de la société occidentale.

Certains experts associent l'immigration venant des pays musulmans et le terrorisme dans une démarche de conquête, avec un scénario similaire à celui qui serait suggéré dans la *Gestion de la Barbarie*[542]. Toutefois, ce dernier ne décrit pas une conquête continentale. Le terme « barbarie » concerne les forces occupantes (considérées comme des « barbares ») et explique comment résister et combattre une occupation étrangère. L'idée que l'EI cherche à s'étendre sans même avoir consolidé sa base de départ est le produit de l'imagination des Occidentaux qui refusent de voir dans le terrorisme une simple réponse à leurs actions de déstabilisation.

Par ailleurs, comme on a pu l'observer jusqu'à présent, s'il y a une extension de l'État islamique au-delà du Levant, elle ne résultera probablement pas d'une « colonisation » venant de Syrie, mais de ralliements (*bayah*) de groupes islamistes orphelins en quête de légitimité, comme en Tunisie, en Libye ou en Égypte. Il s'agit d'un phénomène rigoureusement identique à ce que l'on avait observé avec « Al-Qaïda » dix ans auparavant[543]. Aujourd'hui, grâce à la « publicité » que lui ont faite les gouvernements occidentaux et l'importance qu'ils lui ont donnée, l'EI est devenu la référence, alors que ses objectifs territoriaux sont clairement limités à l'Irak et à la Syrie.

2.8.5. Le terrorisme en Occident

Comme nous l'avons vu, le terrorisme djihadiste en Occident doit être compris dans le contexte de nos interventions politiques, militaires, voire humanitaires. Il n'a ni les structures ni le soutien populaire nécessaire pour renverser des gouvernements, mais cherche à inciter les Occidentaux à remettre en question leurs interventions.

En fait, les terroristes appliquent exactement la même stratégie que pour les bombardements alliés contre l'Allemagne durant la Seconde Guerre mondiale, l'usage des bombes atomiques contre le Japon, les frappes contre la Serbie, le bombardement de Bagdad en 2003. La stratégie occidentale pour changer des régimes est de frapper les populations civiles pour les pousser à faire pression sur leurs dirigeants politiques ou militaires.

Par ailleurs, les médias occidentaux, qui répercutent en boucle la moindre tentative d'attaque terroriste, ne mentionnent jamais que les frappes de la

---

542. Abu Bakr Naji, *Gestion de la Barbarie – L'étape par laquelle l'islam devra passer pour restaurer le califat*, éditions de Paris, 2007, p. 250 (ISBN 978-2-85162-221-1).
543. Nelly Lahoud et al., *Letters from Abbottabad: Bin Ladin Sidelined?*, The Combating Terrorism Center, West Point, www.ctc.usma.edu, 3 mai 2012.

coalition internationale, dont fait partie la France, auraient fait entre 19 127 et 29 479 victimes civiles « collatérales » en Irak et en Syrie entre août 2014 et octobre 2019, selon le site *Airwars*, une plate-forme coopérative sur l'analyse des frappes aériennes internationales[544]. Pourtant, après les attentats de Bruxelles, en mars 2016, l'EI explique dans une vidéo en montrant les dégâts des frappes :

> *Ceci est un message aux peuples croisés européens, américains et russes. Voici ce que vos gouvernements font subir aux musulmans, et vous êtes responsables!*[545]

En fait, les Américains ont probablement compris le lien entre frappes et terrorisme. C'est pourquoi ils placent leurs interventions dans le cadre de coalitions, qui associent des partenaires même très peu actifs et dont l'apport militaire est minimal[546], afin de « diluer » la menace terroriste qui pèse sur eux. Ainsi, ironiquement, les membres des coalitions occidentales – comme la France – ont, en fait, offert leur population comme bouclier humain à un terrorisme qui visait initialement les Américains!

Dans son numéro de février 2015, consacré aux attentats en France, le magazine de l'EI, *Dar al-Islam*, énonce clairement la raison qui conduira à de nouveaux attentats :

> *Quelques jours seulement après les attentats bénis du frère Aboû Basîr[547] [...] le Parlement français a voté à l'unanimité la prolongation des frappes contre le califat s'exposant donc à d'autres attentats sur le sol national.*[548]

Il n'est donc pas question ici de changement de société, de libertés ou d'expansion de l'islam, mais, assez logiquement, d'une réponse à des décisions prises au nom d'un peuple français passif, et donc coupable aux yeux des djihadistes...

---

544. Voir http://airwars.org/civilian-casualty-claims/ (consulté le 7 novembre 2018). Mais, en novembre 2015, le Pentagone ne comptait que 6 victimes civiles (!) ("US air strike on IS in Iraq 'killed civilians'", BBC News, 20 novembre 2015) tandis que le secrétaire à la Défense britannique, Michael Fallon, soutenait que les frappes occidentales n'avaient fait aucune victime civile (!!) (Mikey Smith, "Michael Fallon claims there have been ZERO civilian casualties from air strikes in Iraq", *The Mirror*, 29 novembre 2015.

545. Vidéo *Œil pour Œil*, Wilaya al-Furat, 27 mars 2016 (02'30").

546. Les frappes en Syrie sont assurées à 95,3 % par les États-Unis, le reste se partageant entre l'Arabie saoudite, l'Australie, le Bahreïn, le Canada, les Émirats arabes unis, la France, la Jordanie, le Royaume-Uni et la Turquie (chiffres de 2017, airwars.org).

547. NDA : il s'agit d'Amedy Coulibaly (nom de guerre : Abou Basir Abdoullah Al-Ifriqi), responsable de l'attaque contre l'Hyper Cacher de Vincennes, le 7 janvier 2015.

548. « L'histoire de l'inimitié de la France envers l'islâm », *Dar al-Islam*, n° 2, Rabi al-thani 1436, février 2015, p. 10.

Le problème est que ces déclarations de l'EI, qui illustrent très clairement leur démarche, n'ont jamais été relayées par les médias traditionnels ou par des organes officiels. Ainsi, lorsque Manuel Valls affirme que le terrorisme ne peut être stoppé par un *« coup de baguette magique »*, il a raison dans la forme, mais il ment sur le fond : il aurait simplement fallu cesser l'inexplicable participation de la France aux frappes occidentales. Mais, le gouvernement se trouvait pris dans un piège qu'il avait lui-même créé : un retrait après les attentats aurait signifié qu'il cédait au terrorisme. Avec des chefs de gouvernement écervelés, il y aurait un rôle des médias pour les ramener à la raison... à condition qu'ils ne se comportent pas comme des portes-paroles !

2.8.6. Le terrorisme islamiste en Afrique

Le terrorisme de la bande sahélo-saharienne (BSS) relève de la même logique que le terrorisme qui frappe l'Occident. Dans la BSS, c'est avant tout l'inféodation des gouvernements locaux aux intérêts occidentaux qui est à l'origine de la violence[549]. Ici encore, l'imprévoyance et les visions à court terme de l'Occident ont très largement contribué à encourager la déstabilisation de la région. Une aide au développement centrée sur des actions ponctuelles, sans vision d'ensemble et sans objectifs de long terme, pilotée par des coopérants fraîchement émoulus d'écoles européennes et sans expérience de la région, a conduit à un désastre social et sociétal.

Des interventions qui se voulaient humanitaires et humanistes ont provoqué des désastres. Ainsi, lorsque l'on a lutté contre la mortalité infantile des pays du tiers-monde dans les années 1970-1980 – une noble cause en soi – les conséquences à long terme d'une brutale augmentation de la population n'ont pas été prises en compte. Pas plus que l'on a adapté les programmes de construction d'infrastructures ni prévu l'encadrement nécessaire pour cette masse de jeunes, afin de transformer ce bouleversement sociétal en richesse économique. On a ainsi condamné des pays déjà pauvres à une asphyxie démographique meurtrière. Ce sont eux qui, aujourd'hui, constituent les migrants qui affluent en Europe.

Pire, les immigrés qui parviennent en Europe viennent occuper des postes que les Européens ne veulent plus occuper, parce qu'insuffisamment gratifiants ou rémunérateurs. Ces « petits emplois » (manutentionnaires, personnel d'entretien, etc.) constituent parfois un apport utile pour l'Europe, mais ne pourront jamais être valorisés dans le pays d'origine des immigrés au cas – très hypothétique – où ils rentreraient chez eux. D'ailleurs, le jeu des naturalisations par droit du sol ou des allocations qu'ils reçoivent tendent à prévenir tout retour dans leurs pays d'origine. Résultat : ces pays tendent à s'appauvrir dangereusement et à ne vivre

---

549. Laurent Bigot, « Le terrorisme au Sahel, conséquence de la prévarication érigée en mode de gouvernance », Le Monde Afrique, lemonde.fr, 16 août 2017.

que grâce aux rentes reçues d'Europe. Il ne se crée donc pas d'économie réelle, avec de vrais savoir-faire locaux (mécaniciens, électriciens, menuisiers, etc.) capables de générer une réelle croissance à long terme. Finalement, les politiques menées par la gauche européenne contribuent très largement à maintenir ces pays inféodés à l'Occident. Outre les conséquences économiques à long terme, cette forme de « colonialisme en creux » entretient la colère des islamistes qui y voient un véritable défi identitaire[550].

Ici encore, les visions à court terme des politiciens, des organes d'aide au développement et de militants des droits de l'homme en Europe conduisent à de véritables catastrophes sociétales, entraînant dans leur sillage des désastres sécuritaires. Il est d'ailleurs une opinion assez largement répandue en Afrique que l'engagement occidental pour le développement et les droits de l'homme a essentiellement comme fonction de traiter le chômage en Europe. La Suisse, dont la politique extérieure tend à promouvoir la paix et les droits de l'homme, a ainsi contribué *volens nolens* à la déstabilisation des pays qui constituaient ses priorités d'engagement : le Rwanda, le Sud-Soudan, le Mali et le Niger. À telle enseigne que l'EI la considère comme membre de la coalition internationale en Irak[551]. C'est une faille du renseignement stratégique.

---

550. Wakat Séra, « Au Sahel, la "chimère" de la victoire contre le terrorisme », *Courrier International*, 16 août 2017.
551. Voir vidéo de l'État islamique de septembre 2017.

3. LUTTER CONTRE LE TERRORISME

Comme nous l'avons vu, le terrorisme islamique est de nature asymétrique, où le succès tactique des forces de sécurité peut générer un succès stratégique de l'organisation terroriste. Il ne peut être combattu qu'avec des stratégies élaborées selon une approche holistique, qui incorpore tous les éléments de la chaîne de causalité générant le terrorisme.

Alors que le terrorisme des années 1960-1980 était plus ou moins inspiré par un idéalisme révolutionnaire marxiste perçu dans un « processus historique », le terrorisme islamiste n'a pas de caractère inéluctable et pourrait parfaitement être évitable… Pourtant, nous n'y parvenons pas. Le problème réside dans l'incapacité des pays occidentaux à élaborer des stratégies d'action holistiques. Influencés par les approches américaine et israélienne – essentiellement tactiques – ils n'ont développé que l'intervention militaire comme outil d'action : la plus mauvaise et la plus inefficace des solutions.

Après le « 9/11 », le président Bush souhaitait pouvoir intervenir rapidement à l'étranger contre des groupes terroristes, et avoir ainsi une sorte de « droit de poursuite », mais il devait avoir l'aval du Congrès. Pour contourner ce problème, ce dernier adopte, trois jours plus tard, une *Résolution Conjointe* sur l'*Autorisation pour l'Emploi de la Force Militaire* (AUMF), qui stipule…

> *Que le Président est autorisé à utiliser toute la force nécessaire et appropriée contre les nations, organisations ou personnes, dont il détermine qu'elles ont planifié, autorisé, commis ou aidé les attaques terroristes du 11 septembre 2001, ou hébergé de telles organisations ou personnes, afin de prévenir tout acte de terrorisme international futur contre les États-Unis par ces nations, organisations ou personnes.*[552]

Depuis 2001, l'AUMF a été invoquée par les différentes administrations américaines pour frapper le terrorisme sans demander l'approbation du Congrès. C'est pourquoi, en 2003, les États-Unis avaient accusé l'Irak d'être complice

---

552. 2001 Authorization for Use of Military Force (AUMF), S.J.Res 23(107th), 14 septembre 2001.

d'« Al-Qaïda »[553]. Dès 2004, la même mécanique se met en marche contre l'Iran : les États-Unis affirment que l'Iran abrite des responsables du 11 septembre 2001[554], et des plans d'attaque sont étudiés[555]. Au total, l'AUMF a été invoquée pour justifier 41 opérations militaires dans 19 pays, et l'équipe Trump tente à nouveau de l'utiliser contre l'Iran[556]. Elle constitue la base légale pour les « guerres perpétuelles » menées par les États-Unis, et explique pourquoi l'Irak, le Venezuela ou l'Iran ont été accusés de soutenir le terrorisme international… Même Obama l'a utilisée pour mener à bien des assassinats ciblés.

L'AUMF est au gouvernement américain ce que le tir à la hanche est au cow-boy : elle permet d'agir rapidement, sans réfléchir… Son effet le plus pervers est d'écarter le débat politique sur la nature du problème et la manière d'y répondre. On a ainsi mené des interventions inutiles, qui n'ont fait qu'aggraver la situation terroriste dans le monde. C'est pourquoi des membres du Congrès ont tenté de la faire abroger… sans succès.

Le problème majeur de nos interventions est qu'elles sont le plus souvent lancées avec « bonne conscience » et sans aucun esprit critique. Aux États-Unis, l'Histoire montre que les guerres sont majoritairement « *commencées par les démocrates et terminées par les républicains* »[557]. La combinaison d'un esprit missionnaire et le sentiment de combattre pour une cause juste tendent à générer l'aveuglement.

Le terrorisme est une méthode, et mener une guerre contre une méthode a souvent été évoqué par certains pour expliquer l'échec de l'Occident. C'est là une querelle byzantine et le problème n'est pas là, car la « *Guerre contre la Terreur* » (« *War on Terror* ») peut se lire comme une simple formule rhétorique. La vraie question est que nous ne sommes jamais sortis de l'émotionnel pour expliquer l'émergence du terrorisme, et nous n'avons jamais su définir des stratégies de lutte cohérentes.

Trois raisons fondamentales expliquent l'échec de la « guerre contre le terrorisme » :

Tout d'abord, les Américains, qui l'ont prônée, l'ont menée comme une vendetta sicilienne et non comme une guerre. Ils combattent des terroristes sans réaliser qu'ils encouragent simultanément le terrorisme. N'ayant pas saisi la nature asymétrique du problème, ils le traitent de manière très « symétrique ». Comme en Israël, leur stratégie se résume à espérer une victoire en éliminant

---

553. Steven Kull, "The American Public On International Issues - Misperceptions, The Media And The Iraq War", The Program On International Policy Attitudes (PIPA)/Knowledge Networks Poll, 2 octobre 2003.
554. "Bush: U.S. probes possible Iran links to 9/11", CNN, 19 juillet 2004.
555. James Fallows, "Will Iran Be Next?", *The Atlantic*, décembre 2004.
556. "Pompeo says Iran tied to Al-Qaeda, declines to say if war legal", France 24, 10 avril 2019.
557. Willie Osterweil, "Democrats Are the Real Party of War", *The Baffler*, 16 juin 2014.

peu à peu tous les combattants de l'adversaire. Mais cette approche, qui prend l'apparence d'une « croisade », génère l'émergence de nouveaux terroristes et de violence. La France n'a d'ailleurs pas mieux compris cette dimension stratégique, ce qui lui vaut d'être à son tour victime du terrorisme sur son propre territoire.

Deuxièmement, cette « guerre » est uniquement orientée sur l'antiterrorisme et n'a pas de composante contre-terroriste de nature préventive, et donc pas d'ambition de long terme. Elle n'est qu'une combinaison d'actions tactiques/opératives de court terme, elle est de nature totalement réactive et n'a aucun effet sur la volonté des djihadistes de combattre l'Occident. La découverte d'un laboratoire d'explosifs ou l'arrestation de terroristes en train de préparer un attentat sont des actions de nature réactive, car elles interviennent après la décision des terroristes de frapper. Mais il n'y a aucune stratégie pour dissuader des individus de s'engager dans un projet violent. C'est un peu comme tenter de vider une baignoire en laissant le robinet ouvert. En fait, en Afghanistan, en Irak, en Syrie, en France et ailleurs, on laisse l'initiative aux terroristes, et on tente de réagir au plus vite lorsqu'ils préparent une action.

Troisièmement, conséquence des deux autres facteurs, il s'agit d'une guerre sans réels objectifs, où l'on « tire sur tout ce qui bouge », sans concentrer son action. En Afghanistan, en Irak et en Syrie, les Occidentaux se sont engagés dans des guerres sans savoir comment les terminer : l'absence d'objectif qui puisse constituer un critère d'accomplissement de la mission rend impossible la définition d'une stratégie de sortie de crise. C'est exactement le problème de l'opération BARKHANE dans le Sahel, que la France a été « contrainte » de mettre sur pied pour combler l'absence de stratégie pour son engagement en Libye…

En août 2021, le retrait chaotique des forces américaines d'Afghanistan a donné l'illusion que ce désastre résultait des décisions prises par Joe Biden, et nos médias ont suggéré qu'il fallait y retourner. En réalité, les Occidentaux ont perdu cette guerre depuis plus de 20 ans déjà du fait de l'absence de stratégie et d'approche holistique, de l'incapacité à juguler la corruption et à mettre en place une alternative crédible.

3.1. Le contexte

3.1.1. Les années de guerre froide

Les succès de l'Occident contre le terrorisme, dans les années 1960-1980, relèvent de « stratégies » en trompe-l'œil. Pratiquement aucun pays occidental n'a obtenu de victoire « propre » contre un terrorisme complexe : il s'agit de victoires par la force brute – par exemple, contre *Action directe* (AD) en France ou la *Rote Armee Fraktion* (RAF) en Allemagne – ou qui ont bénéficié d'un essoufflement des terroristes (comme l'ETA basque), consécutif à la chute du communisme en Europe de l'Est.

Dans certains pays, la nature même du terrorisme leur a permis de résoudre le problème avec les moyens conçus pour la lutte contre le grand banditisme. En Allemagne, c'est le *Bundeskriminalamt* (BKA) qui a été le maître d'œuvre de la lutte contre la RAF, tandis qu'en France, la lutte contre AD s'est appuyée sur les ressources de l'*Office central pour la répression du banditisme* (OCRB). Comme les *Cellules communistes combattantes (CCC)* en Belgique, ces groupes avaient des structures relativement simples, sans ancrage populaire, dont la couverture politique n'était pas soutenue par des revendications populaires et sans réelle doctrine. Ils ont ainsi pu être combattus avec les outils et tactiques policiers, sans recourir à une approche stratégique. Le renseignement de police, avec ses réseaux d'« indics », a suffi pour démembrer des organisations qui ressemblaient davantage à des gangs qu'à des structures subversives clandestines, tandis que le renseignement stratégique n'a joué qu'un rôle marginal.

Ce terrorisme avait une forme « symétrique » : chaque succès des forces de sécurité – que cela soit la capture ou l'élimination de terroristes – correspondait à un échec de l'organisation terroriste. Ce caractère « symétrique » explique notamment des phénomènes itératifs, comme les prises d'otages destinées à faire libérer des terroristes capturés précédemment. Avec les djihadistes, malgré le grand nombre d'entre eux emprisonnés pour de longues durées dans des conditions souvent très dures, ce phénomène n'apparaît que de manière très sporadique[558] et n'est pas soutenu par une doctrine.

Peu de pays peuvent s'enorgueillir d'avoir vaincu un terrorisme complexe. Un des rares exemples est la victoire du président Romulo Betancourt, au Venezuela, contre le terrorisme marxiste au début des années 1960. En combinant des mesures politiques – qui ont « coupé l'herbe sous le pied » des révolutionnaires – et des mesures militaires, prioritairement centrées sur la protection de la population et non sur la destruction des forces révolutionnaires, les terroristes ont été poussés à abandonner la violence et à s'engager dans un processus politique, dans lequel ils ont été définitivement défaits.

Avec le recul, la lutte contre « Al-Qaïda » s'est avérée inopérante. L'incapacité des Occidentaux à comprendre sa nature et ses mécanismes a poussé les services de renseignement occidentaux dans un grand nombre de culs-de-sac. Ils ont traité cette menace comme s'il s'agissait d'une « simple » organisation criminelle. Aujourd'hui, leur philosophie n'a pas fondamentalement changé et le terrorisme islamiste reste traité avec la même logique.

---

558. C'est par exemple le cas de l'attentat de Trèbes (22 mars 2018) qui était plus une initiative individuelle qu'une action coordonnée à caractère stratégique.

On évoque la diminution des attentats terroristes en Europe et aux États-Unis comme un exemple du succès de la lutte contre le terrorisme. Or il n'en est rien. Il suffit de suivre ce qui se dit et s'écrit dans les réseaux islamistes pour constater que le problème s'est simplement déplacé. Pourquoi des terroristes monteraient-ils des opérations complexes et risquées en Occident, alors que des Occidentaux sont envoyés au-devant d'eux en Irak ou en Afghanistan ? Pour des djihadistes, ce n'est pas le lieu qui est déterminant, mais l'intention. Ainsi, il faut constater avec un certain cynisme que les troupes envoyées en Irak, en Afghanistan ou au Mali ont, d'une certaine manière, protégé les populations occidentales en servant de «paratonnerres», sans entamer la volonté des djihadistes. On a simplement échangé des victimes civiles contre des victimes militaires, sans traiter le problème de base.

En résumé, l'Occident « *is doing the things right, but not the right things* » (« *fait les choses bien, mais ne fait pas les bonnes choses* »). Après chaque mort en Afghanistan ou au Mali, on répète inlassablement que « *les gars font du bon boulot !* » mais on ne remet jamais en question la nature de ce «boulot» en relation avec l'objectif visé, parce que nos décisions ne sont pas basées sur des faits, mais sur des préjugés :

> *L'idée d'une «guerre contre la terreur» a donné l'impression d'un ennemi unifié et transnational, incarné dans la figure d'Oussama ben Laden et Al-Qaïda. La réalité est que les motivations et les identités des groupes terroristes sont disparates. Le Lashkar-e-Toïba a ses racines au Pakistan et dit que sa cause est le Cachemire. Le Hezbollah dit qu'il existe pour résister à l'occupation des hauteurs du Golan. Les groupes insurgés chiites et les sunnites en Irak ont une myriade de demandes. Ils sont aussi différents que les mouvements européens des années 1970 comme l'IRA, Baader-Meinhof et l'ETA. Tous ont utilisé le terrorisme et se sont parfois aidés entre eux, mais leurs causes n'étaient pas unifiées et leur coopération était opportuniste. Il en est de même aujourd'hui.*
>
> *[…] La « guerre contre la terreur » a aussi impliqué que la réponse correcte était primairement militaire. Mais le général Petraeus m'a dit, et à d'autres en Irak, que la coalition ne pouvait tuer pour sortir du problème de l'insurrection et du conflit civil.*[559]

Ainsi, l'usage de la force brute est une dépense d'énergie inutile. En Syrie, la France, plus que les États-Unis, a clamé une victoire sur l'EI. C'est un leurre, qui se manifeste d'ailleurs par la crainte des autorités à voir revenir des combattants français, et qui masque le fait que de très nombreux combattants – menacés d'emprisonnement ou de mort à leur retour – se sont fondus dans d'autres

---

559. David Miliband, secrétaire aux Affaires étrangères (Grande-Bretagne), "'War on Terror' was wrong", *The Guardian*, 15 janvier 2009.

groupes djihadistes (le plus souvent soutenus par les pays occidentaux). La raison qui a créé le djihadisme n'ayant pas disparu, le problème demeure.

3.1.2. La réponse au terrorisme islamiste

3.2. Le renseignement

> *Celui qui connaît son ennemi comme il se connaît ne sera jamais vaincu en cent batailles. Celui qui se connaît, mais ne connaît pas son ennemi sera victorieux une fois sur deux. Ceux qui ne connaissent ni leurs ennemis ni eux-mêmes ne vaincront jamais.*
>
> *(Sun Tsu)*

Ces dernières années, le mot « renseignement » a pris des sens très divers dans la littérature et les médias. Tout comme les notions d'« *antiterrorisme* », de « *contre-terrorisme* » et de « *prévention* », il a été sorti de tout contexte conceptuel, pour ne plus rien signifier du tout. Il en est ainsi de la distinction entre « *information* » et « *renseignement* », qui est à la base du travail de renseignement. Même dans les milieux professionnels, les « *informations* » qui alimentaient les enquêtes policières de jadis sont aujourd'hui indistinctement appelées « *renseignements* », et les « *indics* » d'hier sont devenus des « *agents de renseignement* ».

Au-delà des mots, c'est la compréhension du travail de renseignement qui a dramatiquement baissé. Après le 11 septembre 2001, les « experts » ont fustigé l'incompétence des services de renseignement américains qui n'avaient pas su interpréter de nombreux avertissements comme :

• un rapport des services de renseignement britanniques de 1999 annonçant qu'Al-Qaïda envisageait d'utiliser des « *avions commerciaux* » de « *manière non conventionnelle* » « *possiblement comme des bombes volantes* »[560] ;

• une note de la DGSE française datée du 5 janvier 2001[561] ;

• les messages reçus par les autorités américaines le 28 juin et le 10 juillet qui évoquaient des attaques avec des « *conséquences dramatiques sur le gouvernement ou causeraient des pertes importantes* » survenant « *avec un court ou sans préavis* » ;

• une note du 3 septembre 2001 adressée par le major général Omar Souleiman, chef du *Moukhabarat al-Ammah* (renseignements généraux) égyptien au chef de station de la CIA du Caire sur « *l'état avancé de l'exécution d'une opération importante contre une cible américaine* »[562] ;

---

560. *Sunday Times*, 6 septembre 2002.
561. Son existence est révélée par le journal *Le Monde* en 2007 (Guillaume Dasquié, « 11 septembre 2001 : les Français en savaient long », *Le Monde*, 16 avril 2007).
562. Gordon Thomas, *Globe-Intel*, 6 septembre 2002.

• 33 messages interceptés par la *National Security Agency* (NSA) durant l'été 2001[563], avertissant d'une attaque terroriste imminente contre les États-Unis; notamment un du 10 septembre (traité le 11 septembre – après les attaques – et diffusé le 12) qui aurait éventuellement pu constituer un indice concret d'une attaque le 11 septembre, bien qu'il n'ait contenu aucune indication de lieu, de temps ou d'objectifs[564].

Mais en réalité, aucun de ces avertissements n'était en mesure de caractériser la menace dans le temps et dans l'espace. Avec le recul, les historiens y voient des indicateurs très clairs, mais pour un professionnel du renseignement en 2001, avec quelque 11,5 millions de mouvements aériens par année sur les principaux aéroports américains, des informations aussi vagues étaient virtuellement inutilisables pour prendre des mesures concrètes. C'est la différence entre des « informations » et du « renseignement opérationnalisable ». Nous y reviendrons.

Aujourd'hui, la majorité des publications sur la question viennent de criminologues, de juristes ou de journalistes, qui connaissent très mal la nature et le fonctionnement des services de renseignement. On peut également constater que les critiques adressées aux services de renseignement portent généralement sur la détection (ou non) des terroristes (renseignement tactique), mais jamais sur la question de l'anticipation de l'émergence du phénomène terroriste (renseignement stratégique). En réalité, même les soi-disant experts de la question n'ont qu'une compréhension limitée de ce qu'est le renseignement.

3.2.1. Définir le renseignement

Il est important ici de définir ce que l'on entend par le terme « renseignement ». En français, on tend à le rapprocher du verbe « renseigner », à savoir : fournir une information. Mais, en anglais, il se traduit par le mot « intelligence », qui vient du verbe latin *intellegere* : « comprendre ». C'est là son essence.

Sur le plan technique, on distingue entre « *renseignement* » et « *information* » : le renseignement étant le *produit* d'un service de renseignement, après que l'information est passée à travers le processus du « *cycle du renseignement* »[565].

Au XIXe siècle, Napoléon avait déjà montré qu'avec la connaissance de l'ennemi, de sa doctrine d'engagement, de ses moyens disponibles, de la nature du

---

563. Agence du Département de la Défense responsable du renseignement et de la sécurité électronique aux États-Unis.

564. Témoignage du lieutenant général Michael V. Hayden, directeur de la NSA dans *Report of the US Senate Select Committee on Intelligence and US House Permanent Select Committee on Intelligence, Joint Inquiry into Intelligence Community Activities Before and After the Terrorist Attacks of September 11, 2001*, décembre 2002, p. 375 (TOP SECRET – Déclassifié).

565. La littérature classique anglo-saxonne, qui est à l'origine de la conceptualisation du renseignement moderne, utilise parfois à la place du mot « information », l'expression « *raw intelligence* » (« renseignement brut » ou « information ») qui s'oppose à « *intelligence* » ou « *finished intelligence* » (*renseignement fini* ou *produit*).

terrain, des conditions météorologiques, de la volonté de combat de ses soldats et de la qualité de leur entraînement, il était possible d'anticiper sa décision pour la manœuvre. C'est la même chose aujourd'hui.

La fonction première du renseignement – et du renseignement stratégique en particulier – est de *comprendre* une situation afin d'éclairer la *décision*. C'est lors de la Seconde Guerre mondiale que les bases du renseignement moderne ont été théorisées, formalisées et systématisées afin de faciliter la coopération interalliée.

Dans les grandes lignes, on distingue le renseignement stratégique, qui guide la conception de l'action et la décision, et le renseignement tactique, qui guide la mise en œuvre et l'action. Les deux se placent dans une perspective d'anticipation, mais dans des horizons temporels différents : le renseignement stratégique portant davantage sur le moyen long terme et le renseignement tactique portant sur le court, voire très court terme, sans que l'on puisse définir une frontière précise entre les deux.

Le terrorisme étant une méthode qui cherche à atteindre des objectifs stratégiques par des actions tactiques, le renseignement doit être capable de travailler sur les deux niveaux. En simplifiant, on peut esquisser que le contre-terrorisme fait essentiellement appel au renseignement stratégique, alors que l'antiterrorisme est le domaine du renseignement tactique. Mais, pratiquement aucun service de renseignement occidental n'a de dispositif doctrinal permettant cette distinction : c'est pourquoi nous luttons plus contre des terroristes que contre le terrorisme.

La tâche du renseignement stratégique est de reconstituer l'image de la situation la plus précise et la plus fiable possible, *à partir d'indices concrets* (et non des professions de foi !), afin de permettre aux décideurs politiques ou militaires de prendre leurs décisions en toute connaissance de cause. À ce niveau, il ne s'agit pas d'identifier les réseaux et les individus potentiellement dangereux, mais de comprendre l'environnement sociétal, social, politique ou économique, pour mesurer et anticiper les conséquences possibles de nos actions politiques et militaires sur l'adversaire (ou la situation).

Un problème non trivial est de détecter *l'existence* d'une crise. On tend généralement à voir la crise à partir de l'événement terroriste. C'est faux : on est en crise à partir du moment où se créent les conditions pour que le terrorisme apparaisse. C'est pourquoi ceux qui cachent délibérément ces causes font partie du problème.

En considérant le terrorisme islamiste comme inéluctable, on a supprimé le besoin d'en comprendre la mécanique et les facteurs qui le causent (renseignement stratégique). Pratiquement tous les services de renseignement se sont réfugiés dans la recherche des indices possibles de préparation des attentats (renseignement tactique). Il en est résulté le développement de systèmes de collecte d'informations toujours plus sophistiqués et intrusifs, et un glissement progressif du renseignement stratégique vers le renseignement tactique ou de police.

En France, héritage de la Seconde Guerre mondiale, le renseignement est compris et utilisé comme un outil d'influence et d'action, avec une analyse plus orientée sur l'opérationnel que sur la décision stratégique. Le renseignement dont nous parlent les «experts» et autres «ex-agents» d'un «service Action» dans leurs «analyses» est le plus souvent un renseignement tactique, orienté sur les «modes opératoires», dans la proximité immédiate de l'événement.

Aux États-Unis, l'équilibre entre la composante «Action» (de la responsabilité de la CIA) et le travail analytique varie assez fortement en fonction des présidents et des directeurs de l'Agence. En Israël, le renseignement a toujours privilégié l'action dans un contexte sécuritaire : cela explique sa légendaire capacité à localiser et à éliminer des terroristes. En revanche, ses performances analytiques, d'anticipation des menaces stratégiques et de compréhension des logiques terroristes sont «étouffées» par la politique et l'idéologie, ce qui explique des résultats très médiocres.

À l'inverse, en Allemagne, le renseignement a toujours fait la part belle à l'analyse. Depuis la Première Guerre mondiale, il est guidé par la formule *«Nachrichtendienst ist Herrendienst»* («*Le service de renseignement est le service des seigneurs*»). Avec une approche de travail méthodique, orientée sur la décision, les services allemands sont sans doute les mieux armés pour affronter la complexité des défis actuels.

3.2.2. Les formes de renseignement

Alors que les «experts» nous parlent du «renseignement», le commentent et le critiquent comme une activité générique, il s'agit d'une activité plurielle, non seulement en fonction des outils qu'il utilise, mais aussi – et surtout – en fonction du niveau auquel il opère. La raison d'être fondamentale du renseignement est d'éclairer la décision et il est essentiel, dans l'étude du renseignement, de le situer dans ce processus.

Dans les grandes lignes, on peut définir trois formes de renseignement :

• S'agissant d'événements futurs, on parle de *renseignement d'anticipation*. C'est l'essence du renseignement et sa forme la plus complexe, la plus exigeante et la plus risquée (politiquement). Elle a pour fonction d'alimenter le processus de décision sur l'évolution probable – et non possible – de la situation. Elle se situe donc en amont des problèmes et tente d'en évaluer – en se basant sur des faits – la probabilité d'occurrence et les conséquences qui en découleraient. Cette forme de renseignement exige en premier lieu des capacités analytiques et des facultés d'abstraction. Le personnel nécessaire pour ce type de renseignement est généralement difficile à trouver, et les services ont des réticences à s'impliquer dans ce domaine. C'est essentiellement le rôle du renseignement stratégique, où le mot «stratégique» est associé à la «stratégie du chef» et donc à sa décision. Le renseignement d'anticipation se fonde – en partie tout au moins – sur les résultats des deux autres formes de renseignement.

• Le *renseignement d'investigation* cherche à rassembler des informations permettant d'expliquer un événement. C'est essentiellement le renseignement de police. Cette forme de renseignement exige des moyens de collecte importants et une grande minutie. Il collecte des indices sur des événements, des objets, des organisations ou des personnes précises, en fonction d'une action particulière (arrestation, rassemblement de preuves, etc.). C'est le renseignement qui permet de remonter les filières après un attentat.

• Le *renseignement de documentation* a pour objectif de constituer une connaissance de référence, afin d'appuyer les décisions routinières. Celle-ci doit être suffisamment riche pour diminuer les *besoins en renseignement* en cas de crise et ainsi gagner du temps. C'est une activité commune à tous les types de services de renseignement, que l'on pourrait résumer à la constitution de bases de données pour les organes d'analyse, comme le font les systèmes de surveillance de masse. Afin d'éviter l'asphyxie des services, elle doit être guidée par des priorités stratégiques ; ce qui manque dans pratiquement tous les pays.

La compréhension de ces trois formes de renseignement est essentielle pour définir les orientations d'un service, ses capacités et le profil des agents de renseignement recherchés. Elle doit permettre de gérer l'interaction entre les services et de les intégrer, qu'ils soient privés ou publics, dans un concept global de renseignement. Ce dernier doit permettre de gérer les recouvrements d'activités des services, afin d'éviter «la guerre des services», la duplication des efforts et le gaspillage des ressources.

3.2.3. L'inadéquation du renseignement

Au lendemain du «9/11», les services de renseignement américains ont immédiatement été mis au pilori pour leur incapacité à prévoir l'événement. On leur reprocha alors leur prédilection pour des systèmes de collecte technique au détriment du renseignement humain. Le même phénomène se reproduira quinze ans plus tard en France avec les attentats islamistes. Une analyse plus approfondie de ces «pannes» conduit cependant à une critique plus nuancée.

Premièrement, il est inexact de prétendre que le renseignement humain a été délaissé après la guerre froide, comme on l'entend souvent. En fait, avec la chute du communisme, les services de renseignement occidentaux ont reporté leur attention sur la lutte contre la criminalité organisée et les trafics divers, exigeant le recrutement accéléré d'agents de groupes ethniques spécifiques, d'origine asiatique et latino-américaine. La première guerre du Golfe sera le point de départ du terrorisme djihadiste, qui nécessitera la mise en place de nouveaux réseaux de renseignement humain, un processus de longue haleine. Cela étant, dès le milieu des années 1990, le développement de la téléphonie mobile et de la communication sur Internet a donné un nouvel élan au renseignement d'origine technique, dont la capacité de pénétration dépasse souvent celle du renseignement humain.

Deuxièmement, le pouvoir de décision des terroristes modernes est concentré dans un très petit nombre de personnes. Dès lors, la pénétration du cercle décisionnel est considérablement plus complexe qu'avec l'état-major général soviétique durant la guerre froide. Cette difficulté avait déjà été constatée avec Saddam Hussein, dont le cercle décisionnel se limitait à quelques personnes de son entourage direct, rendant quasiment impossible la mise en place d'informateurs. En outre, des systèmes de conduite simples, privilégiant la communication orale, dans des régions où la notion de hiérarchie est forte font que l'accès à l'information est souvent très difficile, voire impossible. L'adoption de la doctrine du terrorisme individuel a encore accentué ces difficultés, d'une part, parce que l'ensemble d'une population peut être virtuellement terroriste et, d'autre part, parce que les décisions sont prises par le terroriste lui-même, et parfois partagées avec quelqu'un qui lui est très proche. Alors que durant la guerre froide, les services de renseignement devaient découvrir des secrets, ils font aujourd'hui souvent face à des mystères. La conséquence est que l'anticipation de l'action tactique est souvent impossible, ce qui donne à l'anticipation stratégique un rôle déterminant. La lutte contre le terrorisme ne saurait donc se limiter à l'interception des terroristes, mais doit s'effectuer en amont par l'identification des points de rupture susceptibles de générer une volonté terroriste.

Troisièmement, depuis la fin des années 1970, la lutte contre le terrorisme associe tous les services de renseignement occidentaux. Les instances et organes de concertation, de coordination, d'harmonisation des services se sont multipliés. Ainsi, la non-détection d'un événement terroriste comme le « 9/11 » représente davantage la faillite de la coopération occidentale que l'échec des services américains seuls, même s'ils ont aussi eu des « pannes ». Le *système d'information de Schengen (SIS)*, le *groupe TREVI*, le *Club de Berne*, le *Groupe Kilowatt* sont quelques-uns des forums d'échange d'informations entre services dans le domaine du terrorisme. Le problème principal ici est que dans l'univers des services – comme dans la vie courante – s'est développée une forme de pensée unique alimentée par un profond déficit analytique. Les commissions d'enquête sur les pannes du renseignement en Irak ont en effet constaté que l'information échangée entre les services tend à être reprise telle quelle, particulièrement quand elle vient renforcer des idées préconçues.

Quatrièmement, personne ne dispose d'une « boule de cristal », et aucune prévision ne peut être certaine. Le plus souvent, et dans le meilleur des cas, les services de renseignement disposent de faisceaux d'indices permettant d'esquisser un certain nombre d'options possibles, qui devront ensuite être classées en fonction de leur probabilité d'occurrence. Un certain nombre de techniques et l'expérience des analystes permettent d'évaluer la fiabilité d'une prévision afin d'en faire un renseignement opérationnalisable. La police criminelle recherche des criminels sur la base d'indices qui sont objectivement liés entre eux. Un service de renseignement recherche et accumule des informations sur des faits, dont les liens sont à découvrir, à propos d'un «crime» ou un événement qui n'existe pas encore. C'est le rôle de l'analyse de renseignement stratégique. Sa faiblesse chronique dans tous les pays occidentaux a conduit les services à collecter des masses d'information énormes pour tenter de prévoir les actes terroristes.

Établi dans l'urgence après le «9/11», l'USA PATRIOT Act (USAPA)[566], signé le 26 octobre 2001 par le président George W. Bush, a pour but d'élargir la palette des instruments légaux nécessaires à la lutte contre le terrorisme aux États-Unis.

L'USAPA donne de nouveaux pouvoirs aux forces de l'ordre et aux organes de renseignement, et allège les restrictions aux activités de surveillance des citoyens. Il amende les lois sur les écoutes téléphoniques, sur le caractère privé des communications électroniques, sur la fraude et les abus informatiques, sur la vie privée et les droits d'éducation de la famille, sur le blanchiment d'argent, sur l'immigration et la nationalité, sur le contrôle du blanchiment d'argent, sur la confidentialité des banques, sur le droit à la confidentialité financière et sur le crédit.

Sa principale innovation est d'assouplir les règles d'application du *Foreign Intelligence Surveillance Act (FISA)* de 1978, afin d'autoriser les organes de renseignement extérieurs (notamment la CIA et la NSA) à opérer sur le territoire national, tout en limitant le contrôle législatif sur leurs opérations. C'est un changement radical et dangereux pour l'État de droit, qui a ouvert la porte à l'usage de systèmes de surveillance de masse qui se sont développés à l'insu du Congrès et ont été dévoilés en 2013 par Edward Snowden… et que presque tous les pays occidentaux ont mis en œuvre sur leurs territoires.

En substance, l'USAPA ouvre l'éventail des cas où un citoyen peut être surveillé sur la simple base de suspicions. Ainsi, par exemple, il est possible au FBI ou à la CIA de surveiller les mots recherchés sur Internet au moyen de moteurs de recherche comme Google et les courriels. Il permet la surveillance d'un individu pour des délits qui ne sont pas directement liés au terrorisme. L'USAPA donne également l'autorisation aux agences fédérales de consulter les registres des bibliothèques et des librairies concernant la consultation d'ouvrages suspects (concernant, par exemple le terrorisme ou des activités clandestines). L'USAPA

---

566. Son nom complet est *Uniting and Strengthening America by Providing Appropriate Tools Required to Intercept and Obstruct Terrorism Act of 2001* (Loi de 2001 pour unir et renforcer l'Amérique en fournissant les outils adaptés nécessaires pour intercepter et empêcher le terrorisme).

facilite également l'emprisonnement et la confiscation de biens d'individus afin de lutter contre les sources et mécanismes de financement du terrorisme.

La faiblesse que cache le PATRIOT Act est l'incapacité traditionnelle des Américains à comprendre la sécurité autrement que dans un rapport de forces. Sa logique sous-jacente est que la sécurité est en relation directe avec la quantité d'informations dont l'État dispose sur ses citoyens. Les États-Unis ont ainsi amorcé une spirale sécuritaire imitée par de nombreux pays, laquelle a généré une sécurité moins intelligente, moins efficiente et le plus souvent inadaptée au contexte sociétal. En 2015, le FBI admettait que le PATRIOT Act n'avait pas permis d'empêcher un seul attentat terroriste aux États-Unis[567].

En septembre 2003, dans une note de service, le secrétaire à la Défense Donald Rumsfeld avoue :

> *Je n'ai aucune visibilité sur qui sont les méchants en Afghanistan ou en Irak [...] J'ai lu tout le renseignement fourni par la communauté [du renseignement], et on a l'air d'en savoir beaucoup, mais en fait, si vous regardez bien, vous verrez que nous n'avons rien d'opérationnalisable. Nous manquons cruellement de renseignement humain.*[568]

En clair : on s'est aventuré dans la guerre sans connaître l'ennemi. C'est la principale faiblesse du renseignement d'aujourd'hui qui ne parvient pas à comprendre les guerres contemporaines et les logiques qui les animent. À force de chercher des arbres, on ne voit plus la forêt. Cela s'applique à l'évidence au terrorisme, mais aussi à d'autres conflits, comme celui de l'Est Congo ou du Sud-Soudan, que l'on s'obstine à lire « à l'occidentale » afin de façonner des modèles de paix plus simples à gérer. Or de l'incapacité de comprendre découle l'incapacité d'anticiper. Il en résulte des solutions inadaptées qui ont, au mieux, des effets temporaires et, au pire, aucun.

Les dysfonctionnements du renseignement sont d'autant plus difficiles à corriger que l'opacité des services s'est accrue. Aux États-Unis, la quantité d'informations classifiées est perçue comme un facteur d'inefficacité des services. Les nombreuses études et commissions qui se sont penchées sur cette question ont observé une tendance générale à la sur-classification des informations qui induit d'importantes lourdeurs administratives. Aux États-Unis, la CIA seule accumule environ 1000 téraoctets d'information (soit l'équivalent de 112 milliards de

567. M. David & Reagan Ali, "FBI Admits They Haven't Stopped ANY Terrorism With Patriot Act Spying Power", countercurrentnews.info, 22 mai 2015.
568. Jennifer Smith, "Donald Rumsfeld 'didn't know who the bad guys were' during Afghanistan war and US had 'woefully deficient human intelligence', reveal documents which exposed fact officials knew conflict was unwinnable", Dailymail.com, 10 décembre 2019.

pages de texte) tous les 18 mois[569], et – même si la très grande part de cette information est ouverte – sa gestion au quotidien est très lourde et très coûteuse.

3.2.4. Le cycle du renseignement

Le cycle du renseignement est l'essence du fonctionnement des services de renseignement, quelles que soient leur taille et la situation. Pratiquement toutes les défaillances des services proviennent d'entorses à ce cycle. Il a été théorisé lors de la Seconde Guerre mondiale, mais n'a été formalisé qu'au début de la guerre froide et est repris par la plupart des services occidentaux. Il existe plusieurs variantes de ce cycle, mais le plus utilisé est sans doute le modèle américain à cinq phases : planification et conduite, collecte, exploitation, analyse et production et, finalement, diffusion. Ses différentes variantes ne sont que des déclinaisons de ces phases, avec des accents différents en fonction des capacités de l'organisation, mais conservent les mêmes fonctionnalités.

Ces dernières années, le cycle du renseignement a été critiqué par certains chercheurs, qui le jugent mal adapté à la structure actuelle de traitement de l'information. La principale raison pour cette apparente inadéquation est que ce cycle est mal compris : il est perçu comme un processus statique, que certains pays ont utilisé pour construire la structure organique de leurs services. Il en est ainsi de l'*Organe de Coordination pour l'Analyse de la Menace* (OCAM) belge, qui a manifestement été mis en place en fonction d'un cycle du renseignement «simple», qui ne traduit pas la pratique du renseignement, mais trahit une conception basée sur une connaissance livresque du problème. Ce défaut de conception conduit à des dysfonctionnements dont certains symptômes ont été relevés dans le rapport d'activités du *Comité permanent R*, chargé de la surveillance des services de renseignement belges[570]. Sans entrer dans les détails, les dysfonctionnements du renseignement belge résultent, en premier lieu, de structures et de processus de renseignement mal pensés et, en second lieu, d'une conduite déficiente qui aurait dû constater ces défauts depuis longtemps. Ces défaillances apparaîtront lors des attentats de 2016, mais aussi lors de la chasse à l'homme menée en mai 2021 contre un extrémiste d'extrême droite. Nous y reviendrons.

En réalité, très rares sont les professionnels du renseignement qui ont eu l'occasion de travailler sur l'ensemble des phases et ainsi d'en comprendre le mécanisme subtil. Le cloisonnement des services – a fortiori dans les «grands» services (comme la DGSE, le BND allemand, la CIA américaine, etc.) – fait

---

569. *Transforming the Security Classification System*, Report to the President from the Public Interest Declassification Board, Information Security Oversight Office, Washington DC 20408, novembre 2012.

570. *Rapport d'activités* 2015, *comité* permanent de Contrôle des services de renseignement et de sécurité, , Intersentia, Antwerpen, septembre 2016, p. 100-101.

que les agents ne perçoivent qu'une très petite partie de ce cycle. Ces critiques proviennent le plus souvent d'individus qui ne sont pas des professionnels de la matière ou dont l'expertise est limitée à une seule étape du processus. Ceci explique que les *think tanks*, organes de renseignement privés et autres institutions académiques n'apportent généralement que peu d'éléments concrets pour une amélioration des performances des services.

Tout d'abord, il faut comprendre que le cycle du renseignement n'est pas un modèle structurel, mais fonctionnel. C'est un processus qui n'est pas unique et qui s'applique à chaque question traitée par un service, de manière itérative. En d'autres termes, un service traite en permanence plusieurs cycles qui se superposent, partage parfois les mêmes ressources (comme des moyens satellitaires), avec des priorités qui doivent être réajustées *en permanence* en fonction de la situation. En outre, en plus de la simultanéité de plusieurs cycles déjà évoquée, de « mini-cycles » s'établissent, car l'information recueillie doit être affinée, précisée ou recoupée par d'autres informations complémentaires. Ainsi, ce cycle « simple » générique est constamment complété par de petits cycles courts entre les analystes et les organes de recueil d'information, ce qui peut parfois impacter les ressources disponibles. Souvent représenté par un cercle pour des raisons didactiques, ce cycle est en fait mis en œuvre comme un enchaînement de volutes fractales.

3.2.4.1. *La planification et la conduite*

La phase de planification et de conduite a pour objectif d'identifier et hiérarchiser les besoins en renseignement à un moment donné, en fonction des priorités politiques ou militaires du décideur, de l'état actuel des connaissances et des ressources disponibles pour couvrir chaque problématique. Techniquement, il s'agit de prioriser l'engagement des moyens techniques et humains disponibles, d'identifier les synergies possibles entre les diverses ressources de collecte, d'analyse et de dissémination, de définir la répartition de ces ressources dans le temps et dans l'espace, et d'allouer les moyens financiers adéquats pour couvrir l'ensemble des missions. Les missions de renseignement peuvent être très longues et se chevaucher les unes les autres, voire entrer en conflit entre elles, et cette première phase est cruciale pour l'efficacité du renseignement. Le calibrage d'un satellite d'observation est différent en fonction de la nature de la mission, tant au niveau de son angle de précession, de l'orientation de ses caméras, que de la nature des senseurs utilisables sous diverses conditions, pour ne citer que quelques-uns des critères qui doivent être pris en compte pour couvrir plusieurs missions avec un seul outil.

L'efficacité de cette phase est d'autant plus grande que les organes de renseignement sont impliqués plus tôt dans le processus de décision politique ou militaire et qu'ils ont une représentation sommaire de l'intention possible du décideur. La recherche d'informations et l'analyse peuvent alors s'aligner sur cette décision sommaire, et en explorer les conséquences possibles, notamment dans la sélection des sources et des méthodes à employer. Il faut comprendre ici que la collecte d'informations, à l'image d'un porte-avions, prend du temps pour être redirigée. Par ailleurs, si le renseignement d'origine technique peut assez rapidement être réorienté, il n'en est pas de même du renseignement humain, qui peut exiger des années avant d'atteindre sa pleine efficacité.

3.2.4.2. La collecte

La phase de collecte vise à rechercher et rassembler l'information de base nécessaire au renseignement qui alimentera la décision. Il s'agit de coordonner et combiner l'emploi des divers capteurs disponibles pour exploiter leur plein potentiel et éviter les « trous » dans l'image que l'on cherche à obtenir.

L'idée répandue que le champ d'action des services de renseignement se limite à l'information classifiée est fausse. À l'évidence, certains services dédiés à l'action clandestine – comme le MI6 britannique – ou qui travaillent avec des moyens technologiques particuliers et un rôle analytique limité – comme la *National Security Agency* (NSA) et le *National Reconnaissance Office* (NRO) américains ou le *Government Communications Headquarters* (GCHQ) britannique – qui utilisent des technologies dont les capacités doivent rester discrètes, opèrent dans des registres presque exclusivement classifiés. Il n'en est cependant pas de même dans les agences de renseignement dites « multi-sources »[571] comme la *Central Intelligence Agency* (CIA) et la *Defense Intelligence Agency* (DIA) aux États-Unis ou le *Service des renseignements extérieurs* (SVR) russe. En fait, dans ces services, les sources ouvertes constituent jusqu'à 95 % de l'information nécessaire aux décisions stratégiques :

> *La notion de la guerre froide selon laquelle l'information ouverte serait une information de « deuxième catégorie » est dangereuse, un cliché démodé. Le lieutenant-général Samuel V. Wilson, ex-directeur de la Defense Intelligence Agency, l'a présenté parfaitement : « 90 % du renseignement vient de sources ouvertes. Le 10 % restant, le travail clandestin, est simplement le plus théâtral ». Le vrai héros du renseignement est Sherlock Holmes, pas James Bond.[572]*

Dans les « grands » services, la collecte au moyen de méthodes et ressources classifiées (imagerie satellitaire, écoutes électroniques, espionnage, etc.) et l'exploitation de sources ouvertes (littérature et médias)[573] sont pratiquées par des services différents. Cela s'explique notamment par le besoin de protéger

---

571. En anglais : All-source Intelligence Agency.
572. David Reed, "Aspiring to Spying", *The Washington Times*, 14 November 1997.
573. Également appelée « *open source intelligence* » ou OSINT.

les sources et méthodes utilisées. Mais cette pratique cache un piège : celui de donner plus de valeur à l'information obtenue par des moyens classifiés. Or :

> *L'information secrète est certainement bonne, mais il n'est pas nécessaire qu'elle soit secrète pour être bonne.*[574]

Cela étant, le propos doit être nuancé. Il y a en effet souvent une différence entre l'information à vocation tactique (p. ex. : identification d'un terroriste ou de ses contacts) et celle à vocation stratégique. La première est le plus souvent classifiée, car elle implique des méthodes et des technologies dont les capacités sont couvertes par la confidentialité. En revanche, pour la prise de décision stratégique, la presque totalité de l'information nécessaire se trouve dans les médias ouverts.

En matière de collecte massive de données à partir des réseaux informatiques ou téléphoniques, il est important de comprendre que contrairement à ce qui se passait avant la téléphonie mobile, où l'on plaçait des « bretelles » sur des lignes téléphoniques, les « écoutes » sur les réseaux numériques nous concernent tous. En effet, les « lignes » modernes sont des fréquences électromagnétiques et des canaux dans des fibres optiques, partagés simultanément par des milliers d'usagers, dont les communications sont découpées et insérées, un peu comme dans une ferme-ture-éclair, dans d'autres communications. Cette caractéristique, que l'on retrouve à la fois dans les communications satellitaires, les téléphones portables et l'Internet, impose aux services de renseignement de littéralement « ramasser » tout ce qui se trouve dans l'espace électromagnétique, puis de « recoller » ensuite les bribes de communications pour reconstituer des messages, afin de détecter d'éventuelles activités terroristes. Ce travail est effectué par des ordinateurs et concerne donc l'ensemble des usagers, et pas uniquement les personnes surveillées.

Dans la foulée des États-Unis, plusieurs pays ont cherché à se doter de lois sur le renseignement permettant la surveillance d'individus. Personne ne s'est vraiment intéressé au nombre de personnes concernées, qui serait d'« *une dizaine* » en Suisse[575] et de « *quelques centaines* » en France[576]. C'est faux. Car il ne suffit pas de surveiller un individu si on ne sait pas avec qui il communique ; la même chose pour son interlocuteur et ainsi de suite. Techniquement, chaque pas est appelé un « hop », et la NSA en surveille trois par cible initiale. En considérant qu'un individu a en moyenne environ 190 « amis » sur Facebook (1er « hop »), le 2e « hop » concerne

---

574. John G. Heidenrich, "The Intelligence Community's Neglect of Strategic Intelligence", *Studies in Intelligence*, vol. 51, n° 2, 2007.
575. Julie Conti, « La nouvelle loi sur le renseignement expliquée en trois minutes », *Le Temps*, 5 septembre 2016.
576. Christophe Ayad & Jean-Baptiste Jacquin, « Au menu de la nouvelle loi antiterroriste, le suivi des condamnés sortis de prison et la surveillance par algorithmes », *Le Monde*, 28 avril 2021.

31 000 personnes (en tenant compte de recouvrements) et le 3ᵉ « hop » touche plus de 5 millions de personnes[577]. On est donc bien au-dessus des chiffres officiels.

En d'autres termes, donner le pouvoir aux services de renseignement de surveiller les communications sans mandat spécifique signifie que tous les citoyens, les entreprises, les hauts fonctionnaires, les hommes politiques, les avocats, les parlementaires, etc., auront leurs communications automatiquement enregistrées ; tandis que l'usage qui en est fait sera couvert par le « secret-défense », donc hors de contrôle des intéressés.

Quant à l'efficacité réelle d'un tel dispositif de surveillance, elle est un peu décevante. Malgré un dispositif hors-norme, les États-Unis n'ont pas été en mesure de détecter l'attentat de Boston en 2013 ou celui de San Bernardino en 2015. Alors que les capacités américaines couvrent l'ensemble du globe, y compris la France et la Belgique, les attentats de janvier et novembre 2015 et de mars 2016 n'ont pas pu être détectés. Le renseignement électronique n'a pu que donner des éléments utiles à l'enquête, en aval des attentats… et encore, très tardivement, permettant aux principaux protagonistes encore vivants de s'éclipser. Un résultat bien modeste…

En avril 2021, Gérald Darmanin affirme que 2 sur 35 attentats déjoués en France depuis 2017 l'ont été grâce à la trace numérique des auteurs[578]. Selon *Le Monde*, en 2019, un seul sur 59 attentats déjoués depuis 2013 l'a été grâce à un système de surveillance[579]. Des chiffres qui paraissent très élevés.

À ceci s'ajoutent les menaces sur l'État de droit et la démocratie dans nos pays. Aux États-Unis, la Cour suprême a déclaré illégales les activités de surveillance en masse de la NSA[580].

3.2.4.3. L'exploitation

Dans certains pays, la phase d'exploitation est assimilée à une activité d'analyse[581]. C'est pourquoi certains services, comme la NSA américaine ou le GCHQ britannique dont la fonction est essentiellement de collecter des données et de l'information, ont un département « Analyse ». Dans la terminologie française, elle concerne le « dégrossissage » de l'information collectée et l'extraction de ses éléments pertinents en vue de l'analyse et de l'élaboration du renseignement. Pour

---

577. Ewen Macaskill & Gabriel Dance, "NSA Files: Decoded", *The Guardian*, 1ᵉʳ novembre 2013.

578. Nicolas Demorand & Léa Salamé, « Gérald Darmanin : face au terrorisme, "il ne faut être ni résigné ni outrancier" », France Inter, 28 avril 2021.

579. Jacques Follorou, « 58 des 59 attentats déjoués depuis six ans l'ont été grâce au renseignement humain », *Le Monde*, 15 octobre 2019.

580. Dan Roberts & Spencer Ackerman, "NSA mass phone surveillance revealed by Edward Snowden ruled illegal", *The Guardian*, 7 mai 2015.

581. Dans les pays de tradition germanique, l'exploitation est une notion plus large (« *Auswertung* ») qui recouvre l'évaluation des informations, leur collation, leur analyse et la production de notes de synthèse.

l'information d'origine technique, comme le renseignement d'origine électronique (ROEM) et d'imagerie (ROIM) qui récoltent mensuellement des millions d'éléments d'information dont seule une infime fraction sera utile, l'exploitation a pour finalité de faciliter la lecture et l'utilisation des données récoltées.

Selon les modes de collecte, l'exploitation peut avoir un caractère plus ou moins technique et ainsi se rapprocher de l'analyse, jusqu'à s'y substituer. C'est souvent ce qui se passe avec la collecte de données au moyen d'algorithmes basés sur des «comportements types» qui, dans le meilleur des cas, définiront un suspect et, dans le pire des cas, le condamneront à mort. C'est de cette manière que sont sélectionnés les cibles des drones et les suspects de terrorisme aux États-Unis : la combinaison d'une série de critères (par exemple : musulman, célibataire, a fait X voyages dans la zone Y, gagne tant par mois, fréquente A, B et C, téléphone à B et D, a emprunté tel et tel livre à la bibliothèque municipale, etc.) permet d'identifier un comportement terroriste susceptible d'être placé sous surveillance.

Ainsi, par exemple, les frappes à l'aide de drones utilisent un ciblage basé sur une trace numérique («*signature-based*») composée des métadonnées collectées par le renseignement électronique, combinée à des profils caractéristiques établis par des algorithmes mathématiques censés représenter le comportement type de terroristes. Un téléphone, qui se connecte fréquemment avec des téléphones soupçonnés d'appartenir à des terroristes ou situés dans des zones où se situent des terroristes, sera considéré comme appartenant à un terroriste. Si une frappe est décidée, elle se fera sur le téléphone, sans savoir qui est la personne qui l'utilise ou qui est autour de lui (par exemple, son épouse ou un parent).

Le problème est que, statistiquement parlant, les algorithmes de détection des terroristes utilisés conjointement avec les systèmes d'écoute et de collecte massive de données ne sont pas fiables. Cela découle simplement du très faible nombre de «terroristes» potentiels et de l'absence de comportements significatifs pour une analyse algorithmique. Les algorithmes qui sont, par exemple, efficaces pour lutter contre les fraudes à la carte bancaire sont ainsi inopérants contre le terrorisme, en grande partie parce que l'on attribue aux terroristes des comportements «occidentaux» et «symétriques». C'est la raison pour laquelle, on continue à se «faire surprendre» par des terroristes, dont les profils sont si peu caractéristiques qu'ils peuvent difficilement être modélisés. C'est le cas de l'attentat à la machette du 3 février 2017 au Louvre par un jeune Égyptien, fraîchement arrivé en France, et dont le profil n'avait aucun point commun avec celui des terroristes identifiés précédemment en France.

En fait, l'incapacité des services de renseignement à traiter le terrorisme de manière stratégique les a poussés dans des modes de fonctionnement qui s'apparentent de plus en plus à la notion de «contre-mesure». Le mécanisme de réponse se déclenche sans réelle décision, un peu à la manière d'un missile anti-aérien : de manière très rapide et quasi instinctive.

3.2.4.4. L'analyse et la production

Au cours de la phase d'analyse, l'information est transformée en un produit pertinent pour une décision relative à un problème donné : le renseignement. L'analyste va donner une valeur ajoutée à l'information qu'il reçoit, la rendant ainsi suffisamment robuste pour être intégrée dans une décision. C'est le cœur du processus de renseignement : reconstituer une image pertinente pour la prise de décision.

Le problème fondamental du renseignement est la fiabilité de cette image. Bien souvent, l'analyse doit se contenter d'informations parcellaires, de sources diverses et souvent difficiles à vérifier. La tentation est alors grande d'utiliser l'information comme renseignement. Les éléments qui ont conduit à la décision américaine d'intervenir en Irak en 2003 ont été largement alimentés par une confusion (volontaire ou non) entre « information » et « renseignement » par les services de renseignement américains et britanniques.

Afin de permettre un « recoupement » d'informations de qualité comparable, tout processus analytique commence par l'évaluation des informations. Longtemps empirique, cette opération a été codifiée durant la Seconde Guerre mondiale, afin de permettre aux services alliés de communiquer entre eux. Plusieurs systèmes existent, mais celui qui a alors été sélectionné – et reste utilisé de nos jours dans l'OTAN – est celui de l'Amirauté britannique : il permet d'évaluer la source et l'information en combinant une lettre (A-F) et un chiffre (1-6). Très efficace, les services tendent à le contourner, car dans les crises modernes, la fiabilité des sources est généralement difficile à établir et les informations sont difficilement « recoupables ». Ainsi, certaines organisations internationales, comme le Bureau *de la coordination des affaires humanitaires* (OCHA) l'ont simplifié en le rendant moins « sévère » afin de mieux justifier leurs prises de décision… en accroissant le risque de se tromper !

Évaluation de la source		Évaluation du contenu	
Fiable	A	Confirmé	1
En général fiable	B	Probable	2
Assez fiable	C	Très probable	3
Pas toujours fiable	D	Douteux	4
Peu sûre	E	Improbable	5
Fiabilité non évaluable	F	Exactitude non évaluable	6

Tableau 8 – Évaluation des informations utilisées par les services de renseignement (différentes formulations peuvent exister selon les pays)

La tentation d'accorder une valeur supérieure aux informations classifiées peut être une source d'erreur importante. Ainsi, avant l'intervention de 2003 en

Irak, les services de renseignement britanniques n'avaient pas remarqué qu'une source irakienne leur décrivait les armes chimiques de Saddam Hussein en se basant sur ce qu'elle avait vu dans le film *The Rock*[582] !

Cela étant, dans l'affaire des armes de destruction massive irakiennes, il est un peu simple de porter le blâme uniquement sur les États-Unis et la Grande-Bretagne, car même dans les pays qui étaient opposés à une intervention – en particulier la France, la Russie, la Chine et l'Allemagne – les services de renseignement ont été incapables de fournir les éléments qui auraient permis de contrer les allégations américaines et britanniques. Cela est particulièrement vrai pour la France, qui s'est engagée courageusement et de manière décidée contre cette intervention, mais qui, en l'absence de renseignement, n'a pas pu développer son argumentaire au-delà des principes. De toute évidence, cela a été la faiblesse de Dominique de Villepin, qui ne disposait alors manifestement pas de renseignement stratégique pour soutenir sa brillante allocution du 14 février 2003 au Conseil de sécurité des Nations unies. D'ailleurs, l'Allemagne – qui s'était aussi opposée à l'intervention en Irak – semble ne pas avoir eu une image claire de la situation en Irak, puisque son service de renseignement, le BND, avait non seulement fourni aux Américains la source CURVEBALL[583] sans avoir été en mesure d'évaluer ses informations (qui se sont avérées être des mensonges)[584], mais a également soutenu les opérations américaines par la suite[585] !

Dès lors que l'on se situe dans le renseignement de police (identification ou recherche d'un terroriste), on se base généralement sur des faits concrets, tangibles et incontestables : la validation porte essentiellement sur des faits observés. En matière de renseignement stratégique et d'anticipation, l'analyse se base sur des indices, des indicateurs et des modèles où les faits sont naturellement présents, mais qui font très largement appel au jugement. Dès lors, la validation porte sur la robustesse des indicateurs et la pondération des options possibles pour le futur, afin d'éviter que cela devienne – comme c'est très courant – un exercice de divination.

---

582. Pamela Engel, "A UK intelligence source reportedly based information about Iraq chemical weapons on a Nicolas Cage movie", Business Insider UK, 6 juillet 2016.
583. CURVEBALL, est le nom de code d'un Irakien dont le vrai nom est Rafed Aljanabi, qui a été la principale source sur laquelle se sont fondées les analyses des services de renseignement allemands, britanniques et américains sur la question des armes de destruction massives irakiennes. Malgré les doutes évidents sur la qualité de la source, aucun service n'a pris les précautions d'usage dans ses analyses.
584. D. Banse, U. Müller et L. Wiegelmann, „Wie ein BND-Informant den Irak-Krieg auslöste", www.welt.de, 28 août 2011.
585. Matthias Gebauer, „BND soll USA im Irak-Krieg unterstützt haben", *Der Spiegel*, 12 janvier 2006.

Les services de renseignement utilisent un certain nombre d'outils qui permettent de vérifier la solidité des hypothèses appliquées aux indicateurs, dont les plus connues sont :

• *L'analyse des hypothèses concurrentes.* Décrite pour la première fois par Richard Heuer pour la CIA, il s'agit d'une technique analytique qui est basée sur le fait que l'analyste tend à faire davantage confiance aux informations qui soutiennent sa perception des choses, même si celle-ci est fausse, et qu'avec le temps, le faire changer d'avis requiert une masse d'informations toujours plus grande. L'outil consiste donc à rechercher systématiquement des preuves qui infirment nos hypothèses.

• *L'Équipe B.* En 1974, le président Gerald Ford pensait que la CIA sous-estimait systématiquement les capacités soviétiques. On a alors adopté une procédure consistant à soumettre les analyses de l'Agence à une « équipe B » composée d'experts extérieurs, chargée de les relire de manière critique. L'idée sous-jacente est de lutter contre le phénomène de pensée unique (« *groupthink* »), qui peut se développer au sein d'une agence ou d'un service.

• *L'avocat du diable.* La pratique de « l'avocat du diable » a été introduite dans le service de renseignement militaire israélien (AMAN) après la guerre d'octobre 1973. Il s'agit d'une technique relativement agressive, pratiquée par un bureau dépendant directement du chef du renseignement, et qui contredit systématiquement les affirmations mentionnées dans les analyses du service. L'objectif est de remettre en question de manière critique toutes les affirmations des organes d'analyse afin de les pousser à développer une argumentation solidement basée sur des faits.

3.2.4.4.1. Analyse de renseignement et analyse « académique » ou « journalistique »

Lorsque l'on parle de renseignement stratégique, l'analyse est trop souvent comprise comme une variante de l'analyse académique, alors qu'elle s'en distingue de manière très nette.

L'analyse de renseignement se distingue essentiellement des autres formes d'analyse par le fait que son objectif est de constituer une base de décision, et pas simplement de donner un éclairage sur une situation. L'exigence de rigueur qui lui est associée est donc bien supérieure à celle que l'on trouve même au niveau académique, car de cette analyse découlent des décisions d'importance nationale. L'analyste de renseignement a une responsabilité vis-à-vis du décideur que l'analyste académique ou le journaliste n'a pas. Cette responsabilité est assortie d'une capacité à devoir, le cas échéant, rendre des comptes sur le bien-fondé de son analyse. Dans les pays anglo-saxons, on veille à la « traçabilité de l'analyse » dès lors que les services de renseignement peuvent faire l'objet d'une surveillance institutionnelle, comme un contrôle parlementaire. Il s'agit de pouvoir reconstituer la genèse et les considérants des décisions prises par l'exécutif. Les rapports des commissions d'enquête aux États-Unis sur le 11 septembre

2001[586], sur les armes de destruction massive[587], sur l'usage de la torture[588] et, en Grande-Bretagne, le rapport Chilcot,[589] sont des documents très riches, qui n'ont pas vraiment d'équivalent dans d'autres pays, pour une étude et une vraie amélioration des services.

La complexité et la multiplicité des problèmes sécuritaires contemporains se sont traduites par une complexification et une bureaucratisation des services de renseignement. Cette évolution s'est accompagnée d'une aversion croissante pour le risque en matière de prévision et d'une tendance à produire des analyses plus descriptives que prévisionnelles. En Suisse, le *Service de renseignement stratégique*[590] a été épinglé à plusieurs reprises pour avoir fourni des analyses « confidentielles » provenant de médias ouverts, sans valeur ajoutée[591].

Aux États-Unis, cette évolution a encouragé l'exigence d'un renseignement « opérationnalisable »[592] qui puisse être intégré à la décision, et donc orienté sur l'anticipation. À la différence de l'analyse académique, qui peut s'appuyer davantage sur des théories et des hypothèses, l'analyse de renseignement repose essentiellement sur des faits. Cela dit, en matière de terrorisme, les informations disponibles sont souvent uniques et donc difficilement « recoupables » dans le court terme. Lorsque l'information fait défaut, les services utilisent des substituts ou des compléments à travers la modélisation de comportements en fonction d'éléments objectifs (doctrine, stratégie établie, etc.) Le problème est que la modélisation d'un comportement ennemi doit s'effectuer en fonction de cet ennemi et non en fonction de notre lecture de sa manière d'agir.

---

586. https://www.9-11commission.gov/report/911Report.pdf.
587. http://govinfo.library.unt.edu/wmd/index-2.html.
588. https://assets.documentcloud.org/documents/1376717/cia-report.pdf.
589. http://www.iraqinquiry.org.uk/
590. Aujourd'hui : Service de renseignement de la Confédération (SRC).
591. Martin Stoll, "08/15 statt 007", *Facts*, n° 25, 2001.
592. En anglais : *actionable intelligence*.

Comparaison des types d'analyses

	Analyse académique	Analyse de renseignement
Accent	Étude d'événements passés (présents)	Impact sur le futur (base de décision)
Contraintes de temps	Pas vraiment de contraintes de temps, ni pour l'acquisition ni pour l'analyse	Dilemme entre la justesse et l'exhaustivité des informations recueillies
Nature du résultat	Les conclusions peuvent n'avoir aucune implication	Les conclusions ont des implications (politiques, militaires, autres)
Forme	Essai	Réponse à un problème spécifique et évaluation de son impact
Substance	Sujet	Problème
Motivation	Intérêt personnel : sujet choisi	Besoin du décideur : sujet imposé
Client	Experts académiques	Décideur généraliste
Objectif	Bonne évaluation	Le produit doit être opérationnalisable, pertinent pour la question posée et arriver en temps utile.

Tableau 9 - Une erreur commune en Europe est de confondre l'analyse académique et de renseignement. Il en résulte un déficit des capacités analytiques des services.

3.2.4.4.2. La faiblesse de l'analyse

Après les attentats de 2001 aux États-Unis, puis de 2015-2016 en Europe, la tendance a été d'accroître les capacités de collecte d'informations, sans améliorer significativement la situation, bien au contraire. Notre incapacité à diagnostiquer la nature du problème fait que nous y répondons mal.

La nature des menaces, la quantité d'informations disponibles et l'évolution rapide de la société ont induit des difficultés nouvelles pour le renseignement. D'une manière générale, les services de renseignement ont de la difficulté à situer leurs priorités entre l'analyse de très court terme et l'analyse de long terme. Il en résulte une tendance des services de renseignement stratégiques à faire glisser leurs activités vers le renseignement de police, plus simple et qui apporte des résultats plus visibles… mais pas forcément meilleurs ! En effet, on a tendance à s'orienter vers une sorte de « syndrome BARKHANE », où le nombre de terroristes tués donne un sentiment de succès, alors que la situation stratégique se péjore durablement. Au Vietnam, les Américains avaient déjà constaté que cette politique du « *body count* » tendait à induire en erreur. En 2005, dans un article intitulé : « *Pour un meilleur renseignement, ajouter du courage* », George Friedman constatait cette dérive tactique du renseignement, qui avait valu le licenciement de Jamie Miscik, vice-directrice du Renseignement de la CIA[593].

---

593. George Friedman, "For Better Intel, Add Courage", *New York Post*, 4 janvier 2005.

Aux États-Unis, une commission d'enquête sur les capacités de renseignement avant la guerre en Irak[594] a mis en évidence les performances du plus petit service de renseignement américain : le *Bureau of Intelligence and Research* (INR) du Département d'État. Les synthèses fournies par ses 305 analystes avaient été systématiquement plus pertinentes que celles de la CIA et de la *Defense Intelligence Agency* (DIA), qui comptaient alors respectivement environ 1 500 et 3 000 analystes. La commission l'explique par le fait que les analystes de l'INR avaient alors en moyenne une expérience de 11 ans sur les sujets qu'ils traitaient (soit environ quatre fois celle de leurs homologues de la CIA) tandis que celle du responsable de la section Proche-Orient/Asie du Sud était de 25 ans[595].

Par ailleurs, on constate que dans un « petit » service, il est plus facile pour un analyste d'avoir la vue d'ensemble des problèmes que dans un « grand » service, où le travail de synthèse exige plus de coordination administrative et s'effectue souvent à un niveau où le renseignement a déjà un caractère politique. En clair, les performances d'un service de renseignement ne sont pas une fonction linéaire du nombre de ses analystes. Bien au contraire : si des effectifs nombreux peuvent être utiles dans un travail de renseignement de police, ils peuvent devenir un handicap dans un service de renseignement stratégique. Ainsi, paradoxalement, les augmentations d'effectifs des organes de sécurité depuis le début des années 2000 ont certainement contribué à la baisse de leur efficience, conformément à la loi de Parkinson[596].

Ce phénomène touche tous les pays occidentaux, mais plus particulièrement les grands (États-Unis, Grande-Bretagne et France). L'accroissement des effectifs induit une complexification qui tend à se traduire par des rivalités entre services, un manque de communication ou de coordination, un cloisonnement exagéré, etc. Cela explique en partie pourquoi les services de renseignement russes sont devenus meilleurs que les services occidentaux, comme le constate avec raison Vladimir Poutine en évaluant ses services :

> *On est meilleur que les États-Unis parce qu'on n'a pas les mêmes moyens qu'eux.*[597]

La faiblesse occidentale face au terrorisme n'est pas liée à un manque d'informations, mais à l'incapacité chronique et persistante à comprendre l'environnement stratégique moderne. Ainsi, durant l'état d'urgence, la plupart des « succès » enregistrés concernent la criminalité « normale », mais pas vraiment le

---

594. *The Commission on the Intelligence Capabilities of the United States Regarding Weapons of Mass Destruction*, Report to the President of the United States, 31 mars 2005.
595. David Ignatius, "Spy World Success Story", *The Washington Post*, 2 mai 2004, p. B07.
596. Voir https://fr.wikipedia.org/wiki/Loi_de_Parkinson.
597. « Conversations avec monsieur Poutine 2-4 », France 3 (31'15").

terrorisme. De fait, le renseignement est de plus en plus compris comme une discipline associée à la sécurité et non plus à la décision. En d'autres termes, on constate une dérive où le renseignement se situe toujours davantage comme une partie de l'action et non comme la réflexion qui doit permettre de façonner l'action.

> *Les auteurs sur le terrorisme tendent à porter peu d'importance à l'analyse de renseignement. Mais ils se focalisent sur le besoin d'une meilleure collecte, en particulier à partir de sources humaines, et pour un accroissement des opérations contre-terroristes sous la forme de contre-renseignement et d'actions clandestines.*[598]

Cela étant, un problème fondamental est la capacité à traiter la masse d'informations qui s'accroît quotidiennement. Avec plus de 200 000 personnes, 17 agences et un budget annuel compris entre 50 et 60 milliards de dollars, la communauté du renseignement américain est sans doute la plus importante du monde. En 2013, elle surveillait en permanence quelque 700 000 personnes dans le monde, et sa composante électronique, la *National Security Agency* (NSA), récoltait à elle seule plus de 220 milliards d'éléments d'information par mois[599]. Selon le journal britannique *The Guardian* (qui a publié les documents divulgués par Edward Snowden), son équivalent britannique, le *Government Communication Headquarters* (GCHQ), récolte toutes les sept minutes et demie l'équivalent de la bibliothèque nationale, soit 21 pétaoctets (un million de milliards d'octets) par jour, uniquement en espionnant le flux dans les fibres optiques entre le Royaume-Uni, l'Europe et les États-Unis (projet TEMPORA)[600].

Affirmer que l'analyse a été négligée au profit de la collecte est un truisme brandi par les journalistes et autres soi-disant « experts » du renseignement, qui évoquent l'énorme quantité de données collectées par les moyens de surveillance et l'incapacité de l'absorber. C'est inexact. En fait, le problème ne vient pas vraiment de la quantité de données. Elles sont traitées par des algorithmes et des techniques d'intelligence artificielle qui fonctionnent en cascade, permettant ainsi de réduire leur masse à un niveau utile et gérable par des analystes. Le vrai problème est la tentation des services à se concentrer sur les détails et à perdre la vue d'ensemble, déterminante pour la décision.

---

598. Erik J. Dahl, "Warning of Terror: Explaining the Failure of Intelligence Against Terrorism", *Journal of Strategic Studies*, volume 28, issue 1, 2005, p. 31-55.
599. Glenn Greenwald and Ewen MacAskill, "Boundless Informant: the NSA's secret tool to track global surveillance data", *The Guardian*, 11 juin 2013.
600. Kadhim Shubber, "A simple guide to GCHQ's internet surveillance programme Tempora", wired.com, 24 juin 2013.

L'expérience montre que la nature même des informations fournies par les systèmes de collecte de masse permet rarement un vrai travail d'anticipation. En se concentrant sur les « arbres », on ne voit plus la « forêt ». Car cette masse d'informations n'est réellement utile qu'au niveau tactique, quelquefois pour empêcher l'exécution d'un attentat (action préemptive), mais le plus souvent a posteriori pour retrouver les auteurs, mais permet très rarement de prévenir des attentats (action préventive). Le plus souvent, les données collectées sont « décryptées » ou « comprises » seulement après l'événement, lorsqu'on parvient à établir un lien de causalité.

Après les révélations d'Edward Snowden, l'establishment américain a tenté de justifier ces écoutes des citoyens américains. En juin 2013, le général Keith Alexander, directeur de la NSA, affirmait que 54 attentats terroristes avaient ainsi été prévenus, dont 13 aux États-Unis, 9 contre des intérêts américains à l'étranger, 25 en Europe, 11 en Asie et 5 en Afrique[601]. Mais, lors de l'enquête parlementaire diligentée par la suite, le général Alexander a dû reconnaître que cette affirmation avait été exagérée[602] et que l'information récoltée n'avait permis que de confirmer l'information déjà existante, et que seulement un, peut-être deux cas de « *complot* » « *auraient* » pu être identifiés[603]. En réalité, il s'avérera qu'il ne s'agissait que d'un seul cas : l'arrestation de Basaaly Moalin, un chauffeur de taxi de San Diego (Californie) qui avait versé 8 500 dollars entre 2007 et 2008 à un correspondant somalien soupçonné d'être associé à Al-Shabaab. Mais dans un rapport de 2009, le FBI a même reconnu que ces versements n'avaient aucun rapport avec le terrorisme, mais avec des liens tribaux[604]. Ainsi, en 2015, les 200 milliards d'éléments d'informations recueillis chaque mois par la NSA à cette époque[605] n'ont pas permis de prévenir un seul attentat terroriste[606]…

Alors que les parlements occidentaux sacrifient la vie privée de leurs concitoyens, on constate que la majeure partie des attentats déjoués le sont grâce à des informations acquises en dehors des systèmes de collecte de masse. En France,

---

601. Dianne Feinstein, "The NSA's Watchfulness Protects America", *The Wall Street Journal*, 13 octobre 2013 ;Courtney Kube, "NSA chief says surveillance programs helped foil 54 plots", NBC News, 27 juin 2013.
602. Travis Gettys, "Patrick Leahy calls out Obama administration on terror plots thwarted by NSA spying", rawstory.com, 2 octobre 2013.
603. Noel Brinkerhoff, "NSA Director Alexander Admits He Lied about Phone Surveillance Stopping 54 Terror Plots", AllGov.com, 7 octobre 2013.
604. https://www.emptywheel.net/2013/07/17/what-does-the-government-consider-protected-first-amendment-activities/
605. https://nsa.gov1.info/dni/boundless-informant.html.
606. Maggie Ybarra, "FBI admits no major cases cracked with Patriot Act snooping powers", *The Washington Times*, 21 mai 2015.

un exemple caractéristique a été la découverte *par hasard*, en septembre 2017, d'un laboratoire de fabrication d'explosifs au Kremlin-Bicêtre[607].

Un problème qui affecte l'analyse de renseignement est que dans un service, le savoir se situe au bas de la pyramide. Les cadres d'un service n'ont pas pour fonction de savoir, mais de gérer et d'agréger les connaissances. L'échelon supérieur est l'interface entre la structure de renseignement et le pouvoir politique (ou le commandement militaire). C'est pourquoi, en « remontant » vers les décideurs, le renseignement passe d'un état technique à un état politique : transformé et raccourci pour être à la fois politiquement acceptable et lisible par un décideur pressé. Dans ce processus, une grande part de substance disparaît. Or en matière de guerre asymétrique, et de terrorisme en particulier, l'information tactique peut avoir une importance stratégique, et le « lissage » des analyses conduit parfois à une simplification avec des conséquences désastreuses.

La politisation du renseignement lors de sa « remontée » vers les décideurs tend à se transformer en un produit qu'il sera prêt à entendre. Un comportement fréquent consiste alors à exprimer le renseignement de sorte qu'il soit « juste », quelle que soit la situation. C'est une manière pour les services de se prémunir contre toute critique en cas d'incident, mais cela rend le renseignement souvent totalement inutile pour le décideur. C'est pourquoi aux États-Unis a été défini le critère du renseignement opérationnalisable (« *actionable intelligence* »). Autrement dit, du renseignement à partir duquel on peut agir… Un art non trivial…

Durant la guerre froide, les services de renseignement occidentaux employaient une grande proportion de militaires, qui pouvaient relativement facilement évaluer la menace militaire en « chaussant les bottes » de l'adversaire et comprendre sa logique. Après la guerre froide, les services de renseignement stratégiques se sont « civilisés » et se sont adaptés à des menaces plus variées. Mais ils n'ont pas acquis la capacité de « chausser les bottes » des nouveaux adversaires asymétriques, qui fonctionnent avec des logiques et des cultures différentes.

---

607. « Un laboratoire clandestin de fabrication d'explosifs découvert dans le Val-de-Marne », AFP/Liberation.fr, 6 septembre 2017.

Taxonomie des problèmes de renseignement

	Simple	**Déterministe**	**Aléatoire**	**Indéterminé**
Problème de base	Information	Quantification	Identifier et classer des événements par probabilité	Définir des options pour des événements futurs
Exemples dans le cadre de la lutte contre le terrorisme	Données techniques Données biographiques Doctrine tactique Structures et organisation Armement	Économie Démographie Fréquence de voyages Besoins en munitions	Prévisions à court terme Appréciation de la situation (tactique - opérative) sur le terrain Estimation du soutien populaire	Prévisions à long terme Identification des options stratégiques Évaluation des risques associés à la décision
Rôle des faits	Très élevé	Élevé	Moyen-Faible	Faible
Rôle du jugement	Très faible	Faible	Moyen-Élevé	Très élevé
Tâche analytique	Sélectionner l'information	Sélectionner un modèle	Énumérer des possibilités	Définir les facteurs affectant le futur
Méthode analytique	Recherche des sources	Application des données au modèle	Matrice de décision	Analyse des scénarios possibles
Instruments d'analyse	Comparaison des données	Modèles mathématiques	Calcul des probabilités Diagrammes d'influence Évaluation subjective	Approche holistique
Résultats	Faits	Valeur numérique	Alternatives pondérées	Estimations Éventail de solutions
Probabilité d'erreur	Très faible	Faible	Élevée – dépend de la qualité des données	Très élevée
Type de renseignement	Renseignement d'investigation Renseignement de police	Renseignement de documentation Renseignement de police	Renseignement d'anticipation Renseignement militaire (niveau opératif)	Renseignement d'anticipation Renseignement stratégique (niveau stratégique)
Place dans la lutte contre le terrorisme	Réaction	Préemption	Préemption ou prévention	Prévention

Tableau 10 - La nature des problèmes analytiques exige certains types d'analystes.

Il n'y a malheureusement que peu d'instruments institutionnels pour contraindre les services de renseignement à améliorer la qualité de leurs produits analytiques. Alors qu'en Europe la surveillance parlementaire est perçue comme une intrusion dans un monde confidentiel et reste embryonnaire, l'expérience américaine montre qu'elle peut permettre une amélioration qualitative. Elle permet notamment de crédibiliser les services aux yeux du monde politique et des administrations.

La taxonomie des problèmes permet de décrire les caractéristiques des problèmes et les caractéristiques génériques des solutions recherchées. Elle devrait avoir une influence directe sur la sélection des analystes, l'allocation des ressources et l'adéquation des tâches qui leur sont confiées, car l'expérience montre que les problèmes «déterministes» et «aléatoires» sont le plus souvent ramenés à des problèmes «simples» ou «indéterminés». Par ailleurs, trop souvent, on confond «collation» et «analyse». Les instruments analytiques sont le plus souvent insuffisamment développés ou le personnel n'est pas assez expérimenté pour les utiliser. Ces carences sont d'autant plus marquées pour les problèmes qui relèvent du court terme.

3.2.4.4.2.1. Le syndrome du « cri au loup »

Un danger lié à la crédibilité des services de renseignement est l'annonce répétée et sans nuance de tous les événements possibles, qui banalise la prédiction jusqu'à la faire ignorer. La *Central Intelligence Agency*, dans son *National Intelligence Daily* du 17 août 1991, avait annoncé l'imminence du coup d'État contre Mikhaïl Gorbatchev, mais personne n'y a prêté attention :

L'Agence avait annoncé sa destitution si souvent, qu'elle avait ruiné sa crédibilité [...]. Il s'agissait d'analyses du type «le ciel s'écroule», auquel plus personne ne prête attention.[608]

Ce réflexe d'autoprotection bureaucratique qui pousse les services à renouveler des cris d'alarme, sans réelle base documentée, dans le simple but de «se couvrir» en cas d'événement est connu dans le jargon du renseignement comme le «*cry-wolf syndrome*» (syndrome du «cri au loup»). Combiné avec l'imprécision des informations disponibles sur d'éventuels attentats, il est en partie à l'origine de la relative inertie de la conduite américaine avant les attentats du 11 septembre 2001. On l'a également observé en Belgique après les attentats de novembre 2015 à Paris, et – singulièrement – en Suisse, qui n'avait pourtant aucune raison d'être menacée par des djihadistes !

---

608. "The Agency had been predicting his downfall so many times, they had worn out their credibility [...] It was a 'sky-is-falling' analysis that no one was paying attention to.", officiel américain à *Newsweek*, 2 septembre 1991.

En matière de renseignement, l'expérience est souvent moins liée à la connaissance des faits qu'à la compréhension des mécanismes et modes de fonctionnement des menaces, mais aussi, et surtout à la manière d'accomplir la tâche analytique (manière d'aborder un problème, processus et finalités du renseignement, etc.)

Le problème est particulièrement sensible dès lors que l'on parle de menaces asymétriques, car alors la réflexion doit s'effectuer « en creux », et parfois à l'encontre de notre logique occidentale. Dès lors, lorsque les préjugés prennent le pas sur l'analyse, ils peuvent être la source d'un danger encore plus accentué.

Un exemple frappant du mimétisme intellectuel est la réaction des services après l'attentat de Madrid du 11 mars 2004 (M-11). Alors que les services de renseignement espagnols avaient très rapidement écarté la piste de l'ETA basque en interne, le gouvernement Aznar s'est appuyé sur la méconnaissance du terrorisme basque au sein de la population et de la classe politique pour tenter d'influencer l'opinion :

> *La piste Al-Qaïda est, elle, accréditée par la découverte de la camionnette volée avec à son bord des versets du Coran et des détonateurs, et la revendication au journal britannique. Enfin, l'ampleur du massacre, le côté aveugle et massif de l'attentat peut faire penser à Al-Qaïda. Mais il faut tout de même relativiser cette piste, puisque la revendication envoyée au journal arabophone de Londres, Al Qods Al Arabi vient du groupe des Brigades d'Abou Hafs al-Masri, un groupe qui serait en fait factice et dont le nom s'était déjà signalé lors du crash de Charm-el-Cheikh, qu'il avait revendiqué. De plus, les attentats islamistes sont souvent le fait de kamikazes, ce qui ne semble pas être le cas ici. Je penche tout de même plus du côté de la responsabilité de l'ETA, mais c'est difficile de trancher.[609]*

En Suisse, par exemple, depuis la fin de la guerre froide, aucun des chefs des différents organes de renseignement militaire ou civil n'a eu une expérience analytique du renseignement, tandis que la règle de non-appartenance à des partis politiques a été abandonnée. Il en a découlé un appauvrissement du produit analytique[610] qui affecte la qualité de la décision stratégique. Ainsi, après le M-11, Jacques Pitteloud, nommé coordinateur du renseignement en 2000, sans avoir aucune expérience analytique du renseignement ni de la spécificité

---

609. Interview de Roland Jacquard, directeur de l'Observatoire international du terrorisme, dans nouvelobs.com, 12 mars 2004.
610. "08/15 statt 007", *Facts*, 21 juin 2001, p. 38-43.

du terrorisme basque a aveuglément suivi le président Aznar, perdant ainsi un temps précieux[611].

Un danger largement sous-estimé dans le renseignement est la projection de préjugés individuels ou collectifs pour pallier le manque de faits. Ainsi, le 12 septembre 2001, le général de division Peter Regli, ex-chef du renseignement suisse, déclarait que l'attaque contre le *World Trade Center* avait été accompagnée d'une attaque informatique[612], destinée à neutraliser le réseau téléphonique… En fait, obnubilé par la cyberguerre, il avait tout simplement omis de considérer qu'en s'effondrant, les tours avaient tout simplement emporté les antennes du réseau téléphonique mobile situées sur les immeubles les plus élevés de la ville !

Comme on l'avait constaté avant la guerre en Irak, un des problèmes du renseignement dans des situations de logique complexes est la tendance des analystes à céder au phénomène de «*groupthink*»[613]. En d'autres termes, de s'aligner sur l'opinion dominante même si elle n'est pas fondée sur les faits. Parmi les nombreuses manifestations de ce phénomène, il faut relever l'influence des «grands» services – notamment les services américains ou israéliens – auxquels on prête des performances nettement supérieures à leurs capacités réelles, notamment parce qu'ils apportent souvent des informations difficilement vérifiables par ailleurs.

3.2.4.4.2.3. L'ETHNOCENTRISME

Il ne suffit pas de connaître par cœur les noms et les chefs des groupes terroristes pour être un analyste en matière de terrorisme. Il s'agit avant tout, au niveau stratégique, de comprendre les motivations, les objectifs et les lignes de force du mouvement. Or cette compréhension requiert non seulement la connaissance des stratégies de chaque mouvement, mais aussi la compréhension de sa logique d'action.

Souvent évoqué pour décrire l'approche des services de renseignement occidentaux en général et américains en particulier, l'ethnocentrisme consiste à comprendre, juger et apprécier d'autres sociétés ou populations à travers ses propres références culturelles et sociétales. En termes de renseignement, l'ethnocentrisme tend à introduire des biais dans la réflexion et peut affecter de manière radicale l'analyse. Bien que l'ethnocentrisme soit souvent décrit comme une manifestation d'un sentiment de supériorité, voire d'agressivité et de violence, et soit associé à la notion de racisme, l'expérience montre qu'il exprime bien plutôt une sorte de «référentiel par défaut». Il est surtout observé auprès d'individus ayant peu de contact ou d'expérience avec d'autres cultures.

---

611. « Jacques Pitteloud, coordinateur des services de renseignement de la Confédération suisse, s'exprime à propos du terrorisme », Le Matin Online, 20 mars 2004.
612. "Der Anschlag basiert auf 'Cyber-War'", *Aargauer Zeitung*, 12 septembre 2001.
613. En français : « pensée de groupe » ou « pensée unique ».

Une des manifestations de cet ethnocentrisme est le fait de penser que des adversaires, comme des mouvements terroristes ou fondamentalistes, ont un raisonnement et une manière de calculer leurs gains stratégiques avec la même rationalité qu'en Occident, en termes de rapport coût/bénéfice. Ce phénomène, que les Anglo-saxons appellent « *mirror-imaging* », tend à prêter à l'adversaire le même raisonnement ou la même logique que la sienne propre. C'est pourquoi on ne parvient pas à comprendre les conflits asymétriques, et notamment le djihadisme. Ainsi, pour Tom Ridge, chef du Département américain de la Sécurité intérieure, l'objectif d'« Al-Qaïda » aux États-Unis est de *« perturber le processus démocratique [américain] »*[614] ; en France, il est contre la liberté de s'asseoir à la terrasse des bistrots[615] et les juifs y voient une manifestation supplémentaire de l'antisémitisme, etc. Mais évidemment, personne n'émet l'hypothèse – plus vraisemblable – qu'il s'agit d'individus mécontents d'être bombardés ou occupés par des forces étrangères !...

3.2.4.4.2.4. La recherche du « sans faute »

Trop souvent, le décideur attend du renseignement des certitudes. Dans certains types de renseignement de documentation ou de renseignement d'investigation (renseignement de police), il est parfois possible d'émettre des certitudes, mais elles sont impossibles dès lors qu'il s'agit d'anticipation. Le renseignement peut s'approcher d'une éventuelle « vérité » future, mais n'atteindra jamais une réelle certitude. Dans cette perspective, le décideur doit toujours conserver à l'esprit que le renseignement ne reste qu'une estimation – de qualité, certes – sur des événements dont personne ne peut prédire avec certitude la réalisation. C'est ici une difficulté majeure dans les relations entre le décideur et l'analyste de renseignement.

Pour simplifier, l'analyste peut présenter le résultat de ses réflexions quant à un éventuel événement futur de deux manières : il peut privilégier la *précision* – et s'engager sur des détails précis – ou privilégier la *justesse* de l'information – et s'engager davantage sur la nature de l'événement sans en préciser les détails. Dans le premier cas, l'analyse pourrait être utile au décideur, mais contient un fort potentiel d'erreur qui peut la rendre caduque, alors que dans le second cas, l'information sera toujours juste, mais est tellement générale qu'elle n'offre pas de base pour appuyer une décision. L'analyse doit donc offrir un équilibre subtil entre la justesse et la précision.

Le travers le plus fréquent est de porter l'accent sur la justesse à un point tel que l'information contenue est vraie dans toutes les situations et n'est, par

---

614. *International Herald Tribune*, 9 juillet 2004.
615. Alain Finkielkraut, *émission C à vous*, France 5, 23 novembre 2015.

conséquent, d'aucune utilité pour le client. Lors de la guerre du Golfe (1991), le général Norman Schwarzkopf relevait que :

> *[Les analyses de renseignement de l'échelon supérieur] étaient si prudentes, si annotées et si édulcorées [...] que quoi qu'il se fût passé, elles auraient été correctes... et cela n'est pas très utile au gars sur le terrain.*[616]

La réalité des mécanismes administratifs fait que souvent l'erreur ou la mauvaise estimation d'un événement laisse plus de traces qu'un jugement pertinent... mais inutile.

3.2.4.4.2.5. LE RÔLE DES « EXPERTS »

Depuis 2001, l'incompréhension du phénomène terroriste et la difficulté à anticiper son action ont conduit à un recours extensif à des « experts ». Après les attentats de 2015-2016 en France et en Belgique, le phénomène a gagné le monde francophone.

Souvent historiens ou spécialistes de l'islam, parfois même ex-otages, leur apport à la réflexion sur le terrorisme est fréquemment passionnel et peu utile à la résolution du problème. En France et en Belgique, certains soi-disant « ex-agents » de la DGSE ou d'autres services ne sont en réalité souvent que d'ex-« indics » qui n'ont ni la formation ni la rigueur de professionnels du renseignement.

Leur connaissance du phénomène terroriste et du renseignement n'est pratiquement que livresque, pour ne pas dire romanesque. Ils tendent à confirmer les études américaines qui montrent que 70 % des publications sur le terrorisme ne sont qu'un recyclage de connaissances déjà publiées[617].

Cette pléthore d'« experts » souligne l'insuffisance analytique des organes de renseignement officiels, mais contribue à une stagnation de la réflexion et au développement du terrorisme[618]. Trop souvent, les rumeurs deviennent des « renseignements »[619] et les intuitions, des « analyses »[620].

---

616. Allocution du général Schwarzkopf devant l'Armed Services Committee (Commission des Forces Armées) du Congrès, 12 juin 1991.

617. Hsinchun Chen, Edna Reid, Joshua Sinai, Andrew Silke, Boaz Ganor, *Terrorism Informatics: Knowledge Management and Data Mining for Homeland Security*, Chapter 2 - Research on Terrorism: A Review of the Impact of 9/11 and the Global War on Terrorism, Springer Science & Business Media-Business & Economics – 17 juin 2008, 558 pages.

618. Clément Parrot, « Qui sont les "experts en terrorisme" qui squattent les médias après un attentat ? », Franceinfo, 8 juillet 2016 ; Olivier Toscer, « Télévision : La face cachée des consultants en terrorisme », *TéléObs*, 7 mai 2016 ; voir également Pascal Boniface, *Les pompiers pyromanes – Ces experts qui alimentent l'antisémitisme et l'islamophobie*, Max Milo, mai 2016.

619. On en a même tiré le terme « RUMINT » (Rumor Intelligence), très utilisé par les Anglo-saxons.

620. Voir Émilie Gavoille et Erwan Desplanques, « Les experts à la télé, ils parlent à tort et à travers », Télérama.fr, 29 mars 2016.

Cela explique en très grande partie l'enchaînement de mauvaises décisions et de déclarations hasardeuses, qui mettent de l'huile sur le feu plutôt que d'apporter des réponses constructives. On l'a notamment vu avec la cacophonie autour des campagnes de « déradicalisation » en France et en Belgique depuis 2015.

3.2.4.4.3. L'identification de la menace

Seule une identification précise et impartiale du problème (même si cela déplaît) permet de concevoir une réponse efficace. Le manque d'honnêteté dans la représentation de la menace djihadiste par nos médias et les « experts » est en grande partie à l'origine de notre incapacité à répondre au terrorisme.

Classiquement, la menace est définie comme le produit de deux facteurs principaux[621] :

$$Menace = Intention \times Capacités$$

Où l'intention est définie par la volonté de s'engager dans une campagne d'action terroriste, et les capacités[622] sont déterminées par les ressources (personnelles, matérielles et en formation) nécessaires à son exécution. Comme on le constate, la menace n'est pas fonction d'une probabilité, mais d'éléments factuels.

Une erreur fréquente est de confondre les capacités et l'intention en limitant la réflexion à l'idée que s'il y a l'une, il y a l'autre[623]. Ainsi, on tend à voir la radicalisation comme une capacité et comme un indicateur d'intention. En effet, si l'acte violent est manifestement l'expression d'une posture radicale, certains djihadistes impliqués dans des attentats récents ne présentent pas de phase de radicalisation perceptible. De fait, au niveau tactique, l'intention « effective » des individus pour passer à l'acte ne dépend pas d'un processus de « lavage de cerveau » ou de la fréquentation d'une mosquée salafiste. À l'inverse, de nombreux individus « radicalisés » (voire, en France, faisant l'objet d'une fiche « S ») ne sont pas terroristes. Nos indicateurs ne sont pas adaptés à la réalité du terrorisme djihadiste moderne et nous font regarder dans la mauvaise direction.

Par ailleurs, lorsque les capacités (matérielles et formation) sont atomisées au sein d'une entière population, comme le prévoit le djihad par terrorisme individuel (DTI), elles sont difficilement détectables et donc ne peuvent devenir un indicateur d'intention.

---

621. Voir *Assessing and Managing the Terrorism Threat* (NCJ 210680), Bureau of Justice Assistance, U.S. Department of Justice, Office of Justice Programs, Washington DC, septembre 2005.
622. NDA : on y ajoute parfois l'opportunité ou la formation, pour couvrir le terme anglais de « *capability* », qui ne peut pas toujours être traduit correctement en français.
623. Voir Bart Schuurman & Quirine Eijkman, "Indicators of terrorist intent and capability: Tools for threat assessment", *Dynamics of Asymmetric Conflict*, volume 8, n° 3, 2015, p. 215-231.

3.2.4.4.3.1. Détecter et évaluer l'intention

L'évaluation des intentions de l'adversaire est la partie la plus problématique de l'identification de la menace. Particulièrement en France, elle est souvent plus idéologique que factuelle.

Deux erreurs majeures impactent notre perception de l'intention des terroristes. La première est que le terrorisme est une fatalité inévitable qui nous touche « pour ce que nous sommes et non pour ce que nous faisons », issue d'un complot machiavélique visant à « imposer un califat mondial ». Propagée initialement par Israël pour justifier son abandon des négociations avec les Palestiniens, cette rhétorique commode a progressivement été adoptée par les gouvernements américain, britannique, français, belge et allemand. Dans ce modèle, l'intention terroriste est un invariant sur lequel nous n'avons aucune prise : le terrorisme n'a alors de solution que dans l'extermination de l'adversaire.

Il en résulte la seconde erreur : parce que l'on voit le terrorisme comme inéluctable, les stratégies visant à infléchir les intentions et les décisions des terroristes sont inutiles. On tend donc à ne traiter le terrorisme qu'*après* que le terroriste a pris sa décision (et donc que l'intention est déjà exprimée). Cela explique que ce que nous appelons « prévention » est en réalité de la « préemption », c'est-à-dire que l'on tente d'intercepter le terroriste alors qu'il est déjà dans la phase d'exécution. Tandis que l'art de la guerre suggère d'influencer la décision de l'adversaire afin d'être dans une position favorable pour agir (comme à la manière d'un joueur d'échecs), nous avons tendance à laisser l'initiative aux terroristes et à traiter le problème de manière tactique ou « policière ». C'est pourquoi Israël n'a jamais réussi à maîtriser sa menace terroriste, et que les Occidentaux ne font guère mieux.

Or la dimension sacrificielle du terrorisme islamiste suggère que les djihadistes perçoivent une menace existentielle qui justifie leur propre mort. Il est difficilement imaginable que des individus se sacrifient simplement pour le plaisir de « diviser » la France ! Le califat historique – dont la reconstruction serait l'objectif de l'EI – n'a jamais contenu la France. En outre, dans leurs revendications les djihadistes n'évoquent pas de changements au sein de la société française, belge ou allemande. Pourtant, l'inéluctabilité du terrorisme s'est lentement imposée dans le discours officiel[624] et nous empêche de mettre en place des stratégies destinées à influencer les intentions des terroristes. En fait, c'est même le contraire : nous avons tout fait pour les stimuler.

---

624. Voir *Prévention de la radicalisation. Kit de formation*, 2ᵉ édition, Secrétariat général du comité interministériel de prévention de la délinquance, septembre 2015.

Dès 2001, en associant le terrorisme djihadiste au nihilisme, on a vu le « terrorisme nucléaire » dans le prolongement logique du « 9/11 » et certains parler de « superterrorisme » voire d'« hyperterrorisme ». Or quinze ans plus tard, les attentats se font au couteau. En clair : nous n'avons rien compris. Nous tendons à imaginer les capacités des terroristes à partir de la manière dont *nous* agirions si nous pratiquions le terrorisme.

Il s'agit donc ici d'évaluer les capacités réelles d'un mouvement terroriste de mener des attentats. Le terme « capacité » recouvre deux réalités : une dimension qualitative qui doit qualifier l'aptitude du groupe à réaliser son projet (en anglais : *capability*) et une dimension quantitative, son potentiel humain et matériel (en anglais : *capacity*).

L'aptitude (*capability*) à mener des actions violentes a connu un tournant décisif avec le concept de « djihad ouvert » (« *Open Jihad* ») et le DTI, qui préconisent que les terroristes se forment eux-mêmes grâce à des manuels accessibles en ligne. Cette méthode génère des terroristes parfois imparfaitement formés, mais potentiellement très nombreux et difficilement détectables. D'un autre côté, le succès de l'ARIG ne repose pas sur la sophistication des attaques, mais sur leur nombre et leur large diffusion. La « formation » même sommaire des terroristes suffit parfaitement à la réalisation du concept.

Sous l'angle quantitatif (*capacity*), le potentiel d'une force terroriste se décline en termes stratégiques et tactiques. Sur le plan stratégique, il s'agit de la capacité du groupe ou du mouvement à mobiliser des sympathisants, des militants et des combattants, qui constitueront trois cercles qui encadrent son action. Il est important de faire une distinction entre la capacité de mobiliser et le phénomène de radicalisation. La mobilisation s'effectue en fonction d'une légitimité – réelle ou perçue – générée par une action (occidentale) et qui sera prolongée par une « radicalisation ».

Si l'on veut lutter contre la montée en puissance des capacités d'un mouvement terroriste, il s'agira en premier lieu de lutter contre sa capacité de mobiliser des militants. C'est donc au niveau de la perception de la légitimité que l'on doit opérer.

3.2.4.4.3.3. INDICATEURS ET MODÈLES ÉCONOMÉTRIQUES

Durant la guerre froide, le pacte de Varsovie avait des structures de conduite et un rythme d'activité régulier qui permettaient d'identifier un « courant normal » mesurable permettant l'établissement d'indicateurs. Les écarts observés par rapport à ces indicateurs (également appelés « rapport signal/bruit ») constituaient des éléments d'alerte dont l'intensité et la nature déterminaient le niveau de veille des services de renseignement ou déclenchaient des mesures opérationnelles. La majeure partie de ces indicateurs était calibrée sur les préparatifs possibles pour un conflit en Europe. Il en était ainsi des variations du commerce du charbon, des moyens militaires affectés aux récoltes de blé, de l'intensification du trafic des transmissions, de l'activation de canaux de transmission de réserve, des flux de matières premières, du nombre de satellites d'observation sur orbite, du nombre de vols de reconnaissance, et bien d'autres.

Cette discipline du renseignement qui vise à étudier les «*indices et critères d'alertes*» ou «*indices et indicateurs d'alerte*» est mieux connue par les professionnels sous l'abréviation générique de I&W[625]. Elle fait appel à deux notions : a) l'indice (en anglais : *indication*) et b) l'indicateur (en anglais : *indicator*). Souvent confondues, elles ont des significations très précises en matière de renseignement :

• l'*indice* est un signal générique dans un domaine particulier (par exemple : la jauge d'essence d'une voiture). Par nature, il s'agit d'une simple information observée ;

• l'*indicateur* est une valeur déterminée ou *valeur seuil* dans la genèse d'un problème, qui indique qu'une étape est franchie et déclenche une alerte en vue d'une réaction (par analogie : la lampe rouge de la jauge indiquant que l'on est sur la réserve). Elle est déterminée de manière empirique ou calculée statistiquement à partir de faisceaux d'indices. Son identification est primordiale dans la détermination de l'imminence d'un événement.

S'il est relativement facile d'identifier concrètement des indices de crise, il est souvent beaucoup moins trivial d'identifier les indicateurs qui doivent déclencher une réponse. Trop souvent, on contourne le problème en renommant simplement des listes d'indices en «listes d'indicateurs». Ainsi, en 2010, afin de mieux combattre la violence contre les femmes, le Département des opérations de maintien de la paix des Nations unies a créé une liste d'indicateurs de violence. Mais, contrairement aux conseils de l'auteur, il ne s'agissait que d'une liste d'indices, sans seuil défini pour l'action opérationnelle, qui n'a donc permis aucune amélioration sensible dans ce domaine.

Durant la guerre froide, les services occidentaux surveillaient le nombre de satellites d'observation soviétiques Kosmos en orbite (habituellement 3 à 4 unités) : on estimait qu'un nombre de 5 à 6 satellites en orbite constituait un indicateur, car c'était le nombre minimal nécessaire pour suivre une crise de longue durée de manière continue. Ils surveillaient également le nombre de sous-marins soviétiques dans les diverses mers du globe selon des principes analogues. La conjonction simultanée de plusieurs indicateurs était alors annonciatrice d'une crise majeure possible et déclenchait le passage à un niveau d'alerte supérieur.

Avec un ensemble complexe d'indices et d'indicateurs concrets, quantifiables et observables, il était possible d'élaborer des modèles économétriques permettant

---

625. *Glossaire OTAN des abréviations utilisées dans les documents et publications OTAN*, AAP-15, 2013.

de quantifier et d'évaluer par anticipation un degré de menace en fonction d'une probabilité, et donc le risque. Les services de renseignement disposaient ainsi, aux côtés de l'analyse en continu de la situation politico-militaire et des potentiels disponibles, d'outils efficaces permettant de mesurer de manière dynamique l'évolution d'une situation de nature à mettre en perspective les actions politiques. Ce sont de tels outils qui ont permis à l'auteur, alors au service du renseignement stratégique suisse, de prévoir en 1986, à quelques milliers de militaires près, les réductions d'effectifs du pacte de Varsovie qui seront annoncées plus de deux ans plus tard par M. Gorbatchev, le 7 décembre 1988[626].

On distingue deux types d'I&W[627] :

• les *I&W tactiques*, qui sont orientés sur des actions précises et qui permettent de combattre ou d'éviter l'exécution d'un attentat, d'une attaque ou de tout autre dommage. Ils contiennent des informations sur les auteurs, les lieux, les conditions météorologiques, etc. ;

• les *I&W stratégiques*, qui doivent permettre une meilleure perception des modifications de l'environnement sécuritaire et des menaces en anticipant, par exemple, le changement d'attitude d'un acteur étatique ou non.

En fait, au sens strict, les indicateurs d'alerte tactiques ne sont pas considérés comme une discipline du renseignement, mais comme une activité opérationnelle, car à ce niveau – et c'est particulièrement vrai dans le cas du terrorisme – les indicateurs ne permettent pas de façonner une politique, mais se traduisent par une action directe. Les indicateurs stratégiques, en revanche, sont davantage orientés vers l'établissement d'une image de la situation qui doit détecter les risques potentiels, mais dont la portée n'est pas nécessairement liée à l'imminence de leur réalisation.

Durant la guerre froide, afin de rendre plus difficile la lecture des indicateurs de guerre, les adversaires de part et d'autre du rideau de fer menaient de manière routinière un niveau d'activité plus élevé que nécessaire (vols de reconnaissance, lancer de satellites, présence navale, etc.). Les indicateurs étaient ainsi « noyés » dans un « bruit » ambiant artificiellement élevé, rendant alors le rapport signal/bruit quasiment insignifiant. C'est ce que les Soviétiques comprenaient sous l'expression « mesures actives », une discipline de la « *maskirovka* »[628], elle-même appartenant aux activités de « contre-renseignement » [629].

---

626. Voir : *Status of Soviet Unilateral Withdrawals*, National Intelligence Council, NIC M89-10003, Washington DC, octobre 1989.

627. Jack Davis, "Strategic Warning: If Surprise is Inevitable, What Role for Analysis?", *The Sherman Kent Center for Intelligence Analysis*, Occasional Papers, volume 2, n° 1, janvier 2003.

628. Terme que l'on pourrait traduire approximativement par « dissimulation ».

629. Le terme russe est « *kontrrazvedka* », fréquemment et improprement traduit par « contre-espionnage ».

Avec le concept de *djihad par terrorisme individuel* (DTI), l'idée est exactement l'inverse, mais avec le même objectif : abaisser le « signal » au niveau du « bruit de fond » de sorte que leur rapport soit rendu insignifiant pour déterminer un niveau de menace. L'incapacité des services de renseignement à distinguer entre ces deux éléments est à l'origine de l'application quasi irrationnelle du principe de précaution et littéralement à la fermeture de Bruxelles du 21 au 25 novembre 2015 (« *Lockdown* »), juste après les attentats de Paris.

La recherche d'indicateurs d'attentat nécessite des capteurs d'une granularité telle que les fondements mêmes de notre société démocratique devraient être remis en cause. Par ailleurs, la nature de ces indicateurs est difficile à déterminer. Ainsi, les « *signaux d'alerte* » évoqués par l'Institut Egmont[630], et qui auraient pu prévenir les attentats du 22 mars 2016 à Bruxelles, sont en fait des événements indépendants qui auraient pu tout au plus constituer des indices, utiles pour les historiens, mais nullement des indicateurs pour les analystes du renseignement.

En fait, la course au détail devient une « course à l'échalote » : le renseignement tactique ne suffit plus pour lutter contre ce type de terrorisme. Le rapport établi après les attaques contre les ambassades américaines de Nairobi et de Dar-es-Salam, le 7 août 1998, indiquait déjà clairement que c'était insuffisant pour anticiper des attentats :

> *La commission a établi que les communautés du renseignement et de la politique se sont basées de manière excessive sur du renseignement tactique pour déterminer le niveau de menace terroriste potentielle sur les postes à l'étranger. Le Rapport Inman[631] avait remarqué, et des expériences antérieures nous indiquent, que les attaques terroristes ne sont pas souvent précédées par du renseignement préalable. L'établissement du Centre de Contre-Terrorisme avec des unités interagences a produit du renseignement tactique qui a permis de déjouer un certain nombre d'attaques terroristes. Mais on ne peut compter sur ce type de renseignement pour prévenir ce type d'attaque.[632]*

Pourtant, 17 ans plus tard, les leçons n'ont pas été apprises et l'on retombe dans une réflexion basée sur le renseignement tactique, le seul que les médias et

---

630. Thomas Renard (editor) (with contributions from: Sophie André, Elke Devroe, Nils Duquet, France Lemeunier, Paul Ponsaers, Vincent Seron), *Counterterrorism in Belgium: Key Challenges and Policy Options*, Egmont Paper 89, octobre 2016.

631. Le rapport Inman, du nom de l'amiral Bobby Ray Inman, qui présidait son établissement, et connu officiellement sous le titre "Report of the Secretary of State's Advisory Panel on Overseas Security", a été publié en 1985, à la suite de l'attentat contre la caserne des US Marines en novembre 1983 à Beyrouth.

632. Admiral William J. Crowe, Chairman, *Report of the Accountability Review Boards – Bombings of the US Embassies in Nairobi, Kenya and Dar es Salaam, Tanzania on August 7, 1998*, Washington DC, janvier 1999 (également connu sous le nom de *Rapport de la Commission Crowe*)

les non professionnels comprennent, car leurs résultats sont plus visibles (arrestations, frappes, etc.) Avec des menaces plus diffuses, difficilement discernables ou définissables, les services de renseignement doivent apprendre à se dégager des questions tactiques et à se concentrer sur la manière dont pensent les terroristes.

En effet, lorsque la nature de la menace ne permet pas d'obtenir un renseignement propre à prévenir le problème, il faut le traiter en amont, en remontant au niveau des causes[633]. C'est la conclusion tirée par les Américains à la suite de l'attentat de Beyrouth en 1983 :

> *Alors que du renseignement spécifique sur les intentions terroristes était à peu près impossible à trouver, la communauté du renseignement aurait pu et aurait dû faire un effort supplémentaire pour mieux analyser la situation socio-politique de la situation au Liban, même si les décideurs ne l'avaient pas demandé.*[634]

Mais là encore, 35 ans plus tard, nous n'avons rien appris...

3.2.4.4.4. La détermination du risque

La finalité du renseignement est l'anticipation des risques afin d'éclairer la prise de décision (c'est pourquoi, en néerlandais, renseignement se dit « *inlichtingen* », éclairage). Du fait que la décision aura, par définition, ses effets dans le futur, les risques doivent être identifiés au minimum dans la période de temps où elle déploiera ses effets.

Mais comme personne ne dispose d'une boule de cristal permettant de lire l'avenir, la prévision ou l'anticipation est un art difficile. Tout comme la prévision météorologique, l'anticipation de renseignement n'est pas – ou, plus exactement, ne devrait pas être – le fruit du hasard ou d'impressions, mais est une projection basée, d'une part, sur des indices concrets et identifiables et, d'autre part, sur des doctrines ou des schémas d'action clairement observés.

Les notions de « risque » et de « menace » sont souvent confondues : si la menace est essentiellement fonction d'éléments factuels relativement facilement définissables, comme nous l'avons vu, le risque est fonction d'une probabilité souvent difficile à quantifier. Trop souvent, en vertu du principe de précaution, on tend à surévaluer le risque et à lui associer une probabilité de 100 %, ce qui, en résumé, ramène le risque de la menace à un niveau inéluctable.

Au niveau du renseignement, l'évaluation du risque ne doit pas être le résultat d'impressions, mais d'une analyse basée sur des faits. Nous utiliserons ici comme

---

633. Jack Davis, "Strategic Warning: If Surprise is Inevitable, What Role for Analysis?", *The Sherman Kent Center for Intelligence Analysis*, Occasional Papers, volume 2, n° 1, janvier 2003.
634. Shaun P. McCarthy, *The Function of Intelligence in Crisis Management: Towards an Understanding of the Intelligence Producer-Consumer Dichotomy*, Ashgate, Aldershot, 1998.

référence le mécanisme de détermination du risque des Nations unies pour l'adoption des mesures de sécurité nécessaires dans les zones de crises[635] :

$$Risque = Menace\ x\ Vulnérabilité\ x\ Probabilité$$

Dérivé d'une formule élaborée par les services de renseignement britanniques, ce calcul du risque tient compte de la nature du problème (menace), des vulnérabilités existantes ou potentielles par rapport à cette menace et de la probabilité d'occurrence de l'événement, déterminée en fonction d'indices.

3.2.4.4.4.1. LA QUANTIFICATION DE LA MENACE

La menace identifiée, il s'agit d'en évaluer l'intensité afin de l'inclure dans la définition du risque. Pour ce faire, certains pays ont élaboré des échelles d'évaluation afin de guider la mise en place de mesures préventives. Globalement, l'expérience montre cependant que ces systèmes fonctionnent mal, principalement parce qu'on ne définit pas ce que l'on en attend.

En mars 2002, les États-Unis ont adopté un système d'alerte – le *Homeland Security Advisory System (HSAS)* – destiné à alarmer les administrations, les entreprises privées et la population en cas de menace terroriste, ainsi qu'à harmoniser la perception de la menace et les niveaux de sécurité correspondants. Il s'articulait en cinq « niveaux de menace » (« *Threat Conditions* »)[636], qui confondaient les notions de « risque » et de « menace ». On en attendait qu'il soit capable d'annoncer avec précision l'imminence d'un attentat, mais aucun système de renseignement dans le monde n'est actuellement en état de le faire. Activé en vertu du principe de précaution, et non en fonction des capacités du renseignement, il a généré de très nombreuses fausses alertes, provoquant une perte de crédibilité : la mise en place de mesures préventives et les exercices d'évacuation prévus selon les niveaux d'alerte dans les entreprises ou les administrations ont rapidement été abandonnés. Pour beaucoup d'Américains, les oscillations du degré d'alerte étaient davantage le résultat de réflexes administratifs que d'informations et d'analyses pertinentes.

De fait, aux États-Unis, entre 2002 et 2011, le niveau d'alerte a changé 17 fois sans jamais redescendre aux niveaux inférieurs (bleu et vert) et en atteignant une seule fois le niveau le plus haut (rouge). Sa stagnation dans les niveaux intermédiaires supérieurs (jaune et orange) a érodé la capacité des citoyens à différencier

---

635. "Security Risk Management", *Security Policy Manual*, Department of Safety and Security, United Nations, 2011.

636. « *Low Condition* » (niveau bas – vert) : situation normale et faible risque terroriste ; « *Guarded Condition* » (niveau de vigilance – bleu) : risque général (de nature non précisée) ; « *Elevated Condition* » (niveau élevé – jaune) : risque significatif ; « *High Condition* » (niveau haut – orange) : risque élevé ; « *Severe Condition* » (niveau grave – rouge) : imminence d'attentat.

entre l'absence de menace et une menace diffuse, entraînant une fatigue et un désintérêt pour ce système. Il a donc été abandonné en 2011[637].

En Belgique, la confusion entre *menace* et *risque* a probablement eu des conséquences opérationnelles, qui n'ont pas vraiment été analysées. Le Royaume dispose d'un organe dont la mission spécifique est la détermination du niveau de menace – l'*Office pour la Coordination de l'Analyse de la Menace* (OCAM) – les incohérences du système ont brièvement retenu l'attention de quelques médias, mais sans générer une réflexion approfondie. Apparemment, l'organe de surveillance des services de renseignement (*Comité R*) avait subodoré l'inadéquation des outils d'évaluation de l'OCAM en 2015 déjà, mais aucun changement significatif n'a été apporté[638].

En Belgique, l'OCAM définit quatre niveaux de menace :

• niveau 1 (Faible) : la personne, le groupement ou l'événement qui fait l'objet de l'analyse n'est pas menacé ;

• niveau 2 (Moyen) : la menace à l'égard de la personne, du groupement ou de l'événement qui fait l'objet de l'analyse est peu vraisemblable ;

• niveau 3 (Grave) : la menace à l'égard de la personne, du groupement ou de l'événement qui fait l'objet de l'analyse est possible ou vraisemblable ;

• niveau 4 (Très grave) : la menace à l'égard de la personne, du groupement ou de l'événement qui fait l'objet de l'analyse est sérieuse et imminente.

Ces niveaux sont obtenus en croisant deux échelles qui mesurent des coefficients de « *vraisemblance* » (de 2 à 6) et de « *gravité* » (de 1 à 5) de l'événement. Ces coefficients sont additionnés pour chaque événement et le résultat (compris entre 3 et 11) détermine le niveau de menace.

Cette échelle appelle plusieurs remarques. En premier lieu, elle ne fait pas de distinction quant à la portée de la menace. En d'autres termes, la menace contre une personne est placée au même niveau qu'une menace de portée nationale. C'est notamment ce qui a justifié le fait d'évaluer à « grave » (niveau 3) le niveau de menace représenté par un éventuel spectacle de M. Dieudonné à Bruxelles le 17 mai 2015, une estimation qui a largement suscité l'interrogation des médias belges[639]. Cette particularité peut créer des incohérences au niveau de la manière de répondre à la menace au niveau de l'État[640]. C'est ce qui s'est passé avec Jürgen Conings, un militaire d'extrême droite pour lequel une chasse à l'homme a été menée dans

---

637. Jessica Zuckerman, *National Terrorism Threat Level: Color-Coded System Not Missed*, The Heritage Foundation, 26 septembre 2012.

638. *Comité permanent de contrôle des services de renseignement et de sécurité*, Rapport d'activités 2016, Intersentia, Antwerpen – Cambridge, 2017, p. 72-73.

639. « Dieudonné : le niveau 3 de la menace était-il justifié ? », https://www.youtube.com/watch?v=O9DSVXabonE.

640. « Analyse de la menace par l'OCAM après les assassinats de policiers à Magnanville (Paris) », Syndicat Libre de la Fonction Publique - Secrétariat National, communiqué syndical, 15 juin 2016.

toute la Belgique en mai 2021 : il était défini comme une menace de niveau 3 (c'est-à-dire du même niveau que la menace islamiste en 2016). Le problème est que cette échelle de mesure ne veut strictement rien dire et dépend – en dernière analyse – d'un jugement discrétionnaire pour être (éventuellement) utile.

En second lieu, on mélange les notions de menace et de risque, sans faire appel à la notion de probabilité. En d'autres termes, ces niveaux de menace ne permettent pas vraiment une gestion de la crise efficace et tendent à déresponsabiliser les services de renseignement quant à la qualité de l'analyse qu'ils fournissent. En fait, on arrive à des évaluations qui sont toujours «justes». En effet, même si les termes «*possible*» et «*vraisemblable*» sont utilisés dans le langage courant comme des synonymes de «*probable*», ils ne le sont pas dans les faits. La notion de «*possibilité*» est associée à des conditions matérielles, et non à une probabilité[641] : «Dans une course avec deux chevaux, dont l'un a trois pattes, les deux ont la possibilité de gagner, mais la probabilité que celui qui n'a que trois pattes gagne est très faible»…

Quant à la «vraisemblance», elle n'est réellement mesurable que de manière expérimentale, puisqu'on ne peut la déterminer que par rapport à un événement de référence. Les niveaux de menace ainsi définis n'engagent pas vraiment l'organe qui émet le jugement et peuvent difficilement constituer la base d'une stratégie préventive efficace. En fait, ce type de critère est un moyen bureaucratique de protection contre l'incompétence de «fonctionnaires-analystes».

Ainsi, lorsque le gouvernement belge décide d'élever le niveau d'alerte à 4 à Bruxelles, du 21 au 26 novembre 2015, une semaine après les attentats de Paris, il n'y a pas de menace objective sur la ville à ce stade. En effet, si l'on se base sur la logique des djihadistes, la Belgique n'est plus dans la coalition en Irak, et on voit mal quels auraient pu être les motifs des terroristes à ce moment : le niveau 4 a été décrété dans la période qui présentait sans doute le moins de risques pour la ville. Deux mois plus tard, lorsque la Belgique reprend sa participation aux frappes en Irak, le niveau de la menace est ramené à 3. Or c'est précisément à ce moment qu'il aurait dû être élevé à 4 et aurait peut-être contribué à prévenir les attentats de mars 2016. Par ailleurs, on constate qu'en 2015-2016 le niveau 4 n'a été invoqué *qu'après* les crises, alors qu'il est destiné à les prévenir.

L'instrument est donc mal adapté à sa finalité et mal utilisé. On peut raisonnablement en conclure que les services belges n'ont pas compris la dynamique asymétrique du terrorisme djihadiste, et le pouvoir politique s'est engagé en Irak et en Syrie plus tard sans en mesurer les conséquences probables. Les Belges en paieront le prix du sang le 22 mars 2016. Cela dit, la Belgique est loin d'être une exception : la France et la Suisse présentent les mêmes déficits.

---

641. Sherman Kent, "Words of Estimative Probability" (CONFIDENTIEL), *Studies in Intelligence*, Central Intelligence Agency (CIA), Fall 1964.

Les réponses aux attentats terroristes de 2015 et 2016, en France et en Belgique, montrent que non seulement la nature intrinsèque du terrorisme était mal connue, mais que la vulnérabilité de la population a été quasiment ignorée dans l'appréciation du risque et les réponses proposées. Clairement, les gouvernements ont failli à leur « *Responsabilité de protéger* » (R2P). Ils ont même pris des mesures qui ont accru la vulnérabilité de la population.

Dans l'appréciation du risque, il faut distinguer entre les vulnérabilités stratégiques et tactiques.

Au niveau stratégique, les populations civiles sont devenues la courroie de transmission du message que les djihadistes adressent aux gouvernements qui interviennent au Moyen et Proche-Orient, selon le modèle de Madrid (2004). Dans ce cadre, la vulnérabilité d'un pays sera d'autant plus grande que sa population s'oppose à la politique du gouvernement. C'est pourquoi l'Espagne et la Grande-Bretagne ont été visées en 2004-2005, mais pas la Pologne, l'Italie ou les Pays-Bas, qui avaient pourtant une forte présence en Irak. En Grande-Bretagne, les opposants à la guerre avaient formé les plus grands rassemblements populaires de l'Histoire britannique[642], tandis qu'en Espagne 91 % de la population étaient opposés à cet engagement[643].

C'est probablement parce qu'il était impopulaire que le gouvernement Hollande/Valls a cherché des succès militaires en Irak en septembre 2014. Mais c'est également cette même impopularité qui, comme en Espagne en 2004, a constitué un appel d'air pour des actions terroristes destinées à infléchir la volonté du gouvernement. Cela explique pourquoi la France, malgré une participation relativement faible (4,7 %) aux frappes en Irak et en Syrie, semble attirer les foudres des djihadistes.

Au niveau tactique, les mesures ont été prises par des policiers et non par des stratèges, en fonction d'idées préconçues et sans tenter même de comprendre ce que cherchait l'ennemi. Après l'incident de Verviers (Belgique), où la police a appréhendé une cellule terroriste qui voulait cibler spécifiquement la police à Bruxelles et à Molenbeek, la réponse a été de déployer davantage de policiers dans les rues. Ainsi, d'une certaine manière, on a placé les « cibles » désignées au cœur de la population, au lieu de les rendre moins visibles. Même constatation avec l'agression du 3 février 2017 contre quatre militaires au Louvre[644] : leur déploiement était une réponse guidée par une réflexion de police et non de renseignement, déconnectée d'un contexte asymétrique.

La France et la Belgique se sont engagées en Irak et en Syrie sans traiter leur vulnérabilité stratégique – incitant ainsi les terroristes à les frapper – ni leur vulnérabilité tactique.

---

642. "'Million' march against Iraq war", BBC, 16 février 2003.
643. Giles Tremlett et Sophie Arie, "Aznar faces 91% opposition to war", *The Guardian*, 29 mars 2003.
644. Eugénie Bastié, « Avec Sentinelle, les militaires sont devenus des aimants à terroristes », lefigaro.fr, 3 février 2017.

3.2.4.4.4.3. L'EXPRESSION DE LA PROBABILITÉ

Si la mesure de la probabilité d'occurrence d'un événement est un exercice non trivial en soi, la manière de l'exprimer dans un produit analytique de renseignement est essentielle, car elle influence la décision. Cette thématique n'est généralement pas traitée par les soi-disant « experts » en renseignement européens. En revanche, depuis le début de la guerre froide, elle a fait l'objet de recherches au sein de la CIA, avec pour objectif non seulement de mieux communiquer le risque au niveau de l'analyse, mais aussi d'avoir un langage commun et transversal pour la lecture des analyses de renseignement. Ces études se sont largement inspirées des travaux de Sherman Kent, le théoricien du renseignement moderne américain, et de sa table empirique[645] :

Probabilité	Variation	Vocabulaire
100 %		Certain
93 %	±6 %	Presque certain
75 %	±12 %	Probable
50 %	±10 %	50/50
30 %	±10 %	Peu probable
7 %	±5 %	Très peu probable
0 %		Improbable

Tableau 11 - Expression de la probabilité dans les analyses de la CIA (1964)

Plusieurs variantes de cette table existent. Au Canada, des études détaillées ont été effectuées au sein du *Secrétariat de l'évaluation du renseignement* (SER) du *Bureau du Conseil privé du Premier ministre,* afin d'instaurer une méthode de quantification des probabilités subjectives exprimées dans les notes de renseignement. Il s'agissait également de pousser les analystes à systématiser leur réflexion et à identifier les conséquences de leurs évaluations. Dans un premier temps, on a établi une échelle afin d'exprimer la probabilité, puis on l'a couplée avec une « cartographie » du vocabulaire probabiliste. Le résultat est une table de correspondance avec le vocabulaire couramment utilisé et une échelle de 0/10 à 10/10, qui a été adoptée en 2010[646] :

---

645. "Words of Estimative Probability" (CONFIDENTIEL), *op. cit.*
646. Alan Barnes, "Making Intelligence Analysis More Intelligent: Using Numeric Probabilities", *Intelligence and National Security,* volume 3, n° 3, 2016, p. 327-344.

Vocabulaire	Quantification	Remarques
Se passera Est certain	10/10	Il n'y a pas de scénario plausible – même éloigné – dans lequel cet événement ne se produirait pas
Presque certain Extrêmement probable Hautement probable	9/10	Il y a des scénarios concevables – mais éloignés – dans lesquels cet événement ne se produirait pas
Probable	7-8/10	
Un peu plus d'une chance sur deux	6/10	Utilisé rarement, uniquement lorsque la probabilité est plus grande qu'une sur deux, mais ne peut être qualifiée de probable.
Une chance sur deux	5/10	
Un peu moins d'une chance sur deux	4/10	Utilisé rarement, uniquement lorsque la probabilité est plus faible qu'une sur deux, mais ne peut être qualifiée d'improbable.
Improbable Peu probable	2-3/10	
Très improbable	1/10	Il y a des scénarios concevables – mais éloignés – dans lesquels cet événement pourrait se produire
Ne se réalisera pas Ne sera pas	0/10	Il n'y a aucun scénario plausible – même éloigné – dans lequel cet événement se produirait

Tableau 12 - Expression de la probabilité dans les analyses
du Secrétariat de l'évaluation du renseignement (SER) (2010)

Il est intéressant de constater que dans ce processus – où le personnel du service a été impliqué – les analystes ont montré une inquiétude sur le fait que la quantification de la probabilité de leurs informations puisse être utilisée pour évaluer leur propre travail. Un phénomène récurrent est le sentiment pour un analyste que, pour être performant, le renseignement qu'il produit doit toujours avoir un haut degré de probabilité. C'est évidemment faux ! Ce n'est pas l'analyste qui fait l'événement, mais il doit déterminer dans quelle mesure il peut se produire, et avec quelles conséquences probables.

Les expériences effectuées avec cette table montrent que les décideurs ont une idée plus précise des évaluations qui leur sont proposées. Par ailleurs, cette quantification a forcé les analystes à être plus prudents sur l'horizon temporel associé à leur prévision, préférant limiter leur champ à une ou deux années, par exemple.

La formulation de la probabilité d'occurrence d'un événement a un impact direct sur la perception des décideurs. Il est donc essentiel que l'analyste estime cette probabilité avec la plus grande rigueur intellectuelle. Le problème est que cette dernière coexiste mal avec des réflexes bureaucratiques, comme plaire à ses supérieurs, ne pas provoquer de conflit avec le décideur, se conformer aux opinions dominantes, préférer le «trop» au «pas assez», la crainte d'être «favorable à l'ennemi», etc.

Dans le rapport, publié le 6 janvier 2017 par la communauté du renseignement américain sur les tentatives supposées de la Russie d'influencer les élections américaines, une grille d'interprétation de la formulation de la probabilité est donnée, que l'on peut traduire de la manière suivante :

Probabilité	Variation	Terminologie officielle	Traduction française
100 %	-10 %	Almost certainly, nearly certain	Presque certain
80 %	±10 %	Very likely, highly probable	Très probable
70 %	±10 %	Likely, probable	Probable
50 %	±10 %	Roughly even chances, roughly even odds	Chances environ égales
35 %	±10 %	Unlikely, improbable	Peu probable
18 %	±10 %	Very unlikely, highly improbable	Très peu probable
5 %	±5 %	Almost no chance, remote	Presque pas de chances

Tableau 13 - Expression de la probabilité dans les analyses
du bureau du directeur du renseignement national américain (2017)

En Grande-Bretagne, de manière analogue, les services de renseignement utilisent des «critères de probabilité» («*probability yardstick*») unifiés afin de simplifier la communication entre services :

Probabilité	Écart	Terminologie officielle	Traduction française
95-100 %	5 %	Almost certain	Presque certain
80-90 %	10 %	Highly likely	Très probable
55-75 %	20 %	Likely, probable	Probable
40-50 %	10 %	Realistic possibility	Possibilité réaliste
25-35 %	10 %	Unlikely	Peu probable
10-20 %	10 %	Highly unlikely	Très peu probable
0-5 %	5 %	Remote chance	Presque pas de chances

Tableau 14 - Expression de la probabilité
dans les analyses en Grande-Bretagne (Probability Yardstick)[647]

Le cas sans doute le plus célèbre d'une distorsion du risque a certainement été le *National Intelligence Estimate* (NIE) du 1er octobre 2002 sur les armes de destruction

---

647. *Professional Development Framework for all-source intelligence assessment*, Professional Head of Intelligence Assessment (gov.uk), janvier 2019.

massive irakiennes, dont l'élaboration incombait à la CIA[648]. Dans la version transmise aux membres du Congrès, afin de rendre le message plus clair et réduire les ambiguïtés, le vocabulaire utilisé et le temps des verbes avaient été modifiés et le conditionnel remplacé par des indicatifs. Ainsi, les doutes de l'agence ont été lissés et se sont superposés à une opinion dominante, qui n'était pas basée sur des faits et correspondait aux intentions exprimées de l'exécutif en faveur d'une opération en Irak.

3.2.4.5. La diffusion

Si l'analyse est au cœur de l'activité de renseignement, elle n'en n'est pas l'aboutissement. Encore faut-il que le décideur reçoive et accepte ce renseignement. La phase de diffusion est donc un aspect critique du processus du renseignement, car elle détermine la manière et le degré de l'intégration du renseignement dans la décision. Elle constitue l'indicateur de l'existence – ou non – d'une «culture du renseignement», car elle en matérialise la finalité. En dernière analyse, l'efficacité du système de renseignement dépend donc de la qualité de la relation entre le décideur et ses services.

Il en résulte une nécessaire prudence dès lors que l'on juge une décision politique : elle peut résulter d'une mauvaise qualité du renseignement lui-même, d'une distorsion dans la manière dont le renseignement est transmis ou de la non-adhésion du décideur.

Dans le cadre de l'État de droit, la fonction principale du renseignement est d'apporter les éléments factuels et non partisans dans la prise de décision. Dans la mesure où les «services» sont des acteurs centraux de la décision, à laquelle ils contribuent par des analyses de haute qualité et de haute fiabilité, ils constituent – en théorie – une sorte de «mètre étalon» en matière d'information. En théorie toujours, ce sont eux qui donnent le *la* pour la compréhension de l'environnement stratégique. C'est la raison pour laquelle le renseignement devrait être détaché de toute appartenance politique. Sherman Kent (1903-1986), théoricien du renseignement américain, déclarait «inexcusable» un parti-pris politique pour le renseignement[649]. C'est la faiblesse majeure de nombreux services occidentaux.

On le constate dans les décisions prises en France, en Belgique ou par l'Union européenne. Clairement, les dirigeants décident en fonction de leurs propres préjugés, et non en fonction de renseignements robustes. On le constate dans des situations comme le détournement du vol Ryanair 4978, pour lequel les décisions de Charles Michel ou Ursula von der Leyen sont prises bien avant que toute analyse puisse être réalisée : ils décident donc de manière autocratique sur la seule foi de leur «infaillibilité».

---

648. *Iraq's Continuing Programs for Weapons of Mass Destruction, NIE 2002-16HC*, National Intelligence Estimate, (S//NF), octobre 2002 (TOP SECRET), p. 6 (Approved for release 12 septembre 2014).
649. Jack Davis, "Sherman Kent and the Profession of Intelligence Analysis", *The Sherman Kent Center for Intelligence Analysis, Central Intelligence Agency*, Occasional Papers, vol.1, n° 5, novembre 2002.

Les diverses formes de renseignement s'intègrent de manière différente dans la décision politique. Ainsi, dans la plupart des pays occidentaux, le renseignement de police tend à perdre sa vocation tactique et à s'inviter dans la décision stratégique, entraînant ainsi les gouvernements dans une forme de «micro-management». Il en résulte une confusion entre les niveaux tactique et stratégique, qui joue en défaveur de ce dernier et explique en grande partie des décisions qui manquent de rationalité.

3.2.4.5.1. L'intégration du renseignement dans la décision

Les relations entre les services de renseignement et les décideurs sont complexes. Elles résultent à la fois de l'inexpérience des dirigeants politiques dans l'emploi de cet instrument et de la réticence des services à «vendre» leur produit. La complexité des problèmes sécuritaires exige une interaction toujours plus grande entre renseignement et décideurs. Or plusieurs obstacles à cette interaction sont récurrents, mais mal combattus :

• La finalité du renseignement est mal saisie. On tend souvent à lui attribuer un rôle documentaire et à ignorer son rôle dans le processus de décision. Cette tendance est partagée à la fois par les services, qui préfèrent expliquer qu'anticiper, et par les décideurs, réticents à intégrer le renseignement dans la préparation de la décision.

• On associe souvent plus volontiers les services à «l'action» qu'à la réflexion. Ce phénomène touche des services comme la CIA ou la DGSE, qui génèrent une image empreinte à la fois de respect et de méfiance, mais qui fait oublier leur rôle dans les processus décisionnels. Au sein de la CIA, ce phénomène a conduit à une rivalité profonde entre la *direction des opérations*[650] et la *direction du renseignement*, stimulant une amélioration de ses produits analytiques.

• Le résultat analytique est d'autant mieux accepté par le décideur qu'il confirme ses idées.

• Le réflexe bureaucratique encourage des analyses «plates», exprimées en termes vagues et justes, mais sans risque pour ses auteurs. Depuis le milieu des années 1980, pratiquement toutes les crises ont été précédées d'indices qui avaient été captés, mais qui n'ont pratiquement jamais été traduits en avertissements clairs pour l'autorité politique. L'information était disponible, mais la crise n'a pas été – ou a été mal – annoncée par les services. En Suisse, plusieurs crises, qui avaient été anticipées en temps utile par les analystes, n'ont pas été rapportées à l'échelon politique… par crainte de se tromper.

L'intégration du renseignement dans la décision est de la responsabilité du décideur et requiert une certaine humilité de la part des services : qu'il en tienne compte ou qu'il préfère décider selon son intuition reste sa prérogative. Mais dans tous les cas, il doit avoir connaissance du renseignement, et doit être prêt à assumer ses choix.

---

650. Appelé aujourd'hui *National Clandestine Service* (NCS).

3.2.4.5.2. L'expression de la fiabilité de l'information

Durant la guerre froide, les problèmes étaient essentiellement de nature stratégique et l'imagerie satellitaire, l'écoute électronique, le renseignement d'origine humaine, voire le renseignement économique pouvaient se conjuguer en un renseignement de qualité. Les analyses fournies aux décideurs étaient généralement d'une qualité mesurable et connue. Mais, plus on « descend » dans les niveaux de conduite, moins la qualité du renseignement fourni peut être garantie.

Dans le cas du terrorisme – comme dans la phase initiale des crises aiguës – le renseignement est souvent contraint de travailler avec des informations uniques, non recoupables et invérifiables. D'une part, parce que les sources sont très rares, voire uniques et, d'autre part, parce que l'urgence ne permet pas toujours d'attendre un processus de collation et une analyse approfondie. C'est pourquoi, afin d'utiliser ces informations dans un processus de décision, il est essentiel de préciser leur degré de fiabilité, qui est très souvent faible.

C'est ce qui a été fait dans le rapport publié le 6 janvier 2017 par la communauté du renseignement américain sur les tentatives supposées de la Russie d'influencer les élections américaines. En annexe a été attachée une grille d'interprétation qui donne une définition des degrés de fiabilité utilisés dans le document à propos des affirmations qu'il contient, très probablement parce que les informations disponibles n'ont pas permis un travail d'analyse « normal »[651] :

Expression anglaise	Traduction française	Interprétation
High confidence	Confiance élevée	Une confiance élevée indique généralement que les jugements sont basés sur des informations de haute qualité et de multiples sources. La haute confiance dans un jugement n'implique pas que le produit est un fait ou une certitude ; de tels jugements peuvent être faux.
Moderate confidence	Confiance modérée	La confiance modérée signifie que les informations sont basées sur des sources crédibles et sont plausibles, mais ne sont pas d'une qualité suffisante ou suffisamment corroborée pour garantir un niveau de confiance élevé.
Low confidence	Faible confiance	Une confiance faible signifie que la crédibilité de l'information et/ou sa plausibilité est incertaine et que l'information est trop fragmentaire et insuffisamment corroborée pour fonder des analyses solides, ou que la fiabilité des sources est discutable.

Tableau 15 - Expressions utilisées par le bureau du directeur du renseignement national américain pour indiquer la confiance dans un jugement (2017)

---

651. *Background to "Assessing Russian Activities and Intentions in Recent US Elections": The Analytic Process and Cyber Incident Attribution*, Intelligence Community Assessment (ICA), Office of the Director of National Intelligence, ICA 2017-01D, Annexe B, 6 janvier 2017, p. 13.

Cette grille permet de décoder le texte du rapport et ainsi de mettre en perspective les accusations contre la Russie. On relèvera qu'en regard de la notion de « confiance élevée » – qui apparaît sept fois dans le rapport – le *directeur du renseignement national* précise qu'elle peut se référer à des jugements faux[652] ! Or pratiquement *aucun média européen* n'a relevé cette mise en garde, car on a préféré accentuer le rôle de la Russie et la condamner sans réserve. Une illustration du phénomène « post-vérité »… C'est exactement le même phénomène qui avait conduit la communauté internationale à accepter aveuglément les affirmations américaines sur les armes de destruction massive irakiennes.

3.3. La définition d'une stratégie

> *Vaincre cent fois dans cent batailles n'est pas le sommet de l'excellence.*
> *Vaincre un adversaire sans le combattre est le sommet de l'excellence.*
> *(Sun Tsu)*

La première condition essentielle pour combattre le terrorisme est de comprendre qu'il n'est pas une fatalité : il présente des conséquences graves, mais des causes objectives qui doivent être traitées en toute transparence et de manière neutre. Le discours fataliste – particulièrement fort en France – doit être définitivement abandonné.

La seconde condition est de comprendre que la lutte contre le terrorisme ne commence pas *après* qu'il a frappé, mais *avant*. Cela semble simple, mais *aucun* pays occidental ne le fait : on crée les conditions pour que le terrorisme apparaisse et on se limite à tenter d'en limiter les effets.

Les termes « stratégie » et « prévention » sont les termes les plus galvaudés de la lutte contre le terrorisme. Lorsqu'elle n'est pas confondue avec une « doctrine » ou avec « une idée », la « stratégie » prend généralement la forme d'une liste d'activités, rarement cohérentes entre elles, dirigées sur des symptômes et non sur des causes. En fait, *aucun* pays occidental n'a de réelle stratégie contre le terrorisme.

La faiblesse des Occidentaux est une réflexion trop conventionnelle et leur incapacité à comprendre les conflits insurrectionnels au-delà des problèmes tactiques. La dimension « non-conventionnelle » souvent évoquée dans les médias se résume à des coups de main ou des raids, selon le modèle de la Seconde Guerre mondiale. On répète les mêmes erreurs et on est toujours en retard sur les terroristes. En février 2015, le lieutenant général Douglas Lute avouait à propos du début de la guerre en Afghanistan :

---

652. *Op. cit.*

Nous n'avions pas la moindre idée de ce que nous entreprenions.[653]

En clair, les Américains n'avaient aucune stratégie ni des objectifs clairs pour leur guerre en Afghanistan[654].

C'est la même chose pour l'opération BARKHANE, dans le Sahel. Sa stratégie s'articule autour de trois axes : a) maintenir la pression sur les groupes armés terroristes ; b) accompagner les armées des pays partenaires ; c) agir pour les populations[655]. Sans entrer dans les détails, on constate qu'elle n'est pas orientée sur des objectifs mesurables permettant de définir un succès : au lieu d'expliquer comment transformer les succès tactiques en un succès stratégique, l'opération se résume à une somme d'actions tactiques.

En février 2021, au sommet du G5 Sahel, le président Emmanuel Macron affirme vouloir poursuivre l'effort de l'opération BARKHANE afin de « décapiter » les organisations islamistes et ainsi réduire le niveau de la menace terroriste[656]. En fait, il réfléchit comme en 1914, lorsque l'efficacité d'un adversaire découlait de structures de commandement pyramidales. Le problème est très différent avec des structures flottantes et très plates : l'élimination des « chefs » tend à stimuler l'activité terroriste plus qu'à la paralyser.

À l'inverse, la stratégie des islamistes est le résultat de l'effet multiplicateur de leurs actions tactiques : elle retourne les populations locales contre les forces françaises.

Les seuls pays qui ont combattu efficacement un terrorisme complexe de nature asymétrique ont été l'Italie (avec les Brigades rouges) et l'Espagne (avec l'ETA). En combinant des mesures politiques, stratégiques et tactiques, l'Espagne a réussi à vaincre son terrorisme intérieur en érodant progressivement sa base populaire : par des mesures de démocratisation et de dialogue, l'État a réussi à réduire la base radicale de gauche de l'ETA et – par des mesures législatives – à couper les indépendantistes de leur base nationaliste.

Au contraire, aucun pays n'a dans le monde été si peu efficace qu'Israël dans sa lutte contre le terrorisme. Enfermé dans des doctrines figées, une incapacité intellectuelle à sortir d'un cadre tactique et une culture qui tend à sous-estimer ses adversaires, il est le seul pays du monde à avoir favorisé un accroissement quantitatif et qualitatif de l'hostilité dans les territoires qu'il contrôle. En outre,

---

653. "Interview with Ambassador Douglas Lute", NATO Permanent Rep, former Director Iraq/ Afghanistan, NSC 2007-2014, Office of the Special Inspector General for Afghanistan Reconstruction, 20 février 2015.

654. "How Government Officials Misled The Public About The Conflict In Afghanistan", npr.org, 18 décembre 2019.

655	« Opération Barkhane », dossier de presse, Bureau relations médias de l'état-major des armées, novembre 2019.

656. «Sahel : Macron veut "décapiter" les groupes affiliés à Al-Qaïda », AFP/*Le Point*, 16 février 2021.

l'impopularité et l'inefficacité de sa politique de sécurité intérieure ont encouragé l'antisémitisme dans le reste du monde.

Pour être efficace, la lutte contre le terrorisme djihadiste doit sortir des logiques tactiques. L'établissement d'une stratégie doit tenir compte des spécificités du djihad :

• L'action dissuasive n'a conceptuellement pas d'impact, car le djihad implique par essence que l'on refuse de se laisser impressionner par la force de son adversaire. En tentant de dissuader par la mort des individus prêts à mourir, nos logiques d'action sont vouées à l'échec.

• C'est la détermination de résister qui compte, et c'est à ce niveau que se situe l'« obligation de résultat » du moudjahid. Autrement dit, il doit montrer qu'il ne courbe pas l'échine et doit – d'une certaine manière – « avoir le dernier mot ». Il est important de souligner que cette détermination ne doit pas nécessairement se traduire par un acte de violence, mais peut s'exprimer par d'autres moyens (verbalement ou par écrit, par exemple).

• La victoire dans le djihad ne se mesure pas au nombre de victimes qu'il cause ni à l'intensité de son action, mais à sa détermination.

Une stratégie de lutte contre le terrorisme islamiste est de lui offrir des « portes de sortie » afin que sa détermination puisse s'exprimer autrement que dans la violence. Mais une telle stratégie requiert du doigté. Il s'agit d'éviter de montrer que l'on cède au chantage de la violence, tout en offrant au terroriste une ouverture afin qu'il puisse montrer sa détermination, sans nécessairement passer par la violence.

Contrairement aux conflits conventionnels ou symétriques, la fermeté de l'État dans la lutte contre le terrorisme islamiste ne peut pas s'exprimer uniquement de manière capacitaire. La faiblesse des approches américaine et israélienne contre le terrorisme est précisément qu'elles se veulent « implacables » et refusent toute porte de sortie à l'adversaire. Quelquefois efficaces contre la grande criminalité ou certains types de terrorisme « symétrique » (notamment le terrorisme d'extrême droite ou le terrorisme marginal), elles ne fonctionnent pas contre un terrorisme asymétrique qui s'alimente de la « force » de son adversaire. Plus la situation semble inextricable, plus la détermination à s'engager dans des actions extrêmes (attentats-suicides) sera forte. C'est notamment le phénomène qui a été observé lors de l'usage de drones pour les frappes aériennes, comme nous le verrons.

Le problème est qu'en Occident, on tend à appliquer une sorte de schéma intellectuel standardisé basé sur l'intransigeance, qui devrait s'appliquer à n'importe quelle forme de terrorisme sans tenter d'en comprendre les différents moteurs. On utilise plus d'énergie à éviter de perdre la face qu'à chercher des solutions qui préviendraient les militants de s'engager dans le terrorisme.

Le terrorisme doit être combattu fermement, mais pas aveuglément !

La formulation d'une stratégie de lutte contre le terrorisme doit donc prendre en considération un très large spectre de facteurs sociétaux, sociaux, culturels et sécuritaires. C'est ce que traduit la notion d'« *approche holistique* », mal comprise dans les milieux sécuritaires, et souvent confondue avec celle d'« *approche intégrale* » ou « *approche globale* » (en anglais : « *comprehensive approach* ») utilisée par l'OTAN. Cette dernière suppose que l'on traite un problème en combinant les efforts de plusieurs acteurs, alors que l'approche holistique implique un traitement du problème sur l'ensemble de la chaîne de causalité qui l'a provoqué. Une stratégie holistique doit traiter l'ensemble des facteurs militaires, sociétaux, culturels ou sociaux qui génèrent et renforcent la détermination des terroristes.

Cette confusion explique en très grande partie l'échec de l'OTAN en Afghanistan, que la France répète au Sahel. Pour simplifier, l'OTAN se considère comme une organisation dont le champ d'action est limité aux questions de défense collective. Dans un contexte asymétrique, son champ d'action trop étroit tend à compliquer la situation. L'auteur a pu le constater personnellement en Afghanistan et avec ses partenaires du Dialogue méditerranéen (principalement l'Algérie, l'Égypte et la Tunisie), où l'OTAN tend à avoir un rôle déstabilisant. Non pas qu'elle cherche à déstabiliser ces pays, mais parce qu'elle n'est pas capable de comprendre la logique de ses partenaires. D'une part, elle n'a ni la culture ni les compétences pour traiter l'ensemble du spectre « contre et antiterroriste » et, d'autre part, sa simple présence nourrit l'opposition islamiste. C'est pourquoi, en février 2018, la Tunisie a refusé l'implantation d'un centre de conduite opérationnelle de l'OTAN sur son territoire[657].

3.3.1. Le centre de gravité

Au XIXe siècle, Clausewitz et Jomini avaient identifié l'existence d'une chaîne de causalité qui liait les diverses actions politico-militaires vers un objectif et qui devait conduire à la victoire. Encore fallait-il trouver des critères pour fixer cet objectif. Les deux stratèges avaient identifié un « point » ou un élément déterminant dont dépend la force ou l'efficacité d'un adversaire. Jomini le décrit comme un « point décisif stratégique », tandis que Clausewitz emploie l'expression « centre de gravité »[658] définie comme :

> *[…] le centre de toute puissance et de tout mouvement, dont tout dépend ; la caractéristique, la capacité ou l'emplacement dont les forces ennemies et*

---

657. Yacine Babouche, « La Tunisie rejette la proposition de l'OTAN d'installer un centre de commandement sur son territoire », TSA-Algérie, 13 février 2018.
658. „[…] ein gewisser Schwerpunkt, ein Zentrum der Kraft und Bewegung bilden, von welchem das Ganze abhängt, und auf diesen Schwerpunkt des Gegners muß der gesammelte Stoß aller Kräfte gerichtet sein.", Karl von Clausewitz, Vom Kriege, Achtes Buch, Dümmlers Verlag, Berlin, 1832.

Dans la lutte contre un mouvement terroriste, l'identification de son centre de gravité est une tâche centrale des services de renseignement stratégique. Elle fait appel à une connaissance intime et dépassionnée du mouvement terroriste, de ses objectifs et de sa doctrine. C'est une tâche non triviale, particulièrement dans un contexte asymétrique où la réflexion doit se faire « en creux ». En l'absence d'une réelle compréhension du terrorisme islamiste, l'esprit occidental tend à projeter ses propres schémas et à identifier le centre de gravité en fonction de ses propres biais culturels. C'est la raison pour laquelle l'élimination d'Oussama ben Laden ou d'Abu Bakr al-Baghdadi nous apparaissait si importante, alors qu'en réalité, leur disparition en 2011 et en 2019 n'a eu aucun impact sur l'activité terroriste globale[660], au contraire.

Pour chaque protagoniste, le centre de gravité est donc la « clé de voûte » de son édifice stratégique : sa suppression provoque l'effondrement ou la destruction de l'ensemble. Il peut être constitué d'un chef charismatique, d'une position géographique, d'un système d'arme particulier (par exemple, l'arme nucléaire) ou être de nature immatérielle, comme la légitimité d'un combat ou le soutien populaire.

Le centre de gravité des mouvements terroristes se situe généralement dans les champs immatériels et dans la *légitimité* de leur action vis-à-vis d'un public. Cette légitimité a une importance variable selon la nature de l'objectif stratégique : elle doit être conquise par les terroristes qui cherchent à instaurer un nouveau régime, elle est en général assez largement acquise dans un terrorisme de résistance, mais ne joue qu'un rôle mineur dans un terrorisme de droit commun, par exemple.

Pour d'autres types de terrorisme, comme le terrorisme de droit commun – le centre de gravité se situe dans le domaine matériel. Il en est ainsi du narcoterrorisme, dont la motivation (et l'objectif) est le gain, et dont le centre de gravité est souvent la position (monopolistique) des trafiquants sur le marché. C'est pourquoi certains stratèges prônent l'ouverture du marché des stupéfiants, afin d'imposer un marché aux trafiquants : on s'attaque alors à leur centre de gravité et donc à leur principale motivation : le gain[661].

---

659. "The hub of all power and movement upon which everything depends; that characteristic, capability, or location from which enemy and friendly forces derive their freedom of action, physical strength, or the will to fight.", *Glossary*, FM 100-5 (en allemand : *Schwerpunkt*). On trouve également: "...characteristic(s), capability(ies), or locality(ies) from which a nation, an alliance, a military force or other grouping derives its freedom of action, physical strength, or will to fight.", Office of the Joint Staff, *DOD Dictionary of Military and Associated Terms*, Joint Publication 1-02 (Washington DC, 1984) p. 188.

660. Nicole Gaouette, "5 years ago the U.S. killed Osama bin Laden. Did it matter?", CNN, 2 mai 2016 ; Ryan Pickrell, "Killing ISIS leader Abu Bakr al-Baghdadi hasn't hurt the terror group's operations, Pentagon warns", Business Insider, 4 février 2020.

661. Voir Dirk Chase Eldredge, *Ending the War on Drugs – A Solution for America*, Bridge Works, New York, 1998.

Une fois le centre de gravité identifié, on peut commencer à élaborer une stratégie. Dans certains cas, il est possible que – pour des raisons d'opportunité politique ou de légitimité, par exemple – l'action ne soit pas dirigée sur le centre de gravité de l'adversaire, car il ne peut ou ne doit pas être atteint. En Irlande du Nord, les Britanniques n'ont pas systématiquement dirigé leur action sur les chefs des réseaux terroristes – pourtant connus – de sorte à ne pas provoquer des changements radicaux dans les structures des réseaux, et ainsi à conserver les réseaux «sous contrôle» permanent. Lorsque le centre de gravité est mal identifié, sa neutralisation peut conduire à une péjoration de la situation, comme cela a été le cas avec les éliminations ciblées menées par les Israéliens, qui ont systématiquement surévalué l'importance des chefs de mouvements (comme Cheikh Yassine, chef du Hamas) et sous-estimé la virulence de leurs successeurs.

Avec le concept de «djihad ouvert» («*Open Jihad*»), le centre de gravité repose entièrement sur un facteur immatériel : la légitimité de l'action. Elle découle de la légitimité de la résistance face aux interventions militaires internationales au Moyen-Orient, interprétées comme une croisade contre l'islam. La religion intervient ici comme un facteur critique, permettant de fédérer des efforts de résistance (djihad), d'aplanir d'éventuelles divergences entre groupes rivaux, voire de mener des opérations conjointes («opérations hybrides»). En France, ce centre de gravité n'a absolument pas été «capté» par les services de renseignement et le gouvernement. Au lieu de s'y attaquer, on l'a renforcé avec des débats très médiatisés et souvent puérils :

• Les campagnes contre le voile islamique («hijab»), le burkini, la «burqa» (qui est, en fait, un «niqab»), les horaires des piscines pour les femmes ou les actions contre des individus comme Dieudonné ont fait naître – à tort ou à raison – un sentiment de «persécution». Dans l'argumentaire des djihadistes, elles viennent s'ajouter aux interventions dont sont victimes les communautés musulmanes à travers le monde[662] et accréditent l'idée d'une croisade contre l'islam.

• Le lien ostensiblement exprimé par le Premier ministre Manuel Valls avec la communauté juive (et le sionisme[663]) a eu pour effet de renforcer le centre de gravité des djihadistes, en se superposant à des antipathies que l'on peut déplorer, mais qui existent[664].

Sans discuter ici la pertinence du fond, la forme était totalement inappropriée et il était totalement inutile de les mettre sous les projecteurs à ce stade : on aurait pu remettre ces discussions à une période plus calme. Il ne sert à rien à l'État

---

662. « Rohingyas, Ouïghours… : la carte des musulmans persécutés dans le monde », France Culture, 6 septembre 2017.
663. Voir YouTube, « Quand Manuel Valls compare antisionisme et antisémitisme », discours du 7 mars 2016 au CRIF.
664. « L'histoire de l'inimitié de la France envers l'islâm », *Dar al-Islam*, n° 2, février 2015, p. 10 (NDA : l'auteur de l'article se réfère au discours de Manuel Valls du 19 mars 2014, à Paris).

de lutter contre les contenus sur Internet si, d'un autre côté, il se positionne ouvertement comme un ennemi, alimentant ainsi la volonté de combattre des djihadistes. C'est comme vider sa baignoire en laissant le robinet ouvert.

Dans un tel contexte, la tâche du renseignement n'est évidemment pas de se prononcer quant à l'interdiction de tel ou tel habillement, mais de savoir si le calendrier du débat est judicieux, et surtout si les décisions prises doivent être entourées de mesures d'accompagnement (notamment en matière de communication).

Si dans les années 2015-2017, la France a été plus ciblée que d'autres pays de la coalition internationale, c'est en grande partie parce qu'il n'y a eu aucune gestion du conflit au niveau de la communication en métropole.

3.3.1.1. *Les facteurs critiques*

Pour permettre au centre de gravité d'exister et d'être effectif, Clausewitz et Jomini avaient identifié des « points », sortes de portes d'accès au centre de gravité dont la destruction ou la maîtrise permettait d'atteindre ce dernier. Clausewitz les nomme « *points névralgiques* » et Jomini, « *points décisifs* ». Ils peuvent être des positions militaires, des systèmes d'arme, des moyens de transmission, des moyens de renseignement, etc.

Afin de mieux tenir compte de la complexité du champ de bataille moderne et de l'imbrication de facteurs très divers, ces principes ont dû être affinés. Ainsi, les points névralgiques ou décisifs ont été redéfinis en un ensemble de « facteurs critiques » matériels ou immatériels, indispensables pour mener des actions ou maintenir une liberté de manœuvre, dont la combinaison permet au centre de gravité d'exister.

Ces facteurs critiques se déclinent en une combinaison de fonctions critiques, ressources critiques et vulnérabilités critiques. Dans le cadre de la lutte contre le terrorisme, leurs caractéristiques générales peuvent être esquissées comme suit :

• Les *fonctions critiques* sont les fonctions indispensables à l'action. Il s'agit, par exemple, des communications, des capacités de commandement et de conduite, des capacités interarmées, etc. Pour un mouvement terroriste, on y trouve la conduite et la coordination de factions diverses, la cohérence entre l'objectif du mouvement et des revendications populaires, ce qui souvent se résume à la légitimité du mouvement terroriste.

• Les *ressources critiques* peuvent être constituées du soutien populaire, de la cohésion nationale, de la capacité industrielle, etc. En matière de terrorisme, il peut s'agir de soutien financier, de soutien logistique (caches, hébergement, etc.) ou de ressources humaines – notamment la disponibilité de « combattants » prêts à sacrifier leur vie.

• Les *vulnérabilités critiques* sont les faiblesses potentielles du système, son « talon d'Achille », comme le surdimensionnement d'un réseau logistique, la dépendance envers une adhésion populaire dans un contexte social difficile, des infrastructures critiques mal protégées ou mal protégeables, etc. Dans un contexte terroriste, il peut s'agir de structures de conduite insuffisamment compartimentées, de militants insuffisamment formés ou davantage mus par le romanesque de l'action révolutionnaire que par des convictions profondes. Ainsi, les Brigades rouges italiennes ont connu, après une première phase menée par un noyau fortement politisé, une rapide expansion dans les milieux estudiantins, où le romanesque de l'action excédait les convictions politiques, lequel a introduit une vulnérabilité critique. Les forces de sécurité italiennes ont ainsi pu infiltrer l'organisation et exploiter le système des « repentis ». Une vulnérabilité critique peut exister lorsque le mouvement ou sa légitimité dépendent d'une personnalité charismatique comme dans les groupes terroristes.

À la fin des années 1990, le colonel américain John A. Warden a développé un modèle[665] qui articule de manière générique les facteurs critiques en cinq cercles concentriques, avec en son centre le leadership et la conduite, puis les infrastructures critiques, l'infrastructure de communication, la population et, finalement, les forces déployées sur le terrain. Il en déduit une stratégie aérienne basée sur un catalogue de cibles choisies parmi les facteurs critiques pour atteindre le centre de gravité d'un adversaire.

En réalité, Warden n'a fait que formaliser et adapter les théories de Clausewitz et Jomini aux technologies du XXIᵉ siècle. En bombardant délibérément les populations civiles allemandes entre 1940 et 1945, et la population bulgare en 1941, les Britanniques avaient tenté d'infléchir leur soutien au régime nazi et ainsi de l'affaiblir[666]. C'est cette même stratégie qui a été appliquée contre Saddam Hussein en 1991 et 2003, contre la Serbie lors du conflit des Balkans durant les années 1990 et contre l'EI depuis 2014 : on a délibérément ciblé la population civile afin d'isoler les « leaders » (centres de gravité) de leur base et de provoquer des insurrections. Aujourd'hui, les sanctions contre l'Iran ou le Venezuela ont le même objectif[667]. Pourtant, dans aucun de ces exemples, cette stratégie n'a fonctionné.

C'est même le contraire : les frappes sont devenues un élément central de la propagande islamiste. Elles jouent un rôle mobilisateur, renforcent l'esprit de résistance et légitiment le terrorisme dans l'esprit des djihadistes. Une bombe apportée par un terroriste au milieu d'une foule de civils innocents est sans

---

665. Col. John Warden (USAF), "Air Theory for the Twenty-First Century", *Air Power Journal*, 1995.
666. Contrairement à ce que suggèrent les manuels d'histoire, ce n'est qu'après les frappes britanniques, en 1940, sur des villes allemandes et la population civile que l'Allemagne déclenchera son Blitz sur Londres. (Richard Overy, *The Bombing War: Europe 1939-1945*, Allen Lane, 26 septembre 2013).
667. "Secretary of State Mike Pompeo's Interview with Hadi Nili of BBC Persian", Washington DC, 7 novembre 2018 ; Brendan Cole, "Mike Pompeo Says Iran Must Listen To U.S. 'If They Want Their People To Eat'", *Newsweek*, 9 novembre 2018.

aucun doute un acte terroriste, mais qu'en est-il d'une bombe amenée par la voie des airs sur cette même foule ? En appliquant cette analogie, l'EI a mis en œuvre exactement la même stratégie que les pays occidentaux en utilisant le terrorisme pour pousser l'opinion publique contre les décisions de leurs gouvernements[668]. Mais cette démarche n'a pas eu plus de succès que son modèle occidental.

Ironiquement, les pays occidentaux et l'État islamique ont fait la même erreur de jugement : quel que soit l'objectif final, s'attaquer à la population civile tend à affaiblir la légitimité de l'action, qui est leur centre de gravité. En fait, les seuls à avoir compris cette asymétrie sont les Palestiniens du Hamas : les Israéliens s'attaquent aux populations civiles de manière excessive, tandis que les ripostes (tirs de roquettes et d'obus de mortier) sont spectaculaires, mais tuent très peu et principalement durant les opérations israéliennes. Il en résulte que leur cause ne cesse d'attirer la sympathie, au détriment d'Israël. Le résultat est que, de plus en plus, la légitimité même de son existence est remise en question, ce qui oblige les États occidentaux à légiférer pour que cette remise en question soit condamnable pénalement.

Les principes classiques de la guerre s'appliquent de manière universelle, mais ils doivent être soigneusement adaptés au contexte. Particulièrement dans les conflits asymétriques, la compréhension de la nature profonde des centres de gravité et des facteurs critiques doit être analysée sans concession et de manière objective, sans quoi les résultats iront exactement à l'opposé de ce qui était recherché.

3.3.1.2. Le respect de nos valeurs

En novembre 2015, Manuel Valls affirmait :

> *Nous devons donc combattre au nom de valeurs universelles ce terrorisme.*[669]

Pour une fois, il avait raison… juste avant d'annoncer que la France renoncerait à appliquer les droits de l'homme dans sa lutte contre le terrorisme[670], abandonnant ainsi son centre de gravité aux terroristes ! Ce discours ferme était – en fait – porteur d'échec : à aucun moment Manuel Valls n'a compris qu'il était dans un contexte asymétrique !

---

668. Voir la vidéo, *Votre silence vous tue*, de l'État islamique, diffusée en décembre 2016 et « L'histoire de l'inimitié de la France envers l'Islâm », *Dar al-Islam*, n° 2, Rabi al-thani 1436, février 2015, p. 10.
669. Réponses de M. Manuel Valls, Premier ministre à des questions à l'Assemblée nationale, Paris, 18 novembre 2015, https://il.ambafrance.org/Lutte-contre-le-terrorisme-Politique-internationale-Mesures-de-securite-Lutte.
670. Blandine Le Cain, « La France prévoit d'enfreindre les droits de l'homme avec l'état d'urgence », lefigaro.fr, 27 novembre 2015.

Le centre de gravité des pays combattant le terrorisme est le plus souvent de nature immatérielle et est un facteur essentiel de leur légitimité pour agir. On peut simplifier le propos en disant qu'il est composé de nos «valeurs», comme l'État de droit et le respect des individus, de leurs droits et libertés. Pour les démocraties, ces valeurs constituent des *ressources critiques* du centre de gravité. Elles soutiennent la légitimité de notre lutte contre la violence, en particulier à l'étranger. Cela implique donc que nous devons les préserver. Ainsi, en termes stratégiques, renoncer au respect des droits de l'homme – comme l'ont fait la France[671] et les États-Unis, à Guantanamo et à Abou Ghraïb en 2004 – signifie abandonner son centre de gravité à l'ennemi et perdre la légitimité du combat. C'est une démission ou, en termes militaires, une trahison.

Le problème est que nous avons tendance à penser que le fait de combattre des terroristes nous permet de nous affranchir du droit. Il y a ici un vrai problème, qui n'est jamais traité par nos politiciens et qui contribue au développement du terrorisme. Depuis le début des années 2000, sous l'influence des États-Unis, les pays occidentaux tendent à s'écarter du droit international pour appliquer un autre système dit «*rule-based international order*» (RBIO), qui pourrait se traduire par «*ordre international basé sur des principes*». Alors que le droit international est une norme qui s'applique à tous de manière égale (en théorie), le RBIO est fondé sur des principes définis par un acteur, en l'occurrence les États-Unis. C'est une manière de subordonner nos «valeurs» à d'autres intérêts.

C'est le cas aux États-Unis, où Donald Trump gracie un militaire qui a poignardé un enfant sans raison et pose en photo avec son «trophée»[672], qui exercent des pressions sur la Cour pénale internationale (CPI) en imposant des sanctions à ses procureurs[673], afin qu'elle n'enquête pas sur les crimes américains et israéliens en Afghanistan et en Palestine[674]. Le même phénomène s'observe en Israël, qui a été épinglé à de nombreuses reprises par les Nations unies pour son non-respect des normes et du droit international : des militaires tuent simplement pour le plaisir[675] ou brisent les os des jeunes palestiniens capturés[676]. Ces approches musclées flattent les esprits «primitifs», mais sont une faiblesse stratégique. Elles vont à l'inverse des stratégies dites «*hearts & minds*» («cœurs et esprit») qui ont fait le succès de la

---

671. *Ibid.*

672. Richard Luscombe, "Navy seal pardoned of war crimes by Trump 'freaking evil', colleagues say", *The Irish Times*, 28 décembre 2019.

673. "US Sanctions International Criminal Court Prosecutor", Human Rights Watch, 2 septembre 2020.

674. «Déclaration du Procureur, Karim A. A. Khan QC, après avoir demandé aux juges, en vertu de l'article 18 2, de statuer sur sa demande d'autorisation de reprise des travaux d'enquête dans la situation en Afghanistan», Cour pénale internationale, 27 septembre 2021.

675. *Israeli occupation soldiers kill Palestinian kids for fun*, "Israeli soldiers cheer after shooting a Palestinian protester in the village of Madama", B'Tselem/YouTube, 24 avril 2018.

676. Amira Hass, "Broken Bones and Broken Hopes", *Haaretz*, 4 novembre 2005.

lutte antiterroriste britannique en Malaisie. Il en résulte que ni les Américains ni les Israéliens ne sont des adversaires respectés : c'est une *faiblesse critique* de leur centre de gravité. Cela explique en partie pourquoi ils ne parviennent jamais à dépasser les succès tactiques pour atteindre une victoire stratégique.

Lors des événements de Gaza, en mai 2018, certains journalistes ont attribué la responsabilité des massacres aux Palestiniens (et au Hamas en particulier), accusés d'avoir placé des enfants devant les fusils israéliens. Les vidéos publiées par les Nations unies montrent que ce n'était pas le cas[677]. Toutefois, même en l'admettant, rien ne justifie le fait de tirer sur des enfants désarmés… ni sur le personnel médical venu les soigner ! Le droit de la guerre est très clair à ce sujet : les moyens doivent être adaptés et proportionnés à la menace et – finalement – c'est au tireur de s'abstenir de tirer (même si ses ordres sont différents !) C'est d'ailleurs exactement selon le même principe que d'anciens sous-officiers et soldats SS ont été condamnés : se retrancher derrière l'ordre donné ne peut être invoqué lorsqu'il s'agit d'appliquer le droit de la guerre.

Dans l'armée israélienne, les seuls militaires qui méritent le respect sont ceux qui ont le courage de se regrouper dans l'association *Breaking the silence* (*Briser le silence*) afin de témoigner des exactions régulièrement menées en Palestine[678] : ils contribuent non seulement à sauver l'honneur perdu de l'armée israélienne, mais aussi à retirer la légitimité des actes terroristes.

La politique d'individus comme Donald Trump est de considérer l'application du *droit international humanitaire* (DIH) comme une faiblesse. En fait, c'est une force dans tous les cas, mais spécialement dans les conflits asymétriques, c'est une manière de se montrer plus forts que les terroristes.

En fait, ces pays qui disent lutter contre le terrorisme par l'usage de la torture, de la violation de la vie privée, des bombardements peu discriminés, voire des éliminations extra-judiciaires, utilisent exactement le même schéma intellectuel que les terroristes : la fin justifie les moyens et justifie que l'on oublie nos valeurs pour y parvenir. Alors que le DIH – ou *droit de la guerre* – impose la retenue aux belligérants lorsque des civils sont menacés, les Occidentaux se cachent derrière l'imprécision de leurs armes pour justifier les «dommages collatéraux», qui deviennent alors une justification pour les terroristes :

> *L'artillerie, tout comme le terrorisme, conduit à des pertes de vies de non-combattants. Un missile qui frappe une ville, et qui n'est à l'évidence pas une arme précise, n'est pas différent d'une bombe dans une ville d'un pays qui est en guerre contre les musulmans.*

---

677. "Video screened at UN Human Rights Council meeting, February 28, 2019", *Haaretz*/YouTube, 28 février 2019.
678. *Israeli Soldiers Breaking The Silence on the Occupation of Palestine*, YouTube, 24 octobre 2012.

> *Dès lors [...] il est clair que les musulmans sont autorisés à cibler des populations des pays qui sont en guerre avec les musulmans, par des bombes, des armes à feu ou d'autres formes d'attaques qui conduisent inévitablement à la mort de non-combattants.[679]*

La lecture très froide et technique du terrorisme par les djihadistes leur permet une grande cohérence stratégique. Elle évite des questions morales, souvent insolubles, comme la différenciation entre « *résistant* », « *combattant de la liberté* » et « *terroriste* ». Lorsque la France fournit des armes à un groupe affilié à « Al-Qaïda » en Libye ou en Syrie, participe-t-elle au terrorisme djihadiste ou non ? Bombarder une population civile afin de la pousser à se rebeller contre ses dirigeants (comme en Irak et en Syrie) s'apparente-t-il au terrorisme ? Torturer un terroriste est-il compatible avec les valeurs que nous défendons face au terrorisme ou non ? Lorsque la coalition internationale tue plus de civils que l'État islamique en Afghanistan[680] respecte-t-elle les valeurs qu'elle prétend défendre ?

Nous sommes souvent nos propres ennemis.

3.3.1.3. *Un exemple : Le centre de gravité des mouvements palestiniens*

Les Occidentaux continuent à comprendre la guerre comme au Moyen Âge et à voir le centre de gravité des mouvements terroristes dans leurs chefs, raison pour laquelle ils dépensent une énergie considérable pour les débusquer et les éliminer. Mais cela résulte d'une mauvaise compréhension du djihadisme lui-même et du concept d'ARIG. C'est pourquoi l'élimination – d'ailleurs peu glorieuse[681] – d'Oussama ben Laden n'a eu aucun impact sur le terrorisme djihadiste[682]. De même, les éliminations répétées des dirigeants palestiniens n'ont pas infléchi l'influence de leurs mouvements, au contraire…

En fait, le centre de gravité des mouvements islamistes n'est pas constitué par des personnes, mais par la légitimité même de leur combat. Pour les combattre, la solution ne réside donc pas dans les éliminations ciblées, mais dans la suppression de la cause même du combat. Dans le cas palestinien, Israël et les Palestiniens ont des centres de gravité très différents :

---

679. *Inspire*, n° 8, automne 2011, p. 42.

680. *Midyear Update on the Protection of Civilians in Armed Conflict: 1 January to 30 June 2019*, United Nations Assistance Mission in Afghanistan (UNAMA), 30 juillet 2019, p. 12 ; Amy Woodyatt & Arnaud Siad, "More civilians are being killed by Afghan and international forces than by the Taliban and other militants", CNN, 31 juillet 2019.

681. Sandip Roy, "Osama Ben Laden was a Prisoner in Pakistan: 5 Shocking Facts Revealed from Hersh's Expose", 12 mai 2015, http://newamericamedia.org/2015/05/osama-bin-laden-was-a-prisoner-in-pakistan-5-shocking-facts-revealed-from-hershs-expose.php.

682. Nicole Gaouette, "5 years ago the U.S. killed Osama bin Laden. Did it matter?", CNN, 2 mai 2016.

• Pour Israël, l'objectif est d'établir sa souveraineté sur l'ensemble du territoire compris entre la Méditerranée et le Jourdain. Son centre de gravité est situé dans la légitimité à occuper l'ensemble de la terre de Palestine. Mais cette légitimité ne lui est pas donnée par le droit international (qui ne lui accorde qu'une *partie* de la Palestine, selon la Résolution 181 des Nations unies). C'est la raison pour laquelle les politiciens préfèrent invoquer la Bible. Or les recherches scientifiques dans les domaines historique[683], archéologique[684] et en génétique[685] tendent à fragiliser peu à peu cette approche. Il en découle les facteurs critiques qu'Israël doit prendre en considération : une *ressource critique*, le soutien politique et financier des États-Unis ; une *vulnérabilité critique*, le non-respect du droit international, qui tend à le discréditer au sein même de la communauté juive, notamment aux États-Unis[686] ; une *fonction critique*, la communication afin de maintenir le soutien américain et de la diaspora.

• Le centre de gravité des Palestiniens est la volonté de résistance des jeunes générations, sans laquelle les droits qui leur sont conférés par la Résolution 181 seront lentement « phagocytés » par Israël et les États-Unis. Leur *ressource critique* est le respect du droit international, qui donne la légitimité à leur résistance. Leur *fonction critique* est de maintenir la mémoire des déportations massives et des massacres de populations civiles (*Al-Nakba*) menées par les milices juives dès 1947, puis l'occupation des terres dès 1967, qui sont la première source de légitimité de leur résistance. Leur *vulnérabilité critique* est le risque de basculer dans un terrorisme agressif, qui leur aliénerait la sympathie croissante que la cause palestinienne a dans le monde.

La multiplication des implantations dans les territoires occupés, contraire au droit international[687], alimente la volonté de résistance des Palestiniens. Ainsi, contrairement aux apparences, le centre de gravité des Israéliens tend à s'affaiblir, alors que celui des Palestiniens tend à se renforcer avec le temps. Un rapport publié en 2017 par le *Brand Israel Group*, qui veille à l'image d'Israël dans le

---

683. Voir, Shlomo Sand, *Comment la terre d'Israël fut inventée*, Flammarion, coll. Champs histoire, 2012.

684. Voir Israel Finkelstein et Neil Asher Silberman, *La Bible dévoilée – Les nouvelles révélations de l'archéologie*, Gallimard, coll. Folio, Paris, 2002.

685. Voir Kate Yandell, "Genetic Roots of the Ashkenazi Jews", *The Scientist*, 8 octobre 2013.

686. Jonathan Cook, "Can young Jews in US turn tide against Israel?", *The National*, 26 juin 2017.

687. Il s'agit essentiellement de la Convention de La Haye sur les lois et coutumes de la guerre sur terre, de 1907, et de la IVᵉ Convention de Genève relative aux personnes civiles en temps de guerre, de 1949, qui règlent la question du comportement des puissances d'occupation dans des « territoires occupés ». Le problème est qu'Israël – en opposition avec les interprétations de la communauté internationale – ne reconnaît pas le statut de « territoires occupés » à la bande de Gaza et à la Cisjordanie, car ces terres n'ont jamais été revendiquées par la Jordanie et l'Égypte, et donc qu'Israël n'aurait donc pas pris ces terres à « des parties contractantes ». La cause de cette situation est la notion même de frontière dans la culture arabe traditionnelle, qui reconnaît des entités de populations, mais pas de territoire délimité.

monde, montre qu'entre 2010 et 2016, le soutien des jeunes juifs américains envers Israël a chuté de 27 %[688], avec le sentiment d'une divergence croissante entre les valeurs des deux pays[689], et une sympathie toujours plus importante pour la cause palestinienne.

Nombre de colons israéliens en Cisjordanie (1976-2017)

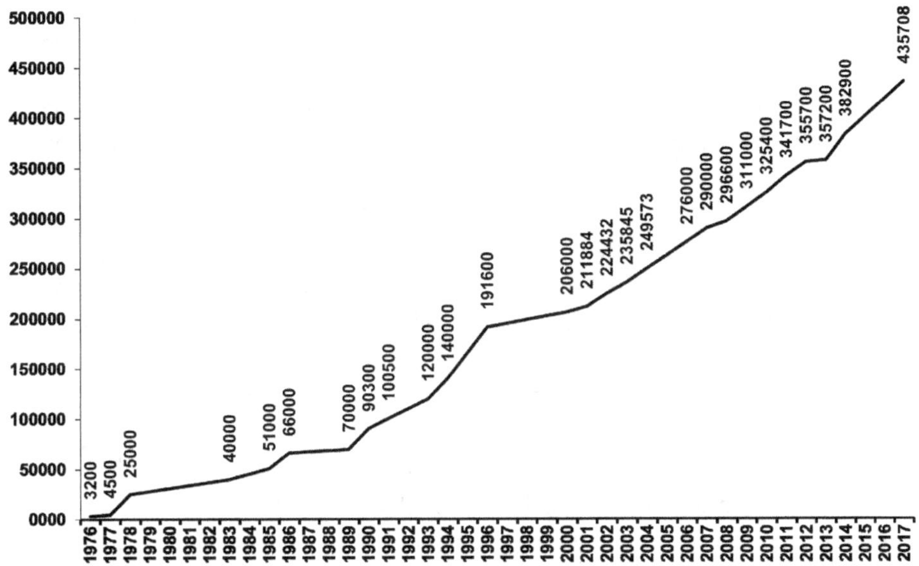

Figure 9. Le nombre de colons dans les territoires occupés augmente de manière constante, malgré les engagements répétés des gouvernements israéliens pour un gel de ces implantations dès les accords de Camp David (1976). La résistance des Palestiniens a ainsi un caractère plus identitaire que religieux, même si le second est le support du premier. Une réduction de ces implantations – qui sont contraires au droit international – pourrait être un facteur important dans une véritable stratégie contre-terroriste. (Chiffres sans compter Jérusalem) [Sources : *B'Tselem, ministère israélien des Affaires intérieures* et *Bureau central des statistiques* israélien]

Ainsi, les actions israéliennes alimentent le centre de gravité palestinien : outre les aspects légaux de l'occupation, sa politique du fait accompli, sa brutalité entretiennent la volonté de combattre des Palestiniens. Comme on a pu le constater lors des « marches du retour » palestiniennes à Gaza, et lors des événements de mai 2021, les violences israéliennes génèrent une désaffection croissante de la population occidentale pour Israël. En France et aux États-Unis, il a fallu adopter un dispositif légal toujours plus sévère pour empêcher les

---

688. Jonathan Cook, "Can young Jews in US turn tide against Israel?", *The National*, 26 juin 2017.
689. Amanda Borschel-Dan, "'Devastating' survey shows huge loss of Israel support among Jewish college students", *The Time of Israel*, 21 juin 2017.

critiques contre l'État d'Israël et protéger une ressource critique de son centre de gravité.

Le paradoxe est que les Israéliens – qui sont essentiellement originaires d'Europe – n'ont ni la mentalité ni la culture du Proche-Orient, dont ils revendiquent la provenance : leurs réactions sont d'ordre tactique ou – au mieux – opératives, alors que les Palestiniens, à l'inverse, ont une réflexion et une culture plus stratégiques.

Dans ce contexte asymétrique, la politique du gouvernement israélien alimente la stratégie palestinienne. C'est la principale faille de la démarche occidentale : on tente d'ôter au terrorisme sa légitimité en critiquant sa brutalité, mais on l'alimente par ailleurs en entretenant sa raison d'être, une occupation étrangère.

3.3.2. Le concept stratégique

Il s'agit de définir ce que l'on cherche à faire. Cela semble trivial, mais c'est la principale faiblesse des Occidentaux. En France, après les attentats de 2015-2016, l'absence de réflexion sur les causes réelles des attentats et leurs objectifs a conduit à prendre des mesures de nature à empêcher l'exécution, mais non la conception des attentats.

L'échec de la *Force internationale d'assistance à la sécurité* (FIAS) de l'OTAN et de l'opération américaine ENDURING FREEDOM en Afghanistan illustre parfaitement l'incapacité des Occidentaux à traiter le terrorisme de manière stratégique. Il découle de l'absence de concepts clairs et d'une grande confusion dans les termes. Au début de l'engagement de la FIAS, chaque pays est intervenu dans le cadre d'une « vision stratégique » de l'Alliance, mais aussi en fonction de doctrines nationales qui n'étaient pas en cohérence. Ainsi, non seulement l'OTAN n'était pas préparée matériellement et intellectuellement à ce type de conflit, mais chaque État membre avait une lecture différente de la manière de remplir la mission.

En fait, dès le début, le haut commandement de l'OTAN n'a pas vraiment compris la nature du conflit qu'elle menait. Ainsi, on a attribué à la FIAS une mission de « maintien de la paix »[690], alors qu'il n'y avait pas de paix à maintenir. En l'absence d'un accord de paix préalable, la FIAS pouvait au mieux imposer la paix, ce qu'elle n'a pas réussi à faire…

Ensuite, il y avait, dès le début, une confusion entre la *contre-insurrection* (COIN) et la lutte contre le terrorisme. La COIN est une problématique dynamique, qui cherche à lutter contre un processus qui n'est pas seulement militaire, mais aussi social, sociétal et politique. La lutte contre le terrorisme nécessite un

---

690. « L'OTAN est prête pour sa mission en Afghanistan », *OTAN Hebdo*, 6 août 2003 (mis à jour le 8 août 2003), www.nato.int/docu/update/2003/08-august/f0806a.htm.

autre éventail de mesures, qui peuvent ou non s'insérer dans un cadre COIN. Par exemple, au début de l'engagement en Afghanistan, des pays comme l'Allemagne, la Tchéquie ou la Norvège ont envoyé des unités antiterroristes. Mais ces unités étaient conçues pour des engagements intenses et de courte durée contre des objectifs ponctuels (libération d'otages, neutralisation de terroristes, etc.), et totalement inadaptées à un conflit qui allait durer… 20 ans! Les états-majors n'avaient strictement rien compris à la nature de ce nouveau champ de bataille et les unités ont dû être rapatriées au bout de quelques semaines seulement.

Comparaison entre insurrection et terrorisme

	Insurrection/Résistance	**Terrorisme**
Nature	Processus	Méthode
Centre de gravité	Centré sur la population	Centré sur des militants
Élément de stratégie	Vise des objectifs politiques	Facilite la réalisation d'objectifs
Principe directeur	Guidé par une nécessité perçue	Élément d'une stratégie
Horizon temporel	Moyen à long terme	Court à moyen terme
Objectif	Prise du pouvoirRésistance	Imposer un changement Renforcer un statu quo Renforcer des gains politiques

Tableau 16 - Différences entre l'insurrection et le terrorisme significatives pour l'élaboration de stratégies d'action. L'échec des Occidentaux en Afghanistan, au Moyen-Orient et en Afrique du Nord a pour cause principale leur incapacité à conceptualiser leur action.

3.3.2.1. Les stratégies possibles

En partant de la célèbre expression de Mao Zedong, selon laquelle le guérillero doit «*être dans la population civile comme un poisson dans l'eau*», on peut esquisser plusieurs axes simples de stratégie. Ils s'appliquent surtout en situation de contre-insurrection, mais peuvent, pour certains d'entre eux, être utilisés en situation de lutte contre le terrorisme :

• *Pêcher le poisson*. C'est la stratégie la plus évidente, qui constitue l'ossature de l'action occidentale actuelle contre le terrorisme. Elle exige cependant une remarquable connaissance du «poisson» et de ses comportements. Elle n'est réellement efficace qu'avec des formes «simples» de terrorisme, lorsque le groupe terroriste ne bénéficie pas d'un fort ancrage populaire. C'est le cas du terrorisme de droit commun ou marginal : tout se passe au niveau policier et tactique, et la dimension stratégique de l'action est faible à inexistante. C'est l'exemple de la *Symbionese Liberation Army (SLA)* en Californie, d'*Action directe* en France, des *Cellules communistes combattantes* en Belgique et de la *Rote Armee Fraktion* en Allemagne.

• *Enlever l'eau.* Il s'agit ici d'isoler les terroristes de la population dans laquelle ils baignent. C'est une stratégie particulièrement efficace dans une situation de COIN, lorsque le mouvement terroriste dépend d'un soutien populaire qu'il obtient par la force. Il y a deux manières fondamentales d'obtenir ce résultat. La première est de tenter de séparer physiquement les terroristes de la population. C'est ce que les Français avaient tenté en Algérie en isolant certains villages ou en regroupant les populations rurales dans des secteurs plus facilement contrôlables ; ce sont également la stratégie britannique des « Nouveaux villages » en Malaisie et le concept américain des *Provincial Reconstruction Teams* (PRT) en Afghanistan. Nous y reviendrons. La seconde est de « charmer » les populations civiles de sorte qu'elles ne perçoivent plus d'intérêt à soutenir les guérilleros/terroristes. Ce sont les opérations « *hearts & minds* », qui visent à gagner les cœurs des populations. Dans une situation de terrorisme en Occident, le problème est plus complexe : avec le *djihad par terrorisme individuel* (DTI), les terroristes sont noyés au sein de la société et difficilement identifiables. Le risque ici est que l'action sécuritaire accentue un communautarisme facilitant le recrutement de nouveaux activistes. L'exaltation des valeurs occidentales, de la laïcité ou l'affirmation d'une proximité avec une autre communauté religieuse n'auront pour effet que de stimuler la volonté de « djihad » (résistance) et d'encourager le développement de la violence.

• *Supprimer l'eau et le poisson.* C'est en substance la stratégie menée par Israël pour récupérer les terres palestiniennes et éliminer la résistance palestinienne, en cherchant à repousser l'ensemble de la population palestinienne hors des territoires occupés. Cette stratégie est appliquée depuis 1948 avec les déportations massives de populations, et s'est prolongée par un lent grignotage des territoires occupés par les implantations et la barrière de sécurité, dont la construction a été initiée en 2002.

• *Ajouter un autre poisson.* L'objectif est de créer une compétition entre groupes rivaux en créant une sorte de « contre-feu ». C'est la stratégie adoptée par Israël pour lutter contre le Fatah à la fin des années 1980[691]. Très tôt, le gouvernement israélien a tenté de diviser le mouvement palestinien avec l'aide des islamistes[692]. Dès 1979, le brigadier général Yitzhak Segev, gouverneur militaire de Gaza, a des contacts réguliers avec le cheikh Ahmed Yassine, alors dirigeant du *Moujama al-Islamiya*, précurseur du Hamas, et finance la construction de mosquées à Gaza afin de favoriser l'émergence de ce qui deviendra le Hamas[693]. Cette politique se poursuit aujourd'hui, comme l'a confirmé Benjamin Netanyahu lui-même, lors d'une réunion d'une faction du Likoud, en mars 2019, faisant dire à Avigdor

---

691. Andrew Higgins, "How Israel Helped to Spawn Hamas", *The Wall Street Journal*, 24 janvier 2009.
692. Richard Sale, "Hamas history tied to Israel", *UPI*, 18 juin 2002.
693. Robert Dreyfuss, *Devil's Game – How the United States Helped Unleash Fundamentalist Islam*, New York, 2005, ISBN: 0-8050-8137-2, p. 169.

Liberman, ex-ministre de la Défense, qu'Israël *«finance le terrorisme contre lui-même»*[694]. C'est également ce qu'ont fait les États-Unis, la Grande-Bretagne, la France (FUKUS) et Israël en Syrie, en laissant délibérément l'EI se développer, dans l'espoir qu'il deviendrait une menace telle pour le gouvernement syrien qu'il soit obligé de négocier, comme le confirme John Kerry, le secrétaire d'État américain :

> *La raison pour laquelle la Russie s'est impliquée est que l'EI s'est renforcé. DAECH menaçait d'atteindre Damas, et c'est pourquoi la Russie est intervenue. Parce qu'ils ne voulaient pas d'un gouvernement de DAECH et qu'ils soutenaient Assad.*
>
> *Et nous savions qu'il [DAECH] grandissait. Nous observions. Nous avons vu que DAECH devenait de plus en plus puissant et nous pensions que Assad était menacé. Nous pensions cependant que nous pourrions probablement gérer, que Assad négocierait ensuite. Au lieu de négocier, il a demandé de l'aide à Poutine.*[695]

Comme on le constate, c'est une stratégie extrêmement délicate à engager et qui exige une parfaite connaissance politique et culturelle de l'opposition, ce que ni les FUKUS ni Israël n'ont.

• *Ajouter un prédateur.* C'est fondamentalement la stratégie que les États-Unis ont employée en Asie du Sud-Est (Laos et Cambodge), en Amérique latine et en Afghanistan, en encourageant des productions agricoles lucratives (en l'occurrence la culture du pavot et de la coca). Il s'agissait alors d'inciter les paysans à résister à la progression du communisme, qui alors avait ses foyers dans les campagnes, conformément aux idées de Mao, puis de Che Guevara. Cette stratégie, innovée par les Français en Indochine («Opération X»), a remarquablement bien fonctionné… Mais, incontrôlé, ce marché de la drogue est rapidement devenu un problème pour l'Occident lui-même. Pour que cette stratégie fonctionne et ait des effets durables, il faut que les deux «poissons» aient des intérêts distinctement opposés. C'est la raison pour laquelle la stratégie du «Réveil» du général Petraeus en Irak, puis en Afghanistan, n'a donné aucun résultat tangible autre que l'armement de milices qui – en l'absence de suivi politique – se sont progressivement agglomérées pour devenir… l'État islamique[696] ! Une variante de cette stratégie est la création de

---

694. Lahav Harkov, "Netanyahu: Money to Hamas part of strategy to keep Palestinians divided", *Jerusalem Post*, 12 mars 2019.

695. John Kerry, enregistrement d'une réunion du 22 septembre 2016 publié par Wikileaks, "Leaked audio of John Kerry's meeting with Syrian revolutionaries"/UN (improved audio), YouTube, 4 octobre 2016.

696. Ehab Zahriyeh, "How ISIL became a major force with only a few thousand fighters", Al Jazeerah, 19 juin 2014.

« guérillas antiguérillas », comme le *commando Vandenberghe* (ou *commando n° 24*) en Indochine ou l'engagement de groupes « terroristes antiterroristes », comme le Groupe antiterroriste de libération (GAL) en Espagne durant les années 1980. Mise en œuvre en Amérique centrale par la CIA dans les années 1970-1980, cette stratégie a engendré des « commandos de la mort » qui n'ont apporté aucune solution de long terme au conflit. Pour être efficace, une telle stratégie doit bénéficier d'un accompagnement politique très rigoureux, ce que les services de renseignement ne sont généralement pas capables de fournir.

• *Nourrir suffisamment le poisson pour qu'il perde son agressivité.* Cette stratégie se base sur le traitement des causes du terrorisme. En d'autres termes, il s'agit de faire en sorte que ses revendications n'aient plus de sens, afin de lui retirer l'envie – et la légitimité – de combattre. C'est un outil délicat à manier, qui exige une excellente connaissance de l'adversaire et de ses motifs, car il ne faut pas laisser penser que l'usage de la violence a porté ses fruits. Il doit nécessairement être intégré dans un processus de négociations – dont la seule existence suffit parfois à lui seul à faire cesser la violence – afin de déterminer la zone de convergence entre les revendications et les exigences, à responsabiliser le mouvement terroriste dans les choix politiques. L'objectif est d'éviter que l'on s'engage dans une spirale non maîtrisée de revendications et d'exigences politiques. C'est de cette manière que le M-19 colombien a terminé son engagement dans la violence. Pour le terrorisme djihadiste, cette stratégie consiste à lui ôter tout ce qui pourrait justifier son action. Il s'agit en premier lieu des interventions étrangères, mais pas seulement. En France, avant de s'engager au Proche-Orient en septembre 2014, le gouvernement n'a absolument pas pris en considération l'opinion publique d'origine musulmane. Ainsi, les affaires du voile islamique, du burkini, de Dieudonné ont été menées trop bruyamment et à contretemps, contribuant très largement à accentuer la polarisation de la population, poussant les modérés à avoir une sympathie pour la cause des islamistes (même s'ils sont opposés à la violence terroriste).

Le choix de la stratégie dépend de ce que l'on cherche à atteindre, qui découle de deux choses : le centre de gravité de l'adversaire et l'état final politique et militaire (ou sécuritaire) recherché.

3.3.2.2. *Définir l'objectif et des critères de succès*

Les Occidentaux se satisfont bien souvent de succès tactiques et perdent de vue l'objectif stratégique. Il en a été ainsi en Algérie et au Vietnam, où les succès tactiques – voire opératifs – ont été unanimement reconnus, mais, déconnectés d'une vraie stratégie, ils n'ont pas suffi à amener la victoire. Aujourd'hui, les mêmes causes produisent les mêmes effets. C'est encore plus dramatique dans un contexte asymétrique, où ce qui semble un succès génère un échec.

En Afghanistan, au début de l'intervention américaine, on a évoqué des objectifs consensuels comme l'«édification de la nation» ou les «droits de la femme». Mais personne n'a demandé si la guerre était le meilleur moyen d'y parvenir… D'ailleurs, on ne savait même pas quel type de guerre mener : s'agissait-il de lutte contre le terrorisme ou de lutte anti-insurrectionnelle? Les Britanniques voulaient lutter contre la culture de l'opium, mais jamais l'Afghanistan n'a produit plus de drogue que sous la présence occidentale… Bref, ne sachant pas dans quelle direction aller, on n'est allé nulle part.

Les états-majors occidentaux semblent incapables de décrire ce qui devrait constituer une «victoire» ou un «succès» stratégique. Car «*combattre l'État islamique*» n'est pas un objectif, c'est une modalité. Le succès se mesure à la volonté claire du «perdant» d'assumer sa défaite et de construire la paix. Ainsi, même la destruction de l'EI ne signifie pas la fin du problème, car, depuis 2014, les combattants migrent vers d'autres mouvements islamistes moins exposés, voire soutenus par les Occidentaux eux-mêmes, contribuant ainsi à «radicaliser» des groupes plus modérés[697].

Sans comprendre ce qui motive l'adversaire et ce qui constituerait une victoire stratégique, les planificateurs militaires occidentaux en sont réduits à interpréter la victoire stratégique comme une somme de succès tactiques. Les pays de l'OTAN ont été incapables de défaire les Taliban ou «Al-Qaïda» en Afghanistan et en Irak : après des succès tactiques éphémères, ces organisations que l'on croyait subjuguées sont réapparues avec des objectifs très similaires sous d'autres noms, comme l'État islamique. Sans stratégie, les Occidentaux ne font que (ré)générer leurs propres ennemis.

La lutte contre le terrorisme est marquée par une confusion constante entre tactique et stratégie, qui pourrait se résumer à l'idée que l'élimination de terroristes conduit à l'éradication du terrorisme. Cette lecture domine l'opération BARKHANE, dans le Sahel : on y mesure ses succès par le nombre de djihadistes tués, sans perspective de long terme et sans vision de l'«état final» recherché. Conséquence logique : des morts qui s'accumulent et une situation qui se dégrade[698]. Sans savoir où on veut aller et sans regarder où on va, on n'arrive nulle part!

3.3.2.3. *Action préventive et préemptive*

En anglais, le vocabulaire stratégique distingue entre les termes «*prevention*» et «*preemption*» : le premier exprime les mesures prises pour qu'un événement

---

697. Jason Burke, "Al-Qaida moves in to recruit from Islamic State and its affiliates", *The Guardian*, 19 janvier 2018.

698. Laurent Larcher & Corinne Laurent, «Barkhane, le temps de la remise en cause», *La Croix*, 13 janvier 2021 ; Nicolas Normand, «Le Sahel en 2021 : pour empêcher la détérioration de se poursuivre », *Le Point*, 29 janvier 2021.

ne soit pas décidé, alors que le second désigne celles qui perturbent son exécution. En français, cette distinction n'existe pas et le mot « *préemption* » n'est pas vraiment utilisé en matière de sécurité. On lui préfère le terme « *prévention* » à la fois pour désigner les obstacles à la conception et ceux à l'exécution de l'action, ce qui est trop large pour élaborer une stratégie. Cela étant, même en anglais, le terme de prévention tend à être privilégié, car plus gratifiant. Pour le praticien, cependant, si « empêcher » un attentat est généralement compris comme un acte de prévention, il met en œuvre des moyens très différents s'il résulte d'une action sur la détermination des terroristes ou simplement sur l'exécution d'un acte terroriste.

Nous adopterons donc la terminologie anglo-saxonne pour les besoins de cet ouvrage, les linguistes nous en excuseront.

En matière de lutte contre le terrorisme, ces subtilités linguistiques ont des implications très concrètes. Cette distinction doit permettre une meilleure répartition des rôles entre les services agissant au niveau stratégique (prévention) et les services de sécurité et de police qui agissent au niveau opérationnel (préemption). Les premiers agissent sur la détermination des groupes radicaux et contribuent à des stratégies visant à éviter qu'ils basculent dans l'action violente, alors que les seconds tenteront d'interférer dans l'application de la violence en aval de la décision terroriste.

3.3.2.4. *Se concentrer sur l'objectif*

L'élaboration d'une stratégie doit partir d'une vision holistique du problème qui cherche, par une combinaison de moyens offensifs et défensifs, civils et militaires, à « combattre » sur l'ensemble du processus qui fait passer un individu de l'état de citoyen à celui de terroriste. La compréhension de ce processus doit s'élaborer sans préjugés. En France, on constate chez les politiques une tendance émotive à surévaluer le rôle de la religion dans le phénomène terroriste qui conduit à une mauvaise priorisation des actions, explique l'échec des mesures contre la radicalisation et accroît la vulnérabilité de la nation[699].

Il est également important de mentionner qu'une stratégie complète vise à atteindre le centre de gravité adverse, mais ne doit pas oublier de préserver son propre centre de gravité. Ainsi, par exemple, il faudra veiller à ce que le soutien populaire au mouvement terroriste (ressource critique) ne devienne pas une faiblesse critique dans nos propres pays[700]. Une erreur qui a été commise par le gouvernement Valls/Hollande, qui s'est retranché de manière assez froide derrière les principes républicains, mais n'a fait aucun effort pour gagner les cœurs

---

699. Voir « Sébastien Pietrasanta : "Lutter contre la radicalisation sans parler de religion, c'est faire la moitié du chemin" », Europe 1, 24 février 2018.
700. Shiv Malik, "Support for Isis stronger in Arabic social media in Europe than in Syria", *The Guardian*, 28 novembre 2014.

de la population immigrée : l'absence d'explication claire pour intervenir au Moyen-Orient, une affirmation bruyante du soutien à Israël, la surmédiatisation d'acteurs de politique étrangère à la légitimité contestable[701], une campagne hors proportions contre l'humoriste Dieudonné avec une implication très personnelle du Premier ministre Valls, le tout dans un climat de politique intérieure très dégradé, se sont combinés pour créer une brèche dans le centre de gravité de la France. L'opinion d'une part importante de la population immigrée est devenue une vulnérabilité critique que l'EI a parfaitement su exploiter.

Comme nous le verrons plus en détail plus bas, le champ d'action de la stratégie doit être articulé sur deux axes complémentaires :

• Le *contre-terrorisme*, qui est l'ensemble des mesures destinées à combattre le terrorisme *en amont* de la décision terroriste. Il est la composante préventive de l'action et implique une connaissance parfaite de la manière dont les terroristes pensent. Il est essentiellement le résultat du renseignement stratégique et est principalement mis en œuvre à travers une combinaison de mesures politiques et de communication. Il nécessite un personnel peu nombreux, mais très spécialisé, ainsi qu'une étroite coopération internationale.

• L'*antiterrorisme*, qui est constitué de l'ensemble des moyens de lutte *en aval* de la décision terroriste (autrement dit : après que les terroristes ont décidé d'agir). Il combine les composantes préemptive et réactive de l'action, et résulte souvent de l'échec ou du manque d'une stratégie de contre-terrorisme. Il implique généralement des structures plus lourdes, un système de surveillance important nécessitant des moyens techniques coûteux et une présence en personnels importante. Il exige également une capacité d'intervention spécialisée, que l'on trouve généralement dans les corps de police ou dans les forces paramilitaires.

Un des rares pays à avoir réussi à maîtriser une situation asymétrique sans débordement de violence a été le Venezuela au début des années 1960. Le président Romulo Betancourt a été le premier président élu démocratiquement du Venezuela à parvenir au terme de son mandat et à combattre efficacement le terrorisme dans son pays. En 1961-1964, les *Forces armées de libération nationale (FALN)* se sont manifestées, à travers une brutale campagne insurrectionnelle, qui a culminé en 1962-1963, par une série d'attentats sanglants à Caracas. S'inspirant de la stratégie de Carlos Marighella, l'action des FALN, initiale-ment dirigée sur les forces de police (notamment par une campagne «tuer un policier par jour») s'est mutée en septembre 1963 en une campagne d'actions indiscriminées contre la population. La stratégie du président Betancourt s'est centrée sur une combinaison de l'emploi minimal de la force et de l'exploitation des élections de décembre 1963 pour proposer une alternative politique. Dès

---

701. NDA: comme Bernard-Henri Lévy.

1964, l'influence et le soutien des FALN se sont considérablement réduits et le mouvement s'est dissous.

En Europe, c'est sans doute l'Italie qui a été la plus efficace pour combattre le terrorisme des années 1970-1980, compte tenu de la complexité du problème à résoudre. Mais cela n'a pas été sans entorses avec le droit, la morale, voire l'éthique. Les *Brigades rouges* et l'ensemble des groupuscules issus ou gravitant autour d'elles jouissaient d'un prestige important dans les milieux intellectuels, estudiantins et certains milieux ouvriers animés par un romantisme révolutionnaire largement répandu. Cet ancrage important limitait les possibilités d'actions « frontales » de l'État. La collaboration avec les réseaux mafieux et le terrorisme d'extrême droite a été le prix d'une efficace éradication d'un terrorisme de gauche.

L'Allemagne, que l'on cite volontiers en exemple pour son efficacité dans la lutte contre la *Rote Armee Fraktion (RAF)*, a eu, en fait, un adversaire de nature fondamentalement symétrique, jouissant d'un faible ancrage populaire et se comportant comme un groupe criminel, avec une audience politique marginale. Dès lors, il a été possible d'appliquer des méthodes classiques, analogues à celles utilisées contre le grand banditisme. On retrouve cette même problématique dans la lutte contre *Action directe (AD)* en France à la même époque : un terrorisme simple, avec un très faible ancrage populaire et symétrique par essence.

Dans un contexte asymétrique, une stratégie efficace contre le terrorisme doit ménager des portes de sortie à l'adversaire : il doit avoir l'opportunité de placer son action dans une perspective symétrique ou de recentrer sa lutte dans un cadre légal. L'objectif n'est ni de satisfaire le mouvement terroriste ni de cautionner son action, mais de l'empêcher de consolider son ancrage populaire et d'accroître sa légitimité, tout en ayant une stratégie de sortie de crise pour les deux parties.

3.3.2.5. *Définir son adversaire*

Il importe également d'avoir une approche fonctionnelle dans la désignation des groupes armés, afin de pouvoir leur appliquer des stratégies précises. En Afghanistan, les Américains ont pris bien soin de ne pas définir les Taliban comme des terroristes, afin de maintenir une porte ouverte pour une éventuelle négociation.

3.3.2.6. *Identification des mécanismes de l'asymétrie*

Afin de concevoir une stratégie efficace, il faut comprendre la mécanique qui alimente son asymétrie. Par exemple, pour certains mouvements marxistes les revendications ne sont qu'un paravent pour une démarche qui ne peut avoir de succès qu'à travers la violence. Dans une telle situation, les concessions et réponses démocratiques deviennent un obstacle à la révolution et indirectement alimentent le cycle de la violence. C'est le cas de l'*ETA* basque ou du *Sentier lumineux* péruvien (dans sa première période).

Le terrorisme islamiste du type «Al-Qaïda», à partir de réseaux ouverts, est très difficile à combattre sur le plan tactique, car de nouveaux acteurs entrent en permanence et de manière aléatoire en scène. En revanche, il serait relativement facile de le combattre sur le plan stratégique. L'attentat du 11 mars 2004 à Madrid n'aurait jamais eu lieu sans participation à l'intervention américaine en Irak, et les attentats du 11 septembre 2001 n'auraient pas eu lieu sans les maladroites frappes américaines d'août 1998.

Après les attentats de 2015 en France, comme après le «9/11», les autorités se sont efforcées de décontextualiser le terrorisme afin de le présenter comme irrationnel. Non seulement c'est faux, mais le gouvernement s'est piégé lui-même en se mettant dans l'impossibilité de concevoir une stratégie cohérente. C'est pourquoi la lutte contre le terrorisme en France ne se joue pas au niveau stratégique, mais exclusivement de manière réactive et tactique. Cela étant, la France est loin d'être la seule et, un peu partout en Occident, on constate une cruelle absence de stratégie et une concentration sur les solutions tactiques. On s'est ainsi installés dans une «course à l'échalote» dans laquelle on laisse l'initiative aux terroristes.

3.3.2.7. *Maintenir une dimension holistique*

La défaite des Occidentaux en Afghanistan et leur surprise après le retour des Taliban à Kaboul illustre parfaitement leur totale absence de stratégie d'ensemble. Une stratégie holistique de lutte contre le terrorisme doit impérativement comprendre un volet de «*nation-building*» *dès le début*.

Le problème des Occidentaux, que cela soit dans le cadre de l'OTAN ou dans un cadre national, est qu'ils traitent le terrorisme comme un problème militaire et voient la paix comme la phase suivante. À la fin de la guerre – comme en 1918 – on signe un traité et on a la paix !

C'est une vision simpliste, mais qui explique les échecs successifs occidentaux dans la lutte anti-insurrectionnelle. En fait, la construction de la paix est un processus qui doit débuter avec le début des actions de lutte contre le terrorisme et l'accompagner. Le refus d'imaginer que l'on puisse avoir la paix avec son adversaire (quelles que soient les méthodes qu'il utilise) vient de la doctrine israélienne qui est appliquée en Occident après avoir imprégné la pensée militaire américaine.

Lutte contre le terrorisme en fonction du processus terroriste

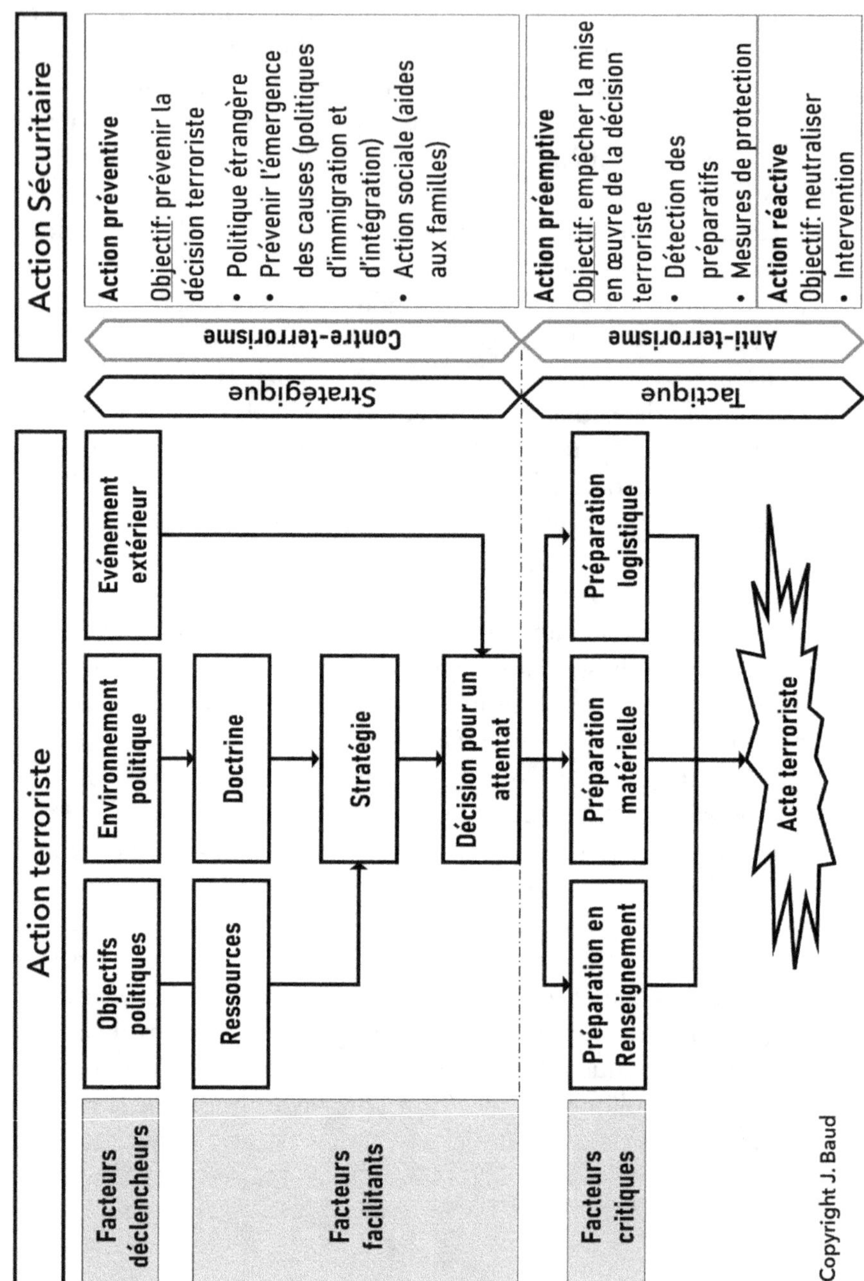

Figure 10. La lutte contre le terrorisme doit être articulée plus clairement entre les notions de contre-terrorisme et d'antiterrorisme, qui sont trop souvent confondues aujourd'hui. À titre d'exemple, si l'on place le «Plan national» produit en février 2018 par le gouvernement d'Édouard Philippe en regard de ce graphique, on constate qu'aucune mesure proposée ne touche les processus de décision terroriste (prévention).

Le terrorisme est un phénomène qui doit être combattu sur un front large en matière de prévention (contre-terrorisme) et de manière très pointue dans la réponse tactique (antiterrorisme).

3.3.3. Les opérations

3.3.3.1. Exécutions extra-judiciaires

Les exécutions extra-judiciaires sont l'élimination de terroristes, en dehors d'un processus judiciaire, à l'aide de tueurs ou de moyens de frappe «ponctuels» comme des attaques aériennes. Contestables sur le plan du droit, elles sont souvent peu efficaces sur le plan stratégique. Trois pays les pratiquent régulièrement : les États-Unis, Israël et la France. Présentées comme une mesure préventive, elles sont généralement conduites de manière punitive comme des vendettas siciliennes, sans réelle évaluation de leurs conséquences stratégiques et, dans la pratique, elles alimentent un processus croissant de violence et sont une source de légitimité pour le terrorisme. En fait, elles reflètent l'absence de réelle stratégie de contre-terrorisme dans ces pays.

L'archétype de ce mode d'action est l'opération COLÈRE DE DIEU (*Mivtza Za'am Ha'el*), également connue sous le nom d'opération BAYONET, menée par le Mossad pour punir les auteurs de l'attaque contre l'équipe olympique israélienne à Munich en 1972 (Opération BERIM & IKRIT). En un an, la presque totalité du commando palestinien est éliminée : Wae Zwaiter (Rome, 16 octobre 1972), Mahmoud Hamchari (Paris, 9 janvier 1973), Abd El-Hir (Nicosie, 24 janvier 1973), Basil Al-Kubaissi (Paris, 6 avril 1973), Ziad Muchassi (Athènes, 12 avril 1973), Mohammed Boudia (Paris, 28 juin 1973), Kamal Nasser, Mahmoud Najjer et Kamal Adouan (Beyrouth, 9 avril 1973). Son chef, Ali Hassan Salameh, est tué à Beyrouth le 22 janvier 1979 et sera suivi par son second, Khalil al-Wazir (alias Abou Djihad), le 16 avril 1988 à Tunis. Finalement, seul un membre du groupe terroriste, Jamal al-Gasheï, semble avoir échappé à la «Colère de Dieu»[702], et un innocent est tué par erreur à Lillehammer (Norvège).

D'autres éliminations du même genre ont été menées, dont la plus médiatisée a été celle de Mahmoud Al-Mabhouh, un des co-fondateurs des *Brigades Izz ad-Din al-Qassam* – le bras armé du Hamas palestinien – dans un hôtel de Dubaï, le 19 janvier 2010[703].

Les Américains ne sont pas en reste, mais tendent à se limiter à des actions de drones dans des zones de guerre. Certaines actions spectaculaires, comme l'élimination d'Oussama ben Laden (2 mai 2011) et d'Abou Bakr al-Baghdadi (26 octobre 2019) sont des succès en demi-teinte. D'une part, elles ont été menées sans gloire : OBL était alors en résidence surveillée[704] et Baghdadi se

---

702. Simon Reeve, *One Day in September*, Arcade Publishing, Londres, 1998.

703. Voir le détail de l'opération sur Wikipedia : https://en.wikipedia.org/wiki/Assassination_of_Mahmoud_Al-Mabhouh.

704. Sandip Roy, "Osama Ben Laden was a Prisoner in Pakistan: 5 Shocking Facts Revealed from

trouvait dans la poche d'Idlib, où les Occidentaux forment et soutiennent des groupes islamistes contre le gouvernement syrien[705] et, d'autre part, elles n'ont eu aucun impact sur le terrorisme[706]. En fait, menées sans réflexion stratégique, elles ont surtout permis aux Américains de pavoiser à domicile.

Il faut cependant distinguer entre les assassinats menés dans des pays étrangers par des unités clandestines et les éliminations effectuées dans une zone où opère une force d'occupation.

Les éliminations dans les territoires palestiniens occupés s'apparentent aux éliminations menées dans des zones de résistance à une intervention étrangère (Irak, Afghanistan, Syrie, Yémen, Mali, etc.). Outre les drones et autres moyens aériens, l'armée israélienne dispose d'unités spéciales – désignées *Mista'aravim*, qui opèrent clandestinement (en vêtements arabes – d'où leur dénomination), dont les missions principales sont la reconnaissance et le recueil de renseignements, mais qui peuvent occasionnellement mener des «actions directes», bien que ces dernières ne soient manifestement pas privilégiées pour des raisons de sécurité. Il est en effet plus «sûr» de «marquer» la cible par laser ou avec des satellites de positionnement, puis de faire intervenir des moyens plus sophistiqués, tels que des drones, des missiles guidés.

Avec quelque 2 300 opérations (connues), Israël dispute aux États-Unis la première place des pays pratiquant régulièrement l'assassinat d'opposants et de terroristes[707], avec des effets pervers : celui de faire de la communauté juive – jusqu'alors bien intégrée – un objet de méfiance et perçu comme une «5ᵉ colonne» dans de nombreux pays du Proche et Moyen-Orient. La mise en place d'une «élimination» en territoire étranger est une opération complexe, qui repose sur un réseau de collecte d'informations faisant appel à des opérateurs locaux («*sayanim*»), le plus souvent recrutés au sein de la diaspora juive.

Pratiquées sous la forme d'opérations clandestines, les exécutions extra-judiciaires constituent un risque politique important en cas d'échec. En 1997, la tentative du Mossad d'empoisonner Khalef Mashal, chef politique du Hamas en Jordanie, s'est soldée par un échec : les deux agents israéliens porteurs de passeports canadiens ont été arrêtés; puis Israël a dû fournir un antidote et libérer cheikh Ahmed Yassine en échange de la libération de ses agents. Il en a résulté une perte de crédibilité d'Israël vis-à-vis de la communauté internationale et la méfiance de la Jordanie – avec laquelle Israël a un traité de paix.

Hersh's Expose", 12 mai 2015, http://newamericamedia.org/2015/05/osama-bin-laden-was-a-prisoner-in-pakistan-5-shocking-facts-revealed-from-hershs-expose.php.
705. David L. Phillips, "Turkey protected Abu Bakr al-Baghdadi", *The Jerusalem Post*, 5 novembre 2019.
706. Nicole Gaouette, "5 years ago the U.S. killed Osama bin Laden. Did it matter?", CNN, 2 mai 2016; Ryan Pickrell, "Killing ISIS leader Abu Bakr al-Baghdadi hasn't hurt the terror group's operations, Pentagon warns", Business Insider, 4 février 2020.
707. Ronen Bergman, *Rise and Kill First: The Secret History of Israel's Targeted Assassinations*, Random House, 30 janvier 2018 ; Charles Glass, "'Rise and Kill First' Explores the Corrupting Effects of Israel's Assassination Program", *The Intercept*, 11 mars 2018.

Le principal problème des éliminations extra-judiciaires est qu'elles tendent à légitimer la violence illégale et le terrorisme, comme en témoigne le magazine *Inspire* de la *Base du djihad dans la péninsule arabique (BDPA)* :

> *[L'assassinat de dirigeants des incroyants civils et militaires] est l'un des arts les plus importants du terrorisme et l'un des types d'opérations les plus avantageuses et les plus dissuasives. Ce sont des méthodes également utilisées par les ennemis d'Allah. La CIA a l'autorisation du gouvernement américain pour assassiner des présidents, si cela est dans l'intérêt national des États-Unis, et ils l'ont utilisée plus d'une fois. Dans la CIA, il y a un département spécial pour cela! Par conséquent, je ne sais pas pourquoi on nous empêche de le faire ?* [708]

On a pu observer que l'annonce des frappes aériennes américaines, puis françaises, contre l'EI dès août 2014 a provoqué une recrudescence des volontaires étrangers en Syrie. Selon un rapport du Conseil de sécurité des Nations unies, publié en mai 2015, le nombre de volontaires combattants étrangers dans ces pays a augmenté de 71 % entre l'été 2014 et mars 2015[709]. Une fois de plus, les Occidentaux sont les artisans de leurs propres problèmes.

Bombes humaines contre éliminations extrajudiciaires (1996-2003)

Élimination ciblée (Date) (Cible) (Affiliation)	Réponse (Date) (Victimes)	Commentaire
06.01.1996 Yahya AyyashHamas	25.02.1996 1 mort 25.02.1996 27 morts 03.03.1996 20 morts 04.03.1996 13 morts	L'élimination de l'«ingénieur» a été à l'origine de la plus grande vague de bombes humaines.
14.01.2002 Raed al-Karmi Fatah	27.01.2002 1 mort 16.02.2002 2 morts 02.03.20021 1 morts	L'action israélienne a conduit les Brigades Al-Aqsa à engager des bombes humaines.
08.08.2003 Fayez al-Sadr Brigades Izz al-Din al Qassam	12.08.2003 2 morts	

<hr>

708. Abu Musab al-Suri, "The Jihadi Experiences: Individual Terrorism Jihad and the Global Islamic Resistance Units", *Inspire*, n° 5, printemps 2011, p. 32.
709. *Letter dated 19 May 2015 from the Chair of the Security Council Committee pursuant to resolutions 1267 (1999) and 1989 (2011) concerning Al-Qaida and associated individuals and entities addressed to the President of the Security Council*, S/2015/358, UN, New York, 19 mai 2015.

| 15.08.2003
Mohammed Sidr
Brigades Al-Qods | 19.08.20032
1 morts | Riposte revendiquée
par les Brigades
Al-Qods et par le
Hamas. |
| 21.06.2003
Abdallah 'Awashmeh
Hamas | | |

Tableau 17 – La technique des « bombes humaines » n'est pas une « tradition »
des mouvements palestiniens. Elle a été employée entre 1994 et 2005-2006, en réponse
aux exécutions extra-judiciaires israéliennes.

Dans un contexte asymétrique islamiste, l'efficacité des éliminations extra-judiciaires est très discutable, et souvent le « remède » est pire que le « mal ». Sans même considérer ici les questions légales et morales, l'assassinat de dirigeants n'a pas d'effets dissuasifs et ne conduit pratiquement jamais à la fin de l'action terroriste, mais tend à la stimuler. L'élimination n'affaiblit pas nécessairement le groupe terroriste, mais pousse sa hiérarchie à se renouveler plus rapidement et à appliquer de nouvelles méthodes et politiques d'action. C'est ce qui s'est passé avec l'État islamique, qui ne serait peut-être jamais apparu dans sa forme actuelle si Abou Moussab Al-Zarqawi n'avait pas été éliminé par les Américains.

Alors que l'auteur était en formation dans les services britanniques, et que la hiérarchie de l'*Armée républicaine irlandaise* (IRA) était connue dans les moindres détails (y compris les adresses, la famille, les amis et connaissances, les déplacements, etc.), il était exclu d'éliminer un chef, car l'organisation était alors totalement prévisible. Éliminer un chef ou une hiérarchie génère une incertitude qui joue en faveur du groupe terroriste.

Pour mesurer l'impact d'une élimination ciblée, il faut connaître extrêmement bien les groupes terroristes visés, ce qui est rarement le cas. Paradoxalement, alors que les opérations israéliennes ont toutes été des modèles de maîtrise tactique, elles ont généralement été des échecs stratégiques en raison d'une insuffisance analytique chronique :

• Le 16 avril 1988, l'assassinat de Khalil al-Wazir (alias Abou Djihad) – bras droit de Yasser Arafat et considéré comme responsable opérationnel de la première Intifada – avait pour objectif de mettre un terme au soulèvement palestinien. Non seulement il n'en a rien été, mais on a ainsi privé Arafat d'un conseiller avisé.

• Le 16 février 1992, l'élimination de cheikh Abbas Moussaoui a permis l'accession de Hassan Nasrallah, plus radical, à la tête du Hezbollah.

• L'élimination de Fathi Shikaki, chef du *Djihad islamique*, le 26 octobre 1995, avait été décidée dans l'hypothèse que son successeur probable, Abdallah Ramadan Sallah, n'aurait pas les qualités requises pour conduire l'organisation, et aurait constitué ainsi un adversaire moins féroce. En fait, l'Histoire a montré que cette appréciation était mauvaise : le nombre et l'efficacité des attentats du Djihad islamique se sont accrus après sa mort.

• Le 6 janvier 1996, l'élimination d'Yahya Ayyash (alias « l'ingénieur »), spécialiste des engins explosifs, alors qu'il respectait une trêve avec Israël, a décrédibilisé Yasser Arafat et découragé les modérés du Hamas qui s'attendaient à des résultats dans un processus de négociations.

• Le 27 août 2001, en réponse à une attaque[710] qui avait tué trois militaires israéliens, Israël élimine Abou Ali Moustafa, secrétaire général du *Front populaire de libération de la Palestine (FPLP)*. Cette action provoquera l'assassinat du ministre du Tourisme Rehavam Ze'evi, le 10 octobre 2001, et le déclenchement d'une campagne d'attentats-suicides, que le FPLP n'avait pourtant jamais menés auparavant. Finalement, l'action israélienne a indirectement causé deux morts et 48 blessés israéliens[711].

• Le 22 mars 2004, l'assassinat du cheikh Ahmed Yassine[712], chef spirituel et historique du Hamas, n'a pas affaibli le mouvement. Au contraire. Il a poussé à sa tête Abd el-Rantissi, plus virulent que son prédécesseur, qui devra être éliminé à son tour le 17 avril. Le 31 août 2004, un double attentat-suicide à Beersheva, faisant 16 victimes, est revendiqué au nom du Hamas, pour venger la mort de cheikh Yassine et Abd el-Rantissi[713].

• Le 23 juillet 2002, l'élimination de Salah Shehada avec une bombe de 1 000 kg, larguée par un avion F-16 a fait 14 morts (dont plusieurs enfants) et 150 blessés, tandis que l'élimination de cheikh Ahmed Yassine en mars 2004, par une salve de missiles Hellfire, a causé la mort d'une dizaine de civils innocents.

• Le 9 mars 2012, l'élimination par Israël de Zohair al-Qaisi, secrétaire général des *Comités de résistance populaire (CRP)*, tuant une quinzaine de civils innocents[714], et le soutien français à l'opération motiveront les attaques de Mohammed Merah le 22 mars.

Ces éliminations illustrent la caractéristique des services israéliens : une grande capacité à localiser leurs cibles, mais une profonde incapacité à comprendre leurs ennemis, qui est le critère fondamental pour juger les capacités d'un service. Il en résulte que loin d'affaiblir leur adversaire, les Israéliens en ont renforcé la combativité, en décourageant les efforts des modérés au sein du Hamas et du Fatah. En résumé : succès tactiques, échec stratégique.

Le caractère contre-productif des exécutions extra-judiciaires est encore plus important et plus systématique lorsqu'elles sont menées durant un processus de négociation ou lors d'une trêve : une pratique récurrente des Israéliens. En fait, Israël ne considère pas les éliminations ciblées ou les attaques par drone comme des ruptures

---

710. NDA : en fait, l'attaque avait été menée par un commando du Front démocratique pour la libération de la Palestine (FDLP) !

711. Les attentats menés ultérieurement par le FPLP, le 24 avril 2003 (qui a également été revendiqué par les Brigades des martyrs d'Al-Aqsa) et le 22 mai 2004 ne peuvent vraisemblablement plus être associés à ce processus.

712. Il a été éliminé une semaine après un double attentat-suicide contre un dépôt d'ammoniaque dans le port d'Ashdod. Cet attentat – qui a fait dix morts israéliens – a été perçu comme une tentative d'attentat à caractère chimique et a été interprété comme un nouveau degré de l'action terroriste.

713. *Jerusalem Post*, 1er septembre 2004.

714. *The Guardian* et *The Washington Post*, 10 mars 2012.

de cessez-le-feu[715]!... Ainsi, les tirs de roquettes palestiniennes, toujours présentés par la presse occidentale comme des manifestations d'humeur, interviennent pratiquement *toujours après* des raids ou une rupture de cessez-le-feu par Israël[716].

**Éliminations ciblées et bombes humaines
au milieu d'un processus de négociations**

Élimination ciblée israélienne	Riposte palestinienne	Commentaires
(Date) **(Cible)** **(Appartenance)**	**(Date)** **(Victimes)**	
06.01.1996 Yahya Ayyash Hamas	25.02.1996 1 mort 25.02.1996 27 morts 03.03.1996 20 morts 04.03.1996 13 morts	L'élimination de l'« ingénieur » a été le motif de la plus grande vague d'attentats-suicides.
31.07.2001 Jamal Mansour Hamas	09.08.2001 15 morts	L'action israélienne a rompu un cessez-le-feu de près de deux mois du Hamas.
23.11.2001 Mahmoud Abou Hanoud Hamas	01.12.2001 11 morts 02.12.2001 15 morts	L'action israélienne a rendu caduque l'accord entre le Hamas et le Fatah de ne pas attaquer de cibles en Israël après le « 9/11 ».
23.07.2002 Salah Shahada Hamas	04.08.2002 9 morts	L'action israélienne a fait 15 morts, quelques heures avant l'entrée en vigueur largement annoncée d'un cessez-le-feu du Tanzim et du Hamas.
26.12.2002 3 combattants Fatah, Djihad islamique palestinien et des Brigades Al-Aqsa	05.01.2003 22 morts	L'action israélienne est menée alors que des représentants du Fatah, du Hamas et d'autres factions négocient un cessez-le-feu sur les attentats contre les civils israéliens au Caire.

Tableau 18 – Impact des exécutions extra-judiciaires sur les négociations entre 2001 et 2003. Des comparaisons plus récentes sont difficiles compte tenu, d'une part, de l'abandon de processus de négociations et, d'autre part, de la nature différente des moyens d'action de la résistance palestinienne.

Ces éliminations ne contribuent pas à améliorer la sécurité. Intuitivement, on pourrait y voir une réduction arithmétique de la menace, et certaines études ont tenté de démontrer que ces éliminations avaient fait baisser le nombre

---

715. "Senior official: 'Israel didn't agree to halt targeted killings for ceasefire'", *The Times of Israel*, 15 novembre 2019.
716. http://blog.thejerusalemfund.org/2012/12/israeli-ceasefire-violations-in-gaza.html.

d'attentats-suicides[717]. Mais en réalité, c'est l'inverse. La disparition progressive de ce type d'attaques à partir de 2005 résulte d'un changement de stratégie amorcé dès 2002 par Mohammed al-Deif, chef des *Kataeb Izz al-Din al-Qassam*. Lié à la construction de la « barrière » israélienne, il s'agissait d'abandonner un terrorisme « désordonné » pour un combat de résistance plus structuré, comprenant notamment l'usage des roquettes et des mortiers comme moyen d'action.

Aux États-Unis, les exécutions extra-judiciaires ont été interdites par l'*Ordre Exécutif 12333*, du président Ronald Reagan en 1981[718]. L'EO 12333 définit les rôles et missions de la communauté du renseignement américain et stipule qu'« *Aucune personne employée ou agissant au nom du Gouvernement des États-Unis ne sera engagée, ou ne conspirera pour être engagée dans des assassinats* », formalisant ainsi une politique déjà établie par le président Gerald Ford en 1976. Mais, de nombreux juristes américains justifient le recours à l'assassinat en avançant qu'un ordre exécutif n'a pas valeur de loi (il peut en effet être modifié ou annulé par un autre ordre exécutif) et que le principe de la « guerre juste » autorise l'élimination des leaders adverses pour épargner la vie d'innocents. Une construction intellectuelle très « démocrate », qui pousse le président Bill Clinton à signer, en 1998, un « *intelligence finding* » classifié qui autorise la CIA à éliminer Oussama ben Laden (OBL). Fidèle à une tradition démocrate, le président Barack Obama poursuivra la politique d'éliminations extra-judiciaires, y compris OBL, sans aucun effet sur l'activité terroriste.

3.3.3.2. *Les escadrons de la mort*

En ambiance de terrorisme politique, marginal ou de guérilla urbaine, l'idée de « *terroriser les terroristes* » a souvent conduit à la constitution d'« *escadrons de la mort* ». En Espagne, le gouvernement a tenté de combattre le terrorisme au moyen de groupes « terroristes antiterroristes », comme les *Commandos DELTA*, le *Groupe antiterroriste de libération (GAL)*, le *Batallón Vasco Español (BVE)*, qui opéraient en Espagne et en France. Le GAL est responsable de 24 assassinats en 1983-1987 et ses principaux cadres ont été jugés au début 1995.

Cette méthode cache plusieurs faiblesses : outre l'incapacité de l'État à répondre de manière holistique au terrorisme, il est en contradiction fondamentale avec les valeurs qu'il défend, et légitime alors le recours au terrorisme. Ainsi, sur un plan stratégique, le piège de cet « outil » est qu'il entre dans la logique des terroristes, en leur permettant de passer à un niveau de violence supérieur, comme le préconisait Carlos Marighella :

---

717. Ophir Falk, "Measuring the Effectiveness of Israel's 'Targeted Killing' Campaign", *Perspectives on Terrorism*, vol 9, n° 1, 2015.
718. Executive Order 12333 - United States Intelligence Activities (As Amended by Executive Orders 13284 (2003), 13355 (2004) and 13470 (2008)), 4 décembre 1981, chiffre 2.11, www.cia.gov/about-cia/eo12333.html.

> *Le gouvernement ne pourra plus qu'intensifier la répression, ce qui rendra la vie des citoyens plus insupportable. Les foyers seront violés, des battues de police organisées, des innocents arrêtés, des voies de communication fermées. La terreur policière s'installera, les assassinats politiques se multiplieront ; ce sera la persécution politique massive. La population refusera de collaborer avec les autorités qui ne pourront plus, pour vaincre les difficultés, que recourir à la liquidation physique des opposants. La situation politique du pays se transformera en situation militaire et les « gorilles » passeront pour être les responsables de toutes les violences, des erreurs et des calamités qui pèsent sur le peuple.[719]*

En d'autres termes, le gouvernement entre dans le jeu des terroristes et contribue au développement de l'insurrection : ses responsables deviennent ainsi doublement criminels !

Mais l'emploi d'« escadrons de la mort » n'est pas l'apanage des dictatures. Les pays se disant « démocrates » les utilisent également. C'est le cas des États-Unis[720], de la Grande-Bretagne[721] et de la France[722], qui ont utilisé des unités clandestines paramilitaires (non officielles) pour éliminer des terroristes ou des civils afin de priver les terroristes de soutien.

Principales formations paramilitaires américaines en Afghanistan

Appellation courante	Zone opérationnelle
Force 01	Wardak - Logar
Force 02	Jalalabad
Force 03 (Kandahar Strike Force)	Kandahar
Force 04	Kunar
Sangorian	Helmand
Force de Protection de Khost	Khost
Force Shahine	Paktika

Tableau 19 - Forces paramilitaires en Afghanistan. Elles étaient organisées et financées par la CIA américaine et pilotées par la Direction nationale de la sécurité (DNS) afghane. Elles avaient pour objectif de couper les Taliban de leur soutien populaire.

---

719. Carlos Marighella, *Manuel du guérillero urbain*, chapitre « Appui de la population », juin 1969, www.terrorisme.net.

720. Rod Nordland, "After Airstrike, Afghan Points to C.I.A. and Secret Militias", *The New York Times*, 18 avril 2013.

721. Niall Stanage, "Britain's tame death squads", *The Guardian*, 26 juin 2002.

722. Vincent Nouzille, *Les tueurs de la République*, Fayard, 21 janvier 2015.

L'usage de ces «escadrons de la mort» n'est réellement efficace que lorsque la guérilla ou les terroristes n'ont pas de soutien populaire et de légitimité. Le problème est que les Occidentaux mènent leurs guerres de manière tactique. En Afghanistan, la corruption généralisée des autorités par ceux qui avaient l'argent pour le faire – les Occidentaux – a condamné les efforts pour transformer la société. Dès lors, les actions violentes de contre-terrorisme ou contre-guérilla étaient très impopulaires. C'est pourquoi, en mars 2013, le président Karzaï avait exigé le retrait des forces spéciales américaines et de leurs supplétifs de certaines provinces; ce que les Américains n'ont pas fait après avoir accepté la décision[723].

3.3.3.3. *Les frappes aériennes et les drones*

Si les frappes aériennes semblent être une solution élégante, avec un effet maximal pour un risque minimal, on constate qu'elles renforcent le sentiment de solidarité avec les populations concernées et une sympathie pour les djihadistes. C'est exactement ce qui s'est passé en France et – dans une moindre mesure – en Belgique, en 2015-2016. Le gouvernement, les médias et les «intellectuels» ont totalement ignoré les réalités culturelles de leur propre population pour ne voir que *leur* réalité depuis *leur* tour d'ivoire, en laissant la population payer le prix de leurs fantasmes...

L'accroissement du rôle opérationnel des services de renseignement s'est traduit par un recours toujours plus grand à leurs moyens techniques pour éliminer des individus. À cette fin, l'emploi de drones est régulièrement pratiqué par des pays comme Israël, les États-Unis, la France et la Grande-Bretagne. Depuis 2012, la CIA et l'*US Joint Special Operations Command* (JSOC) américains sont par suite autorisés à mener des frappes sur des individus qu'ils n'ont pas identifiés, et qui sont simplement visés en fonction de la nature de leurs mouvements[724]. Ainsi, en janvier 2015, un drone de la CIA a tué deux otages d'«Al-Qaïda» au Pakistan – qui n'avaient même pas été détectés malgré plusieurs «*centaines d'heures de surveillance*» – sans toucher les terroristes visés[725]!

La rhétorique officielle présente ces méthodes comme «chirurgicales», mais ce n'est pas exactement le cas, et il faut en mesurer soigneusement l'emploi, qui a été identifié comme une source de radicalisation.

Tout d'abord, ces frappes ne sont pas «chirurgicales». D'ailleurs, alors que durant la Seconde Guerre mondiale l'aviation américaine définissait le

---

723. Azam Ahmed, "Afghans Compromise Over Ban on Elite U.S. Troops", *The New York Times*, 20 mars 2013.
724. Greg Miller, "White House approves broader Yemen drone campaign", *The Washington Post*, 25 avril 2012.
725. Peter Baker, "Obama Apologizes After Drone Kills American and Italian Held by Al Qaeda", *The New York Times*, 23 avril 2015.

bombardement de précision comme une frappe dans un cercle de 25 pieds (7,6 m), elle le définit aujourd'hui par un cercle de 39 pieds (12 m)[726]!...

Par ailleurs, techniquement, il faut comprendre que ces exécutions s'effectuent rarement sur la base d'une identification positive des individus (comme tendent à le suggérer les films et séries télévisées), mais sur la base de comportements mesurés à partir des données fournies par les téléphones portables ou autres. En d'autres termes, c'est le téléphone portable qui est la cible et non pas l'individu, sur la base d'un certain nombre d'appels dans des zones données, d'une durée donnée, avec des individus donnés : c'est un ciblage dit « *signature-based* » (littéralement : « *basé sur la trace numérique* »).

Comme devait l'avouer le général Michael Hayden, ex-directeur de la National Security Agency (NSA) et de la Central Intelligence Agency (CIA) :

Nous tuons sur la base de métadonnées ![727]

Les drones utilisent les métadonnées collectées par les fournisseurs de services et transmises aux services de renseignement. On les associe à des « profils » caractéristiques, établis par des algorithmes mathématiques censés représenter le comportement type de terroristes. Ainsi, pour simplifier, un téléphone qui se connecte fréquemment avec des téléphones soupçonnés d'appartenir à des terroristes ou situés dans des zones où se situent des terroristes sera considéré comme appartenant à un terroriste. Il sera ciblé sans que l'on sache qui est son utilisateur effectif à ce moment ni l'identité des personnes autour de lui (par exemple, sa famille), automatiquement considérées comme des terroristes.

Ainsi, on tue sans réellement savoir, avec une méthode qui est de manière inhérente imprécise et crée des dommages collatéraux. Selon des documents classifiés dévoilés en 2015[728], 90 % des victimes de drones seraient innocentes. Selon le *Bureau of Investigative Journalism* (BIJ), entre juin 2004 et octobre 2014, les drones américains ont tué quelque 2 379 personnes au Pakistan (qui n'est pas en guerre avec les États-Unis), dont seulement 84 (4 %) ont été identifiées comme terroristes[729].

Le problème est que le renseignement américain (et occidental) n'est pas à la hauteur des capacités technologiques de ces armements. Comme la campagne d'Irak l'avait montré, le renseignement électronique, qui constitue traditionnellement une source essentielle d'information, devient extrêmement peu utile avec

---

726. Nicolas J. S. Davies, "The Persistent Myth of US Precision Bombing", *Consortium News*, 20 juin 2018.

727. "Former NSA & CIA director: 'We kill people based on metadata'", YouTube, 11 juin 2014.

728. "The Drone Papers", *The Intercept* ; Andrew Blake, "Obama-led drone strikes kill innocents 90% of the time: report", *The Washington Times*, 15 octobre 2015.

729. http://www.thebureauinvestigates.com/2014/10/16/only-4-of-drone-victims-in-pakistan-na-med-as-al-qaeda-members/ (consulté le 25 janvier 2015).

un adversaire qui a compris comment y échapper et doit être complété par du renseignement d'origine humaine, sous peine de générer des victimes collatérales nombreuses.

Il en est ainsi des diverses tentatives d'élimination des chefs de l'État islamique. Déjà, Abou Moussab Al-Zarqaoui, fondateur de l'*État islamique en Irak* (EII), avait été considéré comme tué à trois reprises (2003, 2005 et 2006). La même chose se reproduit avec son successeur, Abou Bakr al-Baghdadi, chef de l'EI :

• 18 mars 2015, il est considéré comme sérieusement blessé, lors d'une frappe aérienne[730] ;

• 11 octobre 2015, il est brièvement considéré comme mort lors d'une frappe aérienne en Irak[731] ;

• 9 juin 2016, il est annoncé comme mort par la télévision irakienne[732] ;

• 12 juin 2016, il est annoncé comme mort dans une frappe de la coalition à Raqqa (Yenis Safak, 13 juin 2016) ;

• 3 octobre 2016, il aurait été empoisonné par un membre de l'EI[733] ;

• 28 mai 2017, il est probablement tué à Raqqa[734] ;

• 10 juin 2017, il est considéré comme mort, selon la télévision syrienne[735] ;

• 23 juin 2017, il est tué, selon l'agence de presse iranienne IRNA[736] ;

• 11 juillet 2017, il meurt à Deir ez-Zor, selon l'Observatoire syrien des droits de l'homme[737].

… Mais, il réapparaît dans une vidéo à la fin avril 2019[738]… Finalement, il est abattu par des commandos américains, le 27 octobre 2019[739] à Barisha, dans la province d'Idlib, à l'intérieur du sanctuaire créé par les Occidentaux pour les « rebelles modérés », dont les limites sont surveillées par des militaires de l'OTAN !...

---

730. "Islamic State chief Abu Bakr al-Baghdadi seriously injured after US-led air strike in Iran", First-post, 22 avril 2015.

731. "ISIS figures killed in air strike; Baghdadi not believed among them", Reuters/*The Daily Star*, 11 octobre 2015.

732. "U.S, Iraqi officials can't confirm report Islamic State leader wounded", Reuters, 10 juin 2016.

733. Sam Webb, "Report: Abu Bakr al-Baghdadi and three other IS commanders poisoned by assassin", *The Sun*, 4 octobre 2016.

734. Jared Malsin, "Russia Claims Airstrike May Have Killed ISIS Leader Abu Bakr al-Baghdadi", *Time Magazine*, 16 juin 2017.

735. Charlie Parker, "ISIS leader Abu Bakr al-Baghdadi 'killed in a massive airstrike in Syria', the country's state TV channel claims", *The Sun*, 11 juin 2017 ; "Syrian media claim ISIS leader killed in artillery strike", *World Tribune*, 11 juin 2017.

736. "Khamenei's representative says Islamic state's Baghdadi 'definitely dead': IRNA", Reuters, 29 juin 2017.

737. Lisa Barrington & Ellen Francis, "Syrian Observatory says it has 'confirmed information' that Islamic State chief is dead", Reuters, 11 juillet 2017.

738. Martin Chulov & Dan Sabbagh, "Isis leader Baghdadi appears in video for first time in five years", *The Guardian*, 30 avril 2019.

739. Journal télévisé, France 24, 27 octobre 2019.

De même, le 14 juin 2015, l'élimination de Mokhtar Belmokhtar[740], par un raid aérien américain[741] sur la ville libyenne d'Ajdabyia, est célébrée comme une victoire dans les médias[742]. Cinq jours plus tard, il s'avère que l'information est fausse[743]; mais les victimes, elles, sont bien réelles, et il n'y aura aucune excuse ou aucun dédommagement pour elles… On comprend aisément que ces « dommages collatéraux » deviennent une motivation majeure pour le recrutement de militants.

Durant les cinq premières années de la présidence de Barack Obama, les États-Unis ont mené huit fois plus de raids de drones que durant toute la présidence de Georges Bush. Officiellement, le nombre de civils tués à chaque frappe a été réduit de moitié[744], mais Obama était juriste, et cette diminution n'est qu'un tour de passe-passe juridique : on n'a changé ni les procédures ni les modes d'action, mais seulement les critères pour compter les victimes. Ainsi, les États-Unis considèrent que tous

> *[…] les mâles en âge d'être combattants dans une zone de frappe sont des combattants, sauf si on peut démontrer explicitement de manière posthume qu'ils ne l'étaient pas.[745]*

En clair : on tire et on pose les questions après.

Un autre problème est, qu'aux États-Unis, les frappes sont gérées par deux entités distinctes : l'US Air Force et la Central Intelligence Agency (CIA). Lorsqu'elle est effectuée par les militaires, la sélection des cibles (« *targeting* ») obéit à des critères et des procédures strictes et traçables (même si elles sont classifiées). Il en va autrement des frappes de la CIA, dont les critères et les procédures de ciblage sont totalement opaques, et sont parfois assurés par des contractants civils sans aucune supervision. Dans une zone de combat où des

---

740. NDA : Mokhtar Belmokhtar est réputé être un terroriste de la Base du djihad au Maghreb islamique. En réalité, c'est un personnage mal connu, dont la spécialité était la contrebande de marchandises (y compris des cigarettes et des armes) dans le sud algérien. Son rôle exact dans des entreprises terroristes n'a jamais été formellement établi et on lui attribue de nombreuses actions, comme l'attaque de la base pétrolière d'Amenas en Libye. En fait, les opérations qu'on lui attribue ne cadrent pas avec les autres actions islamistes et s'apparentent davantage à des opérations de « simple » banditisme.

741. NDA : cette action a été menée par des avions F-15 et non par des drones, mais elle illustre la politique américaine à l'égard des victimes.

742. "Mokhtar Belmokhtar: Top Islamist 'killed' in US strike", BBC News (US & Canada), 15 juin 2015.

743. Richard Spencer, "Mokhtar Belmokhtar has survived several previous claims to have killed him", *The Telegraph*, 19 juin 2015, http://www.telegraph.co.uk/news/worldnews/africaandindianocean/libya/11686244/One-eyed-sheikh-Mokhtar-Belmokhtar-alive-says-al-Qaeda.html.

744. Jack Serle, "More than 2400 dead as Obama's drone campaign marks five years comments", The Bureau of Investigative Journalism, 23 janvier 2014.

745. Jo Becker & Scott Shane, "Secret 'Kill List' Proves a Test of Obama's Principles and Will", *The New York Times*, 29 mai 2012.

forces nationales sont engagées, la sélection des cibles se justifie relativement facilement. Il en va autrement sur des théâtres d'opérations qui ne sont pas des zones de combat ouvert : il est alors plus difficile de qualifier une cible de « menace imminente » ou d'en faire un cas de « légitime défense ».

Dès lors, les éliminations peuvent devenir une manière détournée d'appliquer la peine de mort sans jugement préalable. Aux États-Unis, la question s'est posée après l'élimination d'Anouar al-Awlaki[746], un citoyen américain radicalisé après l'invasion de l'Irak, abattu par un drone américain le 30 septembre 2011.

La France pratique elle aussi des éliminations ciblées. Selon le journaliste Vincent Nouzille[747], le président Hollande est le président de la Ve République qui a le plus recouru aux opérations clandestines pour éliminer physiquement des individus avec le *service Action* de la *Direction générale de la sécurité extérieure* (DGSE) (opérations HOMO).

L'opération clandestine permet de « personnaliser » l'élimination et de minimiser les effets collatéraux. Mais, la France pratique également des éliminations au moyen de frappes aériennes. En fait, ces opérations ont l'apparence de succès, mais elles n'en sont pas vraiment.

Le programme américain d'éliminations ciblées au Yémen illustre l'inadéquation de la guerre occidentale contre le terrorisme. Tout d'abord, sur le plan légal, il est difficile de le justifier par une légitime défense du fait que le Yémen n'est pas en guerre contre les États-Unis et ne les menace pas. Deuxièmement, selon une étude du *Centre d'études stratégiques de l'Université de Jordanie*, en coopération avec les universités américaines de Princeton et du Michigan[748], pour 73,5 % des Yéménites interrogés, ces frappes justifient le fait de frapper des Américains partout dans le monde… L'arroseur arrosé !

C'est pourquoi les frappes aériennes – et celles de drones en particulier – ont été identifiées outre-Atlantique comme un motif de radicalisation. En 2015, Tom Pettinger, dans le *Journal for Deradicalization*, observe :

> *Dans les régions où le programme de drones américain a été engagé, il y a une perception d'une guerre sans honneur, lâche et inégale, car les frappes aériennes ne sont pas associées à un risque pour le personnel américain. Pour*

---

746. Le cheikh Anwar al-Awlaki est un imam né aux États-Unis, considéré comme un spécialiste de l'islamisme, il est invité au Pentagone peu après le « 9/11 » afin de présenter à des hauts fonctionnaires la situation de l'islam radical dans le monde. Très critique à l'égard du « 9/11 », il critique vertement « Al-Qaïda » et approuve la décision américaine d'intervenir en Afghanistan. Mais l'invasion de l'Irak, le scandale d'Abou Ghraïb et l'usage de la torture par les États-Unis le radicalisent et il s'expatrie au Yémen où il devient l'un des théoriciens du djihadisme. Il échappe à plusieurs attaques de drones jusqu'au 30 septembre 2011.
747. Vincent Nouzille, *Les tueurs de la République*, Fayard, 21 janvier 2015.
748. Arab Barometer Survey Project - Yemen Report, http://www.arabbarometer.org/sites/default/files/Yemenreport1.pdf.

cette raison, « il y a une acceptation d'Al-Qaïda » contre de telles « guerres à distance » un peu partout. Une telle manière de faire la guerre génère l'impression d'une invulnérabilité pour ceux qui interviennent, et le sentiment d'impuissance de vivre sous la menace de drones ou de frappes aériennes peut provoquer – en particulier lorsqu'il y a des victimes civiles – une individualisation, et donc la radicalisation d'individus rapidement, même pour ceux qui auraient précédemment soutenu des mesures antiterroristes.[749]

En 2012, le *New York Times* écrivait :

Les drones ont remplacé Guantánamo comme outil de choix pour le recrutement des militants.[750]

Une leçon que la France et la Belgique ignoreront deux ans plus tard, sacrifiant ainsi leurs concitoyens :

Il est faux de dire que les attentats ont lieu en France en réponse et pour faire pression sur les gouvernements qui interviennent militairement au Moyen-Orient.[751]

L'exception française ou la tête dans le sable ? Dans tous les cas, c'est exactement ce type de (manque de) réflexion qui est à l'origine des attentats qui ont frappé la France en 2015-2016. Les vidéos de l'État islamique expliquent clairement la relation entre les frappes et les attentats[752].

Ainsi, dans un contexte asymétrique, les frappes peuvent apporter un gain tactique, mais pratiquement jamais un gain stratégique. D'une part, elles légitiment l'action des terroristes, d'autre part, elles deviennent une consécration pour les terroristes qui sont abattus et deviennent une source de radicalisation pour les survivants et les familles de ceux qui étaient des victimes collatérales.

C'est ici que le renseignement stratégique trouve sa vraie utilité pour éclairer les décideurs sur les mécanismes fondamentaux du terrorisme, afin d'anticiper – compte tenu des faits, des individus, de leur passé, de leur caractère, de leur environnement politique, etc. – les conséquences possibles des décisions prises et d'évaluer le gain ou le coût stratégique d'éliminer un ou des individus.

---

749. Tom Pettinger, "What is the Impact of Foreign Military Intervention on Radicalization?", *Journal for Deradicalization*, hiver 15/16, n° 5, p. 92-114 (ISSN: 2363-9849).
750. Jo Becker & Scott Shane, "Secret 'Kill List' Proves a Test of Obama's Principles and Will", *The New York Times*, 29 mai 2012.
751. Philippe Cohen-Grillet, journaliste, dans *Le Grand Référendum*, Sud Radio, 23 mars 2017.
752. Vidéo *Œil pour Œil*, Wilaya al-Furat, 27 mars 2016.

Au Vietnam, afin de convaincre Washington de maintenir son appui financier à la guerre, le général Westmoreland avait institué la politique du « *body count* », qui consistait à comptabiliser les morts, blessés et prisonniers adverses afin de quantifier ses succès opérationnels. Cette pratique s'est avérée un échec et a dû être rapidement abandonnée : d'une part, elle incitait les unités américaines à surévaluer les pertes du Viêt-Cong et, d'autre part, parce que les Vietnamiens pratiquaient une multitude de petites embuscades avec très peu de pertes. Dès lors, le décompte des morts n'était plus un indicateur de succès[753].

De nos jours, dans la lutte contre le terrorisme, la politique du « *body count* » est pratiquée de manière variable[754]. En Afghanistan, le commandement de l'OTAN mesurait l'efficacité de l'opération RESOLUTE SUPPORT au nombre d'insurgés tués[755]. En France, à chaque mort de l'opération BARKHANE, on rappelle le « succès » de l'opération en nombre de militants tués[756]. Ces chiffres augmentent sans traduire un succès : la situation ne semble pas s'améliorer et l'hostilité à la présence étrangère est croissante. N'ayant pas défini d'objectifs mesurables, il ne reste que le nombre d'adversaires tués pour illustrer le succès. Cela nous ramène à la pensée militaire de la guerre 1914-1918. L'application d'une « approche globale », comme l'a fait l'OTAN en Afghanistan, en adossant un volet socio-humanitaire à l'action militaire (réfection d'écoles ou réhabilitation d'hôpitaux), n'a aucun effet multiplicateur, comme le ferait une approche holistique[757].

Cette absence de réflexion stratégique autour de BARKHANE conduit à une situation paradoxale. Car comme nous l'avons vu, mourir n'est pas considéré comme une défaite pour un djihadiste, mais comme une marque de détermination. Donc, mettre en évidence le nombre de djihadistes tués est contre-productif : cela contribue seulement à démontrer la détermination des moudjahidin et tend plus à stimuler de nouvelles vocations qu'à décourager les combattants potentiels. Le discours officiel français se superpose simplement à la propagande de l'EI qui valorise l'exemple des martyrs qui sacrifient leur vie.

La politique du « *body count* » tend à réduire le succès à un nombre de cadavres, et à masquer notre absence de réflexion stratégique : dans un conflit asymétrique, le nombre élevé de victimes affaiblit la situation du « vainqueur » dans l'esprit des populations locales et n'est donc pas une mesure du succès.

---

753. Kate Brannen, "When Is a Body Count Not a Body Count?", *Foreign Policy*, 22 janvier 2015.

754. Micah Zenko, "Checking the Math on the Pentagon's ISIS Body Counts", *Foreign Policy*, 16 août 2016.

755. Bill Roggio, "NATO command touts body count of 'Taliban irreconcilables'", *The Long War Journal*, 23 juillet 2018.

756. « G5 Sahel : quelques succès militaires de Barkhane au milieu du chaos terroriste », France 24, 15 février 2021.

757. « Opération Barkhane », dossier de presse, Bureau relations médias de l'état-major des armées, juillet 2019.

Une variante de cette « stratégie » de l'inefficacité est celle qui vise à éliminer un à un les chefs des groupes djihadistes. Elle est à rapprocher d'une discussion que l'auteur a eue lors de sa formation antiterroriste en Grande-Bretagne, alors que l'IRA provisoire semait la terreur : les services de renseignement britanniques avaient les organigrammes détaillés de chaque unité, avec leurs commandants, leurs adresses, numéros de téléphone, habitudes alimentaires, détails familiaux, etc. Pourtant, ils n'ont pas éliminé ces « chefs », afin de ne pas se retrouver avec de nouveaux chefs dont ils ne connaissaient rien, ce qui aurait affaibli les Britanniques eux-mêmes. Autrement dit, le succès tactique conduisait à un affaiblissement stratégique. C'est exactement le problème de la stratégie française au Sahel…

La logique de la guerre menée par la France doit évoluer. En avril 2021, la *Coalition citoyenne pour le Sahel* constate que la mesure actuelle du succès est insuffisante[758] :

> *Pour la Coalition citoyenne pour le Sahel, une approche sécuritaire qui n'inclut pas des mesures concrètes pour assurer la protection des civils est vouée à l'échec. La Coalition citoyenne appelle donc à un réagencement drastique des priorités, afin que la mesure du succès des interventions ne soit pas seulement d'ordre militaire (la liste des « terroristes neutralisés »), mais prenne également en compte le nombre de personnes déplacées rentrées volontairement chez elles, d'écoles rouvertes, de champs à nouveau cultivés.*

3.3.3.5. *La lutte contre le financement du terrorisme*

L'importance accordée au financement du terrorisme par certains experts découle de la lutte contre la criminalité organisée et le terrorisme marginal des années 1980. Après 2001, l'idée s'est prolongée avec l'image d'un multimillionnaire exalté – Oussama ben Laden – utilisant sa fortune pour renverser l'ordre mondial à la manière du Dr Folamour. Mais, après vingt ans et d'innombrables investigations, on en sait toujours très peu sur le financement du « 9/11 »[759].

En fait, en voyant « Al-Qaïda » comme une « organisation criminelle », on a abordé le problème comme la lutte contre la criminalité organisée, en s'attaquant aux mécanismes de blanchiment d'argent. Or, alors que la criminalité organisée tente d'utiliser de l'argent illégal pour des activités légales, c'est exactement l'inverse qui se produit dans le cas du terrorisme : on tente d'utiliser de l'argent légal pour une activité qui ne l'est pas. On tend ainsi à appliquer des logiques inadéquates

---

758. « Sahel : Ce qui doit changer pour une nouvelle approche centrée sur les besoins des populations, recommandations de la Coalition citoyenne pour le Sahel », avril 2021.
759. John Roth, Douglas Greenburg, Serena Wille, *Monograph on Terrorist Financing – Staff Report to the Commission*, National Commission on Terrorist Attacks Upon the United States, Washington DC.

pour ce type de problème, comme en Belgique[760]. Dans l'émotion qui a suivi le « 9/11 », il fallait avant tout démontrer que les terroristes étaient des « méchants », et l'on a attribué aux réseaux islamistes des financements issus d'activités illégales (prostitution, trafics d'armes, trafic de drogues, etc.) Ainsi, la communauté internationale a perdu un temps précieux à chercher des réseaux qui n'existaient pas.

La manière dont l'Occident cherche à traiter cette question est dépassée et reflète notre mauvaise compréhension du terrorisme djihadiste contemporain. Il faut tout d'abord définir le terrorisme que l'on cherche à combattre. Dans le cas de l'État islamique, il faut distinguer le *djihad par front ouvert* (DFO), mené sur le terrain par des combattants avec des armes relativement sophistiquées, et le terrorisme individuel (DTI) mené par des individus isolés et avec les « moyens du bord ».

Avec l'adoption de la stratégie du « djihad ouvert », où les ressources (doctrinales et techniques) du terrorisme sont ouvertement disponibles et où l'initiative est laissée à l'individu ou à un très petit groupe d'individus, la question du financement prend une tout autre dimension. L'idée sous-jacente est de rendre le terrorisme invisible aux systèmes de surveillance. Les moyens utilisés (couteau, voiture, etc.) ne nécessitent pas nécessairement de gros investissements et peuvent être financés littéralement sur les dépenses courantes du terroriste ou de sa famille. La granularité de ce type de financement est telle qu'il passe à travers la plupart des moyens de surveillance. Par ailleurs, sur le plan juridique, la distinction entre le financement du terrorisme et la vie courante devient quasiment impossible. Il en est ainsi du cas de Mme Nathalie Haddidi, qui a envoyé de l'argent à son fils Abbes Bounaga (parti en Syrie pour faire le djihad), afin de lui permettre de rentrer en France et qui s'est retrouvée devant la chambre correctionnelle pour financement du terrorisme[761].

Si l'on appliquait cette même logique, il faudrait traduire les dirigeants américains, britanniques et français devant les tribunaux, car non seulement ils ont fait tout ce qui était en leur pouvoir pour engendrer un sentiment de haine contre l'Occident, mais encore ils leur ont fourni les armes pour mener à bien leur projet. En effet, en exploitant des groupes islamistes pour déstabiliser des régimes laïques, ces pays ont extrêmement mal évalué les intentions et les doctrines de leurs alliés, ainsi que leur capacité à les garder sous contrôle.

3.3.4. La guerre de l'information

La guerre de l'information est un ensemble complexe de mesures destinées à encadrer une politique ou des opérations militaires. Dans une situation asymétrique, l'enjeu central et stratégique de la guerre de l'information est la légitimité

---

760. Voir Thomas Renard (editor) (avec les contributions de : Sophie André, Elke Devroe, Nils Duquet, France Lemeunier, Paul Ponsaers, Vincent Seron), *Counterterrorism in Belgium: Key Challenges and Policy Options*, Egmont Paper 89, octobre 2016, p. 11-12.
761. Jean Chichizola, « Jugée pour avoir financé son fils djihadiste », lefigaro.fr, 5 septembre 2017.

de l'action, qui ne peut être acquise que dans le cadre d'une stratégie holistique d'ensemble.

Trop souvent, les pays occidentaux concentrent leurs efforts sur la cyber-guerre, en imaginant des scénarios de menace où la réalité le dispute à la fiction. Sans en nier l'importance, ce n'est qu'un domaine très secondaire en matière de lutte contre le terrorisme.

Les pays occidentaux se sentent légitimés par la simple nature des valeurs qu'ils pensent défendre et cherchent à propager par la force. Le problème est que les pays où nous opérons ne veulent pas se voir imposer ces valeurs : elles doivent résulter de leur choix et non du nôtre. Les objectifs de la guerre de l'information sont donc souvent en porte-à-faux avec les opérations militaires.

Dans cette guerre de l'information, les djihadistes ont un avantage considérable sur les pays occidentaux, car ils assument pleinement leur recours au terrorisme. En montrant ouvertement leurs crimes et en reconnaissant pleinement leur caractère terroriste, ils diminuent leur vulnérabilité à la communication occidentale.

À l'inverse, engagés dans des opérations souvent contraires au droit international, les Occidentaux sont contraints à la discrétion – voire au mensonge – afin de maintenir leur légitimité. Ainsi, il ne suffit pas de déclarer que l'on combat le terrorisme au nom de nos valeurs, encore faut-il que nous les respections nous-mêmes. Nous pratiquons la torture (directement ou indirectement[762]) et ne respectons pas les droits de l'homme[763], nous faisons plus de victimes civiles que l'EI en Afghanistan[764], nous menons des frappes et des guerres au mépris du droit international[765], nous soutenons des groupes terroristes islamistes[766], etc.

Les victimes civiles des frappes occidentales, pudiquement appelées «dommages collatéraux», alimentent la radicalisation au sein des minorités musulmanes. La politique de la plupart des pays occidentaux en la matière est de les taire, car les divulguer pourrait encourager des actes de violence. C'est notamment l'argument qui a été soulevé après les révélations de Wikileaks et Bradley/Chelsea Manning sur

---

762. Outre la pratique de la torture pour obtenir des informations, certains pays (comme la France, l'Allemagne, la Grande-Bretagne ou la Suisse) autorisent l'acquisition d'informations obtenues par la torture dans d'autres pays. Une manière de contourner le droit international en laissant les autres se salir les mains. (« "Sans poser de questions" - La coopération en matière de renseignement avec des pays qui torturent », Human Rights Watch, 29 juin 2010).

763. « État d'urgence : la France prévient qu'elle ne respectera pas les droits de l'homme », AFP/Le Point.fr, 27 novembre 2015 ; Blandine Le Cain, « La France prévoit d'enfreindre les droits de l'homme avec l'état d'urgence », lefigaro.fr, 27 novembre 2015.

764. "Midyear Update On The Protection Of Civilians In Armed Conflict: 1 January To 30 June 2019", UNAMA, 30 juillet 2019, p. 12.

765. Marko Milanovic, "The Syria Strikes: Still Clearly Illegal", *European Journal of International Law*, 15 avril 2018 ; Doug Bandow, "End America's Illegal Occupation of Syria Now", CATO Institute, 13 juin 2019.

766. "U.S., Britain, France block Russia bid to blacklist Syria rebels", Reuters, 11 mai 2016.

les pratiques américaines en Irak. Ainsi, la Belgique ne communique pratiquement pas sur ses frappes en Irak et en Syrie[767], et jamais sur les victimes civiles[768]. Les Américains ont cessé de communiquer sur leurs frappes en Syrie en 2017. Quant à la France, elle nie systématiquement ses nombreuses « bavures » au Sahel, comme celle de Bounti (Mali), le 3 janvier 2021[769].

Cette stratégie du « pas vu, pas pris », propre aux bureaucraties, peut apparaître judicieuse de prime abord. Mais elle est contre-productive, car le phénomène devient asymétrique : en ne communiquant pas, on est absent du terrain de l'information et on le laisse aux terroristes. Sans stratégie appropriée dès 2014, la France n'a pas réussi à gagner les cœurs de sa population immigrée et s'est créée elle-même un ennemi intérieur potentiel.

En fait, les pays occidentaux voient la guerre de l'information comme on concevait les opérations en 1914 : en recherchant en permanence la supériorité. C'est leur principale faiblesse. Sans stratégie, avec des actions sur le terrain qui contredisent le discours officiel, ils sont incapables de transmettre un message qui soit en mesure de créer une légitimité solide autour de leur action.

3.3.4.1. *Objectifs génériques*

Affirmer que l'information est un enjeu déterminant dans un conflit est un truisme. Il importe cependant de bien comprendre la complexité qu'implique cet enjeu. En deçà de ses objectifs stratégiques, la guerre de l'information vise plusieurs types d'objectifs de nature opérative, qui s'articulent de manière matricielle. Il s'agit d'objectifs fonctionnels :

• La maîtrise de l'information *en amont de la prise de décision*, qui vise à donner au décideur la vision d'ensemble nécessaire à sa décision. Elle suppose une capacité de gérer la connaissance du champ de bataille (physique ou virtuel) et d'intégrer l'ensemble des informations nécessaires à la conduite (renseignement, logistique, propres troupes, etc.). Elle comprend notamment la capacité du renseignement à anticiper les actions de l'adversaire.

• La maîtrise de l'information *en aval de la décision*, qui vise essentiellement à acquérir et maintenir les moyens techniques et processus de commandement et de conduite permettant d'acheminer aux exécutants les informations nécessaires pour l'accomplissement de leurs missions. Elle comprend également la capacité à faire remonter l'information recueillie par des exécutants, de sorte à assurer le pilotage des opérations, voire l'ajustement des décisions pour répondre à l'évolution de

---

767. "Improving Belgian transparency and public accountability in the war against Daesh", Airwars. org.

768. Laurie Treffers, „De mythe van nul burgerslachtoffers", *De Standaard*, 24 septembre 2020 ; Laurie Treffers, "Belgian airstrikes and the myth of zero civilian casualties", Airwars.org, 2 octobre 2020.

769. Pierre Alonso, « Frappe française au Mali : les appels à la transparence se multiplient », *Libération*, 21 janvier 2021 (mis à jour 22 janvier 2021).

la situation. C'est une problématique essentiellement technique, que nous ne traiterons pas ici.

• La maîtrise de la *communication* entre l'État et l'opinion publique, qui vise la gestion de la perception du conflit. Il s'agit non seulement de maîtriser le contenu de l'information diffusée, mais également la manière dont l'information est partagée. Elle a également comme fonction d'empêcher l'adversaire de dominer les champs informationnels.

À ces objectifs se combinent des objectifs transversaux structurels ou facilitants :

• La *maîtrise des vecteurs d'information*, qui suppose la disponibilité de moyens de communication et des technologies qui leur sont associées. Elle implique leur disponibilité physique, mais également les capacités humaines et techniques pour les mettre en œuvre.

• La *maîtrise du contenu* de l'information et de son intégrité, ce qui signifie que les éléments qui circulent ne sont pas corrompus en termes techniques. En d'autres termes, il ne s'agit pas ici de savoir si l'information est « juste » ou « fausse », mais qu'elle est en mesure de circuler comme on veut qu'elle circule.

3.3.4.2. *La maîtrise de l'information en amont de la décision – le savoir*

Si le renseignement est essentiellement l'information pertinente concernant « l'adversaire », il ne constitue pas la totalité de l'information nécessaire à la prise de décision. Il doit être complété par l'information sur nos propres capacités et nos limites (par exemple, la disponibilité opérationnelle d'un matériel). Combinées au renseignement, ces informations constituent la connaissance nécessaire à des décisions spécifiques. La maîtrise du savoir implique la gestion et la mise à jour permanente de ces connaissances, tout en permettant leur accès en continu au sein d'une institution.

Dans la plupart des organes des administrations (et organes de renseignement), l'expertise et la connaissance des faits se concentrent au « bas » de la pyramide, alors que les échelons supérieurs doivent avoir une fonction intégrative et synthétique de ces connaissances. Le terrorisme étant l'usage d'actions tactiques pour atteindre un objectif stratégique, l'information tactique – généralement située au « bas » de la pyramide – peut avoir une importance stratégique. Le résultat est souvent une tendance des échelons supérieurs à « descendre » au niveau tactique pour se substituer aux experts et se concentrer sur les détails (*micromanagement*). Cela signifie souvent une perte de la vision d'ensemble et un traitement tactique du problème. Sur le plan fonctionnel, on crée des superpositions de compétences qui favorisent la rétention d'information à tous les niveaux. Dans les conflits complexes, c'est un point faible majeur des organes de sécurité et probablement la raison majeure des échecs dans la lutte contre le terrorisme.

La guerre du savoir a pour but non seulement de savoir plus et plus vite que l'adversaire, mais aussi de rendre ce savoir plus rapidement accessible aux éléments opérationnels, afin de pouvoir agir plus vite, plus précisément et avec plus d'efficacité. Elle comprend également tous les moyens destinés à empêcher l'adversaire de constituer son savoir. Elle comprend donc toutes les mesures qui servent à soustraire l'information des systèmes d'acquisition adverses (camouflage, protection de l'information, etc.) (mesures passives), ainsi que toutes les mesures qui permettent d'approvisionner l'adversaire d'informations erronées afin de le tromper sur nos intentions opérationnelles (mesures actives)[770].

La gestion du savoir est essentielle à la cohérence stratégique de l'action. Dans des services de renseignement trop bureaucratisés, la compartimentation institutionnelle favorise la circulation verticale de l'information (« *stovepiping* ») et tend à isoler les analystes. Cette situation est une faiblesse si les « chefs » n'assument pas leur fonction d'intégrateurs de l'information. C'est le cas dans la plupart des « grands » services. C'est sans doute pour cette raison que les « petits services » sont mieux prédisposés pour avoir une vision d'ensemble de la menace, comme le *Bureau of Intelligence and Research (INR)* du Département d'État américain ou l'*Office of National Assessments (ONA)* en Australie.

3.3.4.3. La maîtrise de l'information en aval de la décision – les moyens de conduite

En matière de conduite, la gestion du savoir consiste essentiellement à fournir à chaque niveau opérationnel l'information pertinente pour sa tâche. Dans des structures hiérarchiques pyramidales, cette gestion est assez simple puisque dans les sens descendant et ascendant, chaque niveau approvisionne le niveau suivant avec une information « taillée sur mesure ». Le problème est plus complexe dans un environnement ouvert, en réseau et riche en informations, qui offre à chaque niveau la même richesse d'information. Le risque est alors que la même information entre plusieurs fois dans le même processus et que des informations de qualité supérieure soient ignorées.

C'est notamment ce qui se passe dans les analyses stratégiques du djihad qui font appel aux informations « *mainstream* », parce qu'elles sont plus facilement acceptées. C'est le cas de la responsabilité d'Oussama ben Laden dans les attentats du « 9/11 », qui reste considérée comme un fait établi, alors qu'aucune preuve n'a permis de le démontrer jusqu'à ce jour.

3.3.4.4. La maîtrise de la communication – la maîtrise des perceptions

La gestion des perceptions est une arme de guerre. Pratiquement aucun conflit majeur depuis la Seconde Guerre mondiale n'a débuté sans une opération de désinformation ou de communication.

---

770. Ce que les Russes appellent « *maskirovka* ».

Le terrorisme est un outil d'influence : il exploite l'incertitude, la désécurisation et la crainte afin d'influencer les mécanismes de décision. En fait, le terrorisme – comme les catastrophes aériennes – est un phénomène extrême qui ne constitue qu'une fraction infime des causes de mortalité. Pourtant, il affecte la vie des individus et de l'État de manière disproportionnée.

Comme nous l'avons vu, la guerre asymétrique – en particulier l'asymétrie djihadiste – est basée sur un différentiel cognitif. À tort ou à raison, les djihadistes perçoivent les interventions occidentales comme des agressions contre leurs sociétés, et les rattachent aux croisades. Il ne s'agit pas de savoir ici s'ils ont raison ou s'ils ont tort, mais de constater cet état de fait. Or en France (et dans une certaine mesure en Belgique), aucun effort n'est fait pour corriger cette perception. On a parfois le sentiment que l'on cherche à exploiter le terrorisme à des fins de politique intérieure.

Comme on l'a vu, l'enjeu essentiel de la lutte contre le terrorisme est d'éviter le glissement des sympathisants vers l'activisme, en visant en priorité la population nationale. On pourrait envisager, par exemple, de :

• minimiser le décalage entre les gouvernements et leur population (principalement immigrée), qui pourrait constituer une vulnérabilité au terrorisme ;

• communiquer sur la légitimité des interventions à l'étranger, en expliquant leurs motifs et leur impérative nécessité… s'il y en a… ;

• Montrer que les interventions à l'étranger ne découlent pas d'une défiance envers une religion (en l'occurrence l'islam) ou des cultures différentes, mais obéissent à des impératifs supérieurs de gagner les cœurs et les esprits de la population qui pourrait exprimer une forme de solidarité avec les populations affectées par nos interventions, en donnant des gages de confiance à la population immigrée et en évitant les polémiques déplacées sur des questions périphériques (voile islamique, burkini, etc.) qui n'ont aucune incidence sur le terrorisme.

Pour y arriver, la politique gouvernementale doit être claire et lisible. En France, la participation à l'opération américaine en Irak et en Syrie a été justifiée pêle-mêle par la légitime défense, la protection des minorités yézidies, le renversement du gouvernement syrien et la lutte contre l'EI. Or pour chacune de ces actions, des moyens plus efficaces, plus durables et moins meurtriers pour les populations civiles auraient pu être mis en œuvre.

Il est également essentiel que les actes de terrorisme fassent l'objet d'une analyse non partisane afin de juguler les craintes de la population et de trouver les moyens appropriés pour les traiter. L'option choisie en France – comme dans les milieux religieux américains – a été de les situer dans une volonté conquérante de l'islam, présentée comme inéluctable (« La France est attaquée pour ce qu'elle est, et non pour ce qu'elle fait »). On a ainsi laissé se développer l'idée que le terrorisme n'est que le prélude à un conflit quasi civilisationnel entre islam et chrétienté au sein même de nos pays. En y associant de manière douteuse «islam» et «islamisme», notamment à travers des polémiques stériles sur le voile islamique (hidjab) ou le burkini[771], l'État s'est fait le promoteur de tensions au sein de sa propre population.

De plus, l'absence d'analyse critique des causes du terrorisme a induit des facteurs de division internes supplémentaires. Cela a notamment été le cas après les attentats de *Charlie Hebdo*, où ceux qui n'étaient pas «Charlie» étaient accusés de faire l'apologie du terrorisme[772]. On entre ici dans le domaine de la «post-vérité», qui reflète la position officielle des pays engagés dans la coalition internationale et qui occulte que l'objectif réel des attentats était de pousser la France à se retirer du conflit moyen-oriental. Les pays occidentaux ont adopté un discours qui masque leurs mauvaises décisions et cherche à «lisser» la réflexion sur le terrorisme.

Contrairement aux gouvernements autocratiques, les démocraties sont sensibles à l'opinion publique et doivent lui rendre des comptes à chaque élection.

Nous l'avons vu, l'importance que nous donnons aux événements terroristes contribue à exprimer une vulnérabilité. En donnant à chaque victime une importance nationale, on indique implicitement aux terroristes que chaque individu devient une cible «juteuse». À telle enseigne qu'aujourd'hui les terroristes n'ont plus besoin de cibler des personnalités : l'assassinat d'un «simple» policier ou militaire acquiert automatiquement une importance stratégique.

Les passages en boucle des images des attentats, le retour sur les lieux de l'événement, les «micros-trottoirs» de citoyens n'ayant qu'une connaissance limitée de la question apportent peu sur la substance, mais beaucoup aux terroristes qui constatent que leur attaque «a porté». Par leur insistance, et l'écho disproportionné qu'ils donnent à l'événement, les médias se font ainsi les complices objectifs de l'acte terroriste.

Ce qui est nouveau, ce n'est pas le phénomène, mais le fait qu'on n'y remédie pas, voire qu'on le cultive.

Cela a été particulièrement le cas en France, où le gouvernement Hollande-Valls l'a présenté comme un phénomène inéluctable (parce que lié à la religion ou à une transformation de la société), lui a donné une résonnance sans proportion avec le risque qu'il constitue pour l'État, et a ainsi produit un effet multiplicateur qui n'a fait que servir l'État islamique et encourager l'action violente. Comme en témoigne ce commentaire d'Abou Bakr al-Baghdadi, leader de l'EI :

> *L'énormité des forces amassées pour combattre l'État islamique témoigne de sa force et qu'il est sur le bon chemin.*[773]

---

771. Mohammed Sifaoui dans l'émission *On a tellement de choses à se dire*, « «Le voile n'est pas islamique» mais «islamiste» selon Mohamed Sifaoui », RTL/YouTube, 25 septembre 2019 (06'30").
772. « Âgé de 8 ans, il est entendu pour apologie du terrorisme », Europe 1, 29 janvier 2015.
773. Citation d'un « chat » capté en avril 2017.

La communication gouvernementale est une activité complexe, qui doit faire partie d'une stratégie conciliant à la fois les objectifs politiques, les objectifs sécuritaires et les spécificités culturelles du public cible.

Cela commence par communiquer sur l'action de l'État. En France, on lui attribue souvent le «*monopole de la violence*», en vertu des théories du philosophe allemand Max Weber. Or la violence est définie en fonction de critères qui impliquent invariablement l'émotion et la brutalité, ce qui explique peut-être la raison pour laquelle on y ajoute parfois le qualificatif «légitime»[774]. Les interventions de l'État sont – en théorie, au moins – le résultat d'un processus qui ne doit rien à l'émotion ni à la brutalité, mais implique l'usage de la force, armée ou non. En résumé, l'État a le monopole de l'usage de la *force*, et non de la *violence*. La confusion vient d'une mauvaise traduction de l'allemand, dans lequel le mot («*Gewalt*») ne distingue pas entre «*violence*» et «*force*». En revanche, en anglais et en français une distinction peut être faite. C'est la raison pour laquelle, dans la terminologie anglo-saxonne, la force est du ressort de l'État («*Use of force*»), tandis que la violence appartient aux criminels. Paradoxalement, dans les pays européens francophones (France, Belgique et Suisse), on ne fait pratiquement jamais cette distinction. Ce flou permet aux «opposants» de dénoncer l'État comme un instrument d'oppression (on parle de *violences* policières) et aux «loyalistes» d'autoriser des pratiques contraires au droit international.

Ainsi, en termes de communication, il faut distinguer entre l'emploi de la *force*, pour résoudre un problème de manière réfléchie et en fonction de critères soigneusement pesés, et l'usage de la *violence*, qui est un débordement brutal, guidé par l'émotion et souvent mal contrôlé :

L'État utilise la force ; l'ennemi, la violence.

Mais cette approche ne doit pas simplement être un exercice de vocabulaire, mais doit être accompagnée de mesures concrètes. Les policiers, qui s'affranchissent des règles de la circulation en (ab)usant des gyrophares et des sirènes, arrêtent des individus sans raison et mentent sur les circonstances[775] ou utilisent leurs armes de manière inappropriée[776], contribuent à délégitimer l'action de l'État. Techniquement (mais pas légalement !), il s'agit d'une trahison.

En Europe, si la communication est bien reconnue comme un facteur stratégique, on ne se donne généralement pas les moyens pour la gérer. Pourtant, principal instrument d'influence, elle est devenue une condition indispensable à la mise en œuvre de politiques, de stratégies et, plus généralement, de décisions.

---

774. Max Weber, *Le Savant et le Politique* (1919), Union Générale d'Éditions, 1963.
775. « Bruxelles : un jeune homme décède après son interpellation par la police », belga/lesoir.be, 11 janvier 2021.
776. « "Gilets jaunes" : le préfet de police Michel Delpuech limogé, Didier Lallement le remplace », europe1.fr, 18 mars 2019.

À la fin août 2004, après la prise en otage de deux journalistes à Bagdad[777], le gouvernement français a mis en place une communication remarquable et habile, dans laquelle la communauté musulmane française s'est spontanément impliquée. On s'est alors efforcé d'expliquer les raisons et la finalité de la loi sur le «voile islamique» afin de convaincre les preneurs d'otages que l'islam n'était pas menacé en France.

Sur le plan stratégique, cependant, on peut se demander si l'on avait communiqué suffisamment en amont du problème, lors de l'adoption de cette loi (10 février 2004). Les débats autour de celle-ci avaient fait l'objet de nombreux commentaires sur les chaînes de télévision arabe – notamment Al-Jazirah – et avaient fait l'objet d'une intervention du Dr Aïman Al-Zawahiri, le bras droit d'Oussama ben Laden, le 24 février 2004, ainsi que de manifestations à Gaza, au Liban, à Bahreïn, en Jordanie et en Indonésie. Mais en France, le problème a été perçu, de manière très cartésienne, comme une question «franco-française», et n'a pas été compris comme un éventuel point de rupture, nécessitant une campagne de communication. Dans le contexte général d'hypersensibilité des mouvements islamistes qui régnait alors, la «simple» non-participation à la guerre en Irak ne suffisait plus à forger une image positive.

Plus tard, le soutien politique du gouvernement français au gouvernement israélien dans ses opérations à Gaza, qui a considérablement contribué à polariser la perception de la population musulmane en France, n'a jamais fait l'objet d'une communication envers cette population. Il en est de même pour les raisons qui ont conduit le gouvernement français à s'impliquer au Moyen-Orient en 2014, lesquelles n'ont jamais fait l'objet d'un message adressé à la partie musulmane de sa population ni d'un avertissement à l'ensemble de la population sur les risques qui pouvaient découler de cet engagement. Quelle qu'ait pu être la pertinence de ces décisions, le fait qu'elles n'aient fait l'objet d'aucune communication a livré la population française – et juive en particulier – à la vindicte des islamistes. Or ces conséquences étaient non seulement prévisibles, mais prévues.

La gestion des perceptions ne signifie pas nécessairement «désinformer», mais doit aussi contribuer à atténuer les écarts de perception entre adversaires. Par exemple, la Suisse, bien qu'elle ne fasse pas partie de la coalition internationale qui le combat, a été menacée par l'État islamique dans une vidéo de 4 minutes intitulée *No Respite*[778] : son drapeau figurait parmi les 60 bannières des pays membres de la coalition. Pour réaliser leur vidéo, les islamistes ont tiré leurs informations de Wikipédia, où la Suisse était alors associée par erreur

---

777. Il s'agit de Christian Chesnot et Georges Malbrunot et de leur chauffeur syrien Mohammed Al-Joundi, le 24 août 2004.
778. Vidéo de propagande diffusée le 24 novembre 2015, http://heavy.com/news/2015/11/new-isis-islamic-state-news-pictures-videos-no-respite-english-language-propaganda-full-uncensored-youtube-daesh/.

à la coalition internationale[779]. Or la Suisse a fourni une aide humanitaire à l'Irak, mais n'a jamais fait partie de la coalition internationale. Dans ce cas, non seulement les services de renseignement n'ont pas détecté ce problème, mais aucune campagne d'information n'a été menée par la Suisse – et notamment par le *Département des Affaires étrangères* – pour corriger cette erreur de perception auprès des djihadistes potentiels. De manière assez étonnante – et irresponsable – on a vu dans cette «erreur» une opportunité de se rapprocher à moindre coût politique de la communauté occidentale. En d'autres termes, la Suisse aurait pu être victime d'un attentat terroriste à cause d'une erreur éditoriale de l'EI que les services de renseignement n'ont pas détectée! C'est peut-être l'explication du projet d'un couple français radicalisé de mener une attaque à Genève en 2017[780].

Les services sont ainsi partagés entre le devoir de réserve qui les lie avec le décideur et la nécessité impérieuse de créer et maintenir la confiance du public. Cela explique en grande partie leur mutisme. Mais cela n'est pas la seule raison : bien souvent, les services de renseignement sont eux aussi dans l'incertitude parce que la nature du problème est telle qu'aucune réponse ne peut être y donnée. Le silence permet de cacher ce que l'on sait et ce que l'on ne sait pas, et de donner ainsi l'illusion d'une connaissance. Dans certains cas, cependant, cette politique peut être contre-productive. En Suisse, à la suite du «9/11», l'embargo sur l'information imposé par le Département de la Défense a conduit certains commentateurs à suggérer que les services de renseignement ne disposaient pas de l'expertise nécessaire… ce qui était malheureusement vrai.

La maîtrise de la communication s'exerce à deux niveaux : au niveau du contenu de l'information (il s'agit de protéger les messages émis par le gouvernement ou les individus afin d'éviter qu'ils soient altérés, détournés ou remplacés par d'autres messages) et au niveau des vecteurs d'information (qui comprennent les infrastructures et structures mises en place pour traiter et assurer la diffusion des informations).

3.3.4.4.1. Les actions d'influence

Les actions d'influence doivent :

• répondre à des objectifs stratégiques partagés entre les forces de l'ordre civiles et militaires;

• être basées sur une étroite collaboration des organes de renseignement civils et militaires;

• être conçues conjointement par les organes civils et militaires;

---

779. Military intervention against ISIL, https://en.wikipedia.org/wiki/Military_intervention_against_ISIL. (NDA : après détection de cette erreur de Wikipédia par l'auteur, la mention de la Suisse a été supprimée de la page en question le 11 décembre 2015, à la demande du ministère suisse des Affaires étrangères).
780. V.B-G., « Annemasse : un couple radicalisé prévoyait de "se faire sauter à Genève" », *Le Dauphiné*, 23 septembre 2017.

• être conçues pour atteindre des objectifs psychologiques spécifiques pour un public cible spécifique.

Les actions d'influence répondent à trois finalités fondamentales :
• gagner la légitimité de l'action ;
• restaurer et/ou maintenir la confiance des populations civiles envers les autorités ;
• affaiblir la volonté combative de la force adverse.

3.3.4.4.2. La guerre de l'influence

Comme nous l'avons vu, la légitimité est une composante essentielle du centre de gravité à la fois des terroristes et des gouvernements engagés dans des conflits contraires au droit international. La guerre de l'influence est donc un enjeu pour les deux côtés, mais elle ne peut être traitée de manière symétrique par les deux.

Dans un pays démocratique, dont les actions illégales sont souvent à l'origine du terrorisme, la guerre de l'information doit prendre des chemins détournés et exige parfois des accommodements avec les médias.

Le centre de gravité des guerres modernes, en général, et des guerres asymétriques, en particulier, est la légitimité du combat ou de la lutte. Les campagnes trop tranchées, le rejet catégorique de certaines idées, la marginalisation de certains courants de pensée, voire leur interdiction, peuvent avoir des effets imprévisibles et contraires à l'objectif recherché. Il en est ainsi de l'extrême droite qui ne cesse de progresser en Europe et surtout aux États-Unis, stimulée par la mythification qui résulte d'une communication déficiente. La transparence et une communication crédible – et dépourvue de biais – sont les ingrédients indispensables pour des actions d'influence efficaces.

Dans un contexte asymétrique, notre réflexion doit souvent se développer «en creux». La guerre de l'influence n'échappe pas à cette règle.

Aujourd'hui, si l'EI a défini son champ de bataille principal dans la région du Proche et Moyen-Orient, ses opérations extérieures en Occident sont très largement tributaires de la connaissance que ses sympathisants ont de la situation en Irak et en Syrie. Bien davantage que le message religieux, les vidéos qui montrent les victimes et les destructions causées par la coalition internationale constituent, en fait, l'essentiel de ce qui motive les djihadistes européens. Il est dès lors tentant de vouloir couper cette source d'information par des actions de cyberguerre. Ce qui est fait par les organes de renseignement et de cyberguerre occidentaux de manière routinière, avec deux conséquences majeures.

La première est que, dans la mesure où le terrorisme est un moyen de communiquer une cause et que l'Internet est également un moyen de communication, en coupant l'Internet on pousse les djihadistes à n'utiliser que le terrorisme comme moyen de communication.

La seconde est que, du fait que l'essentiel de l'information obtenue sur les terroristes vient de la surveillance des réseaux informatiques, le verrouillage de ces derniers va pousser les terroristes vers des moyens de communication alternatifs qui seront hors de portée de nos « cyber-policiers ». C'est ce qui s'est passé en Afghanistan où les résistants afghans ont remis en activité de vieilles méthodes de communication, avec des pigeons voyageurs ou des messagers qui échappent totalement à la technologie occidentale. En Occident, cela a eu pour conséquence de faire resserrer les réseaux sur des fratries ou des familles. C'est en fait l'anticipation de ce phénomène par les islamistes qui a été la base du concept de « terrorisme individuel », entre 2007 et 2010, par les théoriciens du djihad.

En d'autres termes, il y a ici un choix stratégique à faire et un équilibre à trouver entre la capacité de détection et celle de circonscrire les capacités de propagande. La dominance de l'information ne passe pas nécessairement par l'anéantissement de la communication adverse, mais par une communication active mieux développée, capable de concurrencer les terroristes vers les populations cibles. C'est un domaine qui n'a absolument pas été maîtrisé par les Occidentaux depuis le début de leur guerre au Moyen-Orient, et que la France en particulier a tenté de traiter par le déni.

3.3.4.5. *La maîtrise des vecteurs d'information*

La maîtrise des vecteurs d'information comprend toutes les mesures actives et passives destinées à préserver l'environnement informationnel civil, économique et militaire. Cet environnement comprend en premier lieu les moyens de conduite, mais également les moyens de gestion, ainsi que les moyens qui permettent le maintien des liens entre la population et la conduite politique du pays.

La maîtrise des vecteurs d'information relève d'une combinaison de moyens statiques (mesures de protection physique d'installations et durcissement des systèmes) et de moyens dynamiques (capacités d'action défensives et offensives dans le cyberespace). Les objectifs sont : a) la possibilité de les employer en permanence avec un minimum de restrictions et b) la capacité d'en prévenir la neutralisation.

La cyberguerre est l'aspect de la guerre de l'information le plus souvent mentionné (et parfois même considéré à lui seul comme la guerre de l'information). On imagine volontiers des scénarios catastrophes – évoqués avant le passage vers l'an 2000 – où des individus mal intentionnés pourraient perturber le trafic aérien, voire causer des dommages considérables en prenant le contrôle d'installations particulières (centrales nucléaires, avions, etc.). L'action informatique d'un individu ou d'un groupe d'individus contre une cible particulière est une menace réelle. Toutefois, une guerre qui viserait à l'effondrement d'un pays ou d'une économie par une succession d'actions dans le cyberespace apparaît peu réaliste. À cela plusieurs raisons. Une attaque contre des systèmes informatiques organisés en réseaux peut avoir des effets imprévisibles, y compris un retour inattendu contre l'agresseur lui-même. Une autre raison est liée à la structure des réseaux : on a constaté, lors des travaux de prévention en vue du «bug de l'an 2000» que, dans la plupart des pays, les systèmes informatiques sensibles (de la sécurité aérienne, des réseaux bancaires ou financiers) sont généralement gérés indépendamment des grands réseaux informatiques[781].

Il ne s'agit pas ici de minimiser le risque de cyberguerre, mais de le placer à sa juste dimension. En effet, lors du passage à l'an 2000, les satellites d'imagerie américains ont été inopérants durant trois jours : les ordinateurs destinés à déchiffrer les signaux des satellites radar et optique à Fort Belvoir (Virginie) ne fonctionnaient plus, et les signaux ont dû être relayés vers le White Sands Missile Range (Minnesota) pour être déchiffrés manuellement. La raison de cet incident n'était pas le «bug», mais le «patch» appliqué aux logiciels qui n'était pas adapté[782] ! On ne peut ignorer les menaces terroristes dans le cyberespace. Toutefois, tout comme pour le superterrorisme, il faut rappeler que le terrorisme est condamné au «succès», raison pour laquelle les terroristes se limitent à appliquer des méthodes simples et qui fonctionnent. L'action dans le cyberspace, même si elle peut être tentante, est très aléatoire et ses effets sont loin d'être aussi chargés émotionnellement que des attentats plus «traditionnels».

3.3.4.6. *La maîtrise du contenu de l'information*

La maîtrise du contenu de l'information est la capacité de gérer l'adéquation de l'information en fonction des objectifs des forces engagées. Elle a un rôle essentiellement qualitatif. Elle suppose comme condition préalable d'avoir la maîtrise des vecteurs d'information et la garantie d'une communication offrant un minimum de distorsions dues à la technique. Elle implique le maintien permanent de flux d'informations bidirectionnels entre le censeur et l'utilisateur.

3.3.4.6.1. La censure

De cet impératif de confiance, il résulte la nécessité d'établir une relation de partenariat avec les médias, afin de gérer la diffusion de l'information «critique», tout en évitant de tomber dans un système de censure – ou de propagande – contraire aux principes d'une société démocratique. Une telle démarche ne peut se faire que sur la base d'un «*gentlemen's agreement*» qui résulte d'une volonté commune et procède d'une transparence acceptable entre partenaires.

Dans les pays anglo-saxons, la coopération entre l'État et les médias dans les cas de crise, de terrorisme ou de sécurité est institutionnalisée et généralement acceptée. En Grande-Bretagne, le système de la «D-Notice» est un système d'autocensure de la presse, en vigueur depuis 1912. La D-Notice n'a qu'une valeur de conseil et

---

781. Le « bug de l'an 2000 » a donné une image faussée des risques. Il s'agissait en effet bien d'un risque qui pouvait frapper l'ensemble du parc informatique, mais indépendamment des réseaux.
782. Stone Martin, "Satellites Blinded By Y2K Bug », *Daily News*, Newsbytes, 14 janvier 2000.

d'information. Elle informe son destinataire qu'un sujet donné peut être couvert par l'*Official Secrets Act* – qui, lui, a valeur de loi – mais aucun lien formel ne les lie. Elle prend la forme d'une lettre de demande, adressée confidentiellement à la presse écrite, orale et audio-visuelle, les priant de considérer un sujet donné comme étant d'une importance particulière pour la sécurité de l'État et de ne rien publier à ce sujet. En 1982, les *D-Notices* couvraient huit domaines jugés sensibles. En août 1993, leur nombre est réduit à cinq et elles sont rebaptisées « DA-Notices ». En 2015, elles sont redéfinies et changent de dénomination pour DSMA-Notice :

Évolution des D-Notices en Grande-Bretagne

	D-Notice (1982)	DA-Notice (1993)	DSMA-Notice (2017)
1	Planification de défense, capacités opérationnelles, instruction militaire	Opérations militaires, planifications et capacités	Opérations militaires, plans et capacités
2	Équipements de la défense	Équipement et armement nucléaire et non nucléaire	Systèmes d'armes et équipements nucléaires et non nucléaires
3	Armes et équipements nucléaires	Chiffres et communications protégés	Forces militaires antiterroristes, forces spéciales et opérations des agences de renseignement, activités, méthodes et techniques de communication
4	Transmissions et radars	Installations sensibles et adresses personnelles	Biens et actifs matériels
5	Cryptographie et transmissions de données	Services de renseignement et forces spéciales du Royaume-Uni	Personnels qui occupent des postes sensibles et leurs familles
6	Services de renseignement et de sécurité britanniques		
7	Préparatifs et infrastructures de la défense		
8	Photos et représentations d'installations militaires		

Tableau 20 - La D-Notice est une manière d'associer les médias à la lutte contre le terrorisme. En Grande-Bretagne, elle a évolué en fonction de la nature des menaces.

Depuis 1988, le Home Office [783] dispose en outre d'un arsenal légal complet – dont l'*Official Secrets Act* et le *Prevention of Terrorism Act* et autres – pour prévenir la publication des activités de militants irlandais ou même de partis politiques légaux comme le Sinn Féin, sans référer au Parlement.

---

783. Ministère de l'Intérieur britannique.

En Israël, la censure militaire *(Ha'tzenzura Ha'tzva'it)*, subordonnée aux services de renseignement militaires, a des pouvoirs très étendus pour interdire la publication d'informations pouvant affecter la sécurité nationale, bien que son zèle se soit assoupli ces dernières années.

Tous ces systèmes de coopération ou de maîtrise des médias visent principalement des cas où la sécurité de l'État est engagée, et non une manipulation des esprits dans le sens d'une propagande ou d'une désinformation, même si la distinction est souvent ténue. En Israël, par exemple, l'accès de la presse aux zones troublées est limité à la fois pour des raisons de sécurité (pour les journalistes) et parce que la présence de journalistes tend à encourager la violence. Il est un fait que la présence des médias visuels stimule souvent des comportements audacieux, démonstratifs et violents, et donne aux combattants l'occasion de se valoriser ou de dramatiser une situation. D'un autre côté, le fait de maintenir la presse à l'écart permet aussi de tenir cachées certaines méthodes des forces de sécurité, comme l'élimination systématique des meneurs des manifestations par des tireurs d'élite[784].

Avec le développement des réseaux sociaux, d'autres mécanismes d'influence se sont développés. Les réseaux eux-mêmes ont été contraints par les gouvernements occidentaux à imposer une censure. Celle-ci touche fondamentalement les discours de haine et les propos incitant à la violence, mais, par extension, elle concerne aussi les opinions politiques divergentes (alors considérées comme potentiellement violentes). L'exemple le plus caricatural a été la fermeture du compte Twitter de Donald Trump le 8 janvier 2021, après l'incident du Capitole, assimilé à du « terrorisme intérieur » et instrumentalisé à des fins politiciennes. On pourrait également mentionner la suspension des comptes Instagram favorables au général Soleimani, après son élimination, en janvier 2020[785].

Dans une société toujours plus superficielle, l'effacement des messages favorables à l'Iran, au Hezbollah, aux Palestiniens, aux Frères musulmans, à la Russie, à la Chine, etc., et qui critiquent Israël[786] peut sembler légitime. En fait, on ignore ainsi que les réseaux sociaux jouent aussi un rôle d'exutoire. Dès lors, la censure ferme cette option et pousse à l'action « physique », comme nous l'avons vu au chapitre consacré à la cyberguerre.

Cela dit, on constate que l'incapacité des services de sécurité et antiterroristes à faire échec au terrorisme est très largement due à la perception convoyée par les médias et les « experts ». Un outil efficace serait de rendre les médias et autres

---

784. Maj Eugene Sockut, "License To Kill", *Defence Update*, n° 89, p. 50-53.
785. Jeffery Martin, "Instagram Censoring the Accounts of Farsi Media Outlets and Iranian Influencers, International Federation of Journalists Says", *Newsweek*, 10 janvier 2020 ; Chris Mills Rodrigo, "Instagram takes heat for removing pro-Soleimani content", *The Hill*, 16 janvier 2020.
786. Sam Biddle, "Facebook's Secret Rules About the Word 'Zionist' Impede Criticism of Israel", *The Intercept*, 14 mai 2021.

officines qui théorisent la question du terrorisme comptables de la mauvaise qualité de l'information qu'ils transmettent et qui devient la base de réflexion pour la lutte contre la radicalisation.

3.3.4.7. *La protection de l'information*

Avec la généralisation des systèmes de communication et de conduite informatiques en réseau, la protection du savoir est devenue un enjeu pour les gouvernements et les forces armées, mais aussi pour les entreprises et les individus. Elle comprend tout un arsenal de moyens qui vont de la discipline individuelle (très largement sous-estimée) au durcissement des réseaux, que nous ne traiterons pas ici. L'un des éléments centraux de cette protection est la cryptologie, la science du chiffrage des informations. L'accès à cette technologie et sa maîtrise sont donc un enjeu aussi. La cryptologie fait partie de ces technologies, autrefois réservées au niveau stratégique, aujourd'hui accessible à tous. Elle est certes utilisable par des terroristes ou des organisations criminelles, mais, en protégeant l'information des honnêtes citoyens ou des entreprises, elle contribue à la consolidation d'une société libérale et libre.

Depuis le milieu des années 1970, la technologie de la cryptologie, qui n'avait que peu évolué depuis la Seconde Guerre mondiale, a littéralement explosé. Paradoxalement, ce ne sont pas les principaux intéressés, les organes de renseignement, qui ont été les promoteurs de cette explosion. Les systèmes militaires basés sur le maintien des secrets ne comportaient pas de mécanismes d'exploitation du retour d'expérience et sont restés statiques. Les nouveaux systèmes cryptologiques d'origine civile et académique sont élaborés dans un contexte dynamique. Ainsi, l'algorithme RSA, inventé aux États-Unis en 1977, avait déjà été inventé quelques années auparavant par le GCHQ britannique, mais ce dernier avait préféré ne pas déposer de brevet afin de maintenir le secret autour de son invention. En fait, le GCHQ cherchait une méthode pour disséminer les clés de cryptage pour un nouveau système de communication militaire tactique, alors que les trois inventeurs de l'algorithme RSA avaient déjà entrevu les possibilités civiles de leur système de cryptage dans un monde qui s'ouvrait à la communication.

L'évolution de la cryptologie comporte une série d'enjeux pour les services de renseignement. Tout d'abord, il s'agit de la maîtrise de la technologie même de la cryptologie, qui ne tolère pas de seconde place. Elle est en évolution constante et exige une adaptation permanente de l'appareil de recherche-développement, tant pour le développement de nouvelles techniques de cryptage que pour de nouvelles capacités de déchiffrement. À ceci s'ajoute la capacité d'absorber l'information recueillie. Le développement d'une capacité d'acquisition d'informations doit s'accompagner d'une capacité de calcul (cryptanalyse), mais aussi – et c'est essentiel – d'une capacité d'analyse. En dernier lieu, il s'agit d'assurer une gestion du savoir qui permet d'affronter des menaces de manière transnationale et universelle, tout en préservant l'intégrité, la personnalité, l'intimité et la dignité des honnêtes gens.

Les services de renseignement ont avec la cryptologie moderne une relation ambiguë. Aux États-Unis, on relève souvent que la cryptologie sert aux « *Quatre Cavaliers de l'Infocalypse* » que sont les trafiquants de toutes sortes, les terroristes, la criminalité organisée et les réseaux pédophiles. Les services de renseignement expriment donc souvent un malaise face à une technologie qui évolue en permanence. Que cela soit pour la mise en place d'un système de tiers garant pour les clés de chiffrage ou pour l'exportation des logiciels de cryptage, les divers mécanismes suscitent des réactions souvent vives dans la population et le monde politique.

En 1993, afin de pouvoir surveiller les communications d'organisations criminelles, terroristes et autres, les États-Unis ont tenté d'introduire un processeur de cryptage qui aurait été utilisé de manière standard (initialement obligatoire) dans tous les téléphones portables et dont la clé de chiffrement aurait été détenue par la National Security Agency (NSA). Le système a finalement été abandonné sous la pression de groupes en faveur des libertés individuelles. L'année suivante, les États-Unis ont introduit le *Communications Assistance for Law Enforcement Act* (CALEA), qui oblige les fournisseurs d'accès et les compagnies de télécommunications à mettre à disposition des organes de police une capacité technique d'interception des communications. Parallèlement, la NSA a engagé un programme de « tiers garant » pour collectionner les clés de chiffrement à des fins de surveillance.

Certes, la cryptologie protège également des mouvements terroristes, comme elle protège la vie privée, l'intimité et la propriété des individus et des entreprises. C'est, par exemple, le cas de la technologie cryptographique intégrée dans le système GSM des téléphones portables ou dans des logiciels de protection des données informatiques. De nombreuses légendes ont surfait l'importance de cette technologie, comme l'information selon laquelle les terroristes du 11 septembre 2001 auraient communiqué en cachant leurs informations dans des images pornographiques au moyen de la stéganographie, puis les auraient envoyées par courriel ou par le réseau Usenet[787]. En fait, cette information qui avait été donnée par le *New York Times* en octobre 2001 n'a jamais été démontrée...

3.3.5. Les opérations spéciales

Les opérations spéciales sont devenues un des piliers de la lutte contre le terrorisme, développées lors de la guerre froide pour lutter contre les guerres de libération.

---

787. La stéganographie est la technique qui permet de cacher des informations, notamment en la « noyant » dans une image numérique.

Le dispositif américain des opérations spéciales est sans doute le plus complet. Elles peuvent être «ouvertes» ou «reconnues», par exemple dans le cadre d'opérations militaires (conduite du tir de l'aviation, évaluation des dommages, etc.) Elles peuvent aussi être «discrètes» afin d'« influencer les conditions politiques, économiques ou militaires à l'étranger, lorsque l'on souhaite que le rôle du gouvernement des États-Unis ne soit pas apparent ou reconnu publiquement »[788] ou «clandestines», lorsque l'existence même de l'opération n'est pas reconnue. Les opérations discrètes ou clandestines peuvent être engagées à deux conditions : l'existence d'un «ordre présidentiel» («*presidential finding*») écrit, qui établit l'importance de l'opération pour la sécurité nationale, et une notification aux commissions du Congrès pour le renseignement «*le plus tôt possible*»[789]. À noter, cependant, que ces démarches ne sont pas nécessaires lorsque les États-Unis sont en guerre ou lorsqu'un déploiement de forces américaines est prévu dans une région donnée. La notion de «guerre contre la terreur» n'est pas simplement considérée ici comme une expression figurée, mais comme un réel état stratégique, qui justifie un engagement[790].

Typologie sommaire des opérations spéciales (États-Unis)

		Action	
		Reconnue	*Non reconnue*
Auteur ou bénéficiaire	*Déclaré*	**Opération ouverte** (*overt operation*) (Exemple : engagement dans le cadre d'une opération multinationale, etc.)	**Opération clandestine** (*clandestine operation*) (Exemple : espionnage, reconnaissance stratégique, etc.)
	Non déclaré	**Opération discrète** (*covert operation*) (Exemple : opérations d'influence)	**Opération secrète** (*Black operation*) (Exemple : assassinats, attentats terroristes, trafics de drogue, etc.)

Tableau 21 - Catégorisation des opérations spéciales
dans la nomenclature américaine, qui est sans doute la plus complète.

Une difficulté de l'action clandestine est principalement son caractère… clandestin, qui tend à l'écarter d'une cohérence stratégique. C'est notamment un problème lorsque les organes de renseignement sont également ceux qui mènent l'action. Dans une situation, où le même acteur est responsable de l'analyse de la

---

788. Intelligence Authorization Act 1991.
789. *Ibid.*
790. Jennifer D. Kibbe, "The Rise of the Shadow Warriors", *Foreign Affairs*, mars/avril 2004.

situation et de la réponse à donner, le producteur tend à être le consommateur, et le risque est grand que l'action devienne un but en soi.

Cela résulte d'une situation héritée de la Seconde Guerre mondiale, où l'action clandestine de la Résistance était très largement associée au travail du renseignement et avait ainsi un sens. Aujourd'hui, ce type de dispositif tend à être contre-productif. On le constate en Libye de l'après-Kadhafi, où l'action clandestine entre en collision avec une cohérence politique[791] ou dans le Sahel. L'exemple du programme de torture engagé par la CIA montre que le système de renseignement tend à tourner en circuit fermé au détriment d'une approche holistique des solutions.

Les forces spéciales sont des forces spécialement instruites et équipées pour exécuter un large spectre de missions qui sortent des capacités des forces militaires «conventionnelles». Le concept même de forces spéciales et de leur engagement varie considérablement d'un pays à l'autre. De plus, l'appellation de «force spéciale» elle-même est utilisée pour toutes sortes de forces militaires ou policières, mais ne recouvre pas systématiquement des capacités identiques. On y voit (trop) souvent des troupes d'intervention capables d'éliminer des terroristes de manière rapide et avec un minimum de dommages collatéraux.

Ainsi, en 2002, dans l'hystérie qui a suivi le «9/11», plusieurs pays européens ont envoyé leurs unités antiterroristes en Afghanistan, en appui de l'opération ENDURING FREEDOM. Il s'agissait d'une opération «antiterroriste», et donc ces pays ont envoyé des unités «antiterroristes». Mais, les unités du KSK allemand ou le GROM polonais, par exemple, sont des unités d'intervention conçues pour répondre à une situation particulière et ponctuelle (libération d'otages, neutralisation d'un terroriste, etc.) et non des formations destinées à des opérations prolongées ; elles se sont rapidement trouvées en total décalage par rapport aux besoins de l'opération[792], et il a fallu les rapatrier.

L'absence d'un ancrage robuste des forces spéciales dans une doctrine holistique de lutte contre le terrorisme contribue souvent à accroître le problème. En fait, la plupart des pays européens disposent d'unités pour intervenir contre des terroristes, mais n'ont pas de concept clair pour lutter contre le terrorisme.

Ainsi, dans de nombreux pays, la protection de personnalités est confiée à des membres des forces spéciales. Comme le faisait remarquer le commandant des gardes du corps de la famille royale d'Angleterre, un combattant des forces spéciales a été formé pour survivre et tuer, alors qu'un garde du corps est formé pour protéger, fut-ce au prix de sa propre vie : la préparation psychique est diamétralement opposée.

---

791. Jean Guisnel, « Trois militaires français tués en Libye », lepoint.fr, 27 juillet 2016.
792. „Wunderwaffe ohne Ziel", *Spiegel Special,* 2/2004, p. 112.

Après la Seconde Guerre mondiale, avec la multiplication des conflits insurrectionnels liés à la décolonisation, les « forces spéciales », initialement créées pour organiser et appuyer des mouvements de résistance en Europe dans le cas d'une invasion soviétique, ont été utilisées pour opérer en zone ennemie. Elles sont passées du statut de « résistant » à celui d'« anti-résistant ».

Au Vietnam, contrairement à ce que suggèrent les films de *Rambo* des années 1980, les forces spéciales (FS) américaines (également appelées « Bérets verts ») étaient chargées d'appuyer les populations locales dans les zones contrôlées par le Viêt-Cong : former des combattants, coordonner des campagnes de propagande dans les zones rurales, conseiller les paysans en matière d'irrigation et de culture, organiser des structures éducatives pour les enfants, avec pour but de permettre aux villageois d'être autonomes. Cette capacité de fidéliser les populations et de créer des foyers de soutien au profit du gouvernement en territoire ennemi a été remarquablement efficace.

Aujourd'hui, certaines de ces tâches, comme le concept de *Provincial Reconstruction Teams (PRT)* en Afghanistan, ont été confiées à des ONG avec des succès très limités. Quant aux FS, elles sont utilisées comme des commandos pour éliminer des individus à l'aide de fusils de précision ou d'armes guidées par laser. Spectaculaire, mais totalement inefficace pour lutter contre le terrorisme djihadiste.

En fait, les forces spéciales occidentales ont progressivement adopté un modèle israélien. Les forces spéciales israéliennes ont acquis une réputation solide et méritée d'audace, de créativité et d'efficacité. Elles sont essentiellement composées par des unités de reconnaissance (*sayeret*), qui se sont progressivement spécialisées pour des tâches spécifiques. D'une manière générale, la stratégie d'Israël est de nature antiterroriste : elle est plus « préemptive » que « préventive » et privilégie l'action violente. C'est en grande partie la raison pour laquelle Israël n'a jamais réussi à éradiquer le terrorisme.

Ses unités spéciales se sont illustrées dans des opérations spectaculaires, mais exclusivement tournées vers la lutte antiterroriste :

• La plus célèbre – et la plus prestigieuse – unité de forces spéciales est le *Sayeret Mat'kal* (*Unité 269*) subordonné à l'état-major général israélien[793]. Son opération la plus spectaculaire a sans doute été la libération des otages retenus à Entebbe, en Ouganda, en juillet 1976 (Opération THUNDERBOLT).

• Le *Sayeret Egoz* (*Unité 621*) a été créé en 1956, puis dissout après la guerre du Sinaï. Il est reconstitué en 1963 pour surveiller la frontière avec la Syrie. En 1985, après le retrait partiel de Tsahal du Liban, le *Sayeret Egoz* est engagé contre le Hezbollah dans une *Terrorist Killing Zone*[794] large de plusieurs kilomètres.

---

793. D'où son nom, dérivé de « *Mate Klali* » (État-major général).
794. « Zone d'élimination des terroristes ».

Dissous une nouvelle fois, il est réactivé en 1995 et renforcé par du personnel du *Sayeret Shimshon* pour mener des raids contre le Hezbollah.

• Dans les territoires occupés, Israël utilise les « *mista'aravim* ». Il s'agit d'unités *ad hoc* qui opèrent clandestinement, pour effectuer des missions de reconnaissance, de recueil de renseignements, ou des « actions directes ». Leur personnel provient d'autres unités de reconnaissance, comme le *Sayeret Duvdevan* (*Unité 217*) (pour la Cisjordanie), le *Sayeret Shimshon* (*Unité 367*) (pour la bande de Gaza, mais désactivé en 1994, à la suite des accords d'Oslo)[795], l'unité des gardes-frontières Yamas (*Yehidat HaMista'arvim*) (placée sous le commandement du Service de sécurité SHABAK et qui opère en Cisjordanie, à Gaza et à Jérusalem) et l'unité *Gideonim* de la police (qui opère à Jérusalem). Au début décembre 2002, les services de sécurité palestiniens ont dévoilé et arrêté les membres d'une cellule mise sur pied par les services de renseignement israéliens et jouant le rôle d'une cellule d'« Al-Qaïda »[796].

Ce dispositif clandestin est complété par des moyens aériens dévolus aux éliminations de dirigeants terroristes (« exécutions extrajudiciaires ») : des missiles air-sol de précision, guidés par laser ou par GPS. La désignation des objectifs est assurée par le *Sayeret Shaldag (Unité 5101)* de l'aviation, qui a déjà opéré lors de la première Intifada (1986-1987). Le 16 février 1992, c'est un commando du Sayeret Shaldag qui a désigné la voiture d'Abbas Moussaoui, secrétaire général du Hezbollah, aux missiles des hélicoptères d'attaque AH-64A Apache.

Les forces spéciales travaillent fréquemment en coopération avec la *division des opérations spéciales* du Mossad, le *Metsada*, au sein duquel une unité est spécialement dévolue aux opérations d'élimination, le *Kidon*. En 1997, ce sont des agents du Metsada qui ont tenté d'éliminer Khalef Mashal, chef politique du Hamas, en Jordanie. C'est également le Metsada qui a mené l'attentat à la voiture piégée contre Izzedine Cheikh Khalil, considéré comme le chef de l'aile militaire extérieure du Hamas, à Damas, le 26 septembre 2004.

Les FS israéliennes sont un outil d'élimination des terroristes, mais pas du terrorisme. Ainsi, malgré des succès immédiats spectaculaires, elles ont été incapables de résoudre le problème en raison de stratégies mal pensées, doctrinaires et inadéquates.

3.3.6. Négociation et concessions

Le 17 décembre 2017, dans le débat sur le retour éventuel des combattants djihadistes vers la Belgique après la défaite de l'EI, le Premier ministre belge, Charles Michel, déclarait : « *Il n'y a pas de négociation possible avec de telles*

---

795. Il semble qu'une nouvelle unité clandestine ait été mise sur pied dès 2001, subordonnée au Commandement Sud des forces armées israéliennes et composée de réservistes issus des Sayarot Duvdevan et Shimshon.
796. *Middle East Online*, 7 décembre 2002.

personnes »[797]. De fait, prêter aux islamistes la volonté de détruire *« ce que nous sommes »* [798] exclut d'emblée toute négociation avec des terroristes. Fortement ancrée dans les mentalités en Europe et en Israël, cette intransigeance masque une absence de stratégie pour répondre au problème.

En effet, on comprend aisément qu'à l'exception d'une résistance à une occupation, le terrorisme est l'expression d'une « dictature par le bas », à travers laquelle une minorité tente d'imposer une décision à la majorité. Par ailleurs, refuser de négocier sous la pression est un principe parfaitement légitime, quelle que soit la situation. D'un autre côté, le fait de collaborer avec des groupes terroristes n'est pas un problème de valeurs ou de moralité pour les pays occidentaux, puisqu'ils n'hésitent pas à le faire (discrètement) : en Libye avec le *Groupe islamique combattant en Libye*, en Syrie avec des phalanges associées au *Jabhat al-Nosra* et à l'État islamique, en Iran avec le Modjahedin e-Khalq ou en Palestine où Israël finance le *Hamas* qu'il combat par ailleurs[799]…

En fait, le problème vient souvent d'un problème mal posé, car on commence généralement à évoquer la négociation, alors qu'on est déjà en situation d'échec. Ainsi, on commence à lutter contre le terrorisme *après* qu'on l'a laissé éclore et *après* lui avoir laissé prendre l'initiative, alors que l'on est déjà dans un processus de violence. C'est trop tard. On a cette situation au Sahel, avec l'opération BARKHANE.

3.3.6.1. *Le groupe terroriste et son centre de gravité*

Le premier problème est de comprendre la nature du groupe terroriste, de son centre de gravité et de ses objectifs. Ainsi, on constate qu'en règle générale les groupes djihadistes ne commettent pas d'actes terroristes en vue de faire libérer des coreligionnaires ou pour exiger de l'argent : ce serait même contraire à leur doctrine opérationnelle. Dans les rares cas où de telles exigences ont été avancées, on a eu affaire à des bandes armées drapées de djihadisme afin d'être plus crédibles.

Le plus souvent, les groupes terroristes djihadistes ne sont pas demandeurs de négociations. Il en est ainsi de l'État islamique, dont les attentats n'ont pas pour objectif de pousser un gouvernement à négocier, mais de pousser la population à demander le retrait de ses forces armées du théâtre des opérations (selon le modèle de l'Espagne en 2004).

---

797. « Charles Michel : "Il n'y a pas de négociation possible avec des combattants belges de l'EI" », rtbf.be, 17 décembre 2017.

798. Frédéric Encel, émission *C dans l'air*, France 5, 23 août 2018.

799. Robert Dreyfuss, *Devil's Game – How the United States Helped Unleash Fundamentalist Islam*, New York, 2005, ISBN: 0-8050-8137-2, p. 169 ; Richard Sale, "Hamas history tied to Israel", *UPI*, 18 juin 2002 ; Lahav Harkov, "Netanyahu: Money to Hamas part of strategy to keep Palestinians divided", *Jerusalem Post*, 12 mars 2019.

3.3.6.2. Identification de la nature des objectifs terroristes

Il est essentiel de distinguer entre les actions terroristes qui servent directement une finalité stratégique (l'objectif final du mouvement terroriste) et des actions périphériques, dont l'objectif est purement instrumental. Par exemple, une prise d'otages pour faire libérer des combattants incarcérés ou l'obtention d'une rançon n'a souvent pas un rôle finalitaire, mais strictement capacitaire.

Ces objectifs ont une valeur différente en termes de négociations. Les objectifs finalitaires ou stratégiques sont l'objet de la lutte. Ils ont donc une dimension connue, sont « uniques », ne varient que très peu (réforme agraire, répétition de votations, retrait d'une loi, retrait de troupes, autonomie politique, etc.). L'expérience montre que ces objectifs sont souvent négociables en amont de l'action violente. En effet, si l'objectif est généralement exprimé très clairement, les modalités pour y accéder le sont souvent beaucoup moins. Ce flou peut parfois offrir indirectement une grande marge de négociation sur la nature même de l'objectif, sur ses modalités ou le calendrier de sa mise en œuvre.

Ce type de négociation peut s'inscrire dans une stratégie de *contre-terrorisme*, visant à empêcher l'éclosion ou le développement de la violence. Elle doit s'appuyer sur une identification des points de rupture, qui permet à l'État de définir sa marge de manœuvre avant que ne se déclenche un processus de violence. C'est le rôle des services de renseignement de détecter les situations qui exigent qu'on « lâche du lest » (si nécessaire) avant que l'on soit sous la pression d'un conflit.

En revanche, pour les objectifs tactiques de nature capacitaire, qui résultent d'opportunités et peuvent se répéter (prise d'otages pour la libération de camarades, moyen de financement, etc.), les concessions effectuées sont risquées, car elles peuvent constituer un « appel d'air » pour d'autres actions terroristes.

Le retrait espagnol d'Irak juste après l'attentat de Madrid (« 11-M »), en mars 2004, est un cas de figure intéressant qui a des impacts différents aux niveaux stratégique et tactique. Au niveau stratégique, ce retrait a tenu l'Espagne à l'écart du terrorisme par la suite. En fait, les Espagnols avaient toujours été opposés à un engagement en Irak, et c'est la manière dont le gouvernement a réagi à l'attentat qui a provoqué son renversement, et la remise sur rails d'une politique étrangère défaillante et corrompue. L'attentat n'a donc eu qu'un rôle mineur dans la prise de décision. Mais les djihadistes l'ont interprété comme un succès et il est devenu un modèle pour les attentats de Londres l'année suivante. Le problème, dans ce cas, a été l'incapacité des services de renseignement britanniques à comprendre qu'ils étaient exactement dans la même situation stratégique, et ainsi à prendre des mesures qui auraient pu « court-circuiter » la décision des terroristes. La France et ses services feront exactement la même erreur dix ans plus tard, en prenant la décision d'intervenir en Syrie et en Irak dans un contexte totalement illégal – alors que rien ne l'y contraignait – malgré les avertissements des islamistes.

Nous n'irons pas jusqu'à prétendre, comme le font certains auteurs américains, que l'EI n'est pas terroriste[800] : une organisation – ou un État – qui utilise la méthode du terrorisme est terroriste. Mais, comme pour « Al-Qaïda » précédemment, l'EI est dans la situation d'une organisation de résistance. Dès lors, il appartient aux puissances intervenantes de réfléchir au bien-fondé de leur présence : tous les Occidentaux se sont engagés au Moyen-Orient avant l'apparition de l'EI, dans le seul but de calmer une situation qu'ils avaient eux-mêmes déclenchée au début des années 2000 (au début des années 1990 pour « Al-Qaïda »).

Comme on le constate pour l'Afghanistan, où la guerre est clairement comprise aujourd'hui comme ayant été totalement inutile, nos motifs ne sont pas existentiels, mais opportunistes et politiciens. Dès lors, contrairement aux situations des années 1960-1980, il y a un potentiel d'accommodement.

Mais cet aspect est rarement identifié par les services de renseignement qui consacrent trop d'énergie à « faire de l'Histoire » plutôt qu'à identifier le futur. Dans tous les cas où l'on se situe dans la situation de devoir répondre aux terroristes, les services de renseignement ont failli... ou ont sciemment favorisé une déstabilisation.

3.3.7. Le problème des revenants

Une application rigoureuse du principe de non-négociation conduit à des incohérences et tend à empêcher des individus de sortir d'un environnement terroriste s'ils le voulaient. Ainsi, l'idée même d'utiliser des repentis devient un problème juridique, qui découle du fait que l'on réfute d'emblée la légitimité d'un combat. Les opérations dites « *heart & minds* » visent d'une part à « retourner » la confiance des sympathisants d'un groupe terroriste, mais aussi les militants eux-mêmes. L'intransigeance va ainsi à l'encontre de stratégies opérationnelles et pousse les militants à un comportement extrême. Le phénomène est très clair avec la fin de l'EI, au lieu de trouver une manière de récupérer les combattants et de leur démontrer l'inutilité de leur combat, on les pousse à poursuivre le djihad sous d'autres bannières[801].

En premier lieu, il faut avoir une idée claire de ce qu'est un terroriste. Il est certes commode de définir ainsi tous ceux qui de près ou de loin sont en contact avec des individus violents, mais souvent une telle désignation est purement émotionnelle et satisfait des impératifs de vengeance pour une situation que l'on n'a pas su maîtriser plus tôt. Une jeune fille partie en Syrie pour suivre son ami est-elle pour autant *ipso facto* une terroriste ? Si elle a contribué de manière matérielle à

---

800. Audrey Kurth Cronin, "ISIS Is Not a Terrorist Group", *Foreign Affairs*, mars/avril 2015.
801. Andrew Illingworth, "Breaking: Defunct ISIS affiliate militia in northwest Syria re-brands itself to become more 'moderate'", *AMN*, 13 mars 2018.

des actions violentes, la réponse est claire, mais s'il ne s'agit que d'amour pour un homme ou même de la sympathie pour une cause, elle l'est moins.

3.4. Le contre-terrorisme – L'action préventive

Le guerrier victorieux remporte la bataille, puis part en guerre.
Le guerrier vaincu part en guerre, puis cherche à remporter la bataille.
(Sun Tsu)

Le contre-terrorisme est constitué de l'ensemble des mesures visant à lutter contre le terrorisme *en amont* de la décision terroriste. En d'autres termes, il comprend toutes les mesures et actions qui doivent influencer et empêcher des individus (ou des groupes d'individus) de *vouloir* s'engager dans la violence. Dans le contre-terrorisme, l'initiative est du côté de l'État.

Il ne s'agit pas d'accorder à l'adversaire tout ce qu'il revendique, mais de lui «couper l'herbe sous le pied», afin que ses éventuels appels à la violence n'aient pas de «prise». Par exemple, en France, pour des raisons électoralistes et clientélistes, on a sous-estimé les liens culturels entre la population immigrée et le monde musulman. Ainsi, en 2014, par exemple, aucune mesure d'accompagnement n'a été prise avant d'intervenir au Moyen-Orient pour expliquer et prévenir la «radicalisation» de sympathisants sur le sol national. En Russie, le gouvernement a pris des mesures préventives *avant* d'intervenir en Syrie.

Il ne s'agit donc pas seulement d'empêcher le terroriste de *mener* une action qu'il a *déjà* décidée (action préemptive), mais d'influencer sa volonté pour qu'il *ne décide pas* de s'engager dans la violence.

Lorsqu'il est envisagé dans le cadre d'une stratégie globale, le contre-terrorisme constitue la vraie dimension offensive de la lutte contre le terrorisme, même si, paradoxalement, il nécessite moins de force. Il comprend : a) toutes les mesures politiques (y compris les actions d'influence) visant à éviter l'éclosion de la violence terroriste ; b) les mesures opérationnelles visant à combattre le terrorisme en son cœur (infiltration des mouvements, éliminations préventives, etc.).

Le contre-terrorisme exige une parfaite compréhension du mouvement terroriste, de sa stratégie et de sa doctrine d'action, de ses mécanismes de légitimation, de son ancrage populaire et de son soutien politique local et international. Cette compréhension doit résulter d'une analyse sans préjugés, qui permet de dégager des options politiques, en fonction du centre de gravité de l'adversaire. C'est le volet le plus efficace de la lutte contre le terrorisme, à condition d'être utilisé judicieusement.

Ainsi, l'attentat de *Charlie Hebdo* a été commis explicitement au nom d'«Al-Qaïda». Mais, pour des raisons politiciennes, on l'a attribué à l'EI. Comme on l'a vu avec la mobilisation du 11 janvier 2015, par une communication mal pensée, la France a ainsi consacré la légitimité de l'EI comme véritable porteur des revendications des islamistes. Un phénomène concrétisé par l'afflux des combattants étrangers en Syrie, qui se sont dirigés massivement vers l'EI, alors qu'il touchait l'ensemble des mouvements djihadistes syriens jusqu'alors.

3.4.1. Le rôle du renseignement

En 2002, Georges Tenet, directeur général de la CIA américaine déclarait :

> *[Le rôle du renseignement] n'est pas d'observer et de commenter, mais d'avertir et de protéger.*[802]

En matière de contre-terrorisme, le problème du renseignement stratégique n'est pas d'identifier des terroristes, mais de comprendre leur doctrine et leur stratégie afin d'anticiper les conséquences probables des décisions politiques, avant que ces dernières ne soient prises.

Aujourd'hui, pratiquement aucun service de renseignement occidental n'est capable de ce travail. Comme nous l'avons vu, si le moment et les lieux des attentats qui ont frappé la France et la Belgique en 2015-2016 ne pouvaient pas être anticipés, la vague de terrorisme engendrée par les interventions des deux pays était, elle, parfaitement prévisible. Depuis 1995, on sait que nos interventions militaires sont une cause première de l'action djihadiste. Au minimum, on aurait ainsi pu s'attendre à ce que des mesures de protection de la population aient été prises en accompagnement de la décision de participer à la coalition occidentale en Irak et en Syrie. Mais cela n'a pas été fait. Pire, l'absence de mesures de protection de la population en amont des attentats s'est superposée à des campagnes qui n'ont fait qu'échauffer l'esprit communautaire à la même période. L'affaire Dieudonné, le burkini et le sempiternel voile islamique ont démontré l'incapacité des services – et des autorités politiques – à anticiper et à gérer la menace sous un angle stratégique.

La Russie a tenu compte des erreurs des gouvernements français et belges : avant de s'engager en Syrie, les services de sécurité ont mené des actions dans les milieux djihadistes et renforcé les mesures de protection intérieures afin de minimiser les effets de son intervention à venir. Il faut cependant relever qu'en Russie, le soutien de la population envers le gouvernement est considérablement plus élevé que dans de nombreux pays occidentaux.

Le terrorisme n'est pas le résultat du hasard et n'apparaît pas «par génération spontanée». Que le problème soit d'origine sociétale, sociale, économique,

---

802. Cynthia M. Grabo, *Anticipating Surprise: Analysis for Strategic Warning*, Defense Intelligence Agency, Washington DC, décembre 2002.

politique, voire religieuse, le terrorisme est l'élément d'un processus. Avant même que la violence n'explose, des signes avant-coureurs de mécontentement sont généralement perceptibles. La tâche des services de renseignement stratégique est de répondre à la question : comment maîtriser le processus de la violence et quels sont les éléments qui peuvent infléchir son développement dans un sens ou dans l'autre ?

En France, le processus de radicalisation, qui consacre le basculement d'un individu dans la radicalité, a été combattu de manière policière en mettant l'accent sur la manière dont se fait le basculement et non sur les raisons qui le provoquent. On est alors resté sur des schémas simplistes basés sur la religion[803], alors que les terroristes islamistes ne présentent pas de « religiosité » particulière. Dans le cas du terrorisme qui affecte l'Occident depuis un quart de siècle, nos interventions militaires constituent ce phénomène extérieur et constituent la base du phénomène de radicalisation en exacerbant le sentiment qu'elles sont guidées par une volonté de subjuguer le monde musulman.

Alors que dans les pays anglo-saxons, la confusion entre « islam » et « islamisme » reste confinée à certains cercles extrémistes, en France, ce débat déborde très largement dans le débat public et politique. Il est alimenté par certaines officines, experts et autres journalistes, qui se sont fixé comme objectif d'alimenter le communautarisme.

Aux États-Unis, l'idée d'utiliser l'intelligence artificielle (IA) pour anticiper la décision terroriste est un vieux rêve. Les progrès en matière de systèmes intelligents, notamment dans le domaine de la prévention des crimes laissent espérer des résultats. En effet, on peut parvenir aujourd'hui à anticiper le comportement de cambrioleurs, leur zone d'action probable à un moment donné. Les résultats sont relativement bons et permettent d'agir au niveau de la dissuasion, mais doivent être nuancés : un cambrioleur a un comportement symétrique et son risque est une fonction linéaire du gain espéré.

Une telle technologie ne sera efficace contre les terroristes que si leur logique est correctement reflétée par les algorithmes du système. Or dans le cas du terrorisme djihadiste, d'une part, la relation entre le risque et le gain n'est pas linéaire et, d'autre part, la notion de gain est très différente de la logique occidentale, comme nous l'avons vu. En clair, tant que nous n'aurons pas compris la vraie nature asymétrique du terrorisme, les systèmes IA, aussi perfectionnés soient-ils, ne seront d'aucune aide pour prévenir le terrorisme.

3.4.2. L'intégrité politique

La première condition pour aborder la question du terrorisme djihadiste – et probablement la plus difficile à atteindre – est l'intégrité intellectuelle et morale

803. Antoine Hasday, « La pensée djihadiste décryptée », slate.fr, 6 novembre 2017.

de nos *establishments* politiques, de laquelle dépend la légitimité de l'action. L'analyse des processus de décision qui ont conduit aux interventions occidentales en Afghanistan et au Moyen et Proche-Orient montre des faiblesses profondes au sein des exécutifs occidentaux.

Il s'agit ici de vérifier si les interventions à l'étranger ou la participation à des coalitions internationales sont en cohérence avec des intérêts nationaux réels. L'élection controversée de Georges W. Bush et son inaptitude à conduire l'État en 2001-2002, la baisse de Nicolas Sarkozy dans les sondages en 2011, avant la présidentielle de 2012, la chute de popularité du gouvernement Hollande en 2012, la chute du soutien politique à Theresa May à la fin 2017 sont quelques-uns des exemples où des dirigeants, mis en difficulté sur le plan intérieur, ont cherché à « redorer » leur blason à travers une politique étrangère plus agressive.

Le problème n'est pas nouveau, mais on l'attribue aux dictatures, alors que ce sont les démocraties qui y sont le plus vulnérables. Beaucoup plus que les dictateurs, les politiciens des démocraties sont « esclaves » de l'image qu'ils projettent. Il en résulte la tentation d'exagérer des menaces extérieures, voire à dissimuler des malversations. C'est le rôle des parlements de veiller à ces déviances… mais les parlementaires n'assument généralement pas leur rôle, et la population accepte *de facto* les mensonges de ses dirigeants.

Comme le constatent les djihadistes, la population française descend volontiers dans les rues pour refuser une modification du droit du travail[804], mais ne réagit pas lorsqu'il s'agit de déclencher une guerre ou de violer le droit international. Ainsi, l'aveu du président Hollande d'avoir violé l'embargo de l'Union européenne pour fournir des armes aux rebelles syriens, et ainsi d'avoir militarisé la situation, n'a fait l'objet d'aucun débat public en France. C'est pourquoi les djihadistes ne voient pas la population civile comme « innocente ».

On constate que l'Italie, qui est pourtant un pays démocratique et profondément chrétien, qui héberge le siège de la chrétienté, où prospère une criminalité importante, où l'afflux de réfugiés a stimulé des comportements racistes et qui est actif au Moyen-Orient avec les coalitions internationales, a été considérablement moins touchée par le terrorisme que la France, dont elle partage pourtant les valeurs. La différence est qu'en France, les interventions en Libye et au Moyen-Orient ont été célébrées de manière bruyante et démonstrative. Parallèlement, des pseudo-intellectuels, comme Bernard-Henri Lévy, Alain Finkielkraut[805] et d'autres ont servi des théories absurdes sur l'islamisme et ses objectifs, laissant

---

804. Voir la note 470.

805. Alain Finkielkraut, dans l'émission *C à vous* (« Finkielkraut face aux terroristes - *C à vous* - 23/11/2015 », France 5/YouTube, 23 novembre 2015) (03'20"), http://www.lepoint. fr/societe/finkielkraut-le-djihad-est-une-obligation-leguee-par-mahomet-a-tous-les-musulmans-11-12-2015-1989225_23.php.

penser que la politique française était dictée par des juifs[806]. On a ainsi créé les conditions pour que l'impopularité du gouvernement s'additionne aux sentiments « anti-français », puis à l'antisémitisme alors qu'il n'était – a priori – pas un enjeu dans ces conflits.

L'objectif principal du terrorisme djihadiste est de montrer qu'il n'abandonne pas le combat. Il s'agit donc d'éviter de lui donner une occasion « d'avoir le dernier mot ». À cet effet, l'action politique doit être la plus discrète possible : les succès comme les échecs doivent rester modestes. On a fait exactement l'inverse…

3.4.3. La politique étrangère – arme stratégique

3.4.3.1. *La maîtrise des effets de la mondialisation*

La *stratégie de l'Union européenne visant à lutter contre le terrorisme*[807] évoque la question de la mondialisation dans le cadre de la prévention du terrorisme, mais se limite à ses aspects tactiques (facilité de transport, communications et déplacements, etc.) sans en tirer de conclusions de nature préventive. Elle illustre l'incapacité occidentale à identifier les mécanismes qui guident l'émergence et la persistance du terrorisme.

En Occident, le développement industriel et économique s'est déroulé en harmonie avec l'évolution de la société et de sa culture. Depuis le XVIe siècle, l'urbanisation, les découvertes scientifiques, l'intégration de la technologie dans la vie de la société ont été des processus « synchrones » avec l'évolution des esprits. Ainsi, le repli du rôle de la religion, la taille des familles, le progrès social, la place de la femme dans la société, etc., ont été des processus liés entre eux, qui ont fait évoluer la société dans une certaine cohérence propre à chaque pays.

La mondialisation s'inscrit dans la continuité de cette évolution et du dynamisme économique occidental. Son ambition est sans doute économique, mais se veut aussi porteuse de prospérité – et du bien-être qui en découle – pour le reste du monde. Sous ce label, les nouvelles technologies aidant, la société occidentale s'infiltre aujourd'hui plus que jamais dans des sociétés à l'histoire différente, en en bousculant les fondements et les cultures locales. Bon ou mauvais, le phénomène apparaît comme inéluctable et la question est de savoir comment le gérer de manière cohérente.

Comme autrefois, nos missionnaires allaient apporter la « bonne parole » de la civilisation dans le tiers-monde, la mondialisation veut apporter aujourd'hui le libre marché, la bonne gouvernance et les droits de l'homme. La motivation est noble, mais elle doit s'exprimer avec tact et respect. C'est la tentation de vouloir

---

806. « Libye : BHL s'est engagé "en tant que juif" », lefigaro.fr, 20 novembre 2011.
807. *Stratégie de l'Union européenne visant à lutter contre le terrorisme*, Conseil de l'Union européenne, 30 novembre 2005.

changer des sociétés traditionnelles qui a conduit à des sursauts identitaires, à la montée des fondamentalismes et du terrorisme.

Le «choc des civilisations», prédit par Samuel Huntington[808], n'est pas une doctrine – comme on le présente souvent – mais une constatation : des sociétés qui vivaient relativement loin de l'Occident se sont trouvées, du fait de la mondialisation, brutalement en contact avec des normes sociétales, économiques, sociales ou juridiques auxquelles elles n'étaient pas préparées. Huntington avait prévu que l'expansion rapide de l'influence occidentale en matière de culture, d'échanges économiques, de droit, etc. (essentiellement grâce à l'Internet, mais pas seulement) allait «saturer» les institutions traditionnelles et provoquer des réactions violentes. Aveuglé par le bien-fondé de sa démarche, l'Occident s'est engagé dans le processus de mondialisation sans prendre aucune précaution. Le Moyen-Orient en est l'exemple le plus bruyant.

Dans la plupart des pays défavorisés, l'évolution continue à être imposée de l'extérieur et ne résulte pas d'un développement «harmonieux» de la société. La décolonisation s'est engagée avec une dynamique révolutionnaire servant les intérêts de la politique étrangère de l'URSS, puis s'est prolongée par une sorte d'utopie humanitaire centrée sur un bien-être matériel et non sur une évolution des esprits. L'accélération des processus démocratiques ou économiques dans le tiers-monde donne souvent l'illusion d'un aboutissement, mais les progrès restent cependant très superficiels et mal ancrés dans les cœurs et les cultures. C'est le cas du Sud-Soudan, dont l'indépendance face au gouvernement islamique du Soudan avait suscité un engouement marqué en Occident. Des pays sans projet expansionniste, comme la Suisse, se sont profondément engagés dans ce processus, mais guidés par une idéologie réfractaire aux questions sécuritaires, ils ont biaisé le processus de paix et contribué à façonner des institutions totalement inadaptées à la nature du pays, contribuant ainsi à sa déstabilisation. Pour faire simple, on avait considéré que le gouvernement soudanais (anti-chrétien, corrompu et brutal) était la principale – pour ne pas dire la seule – source de déstabilisation au Sud. C'était tout faux. Pays potentiellement riche, soutenu financièrement par l'ensemble de la communauté internationale, le Sud-Soudan avait déjà «perdu» 4 milliards de dollars moins d'un an seulement après son indépendance[809]. L'armée sud-soudanaise, pourtant formée au droit de la guerre par des officiers de l'armée suisse, s'est rendue coupable d'innombrables crimes de guerre[810], simplement parce qu'on n'avait pas compris la nature des rapports

---

808. Samuel Huntington, *The Clash of Civilizations and the Remaking of World Order*, Simon & Schuster, 1996 (en France : *Le Choc des civilisations*, éditions Odile Jacob, 1997).
809. Hereward Holland, "South Sudan officials have stolen $4 billion: president", Reuters, 4 juin 2012.
810. *Annual report of the United Nations High Commissioner for Human Rights and reports of the Office of the High Commissioner and the Secretary-General, Assessment mission by the Office of the United Nations High Commissioner for Human Rights to improve human rights, accountability, reconciliation and capacity*

de forces dans le pays, que les programmes de formation n'ont pas tenu compte des spécificités structurelles des forces armées et que les instructeurs n'avaient aucune connaissance des conditions locales.

L'enfer est pavé de bonnes intentions. C'est la méconnaissance des cultures et l'inadéquation des structures et des processus de commandement calqués sur le modèle occidental qui ont un effet multiplicateur sur la violence.

La faiblesse de l'Occident est que l'État de droit, la démocratie et les droits de l'homme sont des valeurs suffisamment fortes pour que nous nous permettions de les nier pour les imposer aux autres par la force.

Cette manière de penser est particulièrement exacerbée aux États-Unis. Pays d'immigration, ils ont attiré (et continuent d'attirer) ceux qui volontairement ou sous la contrainte ont abandonné d'autres «systèmes», et ont ainsi été condamnés à réussir pour survivre. Fortement influencée par le protestantisme, la société américaine s'est construite autour des notions de «succès» et de «déterminisme». Du niveau individuel au niveau stratégique, on encourage la prise en main des événements et laisse peu de place au destin, une image largement célébrée par le cinéma américain. Le slogan d'une marque de chaussures de sport américaine connue symbolise parfaitement la mentalité américaine : «*Just do it !*». Aux États-Unis, le bien-être social s'articule davantage autour de la notion d'opportunité que de celle d'acquis. Les Américains désignent volontiers leur pays comme : «*land of opportunities*» (pays d'opportunités). L'égalité sociale est comprise comme une égalité des chances et non comme une égalité de statut. Il en résulte une société qui, bien que peu égalitaire selon des critères européens, est étonnamment stable, à la recherche permanente de l'efficacité, et dont l'individualisme latent a pour contrepoids un attachement profond à la religion et au pays. Cette société qui paraît si individualiste, «sans cœur» et si dure est en fait la société la plus généreuse de la planète. Le peuple américain est celui qui contribue le plus aux œuvres d'entraide, de charité ou humanitaires; mais cette aide – relayée sur le terrain par des organisations charitables à fondement religieux – se traduit fréquemment par une forme de prosélytisme.

La vision occidentale, principalement américaine qui guide la mondialisation a connu – à ses débuts tout au moins – une dimension quasi messianique, visant à ouvrir un accès à la prospérité pour toutes les régions du globe, à travers le développement économique et la démocratie. Cette «démocratie de marché» devrait permettre de réduire l'écart croissant entre pays pauvres et riches, et réduire à terme le potentiel de tensions «nord-sud». Paradoxalement, les idéologies de gauche et le capitalisme le plus libéral tendent à se rejoindre dans cette vision. Ainsi, la prospérité et la démocratie ouvriraient la porte à la paix universelle.

---

in South Sudan: detailed findings, Human Rights Council, 10 mars 2016, http://www.ohchr.org/EN/HRBodies/HRC/RegularSessions/Session31/Documents/A-HRC-31-49_en.doc.

Mais la réalité est plus complexe. Animés d'intentions parfois louables, et souvent guidés par l'ignorance, les Occidentaux tentent – avec des succès variables – d'éradiquer des pratiques et croyances ancestrales qu'ils perçoivent comme des obstacles à l'accession à la démocratie et à l'universalisation des droits de l'homme. Ce faisant, toutefois, ils créent souvent de nouveaux déséquilibres et génèrent des tensions au sein même de ces sociétés.

En l'absence de revendications, on a tenté d'expliquer le « 9/11 » par l'inégalité de la répartition des richesses dans le monde. Nous adaptons les causes du terrorisme à nos explications, au lieu d'adapter nos explications aux causes :

> *La pauvreté est le nid du terrorisme. Même si les attentats du 11 septembre ont été réalisés par des intellectuels aisés, un des fondements de leur action réside dans les conséquences des inégalités socio-économiques existant entre pays industrialisés et pays pauvres. La sécurité internationale et la lutte contre le terrorisme seraient sensiblement améliorées si Américains et Occidentaux se préoccupaient davantage du sort des populations des pays pauvres en réorientant leur politique économique et financière et en augmentant l'aide et la coopération au développement.[811]*

C'est totalement faux. Il n'y a ni jalousie ni besoin de prospérité dans l'émergence du djihadisme. D'abord parce que l'on constate chez les islamistes une attitude assez fataliste par rapport à la condition humaine et sociale. Comme dans la religion catholique, telle qu'elle était pratiquée jusqu'au début du XXe siècle, on trouve l'idée que la vie est une épreuve qui doit rapprocher l'individu de Dieu. En Occident, c'est le marxisme qui a « libéré » l'individu de Dieu et a modifié notre rapport à la religion dans la seconde moitié du XXe siècle. Une telle évolution n'a pas vraiment d'équivalent dans la pensée musulmane : les croyants n'éprouvent donc pas réellement de frustration par rapport à leur situation sociale. La religion leur apporte une forme de résilience que l'on retrouve dans tous les aspects de la société.

Paradoxalement, alors que l'Occident a vu dans le « 9/11 » la nécessité de lutter contre la pauvreté et de s'impliquer davantage dans le tiers-monde, c'est exactement l'inverse que veulent nous dire les islamistes. Ils veulent rester maîtres de leur propre développement.

Nos politiques étrangères sont animées par le souci de bien faire, mais elles sont plus guidées par une forme d'idéologie que par l'écoute des besoins réels des populations que nous voulons aider. Là où nous entendons « État de droit » et « droits de l'homme », d'autres comprennent « impérialisme culturel » et perte

---

811. « Comment lutter efficacement et durablement contre le terrorisme ? », Groupe de recherche et d'information sur la paix et la sécurité (GRIP), note d'analyse, Bruxelles, 27 septembre 2001.

d'identité. Le devoir d'«ingérence humanitaire» prôné par Bernard Kouchner[812], et qui motive bien souvent nos interventions, est malheureusement à double tranchant et doit être mis en pratique sans aveuglement missionnaire, mais avec sensibilité et circonspection. Quelle que soit la noblesse de nos idées, elles ne peuvent pas être imposées par la force sans générer une violence légitime.

3.4.3.2. L'importance de la culture

Le progrès technologique ou social tel qu'il est envisagé en Occident a souvent un caractère déstabilisant dans le tiers-monde. Ainsi, alors qu'en Occident les médias sont considérés comme des vecteurs de la démocratie à travers l'information, dans de nombreux pays «en voie de développement» la télévision est perçue comme un instrument de désagrégation culturelle et identitaire. Paraphrasant la notion d'armes de destruction massive (*Weapons of Mass Destruction* – WMD), E. Anders Eriksson définit la perception de la télévision dans certains pays d'Asie centrale comme une arme d'effondrement culturel (*Weapons of Cultural Disruption* – WCD)[813].

La mondialisation implique des bonds culturels importants que certaines sociétés ne peuvent pas ou ne veulent pas faire. L'évolution des sociétés est le résultat d'un compromis sans cesse renouvelé entre la tradition et l'innovation. C'est même ce mélange, propre à chaque communauté, qui crée la diversité. Or le poids de la tradition (dans ses dimensions historique, culturelle, religieuse, etc.) est différent d'une société à l'autre, et sa «vitesse d'accession» à la prospérité dans son acception occidentale varie de manière considérable. Ainsi, la mondialisation est souvent perçue comme une interférence, pour ne pas dire une ingérence, voire une agression. Vouloir que d'autres accèdent à notre niveau de vie n'implique pas qu'ils doivent être «comme nous». C'est l'erreur que les Occidentaux ont commise en Afghanistan.

En refusant – volontairement ou non – d'écouter ces messages, l'Occident se place lui-même dans une situation asymétrique. Certes, la situation des femmes sous le régime des Taliban, l'excision dans certains pays d'Afrique, le travail des enfants en Asie du Sud-Est et la culture de coca en Amérique latine choquent à juste titre l'esprit occidental. Mais, on tend à oublier que ces phénomènes s'intègrent chacun dans une cohérence sociale, culturelle ou économique qui s'est établie au fil des siècles, tout comme un écosystème. L'intervention ponctuelle bouleverse ces équilibres, réveille les consciences et stimule le réflexe identitaire.

---

812. La notion de « droit » ou « devoir d'ingérence humanitaire » est attribuée à Bernard Kouchner, homme politique français, co-fondateur de Médecins Sans Frontières, et à Mario Bettati, professeur de droit international public à l'Université Paris II à la fin des années 1980.
813. E. Anders Eriksson, "Information Warfare: Hype or Reality?", *The Nonproliferation Review*, printemps-été 1999.

Ainsi, dans un contexte asymétrique islamiste, les actions humanitaires ou en faveur des droits de l'homme ne «compensent» pas nos actions militaires, mais s'y ajoutent! Cela ne signifie pas que nos actions humanitaires doivent être abandonnées, mais qu'elles doivent être conçues de manière plus subtile. D'une part, il s'agit d'éviter de tomber dans une action militante susceptible d'être interprétée comme provocatrice et, d'autre part, d'éviter – ou de mieux délimiter – le travail effectué avec des organisations charitables d'inspiration religieuse. Ainsi, la missionnaire suisse Beatrice Stoeckli, enlevée une première fois par *Ansar al-Dine* au Mali le 14 avril 2012, avait été libérée sous condition de ne plus revenir dans le pays; mais elle est revenue, rompant ainsi l'accord conclu et a été à nouveau enlevée le 7 janvier 2016, puis tuée en 2020.

Trop souvent, l'action humanitaire a pour but de nous satisfaire nous-mêmes et non les populations cibles. Nos rapports avec ces cultures et ces civilisations doivent être repensés. Il nous faut définir des priorités dans l'action d'entraide et nous limiter à créer des conditions favorables à leur développement plus qu'à les imposer. Le problème est que la gestion des interactions entre les pays du tiers-monde et l'Occident est dispersée entre les mains de nombreux acteurs : gouvernements, organisations internationales, compagnies privées, organisations non gouvernementales (ONG) et individus. Les ONG sont devenues des acteurs puissants, flexibles et efficaces. En revanche, mues par des objectifs différents et peu coordonnés, elles ont souvent un rôle contre-productif, notamment dans un contexte asymétrique :

> *Sans le vouloir, les ONG renforcent les stéréotypes racistes et mettent l'accent sur les succès, les avantages et la compassion (aimante et sévère) de la civilisation occidentale. Elles sont les missionnaires séculaires du monde moderne.*[814]

... et cette situation est encore accentuée par l'importance considérable des ONG américaines, souvent financées par des églises et autres communautés religieuses, qui constituent souvent un stimulant du djihad. Des ONG, comme *Worldvision*, au caractère ostensiblement chrétien et prosélyte sont régulièrement et davantage ciblées que d'autres organisations internationales.

L'indispensable dialogue avec la société civile – dont font partie les ONG – doit avoir pour but de mieux coordonner la présence et l'action internationales afin qu'elles puissent s'intégrer dans une politique globale, qui tient aussi compte d'une stratégie contre-terroriste. L'ancien secrétaire général des Nations unies, Kofi Annan, avait promu la maxime :

---

814. Arundhati Roy, « Les périls du tout-humanitaire », *Le Monde diplomatique*, octobre 2004, p. 24.

Il n'y a pas de développement sans sécurité, il n'y a pas de sécurité sans développement, et il ne peut y avoir ni sécurité ni développement si les droits de l'homme ne sont pas respectés.[815]

Le problème est loin d'être trivial, car ces trois composantes ne peuvent s'envisager que dans des horizons temporels différents. L'erreur vient de notre tendance à vouloir les régler simultanément.

3.4.3.3. La diplomatie parallèle

En matière de contre-terrorisme, la politique étrangère joue un rôle essentiel, mais la diplomatie n'est pas le seul instrument possible. Les services de renseignement peuvent ici apporter une contribution précieuse à travers la « *diplomatie parallèle* » (« *second track diplomacy* »). L'avantage des services de renseignement est de combiner la crédibilité d'une relation étroite avec le pouvoir, d'un accès aux acteurs de la violence et la possibilité d'exploiter des canaux de communication « discrets ». Ils constituent ainsi une sorte de « porte dérobée » pour communiquer avec un adversaire. Par ailleurs, cette discrétion permet, le cas échéant, de masquer d'éventuels échecs ou l'octroi de concessions qui pourraient faire l'objet de controverses.

Un bon exemple de diplomatie parallèle est donné par les liens entre la CIA américaine et les Palestiniens. À la fin de 1969, soucieux de la sécurité de l'ambassade des États-Unis de Beyrouth, le président Richard Nixon avait demandé à la CIA de prendre des contacts avec l'OLP, afin d'y recruter des informateurs. Très rapidement, la CIA identifie Ali Hassan Salameh (Abou Hassan), bras droit de Yasser Arafat et qui deviendra chef du *Jihaz al-Razd* [816] de l'OLP, comme un informateur potentiel, mais elle ne réussira à le « recruter » qu'en 1974. Au début des années 1970, les États-Unis refusent officiellement tout contact avec l'organisation palestinienne alors qualifiée de terroriste. Mais l'OLP est en quête de respectabilité et Arafat exploite ses contacts clandestins avec la CIA. Ainsi, un accord est passé avec l'OLP qui s'engage à ne pas attaquer de ressortissants américains contre la levée de l'interdiction américaine de l'accès au territoire américain pour Arafat, qui peut ainsi assister à l'Assemblée générale des Nations unies et faire son allocution du 11 novembre 1974, laquelle dirigera l'OLP sur la voie de la légitimité[817]. Le contact avec Salameh sera maintenu à l'insu des Israéliens, avec l'idée, de part et d'autre, d'engager un dialogue pouvant débou-

---

815. *Pour une liberté plus grande : développement, sécurité et respect des droits de l'homme pour tous*, rapport du Secrétaire général, document Nations unies A/59/2005, p. 6.

816. Service de sécurité intérieure du Fatah, qu'il dirigera entre avril et décembre 1973. Ali Hassan Salameh sera également l'un des instigateurs de l'opération de Septembre noir aux Jeux olympiques de Munich, en 1972.

817. David Makovsky, "The Covert Channel Between CIA and PLO", *Haaretz*, 10 novembre 1998.

cher sur un processus de négociation. L'élimination de Salameh, le 22 janvier 1979 à Beyrouth par le Mossad, en raison de sa participation à l'attentat contre les athlètes israéliens aux Jeux olympiques de Munich – une culpabilité pourtant connue des Américains – stoppera le processus.

Ce n'est qu'à la fin des années 1980 que le contact entre la CIA et l'OLP est renoué. En 1988, des négociations menées à Tunis aboutissent à la nomination d'Amin Al-Hindi comme officier de liaison avec la CIA. À ce stade, le dialogue reste cependant limité à la prévention d'attentats contre des ressortissants américains[818].

Après la signature des accords d'Oslo, en 1993, la CIA est appelée par l'Autorité palestinienne pour assurer la formation des cadres de ses services de sécurité. Le président Bill Clinton signe alors un « *intelligence finding* » [819] autorisant la CIA à former, entraîner et équiper les services de sécurité palestiniens. L'idée sous-jacente est alors de renforcer les capacités de lutte contre le terrorisme de l'Autorité palestinienne, et ainsi de la renforcer contre les mouvements extrémistes comme le Hamas. L'aide de la CIA a été dirigée par le brigadier général Amin Al-Hindi. Les cadres des services de sécurité palestiniens (principalement l'*Amn al-Wiqa'i*[820] et le *Moukhabarat al-Ammah*[821]) ont ainsi été formés aux techniques de collecte d'information (systèmes d'écoute électronique, appareils de vision nocturne, photographie, etc.).

Ce lien entre Américains et Palestiniens sera particulièrement utile lors de la deuxième Intifada. En 2002, alors que les relations avec Israël sont au plus bas, le président égyptien Moubarak envoie le major général Omar Souleiman[822], directeur du *Moukhabarat al-Ammah* égyptien, comme médiateur entre les autorités israéliennes et palestiniennes. Dès le début du soulèvement, un important mouvement de solidarité s'était développé en Égypte, qui alimentait un soutien logistique et politique aux Palestiniens. Travaillant en étroite coopération avec la CIA américaine, les services égyptiens sont alors un pivot pour convaincre les différentes factions palestiniennes de s'engager dans un processus de négociation.

Deux ans plus tard, après la décision d'Ariel Sharon d'évacuer la bande de Gaza, les services égyptiens s'imposent rapidement comme un interlocuteur incontournable pour éviter que Gaza ne devienne un État terroriste. En juin 2004, le général Souleiman entame des négociations, avec le *Hamas* et le *Djihad*

---

818. Rony Shaked, "Mr. Stanley's CIA sweets", *Yediot Aharonot*, 27 août 1999.
819. Directive présidentielle destinée au renseignement.
820. Service de Sécurité Préventive.
821. Renseignements généraux.
822. Le major général Omar Souleiman dirige alors le Moukhabarat al-Ammah depuis 1993. Il a acquis un prestige inégalé auprès du président égyptien en 1995, après lui avoir conseillé de prendre sa limousine blindée lors de son voyage en Éthiopie. Le président Moubarak fera l'objet d'une tentative d'attentat islamiste à Addis-Abeba et aura la vie sauve grâce à sa limousine. Le général Souleiman est un point de contact privilégié avec l'administration américaine.

islamique, afin de faire cesser les tirs de roquettes *Qassam* contre Israël et mettre en place un mécanisme pour prévenir le développement de la violence dans la bande de Gaza : la formation d'officiers de l'Autorité palestinienne en Égypte, la confiscation des armes illégales, le démantèlement des milices palestiniennes et une campagne d'information visant à promouvoir l'État de droit[823]. La politique d'Ariel Sharon dirigée personnellement contre Yasser Arafat réduira à néant ces efforts.

3.4.3.4. *Cesser les interventions extérieures*

Comme nous l'avons vu, le djihadisme est l'expression d'une résistance contre l'ingérence – militaire ou non – de l'Occident dans les affaires du monde musulman. La logique conduit à s'interroger sur la pertinence de notre participation à ces interventions.

Dans cette démarche, il faut se rappeler que ces conflits ont été initiés par les États-Unis et que ces derniers continuent à supporter la très grande partie des opérations militaires. La raison pour laquelle ils cherchent à former des coalitions n'est évidemment pas d'avoir des capacités supplémentaires : l'apport des coalisés est très faible dans l'effort de guerre global. En Afghanistan, lorsque l'Allemagne a mis sur pied sa propre *Provincial Reconstruction Team* (PRT), elle s'est attachée à avoir un « contingent » suisse de deux officiers qui permettait de crédibiliser et donner une connotation « non OTAN » à sa présence dans une zone qui n'avait pas été militarisée jusqu'alors.

En fait, dans ce type d'opération, le multilatéralisme n'apporte pas de bénéfice évident, hormis celui de diluer la réponse terroriste en lui offrant une multiplicité de cibles, et les Américains le savent. Au début mars 2016, les frappes françaises représentaient 4,7 % et les frappes belges 1 % du nombre total de frappes menées par la coalition internationale en Irak et en Syrie, tandis que les États-Unis en avaient assuré 68,1 %[824]. Pourtant, la France a « attiré » la majeure partie des attentats de l'État islamique. La raison est double : a) la France s'est engagée « bruyamment » et b) la popularité du gouvernement Hollande était très basse, et les djihadistes pensaient qu'ils pourraient forcer l'opinion publique à lui faire cesser les frappes. Certes, les terroristes ont sous-estimé le désintérêt des Français pour leur politique étrangère, mais le gouvernement français a fait à peu près tout ce qu'il était possible de faire pour avoir des attentats en métropole.

C'est pourquoi certains pays (comme la Suède, la Finlande ou le Danemark) restent discrets sur leur participation à des opérations de lutte contre le terrorisme en Irak, en Syrie ou au Sahel. Car, même si leur impact sur le terrain est minimal, le risque que le pays devienne un objectif terroriste est disproportionné. Le coût/

---

823. *Jerusalem Post*, 23 juin 2004.
824. http://airwars.org/data/ (consulté le 6 mars 2016).

bénéfice d'une telle participation (à une opération contraire au droit international) offre peu d'intérêt.

À l'inverse, lorsqu'un pays refuse de participer à une opération extérieure, il doit impérativement le communiquer! En mai 2021, en Belgique, Theo Francken, parlementaire du parti de droite N-VA, a été sanctionné pour avoir divulgué que la Belgique ne participerait pas à la mission BARKHANE dans le Sahel[825]. Au-delà du problème de procédure (car il aurait enfreint les règles de confidentialité), le fait de diffuser une telle information est de nature à réduire la menace terroriste.

3.4.4. La politique intérieure

3.4.4.1. La maîtrise de l'immigration

À l'évidence, les fortes minorités musulmanes présentes dans nos pays ont des attentes vis-à-vis des autorités en ce qui concerne leur politique au Proche et Moyen-Orient. La perception d'actions partiales, guidées par des préjugés et motivées par une crainte de l'islam rejaillit sur la crédibilité des gouvernements et de leur « laïcité » réelle.

Schématiquement, la problématique de l'immigration recouvre trois réalités :

• La présence d'une population immigrée légalement de longue date, issue des années 1950-1970, alors que nos pays avaient un grand besoin de main-d'œuvre peu spécialisée. En France, elle provient essentiellement du Maghreb, en Belgique du Maroc, en Allemagne de Turquie, en Grande-Bretagne du subcontinent indien, etc. Cette population est généralement bien intégrée socialement, économiquement et culturellement.

• Une population entrée de manière illégale depuis les années 1990, et qui – sans surprise – tend à vivre en marge de la société. Personne n'en connaît exactement l'ampleur. N'ayant pas les mêmes accès au travail et aux services que les autres catégories, cette population tend à se regrouper et à s'entraider dans une forme d'économie parallèle. C'est le modèle de développement des « mafias ».

• Les réfugiés en détresse par suite de conflits ou de catastrophes naturelles, accueillis dans nos pays en vertu du droit humanitaire international. Depuis 2014, ils proviennent majoritairement de zones de conflits, presque systématiquement créées par les interventions occidentales. Le problème est moins leur accueil que leur gestion, car, en théorie, ils ne sont que des hôtes temporaires et devraient retourner dans leur pays d'origine dès lors que la situation est normalisée. Avec

---

825. « Theo Francken lourdement sanctionné pour un tweet publié après une commission à huis clos », 7sur7.be, 6 mai 2021.

une difficulté cependant : ceux qui fuient les pays dans lesquels nous menons des guerres sont souvent… des islamistes.

Dans les discussions sur les politiques d'immigration, l'accent est généralement mis sur des questions liées à la délinquance et à la criminalité et, depuis peu, au terrorisme. Toutefois, très peu de réflexion est faite sur l'impact à long terme des changements de perception sur les relations internationales par une population qui n'a pas toujours les mêmes repères culturels.

Paradoxalement, la réticence observée dans la plupart des pays occidentaux à gérer les flux migratoires – souvent pour des raisons politiciennes plus qu'humanitaires – profite aux réseaux mafieux, dont l'action génère des structures illégales, génératrices à leur tour de tensions et d'intolérance. Les pays à forte proportion d'immigrés (Allemagne, France, Grande-Bretagne, Pays-Bas, Suisse, etc.) sont également ceux où se développe une criminalité raciale importante.

En fait, les politiques des pays européens ont tout fait pour créer un sentiment de « ras-le-bol » qui alimente les populismes et une forme de communautarisme. C'est dans ce domaine que le renseignement stratégique a failli de la manière la plus manifeste, en étant incapable d'identifier les points de rupture induits par le manque de maîtrise de l'immigration. En effet, les progressistes européens, en considérant les immigrés comme des numéros, partaient de l'idée que leur culture d'origine allait lentement s'effacer au profit d'une culture européenne.

Ce n'est pas l'immigration en tant que telle qui constitue le problème, mais la manière dont on la gère, avec la difficulté supplémentaire, qu'avec le temps, la situation requiert des mesures drastiques que personne n'a le courage de prendre.

Dès l'été 2014, l'Europe fait face à une vague d'immigration sans précédent en provenance de Syrie, du Kosovo, d'Afghanistan, d'Albanie, d'Irak, du Pakistan, d'Érythrée, de Serbie, d'Ukraine et du Nigéria[826]. Nous ne nous attarderons pas sur le fait que le Kosovo, l'Albanie, la Serbie et l'Ukraine sont des pays qui vivent déjà largement de l'aide occidentale. En Afghanistan et en Irak, deux pays où les droits de l'homme, la démocratie et le mode de vie occidental devaient amener le développement, la corruption règne, alimentée par ceux-là mêmes qui voulaient l'éliminer[827].

Quinze ans de guerre et des milliards de dollars d'investissements n'ont apporté que l'insécurité et le désespoir. En fait, les Occidentaux sont pris à leur propre piège. Afin de provoquer des changements de régime dans un certain nombre de pays cibles, ils y ont créé des conditions de vie insupportables, notamment par des sanctions. Décrit par Richard Nephew, responsable des sanctions au

---

826. "Migrant crisis: Migration to Europe explained in graphics", BBC News, 27 octobre 2015, http://www.bbc.com/news/world-europe-34131911.

827. Dan Wright, "Special Investigator's Report Details US Corruption In Afghanistan", Shadowproof, 6 août 2015, http://www.mintpressnews.com/special-investigators-report-details-us-corruption-in-afghanistan/208365/

Département d'État sous Obama, puis délégué à l'Iran sous Joe Biden, dans un ouvrage intitulé *L'art des sanctions*[828], ce mécanisme devait stimuler des mouvements insurrectionnels. Mais il a également encouragé une émigration qui vide ces pays de leur substance culturelle, intellectuelle et laborieuse.

Dans le cas de la Syrie, cette émigration a laissé le champ libre aux islamistes, permettant ainsi à Israël, à la France et aux États-Unis de tenter de renverser le régime de Bachar al-Assad. Mais à quel prix ? Quelles qu'en aient été les motivations, l'engagement de la France et des États-Unis pour renverser le gouvernement syrien par la force ne pouvait que générer une catastrophe humanitaire dans le court, moyen et long terme.

Les Occidentaux ont ainsi été dépassés par leur propre politique. Le flux migratoire résultant de l'intervention occidentale en Syrie a pu être jugulé (temporairement) grâce à un accord avec la Turquie. Mais, cette dernière a compris que les camps de réfugiés constituaient une bombe à retardement, comme les camps palestiniens du Liban dans les années 1960-1970. Car, en effet, une grande partie de ces réfugiés sont des opposants à l'État syrien laïque, raison pour laquelle les pays de la région ne les veulent pas…

En 2020, les immigrés en Europe proviennent principalement de deux pays, où l'Occident cherche à imposer un changement de régime (Syrie et Afghanistan[829]) et d'un pays qui était à la seizième place en 2018[830], et passé en troisième position en 2020, après l'application de sanctions qui l'asphyxient : le Venezuela. Nos stratégies ne fonctionnent donc pas.

Les organisations humanitaires occidentales contribuent mal à la solution. Leurs actions sont dogmatiques et davantage motivées par un sentiment de culpabilité que par une réelle volonté d'aider. Elles contribuent à l'appauvrissement des pays d'émigration en « aspirant » la portion la plus dynamique et la plus industrieuse de leurs populations.

Parallèlement, un changement sociétal profond affecte les pays occidentaux, et européens en particulier : le « système d'exploitation » judéo-chrétien sur lequel fonctionnait l'Occident est en train de migrer vers un logiciel plus musulman. En France, ce changement est déjà amorcé, il se développe derrière le paravent de la laïcité et le désintérêt des autorités qui refusent d'écouter ce que l'on appelle l'« extrême droite ». Or ce lent changement fait résonner différemment les décisions politiques et entre dans l'équation de la radicalisation, notamment lorsqu'il se combine avec ce qui est perçu comme de l'injustice. Il

---

828. Richard Nephew, *The Art of Sanctions – A View from the Field*, Columbia University Press, New York, 2018.
829. "File: Figure 2 Top 30 citizenships of first-time asylum applicants (non-EU citizens), EU, 2019 and 2020 (thousands) v2.png", Eurostat (ec.europe.eu), 23 mars 2021.
830. "File: Countries of origin of (non-EU) asylum seekers in the EU-28 Member States, 2016 and 2017 (thousands of first time applicants) YB18", ec.europa.eu, 20 mars 2018.

en est ainsi du silence occidental sur le sort des Palestiniens et des bruyantes campagnes contre le burkini ou l'humoriste Dieudonné, qui seraient sans doute passés inaperçus il y a quelques décennies. Mais aujourd'hui, cela s'ajoute à des interventions perçues – à tort ou à raison – comme des croisades, et contribue à la radicalisation des jeunes et à la montée de l'antisémitisme.

La réponse logique serait d'accroître les ressources allouées à l'aide au développement, de sorte à encourager une *vraie* base économique, en luttant efficacement contre la corruption. Le problème est que des centaines de milliards ont été versés au tiers-monde durant plus de 60 ans sans réelle stratégie de développement. Mais de telles politiques ne peuvent être mises en œuvre à la pointe des baïonnettes, comme on le fait actuellement : l'idée d'écraser des peuples pour les développer est une idée qui passe assez mal auprès des populations concernées. Ainsi, nos stratégies ne permettent pas de nous impliquer dans certaines régions, même pour de nobles motifs, sans réveiller des sentiments nationalistes.

Comme après le « 9/11 » aux États-Unis, les médias européens (en particulier français et belges) ont relayé le discours officiel partageant *de facto* la responsabilité du gouvernement dans la radicalisation d'une partie de la société.

Les interventions occidentales ont été expliquées avec fatalisme par les *establishments* et ont provoqué la violence d'une minorité. Mais, nous nous approchons lentement de la limite de la résilience des populations du Moyen et Proche-Orient. « Al-Qaïda » ne représentait qu'une idée, mais aujourd'hui, les rebelles syriens et irakiens (y compris l'EI) représentent des entités palpables, qui cristallisent l'indignation des jeunes islamistes et les poussent vers le radicalisme. Ce mécanisme déclenche à son tour une montée des extrêmes en Occident.

3.4.4.2. *La laïcité*

Il est commun de penser que les musulmans – et les islamistes en particulier – sont opposés par principe à la chrétienté et aux autres religions. C'est faux. Tout d'abord, les musulmans reconnaissent eux-mêmes avoir un héritage religieux commun dans le concept de *« peuples du livre »* (*Ahl al-Kitab*).

La méfiance des musulmans – et donc des islamistes – à l'égard des Occidentaux est alimentée par deux perceptions principales. La première est que les chrétiens cherchent systématiquement à imposer leur culture, notamment par leurs interventions militaires (qu'ils n'ont jamais vraiment justifiées autrement que par des mensonges). La seconde découle de la première : les Occidentaux sont globalement opposés à la pratique religieuse et cherchent à imposer cette manière de voir, cela explique l'emploi récurrent du qualificatif « *mécréant* » [831] ou « *apostat* » dans la littérature islamiste.

---

831. Qui signifie littéralement « incroyant ».

En France, plusieurs facteurs affectent aujourd'hui la perception de l'islam. En premier lieu, l'idée qu'il y a une relation linéaire entre l'islam et le terrorisme (« djihad ancestral ») ; deuxièmement, le nombre croissant de personnes habillées à la mode nord-africaine dans les rues françaises, qui donnent à la population « de souche » un sentiment de submersion et de lent phagocytage de sa propre culture ; et troisièmement, une réminiscence de la lecture marxiste des conflits, qui prône la disparition de la religion comme facteur de paix sociale.

Après les attentats de 2015-2016, l'idée que la laïcité est la clé du « vivre ensemble » s'est imposée de manière quasi irrationnelle dans le discours politique français et est brandie comme la solution à la violence terroriste. Elle résulte à la fois de l'importance attribuée par les « experts » occidentaux à la religion dans le terrorisme islamiste et de l'idée que le terrorisme est une « variante religieuse » de la lutte des classes.

En France, ce que l'on appelle la « laïcité » n'a pas de définition officielle reconnue. On la déduit de la *loi de 1905*[832], qui visait essentiellement à séparer l'Église catholique de l'État, afin que ce dernier ne soit plus le prolongement du pouvoir de la première. Cette loi cherche à imposer *à l'État* une *impartialité* confessionnelle, afin d'éviter les conflits d'intérêts dans sa gouvernance et de garantir qu'il serve de manière égale les intérêts de tous les citoyens. Elle implique que l'État et ses représentants doivent s'abstenir de prôner ou soutenir ouvertement une religion. Mais elle n'impose rien aux administrés qui restent libres d'exercer leur foi, dans les limites de l'ordre public et du respect d'autrui. La loi est claire et cohérente, mais son application doctrinaire et inadéquate n'a fait que favoriser le phénomène de radicalisation, comme le constatent les terroristes eux-mêmes[833].

Le vrai problème est la partialité des politiques et des institutions. En 2011, l'intervention en Libye – qui était basée sur des mensonges et a clairement conduit à un chaos régional – a été bruyamment revendiquée par Bernard-Henri Lévy, qui a lui-même déclaré l'avoir fait « *en tant que juif* »[834]. Un aveu qui va exactement à l'encontre des principes républicains qu'il prétend défendre : la raison fondamentale de la laïcité républicaine[835] est précisément d'éviter que la politique soit guidée par des considérations religieuses. BHL associe ainsi directement – et inutilement – sa religion à une opération qui a été une catastrophe humanitaire et régionale, et que le président Obama lui-même a considérée comme la « *pire erreur* » [836] de sa présidence.

---

832. Voir : www.legifrance.gouv.fr/loda/id/LEGITEXT000006070169/

833. Voir : « L'histoire de l'inimitié de la France envers l'islâm », *Dar al-Islam*, n° 2, février 2015, p. 10.

834. « Libye : BHL s'est engagé "en tant que juif" », *Le Figaro*/AFP, 20 novembre 2011.

835. La célèbre « loi de 1905 ».

836. "Barack Obama says Libya was 'worst mistake' of his presidency", AFP/AP/*The Guardian*, 11 avril 2016.

De même, en 2012, Manuel Valls, alors ministre de l'Intérieur, en saluant la « *symbiose entre la République et le judaïsme français* »[837], puis le 18 septembre 2014, alors Premier ministre, en s'adressant à « *ses frères et ses sœurs* » à la Synagogue de Paris va exactement à l'opposé de l'esprit de la loi de 1905. Son affinité pour la communauté juive est parfaitement légitime, mais elle doit s'accompagner de la retenue nécessaire dans le cadre d'activités officielles, afin d'inspirer la confiance et de ne pas suggérer la partialité. C'est le sens de la séparation entre l'État et la religion, garante de l'impartialité de l'État de droit.

Manuel Valls, pour qui l'opportunisme et l'idéologie tiennent lieu d'intelligence, a sans doute ainsi été le plus grand promoteur de la radicalisation de l'islam en France.

Mais, il s'inscrit dans une tradition politique qui touche l'ensemble du spectre politique français. Certains politiciens, comme Jean-François Copé, s'insurgent contre la demande des communautés musulmanes d'avoir des horaires distincts pour hommes et femmes dans les piscines afin de préserver la laïcité. Pourtant, les mêmes demandes formulées à la fin des années 1970 par la communauté juive ne semblent pas lui avoir porté atteinte[838]… En octobre 2020, Gérald Darmanin, alors ministre de l'Intérieur, se déclare « *choqué* » par la présence de rayons « halal » dans les supermarchés, mais pas par les produits « kascher » qui en sont l'équivalent judaïque[839]…

Cela dit, la loi de 1905 a cependant un effet pervers : pour garantir sa séparation de l'État, elle imposait à l'Église catholique un financement autonome. Aujourd'hui, les lieux de culte musulmans sont soumis aux mêmes contraintes[840]. Cela ouvre la porte à des financements étrangers (comme l'Arabie saoudite ou le Qatar) et à la propagation d'une lecture de l'islam qui n'est pas nécessairement violente, mais qui ne correspond pas à la tradition islamique des pays du Maghreb et s'ajoute à d'autres sources de division.

Penser que l'on peut traiter le problème du terrorisme à travers l'imposition de la laïcité à la population est un leurre simpliste. D'abord parce qu'elle concerne les institutions et non les individus. Ensuite parce que cela découle d'une surévaluation du caractère religieux du terrorisme. Contrairement à ce que l'on prétend, la population immigrée ne cherche pas à vivre dans une société

---

837. « Manuel Valls salue la "symbiose entre la république et le judaïsme français" », Conseil représentatif des institutions juives de France, 23 mai 2012, http://www.crif.org/lecrifenaction/manuel-vallssalue-la-symbiose-entre-la-république-et-le-judaïsme-français/31266#.
838. Muriel Bernard, « Des créneaux réservés aux élèves des écoles juives », ledauphine.com, 20 octobre 2011.
839. A. Peyrout, J. Assouly, A. Brogat, P. Caron, X. Roman & V. Gustin, « Gérald Darmanin : déclaration polémique sur les rayons halal et casher des supermarchés », francetvinfo.fr, 21 octobre 2020.
840. NDA : avec l'exception notable de la région Alsace-Moselle, qui a un concordat autorisant le financement d'institutions religieuses par l'État.

sans christianisme, mais elle refuse simplement qu'on lui impose une manière de penser.

Dans le cadre d'une stratégie de lutte contre le terrorisme djihadiste, le fait de vouloir faire disparaître les différences religieuses en en abandonnant les symboles ne fait que confirmer le discours des islamistes. Par exemple, en Belgique, l'idée de « laïciser » des fêtes chrétiennes, comme renommer les « marchés de Noël » en « marchés d'hiver », ou le fait d'ôter la croix de la mitre de Saint-Nicolas par l'association Solidaris en Belgique[841], a même été considéré comme nuisant à la communauté musulmane[842]. Ces mesures ne font que nous attirer le mépris des islamistes.

Les islamistes ne nous reprochent pas d'être chrétiens, mais de vouloir les faire renoncer à l'islam. En 2006, lors de la crise des caricatures, l'auteur – alors en poste comme chef du renseignement des Nations unies au Soudan – a rencontré des extrémistes islamistes liés aux Frères musulmans. Reçu par un commentaire ironique sur les chrétiens à son arrivée, il s'adresse au « chef » du groupe : « Fais attention, car toi et moi avons le même Dieu ! » L'islamiste lui sourit alors et lui dit : « Tu as raison, parlons ! » et la discussion s'est déroulée de manière très cordiale… Le même phénomène concerne le judaïsme. En février 2018, le parti islamiste tunisien *Ennahdha* – proche du Hamas palestinien – a porté un juif sur sa liste électorale à Monastir[843] ! Évidemment, les médias français l'ont à peine relevé[844]…

Comme souvent, le problème réside dans nos propres contradictions. Les mêmes qui revendiquent une « société multiculturelle » tendent à utiliser la laïcité pour homogénéiser le paysage culturel : exactement ce qui alimente le djihadisme. Notre ethnocentrisme tend ainsi à encourager le discours islamiste. Le vivre ensemble ne demande pas un lissage du paysage religieux, mais une compréhension mutuelle des pratiques religieuses des uns et des autres.

En France, rien ne symbolise mieux l'irrationalité de la lutte contre le terrorisme que les sempiternels débats sur le port du voile islamique (« hidjab »), de la « burqa » ou du burkini, qui déchaîne les passions depuis 2004 :

> *Le voile islamique est également un étendard de l'islam, la femme musulmane revendiquant ainsi son adhésion au Coran et à tous ses versets meurtriers qui appellent à tuer les chrétiens, les juifs, les mécréants, les apostats et bien*

---

841. « Polémique : Solidaris enlève la croix sur la mitre de Saint-Nicolas », lalibre.be, 23 novembre 2017.

842. « Croix de saint Nicolas : "Les musulmans n'ont rien demandé" », 7sur7.be/RTL-TVi, 27 novembre 2017.

843. « Simon Slama : je suis fier de représenter Ennahdha lors des élections », www.mosaiquefm.net, 20 février 2018.

844. « Tunisie : polémique autour d'un candidat juif sur une liste islamiste », Le Point.fr, 29 avril 2018.

d'autres innocents. Le voile islamique est enfin un symbole politique qui est en guerre contre l'Occident et notre civilisation européenne.[845]

En fait, la diversité des vêtements dits « islamiques » montre qu'il s'agit davantage de traditions locales ou régionales que d'une prescription religieuse stricte. Ainsi, la « burqa », souvent évoquée, n'est pratiquement pas portée en Occident et est spécifique à l'Afghanistan. Elle est généralement confondue avec le « niqab », originaire de la péninsule arabique. Dans certains pays islamiques, comme le Soudan, les femmes portent des vêtements qui ne sont pas sans rappeler les « saris » indiens avec un voile de couleur, parfois légèrement transparent. Quant au « foulard », on le trouve dans pratiquement toutes les traditions méditerranéennes : la vierge Marie est toujours représentée avec un foulard, les religieuses catholiques continuent à porter des coiffes, le foulard reste porté (de moins en moins) dans les campagnes italiennes, espagnoles ou grecques, tandis que les juives pratiquantes portent le foulard en public, comme les musulmanes… Signe de soumission à l'homme pour les Occidentaux de gauche, symbole de guerre pour ceux de droite, le foulard est le plus souvent l'expression d'une identité culturelle pour les musulmanes. Il est devenu le symbole trop visible d'une présence étrangère que les politiciens n'ont jamais gérée et renvoie à leurs électeurs l'image d'un échec qu'ils ont délibérément ignoré durant plus d'un demi-siècle.

En décembre 2003 – peu après les attentats d'Istanbul – la Syrie a extradé 22 suspects vers la Turquie. Parmi eux, deux jeunes filles d'origine turque qui s'étaient expatriées pour étudier dans une école islamique, car les lois turques interdisent le port du « voile » en classe[846]. En d'autres termes, au lieu de leur laisser porter le voile et avoir une éducation dans une école laïque turque, on a poussé ces jeunes filles vers une école islamique et une radicalisation.

La polémique liée au burkini est symptomatique de l'ignorance qui entoure la nature de l'islamisme. Vêtement dessiné par une styliste australienne en 2006, il se voulait un vêtement de plage dans un pays où le cancer de la peau fait des ravages et où le port d'habits de plage est courant[847]. Mais en France, une subtile combinaison de sottise et de politique en a fait un vêtement islamique, vivement combattu par les maires de certaines villes, qui ont même promulgué son interdiction sur les plages. Paradoxalement, comme le constate le journal israélien *Haaretz*, ces actions peu réfléchies ont relayé le discours de l'État islamique et facilité ses efforts de recrutement[848]. Cela pour trois raisons :

---

845. Louise Langlois, « Ces étudiantes musulmanes qui imposent le voile dans les écoles d'infirmières », *Résistance Républicaine*, 15 novembre 2018.
846. "Veiled threats 0148", *The Economist*, 6 décembre 2003.
847. « L'Australie est le pays avec le plus de cancers de la peau », AFP/20 minutes.fr, 16 décembre 2010.
848. Allison Kaplan Sommer, "The Burkini Ban Is a Gift to ISIS", *Haaretz*, 22 août 2016.

premièrement, elles ont donné l'occasion à l'EI de montrer son opposition au fait que les femmes aillent « s'exhiber » sur les plages ; deuxièmement, aux yeux des musulmans – même « modérés » – cette polémique a servi de révélateur à une forme d'« islamophobie » institutionnelle, aux niveaux politique et judiciaire, bien au-delà de la laïcité républicaine ; et troisièmement, elles ont contribué à renforcer les opinions extrêmes.

En fait, ces polémiques ne sont qu'une manière de « combattre le problème », sans apporter aucune solution au vivre ensemble, et vont exactement à l'encontre d'une stratégie de lutte contre le terrorisme : plus que le « voile », c'est le débat qui devient facteur supplémentaire de radicalisation.

3.4.4.3. *La lutte contre l'antisémitisme*

Comme nous l'avons vu, l'antisémitisme n'a pas un rôle moteur dans le terrorisme djihadiste, comme en témoignent les liens entre Israël et les mouvements djihadistes[849]. En revanche, il est présent dans de nombreux actes de haine et constitue un « facteur facilitant » du terrorisme djihadiste. La lutte contre l'antisémitisme contribue à réduire le nombre de facteurs qui poussent vers la violence, mais ne suffit pas à résoudre le problème. Des attaques comme celles de Mohammed Merah, en mars 2012, et celle du Musée juif de Belgique, en mai 2014, ont sans doute plus de liens avec notre manière de traiter le conflit israélo-palestinien qu'avec le djihadisme global.

En France, l'islamophobie et l'antisémitisme sont intimement liés, s'alimentent mutuellement et ne seront probablement jamais éradiqués complètement[850]. On pourrait réduire leur influence sur l'extrémisme violent, à la seule condition de les traiter de manière dépassionnée, ce qui est loin d'être le cas aujourd'hui : les stratégies actuelles de lutte contre l'antisémitisme ne font que le générer.

La lutte contre l'antisémitisme tend à en ignorer les causes réelles et à les attribuer à l'existence même du peuple juif. Elle est donc plus centrée sur la sanction de ses symptômes, plus que sur le traitement de ses causes et de leur perception. C'est une approche contre-productive, qui conduit à interpréter de manière toujours plus extensive la notion « d'antisémitisme ». Ainsi, l'adoption de lois spécifiques (comme les législations contre le « BDS »[851] en faveur de la Palestine) tend à générer une rancœur beaucoup plus profonde que celle qu'elles veulent combattre : elles permettent des réponses de court terme, mais leurs effets à long terme jouent en défaveur à la fois de l'ensemble de la communauté juive et de l'État d'Israël.

---

849. Elizabeth Tsurkov, "Inside Israel's Secret Program to Back Syrian Rebels", *Foreign Policy*, 6 septembre 2018.
850. Pamela Duncan, "Europeans greatly overestimate Muslim population, poll shows", *The Guardian*, 13 décembre 2016.
851. BDS: Boycott, Divestment, Sanctions.

Car derrière un antisémitisme « de surface » (qui se manifeste le plus souvent par des actes imbéciles et stériles) se développe une défiance toujours plus grande à l'égard d'Israël. Il ne s'agit pas d'antisémitisme à proprement parler, mais plutôt d'« antisionisme », qui concerne plus la politique israélienne que l'État d'Israël lui-même.

Il ne s'agit pas ici de « couper les ponts » avec Israël, mais de l'aider de manière plus active à régler de manière juste le problème palestinien. Les entorses répétées d'Israël envers le droit international et l'immigration en provenance d'Afrique du Nord et d'Asie Mineure ont eu pour conséquence un lent changement des sensibilités à l'égard du conflit israélo-palestinien. Aujourd'hui, la lutte contre l'antisémitisme passe inévitablement par une posture plus critique à l'égard de la politique israélienne et une plus grande détermination à imposer le droit international dans ce contexte. La politique du fait accompli, camouflée par une réécriture de l'Histoire, a permis à Israël de s'affranchir de ses obligations internationales en créant un sentiment légitime d'injustice.

3.4.5. Les mesures opérationnelles

La première condition pour que les opérations aient un succès durable est de savoir ce que l'on cherche à faire. C'est ce qui fait défaut dans pratiquement toutes les opérations occidentales menées contre le terrorisme.

En Afghanistan, on a, très rapidement, deux forces distinctes : une force légitime (l'ISAF) sous mandat des Nations unies et une force « illégale » aux yeux du droit international (l'OEF-A) sous commandement américain. La première a un mandat de consolidation de la paix, tandis que la seconde mène une guerre dont les objectifs n'apparaissent pas clairement[852].

La coexistence de deux opérations, avec des objectifs différents, sous des commandements différents, sur le même théâtre d'opérations a rapidement dérivé vers la mutualisation d'éléments logistiques et a abouti, en août 2009, à la fusion des deux opérations. Ainsi, le mandat initial de consolidation de la paix a été considérablement dilué, comme le confirme le général américain David McKiernan, commandant de l'ISAF :

> *Le fait est que nous sommes en guerre en Afghanistan. Ce n'est pas du maintien de la paix. Ce ne sont pas des opérations de stabilité. Ce n'est pas de l'assistance humanitaire. C'est la guerre.*[853]

---

852. Steve Coll, "We Can't Win in Afghanistan Because We Don't Know Why We're There", *The New York Times*, 26 janvier 2018.
853. General David McKiernan, Atlantic Council, Washington DC, 18 novembre 2008.

Cette collision de mandats au sein de l'ISAF suscitera de nombreuses discussions d'ordre juridique et politique au sein de la coalition : deux missions, aux objectifs parfois contradictoires, étaient menées par les mêmes pays. Comme cela avait été le cas à Beyrouth en 1983, et en Somalie en 1993, la présence simultanée de combattants et de soldats de la paix – portant parfois le même uniforme et donc impossibles à distinguer – ne pouvait amener une cohérence propre à stabiliser la situation. Il en a résulté une confusion qui rendait le message de la communauté internationale illisible pour la population locale et pour les forces en présence, et ne pouvait que conduire au désastre.

Non seulement l'Occident s'est engagé avec une légitimité contestable dans un conflit aux objectifs vagues, mais il a été incapable de présenter une cohérence stratégique qui aurait pu faciliter les opérations, voire générer l'adhésion des populations locales. Un phénomène que l'on reverra en Irak, en Libye et en Syrie.

3.4.5.1. *L'action sociétale et la fidélisation des populations*

Gagner la confiance des populations au sein desquelles se développe le mécontentement qui alimentera la volonté terroriste est un élément essentiel. C'est une évidence. Encore faut-il comprendre ce que veulent les populations et les raisons qui leur font prendre les armes.

Afin d'aborder cette question de manière efficace, il faut distinguer la sécurité intérieure en Occident, où le terrorisme est l'expression d'un combat très minoritaire ou d'une résistance indirecte (Europe occidentale), et les situations anti-insurrectionnelles, où le terrorisme est l'expression d'une résistance directe à un régime ou une occupation (Afghanistan, Irak, Libye, Syrie, etc.)

Même si l'idée fondamentale est similaire, les outils pour sa mise en œuvre vont différer.

En Occident, où le terrorisme djihadiste est lié à des interventions illégitimes au Moyen-Orient, où résident de grandes minorités musulmanes qui condamnent la violence d'une manière générale, mais ont une compréhension pour ses motifs, l'action sociétale doit procéder avec subtilité. Elle doit viser à aplanir tous les facteurs qui pourraient faciliter un passage à l'action violente. L'intégration des minorités doit être menée dans le respect de leur spécificité.

En ambiance anti-insurrectionnelle, pour changer en profondeur les mentalités d'une société, même pour l'adapter à des valeurs universelles, il faut en premier lieu gagner « ses cœurs et ses esprits ». Les opérations « *hearts & minds* » ont été développées par les Britanniques dans les années 1950, et mises en œuvre avec succès en Malaisie, puis – avec des succès plus relatifs – en Irlande du Nord. Le problème est que l'Occident ne s'est jamais vraiment préparé pour gagner cette bataille. À la différence des opérations « physiques », la guerre psychologique doit s'inscrire dans la durée pour être efficace. Or les armées occidentales ne sont pas outillées pour cela. Elles peuvent mener des «opérations psychologiques» de portée limitée, pour appuyer des combats, mais pas pour le changement d'une société.

En Afghanistan et en Irak, les Occidentaux ont traité – continuent à traiter – les «rebelles» comme des insurgés. Or ce sont des résistants. Au-delà du vocabulaire, cela correspond à des caractéristiques différentes du conflit. Les «révolutionnaires» cherchent à changer la société et aspirent à des lendemains meilleurs, au niveau économique, social ou sociétal; pour lutter contre eux, il est relativement facile de s'appuyer sur la partie de la population qui ne veut pas de changement. Les «résistants», au contraire, cherchent en premier lieu à rétablir un *statu quo ante*, sans nécessairement vouloir un changement sociétal; ils jouissent généralement d'un soutien populaire beaucoup plus large.

Ainsi, en Afghanistan, l'objectif d'améliorer la condition féminine était sans doute noble, mais il ne pouvait être atteint qu'avec le concours de la société, et non en luttant *contre* elle. Malalai Kakar a été la première femme à atteindre le grade de lieutenant-colonel dans la police afghane. Sa nomination a été célébrée dans les médias nationaux et internationaux comme un exemple de l'évolution de la société afghane après l'intervention occidentale. Elle est abattue devant chez elle le 28 septembre 2008, démontrant ainsi la naïveté occidentale à vouloir changer en profondeur et en quelques années, une société qui n'a pas été pacifiée.

Cela est d'autant plus vrai que les valeurs «universelles» (comme les droits de l'homme) sont comprises dans une grande partie du monde comme des valeurs imposées par les Occidentaux. Ainsi, la *Cour pénale internationale* (CPI) est perçue par les pays du tiers-monde comme un tribunal occidental, qui ne cherche même pas à punir ceux qui, par le mensonge et la mauvaise foi, comme le président George W. Bush et le Premier ministre britannique Tony Blair, ont tout mis en œuvre pour générer des guerres inutiles et meurtrières.

Dans ces conditions, vouloir transformer des sociétés avec lesquelles on est en guerre relève à la fois de la naïveté et de la sottise. La confiance et la fidélisation des populations, condition nécessaire pour entamer un processus de change-ment, n'ont jamais pu être établies ni en Afghanistan, ni en Irak, ni dans le Sahel. Or cette fidélisation est essentielle pour créer la confiance et retirer la légitimité des terroristes.

L'objectif est de limiter la base de recrutement des mouvements violents, de couper le terrorisme de son soutien populaire et de créer un climat favorable au sein de la population pour les opérations des forces de l'ordre. À ces fins, les démarches sont multiples :

• renforcer et dynamiser la présence de l'État – mais pas nécessairement la présence sécuritaire – dans les zones troublées (renforcement des programmes d'éducation, des dépenses et travaux d'équipement en zone rurale, mesures sociales, etc.);

• valoriser les actions de l'État afin de discréditer et criminaliser les activités de la guérilla ou du mouvement terroriste;

• responsabiliser les populations locales dans des questions d'ordre public et renforcer leur sentiment de sécurité en restant attentif à leurs soucis sécuritaires.

Menée contre l'adversaire, elle doit contribuer à lui indiquer d'autres pistes d'action que l'action violente. Ainsi, même si la situation sociale des terroristes islamistes n'est pas en soi un facteur de radicalisation, le fait qu'ils se sentent plus proches de leurs coreligionnaires de l'*Oummah* que des citoyens français qu'ils côtoient quotidiennement résulte d'un échec de l'intégration et facilite un passage à l'acte.

En France et en Belgique, très peu d'efforts ont été faits depuis les années 1960 pour fidéliser les populations immigrées : le travail dans un premier temps, puis l'attrait de la société démocratique devaient suffire à générer l'adhésion aux valeurs occidentales. Aujourd'hui, ces deux pays ont totalement perdu la maîtrise de cette « fidélisation ». Même si la proportion de la population immigrée favorable à la violence est infime, la cause défendue par les islamistes rencontre un soutien important.

Ainsi, les lois d'amnistie, la reconversion des combattants, la perspective d'une « réconciliation » sont autant d'instruments qui offrent au combattant une autre perspective que celle de mourir les armes à la main ou sous le couperet de la justice.

À l'inverse, nul doute que les coupures d'eau et d'électricité en Irak ont contribué à entretenir un mécontentement populaire qui a servi – et probablement également légitimé – la résistance à l'occupant (qui s'est rapidement traduite par du terrorisme), même si ces phénomènes n'étaient pas au centre des revendications des terroristes.

Au Vietnam, les opérations psychologiques en vue de gagner la confiance des populations locales ont été remarquablement efficaces, en grande partie parce que très souvent les terroristes ou guérilleros sont recrutés de force ou sous quelque forme de pression sociale. Au Vietnam, on avait constaté qu'environ 8 % seulement des combattants du Viêt-Cong étaient acquis aux principes du communisme et que la dureté de la vie clandestine rendait les autres vulnérables à la propagande gouvernementale.

3.4.5.2. *Maîtrise des populations*

En situation de COIN, une certaine sécurité peut être obtenue en séparant physiquement les populations civiles des groupes terroristes qui cherchent à les intimider et à les exploiter. Cette méthode a été utilisée dans les années 1950-1970 avec un certain succès.

Dans le Sud-Est asiatique ou en Algérie (lors de la guerre d'Algérie, mais plus récemment aussi lors de l'insurrection islamiste), les mouvements insurgés avaient recruté des personnels de force, lancé des raids punitifs sur certains villages (souvent pour des règlements de compte à caractère personnel), extorqué un « impôt révolutionnaire » ou commis d'autres crimes.

Les contre-mesures peuvent être, après déclaration d'un état d'urgence, de regrouper les populations dans des zones où elles sont à la fois protégées et contrôlables. Il est important de noter qu'il ne s'agit pas de mesures destinées à punir les populations locales, mais de les aider :

• La création de « nouveaux villages » (exemple : Malaisie durant les années 1950) bien organisés et structurés. Ce système, mis en place par les Britanniques, a porté ses fruits, car il combinait des avantages matériels et sécuritaires pour les populations locales.

• Le minage systématique des zones difficiles à contrôler de sorte à pousser les populations vers les zones habitées. Moins coûteuse que la solution précédente, cette solution a largement été appliquée en Afrique et dans le Sud-Est asiatique, notamment au Vietnam, au sud du Laos et en Afghanistan. Ses conséquences humanitaires et économiques sont contre-productives et ont des conséquences à long terme difficilement calculables. En outre, elle compromet la restauration d'une activité économique nécessaire à la stabilisation d'une région dans une phase post-conflictuelle.

En 2002, les forces américaines en Afghanistan ont réalisé que les actions militaires de l'opération ENDURING FREEDOM ne permettraient pas, à terme, de résoudre le problème afghan. Est né alors le concept de « *Provincial reconstruction team* » (PRT) qui consiste à mettre en place des noyaux de reconstruction économique et sociale dans les zones fraîchement libérées des Taliban.

Ce concept est dérivé des expériences effectuées au Vietnam. Il s'agit de rétablir une normalité juste après des combats. Concrètement, il s'agit d'amener des organisations d'entraide sur une zone fraîchement « libérée », de leur garantir un périmètre de sécurité et de les laisser travailler avec les populations locales. Ainsi, on exploite un succès militaire pour faire passer le plus rapidement possible les populations libérées d'une logique de combat à une logique de reconstruction. L'objectif est de couper le mouvement insurgé de sa base populaire, qui trouve rapidement un avantage économique dans les zones pacifiées. Un succès tactique est ainsi transformé en un succès opératif[854].

Au Vietnam, ce type d'activité était très largement piloté par la CIA et employait du personnel militaire des forces spéciales et des *Civil Affairs* (dépendant du commandement des opérations spéciales) qui assuraient la création d'écoles, la mise en place de projets d'irrigation, de moyens d'information publique locale et la défense des villages afin qu'ils ne retombent pas sous l'influence du Viêt-Cong.

---

854. Le terme « opératif » est pris ici dans son sens clausewitzien « relatif aux opérations », un niveau compris entre le niveau stratégique et le niveau tactique (opérationnel).

En Afghanistan, quarante ans plus tard, le même principe a été appliqué, mais avec une pléthore d'organisations non gouvernementales. On a «injecté» des organisations civiles non gouvernementales dans la zone d'opération militaire afin de créer des «îlots» de développement, le tout étant coordonné par les unités de *Civil Affairs* de l'*US Special Operations Command* (USSOCOM).

En Afghanistan, la mise en œuvre du concept a été officiellement lancée le 21 novembre 2002 et prévoyait la création de 16 PRT. Le premier PRT a été installé à Gardez, le 31 décembre 2002. Le projet a bénéficié du soutien du gouvernement afghan, qui a déployé un bataillon de la nouvelle armée afghane à Bamiyan et un autre à Gardez. Les cadres des PRT proviennent principalement des forces américaines et sont renforcés par des officiers néo-zélandais, britanniques, italiens, français et roumains.

Placée sous le commandement de l'OTAN dès le 11 août 2003, la *Force internationale d'assistance à la sécurité (FIAS* ou *ISAF)*, initialement déployée dans la zone de Kaboul, s'étend progressivement sur l'ensemble du territoire afghan jusqu'en 2006. À cheval entre la tentation de combattre et la promotion de la paix, l'OTAN embrasse le concept de PRT, mais ne définit jamais vraiment une réelle stratégie. Reprenant un mandat de maintien de la paix, l'ISAF voulait initialement rester à l'écart des combats et a installé ses PRT dans des régions où les organisations d'entraide internationale opéraient déjà librement depuis de nombreuses années. Ainsi, les PRT situés dans les zones de combat (sud et est du pays) sont mis en œuvre par les forces britanniques et américaines, alors que ceux des zones peu ou pas touchées par les combats (nord et ouest du pays) sont menés par les forces de l'OTAN qui ne font pas partie de l'opération ENDURING FREEDOM. C'est le cas du PRT allemand situé à Qunduz, qui a eu pour effet de militariser un environnement qui n'en avait pas besoin. Alors que les PRT américains constituaient une tentative de «civiliser» une zone militaire, le PRT allemand tendait à «militariser» une zone pacifique.

L'extension progressive de la présence de l'OTAN est suivie presque «mathématiquement» d'une augmentation de l'activité terroriste et des attentats-suicides. Dès 2003, l'OTAN – qui n'avait jusque-là qu'une présence à Kaboul – est autorisée à couvrir l'ensemble du pays. Cette extension s'effectue par phases. Phase I : le nord (2004), phase II: l'ouest (2005), phase III : le sud (été 2006) et phase IV : l'est (automne 2006). Parallèlement, le nombre d'attaques-suicides dans le pays, qui avaient été au nombre de 2 entre 2003 et 2005, passe à 93 en 2006, 137 en 2007 et 136 en 2008[855]. Les cartes de sécurité des Nations unies – qui indiquent par des couleurs les niveaux de danger dans les diverses zones du pays – montrent que le niveau de danger maximal suit régulièrement l'extension de la présence de l'OTAN. Alors que l'insécurité était initialement maximale le long de la frontière

---

855. Robert A. Pape & James K. Feldman, *Cutting the Fuse*, University of Chicago Press, 2010, p. 34-37.

pakistanaise, le déploiement de troupes dans des zones traditionnellement plus calmes, au nord du pays, par des membres de l'Alliance qui, pour des raisons politiques, voulaient participer à l'opération sans s'engager dans les combats, comme l'Allemagne, a ainsi généré un sentiment d'occupation étrangère, qui a provoqué une montée de la violence dans ces zones. La carte qui était quasiment « verte » en 2003 est devenue rouge en 2014.

De plus, il apparaît rapidement que l'ISAF manque de moyens logistiques, comme des hélicoptères capables de voler en zone montagneuse, et de moyens de protection. Ainsi, l'ISAF utilise des ressources de l'opération américaine. Cette collaboration impose une étroite coordination, qui aboutit à une intégration progressive des structures de conduite de l'ISAF, des PRT et de l'opération américaine ENDURING FREEDOM sous un commandement unique, dirigé par un Américain.

Les Occidentaux créent ainsi une confusion objective entre une opération de guerre et une opération de « maintien de la paix », et leur message devient alors totalement illisible pour la population afghane. En conséquence, la présence militaire génère l'idée d'une occupation du pays et l'ensemble des actions militaires est alors perçu comme hostile, stimulant l'activité terroriste et accroissant l'insécurité sur l'ensemble du territoire afghan – et pas seulement dans le sud-est du pays où prédominent les Taliban.

Cette confusion, étendue à l'ensemble des activités d'entraide, est à l'origine de plusieurs attaques terroristes contre les agences humanitaires internationales, notamment à Mazar-e-Sharif (provoquant la cessation des activités de l'organisation de déminage humanitaire *HALO Trust*), à Qunduz, ainsi que dans la région de Herat (provoquant le départ de *Médecins Sans Frontières* en mars 2004). C'est d'ailleurs en 2003 qu'émerge le terrorisme en Afghanistan[856].

Cela étant, les rapports sur le fonctionnement des PRT en Afghanistan sont généralement élogieux. De fait, ils ont bien « fonctionné ». Le problème est qu'ils n'ont pas engendré la dynamique régionale attendue. Contrairement au Vietnam, où le travail de fidélisation des populations a fait l'objet d'un travail de proximité dans les campagnes, les PRT afghans se sont concentrés sur certains centres urbains et n'ont eu qu'un effet limité auprès des populations environnantes, qui restent encore largement inféodées à des seigneurs locaux[857]. En conclusion, l'application « aveugle », et sans stratégie claire, du concept qui avait fait ses preuves au Vietnam a conduit à une évolution négative dans une situation asymétrique.

---

856. Anthony H. Cordesman, *Global Trends in Terrorism Through 2016 and the Relative Role of ISIS and the Taliban*, Center for Strategic and International Studies (CSIS), Washington, D.C., 14 juin 2017.
857. The United Kingdom Parliament, Examination of Witnesses, 16 mars 2003.

Le succès des mouvements terroristes consiste essentiellement en leur capacité à conserver l'initiative et à chercher à mettre l'État et les forces de l'ordre dans une situation défensive. Il s'agit donc de faire en sorte de reprendre l'initiative, à la fois sur le plan politique et opérationnel.

Il faut ici faire une différence entre les situations anti-insurrectionnelles (par exemple : Afghanistan, Irak, Sahel, etc.) et les situations antiterroristes en Europe, qui ne sont pas de nature insurrectionnelle. Néanmoins, certaines similitudes (que nous ne détaillerons pas ici) peuvent être exploitées dans les deux situations.

L'une des options est de porter le combat dans les zones occupées par le mouvement subversif. En Indochine, au Vietnam, puis en Afghanistan, cette stratégie s'est traduite par la mise sur pied de « commandos de chasse », traquant les guérilleros sur leur terrain. On crée ainsi des « guérillas antiguérillas », vivant et opérant dans des conditions identiques à celles de leurs adversaires, parfois avec les mêmes uniformes et les mêmes armes. Les troupes utilisées pour ce type d'engagement doivent avoir des qualités très au-dessus de la moyenne. En Rhodésie, en Afrique du Sud, en Indochine, au Vietnam on a fréquemment utilisé des transfuges des guérillas encadrés par des officiers des forces spéciales. L'auteur a eu l'occasion de suivre les opérations d'ex-guérilleros de la SWAPO en Namibie : formés dans les écoles de guerre spéciales en URSS, ils travaillaient pour l'armée sud-africaine avec des résultats spectaculaires. Au Vietnam, dès la fin 1962, a été mis en place le programme des *Civilian Irregular Defense Groups (CIDG)*, qui étaient des villageois locaux entraînés, armés et encadrés par des officiers des forces spéciales américaines. En 1963, leur nombre atteignait environ 15 000 combattants.

La constitution de groupes irréguliers comporte certains dangers. En Amérique latine ou aux Philippines, cette stratégie a souvent abouti à la création de milices locales et à l'emploi de « sicaires » rapidement devenus « escadrons de la mort ». Elle doit donc être gérée de manière très précise, avec des plans de combat basés sur un renseignement extensif, et n'être dirigée que contre des adversaires combattants. Au-delà de l'évident aspect humanitaire, il s'agit également d'éviter d'entrer en conflit avec une stratégie *« hearts & minds »* qui serait appliquée dans la même région.

En Inde, par exemple, la lutte contre l'insurrection sikhe a fait appel à une stratégie combinée :

• le gouvernement a privilégié l'emploi de forces de police issues de l'ethnie sikhe pour rétablir l'ordre. Outre le fait que cette dernière était familiarisée avec le terrain, la population locale et ses coutumes, elle a permis de préserver le gouvernement central de New Delhi, en donnant l'image d'une solution « locale » ;

• la réponse à la tactique des insurgés d'enlever des membres des familles des agents des forces de l'ordre par des « contre-enlèvements » et des échanges subséquents ;

• une rétribution substantielle et une protection pour les informateurs ;

• la construction d'une clôture sophistiquée à la frontière pakistanaise afin de perturber et faire diminuer le flux d'armes et les mouvements d'insurgés vers les sanctuaires au Pakistan.

Cette stratégie s'est trouvée renforcée par la criminalisation progressive de l'insurrection par les insurgés eux-mêmes, qui pratiquaient de manière régulière l'enlèvement, le meurtre et l'extorsion, se coupant ainsi du soutien populaire.

En Irak, en 2006, ces concepts se sont traduits par la création, par les Américains, des mouvements du « *Réveil irakien* » et des « *Fils de l'Irak* » organisés autour des tribus et communautés locales pour lutter contre les groupes djihadistes globaux. Le problème est que la stratégie a été mise en place de manière partielle, en développant leurs capacités « militaires » et en négligeant des mesures d'accompagnement destinées à créer un ancrage démocratique profond. Ces mouvements se sont développés de manière totalement incontrôlée et seront à l'origine des groupes islamistes qui aboutiront à l'EI.

3.4.5.4. L'amnistie

L'amnistie peut être utile pour désamorcer la spirale de violence nécessaire au processus révolutionnaire, et ainsi « couper l'herbe » sous le pied du terrorisme. C'est une stratégie utilisable dans une situation de lutte anti-insurrectionnelle et dans des situations antiterroristes.

Libérer des prisonniers politiques en signe d'apaisement afin de faire baisser la tension est une tactique fréquemment utilisée pour tenter de reprendre l'initiative à un mouvement révolutionnaire. C'est ce qu'ont fait Mouammar Kadhafi en mars 2010[858], le gouvernement tunisien en janvier 2011[859] et le président Moubarak en Égypte en février 2011[860].

Le gouvernement syrien a adopté la même démarche en mars, mai et juin 2011, en libérant quelque 1 000 prisonniers politiques (en majorité islamistes) dans le cadre d'une amnistie générale réclamée par l'opposition islamiste[861]. Elle était accompagnée d'autres concessions, comme l'autorisation du port du niqab et la fermeture de casinos[862] pour tenter de calmer la situation.

En 2017, Jean-Yves Le Drian, alors ministre des Affaires étrangères, déclare :

---

858. "Libya: 202 Prisoners Released But Hundreds Still Held Arbitrarily", Human Rights Watch, 25 mars 2010.

859. « La libération des prisonniers politiques en Tunisie est une première étape encourageante », Amnesty International, 20 janvier 2011.

860. Maamoun Youssef, "Egypt recognizes moderate Islamic party, promises to release political prisoners", Associated Press, 19 février 2011.

861. Zeina Karam, "Syria offers general amnesty", www.washingtonpost.com, 31 mai 2011.

862. "Syria lifts niqab ban, shuts casino, in nod to Sunnis", Reuters, 6 avril 2011.

Mais Le Drian ment. Il cache que, d'une part, la raison pour laquelle il y avait tant d'islamistes parmi les prisonniers libérés est tout simplement qu'il n'y avait pas d'opposition laïque et que, d'autre part, comme en Libye[864], une fois libérés, ces islamistes ont été rapidement « récupérés » et armés par les services spéciaux occidentaux[865] pour constituer l'ossature d'une opposition armée. C'est le cas de l'*Ahrar al-Sham* et du *Jaïsh al-Islam*, que John Kerry désigne comme affiliés au *Jabhat al-Nosra* et à l'*État islamique*[866] (et qui commettent les mêmes atrocités), mais que les États-Unis, la Grande-Bretagne et la France refuseront de mettre sur la liste des organisations terroristes des Nations unies[867].

Le moment de l'amnistie doit être soigneusement choisi, afin qu'elle soit perçue comme une initiative de bonne foi, et non comme une mesure prise sous la pression. La décision doit être prise avant que la rébellion atteigne un seuil critique, sous peine d'être totalement inefficace. Elle doit donc être utilisée à bon escient et dans une démarche d'ensemble qui doit aboutir à une démobilisation de la volonté terroriste, sans remettre de nouveaux terroristes sur le marché. C'est le rôle d'un renseignement stratégique que de formuler des propositions sur le choix du moment. En Syrie, ces mesures ont été prises trop tard et ont été débordées par la dynamique de la rébellion.

Au Vietnam, l'amnistie a été au centre du programme Chieu Hoï (Bras ouverts), destiné à convaincre les terroristes de réintégrer la société civile. Il a permis de rallier quelque 181 000 membres du Viêt-Cong aux forces gouvernementales du Sud entre 1963 et 1975. Il s'agissait là non seulement de retirer des combattants à l'adversaire, mais aussi d'utiliser ces défections pour démontrer les faiblesses des organisations communistes. Les transfuges étaient ensuite – au moins une partie d'entre eux – intégrés dans des unités de contre-guérilla sud-vietnamiennes[868].

L'Algérie a aussi offert une amnistie aux combattants islamistes dans le cadre de la lutte contre le terrorisme, à la fin des années 1990. Le 13 juillet 1999, elle

---

863. « Jean-Yves Le Drian répond aux accusations de Bachar al-Assad », AFP/YouTube, 19 décembre 2017.

864. Daniel Iriarte, «Islamistas libios se desplazan a Siria para "ayudar" a la revolución», ABC.es, 17 décembre 2011 ; Jomana Karadsheh, "Libya rebels move onto Syrian battlefield", CNN, 18 juillet 2012.

865. Aron Lund, "Jaish al-Sham: An Ahrar al-Sham Offshoot or Something More?", Carnegie Middle East Center, 16 octobre 2015.

866. Juan Cole, "Is Kerry Right? Are Freemen of Syria and Army of Islam Radical Terrorists?", Informed Comment, 13 juillet 2016.

867. "U.S., Britain, France block Russia bid to blacklist Syria rebels", Reuters, 11 mai 2016.

868. The Chieu Hoi Program in South Vietnam, 1963-1971, R-1172-ARPA, RAND Corporation, janvier 1973 (déclassifié le 7 novembre 2005).

a adopté la loi sur la concorde civile, approuvée par référendum le 16 septembre 1999 (98,6 % de « oui » !)[869] qui permet la réintégration dans la société des personnes impliquées ou ayant été impliquées dans des actes de terrorisme ou de subversion, « prévenues, détenues ou non détenues » à la date de la promulgation de la loi et jusqu'au 13 janvier 2000. Elle définit plusieurs catégories de personnes :

• celles qui ont fait partie d'organisations armées, mais qui n'ont pas commis d'actes ayant entraîné mort, infirmité permanente, viol ainsi que celles qui n'ont pas utilisé d'explosifs dans les lieux publics : ces personnes seront amnistiées et les poursuites pénales à leur encontre annulées. Subsiste la responsabilité civile et pour faciliter l'indemnisation des victimes, la loi prévoit la subrogation de l'État pour verser les dommages et intérêts, ce dernier pouvant se retourner contre l'auteur du dommage ;

• les combattants qui ont fait partie d'organisations armées sans les avoir commandées : s'ils n'ont pas commis de massacres collectifs, d'attentats à l'explosif sur des lieux publics, s'ils se sont rendus dans les 3 mois de la promulgation du texte et s'ils ont été admis par les autorités à participer à la lutte contre le terrorisme, ils seront soumis à une période probatoire de trois à dix ans au cours de laquelle les poursuites judiciaires seront gelées. Cette mise sous contrôle pourra être annulée en particulier en cas de déclarations mensongères. Dans le cas contraire, à la fin de la période probatoire, les « terroristes repentis » passeront en justice et leur peine ne devra pas excéder 5 ans de prison. Des comités de probation ont été institués dans chaque préfecture ;

• les responsables des groupes armés et ceux qui les ont créés : sous réserve qu'ils n'aient pas commis de massacres collectifs ou d'attentats à l'explosif, leur peine sera ramenée à 12 ans d'incarcération au maximum (au lieu de la peine capitale ou la réclusion criminelle à perpétuité).

Cette loi a permis d'amnistier quelque 1 700 islamistes et à certains mouvements de déposer les armes. Par ailleurs, elle a été complétée par un décret du président Bouteflika du 10 janvier 2000, accordant *une grâce amnistiante* aux *« personnes ayant appartenu à des organisations qui ont volontairement et spontanément décidé de mettre fin aux actes de violence et se sont mises à l'entière disposition de l'État »*, qui a permis la dissolution de l'Armée islamique du salut (AIS).

En Israël, les amnisties sont systématiquement suivies par une reprise des implantations dans les territoires occupés, et ne sont bien souvent qu'une incitation au terrorisme.

---

869. « La loi sur la "concorde civile" du président algérien plébiscitée avec 98,6% de "oui" », *Le Monde*, 17 septembre 1999.

3.4.5.5. *Le rôle des forces d'opérations spéciales*

3.4.5.5.1. La guerre de chasse

Sur le plan opérationnel, la « guerre de chasse » est l'une des méthodes pour traquer les groupes terroristes afin d'empêcher leur implantation dans un secteur déterminé. Elle a été utilisée en Algérie entre 1958 et 1962 par le général Challe, avec les « commandos de chasse » ou « harkas ».

En Afghanistan, les forces d'opérations spéciales engagées dans l'opération ENDURING FREEDOM appliquent la méthode de la guerre de chasse. Toutefois, l'action a été conçue comme une opération « antiterroriste » et non « contre-terroriste », on a donc négligé de construire une base de soutien populaire et l'on s'est engagé directement dans une véritable chasse. Le résultat reste maigre. Les forces spéciales opérant au sud-est de l'Afghanistan ne bénéficient pas de la pleine coopération des populations locales, qui se font volontiers soudoyer pour fournir des informations, mais qui renseignent aussi les groupes islamistes. La méthode de la guerre de chasse doit être soigneusement maîtrisée.

3.4.5.5.2. Les milices d'auto-défense

La formation de milices d'auto-défense est également l'une des missions des forces spéciales américaines. Un sergent des forces spéciales américaines est capable de former une force locale de la taille d'un bataillon. Au Vietnam, des milices villageoises avaient été constituées afin d'empêcher l'implantation du Viêt-Cong dans plusieurs régions du pays, le long des frontières laotienne et cambodgienne. L'une des tâches principales du 5ᵉ Groupe de forces spéciales (5ᵗʰ SFG) américain était la formation et la conduite des *Civilian Irregular Defense Groups (CIDG)* et des *Mobile guerrilla forces* (rebaptisées plus tard *Mobile strike forces – MSF)*. Le 5ᵗʰ SFG a conduit des forces locales totalisant jusqu'à 45 000 hommes particulièrement efficaces pour limiter l'implantation du Viêt-Cong dans les zones rurales.

3.4.6. Les négociations et concessions

L'idée de négocier ou de trouver des solutions de compromis avec des terroristes est généralement considérée comme un tabou, essentiellement parce que l'on considère qu'ils exercent une forme de chantage en tentant « d'échanger » leur violence contre la réalisation de leurs revendications. C'est juste, mais ça n'est valable qu'à partir du moment où ils ont décidé d'embrasser le terrorisme : avant qu'ils s'engagent sur cette voie, la négociation est possible. Il faut donc nuancer. L'expérience de la guerre en Afghanistan et en Irak montre les limites des solutions visant à éradiquer le terrorisme par la force seule.

Le dialogue et la négociation doivent donc entrer dans la panoplie des instruments de lutte disponibles. Les négociations avec l'*Organisation de libération de la Palestine* (OLP) de Yasser Arafat, l'*Armée républicaine irlandaise* (IRA) et les *Forces armées révolutionnaires de Colombie* (FARC) sont autant d'exemples montrant que la question peut être abordée de manière pragmatique.

C'est ici que l'identification du type de terrorisme et sa finalité sont essentielles. Par exemple, avec un terrorisme de droit commun, qui use de la violence pour obtenir des avantages directs, la négociation est impossible, car céder aux exigences de la violence pourrait conduire au chaos.

Dans d'autres cas, cependant, les terroristes ne sont pas toujours demandeurs d'un processus de paix. Il peut en être ainsi avec les processus révolutionnaires marxistes, où le terrorisme sert à incrémenter un processus de violence avec un effet mobilisateur, des négociations pourraient nuire alors à l'ensemble de la démarche. Il est également important ici de bien comprendre le mécanisme de désescalade. La disparition de certains mouvements terroristes marxistes n'a été due qu'à l'effondrement du communisme à la fin de la guerre froide et n'a été que, dans de très rares cas, le fruit d'une action gouvernementale.

Ceux qui utilisent le terrorisme pour contraindre une puissance occupante à quitter leur pays («Al-Qaïda», l'État islamique, les Taliban, etc.) ne seront pas non plus enclins à s'engager dans un processus de négociation, car l'objectif ne peut être atteint que par le départ de l'occupant. Ainsi, en Afghanistan en 2019-2020, les négociations n'ont pas porté sur des problèmes de fond, mais seulement sur les modalités du départ des Américains. Lors de la Seconde Guerre mondiale, aucun groupe de la Résistance n'aurait alors songé à négocier avec l'occupant allemand.

Le principe est qu'on ne peut négocier sous la pression d'attentats. En revanche, lorsqu'une partie à un conflit cherche à s'extraire d'un mécanisme de violence et est prête à négocier sans user de pressions ou de menaces, une ouverture devrait être possible. On se situe alors dans une approche de prévention de la violence.

Un exemple, vécu directement par l'auteur[870], est la tentative de reddition de la *Lord's Resistance Army* (LRA), une structure terroriste chrétienne qui sévissait au nord de l'Ouganda et du Congo et au sud du Soudan. Combattue dans ces trois pays, ses dirigeants décident de négocier une reddition en 2005 et adressent trois messages dans ce sens à la *Mission des Nations unies au Soudan* (MINUS). Un contact est alors établi avec ses dirigeants, qui sont prêts à rendre les armes à condition d'être jugés selon les lois de la tribu Acholi, dont ils proviennent. Mais, simultanément, en octobre 2005, la *Cour pénale internationale* (CPI) émet un mandat d'arrêt international contre les cinq principaux dirigeants du groupe et se montre intraitable sur d'éventuelles négociations, mettant ainsi un terme

---

870. L'auteur est alors chef du Joint Mission Analysis Centre (JMAC), le service de renseignement de la Mission des Nations unies au Soudan (2005-2006).

au dialogue. On est alors dans un affrontement entre la justice internationale « blanche » et la justice traditionnelle. Finalement, aucun accord n'est trouvé et la LRA continue à écumer la zone frontalière du Sud-Soudan jusqu'à la République centrafricaine causant des centaines de morts…

L'idée de transiger et d'offrir des concessions en vue de calmer une opinion publique, de réduire la prise aux griefs et ainsi « couper l'herbe sous le pied » de la violence est une stratégie possible. Mais ses conséquences peuvent être imprévisibles et ne conduisent pas toujours vers une solution pacifique. Déjà en 1905, le gouvernement russe avait amnistié des agitateurs bolcheviques (dont Lénine, qui se réfugiera en Suisse) pour calmer les premières révoltes, annonciatrices de la révolution de 1917. Plus récemment, entre 2008 et 2011, les gouvernements tunisien, égyptien, libyen et syrien ont adopté des mesures similaires en espérant ainsi couper court au mécontentement populaire. Contrairement à ce que prétendent le gouvernement français ou certains journalistes, Bachar al-Assad n'a pas relâché des islamistes en vue d'envenimer la situation en Syrie (!), mais au contraire pour tenter de désamorcer une situation.

De prime abord, cette stratégie de « déconflictualisation » peut apparaître négative, car dans de nombreux pays, la volonté de calmer le mécontentement populaire en transigeant avec les extrémistes n'a pas affaibli le processus insurrectionnel, bien au contraire. Mais, on touche ici le domaine des *fake news*, car en deuxième analyse, on constate que ces échecs sont surtout dus aux Occidentaux qui, dans un premier temps ont récupéré les extrémistes libérés et les ont armés puis, dans un deuxième temps, ont exploité ce retournement dans les médias[871] afin d'accuser les gouvernements libyen et syrien d'avoir voulu mettre de l'huile sur le feu en amnistiant des prisonniers islamistes au début des émeutes populaires. Le procédé n'est pas nouveau, puisque l'Allemagne l'avait déjà utilisé en 1917, en rapatriant Lénine vers la Russie et en finançant la révolution bolchevique, afin de forcer la Russie à relâcher sa pression sur le front de l'Est. En 2011, la France et la Grande-Bretagne s'associeront au *Groupe islamique de combat libyen* (GICL), alors listé comme mouvement terroriste, pour renverser Kadhafi. Le même scénario se reproduira en Syrie, avec l'Armée syrienne libre (considérée comme « modérée » et proche des Frères musulmans) dont les combattants iront grossir les rangs de l'EI.

La négociation dans le cadre d'une stratégie contre-terroriste a pour objectif de réduire les velléités du mouvement terroriste à trouver des solutions dans l'action violente. Cette négociation, qui porte sur les objectifs stratégiques du mouvement, n'est cependant possible qu'avec un certain type de terrorisme. Le

---

871. Voir Léo Roynette, « Dès 2011, Bachar el-Assad a attisé le djihad en Syrie », slate.fr, 18 mars 2016 ; Armin Arefi, « Syrie : comment Bachar el-Assad a utilisé l'État islamique », lepoint.fr, 28 août 2014.

terrorisme politique ou le terrorisme de guérilla, qui s'engage en fonction d'un processus révolutionnaire précis, offre généralement plus de possibilités de négociation. Le terrorisme marginal et celui de droit commun sont des terrorismes qui peuvent généralement être combattus en dehors de solutions politiques.

En Colombie, le *Mouvement du 19 avril (M-19)* a été légalisé sous la forme d'un parti politique le 20 novembre 1983, qui conduit à la signature d'un accord de paix en juillet 1984 avec le gouvernement Betancour. Le mouvement ne s'est pas éteint d'un seul coup, mais son influence et ses capacités militaires ont rapidement baissé. Malgré un coup d'éclat avec la prise du palais de justice de Bogota, en novembre 1985, et un dernier sursaut avec l'enlèvement d'Alvaro Gómez Hurtado[872], en mai 1988, le M-19 a abandonné la lutte armée.

3.5. L'antiterrorisme – L'action préemptive et réactive

La tactique sans stratégie n'est que du bruit avant la défaite.
(Sun Tsu)

Le terrorisme, comme son nom le suggère, cherche son effet à travers les émotions, et l'Occident y a répondu de manière émotionnelle et irrationnelle. L'absence totale d'analyse du phénomène terroriste a conduit l'Occident à se retrancher derrière des murailles sécuritaires.

L'antiterrorisme est complémentaire du contre-terrorisme, et intervient après l'échec de ce dernier, et concerne toutes les mesures prises pour contrer les terroristes *en aval* de leur décision et les empêcher de mettre en œuvre leur projet. L'absence de mesures contre-terroristes *en amont* signifie que l'on a laissé l'initiative aux terroristes.

L'antiterrorisme se subdivise en deux volets, qui font tous deux l'objet d'un travail de renseignement totalement différent : l'action préemptive et la réaction. Les deux ont en commun qu'elles se déroulent *après* la décision des terroristes de commettre un attentat. En clair, cela signifie que dans ces deux volets, les terroristes ont l'initiative.

L'antiterrorisme comprend un certain nombre de mesures techniques et juridiques, que nous ne détaillerons pas dans cet ouvrage, destinées à protéger les individus et la société contre des attaques, comme :

• un dispositif juridique permettant de poursuivre, juger et condamner des terroristes ;

---

872. Candidat à l'élection présidentielle et chef du Parti conservateur, libéré deux mois plus tard contre une rencontre entre le gouvernement et le M-19 à la nonciature de Bogota, qui conduira à un accord de paix définitif.

• les mesures de protection et de sécurité matérielle (création de périmètres de sécurité, mesures anti-intrusions, renforcement des points vulnérables, etc.) ;

• les mesures de protection personnelle (adaptation des comportements, personnel de protection rapprochée des personnalités, etc.) ;

• les dispositifs de détection et d'alerte (détection des explosifs, des armes, etc.) ;

• les mécanismes et moyens d'intervention (contre des intrus, des preneurs d'otages, etc.).

Pour être efficaces, les mesures antiterroristes doivent s'intégrer dans un plan d'ensemble et être en cohérence avec les mesures contre-terroristes. Par exemple, la « barrière de sécurité » érigée par Israël autour de la Cisjordanie a certainement amélioré la sécurité sur le plan tactique, mais elle a simultanément renforcé le sentiment des Palestiniens de voir leurs terres « grignotées », ce qui est à l'origine même de leur combat et alimente le soutien aux mouvements palestiniens radicaux.

3.5.1. Le rôle du renseignement

Le rôle du renseignement dans un contexte antiterroriste est essentiellement de nature tactique. Le risque, dans une ambiance de terrorisme individuel, est d'accroître profondément la surveillance de l'État dans l'ensemble de la société.

3.5.1.1. L'usage de la torture

Assez curieusement, qu'on le veuille ou non, les Américains comprennent leur sécurité à l'aune des films et séries télévisées et sont obsédés par l'idée d'une bombe qui serait enclenchée et que seuls les aveux du terroriste permettraient de désamorcer avant qu'elle n'explose.

Aux États-Unis, en plus de la peur, est né un sentiment de revanche quasi animal, qui s'est traduit principalement par l'intervention en Afghanistan et en Irak, mais aussi par des démonstrations de force aux effets sécuritaires souvent contre-productifs. Il en est ainsi de la torture largement utilisée par l'armée et la CIA américaines, mais que pourtant leurs propres manuels déconseillent :

> *[…] le recours à la force est une technique médiocre, car elle donne des résultats peu fiables, peut porter préjudice aux efforts de collecte ultérieurs et peut inciter la source à dire tout ce qu'elle pense que l'interrogateur veut entendre.*[873]

Pourtant, le 7 février 2002, Georges W. Bush signe un ordre exécutif qui dégage les États-Unis de leurs obligations internationales en vertu des Conventions de Genève :

---

873. *FM 34-52 - Intelligence Interrogation*, Department of the Army, mai 1987, p. 1.

Le même jour, il décide la mise en place du système des prisons secrètes de la CIA, dont la première sera opérationnelle dès mars 2002 en Thaïlande[876]. Il s'agissait de prisons dans lesquelles la CIA sous-traitait les activités de torture qu'elle ne pouvait pratiquer sur le territoire américain. Relevons ici que le PATRIOT Act autorise l'utilisation d'aveux obtenus sous la torture si ceux-ci sont obtenus à l'étranger. Ainsi, plusieurs pays européens contribueront au programme américain en laissant le libre passage aux avions de la CIA qui convoyaient les prisonniers, et d'autres – forts de leur expérience de l'époque communiste, comme la Pologne et la Roumanie – ont pratiqué la torture pour plaire, cette fois-ci, aux Américains.

Il existe deux formes fondamentales de torture : la torture à caractère punitif et la torture destinée à obtenir une information ou une action du supplicié. D'une manière générale et, quel que soit son objectif, on constate que la torture est le plus souvent menée par des individus pervers et fréquemment dérangés mentalement.

La première n'a aucun rapport avec le renseignement. Elle est fréquemment rencontrée en Amérique latine et en Afrique, où elle est un moyen d'humilier le « vaincu » par des traitements dégradants (souvent à connotation sexuelle) et

---

874. Il faut noter ici que les Taliban afghans n'ont jamais été considérés comme une organisation terroriste par la Maison Blanche ni par le Département d'État (voir http://www.state.gov/j/ct/rls/other/des/123085.htm), même si le Département du Trésor les considère comme un groupe qui mérite les mêmes sanctions qu'un groupe terroriste.
875. Mémorandum du 7 février 2002, qui sera réaffirmé dans l'Ordre Exécutif 13440 du 20 juillet 2007. Voir le document original : https://www.gpo.gov/fdsys/pkg/FR-2007-07-24/pdf/07-3656.pdf.
876. John Barry, Michael Hirsh & Michael Isikoff, "The Roots of Torture", *Newsweek*, 24 mai 2004.

prend souvent la forme d'un tragique et stupide jeu sadique. En plus de son caractère vengeur, elle revendique une vocation dissuasive.

La seconde peut avoir des objectifs divers, parmi lesquels la collecte d'informations. Elle est appliquée de manière « plus froide » et elle est généralement orientée vers un résultat opérationnel et non sur l'assouvissement de fantasmes personnels.

Pour l'obtention de renseignements, il y a deux principales méthodes de torture, qui peuvent évidemment être combinées :

• Les méthodes coercitives (usage de la douleur physique) ;

• les méthodes de privation sensorielle (torture psychique), développées aux États-Unis et en Grande-Bretagne dans les années 1960, et utilisées en Irlande du Nord par l'armée britannique. Issues de la recherche en matière de psychologie et de science du comportement, ces techniques d'interrogation sont basées sur la désorientation du prisonnier en manipulant ses perceptions sensorielles, et sont très efficaces. Ces méthodes n'utilisent pas de violence physique, mais des variations de sons et de lumière pour déstabiliser et désorienter le détenu, et le rendre plus coopératif.

L'examen des tortures infligées aux prisonniers afghans et arabes détenus par les Américains montre non seulement que les techniques utilisées étaient plus primitives et moins efficaces que celles des Britanniques en Irlande du Nord quarante ans plus tôt, mais également que leur manière d'utiliser la torture avait un caractère punitif et de revanche personnelle. Ceci est confirmé par la commission d'enquête du Sénat américain sur le programme d'interrogation et de détention, qui constatait que la torture avait même été pratiquée dans des cas où l'on savait qu'elle était inutile !

Les actes révélés par la presse, en avril 2004, sur les traitements infligés par les forces armées américaines aux prisonniers irakiens dans la prison d'Abou Ghraïb à Bagdad, avaient – en réalité – pour objectif de « préparer » les prisonniers à des interrogatoires non coercitifs. Toutefois, dans l'esprit et dans la manière de faire, ils s'apparentent davantage aux tortures « sadiques » telles qu'elles sont pratiquées dans le tiers-monde et qui cherchent à avilir l'ennemi. Le rapport SECRET établi par le major général Antonio M. Taguba, et publié en mai 2004, indique clairement :

> *[…] (S) qu'entre octobre et décembre 2003, dans l'Établissement d'Isolement d'Abou Ghraïb, de nombreux incidents impliquant des sévices sadiques, flagrants et gratuits infligés sur plusieurs détenus. Ces maltraitances systémiques et illégales des détenus ont été perpétrées intentionnellement par plusieurs membres des surveillants de la Police Militaire […].*[877]

---

877. *AR 15-6 Investigation of the 800th Military Police Brigade*, Investigating Officer MG ANTONIO M. TAGUBA, Deputy Commanding General Support, Coalition Forces Land Component Command, DODD0A-000248, 27.05.2004. (NDA : le (S) signifie que le paragraphe est secret).

En Irak, la non-application des Conventions de Genève aux prisonniers et le lien établi entre l'intervention et la lutte contre le terrorisme ont *de facto* généré une «légitimité» pour des pratiques contraires au droit international et aux valeurs défendues par l'Occident. En 2015, l'État islamique invoquera aussi le non-respect du droit international par la France pour justifier ses actes terroristes.

Le 7 mai 2004, la décapitation de Nicholas Berg en Irak a profondément choqué l'opinion publique occidentale. Mais peu a été dit sur les raisons d'une telle barbarie : publiée sur un website islamiste le 11 mai 2004, son exécution était une réponse aux pratiques américaines, comme l'explique un des terroristes :

> *Pour les mères et femmes des militaires américains, sachez que nous avons demandé à l'administration américaine d'échanger ces otages avec des détenus à Abou Ghraïb et ils ont refusé. Ainsi, la dignité des hommes et des femmes musulmans d'Abou Ghraïb ne sera restaurée que par le sang [...] Al-Qaïda a-t-elle besoin d'autres excuses ? Et comment un musulman libre peut-il dormir confortablement en voyant l'Islam être massacré et sa dignité bafouée ?*[878]

Amy Goodman, interrogateur américain qui a mené quelque 300 interrogatoires en Irak en 2006, écrivait deux ans plus tard :

> *Il n'est pas exagéré de dire qu'au moins la moitié de nos pertes et de nos blessés [en Irak] ont été le fait de [combattants] étrangers qui ont rejoint la lutte à cause de notre politique de traitement des prisonniers. Le nombre de soldats US qui sont morts à cause de notre politique de torture ne sera jamais définitivement connu, mais il est raisonnable de dire que ce nombre avoisine le nombre de vies perdues le 11 septembre 2001. Comment peut-on prétendre que l'usage de la torture permet de protéger les Américains – sauf si l'on ne considère pas les soldats américains comme Américains ?*[879]

Ainsi, les techniques de torture utilisées par l'armée américaine, visant à humilier les prisonniers, n'ont fait que déshonorer l'ensemble des forces américaines et la mémoire de ceux qui se sont loyalement battus, stimuler l'activité terroriste et – pour les djihadistes – donner une légitimité au terrorisme ! D'une manière plus large, les violations du droit international par les Occidentaux minent leur discours sur la défense de valeurs et du droit. Cela illustre non seulement un

---

878. Déclaration de l'un des terroristes sur la vidéo de la décapitation de Nicolas Berg (*Iraq Occupation Watch Center*, San Francisco, Californie).
879. Mattew Alexander (pseudonyme d'Amy Goodman), "I'm Still Tortured by What I Saw in Iraq", *Washington Post*, 30 novembre 2008.

manque de vision stratégique, mais dénote l'incapacité de s'attaquer au terrorisme dans un large spectre.

En Belgique, Fayçal Cheffou, qui avait été soupçonné – à tort – d'appartenir au groupe responsable des attentats du 22 mars 2016, a subi des tortures qui avaient les mêmes caractéristiques que les détenus d'Abou Ghraïb. Selon son témoignage, elles n'avaient pas pour objet de recueillir du renseignement, mais n'avaient qu'un caractère punitif (privations de sommeil, insultes, etc.). Comme dans le cas irakien, le problème est l'imbécillité des gardiens, peu professionnels, qui s'arrogent le droit de punir, ce qui est contraire aux principes de l'État de droit. De plus, dans un contexte de terrorisme asymétrique, les traitements abusifs devraient être poursuivis comme un encouragement au terrorisme.

Dans ce type de conflit, où la notion même de victoire est différente de part et d'autre, les logiques traditionnelles de la guerre ne sont plus applicables. Nous sommes au cœur même de la définition de la guerre asymétrique : le « succès » d'une partie alimente le succès de la partie adverse. Dans un tel contexte, les tortionnaires américains, belges et autres n'ont fait qu'aider les terroristes en leur offrant des justifications pour commettre de nouveaux attentats. Dans ce type de conflits, les « dommages collatéraux », les erreurs de communication et les injustices alimentent le centre de gravité de l'adversaire et transforment le « patriote » en un complice objectif de l'adversaire ! En fait, ces tortionnaires auraient dû être jugés comme des traîtres à leur propre pays…

Paradoxe ultime, Bradley E. Manning, le soldat qui a dévoilé certains de ces crimes – en enfreignant certes les règles de la confidentialité – a été plus sévèrement puni que les criminels eux-mêmes d'une peine de 35 ans en prison de haute sécurité. Parmi les 700 000 documents transmis par Manning et dévoilés par Wikileaks se trouve le film[880] du meurtre de deux journalistes de l'agence Reuters par l'équipage d'un hélicoptère AH-64 Apache… qui n'ont jamais été inculpés[881]. L'officier responsable de la prison d'Abu Ghraïb, la générale de brigade Janis Karpinski, a « simplement » été relevée de son commandement (pour une autre raison que son rôle dans la torture) et rétrogradée au rang de colonel.

Le 9 décembre 2014, un document de 500 pages sur le *Programme de détention et d'interrogation* de la CIA est publié par le Congrès américain[882]. Il résume plus de 6 000 pages d'un rapport classifié, lui-même basé sur l'examen de 6,3 millions de pages de documents produits sur ce programme par la CIA.

---

880. https://www.youtube.com/watch?v=5rXPrfnU3G0 (vu plus de 15 millions de fois au 20 février 2016).

881. "Bradley Manning: a sentence both unjust and unfair", *The Guardian*, 21 août 2013.

882. *Committee Study of the Central Intelligence Agency's Detention and Interrogation Program*, Senate Select Committee on Intelligence, 3 décembre 2014, téléchargeable sur http://fas.org/irp/congress/2014_rpt/ssci-rdi.pdf.

La sénatrice Dianne Feinstein, rapporteur de la commission d'enquête, qualifie le programme de torture de la CIA de « *tache sur les valeurs et l'Histoire [des États-Unis]* » et constate qu'il n'a produit aucune information qui n'aurait pu être obtenue par d'autres moyens et de nature à améliorer la sécurité nationale. Elle rappelle, qu'en 1990, le Sénat des États-Unis a ratifié la Convention internationale sur la torture, qui précise :

> *Aucune circonstance exceptionnelle, quelle qu'elle soit, qu'il s'agisse de l'état de guerre ou de menace de guerre, d'instabilité politique intérieure ou de tout autre état d'exception, ne peut être invoquée pour justifier la torture.*[883]

Le programme a été conçu par deux « experts » qui, en réalité, n'avaient aucune expérience dans les techniques d'interrogatoire. Non seulement ils étaient chargés de concevoir et d'évaluer les résultats du programme, mais ils ont également participé aux interrogations elles-mêmes, ce qui constituait un évident conflit d'intérêts. Au total, ces deux experts ont reçu de la CIA la somme de 80 millions de dollars ! Non seulement les techniques préconisées par ces « experts » étaient des impostures au regard des résultats obtenus, mais elles étaient empreintes de perversités sexuelles semblables à ce qui avait été observé à Abu Ghraïb. Par une ironie de l'Histoire, pour concevoir ce programme, ils se sont basés sur les techniques mises au point dans les années 1960, afin de contrer les interrogatoires menés par des pays ne respectant pas les Conventions de Genève et ont opéré par ingénierie inversée[884].

Malgré les affirmations initiales selon lesquelles le programme d'interrogation aurait été efficace pour obtenir des informations ou pour pousser les détenus à plus de coopération, le rapport de la commission d'enquête du Sénat a établi que le programme dans son ensemble a été contre-productif et n'a pas permis de sauver une seule vie humaine. Aucun des divers succès revendiqués par la CIA pour justifier son programme de torture n'a pu être confirmé par la commission :

• parce que l'information conduisant à une arrestation ou à la neutralisation avait été acquise séparément de l'interrogation ;

• parce que l'information obtenue de la part de l'interrogé n'avait joué aucun rôle dans l'arrestation ou la neutralisation de terroristes ;

• parce que le complot terroriste en question n'existait pas ou ne constituait aucune menace pour des Américains ou des intérêts américains.

---

883. Art 2, al. 2, « Convention contre la torture et autres peines ou traitements cruels, inhumains ou dégradants », adoptée et ouverte à la signature, à la ratification et à l'adhésion par l'Assemblée générale des Nations unies le 10 décembre 1984, entrée en vigueur le 26 juin 1987, http://www.ohchr.org/FR/ProfessionalInterest/Pages/CAT.aspx.
884. Philip Ross, "Who Are Jim Mitchell And Bruce Jessen? CIA Torture Psychologists Were Experts In Communist Chinese Interrogation", *International Business Time*, 10 décembre 2014.

La commission n'a pas trouvé un seul exemple où l'usage de la torture aurait permis de prévenir un complot terroriste en cours (« *ticking time bomb* ») ou un danger imminent. La plupart du temps, l'usage de la torture a conduit à des informations fabriquées de toutes pièces. Ainsi, Ibn al-Shaykh al-Libi, ancien chef d'un camp d'entraînement en Afghanistan et soupçonné d'appartenir à Al-Qaïda, aurait été « interrogé » par des spécialistes de la CIA et du FBI. Il a révélé les préparations d'attentats contre l'ambassade américaine au Yémen et contre le quartier général de la 5ᵉ Flotte à Bahreïn, qui n'ont jamais pu être démontrées[885] ; il a également « avoué » les liens existant entre l'Irak et « Al-Qaïda »[886], information fausse, comme nous l'avons vu. On pourrait mentionner Zaïn al-Abidin Muhammad Husaïn (alias Abou Zoubeïda), capturé lors d'un raid conjoint américano-pakistanais le 28 mars 2002, qui a fait l'objet d'interrogations coercitives et dont les « confessions » restent très discutables : « Il parle, mais le problème est de trier ce qui est vrai et ce qui ne l'est pas, ce qui est la réalité et ce qui est de la fanfaronnade. »[887] Cité par Georges Bush dans une interview comme un exemple de succès de sa politique de torture, Abou Zoubeïda a également « avoué » une tentative d'attentat à la « bombe nucléaire sale » à Washington, qui n'a jamais eu lieu[888].

Un des problèmes pointés par la commission sénatoriale est que la CIA a agi sur la base de fausses informations obtenues sous la torture, affectant ainsi des ressources précieuses pour des actions inutiles. Accessoirement, il a été noté que les doutes exprimés par certains analystes sur la validité et la véracité des informations acquises ont été presque systématiquement mis de côté.

Afin de ne pas encourir les foudres du domaine politique, la CIA a caché l'étendue de son programme au président Georges Bush jusqu'en avril 2006. De même, Colin Powell, alors secrétaire d'État, n'en a pas été informé, car la CIA craignait qu'il « *pète un plomb* »[889]. Même l'inspecteur général de la CIA n'avait pas été mis au courant des méthodes utilisées par la CIA. Plus grave, l'Agence savait que les informations recueillies au moyen de la torture étaient de mauvaise qualité et le plus souvent fausses. Le rapport de la commission d'enquête relève que l'Agence n'avait pas même remis en question les méthodes pratiquées, malgré les mauvaises expériences effectuées. Les détenus étaient le plus souvent interrogés sans supervision par des agents de la CIA qui n'avaient reçu aucune formation aux techniques d'interrogatoire et qui utilisaient des méthodes qui n'étaient pas dans le catalogue officiel du programme d'interrogatoire !

---

885. Associated Press, 24 avril 2002.
886. Richard Norton-Taylor, "Waterboarding is no basis for truth", *The Guardian*, 9 novembre 2010.
887. Interview de l'un des interrogateurs, Associated Press, 24 avril 2002.
888. Richard Norton-Taylor, *op. cit.*
889. Courriel du 31 juillet 2003 de John Rizzo, cité par Mme Feinstein devant le Congrès le 9 décembre 2014.

Comme dans le cas d'Abou Ghraïb, les individus recrutés pour faire parler les prisonniers avaient souvent une histoire personnelle qui aurait automatiquement dû les écarter d'un tel engagement.

Ainsi, le 11 août 2004, la Cour d'appel britannique – la plus haute instance de justice du royaume, juste avant la Chambre des lords – a déclaré recevables en justice les informations obtenues sous la torture pour des procès dans le cadre de la lutte contre le terrorisme, à condition que des agents britanniques n'y aient pas pris part[890]. L'US PATRIOT Act[891] américain autorise également les tribunaux à utiliser des informations qui auraient été recueillies selon des méthodes prohibées aux États-Unis. Bien qu'ici le législateur ait eu à l'esprit l'espionnage (autorisé pour recueillir des informations à l'étranger, mais interdit dans les procédures pénales américaines), il ouvrait la porte à la recevabilité d'informations obtenues de manière contraire au droit humanitaire international (droit de la guerre).

Cela explique sans doute également le fait que des islamistes soupçonnés de terrorisme s'attribuent la paternité d'un nombre incalculable – et souvent bien peu réaliste – d'attentats. Cela a été notamment le cas dans les affaires de Khalid Sheikh Mohammed (« KSM »), de Zacarias Moussaoui et de José Padilla aux États-Unis. KSM a subi 183 fois le supplice du « *waterboarding* »[892], a « avoué » sa participation à plus de 30 attentats terroristes dans le monde (y compris le 11 septembre 2001, les chaussures-bombes de Reid, l'attentat de Bali et bien d'autres). Il a constitué l'une des principales « sources » de la CIA en abreuvant ses tortionnaires des réponses qu'ils voulaient entendre... toutes fausses[893] ! Ses confessions pour la participation à une multitude d'attentats étaient telles, qu'il a été surnommé le « *One-Stop Shopping Terrorist Super Store* »[894].

La gestion et la conduite du programme d'interrogatoire de la CIA ont été quasi inexistantes. L'usage de techniques non approuvées, par des interrogateurs qui n'étaient pas formés pour cette tâche, était monnaie courante. La CIA est même allée jusqu'à torturer ses propres informateurs... par erreur !

Ainsi, d'un strict point de vue du renseignement – et en faisant abstraction des questions morales et humanitaires – le fait d'accepter des informations provenant d'interrogatoires coercitifs, et sans exactement savoir dans quelles conditions ces informations ont été obtenues, ouvre la porte à l'intoxication et à la désinformation. Sur un plan plus stratégique, le centre de gravité de

---

890. Audrey Gillan, "Judges in row over torture ruling", *The Guardian*, 12 août 2004.
891. Son nom complet est "Uniting and Strengthening America by Providing Appropriate Tools Required to Intercept and Obstruct Terrorism Act of 2001" (Loi de 2001 pour unir et renforcer l'Amérique en fournissant les outils adaptés nécessaires pour intercepter et empêcher le terrorisme).
892. Souvent traduit par « simulation de noyade », le *waterboarding* correspond au supplice de la « baignoire » jadis utilisé par la Gestapo.
893. Dexter Filkins, "Khalid Sheikh Mohammed and the C.I.A.", *The New Yorker*, 31 décembre 2014.
894. http://mayday.blogsome.com/2007/03/19/khalid-sheikh-mohammed-the-wally-world-of-wickedness/

mouvements terroristes – et particulièrement les mouvements islamistes – est très souvent lié à la légitimité de l'action. L'État ou l'autorité qui fait face à une situation terroriste doit en tenir compte et éviter de permettre à l'adversaire de légitimer sa violence. Le respect de la justice et du droit devient ainsi un impératif stratégique, alors que son non-respect ne peut au mieux qu'apporter des bénéfices tactiques.

La publication du rapport de la commission sénatoriale a été critiquée, sous prétexte qu'elle pourrait provoquer des réactions violentes à travers le monde, comme l'évoque Mike Rogers, président de la commission du renseignement de la Chambre des représentants :

> *Bien qu'il soit totalement approprié pour les commissions du Congrès sur le renseignement de conduire une évaluation rigoureuse de programmes classifiés, je crains que la publication de détails de ce programme classifié – qui était légal, autorisé et dûment présenté aux commissions du renseignement – ne fera qu'enflammer nos ennemis, risquer la vie de ceux qui se sacrifient pour nous, et affaiblir l'organisation même à qui nous demandons d'accomplir les tâches les plus dures dans les endroits les plus difficiles.*[895]

Le souci est légitime, mais on retourne le problème, car le souci ne vient pas du rapport lui-même, mais d'activités à la fois mal conçues, mal gérées, mal conduites et inefficaces, menées au mépris des valeurs que l'on défend. Au-delà des aspects légaux, un aspect stratégique en ressort, comme en témoigne de Dr Ayman al-Zawahiri, ancien bras droit d'Oussama ben Laden, dans une interview sur la chaîne islamiste Al-Sahab :

> *Le fait que l'Amérique a négligé ce qu'elle a signé dans les Conventions de Genève ; l'interdiction de la torture physique et psychologique de prisonniers musulmans, leur détention dans des sites clandestins en laissant leurs familles ignorantes de leur sort, les détenir indéfiniment sans accusation, tous ces crimes donnent plus de droits aux musulmans pour se dresser contre l'agression américaine et traiter l'Amérique de la même manière.*[896]

Le danger de s'écarter des valeurs que l'on défend est de légitimer, par la même occasion, les écarts commis par les autres.

L'inefficacité de la torture et son caractère contre-productif auraient dû être identifiés avant que ce programme soit engagé. Les États-Unis auraient ainsi

---

895. Spencer Ackerman, Dominic Rushe, & Julian Borger, "Senate report on CIA torture claims spy agency lied about 'ineffective' program", *The Guardian*, 9 décembre 2014.
896. "Iman Defeats Arrogance", *Inspire*, n° 12, printemps 2014, p. 11.

pu facilement éviter de se créer de nouveaux opposants, voire de renforcer leur propre légitimité (en termes stratégiques : leur centre de gravité) en épargnant l'argent du contribuable, sans perdre ni leur dignité ni leur honneur, et en retirant à l'adversaire des raisons supplémentaires pour commettre des actes terroristes, le tout sans diminuer l'efficacité globale de la lutte contre ce fléau !

Les tortionnaires américains n'étaient donc que des imbéciles, qui n'ont rien compris au contexte asymétrique, et n'ont fait qu'aider les insurgés en leur donnant des justifications pour commettre de nouveaux attentats. En fait, logiquement, ils auraient dû être jugés comme des traîtres à leur propre pays… Or ceux qui ont été condamnés l'ont été à des peines étonnamment légères, témoignant ainsi du fait que les États-Unis n'ont pas vraiment compris la nature du conflit qu'ils mènent.

3.5.1.2. *Une analyse déficitaire*
Le détournement du paquebot italien *Achille Lauro* (7 octobre 1985) illustre l'importance de l'analyse stratégique dans une situation antiterroriste.

Dès l'annonce du détournement, le renseignement est un problème : le navire ne peut pas être localisé immédiatement en raison de l'intense trafic maritime dans la Méditerranée et de la discipline radio imposée par les terroristes à l'équipage. De plus, les services américains, italiens et israéliens ont de la difficulté à identifier les auteurs de l'attentat et leurs motifs.

Par recoupements, on parvient à identifier les terroristes comme des membres du *Front de libération de la Palestine* (FLP). Le FLP est alors subdivisé en trois factions et on ne sait pas laquelle est à l'origine du détournement :

• Le *Bureau de Renseignement et de Recherche (INR)* du Département d'État avance très rapidement l'hypothèse d'une action « accidentelle », consécutive à une panique au sein du groupe terroriste. Il l'attribue à la Faction Abou al-Abbas, loyale à Yasser Arafat et opposée à l'influence de la Syrie.

• La *Central Intelligence Agency (CIA)* et la *Defense Intelligence Agency (DIA)* américaines, du fait des bonnes relations entre l'Italie, l'Égypte et l'OLP, estimaient peu probable que la Faction Abou al-Abbas soit responsable du détournement. Elles suggèrent la Faction Tal'at Ya'aqub, (basée à Damas depuis 1981), de tendance marxiste, prosyrienne et proche du FPLP et du FDLP, ou la Faction Abd el-Fatah el-Ghanem (basée à Damas depuis 1984), de tendance prosyrienne elle aussi. La CIA et la DIA estiment alors que l'action a été menée par un groupe cherchant à ruiner les efforts de rapprochement entre Arafat et la communauté internationale.

Sur le plan opérationnel, l'hypothèse de l'INR offrait des perspectives de solution de l'incident par la négociation, alors que celle de la CIA et de la DIA débouchait sur l'issue d'une négociation incertaine et une intervention armée apparaissait comme la seule option.

Sur le plan politique, l'analyse de l'INR remettait en question les relations avec Arafat, alors que celles de la CIA et de la DIA les préservaient. C'est pourquoi le *Département d'État* américain soucieux de maintenir un dialogue avec Yasser Arafat réfute l'appréciation de l'INR.

Quant au gouvernement italien de Bettino Craxi, qui cherchait à maintenir son rôle dans le processus de négociation israélo-arabe, il a tout de suite privilégié la négociation avec les terroristes, quelle que soit la faction engagée. Sur le plan du renseignement, les Italiens sont alors très faibles et dépendent presque exclusivement des capacités américaines et israéliennes[897]. Mais ils cherchent à éviter une action américaine : ils savent que les États-Unis cherchent alors à mener une opération contre le navire avant qu'il atteigne les eaux territoriales d'un pays qui pourrait s'opposer à une intervention et pour éviter que les otages puissent être dispersés sur terre et être ainsi difficiles à localiser.

Mais au fil des heures, le renseignement électronique israélien permet de confirmer l'hypothèse de l'INR. Finalement, après une brève tentative infructueuse pour négocier la libération des 413 passagers contre 50 prisonniers palestiniens, puis pour obtenir des garanties contre d'éventuelles représailles américaines, britanniques et allemandes, les terroristes se rendent aux autorités égyptiennes à Port-Saïd.

En définitive, les raisons exactes de cet acte de piraterie restent floues : il semble résulter d'une préparation insuffisante et d'une conduite désordonnée du groupe. Selon Abou al-Abbas lui-même[898], l'idée était d'utiliser le paquebot pour s'infiltrer en Israël afin d'y commettre un attentat. Mais, peu après le départ d'Alexandrie, un membre d'équipage a découvert les armes des terroristes et a déclenché l'alerte. Sous l'effet de la panique, les terroristes se sont emparés alors du navire et ont exigé la libération de 50 prisonniers palestiniens. Finalement, l'événement ne fera qu'une seule victime, Leon Klinghoffer, un Américain handicapé de religion juive, qui sera tué d'une balle puis jeté à la mer avec son fauteuil roulant. Selon les témoignages, ce meurtre semble davantage résulter de l'attitude de la victime que de sa religion.

En 1985, les Occidentaux ne sont pas les protagonistes, mais ne sont que les « otages » du conflit entre Palestiniens et Israéliens. Vingt ans plus tard, les Occidentaux sont les protagonistes directs de conflits qu'ils ont créés de manière

---

897. Fulvio Martini, *Nome in codice Ulisse*, Rizzoli, 1999, p. 116.

898. Arrêté en Italie à la suite de cet événement (par le détournement de son avion par l'US Air Force), Abou al-Abbas est relâché, faute de preuves. Le procès conduit en Italie par la suite aboutira à sa condamnation *in abstentia* à la réclusion à vie (juin 1986). Les États-Unis font pression sur l'OLP pour qu'il soit expulsé du Comité exécutif (septembre 1991). Les accords d'Oslo de 1993 l'amnistient pour l'affaire de l'*Achille Lauro*. En avril 1996, il présente ses excuses pour le meurtre de Leon Klinghoffer auprès du Conseil National Palestinien. Il se réfugie à Bagdad en 1995, où il est capturé par les forces américaines le 15 avril 2003.

illégale par des politiques maladroites. Ils ne sont pas en position de négocier avec leurs ennemis et aucun pays occidental ne peut vraiment jouer le rôle de médiateur. On craint même de traiter le problème au niveau politique pour des raisons électoralistes et de crédibilité.

Le rapport officiel de la commission du renseignement et de la sécurité britannique, dans son évaluation des causes de l'attentat du 7 juillet 2005 à Londres, se concentre sur les aspects policiers et n'évoque à aucun moment la politique étrangère du gouvernement Blair ni les mensonges – déjà connus alors – qui ont servi à justifier l'alignement britannique sur les États-Unis pour attaquer l'Irak, contribuant ainsi à l'illégitimité de cette guerre aux yeux des islamistes[899]. Parmi les milliers d'ouvrages et d'articles consacrés au terrorisme, très peu étudient la genèse des attentats, comme si chaque événement était unique, issu d'une impulsion soudaine et aléatoire de quelque cerveau dérangé. Or il n'en est rien. Le djihad est par essence une réponse et les attentats islamistes en sont des expressions opérationnelles.

Un incident permettra au gouvernement britannique de littéralement mettre en scène un complot islamiste en Grande-Bretagne et de tenter d'asseoir la crédibilité de son engagement en Afghanistan et en Irak. Il s'agit de la découverte, le 9 août 2006, d'un « complot » visant à faire exploser simultanément sept avions en vol à l'aide d'explosifs liquides. Dans un premier temps et dans l'urgence, le Royaume-Uni ferme tous ses aéroports, y compris celui de Heathrow (Grande-Bretagne), puis interdit tous les liquides à bord des appareils décollant du territoire national.

Ce complot a été mis à jour grâce aux « aveux » sous la torture d'un prisonnier au Pakistan, dans le cadre du programme de torture de la CIA. 24 personnes sont arrêtées, y compris un bébé, dont 14 seront presque immédiatement libérées et 8 seront mises en accusation. Un premier procès a lieu en avril 2008 pour juger les 8 personnes accusées de conspiration terroriste et de tentative de meurtre sur des milliers de passagers de vols à destination de l'Amérique du Nord. Le 9 septembre 2008, le tribunal condamne trois d'entre eux pour tentative de meurtre, mais ne parvient pas à émettre un verdict pour l'accusation la plus importante, celle de faire exploser des avions. Le 17 février 2009, un deuxième procès s'ouvre pour rejuger les 8 prévenus. Ne parvenant pas à établir un verdict à l'issue du deuxième procès, un troisième procès est organisé en 2010. En définitive, des huit accusés, cinq seront déclarés innocents, et trois seront accusés et jugés pour terrorisme, pour des faits qui n'ont rien à voir avec la destruction d'avions.

Les manchettes des journaux ont fait leurs titres avec ces mères islamistes qui prévoyaient d'utiliser les biberons de leurs bébés pour faire exploser les avions !

---

899. "Could 7/7 Have Been Prevented? Review of the Intelligence on the London Terrorist Attacks on 7 July 2005", Intelligence and Security Committee, Londres, mai 2009.

En fait, il s'avérera que les produits chimiques trouvés dans les biberons étaient des produits de stérilisation en vente dans les pharmacies. On notera qu'aucun des protagonistes de cet « attentat imminent » n'avait acheté de billet d'avion. Par ailleurs, certains d'entre eux n'avaient pas même de passeport et ne pouvaient donc pas prendre un vol extérieur[900]…

Le complot « imaginé » par les services de renseignement britanniques envisageait l'usage d'explosifs de type binaire, c'est-à-dire réalisés avec deux composants inoffensifs qui, réunis, deviennent hautement explosifs. Un fantasme de cinéaste, car bien qu'on ait vu ce type d'explosifs dans de nombreux films, il est irréalisable dans l'état actuel de nos connaissances[901], dans des conditions improvisées, par exemple à bord d'un avion, comme le précisent des experts en explosifs de l'armée britannique[902].

Le scénario était donc irréalisable, et aucun des protagonistes n'a été jugé coupable d'un complot à l'explosif contre des avions. Pourtant, des mesures de sécurité ont été mises en place et sont restées en vigueur dans tous les aéroports du monde, interdisant notamment d'emporter en cabine des liquides au-delà d'un certain volume. Mais elles n'ont pas permis de détecter une seule bouteille d'explosif sur les quelque 35 milliards de passagers qui ont pris l'avion depuis 2006.

La menace était donc totalement imaginaire et a été « montée en épingle ». La question – qui se reposera à de nombreuses autres reprises dans d'autres pays – est d'évaluer jusqu'à quel point les services de renseignement souffrent d'un déficit analytique et dans quelle mesure l'analyse de la menace n'est qu'une fuite en avant pour asseoir l'autorité de gouvernements qui ne maîtrisent pas la situation.

3.5.2. L'action préemptive

3.5.2.1. Mesures de protection

Les mesures de protection comprennent toutes les mesures passives visant à empêcher l'exécution d'un attentat et à en limiter les effets. Elles peuvent avoir un effet préventif dans le cadre d'une stratégie de dissuasion dans les formes symétriques de terrorisme (terrorisme de droit commun ou marginal). Dans les formes asymétriques du terrorisme, et contrairement à une rhétorique courante, les mesures de protection n'ont pas d'effet préventif, mais seulement « préemptif ».

---

900. Craig Murray, "Liquid Lies Revisited", 3 juillet 2014, https://www.craigmurray.org.uk/archives/2014/07/liquid-lies-revisited/

901. Thomas C Greene, "Mass murder in the skies: was the plot feasible?", *The Register*, 17 août 2006.

902. Nafeez Ahmed, "Source: August terror plot is a 'fiction' underscoring police failures", rawstory.com, 18 septembre 2006, http://www.rawstory.com/news/2006/Sources_August_Terror_Plot_Fiction_Underscoring_0918.html.

En d'autres termes, elles n'ont pas d'influence sur la décision des terroristes, mais seulement sur la réalisation de l'attentat.

Elles comprennent la protection physique de personnes, d'installations et de bâtiments, la sécurité et l'intégrité des informations (à la fois dans le domaine physique et dans le cyberespace) et peuvent aller jusqu'au contrôle des frontières.

Elles ne sont réellement efficaces (autrement dit, qu'elles atteignent leur objectif) et efficientes (qu'elles atteignent leur objectif avec une dépense d'énergie raisonnable) que si l'on connaît et comprend la nature des objectifs des terroristes.

Ainsi, en décembre 2015, quelques mois après la tentative d'attentat contre le Thalys (21 août 2015), le gouvernement Hollande inaugure en grande pompe des portiques de détection des métaux à la gare du Nord sur la ligne entre Paris et Bruxelles[903]. En fait, il s'agit d'une mesure unilatérale, qui n'est pas coordonnée avec la Belgique et les Pays-Bas (où les passagers du Thalys à destination de Paris ne font pas l'objet de contrôles), et ne concerne que cette ligne. En clair, il s'agit d'une mesure de protection mal réfléchie, inutile parce qu'on ne l'applique sur aucune autre ligne TGV/Thalys, et coûteuse, car on n'a jamais fait une réelle analyse de la menace. D'ailleurs, à ce stade, on ne connaît même pas les motivations du criminel.

Ce que l'on a observé en Belgique et en France, en 2015-2016, montre que les réflexions s'effectuent en fonction d'idées préconçues et sans tenter même de comprendre ce que cherche l'ennemi. En janvier 2015, après l'incident de Verviers (Belgique) et l'arrestation d'une cellule terroriste, qui visait spécifiquement la police à Bruxelles et à Molenbeek, la réponse a été de déployer davantage de policiers dans les rues. Ainsi, d'une certaine manière, on a placé les « cibles » désignées au cœur de la population, au lieu de les rendre moins visibles. L'agression contre quatre militaires au Louvre, le 3 février 2017, amène la même constatation[904]. Le problème est que l'on répond au terrorisme comme à de la criminalité de droit commun, sans prendre en considération ses objectifs stratégiques ni son caractère asymétrique.

3.5.2.2. Le rôle des forces d'opérations spéciales

Les unités antiterroristes sont engagées pour des missions d'intervention ponctuelle et d'action directe. Elles peuvent permettre la neutralisation de terroristes, la maîtrise de l'effet et de l'impact de l'action terroriste, mais elles ne s'attaquent pas au terrorisme lui-même. C'est véritablement la prise en

---

903. « Portiques de sécurité pour les Thalys : ce sera comme pour l'Eurostar de Londres », RTBF, 25 novembre 2015.
904. Eugénie Bastié, « Avec Sentinelle, les militaires sont devenus des aimants à terroristes », lefigaro. fr, 3 février 2017.

otage d'athlètes israéliens lors des Jeux olympiques de Munich en 1972, et le désastre causé par la maladroite intervention de la police allemande, qui a démontré la nécessité de disposer de forces particulières spécialement entraînées pour ce type d'action. Ainsi est née l'idée d'un groupe d'intervention spécialisé, le GSG-9, qui a été suivi par de nombreuses unités à travers le monde.

Les unités d'intervention sont essentiellement dévolues à la résolution de situations difficiles, telles que prises d'otages, détournements d'avions, piraterie maritime, actions de commandos, etc. Elles interviennent donc au mieux juste *avant* l'action terroriste (action préemptive), et généralement *après* le déclenchement de l'action terroriste (action réactive). Leur intervention se caractérise par une grande rapidité, une grande précision du travail d'équipe et une préparation minutieuse.

Les unités d'intervention ne sont pas des « forces spéciales » au sens strict, mais des forces d'« opérations spéciales ». Elles peuvent être engagées dans des situations terroristes ou, plus souvent, pour neutraliser des forcenés. Elles peuvent être militaires ou policières, selon les pays.

3.5.2.3. *La cyberguerre*

Aujourd'hui, si l'EI a défini son champ de bataille principal dans la région du Proche et Moyen-Orient, ses opérations extérieures en Occident sont très largement tributaires de la connaissance que ses sympathisants ont de la situation en Irak et en Syrie. Les vidéos qui montrent les victimes et les destructions causées par la coalition internationale constituent, en fait, l'essentiel de la matière qui motive les djihadistes européens.

Il est dès lors tentant de couper cette source d'information par des actions de cyberguerre et par la censure. De telles opérations sont d'ailleurs menées avec le concours de fournisseurs de services comme Twitter, Facebook, Microsoft, Google, etc., avec deux conséquences majeures.

Premièrement, dans la mesure où le terrorisme et l'Internet sont deux moyens pour communiquer un message, en coupant l'Internet on pousse les djihadistes à n'utiliser que le terrorisme comme moyen de communication.

Deuxièmement, du fait que l'essentiel du renseignement obtenu sur les terroristes vient de la surveillance des réseaux informatiques, le verrouillage de ces derniers va pousser les terroristes vers des moyens de communication alternatifs qui seront hors de portée de nos « cyber-policiers ». C'est ce qui s'est passé en Afghanistan où les résistants afghans ont remis en activité de vieilles méthodes de communication, avec des pigeons voyageurs ou des messagers qui échappent totalement à la technologie occidentale. En Occident, cela a eu pour conséquence de faire resserrer les réseaux sur des fratries ou des familles. C'est d'ailleurs ce que recommandent les théoriciens du djihad individuel.

Ainsi, la lutte contre le terrorisme ne peut se résumer à des mesures de censure sur Internet et devrait comprendre de vraies stratégies de communication envers les communautés susceptibles d'avoir des sympathies pour les djihadistes. Le problème est que le terrorisme résulte d'actions occidentales souvent illégales et que nous avons de la peine à expliquer et à justifier...

3.5.3. L'action réactive

La réaction face à un événement est l'ultime étape dans le processus de lutte contre le terrorisme. En substance, elle signifie que toutes les autres phases ont failli. Souvent présentée comme un succès, elle permet (parfois) de sauver des vies, mais elle sanctionne le plus souvent déjà un succès politique pour les terroristes, particulièrement dans un contexte asymétrique.

3.5.4. Le traitement judiciaire

Dans un État de droit, le traitement de la criminalité s'effectue dans le cadre de la loi. Lorsque les outils fournis par la législation normale ne suffisent plus, l'état d'urgence permet d'étendre temporairement les dispositions du droit pour faire face à une situation exceptionnelle.

Il faut cependant relever que dès lors que l'on entre dans une phase judiciaire, cela signifie que les mesures de prévention ont failli et que l'on est incapable de traiter le problème de manière stratégique.

En France, la justice – souvent idéologique et dogmatique – ne fait pas vraiment partie de la solution et tend à créer de nouveaux problèmes.

De fait, en France, la notion d'apologie du terrorisme – punie pénalement depuis novembre 2014 – donne lieu aux interprétations les plus diverses et les plus fantaisistes. Ainsi que la presse s'en est fait l'écho, des enfants sont arrêtés et durement sanctionnés pour des propos qui relèvent sans doute plus de la fessée que du bagne[905]. Le problème ici est que la justice française n'a pas réalisé qu'elle opère dans un contexte asymétrique et que les jugements hâtifs, spectaculaires et plus attachés à la lettre qu'à l'esprit tendent à contribuer au développement du terrorisme. Tout comme la bruyante campagne menée contre l'humoriste Dieudonné a sans doute plus concouru au développement de l'antisémitisme que ses plaisanteries, pourtant pas toujours du meilleur goût. Les mesures prises pour lutter contre le terrorisme sont le plus souvent contre-productives.

La condamnation d'individus ayant consulté des sites web qui proposent des documents islamistes aux chercheurs, comme nous l'avons vu plus haut, tend à prévenir toute compréhension du phénomène terroriste djihadiste. En fait, la justice a emboîté le pas des politiciens, qui – comme le constate l'expert belge

---

905. Louise Tourret, « Apologie du terrorisme, la justice doit protéger les mineurs », slate.fr, 30 janvier 2015.

Rik Coolsaet – «*partagent l'opinion que tenter d'expliquer le terrorisme implique d'une certaine manière l'excuser*»[906].

Notre incapacité à vouloir comprendre et expliquer le terrorisme autrement que par la fatalité nous conduit à le voir comme un phénomène strictement criminel. Or dans un contexte asymétrique, cela tend à centrer l'action sur la tactique et à exclure l'action stratégique :

> *Conceptuellement, le terrorisme est et doit selon moi continuer à être vu comme un crime international, toutefois sous une forme très dangereuse et haineuse. La coopération internationale pour le combattre n'est dès lors pas une affaire militaire, mais suit fondamentalement les méthodes et procédures de police et de l'entraide judiciaire dans les affaires criminelles.*[907]

Cette approche juridique, qui est censée avoir une fonction dissuasive, a son origine dans la lutte contre la criminalité organisée. Elle est totalement dépassée pour traiter les phénomènes asymétriques et, en fait, contribue ainsi à promouvoir le terrorisme.

On reproche à la démocratie de permettre l'éclosion d'individus ou d'organisations qui cherchent à la détruire. Il en résulte une forte tentation de restreindre les libertés démocratiques et de s'infiltrer dans l'intimité des citoyens, afin de mieux contrôler les forces d'opposition. Par ailleurs, comme nous l'avons vu, le terrorisme djihadiste ne cherche pas à «détruire nos démocraties», mais seulement à nous faire revenir sur des décisions peu avisées.

La conversion de mesures d'exception en une législation ordinaire n'est qu'un tour de passe-passe qui témoigne de l'incapacité des autorités à sortir de la crise terroriste. Elle reflète l'absence d'une stratégie cohérente pour traiter le problème en profondeur et perpétue des mesures superficielles qui touchent essentiellement la grande majorité des citoyens honnêtes.

Une des difficultés essentielles du combat contre des forces clandestines est de trouver un juste équilibre entre le nécessaire et légitime besoin de sécurité et de maîtrise de la situation, et le respect des valeurs que l'on cherche à défendre. Lors de l'enquête parlementaire sur les événements du 11 septembre 2001, le général Michael Hayden, directeur de la NSA devait terminer sa déclaration en ces termes :

> *Permettez-moi de finir en vous disant ce que j'espère voir sortir du dialogue national que ces commissions créent. Je ne suis pas vraiment aidé lorsqu'on me*

---

906. Rik Coolsaet, *Anticipating the Post-DAESH Landscape*, Egmont Paper 97, octobre 2017.
907. Seger Paul, "Fighting terrorism while respecting international law and human rights", Workshop on Combating the Financing of Terrorism, CISP Proceedings, Geneva, 27-28 novembre 2003.

rappelle que j'ai besoin de plus de linguistes arabes ou par quelqu'un essayant d'interpréter une nouvelle fois une obscure interception dans nos dossiers qui pourrait avoir plus de sens aujourd'hui qu'il y a deux ans. Ce dont j'ai réellement besoin, c'est que vous parliez avec vos constituants et que vous découvriez où le peuple américain veut tracer une ligne entre la sécurité et la liberté.[908]

Le problème des mesures de lutte contre le terrorisme – particulièrement lorsqu'il s'agit de mesures préventives – est qu'elles impliquent presque obligatoirement une adaptation des bases légales, afin de disposer d'instruments permettant de surveiller de manière intrusive avant la réalisation d'un acte terroriste. La question est de savoir comment en minimiser les effets par l'adoption de mesures en amont (contre-terrorisme).

Les Américains comprennent leur sécurité à l'aune des films et séries télévisées, et sont obsédés par l'idée d'une bombe qui serait enclenchée (« *ticking bomb* »[909]) et ne pourrait être neutralisée que par les aveux d'un prisonnier. Cette perception un peu simpliste est à l'origine de la légalisation de l'usage de la torture par le gouvernement américain, et du statut particulier des détenus de Guantanamo, comme l'expliquait Donald Rumsfeld, secrétaire à la Défense :

> *Détenir des combattants ennemis […] peut nous aider à prévenir des futurs actes de terrorisme. Cela peut sauver des vies et je suis convaincu que cela peut accélérer [notre] victoire.*[910]

… et la légende continue. Le 11 septembre 2021, lors d'une émission de la RTBF sous la direction de Sasha Daoud, une journaliste justifie l'existence du camp de détention de Guantanamo par la menace permanente de l'islamisme[911]. Un paradoxe pour une profession dont les mensonges et les distorsions de l'information sont à l'origine de notre incompréhension du problème.

Le statut des prisonniers capturés en Afghanistan et détenus à Guantanamo est un exemple d'inadéquation des bases juridiques de la lutte contre le terrorisme, de l'absence de séparation des pouvoirs aux États-Unis ainsi que de leur absence

---

908. Témoignage du lieutenant-général Michael V. Hayden (USAF), directeur de la National Security Agency (NSA) et chef du Central Security Service devant la commission d'enquête conjointe de la commission sénatoriale du renseignement et la commission de la Chambre des représentants sur le renseignement, *Joint Inquiry of the Senate Select Committee on Intelligence and House Permanent Select Committee on Intelligence*, 17 octobre 2002, p. 11-12.

909. *Defusing the Ticking Bomb Scenario: Why we must say No to torture, always*, Association for the Prevention of Torture, Genève, 2007.

910. Martin Bright, "Guantanamo has 'failed to prevent terror attacks'", *The Guardian*, 3 octobre 2004.

911. Édition spéciale, RTBF, 11 septembre 2021.

de respect du droit international et humanitaire, en refusant le traitement de prisonniers de guerre aux captifs[912].

Dans le contexte d'un conflit asymétrique, où la légitimité est souvent un centre de gravité, de tels traitements – comme la torture – peuvent alimenter la légitimité des terroristes.

Or ces détentions semblent n'avoir prévenu aucune action terroriste[913]. Depuis l'ouverture du camp le 11 janvier 2002, au total 779 prisonniers ont été incarcérés à Guantanamo, dont le plus jeune avait 13 ans et le plus âgé, 89 ans. Selon les données du gouvernement américain, 92 % d'entre eux n'étaient pas liés à « Al-Qaïda », 21 étaient des enfants, et 9 sont morts en détention. En fait, seuls 5 % des détenus ont été capturés par les forces américaines et 86 % ont été livrés par des pays alliés des États-Unis, des seigneurs de la guerre afghans et des chasseurs de primes pakistanais contre paiement. Pratiquement tous ont été libérés après des années de détention, sans égard au droit international, et sans qu'aucune charge n'ait été retenue contre eux. Ainsi, Abdullah Kamel Al-Kandari a été arrêté et incarcéré pour le seul « crime » de posséder une montre numérique Casio F91W (modèle réputé favori des artificiers d'« Al-Qaïda »), avant d'être libéré après plusieurs années sans qu'aucune autre charge ne soit retenue contre lui !

En janvier 2018, 41 y sont encore incarcérés, dont 3 qui ont été reconnus coupables d'un crime, 23 sont « considérés comme dangereux et non libérables », même si aucune charge ni aucune preuve ne pèse sur eux, et 5 qui sont libérables… mais ne sont pas libérés[914], car les Américains ont trop peur que ces individus, innocents, mais torturés et privés de liberté pour rien, ne se retournent contre eux… Selon un rapport confidentiel du Département de la Défense, environ un prisonnier libéré sur 7 a pris les armes contre les Américains[915]. Leur histoire continue à alimenter la propagande islamiste pour le recrutement de nouveaux combattants.

---

912. Selon les Conventions de Genève, lorsqu'il y a doute sur le statut de prisonniers capturés au combat, ceux-ci doivent être traités comme des prisonniers de guerre, en attendant qu'un tribunal compétent précise leur statut (Convention de Genève relative au traitement des prisonniers de guerre du 12 août 1949, Article 5).
913. Martin Bright, *op. cit.*
914. https://www.aclu.org/feature/close-guantanamo?redirect=closegitmo.
915. Elizabeth Bumiller, "Later Terror Link Cited for 1 in 7 Freed Detainees", *The New York Times*, 20 mai 2009.

Tribunaux d'exception pour les cas de terrorisme

Droit à/de	Tribunaux Irlande du Nord	Tribunaux sud-africains (Apartheid)	Tribunaux américains	Coursmartiales américaines	Commissions militaires américaines
Juge civil	✓	✓	✓	-	-
Choix de l'avocat	✓	✓	✓	✓	-
Garder le silence	✓	-	✓	✓	✓
Procès ouvert	✓	✓	✓	-	-
Jury	-	-	✓	-	-
Confidentialité	✓	✓	✓	✓	-
Connaissance du dossier	✓	✓	✓	✓	-
Appel auprès d'un juge indépendant	✓	✓	✓	✓	-

Tableau 22 (vérifier nombre) - Comparaison des différentes juridictions
d'exception pour le traitement du terrorisme.
[Sources: US Department of Defense, Diplock Commission Report, Cape Town Legal Resources
Centre, Human Rights Watch, Amnesty International, *The Economist*]

Guantanamo est symbole de l'abandon de nos valeurs et des règles de droit qui avaient été établies après les tristes expériences de la Seconde Guerre mondiale. En justifier l'existence revient à justifier les crimes de la Seconde Guerre mondiale.

3.5.5. L'usage de la force

Le recours à la force signifie que l'on a échoué à dissuader l'adversaire de s'engager dans la voie du terrorisme, et donc que la stratégie de contre-terrorisme a failli par notre incapacité à comprendre la mécanique du terrorisme djihadiste.

La principale raison de cet échec est une croyance qui fait du terrorisme un phénomène inéluctable et inhérent à l'islam[916]. Cette lecture est originaire d'Israël, où les autorités lient la résistance palestinienne à des objectifs religieux (qui sont par définition difficilement négociables) afin d'écarter toute négociation avec les Palestiniens sur des questions territoriales. Il en résulte que la solution ne peut se situer que dans l'usage de la force. Très répandue en France et en Belgique, cette vision est véhiculée par certains dont le souci n'est pas que d'informer. Très réductrice, elle est extrêmement dangereuse, car elle présente le terrorisme comme un phénomène qui ne peut pas être combattu en amont par une stratégie holistique, mais seulement de manière réactive par la force. Son effet est de « dé-pluraliser » les causes du terrorisme et de favoriser le communautarisme.

---

916. Antoine Hasday, « La pensée djihadiste décryptée », slate.fr, 6 novembre 2017.

Comme nous l'avons vu, elle est à l'origine de l'intensification du terrorisme et de notre incapacité à le traiter.

En fait, l'usage de la force n'est réellement efficace que contre les terrorismes de nature symétrique. Les terrorismes de nature asymétrique (terrorisme djihadiste ou marxiste) s'alimentent de l'usage de la force : éviter l'usage de la force contribue ainsi à « asphyxier » le mouvement terroriste. Mais, en plus de soixante ans, Israël ne l'a toujours pas compris…

L'usage de la force dans l'action antiterroriste est à double tranchant : elle doit atteindre son objectif sans constituer une motivation supplémentaire pour les terroristes. En 1990, un vétéran de la guerre du Vietnam déclarait :

> *Plus nous restions au Vietnam, plus il y avait de Viêt-Cong, car nous les avons créés ; nous les avons produits… Les Vietnamiens me détestaient et je leur ai donné toutes les raisons de me détester.*[917]

C'est le même discours que l'on entend aujourd'hui à propos de l'opération BARKHANE. Le 6 juillet 2009, le haut commandement de la force de l'OTAN en Afghanistan (ISAF), reconnaissant – un peu tard – la nature asymétrique du conflit promulgue une directive qui déclare :

> *Nous devons éviter le piège de gagner des victoires tactiques – mais de subir des défaites stratégiques – en générant des pertes civiles ou des dégâts excessifs et en nous aliénant ainsi la population.*[918]

Aucune règle ne permet de déterminer le « niveau optimal » de force à utiliser pour être efficace contre le terrorisme. En revanche, la limite maximale est donnée par les trois principes de base du droit humanitaire international[919] pour la planification et l'exécution d'opérations militaires :

• le *principe de distinction*, qui impose de distinguer entre civils et combattants. Il interdit les attaques aveugles qui ne visent pas un objectif militaire spécifique, qui utilisent une méthode ou un moyen de combat dont les effets ne peuvent pas être circonscrits ;

• le *principe de proportionnalité*, qui impose que les dommages causés doivent être en proportion du bénéfice militaire direct et concret ;

---

917. "Magnificent Storyteller Soldier Reveals What He Saw In Vietnam", YouTube, 19 juillet 2018, https://youtu.be/tixOyiR8B-8.

918. Jim Garamone, "Directive re-emphasizes protecting Afghan civilians", American Forces Press Service, 6 juillet 2009, www.af.mil/News/Article-Display/Article/119831/directive-re-emphasizes-protecting-afghan-civilians/

919. Protocole additionnel aux Conventions de Genève du 12 août 1949 relatif à la protection des victimes des conflits armés internationaux (Protocole I), 8 juin 1977.

• le *principe de précaution*, qui oblige l'attaquant à prendre toutes les précautions possibles pour protéger la population et les biens civils contre les effets de ses attaques.

Israël est fréquemment montré du doigt pour son non-respect de ces trois principes de base. Ainsi, en mai 2021, lors des combats à Jérusalem et à Gaza, Jonathan Conricus, porte-parole de l'armée israélienne, justifie le nombre de civils palestiniens tués par l'imbrication entre combattants et civils à Gaza. Mais c'est fallacieux, car le principe de distinction interdit clairement d'ouvrir le feu lorsqu'on n'est pas capable de discriminer les cibles militaires et civiles.

Le problème des forces occidentales est qu'elles cherchent à atteindre la victoire à travers une puissance de feu supérieure (« *firepower superiority* »). C'est la manière dont on faisait la guerre en 1914-1918, dans une situation très symétrique et pratiquement sans stratégie. Aujourd'hui, dans un conflit asymétrique, elle conduit souvent à transgresser les règles du droit de la guerre, sans mener à la victoire.

Naturellement, les armées occidentales et l'armée israélienne ne sont de loin pas les seules à enfreindre le droit humanitaire international. Le problème est qu'à la différence de ces armées « renégates », les Occidentaux justifient leurs interventions par la défense de « nos valeurs » : le fait que l'EI n'applique pas le droit international justifie qu'on le combatte, mais si nous ne respectons pas non plus ce droit, alors nous justifions l'existence et la lutte de l'EI.

Ainsi, en juillet 2017, avec la reprise de Mossoul par la coalition occidentale, l'État islamique publiait sur les réseaux sociaux une infographie sous le titre « Qui a gagné à Mossoul ? » qui comparait la prise de la ville en 2016 par l'État islamique (par 300-400 moudjahidin équipés d'armes légères, en 4 jours, sans destructions par bombardements, poussant 60 000 combattants irakiens à la fuite, et capturant 2 700 véhicules avec des armes et des munitions) et la reprise de la ville par la coalition (avec plus de 100 000 combattants, à l'issue d'une bataille de 9 mois, tuant ou blessant 60 000 personnes, détruisant une partie de la ville, avec l'appui de 60 pays, alors que la ville était défendue par 3 000 moudjahidin sans appui extérieur) et concluait : « Qui a réellement vaincu et qui a perdu ? » C'est une illustration parfaite de la manière dont pensent les islamistes. Mais en creux, cela montre l'incapacité des Occidentaux à répondre à de tels raisonnements, ce qui contribue au mécanisme de mobilisation des militants.

Le problème est souvent plus la disproportion entre les moyens engagés par les Occidentaux ou les Israéliens et ceux des combattants (résistants, terroristes, insurgés et autres). C'est pourquoi le plus souvent on triche avec les chiffres. Ainsi, durant les incidents de mai 2021 à Jérusalem et à Gaza, on a tenté d'expliquer le rapport de 10 à 1 entre les victimes palestiniennes et israéliennes en expliquant qu'Israël avait intercepté 90 % des roquettes palestiniennes avec son système DOME DE FER. L'équilibre est ainsi apparemment rétabli. Mais c'est faux. En réalité, le DOME DE FER n'est pas aussi performant. Selon CNN, en mai 2021, le système n'aurait intercepté que 1200 missiles sur 2650, soit 45 %[920]. Cela correspond d'ailleurs aux estimations sur l'efficacité réelle du système. Par ailleurs, ce dernier n'est déployé qu'autour de certains sites sensibles et n'est, par exemple, pas déployé dans le secteur de Sdérot, à proximité de la bande de Gaza. En d'autres termes, cela démontre que les roquettes palestiniennes n'ont pas comme objectif de tuer un maximum de personnes, et qu'il y a une réelle disproportion dans les moyens engagés de part et d'autre.

Ainsi, en mai 2021, selon le média israélien *Channel 12*, des pilotes israéliens ont confessé avoir abattu des buildings de Gaza pour « *évacuer leur frustration* »[921]. Dans la lutte contre le terrorisme, l'usage de la force doit être rigoureusement encadré, afin d'éviter qu'il se laisse emporter par l'émotion et qu'il se transforme en violence.

3.5.5.1. La doctrine Cheney

En fait, cette définition découle d'une doctrine énoncée par le vice-président, Dick Cheney, en 2001, mieux connue sous le nom de « *doctrine Cheney* » ou « *doctrine du 1 %* » :

> *S'il y a 1 % de probabilité que des scientifiques pakistanais aident les terroristes à développer ou à construire des armes de destruction massive, nous devons le traiter comme une certitude, en matière de réponse.*[922]

C'est un peu la version moderne du « tir à la hanche » du Far West. Elle est symptomatique de notre manière de comprendre le droit et de notre manière de faire la guerre : sans valeurs et sans honneur. Or on constate que les États-Unis, après 20 ans de guerre en Afghanistan, ne font que perdre du terrain face aux Taliban, au point qu'ils n'osent plus quitter le pays…

3.5.5.2. La doctrine Bethlehem

Pour les Américains, l'usage de la force létale contre des terroristes – et a fortiori contre des terroristes de nationalité américaine – est justifié par le caractère « imminent » de la menace. Cette notion suggère deux choses : que l'action terroriste est proche dans le temps et que l'on dispose d'un faisceau d'indices qui le confirment. Or malgré leurs ressources considérables, les services de renseignement américains ne sont pas en mesure de détecter l'imminence d'une attaque, ce qui implique que l'élimination d'un terroriste au Pakistan

---

920. Tim Lister, "Israel's Iron Dome doesn't chase every rocket it sees", CNN, 18 mai 2021.
921. https://www.mako.co.il/pzm-magazine/Article-90031632ea98971027.htm?Partner=rss.
922. Ron Suskind, *The One Percent Doctrine: Deep Inside America's Pursuit of Its Enemies Since 9/11*, Simon & Schuster, 15 mai 2007.

serait légalement virtuellement impossible. Mais c'est évidemment sans compter sur le fait que le président Obama est un juriste ! En février 2013, la chaîne de télévision NBC News a rendu public un « Papier blanc » du Département de la Justice, qui fournit les interprétations nécessaires à l'usage de la « force létale » contre des citoyens américains associés à « Al-Qaïda », et qui redéfinit le mot « imminent ». Dès lors,

> *la menace imminente d'une attaque violente contre les États-Unis n'exige pas de la part des États-Unis d'avoir la preuve qu'une attaque spécifique contre des personnes ou des intérêts américains va se dérouler dans le futur immédiat.*[923]

Cette doctrine a été développée par Daniel Bethlehem[924], conseiller juridique de Benjamin Netanyahu puis du Premier ministre britannique Tony Blair. Elle postule que les États ont droit à une *légitime défense préventive* contre une attaque « imminente ».

Si le principe apparaît légitime, c'est l'interprétation du mot « imminente » qui pose problème. En matière de renseignement, l'« imminence » d'une attaque se définit en fonction d'indications sur sa proximité dans le temps et la probabilité qu'elle se déroule. Mais ce n'est plus le cas ici :

> *Il doit être juste que les États puissent agir en état de légitime défense dans des circonstances où il existe des preuves d'attaques imminentes de la part de groupes terroristes, même s'il n'y a aucune preuve spécifique du lieu où une telle attaque aura lieu ou de la nature précise de l'attaque.*[925]

Ainsi, une attaque terroriste peut être considérée comme « imminente », même si l'on n'en connaît ni les détails ni le moment où elle pourrait se produire. Cela permet, par exemple, d'engager une frappe aérienne sur la simple base de suspicions sur une attaque prochaine.

Dans son rapport de février 2018, le *Conseil des droits de l'homme* (CDH) rapporte que durant les manifestations à la frontière de Gaza (Marches du

---

923. *Lawfulness of a Lethal Operation Directed Against a U.S. Citizen Who Is a Senior Operational Leader of Al-Qa'ida or an Associated Force*, Department of Justice White Paper, 4 février 2013.

924. Daniel Bethlehem, "Principles Relevant to the Scope of a State's Right of Self-Defense against an Imminent or Actual Armed Attack by Non-state Actors", *The American Journal of International Law*, volume 106, 2012.

925. Daniel Bethlehem QC, "Written evidence submitted by Daniel Bethlehem QC, Director of Lauterpacht Research Centre for International Law, University of Cambridge, International Law And The Use Of Force: The Law As It Is And As It Should Be", Lauterpacht Research Centre for International Law, 7 juin 2004, https://publications.parliament.uk/pa/cm200304/cmselect/cmfaff/441/4060808.htm.

Retour), l'armée israélienne a abattu 183 civils, dont 154 qui étaient désarmés et 35 enfants[926]. En février 2019, il rapporte que l'armée israélienne a abattu *intentionnellement* des enfants, du personnel médical (portant des insignes et abattu dans le dos[927] !), des journalistes et des handicapés[928]. Les enfants palestiniens abattus par des snipers israéliens avec des balles à fragmentation[929], alors qu'ils se tiennent simplement debout devant la frontière à Gaza en 2018[930] ou le jeune palestinien menotté et les yeux bandés, abattu dans le dos en avril 2019[931] sont des crimes de guerre.

Les partisans d'Israël invoquent la *légitime défense*[932], mais c'est fallacieux, comme le montrent les vidéos publiées par les Nations unies[933]. Tout d'abord parce que les victimes étaient dans une bande de sécurité de 150 m à l'intérieur du territoire de Gaza[934], séparée d'Israël par une barrière et une large berme, à l'abri desquelles tirent les snipers israéliens.

Tsahal, qui avait construit ses succès – et sa réputation de bravoure – sur l'audace dans les années 1960-1970, les construit aujourd'hui sur la brutalité et le crime de guerre. Cela pose plusieurs problèmes à Israël.

Le premier est une désaffection croissante de la part des juifs américains qui voient une divergence croissante entre leurs valeurs et celles de l'État hébreu. Ainsi, alors que l'administration Trump est celle qui a été le plus ouvertement en faveur d'Israël depuis plusieurs décennies[935] et que, tandis qu'en Israël 70 %

---

926. *Report of the UN Commission of Inquiry on the 2018 protests in the OPT*, www.ohchr.org /EN/HRBodies/HRC/CoIOPT/Pages/Report2018OPT.aspx.

927. Ali Abunimah, « L'infirmière de Gaza tuée par Israël a été visée dans le dos », www.aurdip.org, 3 juin 2018.

928. *Report of the independent international commission of inquiry on the protests in the Occupied Palestinian Territory*, (A/HRC/40/74), Human Rights Council, 25 février 2019.

929. Pierre Stambul, « Gaza : silence, on tue », Union juive française pour la paix, 23 avril 2018 ; "Over 100 bullet fragments in brain of Palestinian child shot by Israel soldier", *Middle East Monitor*, 15 juillet 2019.

930. Noa Landau, "UN Council: Israel Intentionally Shot Children and Journalists in Gaza", *Haaretz*, 28 février 2019.

931. Tamar Pileggi, "IDF shoots handcuffed, blindfolded Palestinian suspect during escape attempt", *The Times of Israel*, 22 avril 2019.

932. *Ibid.*

933. "COI on Gaza Protests: Lethal force against demonstrators not posing imminent threat", UN Human Rights Council/YouTube, 3 avril 2019.

934. D'une largeur initiale de 50 m, selon les accords d'Oslo, elle a varié entre 100 et 500 m selon les années, sans que les autorités israéliennes ne la définissent ou la marquent explicitement; OCHA, "The humanitarian impact of restrictions on access to land near the perimeter fence in the Gaza Strip", 3 août 2018 cité dans *Human rights situation in Palestine and other occupied Arab territories - Report of the detailed findings of the independent international Commission of inquiry on the protests in the Occupied Palestinian Territory*, Human Rights Council, Document A/HRC/40/CRP.2, 18 mars 2019.

935. Tracy Wilkinson, "Trump administration support for Israel goes beyond its predecessors and isolates U.S. internationally", *Los Angeles Times*, 17 mai 2018.

de la population israélienne avait une préférence pour Donald Trump[936], 77 % des juifs américains ont voté en faveur de Joe Biden lors de la présidentielle de 2020[937].

Le deuxième est que les Palestiniens jouissent d'un soutien croissant de l'opinion internationale, au détriment de la légitimité de l'action du gouvernement israélien[938].

Le troisième est que l'usage disproportionné de la force tend à justifier le terrorisme et à inciter les militants à devenir des activistes. La probabilité de frapper des innocents correspond au risque de créer de nouveaux volontaires pour l'action terroriste. Ainsi, au-delà de la question purement humanitaire, c'est un problème de stratégie. C'est pour cette même raison que l'opération BARKHANE rencontre une opposition grandissante au sein des populations sahéliennes : c'est une guerre déjà perdue.

3.5.5.3. *La doctrine Dahiya*

L'armée israélienne ignore délibérément les principes du droit humanitaire international et applique la «*doctrine Dahiya*», élaborée par le général Gadi Eisenkot, aujourd'hui chef de l'état-major général. Elle prône l'emploi d'une «*force disproportionnée*» afin de créer un maximum de dommages et de destructions[939], et considère qu'il n'y a «*pas de villages civils, ce sont des bases militaires [...] Ce n'est pas une recommandation. C'est un plan*»[940].

Contrairement à ce qu'affirme *Wikipédia*[941], c'est une tactique qui ne peut fonctionner que dans un contexte symétrique, c'est-à-dire lorsque l'action a un effet linéaire sur l'affaiblissement de l'adversaire. Dans un contexte asymétrique, où la détermination est fonction de la brutalité de l'adversaire, ces destructions ne font que stimuler la volonté de résistance et la détermination à utiliser une approche terroriste.

En fait, l'existence même de cette doctrine montre que les Israéliens n'ont pas compris la nature de la menace. Israël est d'ailleurs le seul pays du monde à ne pas avoir su maîtriser le terrorisme en plus de 70 ans… C'est la conséquence d'une incapacité intellectuelle à comprendre les conflits que l'on observe dans la

---

936. "By 70% to 13%, Israeli Jews say Trump is better candidate than Biden for Israel", *The Times of Israel*, 3 novembre 2020.

937. Danielle Ziri, "Over Three-quarters of U.S. Jews Voted for Biden in Election, Poll Finds", *Haaretz*, 4 novembre 2020.

938. Jonathan Freedland, "Israel should take note: the weight of opinion is turning against it", *The Guardian*, 21 mai 2021.

939. Gabi Siboni, "Disproportionate Force: Israel's Concept of Response in Light of the Second Lebanon War", Institute for National Security Studies (INSS), Insight n° 74, 2 octobre 2008 ; https://wikileaks.org/plusd/cables/08TELAVIV2329_a.html.

940. "Israel warns Hezbollah war would invite destruction", Reuters, 3 octobre 2008.

941. Wikipédia, article « Doctrine Dahiya ».

manière dont les services de renseignement comprennent leur environnement. Les services de renseignement israéliens sont passés maîtres dans l'art de localiser des terroristes, mais se sont toujours montrés incapables de comprendre leur logique.

3.5.5.4. *La directive Hannibal*

On évoque également rarement la «directive HANNIBAL», en vigueur de 1986 à 2016 dans l'armée israélienne, destinée à empêcher que des prisonniers israéliens puissent être utilisés comme monnaie d'échange par les Palestiniens. Elle prévoyait que ceux qui détenaient le prisonnier devaient être détruits par tous les moyens (y compris au prix de la vie du prisonnier lui-même et des civils dans la zone). Appliquée durant l'opération BORDURE PROTECTRICE, elle est à l'origine de la totale destruction d'un quartier de Rafah, le 1er août 2014, un événement connu en Palestine sous le nom de *Black Friday*[942].

3.5.6. Les négociations et concessions

La plupart des pays occidentaux ont une politique affichée de «non-négociation». Mais en réalité, il s'agit plutôt de politiques de «négociations discrètes», souvent effectuées par des négociateurs privés. En 1985, le gouvernement républicain de Ronald Reagan n'a pas hésité à vendre secrètement des armes à l'Iran en échange d'un accord sur les otages américains détenus par des mouvements terroristes pro-iraniens au Liban. Ce scandale, qui sera connu sous le nom d'*Irangate*, constituera un revers politique important du président Reagan.

En fait, cette fermeté de façade reflète une très mauvaise compréhension des mouvements terroristes.

Dans le contexte de l'antiterrorisme (c'est-à-dire *en aval de* la décision terroriste), un processus de négociation s'effectue *de facto* sous la menace de la violence. En matière de lutte contre le terrorisme, les négociations et concessions portent généralement sur la résolution de situations tactiques, telles que prises d'otages ou menaces de destruction. À l'inverse de l'objectif stratégique, qui peut plus difficilement faire l'objet de négociations et de concessions récursives, un objectif tactique a la particularité de pouvoir être «reproduit» à l'infini. Ainsi, tout mécanisme de négociation doit être initié avec le risque que le chantage se reproduise. Il y a cependant une différence entre une politique de «non-négociations» et une politique de «non-concessions».

Certains pays comme les États-Unis ont une politique proclamée de non-concessions avec des mouvements terroristes. Cette politique a un double

---

942. Raf Sanchez, "Israel ends the 'Hannibal Directive' - military policy to kill your own troops rather than let them be captured", *The Telegraph*, 29 juin 2016 ; https://blackfriday.amnesty.org/report.php; *The Hannibal Directive - Featured Documentary*, Al Jazeera/YouTube, 8 octobre 2016.

objectif : a) empêcher qu'un chantage puisse être répété à l'infini et b) une vocation dissuasive en faisant comprendre qu'un éventuel chantage est sans issue pour le mouvement terroriste. Elle ne signifie pas que le gouvernement américain ne négociera pas, mais simplement qu'il ne fera pas de concessions. Pour des terrorismes de nature symétrique, cette politique est efficace. En revanche, dans un contexte asymétrique, on se place d'emblée dans une situation sans issue où, a priori, la solution ne peut se trouver que dans l'exécution de la menace terroriste. Elle joue donc en faveur des terroristes.

Si ténue soit-elle, la possibilité d'une issue positive pour les terroristes doit être maintenue. Les politiques de non-négociation sont inappropriées dans les situations asymétriques.

En matière de prises d'otages, par exemple, l'objectif premier d'un processus de négociation est d'avoir la maîtrise de l'initiative et d'éviter qu'elle reste dans les mains des terroristes. Outre le fait que dans un processus de négociation, il est possible d'obtenir généralement un infléchissement des exigences terroristes ou des adoucissements des conditions de détention des otages, le maintien d'un dialogue permet aux forces de sécurité de «gérer» la nervosité des terroristes et de choisir le moment optimal pour une intervention. C'est notamment l'impréparation des mécanismes de négociation des forces de sécurité russes qui les a conduites à perdre la maîtrise de la situation à Beslan (3 septembre 2004) et les a contraints à intervenir à un moment peu favorable.

Le cafouillage dans les négociations en vue de la libération des journalistes Christian Chesnot et Georges Malbrunot, en septembre-octobre 2004, illustre la problématique des situations de prise d'otages. L'État – en l'occurrence la France – est alors partagé entre deux attitudes : la dimension humanitaire (libération des otages) et une dimension à la fois morale et stratégique (ne pas satisfaire une demande sous la contrainte). Pour les terroristes, la prise d'otages est considérée comme le seul moyen de se faire entendre et le «jeu» avec la vie des otages est légitimé par la cause défendue.

Au plan stratégique, le refus de négocier signifie souvent que l'on se ferme une porte de sortie du conflit. En Afghanistan, les Américains ont eu l'habileté (très inattendue) de ne pas considérer les Taliban comme des terroristes, afin de ne pas s'interdire une voie de négociation. À l'inverse, la France refuse toute négociation avec les rebelles du Sahel : lorsque le président Emmanuel Macron décide de clore la mission BARKHANE en juin 2021, elle doit se retirer «sous le feu ennemi». Contrairement à ce que l'on pense, l'intransigeance ne contribue pas à résoudre la question du terrorisme.

Dans une telle situation, au moins l'une des parties, l'État, n'a guère d'autre alternative que de vouloir «le beurre et l'argent du beurre». Une éventuelle concession – comme le paiement d'une rançon – aurait à la fois un impact moral (légitimation de la violence) et stratégique (créer un précédent). La marge de manœuvre de l'État impliqué dans une telle négociation est très étroite et suppose la création d'un climat de confiance qui nécessite du temps. Un tel processus doit être soigneusement maîtrisé et coordonné : il doit y avoir une unité de doctrine dans l'approche, une unité de langage avec les terroristes et une finalité à la négociation clairement établie. Lorsqu'un État s'engage dans ce processus, il met généralement une et une seule structure en place. Il se peut que cette structure soit modifiée lorsqu'un événement imprévu survient, et que l'on engage d'autres acteurs. Il est également possible d'engager des négociations parallèles en suivant différents canaux qui paraissent prometteurs.

3.6. Conclusions

L'inefficacité de la lutte contre le terrorisme vient en très grande partie de la perception émotionnelle qu'en ont les États. L'incapacité à définir de manière rationnelle les actes terroristes a rendu impossible toute stratégie cohérente. L'emploi du qualificatif « terroriste », plus à des fins punitives que de stratégie, n'a eu comme seul effet que de développer le terrorisme. En France, aux États-Unis et en Grande-Bretagne, ainsi que dans des pays moins touchés comme l'Allemagne, la Suède et la Finlande, chaque mort civile peut être imputée à l'irrationalité de politiques gouvernementales.

Les organisations de victimes du terrorisme sont plus guidées par le souci de vengeance que contre celui de trouver des solutions au terrorisme. Il en résulte que, malheureusement (et curieusement), elles n'apportent rien à la lutte contre le terrorisme et tendent – au contraire – à le favoriser.

L'idée de fusionner les services de renseignement stratégique/extérieur et les services de sécurité (ou de renseignement intérieur) n'est qu'une tentation supplémentaire pour confondre les niveaux tactique et stratégique. En France, le fait que la DGSE consacre une part importante de ses activités aux opérations spéciales tend à la pousser vers le niveau tactique, ce qui explique sans doute les « pannes » en matière de lutte contre le terrorisme.

Les pays d'Europe occidentale n'ont pas su adapter leur appareil de renseignement à la spécificité de la menace djihadiste. Ce déficit conceptuel est très largement dû au fait qu'ils ont simplement copié le travail des Américains, qui avaient copié celui des Israéliens, le seul pays du monde à n'avoir jamais résolu son problème de terrorisme.

Les services de renseignement de pays comme les pays d'Europe orientale ont conservé une tradition sécuritaire très forte issue de la période communiste qui affecte leur capacité à faire fonctionner des services de renseignement stratégique efficaces. Il en résulte une incapacité totale à avoir un regard rationnel sur leur voisin russe et donc une profonde dépendance envers les États-Unis.

En France, la lutte contre le terrorisme est « pensée » en premier lieu au niveau des tripes, rarement au niveau de la tête, et pratiquement jamais au niveau du cœur. Les expériences du passé n'ont pas été adaptées pour répondre aux circonstances modernes et le renseignement a progressivement glissé vers un renseignement policier qui permet de punir beaucoup, mais pas de résoudre.

En Belgique, il y a deux problèmes fondamentaux : une approche policière de la problématique terroriste et un manque d'imagination et de créativité. Les procédures deviennent un paravent pour le manque d'efficacité. Le renseignement intérieur est assez bon, mais il n'est pas soutenu par un renseignement stratégique efficace.

En Suisse, le déclin du renseignement stratégique dans les années 1990-2010, notamment dû à une conduite qui n'avait aucune expérience de l'analyse de renseignement, a conduit à la fusion entre le renseignement intérieur et le renseignement extérieur (ou stratégique). D'un renseignement tourné vers l'analyse durant la guerre froide, on est passé à un renseignement de nature policière, qui fonctionne pour arrêter des individus, mais pas pour prévenir. Le fait que la Suisse ne s'engage pas dans des conflits à l'étranger donne à son renseignement – devenu essentiellement intérieur – une apparence d'efficacité, mais une grande médiocrité en matière de renseignement stratégique. Les Pays-Bas avaient déjà fait la même expérience dès les années 1990.

En clair, nous sommes mal équipés pour traiter le terrorisme djihadiste de manière stratégique et préventive. C'est pourquoi nous le subissons, bien que – paradoxalement – nous créions les conditions de son émergence.

Comme le disait Sun Tsu, il y a 2500 ans :

La tactique sans la stratégie n'est que du bruit avant la défaite.